JN254022

川田雄琴全集

小山國三
吉田公平 編

研文出版

まえがき

川田雄琴は貞享元年(一六八四年)に生まれ、宝暦一〇年(一七六〇年)に逝去した。享年七七歳。名は資深、通称は半大夫、字は君淵、号は琴卿、晩年には雄琴と号した。川田雄琴は初め梁田蛻巌に師事したが、師の勧めで更に三輪執斎に学び、陽明学を修得した。三輪執斎は『標註伝習録』を課本にして川田雄琴に講義した。それを川田雄琴が成書したのが『伝習録筆記』である。この『伝習録筆記』について、かつて次のように解説したことがある。

三輪執斎の高弟である川田雄琴が、師の講述を筆記したものである。この中には、雄琴の嗣である資哲号為卿の補録を含む。雄琴の曾孫にあたる資輝がこの講述筆記を天保八年(一八三七)に謄写して佐藤一斎に献呈した。それを、佐藤一斎の高足である奥宮慥斎が、師一斎から借覧謄写して脇書を加えた。その写本は弟の奥宮暁峯に伝わる。それを明治二七年(一八九四)に谷地泰明が奥宮暁峯から借覧して謄写した。この谷地泰明の謄写本を祖本として、明治四四年に『先哲遺著漢籍国字解全書』の一冊として早稲田大学出版部から刊行された。好評を博して大正三年に再刊されている。数奇な運命の果てに鉛印された『伝習録筆記』を通して三輪執斎の陽明学理解を検討することができるわけだが、その祖本となった謄写本は今、高知市民図書館にある。(「王陽明研究史」岡田武彦編『陽明学の世界』所収。明徳出版

社。一九八六年一一月。今は『日本における陽明学』所収。ぺりかん社。一九九九年）

我々が川田雄琴を知るのは、この『伝習録筆記』の記録者としてである。その附記に祖本は本文と注解が朱墨を別にして記されていたが、印刷の都合上、墨色一つに印刷したことを言明している。そのことをも確認したいと思いながら、川田雄琴の遺著の全体を調査するまでには至らなかった。『近世漢学者伝記著作大事典』は川田雄琴の著作として『伝習録筆記』の外に『豫洲大洲好人録』五巻、『周易家人升二卦變説』をあげている。

東北大学中央図書館の狩野文庫に『古本大学説屑』『学談敗鼓』が収蔵されていることは仙台時代に確認し、その複写本を手元に置いてはいたものの、悉皆調査に取りかかることはなかなかできなかった。『中江藤樹心学派全集』の刊行を優先したからである。小山國三氏との共同作業であった。それを上梓した後に、年来の課題である『川田雄琴全集』を仕上げる作業にとりかかった。小山國三氏との二人三脚である。

川田雄琴が三輪執斎の講述を筆記したものとしては『伝習録筆記』の外に『朱子晩年定論筆記』があること。それは三輪執斎の『標註伝習録』に附録された『朱子晩年定論』を課本にした講述であったこと。刮目すべきことの一つは、三輪執斎の『標註伝習録』は世界最初の『伝習録』註釈書ながら、それがあまりにも簡易なために三輪執斎の陽明学理解がさして深いものではなかったと決めつけてしまいがちである。ところが『伝習録筆記』上中下三巻、『朱子晩年定論筆記』を味読すると、それが浅解であることを思い知らされる。この一事からしても三輪執斎は再評価されるべきであるが、『三輪執斎全集』を見ることができないことが残念である。三輪執斎の陽明学理解を再評価することを促すのは、川田雄琴が師三輪執斎の本領を的確に理解して見事に成書しえたからである。筆記類とは師弟の共同作業であることを如実に物語る事例である。

川田雄琴の陽明学理解が秀逸であることを物語るのが『古本大学説屑』である。王陽明の『古本大学』を課本にした川田雄琴自身の理解をもろに詳説した。それを「説のすりくず」と命名したのは「無くもがな」の解説に過ぎないことを謙遜しながら力説した言説である。朱熹の『大学章句』を解説するいわゆる朱子学者の末疏が氾濫していた中での、川田雄琴の宣言書ではあるが、朱熹の『大学章句』のとるべきところは採用している。

『学談敗鼓』の「敗鼓」とは「やぶれつづみ」。唐代の韓愈に「進学解」の一文があり、その中で「玉札丹砂、赤箭青芝。牛溲馬勃、敗鼓之皮。倶収並畜、待用無遺者、医師之良也」という。薬剤として先の四者は貴薬。後の三者は賤薬。賤薬である破れ鼓の皮でも何かの薬に役立つから保存しておくのが良医であると。先の「説屑」と同じ云いぶりである。この『学談敗鼓』は儒学の枠を超えた川田雄琴の日本文化史論とでも云おうか。この『学談敗鼓』の立論が持つ固有の意味についてはいわゆる国学畑の研究者による解析を待ちたい。

『豫洲大洲好人録』は川田雄琴が赴任地である大洲において良知心学を普及させた活動の実績報告書である。この種の好人録の類いは徳川幕府の人心涵養策の奨励が背景にあって、大洲藩も藩版として刊行したものである。川田雄琴の著書は写本のまま残されたが、『豫洲大洲好人録』が唯一版行された。刊行の際に編集の手が加わった可能性を否定できないが、川田雄琴の社会教育活動を知らせる貴重な記録である。三輪執斎から大洲藩に赴任することを促された時に、最初の師である梁田蛻巌に相談したところ、梁田蛻巌は、「大洲は中江藤樹が良知心学に開眼した土地柄であり、多数の士人が中江藤樹門にはせ参じた。また盤珪永琢が如法寺を開山していわゆる不生禅を布教した、心学の伝統が根付いている藩であるから、ぜひとも行きなされ」

と、雄琴の背中を押した。大洲に赴いて三輪執斎の委託に応えて止善書院を創立し藩士を対象に教化活動を行ったが、更に藩民向けに藩内を巡講した。その記録が『豫洲大洲好人録』である。各地域に自発的に講学会が設立されて良知心学を学びあっている姿は、川田雄琴の普及活動の成果そのものである。石田梅岩のいわゆる石門心学だけではなく、良知心学もまた士分の知識人の枠を超えて、庶民階層に浸透していたことを物語る。

『琴卿集』は『愛媛県史　資料編　学問・宗教』に収録されているが、今回は底本を改めて翻刻した。

以上が川田雄琴の遺著のうち、写本としてあるいは版本としてまとまった形で遺されたもののすべてである。そのほかに今回初めて翻刻した遺文がある。

これで川田雄琴の遺著・遺文をひとまず網羅したことになる。悉皆調査し、読解するのに、いつものことながら難義した。調査に漏れがあり読解に誤りがないとは言い切れない。博雅の士のご教示を願うこと切実である。

本書が多くの人々に読まれることによって日本近世の心学思想の流れがよりよく理解されることを祈念してやまない。

吉田公平

二〇一四年七月一日

川田雄琴全集　目次

六　遺文

あとがき

解題

本書『川田雄琴全集』は、川田雄琴の遺書の総集である。

川田雄琴《ゆうきん》は、実名は資深、通称半大夫、字は君渕、号は琴卿、晩年には雄琴と号した。貞享元年(一六八四)四月二十八日江戸に生まれ、宝暦一〇年(一七六〇)十一月二十九日、伊予大洲において没した。享年七十七歳であった。若くして、旗本蒔田定矩《まいたさだのり》(七七〇〇石─知行地備中国加陽郡)に仕えたが、早く致仕した。雄琴二十六歳のとき定矩が死去しているので当主の代替りにともない致仕したのではなかろうか。蒔田定矩は三代定行《さだゆき》の養子で、元禄三年(一六九〇)定行の死去により十四歳で家督し四代当主となり、宝永七年(一七一〇)三十四歳で逝去した人物である。

雄琴ははじめ漢詩人で朱子学者である梁田蛻巌《ぜいがん》(一六七二─一七五七)に朱子学を学んだが、蛻巌のすすめにより三輪執斎(一六六九─一七四四)のもとで陽明学をきわめた。とくに執斎に愛されて、執斎が江戸下谷に設けた講舎明倫堂で講ずるほどで、執斎が病をえて帰京の後は、明倫堂を経営し、師の遺教の講述に専念した。享保一七年(一七三二)四九歳のとき、執斎の推挙により、伊予大洲藩五代藩主加藤泰温《やすはる》および六代藩主泰衑《やすみち》に儒臣として二十人扶持(延享元年─一七四四─十人扶持加増)をもって仕えた。

大洲藩は、元和三年(一六一七)加藤貞泰《さだやす》が伯耆国米子から移封され初代藩主となり、以来十三代泰秋まで子孫相承して明治に至った外様大名である。当初六万石を領していたが、元和九年二代泰興《やすおき》の相続に際して、弟の直泰《なおやす》に一万石を分け新谷《にいや》藩を立て、実質五万石となった。しかしこれは分知ではなく、本藩六万石格式不変のままの内分である。内分も大名と認められた唯一の例であるという。

二代藩主泰興(一六一一年—一六七七年)に中江藤樹(一六〇八—一六四八)が仕えた。中江藤樹は九歳のとき、初代藩主貞泰(一五八〇—一六二三)の大洲移封に伴い、家臣祖父中江吉長に従って大洲に移り、祖父の死により家督し大洲藩士となり、寛永九年(一六三二)新谷藩に任用替えとなった。近江に残した母への孝養をつくすために辞任を願ったが許されず、寛永十一年(一六三四)二十七歳のとき、脱藩して近江に帰った。彼を慕い、藩主の黙許のもと近江で学んだ藩士もあったが、藤樹の没後、大洲の陽明学は衰微した。

泰興は、禅学に熱心であった父貞泰の影響もあって、江戸において盤珪永琢《ばんけいようたく》の教へに深く帰依し、明暦二年(一六五六)領国大洲に招聘した。滞在一年半にして盤珪は播磨に帰った。寛文八年(一六六八)泰興は城東の富士山《とみすやま》に如法寺を建立し、翌年再び盤珪永琢を招いた。その後如法寺への信仰は拡大し、永琢の徳沢は深く庶民に浸透した。

五代藩主泰温は三輪執斎を知るにおよんで、屋敷に招き、丁重に遇し、その講説に心を傾けた。彼が如何なる機縁で執斎を師とするに至ったか、これを証する資料は見出されていない。

泰温は大洲が中江藤樹生長の地であるにもかかわらず、陽明学が振るわないことを甚だ遺憾に思い、三輪執斎を大洲に招聘しようとしたが、執斎は病身の故を以て固辞し、代わりに川田雄琴を推薦した。執斎に大洲赴任を薦められた雄琴は、梁田蛻巌から「大洲は盤珪永琢の禅心学の遺風が色濃く残っている筈である。

心学教化の基盤があるので、勇気を出して赴任し、禅心学を良知心学に転換させたらよい」と励ましの助言をうけた。

大洲に赴任した川田雄琴は、期待に応え、藩主に対する御前講義に従うほか、主命により藩士への陽明学講釈に専心、さらにたびたび領内を巡回し、一般庶民への講釈教化に力を注いだ。

その盛況ぶりについて、雄琴は『豫洲大洲好人録』の序で、「予一とせ需によって郡中巡行し、教諭せし事あり。毎席男女僧俗百人二百人入替り〱して縁崩れゆり落し、一巡の人数二三万に及びし時もありし」と記している。

雄琴大洲赴任に際し、三輪執斎から大洲に中江藤樹の祠堂を建て、藤樹心学の興隆に努めるようにと、王陽明の肖像の軸および藤樹の真蹟を授けられていた。しかし天災人災が相次ぎ、藩財政は逼迫疲弊し、師の遺命に応えることは困難を極めた。泰温は自ら経費を節約して祠堂の資金を蓄えようとした。このことは自ずから家臣や領民に及び、浄財が寄進された。延享元年(一七四四)、雄琴は在任十三年にして待ち望んだ祠堂および学舎建設の命を受けることができた。翌二年六月泰温は三十歳の若さで急逝し、事業は一時停頓の止む無きに至った。六代藩主泰衒《やすみち》は養父の遺志を継ぎ、家老大橋兵部易清を総奉行として祠堂および学舎の建設に当たった。『君侯玉話』は、江戸下谷の明倫堂を解体し、用材や瓦石を大洲江戸往復の任に当たる藩船吉田丸で大洲に回送し、建設資材の一部に充てたとのエピソードを伝えている。江戸下谷の明倫堂には漢学者で書家でもある細井広沢(一六五八―一七三五)の揮毫になる「明倫堂」の扁額が掲額されていたが、それも大洲に移送し止善院明倫堂に掲げられた。

王陽明一八〇年忌、藤樹一〇〇年忌にあたる延享四年(一七四七)、ついに止善書院明倫堂として完成した。

雄琴は学規を定め、教授に就任した。止善書院明倫堂は以来曲折を経ながらも大洲藩校として明治維新まで続いている。

雄琴は在職二十年、宝暦元年(一七五一)六十八歳をもって職を嗣子資哲に譲り、その後も大洲藩文教の確立と領民の教化に一身を捧げ、十年後宝暦十年(一七六〇)七十七歳で卒した。

大正四年十一月十一日、大正天皇即位式典挙行に際し、川田雄琴は正五位を贈位された。このときには正四位に林羅山、従四位には北村季吟・谷時中・伊藤東涯・皆川淇園・古賀精里・尾藤二洲・佐藤一齋ら、正五位には廣瀬淡窓らがいる。

著書には、『傳習録筆記』・『朱子晩年定論筆記』・『學談敗鼓』・『古本大学説眉』・『琴卿集』・『豫洲大洲好人録』がある。本書にはそれらすべてを採録し、さらに遺文として「書簡」四通・「祭藤樹先生文」・「止善書院成告文成公藤樹先生文」・「止善書院明倫堂成祭執斎先生文」・「止善書院記」・「止善書院記追加」・「告同志諸君　先師年忌説」・「家塾における学規」・「和歌」二首及び「中江藤樹先生真蹟大坪流馬術十一箇条」跋文を収めた。

『国書総目録』には雄琴の著作として『町見術書』が、その続編『古典籍総合目録』には『忠孝好人録』がそれぞれ著録されているが、前者は雄琴の書写によるもので著作ではない。後者は町版の『豫洲大洲好人録』の板木をそのままに、題簽の外題を『なつめ草』、内題および尾題のみを『教訓繪本忠孝好人録』に改め、新板めかして刊行された、いわゆる「改題本」である。

『近世漢学者伝記著作大事典』には雄琴の著作として『伝習録筆記』『學談敗鼓』『豫洲大洲好人録』『周易家人升二卦々変説』が著録されているが、これらのうち『周易家人升二卦々変説』は写本の所在を確認できない。

雄琴にはほかに『軍礼』・『武者片袖』・『武者行縢』・『寸法書』の著書があったとされる。このうち『軍礼』五巻は大洲市立博物館に所蔵されている。この写本には各巻の末尾に「不識院権大僧都　大阿闍梨謙信」の識語があり、次いで「天正二甲戌五月吉日　加治遠江守景英」「寛永九丑申五月吉日　同萬衛齊景治」「正保元甲申三月六日　同龍爪齊景明」「萬治三庚子九月吉日　澤崎主水　景尚」「寛永五戊子十二月吉日　高松次五右衛門正春」「川田半大夫資深」とあり、雄琴の著作ではない。なお同博物館はさらに写本『軍礼』五巻一冊本を所蔵している。同写本は前記五巻本と若干の字句の異同があり、また「川田半大夫資深」の次に「垂井兵左衛門　安永三甲午　龍集冬霜月吉祥日」と記されている。

これにより雄琴は越後流兵学にも造詣が深かったことがわかる。

一、『伝習録筆記』

三輪執斎『標註傳習録』についての執斎自身の講述を川田雄琴が記録したものである。本書中二箇所七頁十四行目および一二九頁十七行目に「雄琴先生」とある。同下巻末佐藤一斎の跋に「琴翁之嗣資哲号為渓。此記成於琴翁。然編中時有為渓補録」とあることから、嗣子資哲の補註があるものと思われるが、どの箇所かは判然としない。資哲は『標註傳習録筆記修補』を著している。

雄琴の『伝習録筆記』は、明治四十四年に早稲田大学出版部より『先哲遺著　漢籍國字解全書　傳習録』として活字化されているが、『標註傳習録』本文語句と執斎の講述部分が直ちには読み分け難い。

底本の上巻には本文の前、表紙の次葉に「先考慥齋自筆手澤本」とある。慥齋とは奥宮慥斎(一八一一―

一八七七)のことで、慥斎の蔵書は高知市立市民図書館に奥宮文庫として所蔵されている。下巻には『伝習録筆記』に次いで『朱子晩年定論筆記』が附され、その末尾に「家琴 郷《（ママ）》 傳習録筆記謄写呈 一齊先生 天保八年榴月 曽孫資輝敬記 琴翁之嗣資哲號為渓此記成於琴翁然編中時有為補録朱圏内加墨點為識 坦」との跋が記されている。坦とは佐藤一斎(一七七二―一八五九)である。

『伝習録筆記下』の末尾に付されている『朱子晩年定論筆記』は、『伝習録筆記』と同様に本文からの引用語句を朱筆で示し、続いて執斎の講述を記している。

底本とした写本は、高知市立市民図書館所蔵奥宮文庫の『伝習録筆記上』・『伝習録筆記中』・『伝習録筆記下』および『朱子晩年定論筆記』である。

二、『學談敗鼓』

餘韻の問に対し響子が答える問答形式をとっている。底本とした写本は、国会図書館東京本館所蔵『學談敗鼓』である。同書は第一問答から第二十五問答までを上巻とし、第二十六問答から第五十問答までを下巻としている。下巻の末尾に「甲戌四月初吉 一齋 坦 看過」との跋が書せられている。

東北大学附属図書館狩野文庫は、第一問答から第二十五問答までを『學談敗鼓』とした写本を、東洋大学附属図書館は第二十六問答から第五十問答までを同じく『學談敗鼓 尾』とした写本を所蔵している。後者の表紙には、「此書著者ノ名アレトモ姓ヲ記セス。豫州ノ人ニテ藤樹先生ヲ崇拝スル人ナルヘシ。書中ニ我カ伊豫ト書キタル所アリ。余浅学ニシテ名士ヲシラス。恥スベシ云々」とある。

そのほか無窮会専門図書館平沼文庫・東京都立中央図書館井上文庫・筑波大学付属図書館および二松学

舎大学附属図書館がそれぞれ『學談敗鼓』上下二巻を所蔵している。

三、『古本大学説屑』

本文冒頭「古本大学説屑ノ序説」の次の「書古本大学説屑後贈同志」には「河田正恒」とあるが、東北大学附属図書館所蔵狩野文庫の写本には『雄琴先生　古本大学説屑』の題簽がある。内容を仔細に検討の結果、川田雄琴の著書であるとの確信を得たので、本書に採録した。

底本には筑波大学付属図書館所蔵の『古本大学説屑』を用いた。東北大学附属図書館所蔵狩野文庫の写本および奥宮文庫の写本と校合の結果、底本には本書二九四頁〔　〕内の四行および三五三頁〔　〕内の七字が脱落していることが判明したので、狩野文庫の写本により補った。

高知市立市民図書館は奥宮文庫に写本『古本大学説屑』を所蔵している。同写本は本書三〇九頁七行目までであり、八行目以降末尾三五七頁まで四十八頁分を欠いている。

四、『琴卿集』

東京都立中央図書館所蔵井上文庫の『琴卿集』を底本とした。『琴卿集』は『愛媛県史　資料編　学問・宗教』(昭和五八年　愛媛県)に翻刻されている。

五、『豫洲大洲好人録』

川田雄琴が元文二年(一七三七)に筆を起し、延享二年(一七四五)までの九年間に、藩から表彰された孝子・貞婦・奇特者等の言行事蹟を収録したもので、いくつかの事蹟には平易な表現で陽明学的な論賛を加えている。

資料は川田雄琴が郡奉行役所の記録をもとに知る者から聞き取ったもので、さらに巡郷のおり直接面接して正確を期した。この書は稿を改めること三度、初稿と第二稿はともに浄写して士庶の間に伝えられたが、雄琴は更に校訂し、第三稿をもって定稿とした。

雄琴逝去三十九年後、第一〇代藩主加藤泰済《やすずみ》はこの書にいたく感動し、政教に益するところ大であるとして、寛政十一年(一七九九)に大洲藩臣安川寛謹撰の序文を附し、藩版として開板した。

安川寛、字は公綽、右仲と称した。安永六年(一七七七)生まれ。没年は不詳である。生家は医家、幼くして学才をあらわし、士籍に列せられ、昌平黌に学ぶ。『豫洲大洲好人録』の序を撰文したときは二十三歳であった。

この『豫洲大洲好人録』は家中一統はもちろん町年寄・庄屋にも下付されて、町人百姓すべてに読み聞かせるよう布達された。

「中島町堀内文書」にはつぎのように記されている。

「寛政十二年五月

御城下より御用之義御座候ニ付、島方庄屋とも罷出候様被仰付候ニ付、鷲野為右衛門、石丸平蔵、郷頭政五郎四人先出ニ参候、其内平蔵不快ゆへ出勤相止申候、御代官御出勤之節、栗原善兵衛、六郎左衛、由平三人罷出、郡内御替地、島方庄屋一所ニ玄関迄袴ニ而御礼之通罷出候、其節被仰渡候御直書之控、左之通、

先年御領内中心得宜者致記録有之可稱事思召、右之書此度板行被仰付被下置候、町郷末々迄不洩

様寄々読聞可申候、右之程被成下候儀厚思召ニ而、追々右様之風俗押移様有之度御旨ニ候間、其
段相心得、当時ニ而モ右ニ類し候者有之候ハヽ、可申出候、」

さらに『加藤家年譜』中　泰済」にもつぎのようにある。

「寛政十二年六月七日、御呼出ニ而一統へ御直書を以テ御達
去歳火災節何モ出精相成、御城内無別條帰城後見請候處、一致出精普請大方出来致安居、且城中早速手厚相成大慶之事ニ候、火災後風俗質素立戻義第一之事ニ付、既制服差免モ根元手廻能物毎易簡相済主意ニ候、申迄無之候得共忠孝之道専一之義、何モ相励可申、先年領中心得宜敷者致記録、此度板行申付、則相渡間可致熟覧候。
好人録　一部」

雄琴は『豫洲大洲好人録』の「題言五条」の冒頭に自ら次のように記している。

此録元文二巳のとしより起して、延享二丑年に至る。其間九年なり。伝を立たる事四十有余人を得る事、かね合せて八十人にも及べり。（一伝の中あるひは夫婦兄弟あり。成野村のごときハ同士二十七人なり。）皆山野市中の孝弟忠信の徒なり。
延享二年六月　先侯享年三十年にして終らせ給ふ。ここにおひて此録筆を止む。

孝子・貞婦・奇特・家内親睦など四十六に及ぶ言行事蹟を七十八名の名を挙げて顕彰している。うち　論賛は十四事蹟に附されている。

『豫洲大洲好人録』の板木は、その後実務を担当した大坂の文寶堂播磨屋新兵衛に下げ渡された。播磨屋新兵衛はこの『豫洲大洲好人録』の見返しに「『教示繪入 豫劦大洲好人録 全部五冊』浪華書舗　文寶堂梓」と表示、奥付を附して町版として上梓した。この版本は江戸の崇山堂西村宗七、京都の雲箋堂銭屋庄兵衛でも頒布

された。

『豫洲大洲好人録』は川田雄琴の自序を含むすべてに総ルビが附されている。ただし大洲藩安川寛による序にはルビはない。

巻末には蔵版目録「教訓よみ本目録　文宝堂蔵」があり、十二冊書名があるが、『豫洲大洲好人録』はその筆頭にあげられている。その略解に「此書ハ元文二巳年より延享丑年迄の官府より賞賜行ハれて孝悌忠貞の名を旌表したる国中の善民の行状をゑらひ傳ふ」とある。

さらに昭和十一年大洲の郡中小学校中島辰次郎が独力で謄写して同好の諸子に頒布した。

『豫洲大洲好人録』には目録に続いて「續好人録　近刻」と記されているが、実際には板行されておらず、単なる予告と受け取られていた。しかし續好人録の巻三の草稿が発見され、それによると草稿は完成するも板行には至らなかったものと思われる。巻三の内容は十人の顕彰で、内二名について論賛を加えている。昭和十四年に大洲史談会刊『温故』第三号に翻刻された。

本書では国会図書館東京本館が所蔵する『豫洲大洲好人録』全五巻を底本とした。

国会図書館東京本館はさらに写本『豫洲大洲好人録』一冊を所蔵している。この写本はあらかじめ匡郭を摺った紙に五巻すべての本文と挿絵を丁寧に透き写した、所謂「板本写し」である。ただし板本の二丁目の一丁をとばして写しているので注意を要する。ルビはいくつかの語句を除いて附していない。

『忠孝好人録』は、京都の津逮堂吉野屋仁兵衛が文寶堂播磨屋新兵衛から『豫洲大洲好人録』を求板して刊行した「改題本」である。各巻の内題および尾題を埋木して、『忠孝好人録』に改め、『教訓あつめ艸　五篇』十冊のうちに収めた。ただし大洲藩安川寛による序文および本書四〇四頁十六行目から四〇六頁二行目までが削除されている。

題簽の外題『あつめ艸　五』とあるのが『忠孝好人録巻之壱』、『あつめ艸　六』が『忠孝好人録巻之二』、『あつめ艸　七』が『忠孝好人録巻之三』、『あつめ艸　八』が『忠孝好人録巻之四』、『あつめ艸　九』が『忠孝好人録巻之五』である。

弘前市立弘前図書館は『あつめ艸五篇』十冊（『教訓繪本　忠孝好人録』五冊を含む）を所蔵している。

六、『遺文』

「書簡」は新谷藩家老徳田彦六（三百石）宛のものである。この書簡は徳田彦六に宛てられた他の儒家の書簡四十三通及び詠草・書目・その他断簡・別人宛書簡など四点とともに『諸家尺牘』三巻として軸装され、大阪大学懐徳堂文庫に所蔵されている。

「止善書院成告文成公藤樹先生文」・「止善書院明倫堂成祭執斎先生文」・「止善書院記」については東洋大学図書館所蔵の写本を底本とした。同写本には題簽・内題・尾題ともに記されていない。末尾に「天保二辛卯年九月吉日　保積正厚謹寫」とある。

「祭藤樹先生文」・「止善書院記追加」・「告同志諸君　先師年忌説」については『藤樹先生全集』第五冊から転載した。

「家塾における学規」は『愛媛県編年史』第七巻から転載した。

「和歌」二首は『愛媛県編年史』第七巻から転載した。

「藤樹先生真蹟大坪流馬術十一箇条」に川田雄琴の跋文があるので採録した。この書は軸装され大洲市立博物館に所蔵されている。

〔付〕川田雄琴の系譜

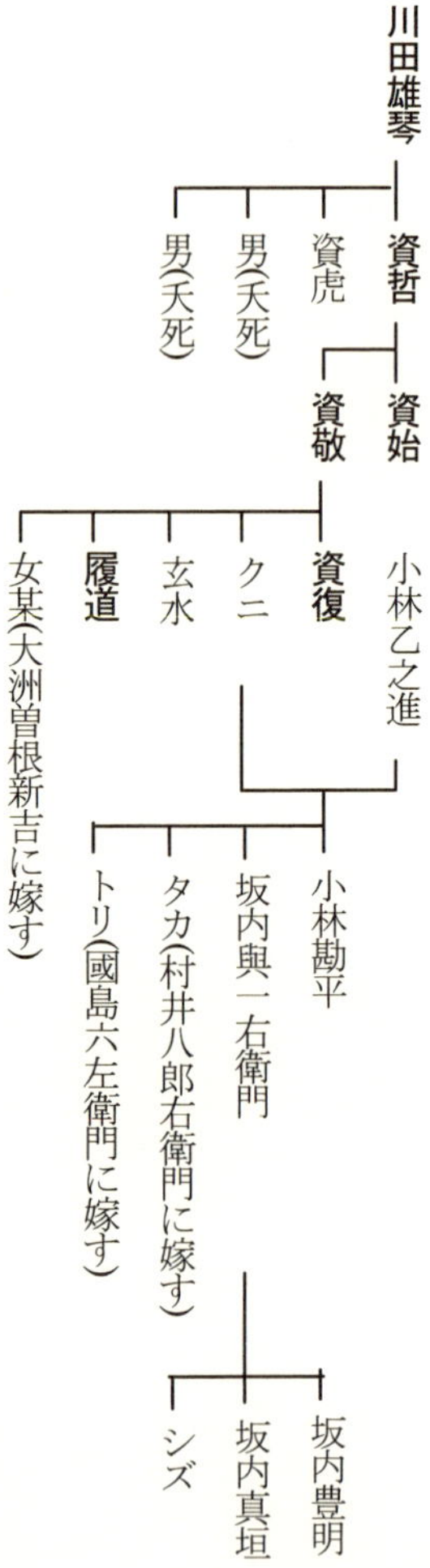

川田資哲

川田雄琴の嗣子。実名は資哲、通称は始め要助、後に父の半大夫を継ぐ。字は游龍・子明、号は芝嶠・畏齋・惶齋、安永八年（一七七九）致仕した後は為谿と称した。享保五年（一七二〇）江戸に生まれ、十三歳の時父雄琴に連れられ大洲に至り、宝暦元年（一七五一）三十二歳にして家督を相続、寛政五年（一七九三）没した。享年七十四歳であった。家督相続の後は泰衜・泰武・泰行・泰侯の侍講ならびに明倫堂教授として、大洲藩文教の中核として重きをなした。安永八年（一七七九）に隠退の後、天明六年（一七八六）家禄三十人扶持のほかに五人扶持を下賜された。著書には『標註傳習録筆記修補』・『瓊矛自従抄』・『靖献遺言講義』等がある。

川田資始　資哲の長男。安永八年父資哲の跡を継ぎ明倫堂教授となったが、病身の故をもって天明三年(一七八三)致仕した。在職満四年であった。幼いときより父に家学を受け一家をなしたとされるが、史料が十分でなく判然としない。大正四年由木興禅寺にて發見された墓田の四基の墓石は「雄琴川田先生墓」・「為谿川田先生墓」・「川田為谿翁室岡氏墓」・「紫淵川田先生墓」であり、資始の墓石はなかった。

川田資敬　資哲の次男。実名は資敬、通称安之進、字を文欽といい、紫淵と号した。宝暦一〇年(一七六〇)大洲に生まれ、文化一〇年(一八一三)没した。享年五十四歳であった。天明三年雄琴と資哲の名跡を立てる形で家学を相続した。明倫堂教授として十五年、寛政九年(一七九七)寛政異学の禁の余波を受けて明倫堂教授を免ぜられ、「御馬廻ニ而御広間御番相勤候様被仰付」た。川田家の家業(明倫堂教授)は、この年をもって公式には終わりを告げたことになる。

川田資復　資敬の長男。資輝(『伝習録筆記』下巻の跋に「曾孫資輝敬記」とあることによる)。通称復次郎。寛政三年(一七九一)に生まれ。二十三歳で家督を相続し、二十人扶持を給せられた。藩主泰済に御手廻として仕え、藩の出版事業にも参画、文政九年(一八二六)の『韓魏公傳録』の板行に際しては板木掛に任ぜられた。天保二年(一八三一)には雄琴以来累代の説を注記した『孟子講義』を著述している。弘化二年(一八四五)四月、下女を召しつれ藩を出奔、八月に大阪奉行所によって捕縛され、翌三年二月下郎身分に落とされ縛首の刑に処せられたという。出奔の理由を示す史料はない。

川田玄水　川田資敬の次男。新谷で医をもって栄えた。生没不詳。

川田履道

通称観平、字は用晦、晦蔵とも称した。資敬の三男。文化八年(一八一一)に生まれ、安政三年(一八五六)に没した。享年四十六歳であった。履道は長兄資復の養子となっていたが、養父資復の件により永の暇となった。江戸に出て佐藤一斎に学び、吉村秋陽・大橋訥庵・春日潜庵らと親しく交流し、また同門の楠本端山・新宮士敬らと互に切磋した。困窮のなかにも勉学怠らず、訥庵を感動させたほどであったという。大橋訥庵は弘化元年「送川田履道序」のなかで、「伊豫川田履道。寓于愛日之塾数年。其為學不拘々於名。不鑿鑿於言。務欲反諸吾心。是亦可謂善學者矣」と述べている。帰参叶わぬまま安政三年(一八五六)死去した。遺体は訥庵によって葬られた。これで川田家の末流は不遇のうちに跡絶えた。その終焉の状況については、大橋訥庵が池田草庵に送った安政三年六月十五日付の書簡に、「川田観平御逢も被成候者之處、當正月近在へ教授に参り居候て、暴に病死致候故、遺骸を弊廬へ引取、埋葬致遺候。右は格別之事も無之者に候へ共、只薄命之至、可憫之事に御座候。御一面之者故乍序御報申上候」とある。

参考文献

『伊予大洲藩新谷藩教学の研究』　桜井久次郎著　昭和四十六年　大洲藩史料研究所
『伊豫史談』第五・七・八・十二号　大正五年・大正六年　伊豫史談会
『江戸学事典』　西山松之助ほか編　昭和五十九年　弘文堂
『江戸の板本』　中野三敏著　平成二十二年　岩波書店
『愛媛県教育史』第一巻　教育史編集室　昭和四十六年　愛媛県教育センター

『愛媛県史　資料編　学問・宗教』　愛媛県史編纂委員会編　昭和五十八年　愛媛県
『愛媛県編年史』第六・七・八巻　愛媛県編年史編纂委員会　愛媛県
『愛媛県の地名』日本歴史地名大系第三九巻　一九八〇年　平凡社
『王陽明「伝習録」を読む』　吉田公平　二〇一三年　講談社
『大橋訥菴先生全集』中巻・下巻　平泉　澄　昭和十四年　至文堂
『温故』創刊号・第三号　昭和十二年・十四年　大洲史談会
『川田雄琴先生贈位奉告祭墓田改修記念帳』　倉根是翼編　大正六年
『寛政重修諸家譜』第一五巻　昭和四〇年　続群書類従完成会
『近世漢学者伝記著作大事典』　関儀一郎編　昭和十八年　琳琅閣書店
『近世書林板元總覧』　井上隆明著　平成一〇年　青裳堂書店
『楠本端山碩水全集』全一巻　岡田武彦・荒木見悟ら　昭和五十五年　葦書房
『高知県人名事典』　『高知県人名事典　新版』刊行委員会編　平成十一年　高知新聞社
『国書総目録』　一九六五年　岩波書店
『国史大辞典』第二巻　国史大辞典編集委員会編　昭和五十五年　吉川弘文館
『国書人名事典』　一九九三年　岩波書店
『贈位諸賢傳』全二冊　田尻　佐編　昭和二年　國友社
『伝習録』　山田準・鈴木直治訳註　昭和十一年　岩波書店
『伝習録』（新釈漢文大系）　近藤康信著　昭和三六年　明治書院

『標註傳習録』　三輪執斎著　中川明善堂
『先哲遺著　漢籍国字解全書　傳習録』　早稲田大學編輯部編　明治四十四年　早稲田大學出版部
『伝習録』（鑑賞中国の古典10）　吉田公平著　昭和六十三年　角川書店
『藤樹先生全集』第五冊　藤樹書院　昭和三年　岩波書店
『古典籍総合目録』　国文学研究資料館編　一九九〇年　岩波書店
『日本思想史辞典』　子安宣邦監修　二〇〇一年　ぺりかん社
『日本における陽明学』　吉田公平著　平成十一年　ぺりかん社
『日本歴史人物事典』　小泉欣司編　平成六年　朝日新聞社
『藩史総覧』　児玉幸彦ら監修　昭和五十二年　新人物往来社
『藩史大事典』第六巻　木村　礎ほか　平成二年　雄山閣出版
『陸象山と王陽明』　吉田公平著　平成二年　研文出版
『陽明学が問いかけるもの』　吉田公平著　平成十二年　研文出版
「読売新聞」　大正四年十一月十一日付

凡例

本書は川田雄琴の遺書・遺文を現在確認できる限りのすべてを集めて活字化したものである。

一、活字化するにあたっては、極力底本の通りとした。

一、底本には句読点はなく、句読点はすべて編者が付したものである。

一、〔 〕内の字句はすべて編者の註である。

一、仮名の変体・合字は通行の字体に改め、漢字の字体は底本に従った。但し異体字は通行の字体に改めた。

一、底本中漢文の返り点について底本の通りとした。

一、加えて『伝習録筆記』・『朱子晩年定論筆記』・『学談敗鼓』・『豫洲大洲好人録』についてはつぎの通りとした。

『伝習録筆記』

底本とした写本は、『標註傳習録』本文からの引用語句を朱筆で示し、続いて執斎の講述を記しているので、朱筆の語句はすべてゴシックとして明示した。しかし朱筆には相当の遺漏があり、板本『標註傳習録』(全四冊・浪華中川明善堂製本)と校合し、引用語句は墨書の個所もすべてゴシックとした。

底本とした写本および校合した『標註傳習録』には条目に番号は附されていないが、本書では『標註傳習録』を底本にした『伝習録』(岩波文庫・昭和十一年)に準拠した番号を附した。ただ下巻では筆記記述が一二八〜一二九頁〔一〕〔二欠〕〔三欠〕〔五〕〔四〕〔五〕、一四〇〜一四一頁〔四二〕〔四三〕〔四二〕〔四三〕となっている。いずれも底本の順である。さらに長文の条目については『伝習録』(新釈漢文大系・明治書院・昭和三六年)に準拠し段落に分け、段落ごとに冒頭の数句を〔 〕内に注記した。

『朱子晩年定論筆記』

本文からの引用語句を朱筆で示し、続いて執斎の講述を記している。朱筆で書された語句はゴシックとし、前記板本『標註傳習録』の『付録朱子晩年定論』と校合し、引用語句は墨書の個所もすべてゴシックとした。

『学談敗鼓』

利便性を考慮し、第一問答から五十問答まで連番を附し、各問答の冒頭〔 〕内に記した。

『豫洲大洲好人録』

底本に従い総ルビを附した。一頁一図、二十九図の挿絵は若干縮小して本文中の該当頁に挿入した。

川田雄琴全集

一　傳習録筆記

豫州　河（ママ）田琴卿　記

執斎先生、曰仁ノ序ノミヲ講シテ、旧本前後ノ序跋ヲ除ク。新本初丁ニ見ヘリ。故ニ新本其文ナシトイウトモ、古版アレハ敢テ刊去ニモ非ス。其文ヲ看ハ古版ニ依リ可考。

〔傳習録序〕

○傳習録ハ、王子ノ物語、諸門人ヘノ書簡ヲアツメテ、徐愛ノ此篇ヲアマシテ、傳習録ト名ケリ。（論語学而篇）傳習ハ師ヨリ伝フル先生ノ儀刑規切ヲ、此書ヲ見、時々刻々習熟スル意ナリ。○此王子教、如医用薬ノ意。古人ノ法ナリ。論語先進ノ篇、子路冉有ノ間ニ、父兄イマス《アリ》トノ玉ヒ、又聞マヽニ行ヘトノ玉フ問答ノ如シ。一方ニカヽハル事ナシ。其人ノ病ニヨリテ教ヲ立テ玉フ。**○因病立方―**、薬ヲ拵ヘテ病ヲマツニ非ス。病ニ応シテ薬ヲ用ユ。其疾ニハ色々アリ。**○虚実**ハ、体ノ虚実アリ。温ハ熱病、涼ハ寒病ナリ。陰ハ陰症也。陽ハ陽症也。内ハ内傷、五臓ノイタミナリ。外ハ感冒、外邪也。**○要ハ**、其主意肝要ナリ。**○初無定―**、初カラ薬ヲ拵ラヘテ疾ヲマツニ非ス。**○今某与―**、某ハ先生ナリ。各（ママ）ダチト道ヲトクニト也。**○偏蔽トハ**、気質ノ偏、人欲ノ蔽アリ。人間ノ形ハ、陰陽五行ノ気ヲ受テ生レル者。故ニ気質カタギニハ柔弱剛強ノ偏アリ。タトヘハ柔弱ナル者ハ、其気質ニテ云ヘキ事モ云ハス。格スベキ事モ不㆑規、皆気質ニナガル。幸ニ柔弱ナル事ニテ利ヲ得ル時ハ、是ヨリ外ニ道ハナキ物ト心得、ハヤスギル事ハアシキトノミ一偏ニ思ナシ、益々己ガ気質ニナガルヽナリ。又気質強キ者ハ、何事モ強クトリアツカヒテ、是ヲヨシト思ヒナス。故ニ利ヲ得テハ、是道ト思フ。是皆気質ノ偏ニシテ中道ヲ過ルナリ。本体明徳ハ、人皆受得テ居ル本体ナレトモ、コノ偏蔽ヲ以ヲヽヒナス故、明ナル事アタハス。譬ヘハ鏡ノ明ナルモ、蓋ヲ以テ蔽フ時ハ、不明ナルガ如シ。是以本体ヲ明ニスル事アタハズ。故ニ先生コレヲ憂テ為㆓箴切砥砺㆒ナリ。○**箴切砥砺**、箴ハ針也。中巻ニ鍼砭膏膏トイウ類ナリ。切ハ切キズニ塩ノシムトイヘル如ク親切ナルナリ。砥―ハ二字トモニ砥石トヨム。是ニテ気質人欲ヲトギ去ル。気質変化サセル事也。○**成訓**、先生ノ言ヲトメテ成就シタ是ガ教シヤト思フ也。○**誤己**ハ、先生ノ思召ニ非レハ先生ヲモ誤ル也。○**贖**ハ、字彙、用價取回也。又納金免罪。舜典金作贖刑金云。過金ナリ。銭ヲ出シテ罪ヲノカルヽ事也。此罪ハ過銭テモ不及トナリ。○**相規**ハ、其説ヲ書記スルハ先生ノ思召ニ入ラヌモノナリト制スル也。○**吾儕**、各何レモタチ常ハイツマテモ今ノ如ク常ニト也。○**何事**ハ、備録ヲ事トセント也。○**索居**ハ、アラケヲル也。玉篇ニ散也ト云。離散スルナリ。○**儀刑ハ先生ノ威儀ヤウホウナリ**。○**規切**ハ、門人ノ過チハ、先生常ニ親切ニ規シ玉ヘルカナレトモ、後ニハ是ヲ聞ク事モナキ也。○**摧堕―**、摧ハクツレ、堕ハヲツルナリ。靡、チラケルナリ。音米披又音靡散也。爛也。滅也。**廃**ハ、スタルナリ。○**践履**ハ、誠実ニ地ニツクヤウニフミ行ハヽ幸ナラントナリ。

一―一　傳習録筆記　上巻

△先生於大学―　**○格物諸説**、朱子格物ノ説、新本大学ニ明也。今其略ヲ云ヘハ、一草一木皆定理アリトシテ、万物ノ理ヲ事々物々ノ上ニ究ム。此窮理初学ノツトムベキ次第ナリ。王子ハ格ハ正也、孟子ノ君之心ノ非ヲ格スノ字ノ如シトノ玉ヘリ。其外カレコレ朱説ト異ナル処、格物ノ説ノミニ非ズ。故ニ諸説ト云ヘリ。**○既而疑**ハ、既ハ王説ヲ聞テミテ扨トナリ。疑ハ王説ノ通リニテモアルカト也。**○参互**ハ、タテニモシ、横ニモシ、三五十五トモシ、五三十五トモシテ、色々心ヲ尽シテミタト也。**○質**ハ、撲ナリ。タヾストヨム。是不審ヲ王子ヘジキニ詮議シ、是非ヲ正シテトクト味ヒ、先生ノ説ノ善悪ヲモ合点シタト也。**○断々**ハ、誠一貌、書泰誓ニ見ヘタリ。**○百世以―**、中庸二十九章句ニ云、聖人復起不易吾言也ト。**○先生明睿**ハ、王子ノ生レツキヲ云。**○天授**ハ、生ノマヽ明睿也。**○然和楽―**、其上ニ温和ニ坦易トツクロヒナキヲ云。**○其少時―**、年譜云。孝宗弘治二年己酉、先生十八歳。是年始慕聖学。先生接人。故和易善謔。一日悔之。遂端坐省言。人未信。先生正色曰、吾昔放逸。今知過矣。**○豪邁**ハ、心ツヨクシテ、人ナミニスキ、万事ユキスキル気象アリ。邁ハユキスキル也。何事モズカ〳〵トフミ行フヲ云。**○不羈**ハ、校校（ママ）篇海、不羈之士、言才識高遠。不可羈係。ヲモカヒニカヽラスト云事。物ニシハラレヌ也。不法ト云気味。放レ馬ノ様ナル気質ニテ、何事モズカ〳〵シテ、万事ニホタサレヌ也。**○泛濫―**、ハツトシテ取シメナキヲ云。詩ヲ作、文章ヲ好ミ、

其上ニ老仏ノ学ヘモアチコチト好ミ玉フ也。如此ニシテ聖学ヲ好ミ、驟ニ此旧本大学ノ説ナトノ如キヲ聞人、皆異ヲ立ルトス。**○不省究**、世人王子ノ王子タル処ヲカヘリミザル也。**○不知先生**、是ヨリ王子ノ経学ヲ脩行ナサレタル事ヲ云。**○超入**ハ、一ヨリ十マテ飛越ル事也。**○粋然**ハ、モツハラニシテ不雑也。**○大中至―**、帰ハ帰着スト云事也。帰於大中至正ト云事也。帰字ヲ下ニ書時ハ、之帰ト之字ヲ入テ書。是文章之法也。**○即之若易**、此即仰見探就造ト云。字ニ泥ンテ一字々々ニ義理ヲ付テ鑿スヘカラス。畢竟若易而愈高。若粗而愈精。若近而愈益無究ト云事也。夫レヲ若易ト云ニツイテ即ト云、高ト云ニツヒテ仰ト云マテノ事ナリ。**○謦欬**ハ、セキシハフキノ類、コレサヘ聞ズニ王子ノ学流シレタ、論スルニ不足ナト云。皆忽易也。**○立談―**、上ノ僅交一面ト云ニ対シテ云。立ナカラ其説ヲキク也。**○伝聞**ハ、未聞其謦欬ト云対シテ云。他人ノ咄デ其説ヲ聞也。**○如之何**ハ、中々是デ知ラル丶者テハナシトナリ。**○従遊**ハ、王子ニ従遊スル也。**○往々**ハ、ユクサキコトニ、マイ〳〵ノ意ナリ。**牝牡黄驪**（ママ）〔驪黄〕ハ列子ノ古事也。説苻ノ篇ニ見ユ。秦ノ穆公ヨク馬ヲ目利スルモノニヨリテ、コレヲシテ馬ヲ求メシム。右ノ者、馬ヲ求テ帰リタリ。穆公其馬ノ毛色ハ何ソト問ハレシニ、牝ニシテ黄ト答フ。既ニシテ右ノ馬ヲ取テ見レハ、牝ニハアラテ、黄ニハ非シテ驪ナリ。ヨリテ穆公怒テ曰、馬ノ毛色モ不辨、牝牡ヲモ不知ハ、大ニヘタ伯楽也ト云リ。其時彼者ノ師ノ云。彼レハ馬ノ根本ヲ見テ、他ヲ不見ト云リ。果シテ其馬千里ノ名馬ニテアリシト也。コノ故事ニ拠リテ、人々外面ハカリデ知テ、根本ヲ知ラザルヲ云ト云ナリ。黄ハ黄騂、曰黄ヒバリ毛也。朱子詩注ニ出ツ。和訓ハ、江村如圭ノ詩経名物弁解ニ出ツ。驪馬純黒色、曰驪、クロケカラスグロ。

〔一〕**○愛問、在親民―**、朱説ノ三綱領。譬ヘハ明々徳ハ、今手習シ能書ニナルガ如シ。新民ハ、其能書ニナレハ、自然ト人ヲモミチビク。是民ヲ新ニスル也。新ハフルビタモノヲ改メ易ヘテ、打カヘル事ヲ云ナリ。

○後章、大学傳二章。湯之盤銘。日新又新。又命維新也。親新文字相似。音亦同シケレハ、卒爾ニ改ルニモ非ズ。**○作新民トハ**、新ノ字、モト、コチカラスルノシハザ也。或問ニ、又豈声色号令之所及哉。亦自新スルノミトナリ。**○自新之民トハ**、此四字、朱註ノ文字也。**○新民之新**、作新民之新字ハ、死字ニシテ拠トスルニ不足トナリ。新ニスルノ場所ハ、国天下ナルニ、九章十章ニ於テ、新字ノ意ナク、我ヘカヽリテ民ヲ親ムノ事ニシテ、向ヘカヽリテ新ニスルノ事ナシ。**○作字却**、作ト云モ我作《オコス》レ彼事。親ムト云モ、我親《ム》レ彼《ヲ》事ナレバ、作字ハ結句親ノ字ト相対ス。而作字ニ新ニスルノ義ハナシトナリ。**○皆于親字**、一本于字作於字。

○如保赤子、傳九章。保字親ノ意アリ。**○孟子親々仁民之**、孟子尽心上。君子之於物ノ章ノ字也。或此章ノ於民也。仁之弗親ト云ヲ小證拠トシテ、親民ト云ヲ難セルアリ。是ハ孟子ノ此章ノ見様文字ニ滞レル故也。孟子ノ親ニ親ムト云ヒ、民ニ仁ト云ヒ、物ニ愛ト云ハ、姑ク其当リ前ヲ以テ分ルマテ也。既ニ愛親ト云ル事ハ、ドコモ多出タル字ナリ。拘滞スル事ニ非ス。イツレモ親ノ字ノ意ヲハツルヽ事ナシ。仁民ハ親ムト同シ。易比大象。程傳云。夫物相親比而无間者。莫如水。在地上所以為比也。先王観比之象。以建万国親諸侯。建立万国。所以比民也。親撫諸侯。所以比天下也云々。合考ベシ。親民之義。周易地沢臨ノ卦。大象伝。并程傳考ヘ見ルベシ。王子ノ説。親民、便是兼教養之意ヨリスムヘシ。○朱子イカンゾヤ。親ト云親切ノ字ヲ鋭《スル》ドナル新字ネカヘ玉ヘルヨリシテ、学術背ケテ、向ヘハセル蔽アリ。琴卿先生曰、親者親臨立義。周易臨卦大象曰、沢上有地臨也。君子以教思无窮。容保无疆。程子易伝云。物之相臨。与含容无若水之在地。故沢上有地為臨也。君子観親臨之象。則教思无窮。親臨於民。則有教導之意思也。无窮至誠无斁也。観含容之象。則有容保民之心。无疆広大無彊限也。王子説親民便兼教養意。於此亦可見焉。

〔二〕**○愛問、知止而后—、朱子以為—ハ**、大学或問ノ説。**○先生曰、於事々物々上**、事々物々皆有二定理一。

大学或問ヲ見レハ、能知レ所レ止。則方寸之間。事々物々皆有二定理一トアリ。方寸トハ心ノ事也。然レハ或問ノ意、至善ノ処ヲ能合点スレバ、心明ニシテ事物ノ定理自然ニ見ユルト云事也。朱子トテモ外ヘバカリカヽルト云事ニハ非ザレトモ、理ヲ事物上ニ求ル処ハ、不レ免二義外ノイキ方一ナリ。又王子トテモ事々物々定理ナシトハノ玉ハズ。此処可考。王子ノ説ハ、至善吾心ニ在ル事ヲ知レハ、外ニ假リ求ル事ナク、本体ニ止リ、良知ニフリ向ルト、支離決裂ノ患ナク、志定ル也。明徳親民至極ノカネアヒヲ至善ト云。是ニ尋求テ得ルニモ非ス。固リ是非ノ心物ニ感シ、物ニ応シテ、其場々ニ天然自然ノ中アリ。是皆受得テ居ル本体良知ニダニマカスレバ、自《オ》ラコノ至善也。**○義外**、孟子告子曰、義外也。非内也。先君曰、按孟子公孫丑上曰、非義襲而取之也。行有慊於心則餒矣。我故曰、告子未嘗知義。以其外之。此語雖論気《義カ》不論至善。玩之則有味。**○至精至一**、至極清水。人欲ノ私一毫モナキヲ云ナリ。**○便是トハ**、至善ヲ云也。**○未嘗離却―**、心ト事物ト本《モト》同一貫ナル物故―ト也。

〔三〕**△愛問、至善―**、至善是心ノ本体ト云ヘハ、天下許多ノ事理ニ於テ、心バカリニ求テ有レ不レ能レ尽ト思ト也。**○先生曰、心即理也**。今爰ニ天下ノ事理ト云テドコニ在ゾ。吾心ノ理スメハ、天下ノ理モ皆スムナリ。故ニ心外ノ事ナク、心外ノ理ナシト云リ。畢竟心アレバコソ理モアレ。天下ノ定理ト云ヘドモ、心アレバコソ定ルナレ。心ナクテ定ル事ナシ。**○愛曰如―**、孝ト云テモ、数限リナキモノ也。孝行ヲスルニツヒテモ、其仕方思ヒ入レモ有モノ也。然レハ事物ノ上テ、至善ヲ察セネハナルマヒト也。**○恐亦不可察**トハ、事物上ニ於テ至善ヲ―トナリ。**○如事父不成去父上―**、如三事レ父於二父上一孝的ノ理ヲ求ルニ非ズ。吾良知上ニ求二之親一ニ見ルヤ否。自然ニ孝的之理、吾良知上ニアリ。下モ忠信仁皆同シ。**○去**ノ字意ナシ。又於ト見テモ可也。父ノ身ノ上ニ於テ也。下同シ。**○的**字新本標注云。的俗語辞。底ト同通シテ訓。何等亦者ニ似タリト云。○

此心無私欲之―、私欲サヘナケレバ、アトハ十分天理ナリ。只邪魔ハ私欲ナリ。私欲アルトクラムナリ。眼中ヘ塵ノ入ガ如シ。**○発之事父**トハ、天理純一ナル心ヲ発スレバ也。**○如何不講求トハ**、講求、ナラヒモトムル也。王子ハ心ヲ講求スル。此ヲ講求スルカ頭脳ナリ。親愛ノ心持アンバイヲ講求スル事。○四十三版曰、侃問専二涵養一而不レ務二講求一将ニ認テ欲ヲ欲レ作レ理。則如之何。先生曰、人須是知学。講求亦只是涵養。不講求。只是涵養之志不切。**自然ノ**字、字皆可味。**這トハ**、指事之辞也。**○誠孝的心発トハ**、誠孝ノ心ヨリ右ノ仕方條目ハ出ルト也。**譬之樹木トハ**、皆誠実ヨリ出ル根元ヲタトヘテ云。根ヨリシンギヲ生シダシ、又シンギヨリ枝葉ヲ生。故ニ根ヲ大事トス。枝葉ヨリ後ニ根ヲウエル事ニ非ス。**○有深愛トハ**、良知ノ本心ニ良能ノアラハル丶処ナリ。発スルモノハ心ナリ。**有和気トハ**、物和ラカニ、気象モユルヤカニミヘル也。**有愉色**、トコトモナク、顔色マテモ喜シクウルハシクミヘルナリ。ソレガ即貌ヘモアラハレル。カタチマテモシトヤカニ見ユル。皆心ノ本体ナリ。**○有婉容トハ**、タンハリトシタ姿ヲ云。是一ツノ深愛ヨリイツルナリ。シカレハ心ノ良知実ニ至善ノカテンシテユクヘキ事也。

〔四〕**△鄭朝朔問―**、名ハ一処、朝朔ハ字也。**○事物上**（事物ノ上ニテ云ヨリシテ、欠闕ナクト云マデ問、故ニ答。）是デ弓ガ射ラル丶デモ、馬ガ乗ル丶テモ、鎗兵法ガ上手ニナルデモナケレドモ、又是デモナケレバ弓馬劒戟モ用ニ立ザルナリ。爰ニ止ルヲ至善ニト丶マルト云。文王緝熙敬止ト云モ、此至善カ明ノ継続テ光明ナルナリ。此一ノ光明敬止ガ君トナレバ仁ト成テ止リ、臣トナレハ敬、子トナレバ孝、父トナレバ慈、国人ト交レバ信トアラワレ止ルナリ。朱子ノ至善ハ、為君テノ止リ処ハ仁、為レ臣テノ止リ処ハ敬ト、一ツ一ツニ至善ノ止リアルナリ。如是見テハ、又一ツ〳〵究メズニハ居ラレズ。又扨究ル日ニハ日モ不レ足、精力モ不レ足ナリ。ソノ上向フデ追マハレハ、内ハウツソリトナルナリ。**如何トハ**、ドウシタガト云事也。**○奉養之宜トハ**、親ヲ養フノ宜キニアタラフゾト也。事物上ノ是当也。**是当トハ**、諸事ノホトラヒノ至当ノ処也。ヒツシリト其理ニ当タ、至善ノイヤト云ハレヌスワリ処也。**○学問トハ**、是ヲタツヌルニハ、此学問思弁之功也。学問シ師ニ問、扨思ヒワキマヘルデナケレハナラヌ也。学問思弁ハ、中庸二十章ニ、博学之云々。**先生曰、若ー**、ドフシタガ孝行ノ至善温清ノ道ソト、其理ヲ窮ル事ハ、一日二日デモ知ル事。是而已ニ学問思辨モイラン。形ノ上ハ温清節奉養ノ宜キ、其品多シト云ヘトモ、其理ヲ究メ知ル事ハカタクシテ易シ。只此心天理ノ至極。其マヽニナル事ハ易シテ難キ事也。故ニ中庸ニモ学問思辨ノ功ヲ用ヒ、人一能レ之、己百レ之、人十レ之、己千レ之シテ、精密ニ心ヲ不用ハ、ナラヌ処ナリ。故尭舜ノ大聖人ト云ヘドモ、惟精惟一ノ戒アリ。一トハ天理ナリ。**那些儀節**トハ、親ニ事ルノ温清奉養定省。扨又礼儀節ノ外物ナリ。**○扮戯子トハ**、カブキ狂言スル者ヲ云。扮ハヨソホウ也。此段扮戯子ノ譬ヘアマリ甚トスル者アリ。然ルニ朝朔等ノ云フ処尤ヨキ事ニテ、而モ旧習見ナレハ等閑ニテハ難レ解。夫子ノ詞ニモ此類アリ。子游ニ対シテ、至於犬馬皆能有養、不敬何以別乎トノ玉ヘルヲ可見。**○扮**、字彙通患反。班去声。打扮粧扮。○正字通ニ、倍以装飾為打扮。演劇者。飾其面。謂之扮戯、按戯場謂之演場劇。又戯也。**有省トハ**、サトル事アル也。

〔五〕**△愛因未ー**、王子始ハ静坐ヲ説テ教ヲ施シ玉フ。中比知行合一ヲノ玉フ。晩年ニ致良知ノ教ヲ示シ玉フ。徐愛ハ王子ニ先タチテ死セリ。惜乎存生ノ内致良知ノ説ヲノ玉ハズ。故ニ徐愛ノ録ニ良知ノ事ハ云ハヌ也。**宗賢惟賢**、二人トモニ王子ノ門人也。**往復トハ**、ヤリツカヘシツヲ云事也。**挙看トハ**、挙ヨトハ、言ヲ挙ケヨト云事也。看トハ聞ント云事也。スレバ云テ見ヨ、聞ント也。今法中ニ法問トナトニヒタト挙看ント云俗語也。**侭トハ**、マヽトヨメトモ、間ノ字トハチカフ。俗ニ云スンドト云ヤウナル事也。又皆ト云キミナリ。**知得**、カテンシタル也。**己トハ**、イセ已ンヨリト云意也。**隔断**、ヘダテシキラルヽ也。**不是知ー**、前ニ父当孝ト知得ト云モ、私欲ニ蔽レテ後ノ事也。是知ガ知ニタヽヌ也。実ニ知テ行ハヌト云モノハアラヌトナリ。実ニ知ハ火ノアツキヲ知ガ如シ。**○朱子ハ知先ト云ヨリ合一ト云迄略ス。**○扨コノ説ミタリニ一病ヲ去ルノミニ非ズ。固ニ前聖未発ノ立言ト云ヘキナリ。**○不㆔是著㆓你只恁的㆒ニシテ便罷㆓**ム事、不㆘是着你《コレナサシメナンジ》只恁的《カクノ如》便《コレノミ》罷デ此点ナレハ、故ニ大学ト云ガ能キコヘル也。○又不㆘着你只恁的便罷㆖　此点ナレハ、故ニ大学ト云ガ能クキコユル也。○不㆘是着你只恁的ニ便シテ罷㆖トヨンデ、是只汝ニ此ヤウナル事ガアルト告タルバカリニテ、埒ノ明事ニハ非スト云事ナラン。**○又不㆘是著你只恁的便罷㆖**トヨンデ、是只汝コノヤウナル事ガアルトバカリ思テ、埒明ルト云事ナランガ可考。**○恁、**前ヲサス。実ニ不知ヲ云。カクノ如ニシテトヨムナリ。**○故トハコトサラニ、**ソレ故ニトヨム。頭書ノ点ナレバカルカユヘトヨム。**○好々色**｜、今時ノ好悪ハ皆私欲ニ隔テラレテ後ノ沙汰ナリ。此大学ノ好悪ハ、其以前ノ好悪ヲ続ク。皆本性ノマヽ也。好色ヲハ好ミ、悪臭ヲバ悪ム。人ノ本性ナリ。好ノ字下ハ上声。悪字ハ上音鳥去声。下入声。**○不是見了後又、**好色ト見テ、而後ニ好色シヤホドニ好ムト云者ハ無シ。好色ト知ルジキニ好ム者ハアルナリ。○箇心ハ、此好ム心ヲハ立テ也。**○就トハ、**就字スナハチトヨミ、又モシトヨム。タトヘハトヨミテモヨシ。何ノ処モ同シ。皆倣之。但此字ニタトヘハト云字義アルニ非ス。スレド文義ニ於テ障ハラズ。能聞ユ故ニ、昔ヨリタトヘハトヨミ来ル也。**○他**トハ、其人ヲ指ス。**○些**トハ、ワツカ也。**○話**トハ、ハナシ也。**○開モ、**分ル意也。軽ク可見也。不可泥。**○緊切　著**（ママ）〔着〕**実ハ、**肝要ノ意、深切々実ト云ニ同シ。**○如今苦々、**是ヨリ王子ノ問ヲモフケテ云リ。苦々ハヱリハリト云事アナガチニ云フガ如分開スルヲ云。分別ヲモ云。**是麼ハ、**ドウシタ事ゾ也。**○立言宗旨トハ、**只一通リ説ヲナスヲ云ニハ非ス。後々マテ法トモナルヘキ程ノ事ヲ云。出スヲ立言ト云。立言ノ出処、左襄公二十四年ニ有。太（ママ）〔大〕上有立徳。其次有立功。其次有立言。謂言得其得理是可傳トアリ。宗旨トハムネトスルヲモムキト云事也。スレハ主意トモ云事也。**○分暁トハ**、ミヤスキ也。分明也。**○一行ハ**、一方ノ意。一トクダリ也。**○下落トハ**、落着也。**○某嘗説知**、畢竟心術ニ本ツカネハ、知ノ工夫スル日ハ、行カ欠ケ、行ト云日ニハ知ノ方ヲヌケル。是知行両件ニシテ、心術ヲヨソニシテノ学ユヘナリ。行ト云字ノツカヌ知ハ、本知ニ非ス。知ト云字ノ欠ケタル行モ、用ニ不立。世上誤テ行ナシノ知ヲモ知トウケトル。ソレヲ王子ノ気毒ニ思召テ、知行一ト云題ヲ出シ玉フ。行ハレヌ内カ知ラヌト思ヘ。行テモ不知シテノ行ハ、行ト思フナ。マグレ中リナレハ、本ノ事ニハ非スト也。爰ヲ工夫スルガ実学ナリ。知ハ何ンソ行ノ目当ナリ。故ニ知是行的主意ト云リ。行ハ又知ノ工夫ナリ。即知行合一也。爰ニ執斎先生ノ工夫アリ。即今人何ソ知ノ方ノ工夫スル事アラハ、知テ工夫セスニ、行テ工夫スヘシ。行ノ方ノ事ナラハ、知デ工夫セヨト也。面白キ事也。能々可味。知行合一ノ受用、実ニ手ヲ下ス処アリ。知ノ浮立モノヲ引下ケ、行ノ鋭キ物ヲ引立ルテ、地天泰トナル也。○按ルニ**知是行的主意―**、**主意**ノ字、主意頭脳ノ主意ト見ズニ、分別ト見テ可ナラン。知トハ行ヲ分別スルヲ云。思按分別ト云事ヲ、俗語ニ主意ト云ウ。又主張ト云リ。此主意ヲ頭脳ノ主意ト見ルト、又行ヨリモ知ノ方ガヲモニナル也。**○若会得―**、孔子ノ玉フ。知ニ行ノナキ知ハナク、知ノナキ行ハナシ。故ニ会得シテハ、知ハカリ云テモヨシ。知行合一ノ旨タカハズ。**○古人**、是以下所謂古人ノ宗旨也。古人ハ為《タメ》ニスル事アリテトク也。**○一種トハ**、ヒト通リノ人ト云事也。俗人ノ常態ヲ云。**○懞懞**ハ乱貌。**○纔ニハ**、ハヤト云事也。**○又有一種人**、是後世学者ノ通病也。扨一事一物定種アリト。是ヲ求ル事而巳ニシテ、扨実ニ本心ニフミ行フカト思ヘハ、茫々蕩々ト取リシマリナク、ハハツトシテ、タヽ事ヲ知タト云マデナリ。**○思索ハ**、コノ義理彼義理ト云センギノミデ暮シテ、一ツモ己ガ身ニ引受テツトメザルヲ云。**影響トハ**、カゲヒヾキトヨム。譬ヘハカケホウシヲ見テ人ト思ヒ、大鼓ノ音ヲ聞テ夫レヲホンノ大鼓ト思フガ如シ。別ノ物ニハアラネトモ、本ノ物ニテハ非ザル也。是ヲ本ノ物ト思フテ、一生学問スルト思フハ、大ナルアヤマリ也。**這箇意**、合一ノ旨ナリ。コレコノトヨム。物ヲカキマセタイ也。**一言而足トハ**、知ト云テモ行ト云テモ済ム也。**○知的工夫**、剣術ナトヲ学ニ、道理吟味ノミデハスマヌモノ也。治国平天下。只センキデスマスハ、得其意カタキナリ。**今人却就**、此ヨリ知先行後ノ弊ヲ云ナリ。其病根大ヒニシテ、其来ル事一日ニ非ス。四百年来、学筋皆如此ナリ。**我如今**、我トハ、知ハ先ナリト云ル人ヲ指テ云我也。**某今説**、王子立言ノ宗旨也。爰ガ合一ノ主意ニシテ、知先ノ弊ヲ治スル法ヲ立ルハ不得止也。其法ハ即合一ノ説也。然トモ其病ニアヘハトテ理モナキ事ヲ云ニ非ズ。**杜撰**、メッタナ事ヲ云也。又ナキ事ヲ借リ集ルヲ云也。野客 承《(ママ)》〔叢〕書、事物起言、緒言故事等ニ、各注アレトモ、何モシカトセズ。無寃録ニ、杜ハ借也。撰ハ集也トアリ。此説可也。扨剣ヲ学フニ木刀打スルガ如ク、学問スルナラバ、王学ハ又一ツニ行デナケレバナラヌカト云ヘバ、ソコガ心術ナリ。**(コノ事ニ付テ、予嘗テ先輩ト論セシ事アリ。事長シ。故ニ略ス。)** 宗旨ヲ会得スレバスムナリ。此ヲ合点シタ人故ニシタ事モナキ顔子ニ、天下ノ大事業ヲツゲテ、夏ノ時段ノ輅、周ノ冕トノ玉ヘリ。**(由云此処恐錯会。余別有説)** 飛込テ自由ニ取習ハ、又真剣ヲ取ラルヽ処コレナリ。**(由云、顔子ニ限ラス孔門諸子ハ、国家ヲ治ムル方ヲ兼テ講究討論スル事珍シカラス。告《(ママ)》 孔子モ亦随分平日此事議論シ置ク事アリ。顔子ハ本分上ハ既ニ能了セル人故、制度上ニ就テ云ト先師云ヘリ。如何ニ然リ。)**

〔六〕**△愛問、昨聞—**、朱子格物之訓ハ、一物々ノ上ニ至テ、此至善ハコレ、此至善ハコレ、此至善ハ是レ、忠ノ至善、孝ノ至善ト、止リ処アリ。一ツ〳〵ノ至善ヲ求ムルヲ云。スレバ尤以後ノ用ハ可立。当下ノ事ニハ非ザル也。**(恐ラクハ後ノ用ニモ立ツヘカラス)** 王子ノ教ハ、忠孝ノ上ニテ云ハヽ、忠ニモ、孝ニモセヨ、其処ヘ邪念出ルト、其邪念ヲ格シテ切テ落ス。ソコデ直ニ至善ナリ。又行ノ上デモ同シ。ヲヽチャク《横着》ガ

出ルト、ソコヲ格シテ行フ。ソコデ直ニ止至善也。スレバ至善ハスミタルガ、格物ガスマヌト云事ハナキ也。故ニ既ニ知至善、即知格物トノ玉フ。愛ノ至善ノ工夫用力処アルヲ覚ユトノ玉フハ、マダ本ノ事ニ非ズ。**愛曰**、徐愛此説ヲ聞テ、大略合点シ玉フ。ナレド又朱子ノト違ヘリ。朱子ノ説、又其ヨリ処アル事故、コレヲ述テ不審ヲウツ也。**先生曰|**、子夏孔子ヲ篤信玉フ。固ニ是ニシテヨキ事也。スレド曽子ノ己ニ反求スルニハ劣レリ。此事孟子ノ語ナリ。孔子ヲ信ズルサヘ自分ニ反求スルニハ不レ及。況ヤ其外ヲヤ。朱子程子ヲ信ジ玉ヘトモ、中庸輯略ノ中ニハ、十ニ七八モ、程子ニ背キ玉ヘリ。是ハ愛旧説ニ固滞スルヲ先ツ破テノ玉フナリ。其上ヘ王子ノ説、精一等ノ旨、曽テ《モトヨリ》ソムカヌ也。**精一トハ**、モト一ト云ヲ目当ニシテ精ナリ。故ニ之《ノ》功ト云。喩ヘハ玉ノ中ヘ瓦石土塊多ク交リテアルヲ、玉バカリニセウトシテ、瓦石ヲ去ナリ。コノ瓦石ヲ去ルガ精也。玉バカリニナリタル時ハ一ナリ。スレバ瓦石土塊ヲ去ガ、玉ニスルノ工夫ナリ。朱子ノ精トハ、知ノ工夫ナリ。此時一ノ工夫ヌケルナリ。一トハ行ノ事也。コノ時知ノ方ガヌケル也。兎角偏也。**博約**、是モ同シ気味也。朱子ハ博学於文ト云ヲ書物ノ事ニシテ、道理穿鑿トシテ、知ト取リ、ソレデハバツトナル故、シメテ約礼トスル也。皆支離決裂ナリ。○孟子曰、尽其心者、知其性也。知其性、則知天矣。朱子注曰、心者人之神明。所以具衆理而応万事者也。性則心之所具之理。而天〔又〕理之所従以出者也。人有是心。莫非全体。然不究理。則有所弊。而無以尽乎此心之量。故能極其〔心之〕全体。而無不尽者。心《(ママ)》〔必〕其能究〔夫〕天理。而無不知者也。既知其理、則其所従出。亦不外是矣。以大学之序言之。知性則格物之謂。尽心則知至之謂也。此尽心知性知天。孟子尽心上篇第一章ノ語也。扨コノ段朱子ト王子トハ、見ヤウ表裏セリ。集註ト此段ト引合テ可見。朱子第一ノ句注ニ、以大学之序言之。則性則物格之謂。尽心則知至之謂也トノ玉ヘリ。スレバ第一句ヲ学者分上ノ事ト取リ、第二句ヲ賢者分上ト取リ、末《すへ》ノ句ヲ聖人分上ト取リ玉フ。尽心

知性而知天。所以造其理也。存心養性以事天。所以履其事也。知天而不以殀寿貳其心。知《ママ》〔智〕之尽也。事天而能修身以俟仁之至也トアリ。王子ハ第一句ヲ聖人分上ノ事ト取リ、第二句ヲ賢人分上ト取リ、末ノ句ヲ学者分上ノ工夫ト取リ玉ヘリ。尽心ノ尽トハ打チフルウ事也。是初学ノ及処ニ非ズ。知性知天ハ、聖人ノ極効、何ソ初学ノ工夫トセンヤ。知性知天ノ知字ニ泥ンテ、朱子格物知至ノ説ヲナセリ。朱子モ外ニテハ尽心尽性ヲハ、学問ノ極ニ立玉ヘリ。爰ノミ錯レリ。中庸ニモ易ニモ尽心知性ヲ聖人分上ニシテアル也。**旧聞トハ**、篤信ノ方ニアタル。**苟従トハ**、実心ヨリセスシテ、ケリヤウ《假令》ニ従ナリ。朱子於易程伝、文王ノ本意ニ非ストシテ、別ニ本義ヲ立ツ。**与吾説脗合**、脗吻聞二音。合口也。凡事相同者曰脗合。吾格物ノ説ニヒシト合フトナリ。**未免牽合**、易説卦ノ究理ヲ以テ来説ケリ。此牽合也。〇尽心之説、中庸二十三章、唯天下至誠ノ文并ニ注考ベシ。中庸ハ朱子モ聖人ノ事トシ、於孟子ハ初学ノ事トス。是見ル処ニトラルヽナリ。〇尽心ノ説、中巻答人論学書ニ見ユ。同中巻答文蔚第二書説得明白可合考其意也。**可一言而トハ**、即精是一之功。博是約之功ト云ノ二句ノ事也。**存心トハ**、放心スルヲ引モトス工夫ヲ云。尽心ノ如キノ自由ヲ未得也。賢者**知天如知州**、増韵主也。今知府知縣ノ義、取主宰也。唐ノ世ヨリ州ノ守護ヲ知州ト云。宋ノ世ヨリ縣ノ守護ヲ知縣ト云。知天トハ、朱子ハ知字ヲ爰ニ居テ向ヲ知ト云意ニ見玉フ時ニ非ス。知州知縣ノ知字ノ意トソ也。州ノ奉行ヲ知州ト云。縣ノ奉行ヲ知縣ト云。我州我カ縣ノ事ヲ不残心一盃ニ知テ、心マカセニ我物ニスルヲ云也。今ノ知行ノ知ト同シ。**△夭寿不貳云々、二者ハ**初学ノ性根ノ立テヤウ也。初学ノ者ハイマダ天ヲハ未知トモ、亦天ノ外ナラズ。人ノ役目ハ本ト性善ナレバ、可為善者也。故ニ先ハ見ネトモ、窮通ト先ガツマツテモ道ガ通シテモ、短命ニアロウトモ長命ニアラウトモ、道道ト見込テバタガハザルヲ云也。易所謂困亨ノ意。是初学立志之始メニシテ、終ニ聖人マテ工夫爰ニ不ㇾ外也。故ニ論語ニモ志士仁人ト云ニ、志士ハ殀寿不貳ノ人也。仁人ハ君子聖人ヲ指テ云。其人ニハ聖凡ノタガヒアレトモ、其見込ハ一ツナル故ニ、志士仁人ト一句ニ述ヘリ。**等候**、等トハ、シナ〲スル也。コウアラウカドウテアラウカト云意也。候ハウカヽウ也。是ニテ御意ニソムクマイカナドヽアテクラヘスル気味也。此殀寿不貳脩身以俟之ト云ヲ、初学ノ工夫トシテ、コヽ立ト殊ノ外学問ノハカユク事也。是王学ノ手ニ覚ノツク処也。**影々トハ**、オボロゲト云ニ同シ。チラ〲スルヲ云ナリ。**事字皆**、人々事々アラハレタル計リヲ事ト覚フ。然レトモ心ハ事也。ソレガ内心ニアルト外ニアラハルヽトノ違ヒマデ也。皆トハ止至善致知ヲ兼テ云ナリ。

〔七〕**△先生又曰—**、**格**ハ正也。但正字ハ温和也。格字ハキツカリトシテキビシ。此段ナト可見。格物致知、平生ノシコト也。縣空ノ学ニ非ス。**存天理**、王子ノ窮理ト云ハ、イツモ存天理ヲ云也。心即理也。故ニ天理即是明徳ト云。心ノユカミヲ直ス、是天理ヲ究ムルナリ。故即是明々徳ト云。唯道理ヲ知ヲ窮ルトハ云レヌ也。剣術ヲ学フ者ノ、只剣術ノ道理ヲセンサクシテ知タトテ、ソレヲ窮トハ云ハサルナリ。手ニ入タルヲ窮ト云フ、ソレト同キ也。

〔八〕**△又曰**、**知是—**、知説文从口矢声。徐曰理之速。如矢之疾。故ニ从矢也。〇知ハ聖凡一致ノ物ナリ。白ハ白、黒ハ黒ト分ル。是心ノ本体ナリ。**会知**トハ、合点スルヲ云也。**知孝トハ**、為孝弟事ヲ云フ也。不假外トハ、良知常住無不足ナリ。**不假外—**、此良知ノ誠ヲ以テユケハ、ドコヘ以テユイテモサヽハリナキト也。**勝私**、即論語ノ克己復礼也。

〔九　記述ナシ〕

〔一〇〕**△愛問**、**道心—**、朱子ハ、博文ハ窮知工夫。約礼ハ行ヘツヾメル為方《シカタ》ト見テ、知行二ツニ分ツ。王子トテモ博文ハ理ニツヽメル工夫ト取リ玉ヘリ。然トモ知行二ツニ不ㇾ分也。**文トハ**、天理ノ発見ニシテ、知行并行ル。故可見者謂之文。今礼敬ト云ヘトモ、首ヲサゲ手ヲツクハ発見上也。其敬スルユヱンノ者ハ不可見。ソコヲ指テ理ト云。二ツニ非ズ。一ツノ天理ニナシタサニ約礼ノ工夫アリ。**△愛問道心**、朱子ノ如ク云時ハ、道心ニモ非ス。人欲ニモ非ル。人心ト云モノ別ニ有之様ニ聞テ、心ガ二ツニナルニ似タリ。

〔一一〕**△愛問文中子―**、名通字仲淹。隋人。門人私謚曰文仲《ママ》〔中〕子。仲《ママ》〔中〕子有二本。秣陵焦竑弱侯筆乗曰、陳同父類次文仲子云。十篇挙其端二字以冠篇。〔篇〕各有序。惟阮免《ママ》〔逸〕本有之。又阮襲二本時有異同。如阮本曰、厳子陵釣於湍石爾。朱栄控勒天下。故君子不貴得位。襲本則曰、厳子陵釣於湍石。民到今於《ママ》〔於今〕称〔之〕爾。朱栄控勒天下。民無得而称焉。襲本曰、出而不声。隠而不没。用之則成。舍之則全。阮本則曰《ママ》、因董常而言。終之曰、吾与爾有矣。豈逸不無増損於其間。遂啓後世之疑耶。○焦氏筆乗巻二曰、文仲《ママ》〔中〕子動以孔子為師。其見地甚高。志甚大。或以模擬太過之。非也。此如世人有所慕悦。則其挙止言動。不覚尽似之。以其精神処注故也。不然。詩祖李杜。文祖遷固。未有非之者。独訾文仲《ママ》〔中〕子〔之〕法孔子乎。宗咸作駁中説謂。文中子乃後人所假託。実無其人。則幾於贅説矣。王績有負苓者〔傳〕。陳叔達有答王績書曰、賢兄文中子、恐後之筆削。陥於繁砕。宏綱正典。暗而不宜。乃興元経以定真〔統〕。陸亀蒙送豆盧処士序。亦曰、文中子生於隋代。知聖人之道不行。帰河汾間。修君子《ママ》〔先君〕之業。後司空図皮〔日〕休倶有文中〔子〕碑。五子皆唐人。言之鑿々如此。〔茲独臆断其無。可乎。〕宋襲鼎臣。嘗得唐本中説於斉州李冠家。蓋中説之行久矣。**擬経**、文中子ノ作レル続詩三百五十篇、続書百五十篇ノ事ナリ。続詩南北朝ノ詩ヲ集メテ、詩経ノ続トシ、漢ヨリ以下世々ノ帝王ノ詔ヲアツメテ書経ノ続トス。元経ハ春秋ノ続トス。何レモ珍書ニテアノ方ニモ断絶セリ。右ノ続経ノ事ヲ程子遺書ニ難シテノ云ヒ分ニ、南北朝ノ詩漢以来ノ帝王ノ詔ニ、何トテ取ルニ足ル者アランヤ。ワケモナキ事也トテ譏テアリ。是ヲ擬経ノ失ト云。徐愛モ此説ヲ是トシテ、如是問ヲ見下シタル云フン也。漢以後ノ詔ニモ尤ナル事アルベシ。王子ノ文中子ヲ取ル事尤ノ事也。**子以明道者**、子以ハソナタノヲモハクニハ也。明道トハ著述シテ道ヲ明カニセント期スルモノ也。**使其反—**、其トハ道ヲサス。淳トハ質也。朴也。易簡ニカザリナキヲ云。**譊々**、カマビスシクナリ廻ル事也。**紛—**、紛々ハ乱也。トキマキ也。藉ハ多説テ色々マキラカスナリ。又語ル声也。**九丘—**、古ノ地理ノ事ヲ記セル書也。九州ノ事ヲ記ス。今風土記ノルイ。**八索**、八卦ノ書也。**一切トハ**、字彙云、苟且曰一切。猶曰一時権宜也。師古曰、一切権宜事如以刀切物。為取整斉不顧長短縦横也。又一切大凡也。**淫哇**、是ハ詩楽ノ事也。淫哇シタヽルキ節ヲ云。烏瓜反。音蛙。淫声也。**若当時**、始皇ノ時也。**不能易—**、今マテノ経ニ続マテニテ無用ノ著述ハナサレジト也。然レハ文中子ヲ尽ク非トハシタマハラジト也。**歇《ケツ》後—**、歇後 継（ママ）〔謎〕語トハ、歇後ハ後ヲヤムルトヨム。前ハカリ云テ後ロヲ不云也。謎語ハ謎ハカクストヨム。其語ヲ隠シテ先ノ人ニサトラスルヲ云也。此ヲ源氏ニアトウ物語ト云也。故ニ歇後ノ謎語ト云也。公羊穀梁ノ如キ、一字毎ニ義理ヲ付タル者也。公羊穀梁ノ如クナレバ、春秋ハ甚艱深隠晦ノ詞也。左傳トテモ同シ事也。**傳是案**、此語ハ近思録致知ノ類ニ載タリ。言ハ左傳ハ案文ノヤウナルモノ。本経ハ断文ノヤウナルモノト也。案トハ今罪人ノ咎ヲ書立タル目安ヲ云。断トハ其咎ニヨリテ定ムル処ノ刑文也。**弑君即是** 凡程朱春秋ノ取用様。春秋ヲ以テ裁判スル手本トスル合点也。故其説右ノ如ク也。王子ノイキ方ハ大ニ異也。夫子春秋ヲ作リ玉フ本意ハ、乱臣賊子ノ戒ニ作玉フト見玉フ。去ニ依テ其弑スルシダラヲ詳ニスル時ハ、其時代ノ風俗ニテハ、君父ノ方ニモ多クハ皆悉悪ヲフルマヘバ、クハシク吟味スレバ、却テ臣子ノ方ニ道理ガ付也。然ル時ハ自ラ乱臣賊子ガカトウト《方人》スル筋モアリ。故ニ夫子其事実ヲ去テ不記。其シダラハ何様ノ事ニテモアレ、臣子トシテ君父ヲ弑スル事罪アルヲ明シ玉フ。**濶疎—**、マハラニウトキ事也。**三墳**、墳ハ大也ト云注ニテ、三皇ノ道ノ事ヲ云書也。三皇ノ道ハ大道ナリ。故ニ三墳ト云。**風気**、分テ云ハ風俗気運ト云事也。**講来講去**、只講スルト云事也。来去ノ二字ニ不可泥、俗語ノ付ケ字也。イハヾ兎講シ角講スト云ガ如シ。

〔十二〕**△又曰、唐虞｜**、当世ニ可行ト也。

〔十三〕**△史音便**（ママ）〔使〕｜、説文記事者也。**其事同其道**、三編作其道同。**所謂異**、五経ト春秋ト異ナルニハ非スト也。○五経ト史文ト、其文体ハ異ナレトモ、其主意ハ何ノ為ニセル者ソナレハ、其本ヲ考レハ、五経モ史文モ、畢竟道ヲ明ニシ、是非ヲ弁ヘ、人其邪非ヲ正セシメンカ為ノ戒トセル者ナレハ、実ハ同事ナリ。○秦ノ始皇天下ノ書物ヲ悉ク焼滅ス。然レハ詩書始皇ノ一鼻カテヽ焼亡セル処也。然ルニ後世ノ儒、書経ハ始皇ノ時ノ焼残リナリト云。其説マチ〳〵ナレトモ、詩経ニ至テハ一向其沙汰ナシ。是一ツノ不審也。偖又朱子ハ淫詩モ戒トスヘキニ足者ハ、夫子存シテ不刪トアレトモ、若悪キカ戒トナレハ、至極ハデナル悪キ事ハ、イヨ〳〵戒トナルヘキ事也。然レトモ聖賢皆コレヲ禁絶シテ人ニ示サス。如何ナレハ、悪クハデナル事ハ、凡人情ノ所好ニシテ、人自然ト其方ヘ引落サルヽ故也。ハデナル事ヲ好ム事後世ノ人情ノミニ非ス。又和人ノ人情ノミニ非ス。古今和漢トモニ同ク然リ。去ニ依テ礼記楽記ノ篇ニモ、魏文公ノ子貢ニ問ヘルニ、古楽ハ不面白シテ、今楽ハ甚タ面白ト云ヘリ。然ハ和漢古今トモニ、人情ハ同事也。スレバ淫風ノ詩戒トナルト云事モ、何トモ合点ノユカヌ事也。或人朱子ニ問テ云。淫風ノ詩人ノ戒トスルナラバ、其淫風ノ詩ハ、何方ニテ歌フヤト。朱子答テ云、楽官ニ陳テ置ルノミニテ、其詩ヲ歌フ事ハ無之ト。語類ニ見ヘタリ。**（遁辞自見）**朱子右ノ如ク云レトモ不可通。ナゼナレバ陳置タルノミニテ不歌時ハ、何ノ用ニモ不立也。スレハ此朱子ノ言モ通ゼサル也。依テ思フニ、詩経三百篇モ必シモ夫子ノ定メ玉ヘルトモ決定シ難シ。

〔十四〕**△又曰、五経｜**。史又史官。世本黄帝始立史官。周礼天官宰夫六曰、史掌官書、以賛治。**特**、格別

ト云事。**謂悪**、論語為政ノ篇ノ注也。**悪鄭**、陽貨ノ篇。**鄭ノ衛**、鄭衛之音。詩経ノ大序、及楽記ノ語。亡国ノ音トハ、国家ヲ亡スヘキ音ナリ。**（亡国ノ音ハ淫声。故ニ亡ヒタ国ノ音ナリ）**○詩経集傳、鄭国下云、鄭衛之楽、皆為淫声。然以詩考之。衛詩三十有九。而淫奔之詩才四之一。鄭詩二十有一。而淫奔之詩已不翅七之五。衛猶為男悦女之詩。而鄭皆為女惑男之語。衛人猶多刺譏懲創之意。而鄭人幾於蕩然。無復羞愧悔悟之萌。是則鄭声之淫。有甚於衛矣。故夫論為邦。独以鄭声為戒。而不及衛。蓋挙重而言。固自有次第也。詩可以観。豈不信哉。**導―**、奸ハ淫乱ヲ犯セルヲ云。律語ニ無理ニ女子ヲ犯ヲ強奸ト云。合点ヅクニテ犯セルヲ和奸ト云。尤処ニヨリテ、詭計陰謀ヲ奸ト云フ。此ハ強奸和奸也。**求其説**、道理ヲ付テ見レトモ、付ラレヌト云事也。

△愛因旧説―、入頭トハ、入リ口ナキ也。**嫡―**、廣韵嫡正也。君也。詩話正長曰嫡。〔一字欠〕音溝。水分流也。**絶河**、河ノ渡リノナキ渡ノタヘタル処也。**落々難合―**、四字ハ後漢書耿弇カ傳ノ語也。李賢カ注ニ、落々ハ猶疏闊也トアリ。マハラ ナ《（ママ）》〔ヌ〕事ニテ、都合セヌ事ト思ヘル也。

〔一五〕**△陸澄問**、**主一―**、主一ハ、程伊川ノ立言也。主一不適之謂敬也。陸澄ノヲモハクハ、主一ニ非スシテ主事也。ユエニ逐物ト云モノゾトノ玉フ。喩ヘハ上手ノ碁ハ、只心盤面一杯ヘ満テ、一手ノムダ手モナキヤウニスルハ主一也。下手ノ碁ハ、只指当ル所ニ心取レテ、是非其石ヲ取ントス。是主事也。主一ハ心ヲ主トス。主事ハ事カ主トナル也。主一ハ心ヲ手前ヘ置キ、天理ヲ主トスル事也。

〔一六〕**△問立志―**、結聖胎トハ、聖人ノ体カ内ニ出来存ト云義也。扨道家ハ、元来老子ヲ祖トスル者ナリ。然トモ後世ノ道家ト称スル者ハ、多クハ呪詛祈祷ナトヲ事トスル者ヲ云。皆後漢ノ張道陵ガ術ニテ、養生家ナル者也。コノ道家トノ玉ヘルモ、養生家ノ事也。扨張道陵カ子孫ハ、代々時ノ天子ヨリ天師ト云封号ヲ賜テ、代々ニ品ノ爵也。魯ノ孔孫衍聖公ノ格也。シカレトモ道家ニ云聖ト、儒家ニ云ヘル聖トハ違ヘトモ、其心持ハ同意ナル故、コヽニ引用ヒタルモノ也。**凝聚ー**、天理ガ心中ニ凝集スル也。**馴トハ**、馴ハ馴致ト同シ。漸々ニ至ルヲ云。**至於美ー**、孟子尽心下ニ出。

〔一七〕**△日間工夫**、日間工夫ハ日ゴロト云事ナレトモ、所ニヨル也。爰ハ日ノ中ト云事也。工夫ノ字ハモト普請ノ大工人夫ノ事ヨリ出タル事ナレハ、修行ノ事ニ借リ用ルハモトヨリ也。所作ト見テヨキ処モアル也。爰ラハ所作ト見ルモヨシ。一日ノ所作覚紛擾、則静坐スヘシト也。此条面白キ事也。紛擾ナル時静坐スル。喩ヘハ心神散乱シ、心不守舎ノ病ニ、辰砂茯神、収斂ノ薬ヲ用ルガ如ク、懶看書則且看書ハ、熱因 熟（ママ）〔熱〕用寒因寒用ノ療治也。湯治シテ湯アタリシ、腹痛ナトスル時ハ、其湯ヲノメハ治ル者也。其物ヲ以テ其物ヲ解スルノ方也。痛アル処ヘ灸ヲスヱルモ此類也。

〔一八　記述ナシ〕

〔一九〕**△孟源有ー**、尋著源旧時家当ト、当ノ字ヲハナシテヨメハ、云アテ玉フアテ付玉フ。アテ口上云ハルヽト云キミ也。但尋着源旧時家当トヨムカ可ナランカ。我等カモトヨリ持量ヲ尋ネラルヽカト也。定テ此一友ノ工夫ノ筋モ、自是好名ノ事ニテ、孟源カ病ノ如クナル事ト見ヘタリ。扨当字ヲ上ヘ付テヨムカ可ナラントハ、家当ト云ハ俗語也。家財什物ノ事ヲ俗語ニ家当ト云。スレバコヽテ家当ト云ハ、孟源ガ持量ト云フ意也。持病ノ事也。**議擬**、易ノ係辞ニ出。**盤結**、盤結ハ、マトヒムスホフレテ、坐ドラレト云カ如シ。**繊根**、少根也。細也。**任汝トハ**、タトヒナンチトヨムヘシ。此条至極面白キ事也。喩ヘモヨキ喩也。方丈ノ地内ヲ心ノ方寸ニタトヘ、大木ヲ自是トシ名ヲ好ム病ニ喩也。

〔二〇〕**△問、後世著述ー**、巻内十四版、徐曰仁問、文中子云々。詳説著述之害。其言曰天下之所以不治云々。

○聖賢筆之—、聖賢ノ書ニ筆スルハ、タトヘハ其人ヲ真ニ見テ、御影ヲ写ス也。後世ノ著述ハ、其御影ヲ見テ色々増減シテ写ス也。故ニ其失真甚タ遠シ。**因此トハ**、其形状ノ大略ニ因テナリ。**分析加増**、喩ヘハ如此スレハ、目ツキヨシ。如此スレハロツキヨシト云テ、容貌ヲ自作ニ書ナヲシテ加増スル也。自是主張スルニタトヘテ云也。

〔二二〕**△聖人応変**、按ニ中庸ニ、事預則立ナトヽアルモ、畢竟此鏡ヲ研テクモラヌ様ニスル事也。其所作ノ上ニテ為事ニハ非ス。

△聖人応—、先生曰、如何講求得許多。巻内四版、徐愛曰、如事父一事其間温清云々。此巻四十二版、曰仁云。心猶鏡也。聖人心如明鏡。常人心昏鏡。近世格物之説。如以鏡照物云々。五十五版、亦薛侃有講求之問。

○陸澄ノ問ヘル意ハ、朱子格物窮理ノ説モ尤ナラザルニ非スト思ヘルニヨリテ也。**已往之形**、兼テ万ノ事ヲ講求シテ置クホド、明ノ邪魔ニナルナリ。然ルヲ左ノ如クシテ、以後変ニ応スルノ道具トシテ待テ居ルハ、未照ノ形先ツ具ハルト云者ナリ。イカナル鏡ニテモ、ウツサヌ物ノウツヽテ居ルト云事ハナキ也。鏡ト云者、ウツセハウツヽテ、アトニ存シテオル事ナリ。又ウツサヌ物ノウツヽテオルト云事モナキ者也。故ニ未有—ト云也。**後世所**、朱子ノ格物窮理ヲ云事也。**天下トハ**、天下ヲ文明ノ風俗ニスル也。**皆聖人**、皆トハ下ニカヽル。ドノ聖人ニテモ聖人ニテサヘアレバ能為ノ事ソト也。**照時—**、照時ニ臨テノ事サ也。**明的工夫**、明カナラザレバ照ス事不能ト也。**冲漠无—**、心ノ体ヲ云。冲ハムナシク、漠ハシツカナル貌也。柳塘漠々ト云モ、柳塘ノシン〳〵タルヲ云事也。**無朕—**、荘子応帝王篇ニ出タル字也。朕トハ本獣ノ初テ生レ出タル時、目未開シテ筋ハカリアルヲ云。無朕トハ其アトモナキト云事也。**森—**、物ノ多クツラナリナラベル貌、ナニモカモ備テオル事也。扨陸澄此語ヲ挙テ問ヘル意ハ、己ニ具ルト云ニ疑アリテノ事也。此語ノ如クナレバ、未照ノ形先具ルト云者ナレハ也。**是説本―**、沖漠無朕ハ、心ノ体ノ虚ナルヲ云。万象森然已具トハ、其霊ナルヲ云ルナレハ、成ホド好キ也。尤ナル也。**〇只不善看**、トハ、若シ悪ク看テ、心体ニ形ヲナシ、万象具在スト取カタメテ見レハ病アル也。

〔二二　記述ナシ〕

〔二三〕**△問、静時―、徒知―**、静養ヲアシキトハノ玉ハズ。然ルニ静養ハ知レトモ私欲ノ念ヲ断チ、根ヲヌク克己ノ工夫ガヌケル故ニ、ワツカニ遇事ト違フ也。痞ヲ持病ニ持タル如シ。平生ヲコラネトモ病根アル故何ソノ時発スル也。未来トキハヨキヤウナレトモ、静養ハカリテハイカヌ也。事上ニ可磨錬コレ王子ノ家法也。**〇静亦定―**、コレ明道定性書ノ語也。

〇龍渓全書ヲ按スルニ、王子ノ弟子唐荊川ト云人、山中ヘ引込テ静坐セリ。龍渓コレヲ恐レテ云。彼若シ専ラ静坐ノミ事トシ、静ヲ好マハ、却テ動ノ方カヒナクナランカト案シ玉ヘリ。然ルニ三年ホト歴テ、彼ヲ大将ニ命セラレタルニ、ナルホト其功アリ。此等ハ静養ノ本旨ヲ傳ル者也。然レハ静坐カアシキニハ非ス。其主意ノ立様ニ依テ善クモ悪クモナル也。其主意ノ立様ダニヨケレハトチカラ養テモ可也。

〔二四〕**△上達工夫―トハ**、是ハ道ニ成様ノ仕形ヲ問。此上達ノ為メニ学問スル事ナレバ可問事也。**精微ハ**、高上ノ論ヲ少シ云バ、夫レハマダイカン事シヤ。未当学ト云テマア、且下学ノ手近キ立居振舞、今日ノ指シ当リノ事ヲ問ヘト云。是亦尤ナル教ナレトモ、是ニテハ下学上達ヲ分ケテ二ツトスル也。夫レ下学トハ人事ヲ学フ事也。上達トハ天徳ニ達スル也。人事ヲ学トキハ、自然ニ上達ス。下学上達一ツ也。扨爰ニ心得違ヒアリ。譬高上ノ論ニテモ、辞ニイハレ、身ニ行ハレル程ノ事ハ、皆下学也。心ニモ思フ事アタハス。身ニモ行フ事不能モノテナケレハ、上達トハ云ハレヌ也。扨其上達ニハ手モツケラレヌモノ也。**〇日夜之所息**、孟告子上ニアリ。注息生長也。日夜之間凡物皆有所生長也。息字生息止息ノ二義アリ。爰ハ生息也。畢竟ハ一也。止息ハトヽマル。生息ハノヒル。止マレハノヒル故、実ハ一義也。**〇人安能預云々ハ**、人間ノ力デ引ノハス事ハナラヌ也。此アレガデニナル処カ上達也。栽培灌漑ハ人ノナル事也。コノナル所カ下学ナリ。故ニ仕形ニ成テ、口デ云ハルヽホトノ事ハ皆下学也。聖人ノ精微トイヘトモ、聞ツ言ツスル者ハ皆下学也。下学ノ裏ヨリ灌漑スレハ、自然ニ上達ニ至ル也。上達ヲセントテ其上達ノカラニ預ル事ハナラヌ、其力ヲ用ユル事ハナラヌト也。

〔二五〕**△問、惟精惟一云々**、書大禹謨―。是聖人伝授ノ心法也。其道ノ執リ様ヲ惟精惟一ト云。老仏ノ類ハ主談ナシニ高上ノ理ヲトケトモ、聖人ノ如ク法トスヘキ物ナシ。虚無寂滅ノ教ヘ其高―也。聖人ノ道ハ其法トスヘキモ、必此工夫ヲトク。其法此惟精惟一。此工夫ヲサヘナシテユケハ、自然ト厥中ニカナフ也。是王学ノ根元ニシテ、王門ノ教トスル存天理去人欲ト云ガ即惟精惟一ノ目当ニシテ、終ニハ天理ニナルツモリ也。**〇非如《ママ》〔加〕春簸―**、春ハ書容反。音椿《セウ》。擣米也。簸補火切《ママ》波〔切音波〕揚米去糠也。篩《フルイ》ハ詳海篇篩籮、揀ハ簡錬ニ音、理也。選択也。揀ハクヅ米ヲエラヒ出也。此工夫ナケレハ潔白ナル事不能也。〇巻内八版、十版、十三版、有知行博約精一説。皆是一箇功工。只是有個頭脳若見得這箇意時。即一言而足。格物致知。明善誠身。窮理尽性。問学徳性。博文約礼。惟精惟一。諸如此類。總是無二箇工夫。学苟得本領時。如傾瓶水於高屋之上。是故先生博約説曰、理一而已矣。心一而已矣。故聖人無二教而学者無二学。

〔二六　記述ナシ〕

〔二七　記述ナシ〕

〔二八　記述ナシ〕

〔二九〕**△問、孔門言志**―、要的事ノ要ハ、字彙音沙戯要也ト云テ、タハムレノ事ヲ云也。**○却許他トハ**、曽皙ヲサス。孔子語与点ノ玉フ。**○能此未必能彼、彼トハ**、人ノ用ル時ハナルホト自分ニ云ル通ニ功ヲ立ル事ハナレトモ、人ノ捨テ用ザル時ハ蔵ル事ナラサル也。**○却無意必トハ**、無入而不自得矣也。**○素其位而行**―、今日ノ境界ノマヽニ行フ也。章句ニ、素猶現在也ト。譬ヘハ水ノ如シ。四角ナル器ヲ以テ水ヲ盛ル時ハ、其水四角ニナル。円キ物ヲ以テウクレハ、円クナル。トカク其盛リ入ルヽ処ノ器ニシタカヒテ、トノヤウニモナル也。然レトモ全体ノ水ハヤハリ同シ事ニテチカヒナシ。真ソノ如聖人ノ道モ其通リ其ニ従テ宜スル也。**卓然ハ**、トヒヌケスクレタル事。**成章ハ**、見事ニアヤアル事也。

〔三〇〕**△問、知識不長進**―、不長進トハ不上達ト也。**○漸々**―**トハ**、シルシヲ不見ニセヨト也。**○仙家説嬰児トハ**、道家ニ道ヲ修業スル事ヲミトリ子ニ喩ヘテ説クト也。此語何ト云道家ノ書ニ出タルヤ不知。**○純気トハ**、無喜怒哀楽。**能字**、深キ意ナシ。**啼トハ**、ウブ声也。**既トハ**、トクシテナリ。**○筋スシ**、字書ニ肉之力ト云々。**○便講求推尋**―、天下ノ諸事ヲ―也。得ノ字ニ意ナシ。**○位天地**―、中庸首章致中和天地位焉万物育焉。**○後儒トハ**、程朱也。格物ノ説杯ハ、初テ植ル時ニ花実ヲ思カ如シト也。**○講求得尽トハ**、天下万物ノ理ヲ講求シ得尽トハ、アタマカラ欲尽ハ、出胎ノ時ヨリ立行持負ヲセントスルニ不異也。**○根芽トハ**、根ヨリシテ芽ヲ出ス也。芽ハメタチ也。

〔三一〕**△問、看書**―、文義上―、文義上ニ於テ取ツ置ツスル故、穿求ニナル也。**○体当トハ**、引当テ合点セヨト也。

〔三二〕**△虚霊不昧**―、本心本体ニ丸角ノ形容ナシ。是虚霊也。是ヲ譬テミルニ明鏡ノ虚ニシテ物ヲウツスカ如シ。是虚霊不昧。此本体ニ自然ト衆理具ル故皆本心ヨリ出。是心外無理、心外無事也。然ルニ朱子大学章句ニ曰、具衆理応万事ト。此語以万事外トスルニ似タリ。所謂窮理ノ説ヨリ衆理本心ニ具テ而後ニ万事ニ応スト。是外ニ出ル病アリ。万事無内外。**○心外無理トハ**、心体衆理具ル故ニ、心外無理。**○心外無事トハ**、心上ヨリ万事出ツ。故ニ心外無事也。○虚霊不昧之語、明ノ景隆ト云儒ノ著作セル尚直編ニ、唐ノ世唐訳ノ大知度論ヲ引ル其中ノ語也ト云。

〔三三〕**△或問、晦庵先生曰**、性即理ハ、モト伊川ノ語也。天下ノ理原其所自未有不善云々。朱子曰、性即理也ノ一語。自孔子後、惟伊川説得尽。攧撲不破。性即是天理。那得有悪。

〔三四〕**△或曰、人皆—、心即理トハ**、即善ト云フ事也。善ト云ヘハ　早（ママ）悪ノ善悪混スルノト云ヤウニナル故理ト云ヘリ。**○失其本体トハ**、喩ヘハ酒ノ味ハ甘キヲ本体ナレトモ、損ジヌレハ酸ク苦クナル。ソノ損シタル上ヲ見テ、酒ハスキ者苦キモノト思フハ誤也。

〔三五〕**△問、析之有—**、析之トハ、万事ヲ仕分ケテ、格物致知誠意正心ト一ツ、シハケル也。其本ハ窮理ニアリ。諸事諸物草木ノ上マデモ精微ヲ分析ス。如此スレハ能スム者也。是天地ノ性ヲ得テ生ル万物ナレハ、皆其理ハアリ。然レトモ析之トスレハ、百万ノ事々皆別々ニナル。故ニ学流ヲ理ヘ分殊ト立、知識ヲ窮テ無余トノ玉フ。**○合之有以—**、右ノ如ク諸事諸物ノ道理ヲ分テ、至精ヲ極メテ然後一以貫之。以テ心体ノ大ヲ尽シ、知識ヲ究テ残ス事ナキ也。是致知ヲ云也。以上朱子ノ意ニシテ、大学或問ニ出タル説也。**○尽其大トハ**、尽其心知性知天也。折音昔。説文从斤破木也。湊ハ聚也。

〔三六　記述ナシ〕

〔三七〕**△澄嘗問—**、此象山ノ説ハ、象山ノ兄復斎象山ニ問ノ答語也。下略　事変ノ変字軽ク看ルヘキ也。只事ト云事也。人情ハ即チ意ノ事也。人情ハ意、事変ハ事也。然レハ大学ノ誠」意ト云ハ、喜怒哀楽ノ人情ヲ誠実ニスル也。格物ト云ハ視聴言動ノ事ヲ格ス也。依テ人情事変上ニ在テ工夫ヲナス也。故中庸ニモ、莫見乎隠莫顕乎微。故君子慎其独。喜怒云々トアリ。可見中和ヨリ前ニ慎独ヲ云リ。

〔三八〕**△澄問、仁義―**、仁義礼智ハ性ノ徳也。然ルニ性中ニ此カ仁彼カ義ト云事ノ所ハナシ。只一ツノ性也。サレハ仁義礼智ノ各情ニハ非レトモ、スデニ仁義礼智トカゾヘテ云ハ、今アラハル丶所ヨリシテ、推原テ性中此徳アルヲ称スル也。故澄因已発而有ヤト問。王子曰、然リト答ヘ玉ヘリ。澄因已発、此問ノ出タル子細ハ、元来朱子ノ説ニ、仁義礼智ヲ性トシ、惻隠羞悪ヲ情トシ玉フ。如此ナレハ仁義礼智ノ名ハ未発ニアリ。故ニ問正セル也。**○表徳トハ**、字ノ事也。此ハカヘ名ト云カ如シ。元ト字ノ事ヲ表徳ト云ハ俗語也。顔子家訓居家必用学範等ニ、字ノ事ヲ表徳ト云テアレトモ俗也。**○仁義礼智、也是―トハ**、慈愛温和ノ徳ノ表ハレタルハ義也。文理ノ徳ノ表レタルハ礼也。明達ノ徳ノ表レタルハ智也。是仁義礼智亦性ノ表徳也。スレバ表徳邪トハアラハレタル徳カト也。惻隠等ハ皆情也。然レハ性ノ徳ノアラハレタル也。所謂表徳也。然ルニ性ノ徳仁義礼智モ右云フ如ク已発アラハル丶処ヨリシテ云フナレハ、即表徳也ト。スベテ性ト云モ心ト云モ、各別ノ物ニ非ス。サレハ孟子モ惻隠ノ情トノ玉フヘキニ、惻隠ノ心トノ玉ヘリ。

〔三九〕**△一日論為学工夫―トハ**、此ハ学問ノ修行ノシヤウセンキスルヲ云也。**○心猿―トハ**、心ロ猿ノ如ク騒カシキ事也。**○意馬**、意念物ニフレテ馳出ル事馬ノ如クナル也。此語高僧傳ニ出タル也。**○拴縛ハ**、木釘也。手ニ从テ拴ニ作ハ非也。木辺也。縛ハシハレル也。箱ナトノ類、木釘ヲ以テサシ合セシメル如ク、栓縛ハシマリタル事也。拴縛不定トハ、取シメナキ事也。**○槁木死灰**、四字荘子斉物論ニ出。**○猫之捕鼠―**、文録ハ立志説亦言之。此語五燈会元ニ出。草堂ノ善清禅師云僧、学ノ入処ナキヲ患テ、黄龍禅師ト云僧ニ問ヘル時、黄龍ノ答ヘタル語也。二僧トモニ宋朝ノ人也。**○看着**《(ママ)》〔著〕、着《(ママ)》〔著〕ノ字意ナシ。下同シ。

萌動トハ、色貨名ヲ好等ノ事ヲ云。**○斬釘截鉄**、宋朝ノ俗語。用レ力ノ切ナル事ヲ云。**○方便**、手タテ色々ニ意ヲツケナド也。方便ノ字、常ハ色々ト手タテスルヲ云。此ハ少シ違ヘリ。何ノカノト意ヲ付ル事ヲ云。**○窩藏ハ**、吏語也。悪人盗人ノ類ヲ宿スルヲ窩藏ト云。其字ヲカリ用テ、人欲ヲ宿シテ置ヘキ事ヲ不可窩藏ト云ル也。**○不可放出**、人欲ノ出路ヲユルスヘカラズ。**○真実用功**、困勉百倍ノ用功処也。如此スレバ困勉反易簡トナル也。**○有端拱時在トハ**、ノツシリトシタル形象模様ノアルアリト也。手ヲコマヌキテ正シクシテ居ルヲ云也。藤樹師ノ所謂困勉反易簡トナル也。**○可思何慮**、易係辞ノ言ニテ、天理ノ外更ニ無思慮ヲ云也。

〔四〇〕**△素行**、平日集義ノ行也。**○神明**、正神也。邪鬼ニ対シテ云也。○子　華（ママ）〔莘〕、王子門人側ヨリ云ヘル也。**不管ハ**、俗ニカマハヌト云事也。**○色鬼貨鬼怒鬼　惧**（ママ）〔懼〕**鬼ノ鬼字ハ**、仏家ニ修行ノ碍障ヲナスモノヲ指テ魔ト云ト同シ。関尹子五鑑篇ニ、心蔽吉凶者霊鬼摂之。心蔽男女者淫鬼摂之。心蔽幽憂者沈鬼摂之。心蔽放逸者狂鬼摂之。心蔽盟詛者奇鬼摂之。心蔽薬餌者物鬼摂之ト云ルト同シ。

〔四一〕**△定者心之本体**、定ト云カ本心ノ姿也。動静ハ時也。スレハ動クヘキ時ハ動クガ即定也。定ナルカ故ニ動キナカラモ静也。上手ノ鞠ヲ蹴ルカ如シ。**○天理トハ**、即良知ナリ。天理ハ自然也。天ヘモトシテ云タ辞也。是ヲ人ノ良知テ見ルヘシ。動クヘキ時動カネハ安ンセヌ也。動テモ定リ、静テモ定ル。是ヲ致良知トモ云、性ヲ見トモ云。以動静為体用者非也。此一語明道先生ノ定性書ヲ一句ニ云尽セリ。本定ツテ居ル本心也。動静ハ時節也。主（ママ）〔存〕天理去人欲、心カ自然ト定リ居ル也。

〔四二〕**△澄問学庸―**、誠意正心モ何カモ中庸首章ニ括シテアリ。治国平天下迄ヲ天地位万物育スト云句ニ括レリ。能学庸二書ヲ見テ可知。大学之一書ハ、人々学テ聖人ニ可至ノ定規也。夫ヲ子思中庸ニ於テ天命之謂性ト結テ首章ニトキ玉ヘリ。○按龍谿全書巻二ニ此段ノ事アリ。中庸戒慎乎其所不睹―ハ、即大学格物致

知誠意之功也。未発謂之中。発而皆中節謂之和ハ、正心修身之事也。致中和天地位焉万物育焉ハ、斉字《ママ》〔家〕治国平天下之事也。

〔四三〕**△問、孔子正名―、正名**トハ、親ハ親、子ハ子ト云ハル丶ヤウナヲ云。親ニシテ親ノヤウニナケレバ、親ト云名タガウ。是名ノ正カラヌト云モノ也。君臣夫婦兄弟朋友皆此意也。ナガユカミテハ事ハナラヌ也。**○立郢トハ**、郢ハ輒ノ弟也。父蒯聵霊公ヘ不孝ノ子故、先是ヲ除ク。輒亦聵ヘ不孝ノ子故、是モ取テ除ケ、輒ノ弟郢ヲ立ヘシ。是ガ孔子ノナサレカタニテアルヘシト、先儒ノ説也。此先儒トハ胡氏也。コノ説ニ朱子モ従玉フ。然ニコノ説不審多シ。先郢ナクンハイカ丶スベキゾ。**○一人致敬**、一人トハ輒ガ孔子ヲ慕テ頼来テ為政玉ハレト云ニ、聵ニ不孝ナトテ頼来タ輒ニ縄カケテ出スヤウナ事ハアルマシキ事也。**是去廃他**豈人情天理―。他ハ輒ヲ指ス。**既肯**、夫子固ヨリ肯カヒ玉ハズハ各別也。既ニ肯カヒ玉フカラハト云事也。○偖朱子流ノ捌ハ皆窮理ノ筋ナリ。王子流ハ皆徳治ノ筋也。衆星共之有恥且格ノ類是也。肯ハウケガウ也。與ハタメニト云事也。**○致国トハ**、国ヲ聵ヘカヘスヲ云。請戮トハ一旦父ヲコハミマシタル私テコサルホトニテ、罪ヲナラシテ仕置ニナサレヨト可請ナリ。孔子輒ニタノマレテ臣トナリ、其輒ヲ天子方伯ヘ申シ立テ罪セハ、孔子ノ名ガ先マカル也。段々埒モナイ事ニナル也。輒如此自カラ罪ヲ云テシヲキヲ請ハヾ、是名正キ也。**○其間トハ**、父子ノ間也。**○集命**、天子方伯ハカリ輒ヲ命シテ君トスルニアラス。群臣百姓マテ輒ヲ君トセントスル故、集命ト云フ。**○後世上皇故事**、漢ノ高祖ノ古事ナリ。故事トハ先例ト云カ如シ。○孟子ノ為政於天下ノ集註ニ、胡致堂ノ説甚タ違ヘリ。王子ノ説尤至レリ矣。而王子ヨリ前ニ東坡ノ弟蘇子由カ古史ニ出タル説、大意王説ノ如ク也。但シ古史ニハ国ヲ聵ニ譲ル事ハカリ云リ。先是ニテ輒カ身分ハスム也。然トモ只譲ル輒ニ非ス。此王子之説見ルヘシ。明白至当也。

〔四四〕**△澄在鴻臚寺**、鴻臚寺ハ卿ノ居役所也。鴻臚寺卿ハ外国ノ使者ナトヲ待スル官也。日本ノ古ヘ大内裏ノ時九條羅生門カ鴻臚寺也ト云ヘリ。今俗ニ云使者屋ト云カ如シ。会所ト云カ如シ。寺ハ次ニテトリツク事也。寺ハ役所ノ事ヲ云。按ニ寺ハ字彙ニ司也。官吏之所止也トアリ。釈名ニ寺ハ嗣也。治事者相嗣続於其内也云々。スレハ寺ハ役人居リ処、其事ヲナス場処ヲ云也。漢ノ世ニ西域ヨリ白馬ニ経ヲノセ来レリ。鴻臚寺ニ止リシヨリ、遂ニ出家ノ居処ヲ名ケテ寺ト云トセリ。**〇家信**、故郷ノ便宜也。**〇放過**、此時平日ノ工夫ヲ放過トウチヤリテオカバト也。**〇閑事**、無事ナル時也。**〇在此等時磨錬**、此巻ノ内ニ以事上磨セヨト原静ニ教玉フト同意也。事上磨練ハ固ヨリ王子ノ家法也。**〇父之愛子トハ**、父子ノ愛ハ天性ニシテ、イカナル罪悪ノ者モ父子ノ情ハ皆アルモノニシテ自然也。又天性自然ノ理ハ中也。和ハ可怒ハ怒リ、可憂ハ憂テ、一ツニアタルカ和也。和ハコヽニホトヨヒ処アリ。是レニ一歩テモ過レハ私意也。父子ノ愛ハ天性ト思ヘトモ、其愛ノ内ニ許多ノ人欲アリ。故ニ皆人此愛欲ヨリオコル憂患ヲモ実ノ哀《（ママ）》〔愛〕ト思フヲ一向憂ニ落入ル者多シ。故ニ大学新本七章、有所憂患則不得其正云々。此憂患カ悪キニ非ス。尭以不得舜為己患ト云ヘハトテ失正玉フトセンヤ。タヽ此有所ノ二字ヲ見ヘシ。爰ニ何ソ私スル物ヲ以テ居ル故ニ失正。**〇一向憂苦トハ**、子夏表明ト并ヘ見ルヘシ。**〇調停適中**、過ヲハヘラシ止メ、不足ヲ調マスヲ云。良知ヲ矩ニシテ、念頭デカ量ヲ出シテナスヘシ。此工夫ヲ不知シテ、王学者ノ中ニモ此節ノ工夫ヲソシル者アリ。自然ノ良知ニソムキテ、ソレデハ私意ヘ落ルノ按排シヤノト云事、是ハ此実事ナキノ学也。空虚ノ学也。王子ノ事上磨錬ト云教ニ大ニ違ヲ不知也。只ウカ〳〵シテナルモノニアラス。

〔四五〕**△不可謂云々**。朱子ノ前説ニ未発ノ中ハ聖愚一枚ナルモノ也。已発スル時違ト云リ。ソレハナゼナレハ、未発ノ所ハ手ノツケラレヌ所也。ソコヘ手ヲ付フトスレハ、却テ本体ヲソコナフト思召タリ。後ニコノ未発ノ説ヲカヘ玉ヘリ。本領一段ノ工夫ヲカヘ玉フトテ、未発ノ時ハヤ偏倚アリト云事ヲノ玉ヘリ。是レ朱子ノ後説也。然レトモソレトニナカク前説ノキミガ根ヌケヌトミヘタリ。**○蓋体用一源**、是ヨリ王子ノ説也。体用一源顕微无間ト云易程傳序ノ語也。本華厳経ノ疏ヲ作レル唐ノ澄元ト云僧ノ語也。

〔四六〕**△易之辞**、辞ト云ヒ象ト云事ハ、三百八十四爻ノ爻ノ辞ト其爻ノ象ト也。初九ノ初畫ハカリノ事ニ非ス。初九ト云、初畫ト云ルハ例ヲ示セル也。**○用其辞**、其占ヒ当リタル爻辞ヲ用テ吉凶ヲ定ナリ。○係辞云、君子居則観其象云々吉无不利。

〔四七〕**△夜気是―**、日間トハ日ノ中チ也。夜気ノ説、孟子告子上篇ニ出。中巻曰、孟子説夜気亦只是為失良心之人指出箇良心萌動処云々。

〔四八〕**△澄問操存**、操存舎亡之章末三十八丁ノ表可考。**○出入無時―**、出入無時ハ、今出ト云ヒ今入ト云フキハマリノ時刻ナキヲ云フ。**○莫知其郷トハ**、トコヘ行向活物ナル故如此也。コレカ心ノ本体也。此ヲ知テ操之存之ヘシ。爰ヲ不知シテ操存スレハ、操ト思ヒ存ルト思フモノ本ノ操存ニ非スシテ、却テ心ヲシハリ、本体ノ妙迄ヲソコナフ也。サレハ本心ハ取リトメラレヌモノト云事ヲ知テ操存スヘシ。始没病痛。**○程子所謂腔子**、明道也。要心在腔子裏之語也。**○亦是天理而已トハ**、右ノ程子ノ語ヲ又一等越テノ玉ヒタル也。此腔子カ直ニ天理シヤトノ語也。**○是動静**、動静ヲ善悪ニ取ル事アリ。孟子ニ不動心トアリ。コノ動字ハアシキ事ヲ云。スレハ静ハヨキ事也。爰ノ動静ノ字ハソノ筋ニハ非ス。心ノハタラキヲ動ト云。ソノヤミタル処ヲ静ト云。動静ニ爰カ動、爰カ静ト云端ハナシ。良知ノマヽニ動キ、良知ノマヽニ静マレハ心恒ニ存ス。所謂天理ニシテ静亦定動亦定者也。

〔四九〕**○王嘉秀問**、出離生死トハ輪廻ヲ免ルヽ也。仏氏ハ能修スレハ諸ノ雑念妄想去ル。故ニ輪廻ノ苦《クルシミ》ヲ免ト云ヲ以テ誘人也。○**誘人入道**ト云ヒ、**不要傚不好**ト云ヲ観テ、王嘉秀ノ仙仏ヲ見立タル意ヲ可見。面白キ見様也。先生死ト云ハ楽ニ耽リ暖ニ暮レタ時ハ皆生ノ方也。貧苦カイヤ也、寒キカイヤ也ト云ノ類ハ、皆死ノ方也。スレハ高テ括テ死生ヲ離レ切レハ道ヘ入筈也。是王嘉秀ノ仏ノ見立様也。○**仙以長生久視—**、長生久視ノ四字老子ニ出ツ。視亦生活也。品（ママ）字ノ重己篇ニ長生久視ノ字アリ。注ニ視ハ活也トアリ。○扨コノ長生久視是ノ見立ハ、生々ノ道理カラ出生シタル人ナル故ニ、其道ハト云ハ長ク持コタヘルカ指当リノ道也。其長久ノ害ニハ又何カナルナレハ欲ナリ。故ニ長生久視センカ為ニハ、必欲ヲ去リ、悪ヲナサヌ也。是仙教ノ見立也。○**傚不好**、不善ト云事也。○**上一截**トハ、心理ノ沙汰故ニ上ト云。一截トハ一段ト云事也。○**有由科有由貢**、科ハ及第ノ事也。貢ハ郷学ヲシテ都ヘツカハスヲ云也。科ハ国学ノ学者ヲ礼部院ニテ吟味スル也。貢トハ郷学ヨリ都ヘ学者ヲ択ンテ貢スル也。○**有由傳奉**、常ノ官人ノ様ニ吏部尚書ヨリ不進挙シテ、内證ヨリ官宦ヲ以テ官ニ命セラル、ヲ傳奉ト云ト、皇明実記ニ見ヘタリ。鄙劣ナル仕官ノ出様也。本邦ノ口宣諸大夫ノ類也。○**一般傚到大官トハ**、仕官ノ出ヤウハ様々ナレトモ、一様ニ大官ニ至ルト也。一般トハ一様ト云事也。一方カラト云意也。トチカラ出テモト云事奉一般トヨムハ非也。○**正路トハ**、顧問礼聘ヲ待テ出ルタクヒヲ云フ。孔孟ノ出仕ノ如キカ正路也。○**科ハ**、進士及第也。及第ニハ其科アリ。賢良科、明経科、博学廣詞科、明法科等也。故科ト云也。明経科ハ十三経ヲ明ルヲ云也。○**流トハ**、漢書ニ、孔子没而学為三云々。○**訓詁ノ字**、爾雅序ノ疏ニ、詁ハ古也。通古今之言使人知也。訓ハ導也。道物之貌以告人也トアリ。○**於身心トハ**、修身正心ト云事也。○**世累トハ**、世上ノ名利也。○**今学者**、是以下至論。**彼トハ**、仏氏也。**俯就トハ**、セイノ高キ者トツレタツ時、腰ヲ屈テ同ヤウニスルヲ云。彼ハ高ク此方ハ卑キ故也。○**見偏了**、見識偏ニナルカラシテ如此上ノ下ノト分ル也。○**徹上徹下**、程子ノ洒掃応対便是形而上者、理無大小故也トノ玉フト同意。又程子ノ語ニ、聖人之道更ニ無精粗。従洒掃応対。与精義入神。貫通只一理。雖洒掃応対唯看所以如何ト。又凡物有本末不可分。本末為両段事。洒掃応対是其然必有所以然ト、此等ノ語思ヒ見ヘシ。**〇一陰一陽之謂道**、天地ノ丸キナリヲ云。仁者知者トハ、是ハ気質ノ仁ナル者、知ナル者也。

〔五〇〕**△蓍固是易―**、コレハ蓍ト亀トニ固滞スル者ノ為ニノ玉ヘル語也。占ハ元来疑ヒタメラフ事ヲ決定スルタメ也。コレニ於テハ易ト亀ト何ノ異ナル事アランヤ。グチニ蓍ト亀ト別ナシト云事ニ非ス。其意固ト云字ト亦ト云字ニ見ユ。求是編コレヲ譏ルハ固亦ノ二字ヲ不知ユヘ也。

〔五一　記述ナシ〕

〔五二〕**△問、孟子言―**、孟子ノ語。出告子尽心上篇。孟子楊墨ヲ論スル章ニ出ツ。子莫カ中也。**〇是天理ハ**、人作ノナラヌモノ也。故ニ天理ト云。**〇後世儒者**、朱子格物ノ説ナド是也。格物窮理ト云テ、天下ノ万事ヲ窮尽シ、格式ヲ立定テ罅漏トスキマノ穴モ無キヤウニセンギシツメテ、終ニ執一ニ至事也。

〔五三　記述ナシ〕

〔五四〕**△精神道徳―**、人此精神ヲチツト取シメル時ハ内カ引シマル故、卒爾ナル事又自風寒暑湿ノ外感ノ憂モ少ク、命モ長久也。不得已ニシテ発散スレハ、其発散勢モ強盛也。**道徳**、是亦尊実ヲ積テ、其徳ヲフケラカサヌ様ニシ、言動モ妄言妄動ナキヤウニ、収斂ヲ主ト為スヘシト也。是人ノミニ不限、天地モ如此秋冬ニ其気収斂スルニヨリテ、春ニ至テノ発生盛也。**〇人物トハ**、人ト物トヲ云事アリ。又人ノ事ヲ人物ト云事モアリ。コヽハ人ト云事也。尤上ニ云所ノ精神道徳言動即《チ》人ノ事ナレハ、天地然リトハカリニテ人物ニ不及、却テ重言ノ様ナレトモ、文勢ニテ天地人物ト云ルモノ也。尤人ト物ト分ケテ、人ハ易ニ君子嚮晦ニテ入テ宴息スト見エ、物ハ尺蠖ノ屈ハ信ンカ為メ、龍蛇ノ蟄ハ飛ンカタメト云ノ類ニ見テモヨケレトモ、其ニテハ義理却テ短シ。只人ト見テ穏カ也。

〔五五〕**△問、文仲**《ママ》〔中〕**子―**、蚤死トハ三十四歳ニシテ死ス。**○更覚良工**、是杜子美カ詩句也。詩ノ心ハ、絵師ハヨキ絵ヲ見ルト、其書タル人ノ心ヲ苦尽情書タル所ヲヨク知ル也。コレシロウトナラザル故也。王子此句ヲ云ル心ハ、文仲《ママ》〔中〕子タル所ヲヨク合点スレハ、其続経ノ非トスヘカラサル所知ルヽ也。ソレシヤカ見ルトヨク見ユトノ意也。扨今見ニ杜子美カ詩集ニ此詩不見。然トモ朱子語類十九版目ニ此ノ詩ノ句ヲ引テ、杜子美カ詩也ト有。

〔五六〕**△許魯斎謂―**、字ハ平仲。元ノ大儒也。**○治生トハ**、生ハ生理也。産業ノ事也。トセイヲマアコシラヘテヲケト也。先ツクヒ物家業ヲコシラヘテヲケハ、心ヲチツキ不動ユヘ、先ソウシテ後ニ学問ヲセヨト也。如此云ヘハ産業カヲモニナリテ道ハ二カタニナル故、人ヲ誤ル也。

〔五七〕**△問仙家―**、指一本動モ皆神気精也。然ルニ其根元アリ。是ヲ元気元神元精ト云。此ノ気神精ヲ色々ニ云ヘハ様々ニナルナレトモ、畢竟ハ一トシナ而已。**○流行為気―**トハ、流行スル方カラハ気トシ、コリアツマル方カラハ精トシ、妙用ノ方カラハ神トシ、其実ハ一ツゾト也。

〔五八　記述ナシ〕

〔五九〕**△問、哭則不歌―**、仏家ハ親民ナシノ明徳ユヘニ哀モナク明ニ見ユレトモ、是ハ放蕩ト云モノ也。物ノ不浅ハヨヒ様ナレトモチガヒ也。可浅事ハ浅テ良知ノスガタ也。故ニ哭則不歌也。**○哭トハ**、弔哭也。**不歌トハ**、音楽ノ唱歌也。

〔六〇〕**△克己須要―**、廓清ノ廓ハ土カラナル也。**○一毫不存トハ**、ウノ毛ホトムネノ内ニ物ヲ多クタクハヘヌヲ云也。**○一毫在トハ**、欲ヲ云也。**○相引トハ**、少モ利欲アレハ、ソレヨリ色々ノ利心生スル也。

〔六一〕**△問、律呂新書**、律呂新書、二巻アル書也。蔡沈ノ父蔡元定ノ作也。六律六呂ノ事ヲ委細ニ書タル者也。**○算得此数トハ**、ケ條々目也。右ノ律呂ヲ調ヘル管ノ仕方殊ノ外細カナル算数ノ入ル事也。ソレヲ会得シタルヲ算得ト云也。先其大概ヲ云ヘシ。黄鐘ノ管ヲ律元トス。霜月ノ律也。其黄鐘ノ管ノ長サ九分一寸ニテ九寸アリ。三分損益トテ三分一ツヽ、増減シテ、アト十一管ヲ作ル。諭《ママ》〔喩〕ヘハ黄鐘ノ管九寸ノ三分一ヲ減シテ林鐘ヲ生ス。其長八寸也。是迄ハハシタモナクシテ何ノ事モナシ。是ヨリ末ニ至テハ其割ホコリ、甚微細ナル事也。大簇ノ骨八寸ノ三分一ヲ減スレハ五寸三分三々トナル。是南呂ノ管也。此南呂ノ管五寸三分三々ノ三分一ヲ益ス時ハホコリ甚夥シクナル。末ニ至ルマテ如此。**○用管以候気トハ**、気ノ至ルヲ候フ管一本ハカリニ非ス。数ニテ考合ス事也。**○用功トハ**、天理ヲ存シ人欲ヲ去ル事也。天理存シ人欲去レハ中和ノ徳存スル也。

〔六二　記述ナシ〕

〔六三〕**△問道之―**、所見トハ、修行ニ従テ所見也。**○一間房トハ**、一間ノ家ヲ視ル如シト也。俗語ニ家ト云ヲ房ト云。然レトモコヽノ房ト云ハ間ト云事。**○此文藻**、藻ハ水草ノ名也。山節藻梲ト公冶長篇ニモアリ。風俗通ニ、水草ハ所以厭火ト云。ランマトノ彫物、扨其金具尽ク入念タルモノ也。何事モ其人ノ視様ニヨツテチカフ也。

〔六四〕**△先生曰、諸公―**、見時トハ、逢ウトキト云事也。**○只循而**、所知ニ循テト云事也。**○便見トハ**、道ノ極ナキヲミルト也。

〔六五〕**△問、知至然後―**、此問ハ、致知格物ヲ朱説ノ通ニ見タル者也。王子ノ致知格物ノ説ヲ合点セハ、此疑ハナキ筈也。**○今天理人欲知之未尽ト**、此筋ノ事朱子ノ語ニモアリ。然ルニ朱子ハ大賢ナレハ、手近キ人欲ヲ去尽シテ、精微ノ一段ニテノ事ナルヘシ。先其見ヘタル処ノ人欲ヲ去レハ、即克己也。其見ヘタルヲ克己スレハ、又見ヘヌ処モ見ヘテ、カウバカリシテ行キテモ、君子ニナラルベキヲ、ソコラハセズシテ、知之未尽如何用得克己工夫ナト丶、虚談ナル高上ノ詮議ヲナス也。此人ニ不限、世間ノ学者皆如此、是ヲ議論ト覚ヘ、学談ト思フテ居也。扨朱子ノハ前ニ云如ク別段ノ事ト云ヘトモ、其教人ニ知先行後ト立テ、知ルヲ以テ初ノ教トシ玉フナレハ、後世此問ヲオコス端ヲ開キ玉フ所、実ニ程子朱子ニ在ル也。**○説話而已トハ**、学問咄ヲシテ通ルマテ也。**○一段トハ**、今時云フ田一反ノ反ノ字ノ意也。**○認得トハ**、知リ得ル也。**○岐路**、今ノ追分ト云事也。**○只管**、メッタニ也。**○未遅在**、カヤウノ処ニアル在字ハ俗語也。日本詞ノシヤト云処ニ用也。未遅在トハ、マタ遅カラヌノシヤト云意也。三編ニハ在字耳ニ作ル。

〔六六〕**△問、道一而已―**、古人論往々不同トハ、タトヘハ尭舜ハ精一トノ玉ヒ、孔子ハ仁トノ玉ヒ、孟子ハ仁義トノ玉ヒ、程伊川ハ居敬ト説、朱子ハ窮理ト説キ、陸子ハ実理ト説キ玉フ類ナリ。後人道ヲ説者、十人カ十色ナレハ、後世ノ人何ニ不付テユカント。其処ニモ亦要アリヤト。**○道無方体トハ**、道無方体、然レトモ説ク日ニハ方体立也。是カ道ト云ヘハ成形カツク也。○上係辞第四章曰、神无方而易无体トイヘリ。**○拘滞トハ**、誰カコウノ玉ヘルホトニ、是非トモニ如此ト云也。**○若識得―**、品ハ色々変レトモ、先儒ノ説皆道ニ非スト云事ナシ。喩ヘハ、楊墨ノ如キ、既ニ異端ナレトモ、為我スヘキ場ニテ為我シ、兼愛スヘキ場ニテ兼愛スレハ、是モ即チ道也。**○一偶**（ママ）〔隅〕**之見**、仁者ハ見之謂之仁。知者見之謂知類。寛大ナル生質ノ者ハ、寛大ヲ道ト覚ヘ、柔カナル者ハ柔ナルヲ道ト思フ。如斯故道ニ形カツク也。道ヲ得レハ、寛大ナルヘキ時ハ、寛大ニ、剛強ナルヘキ時ハ剛強也。以一偶（ママ）〔隅〕之見、ドコ迄モ為我、ドコ迄モ兼愛ト立。故ニ道ニ背テ、一隅ヲトラヘテ三隅ヲ不知ユヘ一概ニナル也。**○所以不同**、古人往々不同異ナル様ニ思フ也。○

向裏尋求見得ト、是ガ本ノ学問也。不忠不孝ニテ、気マヽニ遊興スルハ、得カタニテモ、何タラソレヲ底ニ気味アシク思フモノ有。ソノ処ニ尋ネ至レハ、良知ノ同然ナルモノヲ見得。此良知即天ト云也。人作ニアラズ。故ニ心即道。道即天ト云ナリ。道トイヘハ仰山ニキコユレトモ、人々ノ心ニ、孝弟ノ心モトヨリ有スレハ、心即道也。**○亘古亘今**、○是ニツキ大議論アリ。仏子動モスレハ一仏ノ中間ト云。末世末法ト云。於是後世吾邦法　念《ママ》〔然〕日蓮出テ、仏名経題ヲ唱ヘテ、以テ大乗トシ、末世相応ノ教法トス。是道ニ有古今。有終始、有異同。我儒如此ナラハ、此道アリ。漢高、唐大宗等ヲ見テモ見ルヘシ。桀紂、武烈帝、雄略帝キリニテ道タヘタルニ非ス。天地アラン限リ、行ハル。アマネク歴代ヲ考ヘ見ヘシ。其君ホトツヽ天下ニ其道五倫アラン限リ、道ニ同異ナキ也。今日ノ民即三代ノ民ナレハ、三代ノ君カ出玉ヘハ、則三代ノ世界也。○**無終無始**、道ハイツノ世ニ誰カ始メタルト云モノニモ非ス。何ノ世ニ滅シ終ルト云事モナキ者也。**○甚同異**、同ノ字付字也。

〔六七〕**△問、名物度数ー**、物ハ器物也。度ハ制ー也。数ハ一目也。礼ニハ其物ニヨリテ名ノ寸法ノト云物《コト》アリ。是又知ラヒテナラヌ事也。名物トハ、喩ヘハ書ト云ハ名也。物ト云ハ略也。此書物ノ事也。度数トハホトラヒ也。此類スヘテ名物度数ト云。先礼楽ニ別シテ名物度数アリ。**○成就自家心体**ハ、タトヘハブン廻《シ》曲尺ヲ持得ルカ如シ。フンマワシマガリカネ我ニアレハ、事ニ従テ天下ノ方圓ヲ拵ヘ出ス也。名物度数格物窮理ノ学ハ、方員ヲトメ畜ルカ如シ。一寸ヨリ一尺ノ方員迄備ヘ畜ヘテモ、一尺一分ノ方員ノ入用ナル時ハ、早マニ合ヌ也。**○則用在其中トハ**、名物度数ヲ受テ云。礼楽ト云テ外物ニモ非ス。内外貫通ノ物ナレハ、礼ニ叶ハザレハ内心ニ不快物アリ。是良知ノ本体自然ノ感通也。心体ヲノケテ外ニ礼楽アルニ非ス。○**与己原不相干**、我ニ規矩ナキ也。只外ヨリ求タル方員ノミ也。外面ニテシクハセタル名物度数ハ、己ト不相干也。**○装綴トハ**、下音拙。纂要ニ、装綴ハ装横而作様也トアリ。色々形ヲコシラヘカザルヲ云。**○臨時自行不去**、言ハ外面ニテ拵ヘタル事ハ、時ニ取テ行事不能。一モ用ニ立タズ。喩ヘハ木刀シナヘニテノ術ノキヽテモ、真剣勝負ニ至テ、根本ノ心ウロタヘル時ハ、常々ノ術一ツモヤクニ不立ル如キヲ云也。又左云ヘハシナヘ打ハシテモ益ナキト覚ヘ、名物度数ハ講セヌ事ト思フ。是亦誤也。**○全然不理トハ**、不修也。修理ノ理也。言口ハ修ムヘキ事也ト。**○只知所先後**、心体ヲ先トシ、名物度数ヲ後トスヘキ事也。**○随才成就**、才ハ心ノハタラキ也。凡気質ニ得方ナルト、不得方ナルトアルモノ也。其得方ナル事其人ノ才也。**○資性**、生レツキ。**○合下**、アタマカラ也。**○成就之者**、随才成就スル事モ也。**○運用処**、知ヲハコビ用テハタラカセル也。

〔六八〕**△与其数頃―**、数頃、百畝ヲ頃ト云。数頃ノ塘水ハ、四五百畝ノ溜水也。喩ヘハ事々物々ノ理ヲ知ル事廣大ニシテ、而万物備於我ノ良知ニ本ヅカザル、是也。此章ノ義ハ、孟子公孫丑上ノ初メニアリ。孟子曽西ト、或人トノ問答ヲ引ル語ヲ思ヒ合テ見ヘシ。或曽子ノ孫曽西ニ問ルハ、ソナタト子路ト孰カ賢―。此処可味。子路ノ才ハ百里四方ノ兵賦ヲ治ル方也。論語ニ千乗之国可使其賦也トアリ。管仲ハ既ニ九合諸侯。一国天下。子路ト管仲ト、其功ヲ論スル日ニハ、子路抜群劣レリ。然ニ曽西於子路ハ、先子曽子サヘ恐レ入レリトシテ不敢当。管仲ニ比スル事ハ甚不興セリ。於是聖学ノ所貴ヲ見。数頃無源ノ塘水ヲ為ス事ヲ不欲シテ、数尺有源ノ井水、生意不窮ヲ為ス事ヲ欲スト也。

〔六九〕**△問、世道―**、一元ハ十二万九千六百年也。邵子経世書十二時ヲ一日トシ、三十日ヲ一月トシ、十二月ヲ一年トシ、三十年ヲ一世トシ、十二世三百六十年ヲ一運トシ、三十運一万八百年ヲ一会トシ、十二会十二万九千六百年ヲ一元トス。至此天地滅スト也。**○平旦**、左昭五年ノ注疏ニ、明ケ七ツ時也ト。然レトモコヽラハアケホノノ明分ノ事ナルヘシ。**○世道日降**、此章下巻五十四版、人一日間、古今世界云々ト並ヘシルヘシ。今日世上之風俗モ、十年ト過レハ、衰ヘタル様ニ見ユ。マシテ大古ノ大昔ノ風俗ハ見レマヒトノ問也。此四字末世ト云様ナ事ヲ云。末世ト云事ナシ。道行ヘハイツモ聖世也。**○先生曰—**、遠キ事ノ近キ事也。今一日ノ中ニシレル事也ト。**○清明景象**、目ニモ心ニモ、物ノ接リサヘキラザル時、心上清明シタカ上古ノ形象也。

〔七〇〕**△問、心要逐物—、端拱トハ**、威儀ノ正ヲ云。**○六卿**、コレハ周ノ制ノ六卿ニアラス。明朝ノ六卿ノ事也。吏部、戸部、礼部、兵部、刑部、工部ヲ云也。何モ何尚書ト云。吏尚書ハ文官ノ役人ヲ云ヒ付ル時、其役ニ云付ヘキ人ヲ撰テ申上ル事ヲ主ル。又武官ヲ云付時ハ、兵部尚書ヨリ其人ヲ吟味シテ申上ル也。戸部尚〔書〕ハ民ノ年貢等ヲ主ル。礼部尚書ハ礼一マキノ事ヲ主ル。兵部尚書ハ軍ノ事ヲ主ル也。刑部尚書ハ刑罰ノ事ヲ主ル。工部尚書ハ諸細工ノ事ヲ主ル。皆尚書ト云事ハ、各其一官ノ事ヲ書タル書籍ヲ主ル事故也。**○心統五官**、耳目鼻手足ノ類也。五官ノ事也。家語及荀子等ニ見タリ。眼耳口鼻手足ノ類ハ六卿ノ如ク、心ハ人君ノ如ク、サレハ眼ハ心ノ指図ヲ受テ可見也。然ルニ目ノ見ルニ引出サレテ、心其ノ見ルニ引出サレテ、心其ノ見ル物ヲ近マハル。是俗人ノ姿也。耳ノ聞ニ就テ心ノ引出サルヽモ皆同シ。是ヲ喩ヘテ次ノ句ニ述玉ヘリ。官ヲ撰ハントテ、人君自飛廻テ其役処ヘ至リ玉フカ如シ。豈如此ノ天子アランヤ。若如此ナレバ君ニ非ス。心ハ口ノ芻豢ヲ甘カ如ク理義ヲ甘シテ何事モ此方ヘ引付テ見聞筈ノモノ也。**○要如此トハ**、端拱穆清ヲ云。**○要調軍**、軽キ武官ヲ調軍ト云。イクサバカリヲ軍ト思ハ非也。調ハエラブ事也。**○君体**、人君ノ体格也。

〔七一　記述ナシ〕

〔七二〕**△澄問、好色—**、扨此問ハ、私欲ノ中テ重ノ名利色ヲアケテ、是私欲也ト。然ルニ間思雑慮ハ、私欲トハ云レマイ。心ノ官ハ思フナレハ、思慮分別モナケレハナラヌ。然ルニウトンズルハ如何ト也。**○決トハ**、王子ノ方ヨリ。**○一切トハ**、ヲシナヘテ也。○此章ヲ誤リ認テ思慮ナカラント欲スルハ大ナル過リ也。思慮便是心ノ用也。大学ニ云、慮而后能得ト。論語ニ、子曰、不遠慮則有近憂ト。孟子曰、心之官則思。思則得之。不思則不得ト。周公思兼三王。具有不合。仰而思之。夜以継日ト。然レハ思慮ハ本心ノ用也。間雑ノ二字便是私也。

〔七三〕**△問志至気次—**、此説王子始テ発セルニ非ス。朱子以前ノ旧説皆王子ノ通也。**暴トハ**、粗暴ノ暴字ニテ、アラダテル事也。ソコナフトヨムハオモハシカラズ。気ヲアラスナト云事也。**○夾持説**、対揚シテ説クト云カ如シ。物ヲ両手ニ夾ミ持テ夾持ト云ナレハ、対揚スル意也。扨志ト気ト二ツ説ル子細ハ、喩ハ主君ノ非ナル処ヲ諌ント思立ハ、是志也。然ルニ其場ニ於テ其勢ニ屈シ、畏縮シテ不得諌ハ気弱キ也。故ニ持志ト養気ト二ツニ説ク。然レハ王子説非ナルカト云ヘハ非ニアラズ。尤ノ事也。其気屈スルモ、畢竟志ノ堅固ニ不立ニヨリテナレバ也。

〔七四〕**問、先儒曰、先儒**、伊川也。**○不然トハ**、聖人ニ高下ナシ。自然ノ象也。**○無往而非トハ**、元来地ハ天ノ中央ニアル者ナレハ、地ノ外皆天也。今我カ坐シテ居ル処モ即天也。**○九地之下**、九地モ九天ニ応シテ地モ九地ト云也。**○大而化之**、聖人ノ道ハ天ノ元ヨリ高ク、地ノ元ヨリ卑キカ如クナル也。化トハ変化自在ナル也。**○如山嶽トハ**、嶽ハ山ノ根張リモ廣大ニシテ、上ヘモ又高キヲ云。俗ニダケト云ハ誤也。ダケハ高キ也。年ノタケタト云モ、年長シテ高キ也。**○守トハ**、化ノ反也。賢人ハ高キモ卑キモ自在ナル事不能。故ニ守其高而已也。**○百仭**、仭ハ六尺也。スレハ一間也。百仭ハ六百尺也。スレハ六百間也。孔安国八尺曰似。

〔七五〕**△問、伊川謂―**、事ニフレテ心ヲコル象タユへ、喜怒其心ニ依テアラハル。其以前ハ喜怒ノ発ナシ。是ヲ中ト云。然トモ是ヲ求メル者ユヘニ情也。伊川ハ求メナトノ玉フ。然ヲ延平ハソコヲ求ヨトノ玉フ。**○傚一物トハ**、中ト云一物。**○吾向所謂認気定時傚中**、向ハサキニマヘニト也。寧静ヲトメテ本体トスルハアヤマリナリ。皆気分ノサタ也。無人欲ハイツモ本体也。**○涵養トハ**、此ニテハ帯テ云ル迄ノ事也ト見ユ。省察上用功トハ、未発ノ方ニツク字也。スレハ只帯テ云ル者ト見ユ。**○下手処トハ**、本体ニ下手ノ処カシレズクウトウヲニルユヘ間断ナク心ガケヨト也。

〔七六〕**△澄問、喜怒哀楽―**、七情未発ノ時、喜ヘキハ喜ヒ可怒ハ怒リ、自然ノマヽ未発ノ中和ノマヽナル処ハ、常人ノ不及処也。其中ニ一品ノ小事ノ上ニハ、喜怒ノ来ルベキ時トシテ位ノヨキ時ハ、中和ノマヽノ如キモアリテ、其位中節トモ云ヘキカト也。**○一時トハ**、上ミノ臨時ト云ニ応シテ云ヒ。**○一事トハ**、上ミノ一件ノ小事ト云ニ応シテ云フ。**○大用**、全集作瑩徹。当是也。三編亦作瑩徹。**○繊塵染著トハ**、スコシノケカレノ ソ《（ママ）》 ミツイタ事ニテナシト也。然レハケンシモ自然トアラハレル也。**○頂上トハ**、頂ハ品ト云事也。大底件字條字ノ意也。一件二件、一ケ條二ケ條ト云事ヲ俗語ニ一頂二頂ト云也。箇條ノ上也。然レハ頂ハケ條ノ事也。**一応トハ**、一切ト云カ如シ。無寃録ニ一応ハ猶言凡也トアリ。俗語也。

〔七七〕**△顔子没而聖学亡―**、コヽカラニ見処ノ子細アル事也。顔子以後曽子アツテ聖人ノ道統伝レリ。然ルヲ顔子没而聖学亡トノ玉ヘハ、曽子トモニ聖人ノ道ヲツギ玉ハヌト見ユ。孟子公孫丑上篇ニモ、子夏子游子張皆有聖人之一体云々トアリ。曽子ノ事ハ不見。然ニ顔子ニハ気風ナシ。曽子ニハ魯鈍ナル気風アリ。僅ニ気風アレハ早ヤ天ト不似。天ニ不似時ハ全キ聖道ニ非ス。分厘ホトモ欠目アリテハ、聖道ノ純道ニ非ス。

然レハ聖道亡ト云ヘキト也。**○不能無疑**、曽子子思孟子ノ大賢有故疑ナリ。**○循々然**、此語道ヒカレテヨイ処ヘ出テ後ノ語也。故見破後如此ト云リ。循々ハソレナリニ急ガズタルマズ離レズ取ツカズ、教ヲナスヲ云。**○見破トハ**、全体ヲ見開テ後也。**○亦難以語之**、博文約礼迄ハ孔子ノ導キ也。是以上ハ言語ヲ以テ人ニ語リ難シ。**○雖欲従之トハ**、之ト云ハアレミヤト、道ノ全体ヲ見付ケタルヲ云。扨ソレヲト手ニ取ント思召トモナラヌ也。ソレヲ従ント欲スレトモ、未由也已ト云リ。**○文王望道未見**トアルモ、右ノ意也。道ハナリノナキ者也。故ニトリトメラレヌモノ也。是シヤトナリノ付タルハ、真見ニ非ス。道死物ニナル也。**○真見トハ**、義理無定在無窮尽。是ト見定メ、是ト見窮ル者ハ道ニ非ス。故ニ未見トノ玉フ処、真ノ見也。是ヲ真見トスル処、亦王子道ノ合点シ玉ヘル所也。**○不尽傳トハ**、全ク欠メナシニ伝ハラヌト云事也。ナル程孔子ノ道曽子ヘ傳ハリタル也。スレト不尽傳也。又尽不傳ト字ヲヲケハ根カラ傳ハラヌニナル也。ソウシタ事ニハ非ス。皆カ皆迄不傳也。

〔七八　記述ナシ〕

〔七九〕**△只存得此心｜**、過去未来事思之トハ将迎也。常ニ見在ストハ、当下良知ヲ存スル事也。歌ニ、サシ当ル言ノハト思ヘタヽカヘラヌ昔シラヌ行末。大慧禅師ノ何事ニモ当念云々ト云ルモ見ル所アリ。然ルニマタコレヲ此方ノ当下良知ト一ツ場処ト思フハ大違也。儒仏何ソ同シカラン。扨此段ナト言句ニ執滞シテ看アヤマルヘカラス。過去ヲ思ヒ、未来ヲ思フカ当下良知ニテ、思ハヌカ放ナル事モアリ。明日ノ事務ヲ今日思ヒシラヘルテ今日ノ当下ナル事モ多シ。周公ノ古ヲ考ヘ後世ヲハカリ、夜以日ニ継ク。是即当下也。孔子ノ遠慮モ同シ。不慮ハ却テ放心也。聖賢ハ千歳一日ノ如シ。此段云フ処ハ往来憧々ノ思念適莫将迎間雑等ノ思ヒヲ云也。

〔八〇〕**△言語無序―**、是モ言語ノ次第ヲ失ヒタル上ニテ工夫センキスレハ窮理也。ソウニテハナシ。其序ナキノ根ヲ可視。心不存故也。孟子ノ知言トノ玉フモ是也。我言ヲ知也。我言ヲ知レハ天下ノ言ヲ知ル也。浮淫邪遁ニ依テ蔽陥離窮ヲ知ル。是レ言ヲ知ルノ道也。

〔八一〕**△尚謙問―**、把捉著。捉音荘。入声。握也。把捉ハツカマヘテニキリシメル如キヲ云。心ヲ動カスマイト云主意ヘカヽリテ、硬ク把捉スト云也。告子カ心ヲ不動方ヲ云ニハ非ス。告子カ不動心ノ方ヲ云ハヽ放下也。孟子公孫丑上ニ曰、告子曰不得於言勿求於心―。如此万事ヲ放下シテ心ヲ不動也。心ニ求ルト動ク故、少シノチカイ違イハ夫レキリテホツカラス也。然ルニ其意主見込動スマイトニキリツメタル処ニアリ。○今日ノ人其心ヲ不動トスルニドノヤウニスルソト云ヘハ、誰人モ皆告子風也。然ルニ根カラ告子風ヲ去テ無シテモユカヌ事アリ。コヽニ似タル事ニテ異也。把捉ヲ以テ心ヲ動サヾル存養ト思フカ告子カイキ方ニテ大ナル違也。本体ハ可動ニハ動クガ本体也。火事ト云ヘハヤレト云テカケ廻リ、ハタラクカ本体。是動テモ動ニ非ス。アヤマルヘキ事ニハ禍《ママ》〔褐〕寛博ニモ心中ヨリヒリ〳〵ト動テアヤマル也。**○心之本体原自不動、**不動転ヲ云。誤テ槁木死灰ニ落ツヘカラズ。心ハ活物也。動カ心ノ用也。文字ニ泥ンテ傳習録ハ見ヘヌ。**○性元不動**、性ニ元来クルヒハナク、理元不動ト云モ、理元来クルヒモナキ者ゾト也。

〔八二〕**△万象森然**、万物草木禽獣マテ皆此中ニ列テ居ル也。吾カ本心ニテスレバ、何ヲシテモ皆道理ノマヽナル事。天地ノ無声無臭カ即万象森然ノ根元也。今日静ナル時モ天地ノ間ニ震ノ気ノタヘル事ナシ。平日ハ静ノ震、動時ハ動ノ震也。沖漠無朕ニ非サレハ純一ニ至ル事不能也。心中ニ物在テハ純一ニ至ル事ナシ。故ニ一之父ト云也。**○万象《沖漠》―**、近思録ニモノス。万象トハ凡天下ノ中ニアル物ヲ指テ云。**○森然ハ**、シケキ也。物ノツラナルヲ云。**○沖ハ**、虚ナル事。**○漠ハ**、ヒツソリトシタル事也。沖漠無朕ハ一ノ方也。万象森然ハ精ノ方也。父ト云ヒ母ト云ハ共ニ本ト云事也。其中沖漠無朕ハ生己出ス本ユヘ父ト云。万象森然ハ生之出シタモノ故母ト云。然トモ一中有精々中有一デ、初ヨリ二ニ非スト。父ト云ハ生之出ス種ヲ云。工夫ヲ以テ見ルヘシ。沖漠無朕ニ非レハ純一ニ至ル事ナシ。无声无臭カ万事ノ根元也。故ニ一之父ト云也。扨万象森然ヲ精ノ母トハ、択ミ精《クハシ》フスル事ハ万象森然タル故也。然ルニ本二ニ非ス。故ニ一中有精々中有一ト云フ。

〔八三〕**△心外無物━**、元万物一体ナル故万物皆我度内ノ物也。故ニ心外無物ト云。孟子モ自反而誠万物皆在我トノ玉ヘリ。物ト云ヘハ皆人外ノ物トス。ナルホト外物テ無テモアラズ。天地ノ間ニ形象アルホトノ物ハ皆物也。然レトモ無誠無物ト云リ。無意ハ無物。然レハ心上ノ物也。心ヲノケテ物ヲミルト物ヲ逐フ也。

〔八四〕**△先生曰、今━**、心外無物ナレハ物ハ心ノ物ニシテ、如在ハナラン。心ニ違テ良知如何センヤ。良知ナレハ格物ハ自然ニアル。如此ニ論スル者サヘ皆口耳ニ流レテ、四寸ノ学トナリ、五尺ノカラタノ益ハナシ。マシテヤ口耳ノ学ヲスルモノヲヤ。**○流口耳トハ**、言ハ心術ヲヨソニスル也。**○能反於此乎トハ**、言ハ何トシテ本体心術ヘ立反ンヤト也。但シ反字ハ及字ノ誤カト思ハルヽ也。**○天理人欲**、ワカレ易キ様テ実ハワカレニクキモノ也。年久塩ジミタル人欲ナレハ、天理ト思フ中ニ人欲アリ。又性本ト善ナル故人欲ト思ヒタルニ、天理アル事モアリ。タトヘハ今補薬瀉薬ヲ一ツニ煎ジタルガ如シ。是カ補、是カ瀉ト分チ得カタシ。故ニ程子ノ学窮理セヨト教ヘ玉ヘリ。然トモ向ヘカヽツテスム事ニ非ス。我カ心ヘ立カヘリテ省察シテ直キニ人欲ト見バ、タトヒ見違ナトモ、ソレニカマハズ克治スヘシ。只其功ヲヤメサレバ、終ニハ今日人欲ト見タルカ天理ナレハ、此ノ天理ナルヲ知ル也。**○扨省察克治**、宋朝以来学問ノケ条トナレリ。然レトモ以前ヨリ省ト云事多ク書冊ニ見ヘタリ。扨一ケ条トハナレドモ、其省察ト云モノ多クハ向ニ物ヲ置テノ吟味也。ソレニテユク事ニハ非ス。王子ノハ心ノ立反ルヲ云也。**○頓放トハ**、語録鮮義ニ曰、安置也ト。カマハズシテ其マヽ置ヲ云。是ニテハ理ヲ講シテモ何ノ益ナシ。漢唐ノ儒者口高上ノ論ヲ云トモ、口耳頓放ニテ其行ミルニタラズ。〇**義襲而取**、義ヲ外トムキヨリヲソヒ取ル也。但シ孟子養気ノ章ノ字ナレトモ、孟子テ云トハ義少異也。孟子テ云ハ一事ノ義ヲ上ハバカリニシテ洪《ママ》〔浩〕然ノ気ヲ取ルヲ云也。供《(ママ)》〔浩〕然ハ日ゴロ無間断義ヲ集ムルデ生スルモノゾト云ニ、ツヒ非義襲而取之ト云ル也。

〔八五　記述ナシ〕

〔八六　記述ナシ〕

〔八七〕△**問、格物於―**、於動処用功トハ、事アル時ハ用ル工夫カト也。〇**必有事トハ**、致知格物ヲ仕事トスル也。王子此必字ニ気ヲ付テ見玉ヘル者也。必字ニ気ヲ付テ見レハ動静ヲ貫ク意見ユル也。

〔八八〕△**工夫難処―**、**大段トハ**、多分ト云カ如シ。十ノ物八九ハ正シク也。身修ルト也。大学ノ一書ハ、明々徳於天下者ト云テ誠意ニ止ル。扨格物ハ誠意ノアトニツク誠意ナレハ、多ク何事モタガハシ。其中ニ力用ル処アリ。是格物也。難処ハタヾコヽガイカントコロ也。〇**已発ハ**、已発ノ方ト云事也。**則中トハ**、其体中ニ帰スル也。〇**則和トハ**、其用和ニ当リ合フ也。

〔八九　記述ナシ〕

〔九〇　記述ナシ〕

〔九一〕△**至善者性也―**、本性悪ナシ。水ノ流ノ中ニトロヲナスカ如シ。是凡人ノ善性也。根元水ニカハリナシ。モトソヒ物ユヘ惟悪ニテヲハラン。故其至善ニ復ル也。復ハ本復ノ意也。

〔九二〕△**問、知至善―**、所止トハ止リ処ル所ノ場所也。〇**紛然外求**、ドキマギスル也。外ニサガシマハレバ本然モ紛然タリ。**外求トハ**、外事物ノ上ニ道ヲ求メ至善ヲ求ル也。〇**不妄動トハ**、為名利ニ不動也。〇**一**

心一意トハ、無他念也。**〇在此処トハ**、至善也。**〇慮**、慮ト云ヲ今時ノ分別ノ事ニ思フハ非也。今時ノ分別ト云ハ至善ヲ見付ヌ前ノ事也。此慮ハ至善ヲ知テ、ソレヲ曲尺ニシテ慮ヲ云。此ヲ本ノ慮ト云也。或思慮ハ意念也ト云テ悪ム人アレトモ、万事ヲ出シダイニシテハユカヌ事也。去ニ依テ書経ニモ、思曰睿々成聖トアリ。然ニ王子大略是ト云ヘハ、未可サルカ如ナレトモ、然レトモ是也。此上ハ人々ノ位ニアル事也。

〔九三〕**△問、程子云―**、天地万物トハ天地ノ間一草一木迄残ス物ナシ。夫レト我身ト一体ト云ハ、仁者ノ無私ノ本体ヲ云。学者ノ今日目当トスル処不知シテ不叶処也。墨氏兼愛ハ不知仁トス。孟子初メ諸儒ノ説アリ。其意ニヨクニタル故ノ問也。ムツカシキ論也。仁者以天地万物為一体ト云ガ学問ノ根元。天地ノ物ヲ生々スル処ユキトヽカンクマテモナシ。然レハ仁者ハ天地ト一体ナレハ如此筈也。吾心中ニ一物モヘダテナキガ一体ノ心也。凡人ハ皆先キニカヽル故、キコエンノナンノト云物ガアル。故ニ一体ノ仁ヲ失フ。爰ヲガテンスルカ肝要也。譬ハ仁ハ何ヲ云ゾ。枝葉花実モナキ処ナレトモ、其実ノ中ニ仁アリ。是即仁也。是カ枝葉トモ花実トモナル。是造化ノハタラキ即天地ノ形象也。天地ノ元亨利貞、春夏秋冬、皆造化ノ妙也。昼トナリ夜トナル。是又陰陽造化ノ妙也。如此ナレハ切モ殺モ皆仁也。此生々無息ナル物、是天地ノ心ニテ即仁也。故ニ仁者以天地万物為一体ト云リ。**〇瀰漫周遍トハ**、天地四方ヘワタリハヒコル也。周遍ハアマネキ也。**〇六陽トハ**、十一月ヨリ四月迄ヲ云。**〇木之生意**、梅ノ実ニメヲ出ス処ノトガリタル処カ発端也。**〇下面有箇根トハ**、天ヨリ受得タ本性ノ根ハアルト也。**〇愛無差等トハ**、是墨氏ノ学而孟子辟之見滕文公上篇、墨子ノ兼愛仁ニ似テ仁ニ非ス。仏氏平等云々説ト同シ。我親モ人ノ親モ一般ニス。今爰ニ餓死スルニ、一物ヲ以テ是ヲ助ルニ、吾親ト人ノ親ト有ニ吾親ヲステヽ他人ニ進事ヲセンヤ。先吾親ニスヽムヘシ。大学ニモ老吾老以及人老ノ意可見也。吾親ヲ愛スルノ餘リ、以人ノ親ニ可及、仁民愛物ハ自然ノ一体也。**〇他無根**、他トハ墨子也。**○孝弟為仁**、孝弟ハ行ノ上、仁ハ中ノ至タリ。仁アレハ孝弟ノ行アリ。孝弟ナレハ仁ハ自中ニ具レリ。**○裏面トハ**、孝弟ノ中ヨリ也。

〔九四〕**△問、延平云―**、延平先生名侗。字愿仲。是語見延平答問。論語公冶長篇註亦載之。○按ニ此辞王子ノ深ク思召ノアル処也。王子心即理トノ玉フヲ能々可味也。後世即物求理。ツイテ物ヲ逐テ喪其心ノ弊実ニ心理二ツトナル故也。其端シ延平先生ノ此ノ立言ヨリ出ツ。王子辨シ玉ハサル事ヲ不得。ヨク王子ノ意ヲ得テ後ハ、延平ノ語ヲ助ケヲ見モ恐クハ妨ケナケン。覇者ノ行フ処貴」王乱ヲハラフ処ハ理ニ当タレトモ、其心根ハ私欲也。故ニ仁タル事ヲ不得也。又世ニ望ミナキモノハ私欲ハナキ如ナレトモ、行フ処理ニ不当。故ニ又仁タル事ヲ不得也。故ニ当理無私心様ニセヨト也。朱子ノ愛ノ理心之徳モ、爰ニ本ツク。又窮理ノ説モ爰ニ根サス。心ト理トヲワケテ二ツニスル時ハ、支離ケツレツノ病アリ。**○当理而無私心**、而字ニテ二ツニ見也。当理而無私心ト云カ延平程子ノ仁ノ註也。**○又問釈氏於世間一切情欲**、此情欲ヲ断カ仏家ノ見也。父子ノ間ハ親ニツナガレ、君臣ノ間ハ義ニツナカル。五倫皆然リ。故ニ此方欲ヲ離レ、天地開闢以前ノ物ニナラント也。扨万欲ニ不染ハ無欲ニ似タリ。然トモ天地陰陽生々ノ道理ニ非ス。故先生不当理トノ玉ヘリ。延平ノ言モ爰ノ病ヲ思フテノ玉フカト也。**○一統事トハ**、畢竟一ツ事テ私欲也ト也。如何トナレハ仏氏ハ畢竟私己一箇ヲヨクセントスルヨリ、万事ヲ放下スルナレハ、ツマルトコロ私心ナリ。

〔九五〕**△侃ハ**、薛尚謙也。此ノ先生ノ答へ、侃カ病ニ対スルノ薬也。此等教ノ術也。立志ト云ト持志ト云ト大カタ同シ事ニテ、少子細アリ。持ト云ハ養生也。立タル志ヲ持ツ也。病人ナドノヨクナリタル時、大事ニカケルガ如キヲ持ツト云。持志ノ字孟子ニ出ツ。如心痛ト云ヲ見レハ、ヨク心ヲ用ヒタル人ト見タリ。心痛ノ時ハ外ノ事モ思ハレズ。唯一途ニコノ病ヲ思フ。其如ク持志也。**○管トハ**、俗ニ云フカマウト云意也。

今日ノ吾人ノ如キ者ヘハ、何トゾ如此教タキモノナリ。然ルニ如此コヽロヲ用ユル侃ヘナルホド尤ナル事也。若先生ノソウメサレヨトノ玉フ時ハ、心ヲニギリ殺ス也。コヽガ教ナリ。**○出入無時**、孟子尽心ニアル語也。孟子ニテハ、此語ハ凡人ノ心ヲ云タ詞也。取リ留モナフ出タリ入タリスル衆人ノ心皆如此。道理ヘ向カト思ヘハ非義ノ方ヘ向フ。是ヲ出入無時ト云。然ルニ心ノ妙又如此。聖人ノ心ト云トモ出入無時也。今出ト云案内モナキガ本心ノナリ也。朝カラ晩マデ孝行ノ事而巳ヘ心カ向ヒ居玉フニモ非ス。聖人トテモ色々ノ事ヘ向玉フ。仁ヲ問ヘハ仁ニ向ヒ、義ヲ問ヘハ義ニ向フ。スレバ孔子ト云ヘトモ、心ハ莫知其郷モノ也。只平人ノ心ハ、義ヘ向フベキモ、不義ヘ向ヘキモ不知。出入無時忽チ違也。聖人ノ心ハ、仁ヘ向モ義ヘ向モ皆知レテ、不義不仁ヘ向ヒ玉フト云コトナキ也。コヽガセイボンノ違メ也。聖人トテ心ヲジツトシテ居ルモノニハアラズ。故ニ心バカリハ我モノニナラヌ物也。ソノ筈也。コノ心即天心也。故ニ藤樹先生曰、皆人カラダノ中ニアル心ト思ヘトモ、心ノ中ニアルカラダゾト、常ニ子弟ヲ教ヘラレシト。面白キ事也。出入無時ノ論、是前コノ本廿六丁ウラニモ出タリ。**○死々ハ**、コロス也。侃ガヤウニナシテユケバ、ツイニニキリスクメル也。扨コノ弊ナキ工夫ハト云ヘハ良知也。良知ニシタガヘバ、ニキリスクメモ又トリハナシモセヌナリ。但本道ヲ云ヘハ如此也。○再考。**○於工夫上又発病―**、死々守着ハ是レ心ヲ守リスクメテ殺ス也。心ヲ籠者(ママ)〔著〕セシムト云モノ也。喩ヘハ足カ悪キ方ヘ行トテ足カセヲ入カ如シ。如是スレハ悪キ方ヘハ行サレトモ、其代ニ善キ方ヘモ行事不能也。是心ノ妙ヲ亡ス也。大ナル害也。故ニ於工夫又発病トノ玉フ。扨コノ初学ノ工夫如此用亦好ト云事ヲ早々ニ不可見過。初学カラアマリ吟味スクレハ、一モ不取ニモ不取者ナリ。少費ヘアリトモ、サキグリナシニ先ツトリトメテ可見。志立サヘ難シ。イハンヤ持ハ尚カタシ。先取リスクメテナリトモ可持。其上ニハ此論肝要也。

〔九六〕**△侃問、専涵養—。**涵ハヒタス也。縦ヒ大海ノ水ヘツケタレハトテ、一朝一夕ノ事ニテ涵トハ不云也。数年水ヘヒタシヲケバ、自然トウルヲヒ通スル。是涵ト云。養モ同意也。イカホト美味ニテモ一朝ノモテナシヲ養トハ不言。麁相ニテモ年ヲカサネフルモフヲ養ト云フ。扨コノ問常ニ朱学ヨリ来ルソシリ也。随分ヨキブンニテ、王子ハ涵養ノ方ハヨケレトモ講求カ欠ケルトソシル也。侃カ疑モ亦ソレ也。五十五裏**○私意**トハ、此方カラタヨリ出タ心ヲ云。故ニ面々サバキヲ云也。其所欲銘々ニ違ナリ。本心良心ハ天ヨリ受タル心也。故ニ千万人同シ心ナル故心ノ同然是也。**○私意認不真、**私意ヲ私意シヤト覚ヘラレマシキト也。取違ヘガアルヘシト思ハル。是ヲ正ニ恐ル—ト云。**○体当**トハ、身ニ引当ル也。体認ト云ト同シ。是王子ノ講求也。

〔九七〕**△先生問在坐之友、**挙霊明意思云々。一事其意ヲ譬テ云ハ唯誠一ツト存スル。此誠而巳ト云ハ尤ノ事ト云ベキ様ナレトモ、然ルニ是ニテ何ノ益モナシ。如何トナレハ今マツ誠ヲ火ニタトヘテミヨ。火ハ薪ニモヘツク故ニ、固キモノヲヤハラケ、苦キ者ヲ甘クス。然ハ此ノ事アリテ而後ノ誠ナリ。親ニ孝ヲ尽シテ而後孝ノ誠アリ。君ニ忠ヲ尽シテ而後ニ忠ノ誠アラハル。彼ノ薪モナク、トフシンノ油ナクシテ、火ノモユル事有ンヤ。マダ〳〵モユル事アリテモ物ニ於テ益ナシ。是ヲ無根ノ火ニタトフ。火アリテモ世ニ益ナシ。今時モ誠一ツノミ云人多シ。其詞ニ於テ箇（ママ）〔間〕然スル事ハナシ。然レトモ其益ナキヲミレハ、雨夜ニ出ル火トモシノ火ニ異ナル事ナシ。中庸ニモ誠ハ天ノ道也、是ヲ誠ニスルハ人ノ道ト。ナンソ誠ニセズシテ誠ト云事アラン。故先生曰、此是説光景云々。**○惘然**トハ、ウツトリスル事也。**○請是、**一本作請問。通ストモ劣レリ。**○請是、**一本作這個心。**○見善即遷**トハ、易益ノ大象ニ曰、風雷益云々—。王子則字ヲ即ニカユ。

○助長トハ、求光景病也。**外馳**トハ、説効験ノ病ナリ。

〔九八〕**△朋友観書多—。**摘吏語ニ、罪人ノ罪悪ヲカヽケ探ヲ摘ト云。此ノ摘字モ其意也。**○未嘗異也**トハ、欲為聖賢之云志也。コノ云合セハヒシト合テヲル也。**○其余トハ**、前ノ入門下手処有毫厘千里之分所ハ各別也。其余ハト云キミ也。

〔九九〕**△希渕問、聖人―可学而至―**。此問ニ二ツノ意アリ。聖人可学而至ト聞トモ、然トモ伯夷伊尹ヲ見ニ、此人々ハ随分修行ニ怠リアルマシキニ、彼カ如キモ孔子ニハ劣レリ。然レハ学庸聖人ニハ至ラレヌカト思ヘ（ママ）ハル、トノ問一ツ。又孟子ノ伯夷伊尹ヲ皆聖人ト許セル処ドコトアルヤトノ問、是一ツ也。王子ノ答ヲ以テ見レハ、右ノ如此ノ問ニ二ツノ意アリ。孟子ニ伯夷ハ聖ノ清者、伊尹ハ聖ノ任者トアリ。皆聖人ト云テアリ。スレハ孔子モ同事カト云ハ、才力終ニ不同。論語ニ、伯夷叔斉ハ古賢人也トノ玉ヘリ。尭舜ヲ問タラハ、賢人トハノ玉フマシ。聖人トノ玉フヘシ。然レハ伯夷伊尹ハ聖人ト云テモ、又尭舜孔子ナトヨリハ落テ見ユ。自ラ聖ト云ニモ段カ立テ見ル也。孔子ノ御詞ニモ賢人トノ玉フヲ、又聖人ト云テハアハン様ナレトモ、ソレハ孟子ニテヨク聖人ト云ハル、サバキ見ユル也。伯夷ハ清ノ場ハ孔子ニモ恥サル也。清一通リハ聖人也。伊尹ハ任ノ場ハ孔子ニモ不譲也。任一通ハ聖人也。然ニ此段ハ其センサクニ非ス。孟子ニテ一通リハスクミタルトモ、一念精微ノ所ノセンキカスマヌ故、其精微ノ所ノ論也。伯夷カ清、伊尹カ任、其清其任一通リハ少モ人欲ナシ。精金ノ如シ。**精金**トハ、少モマジリナキキッスイノ金ヲ云。百錬ノ精金ナト云ウ。**○成色足**トハ、精金タル所ハ色ニテ見ユル也。少ニテモ赤ミアレハ銅ノ交リアリ。白ミアレハ鉛リノマシリアル也。其マシリナク成就ノシアケニテ見事ナル色ヲ成色ト云ヒ、足色ト云ヘ也。**○才力**、ハ心ノ力也ト云テ、コノ心ノハタラキヲ云フ。才力ニ大小アリテモ同ク聖ト云ハ、タトヘハ稟賦ニ強弱アレトモ、疾ナケレハ共ニ是ヲ息災ナト云フト同シ。然ルニ稟賦ノ強キ者ノ息災ト、弱キ者ノ息災トハ、同息災ニテ雲泥ノ違アリ。其如ク聖人ト云中ニモ才力ニ同シカラサル事アリ。**○五千鎰者而入―**、分両軽重ハコトノ外違タレトモ、一ツニ打込テ見タ時ハ、同ク精金故エリハケラレズ。少ニテモワル金アレハ、是ソト見ユレトモ精金ユヘ也。今日ノ人ト云ヘトモ天理ニ純ラナレハ、其才力タル所ノ分量イカホト微少ニテモ、聖人ノ御同坐ヘ交リテ少モ恥シカラス。此天理人々皆アリ来リノモノナリ。人欲尤克ガタキモノナレトモ、又力テバカタルヽ者也。故ニ皆可為尭舜ト云也。ソレヲ天下ノ事ニツヒテ、何モカモ知リツクシ、何事モ皆シカネヌ様ニシテ、聖人ニナルヘシト思ハ、大ナル違也。尤人欲清ク尽タル人ハ何ヲ聞テモ通シ易ク、何ヲシテモ成リ易カルヘシ。孔子ノ如キ是也。是ハ生ナカラノ聖人ニシテ、少モ人欲ナク、天理ハカリノ御生ツキニテ、シカモ十五カラ学ニ志シテ七十ノ御時ニ矩ヲコヱ玉ハス大聖也。ソレヘ今日ノ人欲タラケノ人カ、書ヲヨム事多ク、天下ノ事物ヲ知ル事精シフシテ、ソレデ至ラフトハ思ヒモヨラヌ事也。然ラハ聖人ニハナラレヌト云ハ、聖ノ聖タル処才力ニアラスシテ、在純天理ニアラハモトナル筈ノ事也。タトヒ一両ノ金ナク、ワツカ一歩ノ金ナリトモ、此ノ一歩ノ精金ナレハ、万鎰ノ中ヘ打込ミマセテモ不恥也。タトヘハ何モカモ格物窮理ヲ尽シテモ、其分量万鎰ニ及フト云モ銅鉛ノマシリモノ多ケレハ、聖人ト同坐ハナラヌ也。其上ヘ悪人ト云悪人ニ才力ナキモノナシ。善人ト云モ唯トホシキモノハ天理道徳也。此ノ天理道徳ヲモトメ、精金ニナルニハ、鍛錬セサレハ不成。人欲スクナケレハ成ヨシ。人欲多キ今日ノ人ハ骨折多クイル也。故ニ成色愈下則タンレンイヨ〱カタシト云ヘリ。タヽラニカヽル事ハ金ノ上ニテハ迷惑ナルヘケレトモ、精金トナレバ万代ノ宝也。交リモアル中チハ吹タヒニ其交リモノダケニカケ目減スル也。精金ニナリテ後ハ幾タヒ吹テモ目ゲンスル事ナシト云ヘリ。コノ精金ニナルカ如シ。聖賢ニナル事モ成テ後ノ楽ハタトフルモノナル《ママ》〔ナカル〕ヘシ。**己百己千トハ**、苦労難艱シテ徳成就スルト云フ事也。**〇求日減不求──**、ヤリツソサイト云人ノ語ニ、時ノ人起一利ハ不如去一害ト云リ。コノ語政ノ事ヲ云タル語也。然ルニ一己ノ工夫存天理去人欲ニモ益アル語也。コヽノ語ニヨリアヘリト也。

〔一〇〇〕**△士徳問曰―**、気魄トハ今云コンキト云事也。**○継往開来―**、コヽカ朱子ノ器量、平人ノ不及処ヲ見ルヘシ。或人曰、朱子一生ノ語類文集或問通鑑等諸書ノ注解ヲ考ルニ、二十歳ヨリ七十マデトシテ、積ルニ日々十枚ホドツヽニ当ルト云ヘリ。精神気魄ノ大ナル事古今只一人耳。**○孝**《ママ》〔考〕**素著述上トハ**、古書ノ文義ヲ考索シ、新シク注解ヲ著述ス。**○若先切己**、是ヨリ王子ノ御自分ニ取リテ了簡也。一己ノ上ニ親切ニス。**○自然不暇及此**、自然ニ一草一木迄定理アリト求ル暇ハアルマシト也。**○到得徳盛**、扨又修己徳モ盛ニ成テ、後世此道ヲ明ニセントナラハ也。**○孔子退修**、孔子ハ此道ヲ天下ニ行ント思召テ色々トナサルレトモ時ニ不行。故ニ不已得シテ六経ヲ修ム。繁多ナルハ皆ケツリ玉フ。アタマカラ書物センキヲシ玉フニ非ス。夫レモ繁多ナルハ刪リテ易簡ニ就玉フ。退修六籍刪繁就簡。此巻内ニ其論アリ。可考。**○著許多書**、経書ノ外素問難経韓文等ノ書迄手ヲ入玉フ。是ハ益ナキ事也。**○倒做了**、孔子ノナサレ方トモ倒也。始メ修己ニ親切ニシテ後ニ考索セハ是也。**○無交渉トハ**、出合ヌ事。不相通也。書ト我心ト別々ニナリテ、出合ハヌ也。道ニ交リワタル也。**○従前**、以前ト云事也。

〔一〇一〕**△侃去花間草―**、**難培**トハ難養也。**此等**トハ侃カ云所ヲ指テ云也。**躯殻**トハ、カラタト云事也。**理之静**トハ、理ノ本体即未発ノ本体。**仏氏無善無悪ト云**。悪ト認メル故悪トナル。出ハ出マヽ、是其方ヘ著シテ、其外ノ事ニハトンチヤクセヌ也。是デ天下国家ハ不治也。仏書多キ中ニ一ツトシテ天下ノ政事ノ書ナシ。然レハ出ハ出マカセ、是聖人ノ家法ト異ナル処也。**○著在ハ**、一向ニ貪著スル也。**遵王之道トハ**、王道ト云事也。此外ニ王道ノ入ル事ハナケレトモ、洪範ノ全語ニ依テ云也。**会其有極トハ**、有極ハツマリ道理ノ事也。道理ノ処ヘタハネガ落テクルヲ会ト云。其中ニ合ナフト云義也。極トハ中ト云事也。方形造リノ屋ノ極ト云。

極トハ四方ノ軒ノカネニナル者也。天子四海ノカネニナル事如此。故ニ皇極ト云。**裁成輔相**、易泰ノ大象裁—ハ天理ヲ切モリスル事也。冬サムキハ天理ノナリ也。ソコヲ切モリシテ寒ニアタラヌ様ニ家作テモシテフセクノ類。輔相ハ天地ノタラヌ処ヲ此方カラ助ケルヲ云。草木テモ生ルハ天地ノ所作ナレトモ、ツカヘル事アリ。時ニ灌漑培養スルハ、是人カラ天ノ造作ヲタスケ奉ル所作也。**是仏老意見**、前所謂著在無善無悪上—ノイキ方也。**却是トハ**、若全無好悪ハ也。**無知覚的人トハ**、ユキツキ次第ノトホウナシノ事也。是ハ花ヲ花トモ思ハヌ人ヲ云也。何ノ差別モナキ人也。何トシテソレヲ無有作好悪人ト云ンヤ。**只好悪一循於理**、手前分別ナキヲ云。**未即去亦不異心トハ**、去ラレヌ時、去ラヌトテ心ニカヽル事ナキヲ云。大方ノ人是非去リタヒト思ヒコム故、父ノ命アリテ用ヲナシテ居テモ、ソノ草ヲ去リタキ意思胸中ニ横在スル也。コノ一物ノ横在スルアレハ、父ノ事ヲ勤ル方ガ純一ナラサル也。畢竟物無善悪。前ノ如ク段々イヘハ又ソレニ固滞シテ如此ノ疑問生スル也。可見。此問又物ト心トヲ二ツニ分ケタ見所也。ツマル所物ニ善悪ハナキカト也。**在心如此在物亦然**、上ノ循理便是善、動気便是悪ト云ヲ指シテ云也。**逐物トハ**、物ノ上ヲ格ス事也。**義襲而取**、コレ物ノ上義理ニ差フ様ナレハ、義トハ不云也。義襲而取ト云ハ、随分ト物ノ見事ニ義理ニ叶ヲ云。然ルニ是レ外ヨリウチカフセタル物ニテ、本ンノ事ニ非ス。本ンノ義ハ心上カラワキ出テ、宜キヲ義ト云也。則如何ハ作好作悪ニ非スヤト。却是誠意、意念ハ意念ナレトモ—。**不是私意**、善ヲ見テ善ト動クハ私意ニ非ス。吾好ム者ハ悪モ善トナル。是私意也。**故有所念—**、悪ヲ悪ムニ一分ノ意念ツケハ、有所忿懥也。好善ニ一分ノ意念アレハ有所好楽ト云モノ也。**伯生曰**、孟源カ字也。側ヨリ問。**不除是甚麼心**、コヽヲ自心ニ体認シテミヨ。合点ユクヘシト也。**○侃去花間草—**、此章ハ王子ノ意ヲヨク体認シテ、心上ヘ工夫ヲ用ヒサレハトクトスマヌ章也。文字上ニテ説ヲ求メ、此義彼義ト云テハ本ノ事ニハ非也。薛侃花ヲ栽テ置テ、其間ノ草ヲ去ルニ、サレトモ〳〵アトヨリ草ノ生スルニ付テ、克己ノ工夫ノ方ニ心付テ、天地ノ間何ソ善ハ難培、悪ハ難去ト云問アリ。是尤ノ問也。人々如此ク思フ事也。先生曰、未培未去耳。是又聞エタル御答也。其培スル事タニ間断ナケレハ、生セヌ事ハアルマシト也。是レヲシラシテ衆人ヘノ教也。**○少間**、コレカラ六ケシキ也。此以下ハ薛侃ヘノ教也。一等引アケテ高キ論也。故ニ侃モ早速ニ不通也。**○看善悪皆従躯殻起念**トハ、躯殻ハカラタ也。善ハソタテ難ク、悪ハ去リカタキトミルハ、コレカラタヲツタヒテ来ル善ニシテ〔約五字欠〕《本ノママ》ニ非ス。意念以下ノ善悪ナリ。此意念以下カラタノ上ニテ起タ善悪ヲ見ル。故ニ善ハ生シカタク悪ハ生シヤスシ。克己ノ工夫甚タシニクキ也。本体上ニテ見レハナルホト善ハシヤスキモノナリ。親ヘ孝、君ヘ忠、皆是本体ノ持前ニテシヨキ也。本体ヘ心ヲ付クヘシ。スヘテ傳習録ヲ文字上ニテ義理センサクシテハ、其本意知レヌ也。王子ノ書毎々如此。唯コレヲ目録ニシテ、我カ心中テ引合テ見テ可知事也。本心本然ノ善ハ、火ノ上ヘ燃上リ、水ノ下ヘ流ル丶如シ。善ノシカタク悪ノ去リカタキト云事ナシ。**○天地生意、花草一般、ー、**天地生々ノ心カラ見ルヘシ。花善ニシテ草ハ悪ト云事ナシ。此只一ツノ生々カラ花モ草モ生々ス。本体モト善悪ノ分ナシ。善悪ヲ立テ見レハ、論語ニモアル父羊ヲ攘ミテ、而ルヲ子コレヲアラハスハ、正直ニシテ善也。而ルヲ夫子父ハ子ノ為メニカクシ、子ハ父ノ為ニカクストノ玉ヘリ。カクスト云事ハ不直ニシテ悪也。スレトモ良知ニ於テ、父ノ為ニカクサネハナラヌ也。事ノ上デ云バ、カクスハ不直ナリ。ヨク心ニカヘリモトムヘシ。事上カラ出テ花ヲ好ム日ニハ花ハ善、草ハ悪也。然ルニ又草ヲ好ム日ハ草ハ善、花ハ悪也。タトヘハ巴豆大黄ハ毒草トテ悪ミ、人参黄芪ハ神薬トテ善ト立レトモ、一瀉シテ生ヲ助ル日ニハ、参芪ハ不見シテ、巴豆大黄ヲ求ル也。賢ク参芪ヲ善トシ、賢ク巴豆大黄ヲ悪ト見医者ハ皆人ヲ損ル也。我カ好悪ニ依テ立ル善悪ユヘナリ。スヘテ好悪ヨリ善悪ノ出ルハアシキ事也。善悪カラ好悪ノ立カヨシ。譬ヘハ神薬ヲ用ヒテアシキ病ニハ参芪ハ悪也。是ヲ悪テ巴豆大黄ヲ好ム。是父ノ為ニカクシ、子ノ為ニカクス心也。然ニ是又事ノ上テ論スレハ、直ニ花ヲ好ム日ニハ花ヲ善トシ、草ヲ好ム日ニハ草ヲ好トスルモノニシテ、彼ノ好悪ニヨツテ生スル所ノ善悪也。躯殻起念也。本体ニ非ス。〇**「無善無悪、理之静。有善有悪、気之動。」**是二句四言ノ教ノ二句也。無善無悪心ノ体。有善有悪意ノ動ト云ト同シ事也。扨此理気二ツニ分ル丶事ニ非ス。只一箇ノ道理耳也。皆一ノ心耳也。其静ナル攸ヲ理ト云、動ク処ヲ気ト云。一物ニシテ動静ノ場ニヨツテ名ノカハルマテナリ。〇「無有作好。無有作悪。」書ノ洪範ノ語也。夫子ノ語テ云ヘハ無適莫也。

〔一〇二〕△**先生謂学者**、頭脳ハ一身全体ノツジ。大事ノ処。学問ニテモ是アリ。著落トハ落ツキ処アルト也。此頭脳ヲ知レハ学問カ落付ト也。**不能間然**（ママ）〔未能無間〕、間然スキマ也。間断也。**一提便**、舵ヲヒツサゲル也。如此ナレハ夢サメタル如ニハツキリトナル事アラントナリ。**通彼処トハ**、通彼ノ間ニ新本有於字。**未見得**、主意頭脳ヲ未見得也。

〔一〇三〕△**或問**、**為学―**、以親故トハ親ヲ養フ為ノ故ト云事也。**挙業之累**、親老家貧キ故親ヲ養育セン為ニ詩ヲ作、文ヲ書ト云ノ類、皆挙業ノ学也。今時奉公カセギニ馬ニ乗リ筆ヲ学フト云カ如シ。皆云ワケト云モノ也。**先生云々**、聖賢ト云事ニシテ明道ヲ指云。**患奪志**、詩文章ニ志ヲ奪ハレル故也。

〔一〇四〕△**崇一問―**、**尋常トハ**、不断也。常ヲツグトヨミ常々ト云事也。**気機**、気ト云事也。天地ノ気ノ運ル事ハ機活ナル故、気機ト云也。主人公アル故ニ花サキ実也。千変万化モ此主人公ヨリ定ル也。**酬酢**、モト酒ヲ受ツナカシツスルヲ云也。応シ交ルギ也。**天君―**、本心ヲ指。**奔放トハ**、気カ受取テ走リ廻ルヲ云フ。孔子欲速則不達。是也。

〔一〇五〕△**先生曰―**、好名トハ、名ヲ好ム時ハ不知事モ知レルフリヲシ、或ハ人ト争テ我ヲ立テ、或ハ我カ能ヲフケラカス。是学者ノ大病、好名ニアリ。**豈必務外**、豈外ヲ飾リ名聞ノ為ニ学問スルハカリカ好名トセンヤ。誉ヲ聞テ悦ヒ、毀ラルヽヲ聞テ悶ルモ、即チ好名ノ病也ト。「**名与実対トハ**」世人ヨキト云分ンカ皆名ヲ好マイ、ソシリヲイカルマイト工夫スル也。故ニ不能免其貪著ナシニ一向ニ実ヲツトメヨト也。実ヲサヘツトムレハ好名ノ心ハ自ラ無ナルソト也。尤ノ事也。**工夫好名**、元来手間トリノ事也。安得更有工夫好トハ、名ヲ好ム手間ヒマハアルマシト也。**称字**、去声。読去声ノ時ハカナフトヨム。朱説ハ上声也。

〔一〇六〕△**侃多悔―、留滞於中トハ**、此戒ハ侃対症ノ薬也。根カラ悔ナキ人ユカタニ取用ユヘカラス。云意ハ速ニ改テ悔ル心ヲ滞留セスシテ、捨テワスレヨト也。

〔一〇七〕△**徳章曰―、替聖人トハ**、孔子ニ替テ分量ノ目ヲセルト云事也。**孔子的**、孔子ノ九千鎰ト同シ。**尭舜的**、万鎰ト同シ。**原無彼我**、言ハ本体ヨリ見レハ尭舜モ孔子モ精金ニテ、分量ノ多寡ノ与カル事ニハ非スト也。**気魄トハ**、キコント云事也。**分量**《ママ》〔両〕**上トハ**、即チ才力根気上也。学問世話ノ功ト、気根ノ達者トヲ以テ云ハゞ、程朱ハ遥ニ顔閔ニコヘタル也。**力量**、精神力量ハ才力也。精神ハ即根気也。**自己心地**、地ノ字付字也。**体認拡充**ノ字容易ニ不可看過。今此トウノ学者動スレハ良知良能ギリデスマス也。親切雖有餘未尽也。**桀紂心地**、是語アマリケヤケキト難スル人モアルヘケレトモ、其難スル心即桀紂カ心也。兼好ガ生ヲ苦メテ目ヲ悦ハシムルハ、桀紂カ心也ト云ル無理ニ非ス。**碌々トハ**、小石多ク聚タルヲ云フ也。愚昧ノ人ノゴラ〳〵ト暮ヲ云也。**成就了―ハ**、何事ヲ一ツ成就スル事ヲモ不知也。

〔一〇八〕△**侃問**、**先儒**、先儒トハ程朱ヲ云。程朱トモニ此論アリ。**動静時也**、虚霊不昧ハ体ニテ万事ニ応スルハ用也。動静ハ時ト云モノ也ト。**即体而言用在体**、霊昭不昧ノ体ニ即テ云ヘハ、万事応スルモノ即其中ニアリ。故ニ用在体ニト云リ。下ノ句モ同シコヽロ也。

〔一〇九　記述ナシ〕

〔一一〇〕**△問子夏門人―**、論語子張篇集註ニハ、子夏子張ノ優劣ヲ論セリ。王子ハ両方トモニ取ル合点ナリ。惣シテキツシリトカタ付ルト、理クツ学問ニナル者也。ソレニテハ益ナシ。此章ノ子夏是言小子之交ト云ヲモ難ジテ、子夏ノ弟子小子ニテハナシト云ノ説可出。ナルホト小子ニテ無キニモアルヘシ。然ルニ早其詮議ヘ亘ル所理屈学問ナリ。両方取用ルノ益ヲ失フ事ヲ不辨也。

〔一一一〕**△子仁問、学而、習此心**トハ、此心ニ天理ヲ存スル事ヲ習フ也。尤形ノ方ヲスツルト云フニハ非ス。**専**ト云字ニ心ヲ付ヘシ。

〔一一二〕**△国英《六十七オ》問―**、此問心ヲ用タル面白キ問也。一貫傳授スミテ以後ハ、如是ノ一ツ〳〵ノ工夫ナキ筈也。今一ヲ以テ万事ヲ貫ク所カスミ玉フ。スレハコノ三省ノ工夫随分親切ニハアレトモ、一貫相伝以前ノ工夫ナルヘシト。国英思テ問タル也。然ルニ本此三省シ玉フ子細ハ、曽子御一分ノ上ニテ、外ノ事ハナサレヨクテ、此事ハナサレニクキト見ユ。故ニコノ三ヲ立テ、日々ノ工夫トシ、省ミ玉フナルヘシ。ソレガ自然ト後ノ学者ノ一ツノ教トナレル也。此三ケ条ニ強テカヽハルヘカラス。何ケ条ナリトモ、我ナリカタキ事ヲ立テ、三タヒ可省。畢竟三省ハ忠恕ノ事也。只此省ルト云ガ貴キ事也。譬ハ酒トタハコヲスク者、ソレヲ止ル日ニハ、酒ノヤスキ者ト、タハコノ止ヤスキ者トアリ。其ヤメ易キ方ニハ、カラヲ用ル事多ク費ヤサス。又其止カタキ方ハ、務メテ力ヲ不用ハ止マヌ者也。サレハ三省、一貫ノ後ハ不入ト云事ニハ非ルヘシ。簀ヲ易ヘ玉フ日ニ至リテ、細人ノ人ヲ愛スルハ、姑息ヲ以ス。君子ノ愛人ハ、徳ヲ以ス。正ヲ得テ斃ンハソレノミトノ玉ヘルヲ、ヨク〳〵味ルニ、常ニ忠恕シ玉フト見ヘタリ。サレハ一貫ノ後トテモ、一貫ノ御工夫ハアリシナリ。**（恐クハ三省ノ誤カ又忠恕カ）**三省即チ忠恕ノ事ニシテ、一貫ノ工夫ナレハ也。然ルニ世儒皆一貫スメバ、ヨノ事ハイラヌヤウニ覚ヘテ、此一貫ヲ聖門ノ印可也トシ、孔子ノ道統ヲ継キ玉フ事トス。国英モ其心得ユヘ、コノ後ハ三省ナトヽ云工夫ハアルマシキト思ヘル也。王子ノ思召ハソウシタ事ニハ非ス。一以貫之トノ玉ヒ、唯ト答ヘテ、難問ナキ所ニ、禅家ノ頓悟、丙丁童子来求火也ノルイ、又釈迦ノ花ヲサシアケテ見セ玉フトキ、迦葉一人微笑シテ、其意ヲ得、悟道発明シ玉フト云様ニモ見ヘルユヘ、夫故此一貫ヲ孔門相伝ノ極処ト思フモヨキモナキ事也。スレド程子トテモ是非サウトハ思召ヌト見ヘテ、程子ノ語ニ、孔子ノ曰、参也魯也。然顔子没後—得聖人之道者、曽子也。観其啓手足時之言、可以見矣トノ玉ヘリ。一貫ノ事ヲハノ玉ハスシテ、手足ヲ啓トキノ事ヲノ玉フヲ見レハ、程子モ一貫相伝ノ印可、コヽガ曽子成就ノ日トノミハ思召サズト見ユ。唯御詞、頓ニ開悟セル時ノ語ト云フニハ非ス。今日一通リノ事ニテモ、其事合点セシ事ニハ唯ト云也。詞ノハツキトシタル答ヲ唯ト云。故ニ男ハ唯、女ハ愉《（ママ）》〔兪〕スト云リ。愉《（ママ）》〔兪〕ハユルヤカナル返事也。夫子工夫ノシカタヲ示シ玉フテ、一以貫之トノ玉フヲ聞テ、其マヽ通シテ、唯トノ玉フマデナリ。悟ト云事ニテハ更ニナシ。シカシ一貫ヲ聞玉フ後、大ニ工夫ハ進ミ玉フナルヘシ。扨又一貫トモ云語、尤ナ事ヲ一クヽリニノ玉フ語ナレハ、ナルホト大グヽリテナキニハ非ス。工夫ノ要ヲ括リテノ玉フ語也。扨元来曽子ハ魯也。故ニ一ツ〳〵律儀ニ工夫シ玉フ。天下ノ事多キ一ツ〳〵シテ居テハラチアカヌ事也。夫ヲグト〳〵トシ玉フ生レ也。コヽガ魯鈍ノ所也。礼記ノ曽子問一篇ヲ見テミルヘシ。尤曽子問ハ、曽子孔子ニ名ヲヨセテ、後世作リ名ル偽書ナリト云説アリ。偽ニモセヨ、其ノ人ノ風ニ似ルヤウニナラテハ作ラヌモノ也。スレハ曽子ノ風ト見ユ。君薨而世子生ハ、如之何ト云事ヨリシテ、子ニ冠者至テ入ル。其斉衰大功ノ表ヲ聞ハイカンノ、当祭而日食シ、大廟火アル時ハ、其祭イカントノ、先ツアルマシキ事ヲ一ツ〳〵問テアル也。如此ノ色々究フトシテハ、天下ノ多キ尽ル日ハナキ也。コウコソハナクトモ、如此ノ曽子也。ソコヲ孔子ノ一ヲ以テ貫之。サヤウニクタ〳〵シキ事テハナキゾト、用功ノ要ヲノ玉フタル也。此工夫ノ仕ヤウノ教ヘ也。曽子モ右ノ如ク一ツ〳〵究メテ、カラヲ用ヒ玉ヒタル功ニヨツテ、其マヽ通シ玉フテ、唯トノ玉ヘリ。總ヘテ工夫ハ、曽子ニ限ラズ、タレモ一以貫カネハ本ンノ事ニハ非ス。一ハ根ナリ。根ナシニ枝葉ヲツトメテ益モナキ事也。然ニコノ王子ノ思召ヲ又トリ違ヘ、要サヘ合点スレハスム、一ツ〳〵スル事デナハヒト心得ルモノアルヘシ。大ヒナル違ヒ也。ソウシタ事ナラハ、曽子ニ一ツ〳〵サセテ、孔子ノコレマテタマツテ見テハ居玉ハヌ筈也。トクニ其事ヲ告ケ玉フヘシ。コヽニ大事アリ。ヨクモ悪シクモ、一カデ出来ルヤウニ、其モノヽ得方カラツトメサセル事也。夫レヲツトメタ人デナケレハ、後ノ教モ通セヌモノ也。今日人ヲ教ユルモノヨク〳〵合点スヘキ事也。朱子ノノ玉フガアシキニモ非ス。唯少ノ処ノ違ナリ。○「忠恕」曽子学者ニ対シテ、一貫ノ事ヲ忠恕トノ玉フ。面白キ事也。忠ハ中心也。本心也。後世王子ノ玉フ良知ナリ。其良知中心デ事々物々行ワタラスルヲ恕ト云。恕は如心也。王子ノノ玉フ致ノ字也。一ノ忠ト云モノヽ良知ヲ、事々物々ヘ致シテ通ル。是ノ一字ヲスルシカタナリ。一貫忠恕、始ヨリ二物ニアラス。王子ノ所謂致良知ノ学也。然ニ後世致ノ字ヲ欠ク学術アリ。ハナハタアヤマレル也。**○忠恕上用功トハ**、三省即チ忠恕ノ事ナレハ、カク忠恕ニ用功ヒハ、一貫ニナルヘシト也。〔約三字欠〕程子ノ語也。〔約六字欠〕語ハ朱子ノ語ニシテ尤ノ事也。ユヘニ王子モ取リ玉フ。**「謂曽子於用処、其用処（ママ）」**、論語一貫ノ朱註也。此語未尽処アリ。右未得用功之要故ニ告之ト云ヲ以見ヘシ。只一ヲ以テ貫テ工夫セヨト示教シ玉ヒタル也。カク云フト、又朱子ノハアシキ語ト何テモナイヤウニ思フ。是亦違ヒ也。ワルキト云事ニ非ス。只イマタ不尽也。根本ヘカヽルガ朱子ニテ少シ二ツトナル（ママ）。外トヘ向ウ故、毎々王子其毫厘千里ノ所ヲ論辨シ玉フノミ。只学者ハ忠恕々々ト工夫スルヲ肝要也。「此 恕 〔恐〕 未尽」一本未尽合ニ作ル。何レニテモ聞ル也。

〔一一三〕**△黄誠甫問ー**、先ツ子貢ハ人ヲ方フルガクセ也。故夫子カク問カケテ、子貢ノ居リ場ヲ試ミ玉ヘル也。然ニ孔子ノ門人多キ中ニテ、回ト其方ト孰愈トノ玉ヲミレハ、先ハ顔子ニワルマケセヌ子貢ト見ユ。スレバ子貢モ大賢也。**先生曰**、コノ事論語中ニ見タリ。賜也多学知之者トスルカト仰ラレタル答ニ曰、然リ非ヤト子貢ノ玉ヘリ。スレハ孔子ヲモ多学上カラ聖人ニナリ玉フト思ヒ込テ居タリ。然レハ自分ニ道ヲ求ルハ愈聞見上也。**顔子在心上用功**、是モ論語ニ見ユ。哀公ト季康子ト弟子孰カ学ヲ好ムト問玉フ答ニ、顔回ナル者アリ。好学ト答玉フテ、直ニ其好ム所ノ学ヲノ玉フ。怒ヲ不遷、不貳過ト。不遷、貳ハ是心地ノ学也。**以啓之トハ**、子貢ノ心得違ヒノ処ヲ開キテ見玉フ也。**所対亦只在知ー**、回ハ聞一知十、賜ハ聞一知二ト答タリ。ヤハリ顔子ヲモ知見聞見上ニシテ答ヘタリ。扨顔子ト子貢トノ優劣、二ヲ知ト十ヲ知ル、知見多寡ノ方ニハ非スシテ、心地上ニ功ヲ用ルト聞見上ニ用功トノ方ニアル也。コヽヲ子貢サトラル（ママ）〔ヌ〕也。カク云ヘハ聞見上ハ一向アシキ事ノヤウニ思テ、子貢ヲ始トシテ見ヲトスヤウニナル。是亦誤也。一向アシケレバ、モトヨリ孔子見テハ居玉ハヌ也。ドチラト云事ハナシ。腕ニ力ノ付ホドツトメサセ玉フテ後教ヲ施シ玉フ。既ニヨヒジ分ニハ一貫ト、子貢ヘモ心地上ニアル事ヲ示シ玉ヘリ。学問ノ実ハ心地上ニアル事也。

〔一一四〕**△顔子不遷怒ー**、雪渓此説ヲ難シテ、不迁怒、不貳過ノ二件、難キ事トハ云ナカラ、顔子分上ニテハ、サホド大ナル事ニテハ非ス。然ルヲ夫子好学ト称シテ、此二件ヲノ玉フハ、哀公ニ怒ヲ迁シ過ヲ飾ルノ病アル故ナラント。尤哀公ノ病ニ対シ玉フニテハアルヘケレトモ、今ハ亡ナド丶ノ玉フヲ見ルニ、甚タ難キ事トシテノ玉フ語也。只病ニ対シテノ薬ト見テ、是ヲ顔子ニ在テ軽キ事ト見テハ大ニアヤマルヘシ。其上孔子ノ語方便ニナル也。金華ノ王伯カ説ニヨリテ出タル雪渓ノ説也。**有未発之中始能**、未発ハ誰モ同シケレト、顔子ニハ中アリ。此方ラニハ中ナシ。皆カタツリテ居ルナリ。怒ハ七情ノ一ツ也。怒ルヘキ時ハ怒リ一方也。故ニ顔子ト云ヘトモ此時中トハ云ハズ。喜モ愛モ皆同シ。故ニ七情ノ時ハ和ト云。然ルニ是レ中アツテ来リタル和ユヘ、其怒スムト廓然太公ノ中ニナル也。又物来レハ順応スルノミ。常人ノ怒リハ元ヨリ中ノ場不公ユヘ怒モ過キ、又怒ノアトニテ物残ルユヘ、ソノ所ヘ喜来リテモ、ヤハリ怒ニテウツル也。前後皆中ヲ失ウ。顔子ノ如キ中ヲ得タクハ戒慎恐懼スヘシ。

〔一一五〕**△種樹者必―**、此章見誤テ何モ止メル事ト思フ者ハ王子ノ意ヲ失ウ也。只居テ徳ヲ養フト云事ハ絶テナキ事也。何モ止メテ徳ヲ養フニナル。ソウシタ事テハナシ。一ノ道ヘ帰スルト何モカモスルホトノ事、皆道徳ノ養ニナル。ソコヲ述タル段也。**始生時トハ**、木ヲ植テ能ツキタルヲ生ト云。始生トハ始テツイタルト云事也。木ノ初生時ト云ニ同シ。自心ノ生ト見テハ不通也。**刪其繁**、刪ハスカスト云事也。**無中生有**、是気中有ヲ生スル也。又未発ノ中ヨリ発シテ、中節虚霊不昧ニシテ万事応スル。皆無中生有也。**信得及トハ**、修シ得ン事ヲ欲セハト云事也。**一念為善之志**、此時枝コソナク花コソナケレ。聖人ノ種也。ツヒニヤマザレハ是デ聖人トナル也。聖人ノ種ハ植付タルト云モノ也。**樹之種トハ**、是モ初テ種ル也。**培植将去**、植ノ字千ノ音ニヨムヘシ。添木ヲ立ル事也。**抽繁枝トハ**、芽ノ出ルヲ云。**刊落トハ**、キリオトス也。兎角キリヲトスヘシ。早ク外ヘ発スルハアシヽ。

〔一一六〕**△因論、先生―、日見其不足**トハ、我カ不足ニノミ目カ付故、足ラヌ〳〵トノミ思フ也。**専識見**、日々ニ不知事ヲモシル故、段々事ヲモ知テ余リアルヤウニ覚ル也。然ルニ涵養ハ我カタメノ学故、日々ニ徳餘リアリ。彼ノソトヘカヽルモノハ終ニ不足也。

〔一一七〕**△梁日孚問―**、**居敬**ノ字、論語擁也ノ篇仲弓ノ語也。居敬行簡トアリ。**窮理**ノ字、易説卦ニアリ。**居敬窮理**ト立テ工夫スル事、程子ノ弟子謝顕道以来ノ事也。朱子ニ至テ学問ノ題目トナレリ。尤程子ニコノ意アリ。然レトモ如斯名目ノ立タハ謝顕道以来也。夫ヨリ工夫ノ第一トナレリ。其工夫ノ仕方ハ、心ヲ収斂スルニハ居敬ヲ以テシ、事物ノ理ヲ明ニスルニハ窮理ヲ以シ、心ヲ収斂シテ静カナルハカリニテモ事物ノ理ヲ不辨トキハ万事暗昧ナリ。事物ノ理ヲ辨テモ、心散乱シテハスマズ。故ニ居敬窮理ト対シ用ユ。ヌケメナキ事也。然ルニ其二ニスル処ニ学弊アリ。一以貫之ノ旨ニ非ストス。扨窮理ノヨク手ノ揃フタルハ、近思録ニ、致知克己存養ト立タリ。克己ト云カ行也。仏子トテモ名コソカハレ、コウヨリ外ハシカタナシ。況ヤ王子ニ此ニ一ツナシト云事ニハ非ス。只コノ三ニ分ケル処ニ支離アルヲ嫌フノミ。コヽヲ可知居敬窮理ト云フモ同シニツニ分ケル故、知行ハラ〱ニナル也。程子朱子ノハソレトモニ手カ揃タリ。其後ノ学者ハ知先々々ト云マテニテ、終ニ行後ノ日ナシ。サテ此知先行後ノセンギノ上ニテハ至極ノ事ナレトモ、コレヲシテ見ルヘシ。知リタトテ、タヤスクナルモノニアラズ。**主一トハ**、程子ノ語ニシテ、王子モ亦常ニノ玉フ事也。奕狄《ママ》〔棋〕ノ事ヲ引テ専一ト云事ヲ毎々ノ玉フ。文録中処々ニアリ。スレハ主一ト云事ガアシキニハ非ス。梁日孚ガ如読書便一心在読書上—答タリ。是ハ主一ニハ非スシテ主事也。然ルニ是モ本体ヲ知レバアシキニモ非ス。ソノ上此日孚ノ答則朱子読書ノ法也。此句ヲ見ル時ハ彼句アル事ヲ忘レ、此章ヲ見ルニハ彼章ヲ忘レ、大学ヲ見ル時ハ論語アル事ヲ思フナトノ教ヘ玉ヘリ。然ルニ本来主一トハ向ノ事ニ非ス。我カ本心ノ一也。ヨク〱可味。其筈ノ事也。如斯本カラシテ行ケハ末ハ其中ニアリ。心ヲカラタノ中ニサヘスレハ、万事皆一ツニナル也。孟子放心ヲ求而已矣トノ玉フ、是也。是主一ノ敬也。又主事ノ敬ト云事モアリ。然ルニ一ツモ事ヘトラレテ一ツトナルト、皆アトハ留主也。タトヘ上手ノ碁ヲ打ハ主一也。下手ノ碁ハ主事也。取レソウナ石アレバソコ一ツトナル故、カシコニソンアルヲ不知也。**一者天理也**《ママ》〔削除〕、此語ヲ味フヘシ。天理ノ外ニハ一ト云モノナキ也。爰ヲ知レハ、始メ日孚カ云シ一心読書上ニ在ルモ、アシキ事ニハ非ス。其実ヲ不知シテ、主事ヲ主一ト覚ヘタル故、酒食ノ事ヲ云ハレテイキツマレリ。一ツハ天理ト云ヲ不知故也。主一ト云ハ天理ヲ主トスル事也。尭ノ惟一トノ玉ヘルモ一トハ天理ノ事也。扨天理ト云者別ニアリト覚ルハ非也。天ニ在テハ、天理ト云人ニ受テハ即心也。心ト天理ト一ナルヲ主一工夫ト云也。天理トハ天ニ随フヲ云名也。**無下落トハ**、手ノ下シ也。**窮仁之理**、仁之理ヲ窮ルト云ハ、我心ノ出ヤウヲ見テ直ニ仁デ、仁ヲキハメテ通ルヲ云也。故ニ直ニ要仁極仁ト云リ。後世ノ学ノ如ク、心ノ徳愛ノ理ト云ヲセンギシツメタルヲ窮メタリト覚ヘ、又専言偏言ト云訓詁ノスミタルナドヲ極トハ云ハザル也。義亦同シ。我カ心ノ義ヲ以テ義理ヲ極ムル也。**悚然トハ**、驚貌也。ゾツトスルヲ云。日孚ノ論ハ理屈也。王子ハ実地也。

〔一一八〕**△惟乾問―**、理ノ霊処トハ、後世理ヲスジトノミ覚テ居ル。皆死物ニスル也。王子ノハ活底也。親アレハイトシヒト出テクルモノ、我カ心ノ理也。**霊ハ**、光ノ事也。**完々トハ**、全スル事ノ俗語也。

〔一一九〕**△守衡問―**、問ノ意ハ、既ニ誠意ニテ天下ヲ平ニスルマテ尽セルニ、又正心ノ工夫アルハ何ソヤト也。**知未発之中**、未発ノ中ヲ養フ合点モユクト也。**有浅深**、言初学ノ時ハ初学相応ニ浅キ修行ヲシテ、段々深キ処ニ至ルナリ。**多了這分意思**、此好悪々ノ意思ノ分ガ過タリト也。過ル時ハ即心中ニ物アル也。便太公ナラス。此這分ノ分字ハ、今時此分彼ノ分ト云分字ノ意也。**書所謂トハ**、書ハ洪範也。

〔一二〇〕**△正之問―**、此問ハ、朱子章句ノ意也。**己所不知時工夫**、何ノ念慮モナキ時也。然ルニ朱子ト云ヘトモ、亦如斯断然トシテ偏ニハノ玉ハサル也。「誠的萌芽」、芽出シノ処。**無虚假トハ**、少モ偽リナク、実ニシテ假リナルニハ非スト也。**命脈トハ**、筋肝要也。**此箇工夫**、独知ヲ慎テ戒慎スル工夫ヲ云。**断滅―**、坐禅入定シテ、種性断滅スル也。**瞶**、字書ニ、目ノ風疾也。又云目ニ無精。○中庸本文ノ字面トクト可見。一箇ノ工夫ニツトナルハ、朱子以後也。朱子以前ハ皆一箇也。

〔一二一〕**△志道問、荀子―**、先周《儒カ》ハ周茂叔也。但性理大全ノ諸子ノ部ニハ、周子ノ語トシテアリ。同書中通書ノ後録ノ中ニハ、程明道ノ言ニシテアリ。其実否ハ不知。**非之トハ**、其論ニ、誠トハ、真実无妄ヲ云。心既ニ真実无妄ナラハ、何ノ心ヲ養ト云事入ンヤ。誠ヲ以テ心ヲ養フ道具ニセルハ、誠ヲ不知也ト云々。**便以為非ハ**、便字可味。聞クト実《ゲニ》ニト云キミ也。ユトリナキヲ云。誠字工夫ノ方ヘ用ヒタル事モアリ。一概ニ荀子ノ非ニモアラスト也。其工夫ニ用タル例ハ、下ニ云処、是也。**一例トハ**、アナカチニト云キミ也。**過当**、当リ前ニスル也。

〔一二二〕**△蕭恵問―**、先生曰、人須前ニ、替汝克トノ玉ヒシニ、蕭恵対ル事不能ニ依テ、又王子再ヒ説キカケ玉ル者故、又重ネテ先生曰ト云モノト見ヘタリ。左様見ネハ、先生曰ノ三字、衍文也。又一本ニ己ヲ別段ノ条トナシ、擡頭シテ出ル本アリ。然レトモ前後ヲ考ルニ、別條トセルハ非也ト見ユ。**為己之心**、実ニ志ヲ立テ君子ト為ント欲スルヲ云。如此ナラデハ、一ツ二ツ克去テモ、又三ツ四ツモ生シテ、克己ノ際限ナシ。扨コノ為己ノ己ハ、人ニ対シテ称也。我ト云事也。克己ノ己ハ、私己也。然ヲ近世大儒ノ説ニ、己ニ二色ハナシ。古書ニ己ト称スルハ、皆対人ノ詞。顔渕篇、克己ノ己ト云モ、オノレヲヨクスト云事也。即為己由己。而由人乎哉ノ己ト同シ。一章ノ内ニテ、二色ニ見ベキ様ナシト云フ。然レトモ朱子初テ己ヲ私己トシ玉ヘルニ非ス。孔子家語、正論解ノ篇ニ云。孔子読其志曰、古者有志。克己復礼為仁。信善哉ト。魏ノ王粛注曰、克勝也。言能勝己私。復之於礼則為仁也ト。コレヲ以テ可証。克字別シテ私欲ニカツヲ云。楊子法言問章ノ篇ニ云。或問文、曰訓注煩也。問武、曰克也。未達。曰事得其序。謂訓。勝己之私謂克トアリ。是亦可拠トス。**箇真己トハ**、即本文ノ事也。ホンノ己也。**目便要色トハ**、欲スル也。下同シ。**美色**《（ママ）》〔味〕**令人―**、常ニ美味ヲ食セル者ハ、外ノモノヲ食ヘハ皆其味ヲ不知也。**令人発―**、四方ヘ馳廻ル。狂人ノ如クナレハ也。

便須思量トハ、耳ノ為ニハ如何様ニ聞ガヨキソト思慮スル也。下同シ。**自能トハ**、字眼也。**発竅於目**、此語素問金匱真気論ニ出ス。佛書ニ、眼耳鼻舌身意ヲ六窓ト云。又六門トモ云フ。**一團血肉**、一團トハヒトカタマリ也。〇下巻ニ云。心ハ、不是一塊血肉。凡智覚便是心。如耳目之知聴感手足痛痒。此知覚便是心也。**性之生理**、発生ノ道理也。性ノ生理ヲ仁ト云也。孟子モ人心也ト云ヘリ。**発在目トハ**、他トハ真己。**一些**、少シハアリ也。〔那箇〕躯殻外面ノ物事ヲ指サス。美声美色美味逸楽ヲ以テ、耳目鼻口四肢ノ為トスルニ喩ル也。

〔一二三　記述ナシ〕

〔一二四〕**△蕭恵好仙釈―**、篤志二氏トハ、幼志二氏。中チ別ノ十七歳ヨリ三十一歳迄、二氏ノ学ニハマリ玉フ。年譜ニ見ヘタリ。**既有所得**トハ、王子ハ他心通ヲ得玉ヒシ程ノ人也。他心通トハ、人ノ心カ我心ニ移リ来ルヲ云。然トモ高妙ナルマデニテ人道ニ於テ、无益。故捨玉ヘリ。然レトモ人欲タラケノ人ノ所及ニ非ス。儒ニハ不好事ナレトモ、又一概ニ何テモナク思ハ非也。老仙ハ、皆聖人ノ内ガハニ因テ見損ヘル者也。博学多識ヲ儒ト思フハ、外カハニヨリテアヤマレル者也。**易簡**《（ママ）》〔簡易〕**廣大**、易ノ字、上係第一、乾以易知、坤以簡能ス。真是以大生耳。論語云、孔子曰、未之思也。夫何之遠之有。又曰、仁豈遠乎哉。我欲仁斯仁至矣。孟子云、夫道若大路然。難知哉。又曰、道在近。事在易ト。皆易簡ニシテ廣大ナルヲ云。**鴟鴞竊―**、荘子云、鵷雛ヲ見テ、鳶腐鼠ヲトラレンカト思テ鳴落也。鵷雛ハ鳳ノ類ト云リ。鴟鴞ハフクロウトモヌヘトモ云也。**土苴トハ**、糟ト云事也。荘子譲王篇、其緒餘以為国家。其土苴以治天下。口義ニ、土音揸。苴知雅反。糟粕也トアリ。扨コヽノ毫厘ノ間ト云ヲ難シテ、儒仙ノ差処ハ雲泥也。何ソ毫厘ト云ト論スル者アリ。成程末ニテハ雲泥ナリ。コヽハ其本ヲ推シテ云。譬ヘハ扇ノ末デハ広ケレトモ、本ハ一処ヘヨリ、又菜種ト大根タネトハ、種ヲ見テハ大違ナケレドモ、末ニテハ大違也。マツソノ如也。**人事問トハ**、坐敷ナリニ問ヒ、坐ナリニ問ト云事也。俗語也。世上ヲツクロヒ、問合スルナドヲ為人事ト云也。聖人ノ事ユヘ、誤テ人事ノ問ト云ヲ聖人ノ学ヲ問フト見ルト大ニ誤也。コヽハ俗語也。**一句道尽**、真要求為聖人ノ一句也。

〔一二五〕**△劉観時問━**、未発之中ハ、土中ニ在ル種ノ如シ。コヽヲ不養ハ萌芽ハ不生。コヽノ養ヒ戒慎也。**示気象トハ**、未発ノモヤフヲ云。**唖子喫苦瓜**、洞山ノ微禅師ト云僧ノ語也。五燈会元十四ニ載。唖子ハヲシト云事也。苦瓜ハ癩蒲萄也。俗名ツルイシト云。甚苦。是モト俗語也。

〔一二六〕**△蕭恵問**、死生ノ事、人皆一度アル事ナレバ、理会スベキ事也。故ニ此問アリ。知昼夜、即知死生。スヘテ知ト云字ヲ只ワケヲ知事トノミ思フハ、是俗儒ノ学也。ワケヲ知テソレヲ知リタリト思フハ、真知ニアラズ。行ノツカヌ知ハ、物ノ間ニアハヌモノ也。後世ノ物知学問ハ、多ハ害ニナル也。只説ヲ知ル事ゾナラハ、知ストモスム事也。知ラヌトテ死ナレヌモノニモ非ス。死ヌ時ハ死ヌ也。其禽獣ハ皆知ラネトモ、知ラヌニ於テ別事モナシ。スレハ知リタリトモ益ナキ事也。爰ノ王子ノ答教玉フ事可観。真知ヲ引出シ玉フ也。論語先進ノ篇ニ、子路ノ問ニ、孔子答ヘ玉フ。未知生、焉ソ死ヲ知ントノ玉ヘル。爰ト同シ事也。**昼亦有不**（衍字）**所不知乎トハ**、昼ヲ知ハ夜ヲ知ルトノ玉フニヨリテ、昼ハ何ノ疑事モナク、知タル通ノモノナルニ、カクノ玉フハ、但シ有所不知ヤト疑ヲ生シテ問也。**先生汝能━トハ**、興ル事モ食事モ、聖賢同意ナレトモ、タハイナシニ懜々蠢々也。行《オコナフ》モ習モミゴトスレトモ、著察ナシ。ハツキトセヌ也。是一生夢デ暮ス也。**夢昼**、ワルキニハ云ニ及ハズ。ヨキ事トテモネゴト同然ナリ。口惜キ次第也。**惟息有養**。**瞬有存**。此語ハ、張横渠ノ語也。天君泰然トシテ、居処ニ居故ニ、本ンノ所カラ息モ瞬モスル也。是ハ目ノ覚切テ居故也。是聖賢ノ心術也。**惺々明々**、瑞岩和尚ノ主人翁惺々成ヤト、常ニ云レシ也。故ニ先儒取テ常惺々ヲ以テ敬ノ工夫トセリ。惺々トハ、ハキト醒テ居ル事也。喩ヘハ坐敷ノ戸ハメヲアケタルカ如シ。天ノ明々ト坐敷ト一ツタリ。昏々ハ戸ヲタテタルガ如シ。天ハ明ニシテ其坐ハマックラ也。是レ天ト二ツタリ。人欲ヲ以テ、天地生々ノ仁ヲシキレハ、天ト二ツニナル故ニ、天地間断ナキ事不能。天理無間断シテコソ、是ヲ真ノ知昼ト云モノ也。但コノ説ヲ知ノ謂ニ非ス。唯昼トノミ思フハ禽獣ナリ。**通昼夜之道而知**、道ニ通スルトヨメハ、此方カラ昼夜ノ方ヘ通スルヲ云。ヲノテニハニ見レハ、昼夜ヲ此方ヘ通シテ知ルト云ニナル。コノ説可也。扨事多キ昼サヘ惺々明々ナレハ、聚斂凝一ナル夜ハ、ナヲ明々ナリ。是昼ヲ知レバ夜ヲ知ル也。昼夜ハ一日ノ生死ト。生死ハ一生界ノ昼夜也。更ニ無別事。

〔一二七〕**△馬子莘問―**、朱子章句ノ説也。此章句ノ説ヲハ、双峯饒氏モ非也ト難セリ。**物件**、只物ト云事也。件ハ付字也。**為虚設**、近ク云ヘハ云ヒ捨ト云事也。**率性而行**、性ノナリニシテ見ル。其通リニ行カ道也。ツカヘルソコガ異端也。老仏皆道々ト云。教々ト云ヘトモ、爰デ違フ也。率性而行ト云語、楊亀山ノ語也。朱子ハ行ト云字人作ヘ渉ルト思召テトリ玉ハネトモ、行ハネハ道ハナシ。親カイトシケレハ、夫レニツヒテ行テ通ル。サノミコノ語ニトガハナキ也。**率性**、**是誠者事**、是ハ率性ト云処迄不下ニ、直ニ性上デ性ノマヽニスルナレバ、聖人ノ事也。性ノマヽテ直ニ道也。至誠无妄ノ聖人ノ事也。**自誠明謂之中―**、是聖人ノ事ナリ。**是誠之者**、賢者ノ事也。**自明誠謂之教**、前ノ語ノツヽキ也。扨コノ廿一章メハ、子思ノ即首章ノ事ヲ釈シ玉ヘル段也。コノ教字更ニ品節ト云事ニ非ルヲ可見也。学テ明カナルニヨツテ至誠場ニ至ル也。**修道ノ修**、字ハ修理修覆ノ心アル也。**便是箇教**、教ト云ヘハ、皆人手ヲ取リ引回ス事ノ様ニノミ覚ユレトモ、ソウバカリニハ非也。自明誠謂教ト云ト、子思直ニ釈キ玉ヒタルヲヨク可味也。**修道以仁**、中庸廿章、哀公問《（ママ）》一〔政〕。**戒慎恐懼**スルデ心治マルト思フハ、王学ノ意トクロ不知モノ也。心モト戒慎スルモノ也。ジダラクニシテハ心ニフキミニ思フ。是レニテ可知。**窮理トハ**、我心ノ理ヲキハメルヲ云。即戒慎恐懼也。心ヲワキヘソラサヌ事也。本心ノ筋道ヲ極ムル事也。**中庸廿二章**ニ云、唯天下至誠云々。下略。**○馬子莘—**、中庸章句ヲ挙テ問。章句曰、修品節之。性道雖同。因人物之所当行者。而品節之。以為法於天下。則謂之教。若礼楽刑政之属是也、云々。品節トハシナ〱シウシテ、カフスルソフスルト、切モリシタルヲ云。先生曰、道即性、性即命ト。本是—率性謂之道トアリ。是性ノ通リニスルヲ道ト云トノ事也。スレハ道ト云モノ、性ノ外ニマフクルニ非ス。道ト云ガ即性也。天命之謂性トアルカラハ、性即命也。コノ天命ニ欠メノアルヘキ様ナシ。完全ナル者也。是ヲ増事モ、ヘス事モナラヌ也。○修飾ヲカラズニスムモノ也。モト完々全々ナラヌモノコソ、修飾品節モ入也。聖人品節スルゾナラハ、本不完全物件也。ソウシタ事ノアルヘキ様ナシト也。○却ノ字ハ付字也。コノ中庸首章ハ、元来本体ヲ説タルモノ也。学者コヽニ於テ本体ヲ知ル為メ也。ソレヲ末テ見ル故、品節ナト云様ニナレリ。是テハ先ツ子思ノ本旨ニソムク也。○下面トハ、道也者。不可須臾離ノ章也。朱説ノ如ク、教ト云カ礼楽刑政ゾナラバ、コヽニ礼楽刑政ノ事ヲコソ述ヘケレ。ソレヲ舎テ戒慎恐惧ト出テハスマヌモノ也。是ヲ思ベキ事也。教ト云ハ礼楽刑政シヤト云テ於テ、ソレヲ不云ニ戒惧ヲ云ハ、教ト云ノガウソニナル也。ソウシタ事ニ非ス。爰ノ教ト云ハ、本体カラクル道ヲ修ル教也。道即教也。○先生曰—、天命ニカケメナキユヘ、道モ教モ欠メナキ者也。品節所ヘハユカヌ事也。天明ト呼出スカラハ、アタマカラ本原上ノ沙汰也。此性道教ノ三。皆人作ニ非ス。ツヾメテ見レハ天ノ字ノ中ヘハマル也。今日異端百家ノ道モ、教モ、ナルホド道也。教也。然ルニ其教ヲトクト、性ニ率ノ道ヘ入テ見テ、コヽデ違ヘハ、コノ教異端也。今少理ニ近フシテ、コノ道ノ字ノ中迄入リテモ、天命ノ性ノ所マテ至テ、天ノ字ノ中ヘハイラネバ、是異端也。本ノ事ニ非ズ。スレハ作意ナシニ、天カラ来ル所カ性道教ノ本ゝノ事也。是本原上カラ来タ詞也。

〔一二八〕**△黄誠甫問—**、具体聖人トハ、孟子公孫丑上ニ具体而微ト云。**文為上トハ**、文章ト云事。**忽略**、ソリヤクニセヌ事也。**封**《ママ》**〔幇〕補トハ**、物ノ足ラヌ所ヲマンベンニスルヲ云。俗語也。**為政ハ**、中庸、哀公問政章。**在人トハ**、在得人ト也。**万世常行―**、諸門人ニノ玉フ処ハ、身ヲ治ヨトアルガ、却テ万世常行ノ道也。文武ノ政布在方策云々。孟子モコノ筋ノミノ玉ヘリ。不忍心アレバ、不忍政アル也。**把トハ**、モツテ、トツテ也。

〔一二九〕△**祭**《ママ》〔蔡〕**希渕問―**、明々徳誠意一ツ事也。意ハ即明徳也。誠即明也。誠意ノ見込ナシノ格物致知ユヘ、格物致知セヌ人トカハリナキ也。○誠意ナシノ善ハ、善トモニ名聞利欲也。誠意カラ来ルデ親切也。新本ノ意ハ、格物窮理シハテ、後ノ誠意也。何年後ニ誠意ヲハスル事ニヤ。**窮格事物**、初学ノ者ニ―也。アタマカラ也。**茫々蕩々ハ**、トリシマリナキ也。**添箇敬字**、朱子大学或問説ク処、是此ノ意也。**最緊**、敬也。是ガナクテハ、大学モ用ニタヽヌ也。スレハ大学中ノ第一ノ事也。其上朱子一生ノ学術ノ全体、居敬窮理也。スレバ至極学流ノ大旗也。**倒トハ**、カヘツテトヨム。却テト云ニ同シ。**即不須添敬字**、誠意ノ中ニ敬ハアマルホトアル也。**提出箇**、経ガスムト早《ハヤ》マツ初メニ―。**大頭脳トハ**、コレヲ先ツアヤマリノ上デ見ベシ。朱学ノ格物窮理ヲシソコナイタル形ナリト。誠意ヲ第一ニスマシキヲ、王子ノ説ニアヤマラレテ、誠意シテ自ラ欺カス。善ヲナシ悪ヲ去テ、ソレカシソコナイニナリタルト、其人ノナリイカンゾヤ。**那裏補箇誠字**、朱子誠ノ字ヲ補玉フ事ハ不見。只是ハ文ノ勢ヒ也。大学中コノ誠意ニテ、敬ニ事欠ク事ナシ。サレハ今外ヨリ持来テ、敬ヲ足スハ、是蛇ニ足ヲ添ルト云モノ也。○按ニ朱学ノ誠意、有致知格物之以後。而有亦一段之功夫。王学致知。格物。有《在カ》誠意之中。

一-二　傳習録筆記　中巻

△**徳洪曰**―、是徳洪ノ小序也。南元善ノ撰定セル傳習録ヲヌキサシセル子細ヲ述。**摘録**、書簡全部記スルニ非ス。来書モ返書モ長キ摘取テ、来書返書ヲ切込テ問答ヲ分テ記セリ。故ニ摘録ト云。ツミ取テ肝要ナルヲ録也。**調停**、世俗中ナヲリスルヲ云。**両可**、彼モ尤此モ尤ト共ニ可トスル也。コヽヲ難シテ王子ノ道ハ術カアルト云。甚シキニ至テハ奸人也ト云。奸トハ不足論。術ハナルホト有ウチ也。人情ヲ不知シテ道ノ行ハルヽ者ニハ非ス。一旦及サントスルハ不通人情也。尤事ニヨリテ一寸モノヘラレズ。歯ニキヌセラレヌ事モアリ。**使人自思**、此語肝要也。**先師**、王子没後ニ記。**外集**、全書ノ外集第五ニノス。**示未全也**、王子ノトクトシタル本旨ニ非スト也。**用力可〔日〕見之地**、王子ノ格物ハ外事ハカリニ非ス。意ノ上ノ事ニテ格スナレハ、人日ニ可見ノ地也。**流〔於〕功利機**―、学問スルト思フ中、功利機智トナル。功利トハヤミチ也。機智ハ調略事也。**一体同物**、万物一体ト云ト同シ。見識ヲ以テ云ヘハ、万物一体ト云ヒ、行ヲ以テ云ヘハ、一体同物ト云。**譊々**、音鐃。多言也。言ハ道ヲ説テヤマサル也。**油々然トハ**、韵令ニ、悦敬貌。**得聞斯学**、元善見黜ノ事。年譜嘉靖五年ノ下ニ詳也。**処時之難トハ**、元善コレヲ撰スルハ、時節中々傳習録ドコロニハアラス。ワサワイ身ニヒシトツマリタル時也。ソレヲ少モ心頭ニカケス。コノ道ノ事ノミ思ヒテ、コノ録ヲヱラヘリ。甚道ニフカキ人ナリ。ソノ人ノ録ヲ容易ニ今改メカヘルニハアラス。忍ヒサル処也。スレトモ時義ニ於テ元

善ノ時ハ、答徐成之調停両可ノ書ヲノセルカ尤ナレトモ、今ハハヤ陸ヲ非トスル事モ昔ノ様ニハナク、王子ノ説モ人々知ル世ニナレリ。スレハ十分ニナキ書ヲ載スヘキ時ニ非ス。故ニコレヲ去リ、又カノ親切ナル書ヲコヽヘ増タルト也。

〔答人論学書〕

〔一〕**△答人論学書―**、問答トモ十二節アリ。**特倡誠意**、特ハ各別殊更ト云ニ同シ。倡ハ与鳴同シ音ト取ル事也。○此段ハ東橋モ尤トセル也。扨不同心也ト思フハ、末々難問セリ。**教人用功第一義**、人ニ修行ノシカタヲ教ル第一義也。大学古本ハ、誠意ノ章ヲ以テ傳々ノ初トス。是第一義タルヲ以テ也。王子コヽニ見ル処アリ。故ニ古本序ニ曰、大学之要誠意而已矣。**作第二義**、格物窮理ヲ第一義トシ、補傳ヲ作テ傳ノ五章トナシ、誠意ヲ六章目トス。是第二義ノ看トスル也。

〔二〕**△来書云、但恐―**、太高トハイカフ高大ナルト辞也。**用功太捷**、誠意一段デ聖人ニモナラルヽ様ナト也。**定慧**、天台ノ法也。定ハ坐禅、慧ハ知慧。**区々**、手前ヲ鄙下シテ云辞也。王子自分ヲ云。書簡詞也。**空虚**ノ二字体究践履ト対シ、**頓悟**ノ二字実地用功ト対ス。**便瞭然**、便ハ直ニ同シ。瞭ハ明ニ合点スル事。**多少次第―**、ナンホウカ次第アル事。ナンホウノ積ミ累ヌル修行ゾト也。

〔三〕**△来書云、所喩**、喩ハ俗ニ仰セ聞ケラルヽト云事也。**交養互発―**、知ト行トヽ互用シモチ合意也。**内外本末**、徳性ハ内也。問学ハ外也。末也。**有是事トハ**、食飲服行ノ類、是也。即行。**此亦毫厘**、知先行後ト云ヘハトテ、間アリト云ホトノ事ニハアラス。**非謂有差**（ママ）〔等〕、答書ニ拠レハ、上ニ載然ノ二字アル筈也。「**不能不無**」ノ下ノ不字拠来書。恐ラクハ衍也。然ルニ全書異本文録皆アリ。

〔四〕**△来書云**、**真知**、喫緊キヒシキ事。**抑豈**、反語又疑詞。反語ノ時ハ又ト云事也。疑ノ時ハ但シノナニトノト云辞也。コヽラハ抑豈ノ二字テナントト云事ナルヘシ。**成法**、定法ト云事。**専求本心云々**、以下八字来書ノ語也。是今トテモ王子ヲ非ルニ此外ナシ。照《（ママ）》〔譬〕ルニ本心ハ火ノ如シ。火サヘカヽケ明ニスレハ、不照事ハ火ノ中ニアルカ如シ。只外ニ向テ理ヲ求ハ、火ナシニ照ヲ求ルカ如シ。**蓋失其本心**、物理ハ吾心ノ外ニ非ス。然ルニ物理ヲ遺ナラハ、求本心ニ非スシテ、却テ本心ヲ失フ者ソト也。不誠無物ノ意也。**吾心又何物**、心即理也。然ルヲ物理ヲ遺テ本心ヲ求メハ、其本心ハ何物ソヤト也。**心与理而已**、吾心ノ知識ヲ極ムルト、事物ノ道理ニ窮メ格ルトノミト也。**一分一合**、雪渓翁ノ説ニ、心雖主一身ヨリ以下王子ノ説トシ、一分ト云ヲ朱子ノ心与理二ツトスルヲ云。一合ト云ヲ王子ノ心雖主一身而実管乎天下之理以下ノ事トス。而シテ些少此少シノ一分一合ノ間ニテ朱子ニ従ヘハ、未免己啓心理為二之弊ト云ヘリ。是説誤也。**有闇而不達**、以下七字来書ノ語、来書ハ以此求心遺物ノ弊トス。王子ハ却テ心ヲ外ニシ、求理ノ弊トス。**以其全｜**、三ツノ其字心ヲサス。

〔五〕**来書云**、**所釈**、**朱子亦**〔以〕**虚霊｜**ヲ以テ心ノ本量トシテ、是ヲ磨クヲ明々徳ト説ルナレハ、此処ハ一致也トノ云分。**然ルニ**ト云以下ハ朱説也。**尽心由於云々**、此致知格物ノ事、日本ヨミノ訓ニテヨメハ、直ニ朱王ノ説ノ違ヒ見ユル也。アノ方ノヨミ下シ韵ニテヨム時ハ、字義ヲ不辨ルウチハトチラモ同シ事ニキコユ。来書ノ格物ノ義ハ王説トハ元来異也。然レトモ只音ニテ格物ト云時ハトチラモ同シ。故ニ先ツ然リ矣ト云テ、扨然而ト云。孟子尽心ノ説朱王ウラハラ也。下ニ詳也。

〔六〕**△来書云**、**聞語**、即物窮理、朱子ノ語也。**如求孝之理於其親**、朱子ノ窮理ト云事モ、格物ト云事モ、此事トハカ様ニスルテ道理ニ当ル。彼物ハ如此スルデ道理ニ当ルト。道理ヲ窮ル事ニテ、強チ孝理ヲ身ニ求ルト云事ニテナキ事也。然レトモ事々物々有定理トシ凡即天下之物窮其理ト云者、トカク求孝之理於其親ト云者也。求孝之理於其親ト云語、朱子ニ雖無之。此意ハ不免。スレハ王子勝ヲ好テ如此ノ玉フニ非ス。

〔七〕**△来書云、人之**、気拘トハ、孝心カ気質ノ為ニ拘ヘシハラル丶也。**口耳講説**、荀子ニ、所謂口耳講説四寸ト、コレ也。**執筆操觚**、筆ヲシカトモツ事。觚ハ竹簡。○此ニ審問慎思―、中庸本文ノ通リニシテ、博学ノ字ハカリヲ能ノ字ニカヘ玉ヘリ。此意可考。

〔明道云、只窮理便尽性至命〕

明道云只窮理、只便ト云字ヲ明道加ヘテ此語ヲ話セリ。只窮理尽性至命カクノ如キノ窮理ナリ。ソレカ行ハスニ居ル事ニテ、理ハカリト云事ニテアルヘキヤ。能可考事ソト也。行ナシノ理ハカリテ尽性至命ト云事ハ絶テナキ事也。明道ノ説ハ王子ニ合フ。朱学ニテ程朱ノ学ト合セトモ、伊川ノ学ハヨク朱子ト合フ。明道ノ学ハ毎々朱ト合カタキ事アリテ、却テ王ト合事多シ。**良知トハ**、タトヘハ柿ナレハ柿一通リノ花実枝葉ノ中ニアリ。是ヲ拡充スレハ尽性知天。ソレヲ芽出ノ所ヘ直ニ花実枝葉ヲ補益増加スルトモ、外ヨリ取ツケテ本ノモノナルヘキヤ。**拘此**、此字良知也。外ヲセンサクスルカ良知ヲ拘蔽ト云モノソト也。此ノ四字皆良知ヲサス。

〔八〕**△来書云、教人**、此段畢竟王学ハカウト、手前ニテ見立タル岡目ツモリニテ、其道ヲ不聞其学ヲ不講。専頓悟ノ宗旨深居端坐ノ学トセルヨリ出タルサビ矢也。当時朱学ヨリノソシリモ皆此類也。王学ハ知ヲ云ヘハ、行其中ニアリ。知ハ行ノ主意トモ云ヘリ。更ニ深居端坐ノ流ニアラス。云ハ丶知先行後ト云。知ノ字ニハ却テ深居ノ病ナキニシモアラス。タトヒ一瞬ノ間ニモセヨ、行後ト云フキレトアレハ、其中ハ虚知ト云名免カレカタシ。**深居―**、静坐ヲサス。**定慧**、天台ノ戒定慧三字ノ事也。戒ヲ守テ心定ルヲ定ト云。心定ル故ニ慧明発ス。コレヲ慧ト云。畢竟体ハアル様ナレトモ、無用ノ見ト云。**物者意之用**、物ナシニ意ノハタラクハナシ。**深居―**、王子事物ヲ捨ルト思フカラ深居―ノ非ヲナセリ。然ルニ王子ノ身ニ引受、知行合一事上磨錬シテ、天理ヲ窮ム。大ニ大有事焉也。朱子ノ知ヲ先トシ立、行ヲ後ニシテ云フ窮理、却テ深居ニ無事ト云ヘシ。**能随事**、是王子ノ格致ノシカタニシテ、即窮理ノ事也。**一以貫之**、此心ノ天理本然ノ良知ヲ指テ云。**頑空―**、空ト静トニ咎ハナシ。頑空ガアシヽ。彼頑空虚静トハ、来書所謂定慧無用ノ人ヲ云フ也。戒定慧ヲ修スル人、其心虚ニハナレトモ頑空虚静也。夫子ノ空々如、顔子ノ屡空ハ虚静也。**応感而動**、感ハ内心ニ付テ出ル也。イトシヒ等也。虚霊明、霊ハ天ニ属ス、コノ感動ノ処デ人ニ属シテ意ノ場也。コヽカラ濁ルモノアリ。清モノアリ。ヨキモアリ。悪キモアル也。其ウツリ様ニハ清濁善悪アレトモ、皆是意也。

〔格字之義、有以至字訓者、〕

純孝誠敬、是ハ格文祖ノ字ノ方ヲノ玉フ。是至ルノ訓ナレトモ、元来正ト云フ方正訓ナル故、コヽノ至ルト云中ニモ正義ヲ兼有スルゾト也。**有苗之頑**、是亦至ルノ訓ニシテ、兼テ正ノ義其間ニ存也。**且大学格物之訓**、右ノ如ク文祖有苗等ノ至ルト云訓ノ処ニサヘ兼テ正スノ義アル也。又格非心格君心之非等ノ正訓ニ正スノ方ノ所ニハ至ルノ訓ヲ以スル事ナシ。サレハ至ルト正スノ両訓ノウチ、正スノ方サシ当リナレハ、義サヘ通セハ、大学格物ノ格字正スト訓スル方甚穏当ナルニ、世以テ王子ト云ヘハ異ヲ立、奇ヲ好ムトス。程子ノ所謂窮理ト云モノモ、一図ニタカヲシナル事ヲ云ニハ非ザルベケレハ、心ヲ平ニシ、気ヲ穏カニシテ、王子ノ意思ヲモ察スヘキ也。**窮至事物之理**、至字窮ルノ効ノ事ニ成テ甚軽クナル也。又事物ノ字モ軽クテ理字重シ。故ニ**是**〔其〕**用功之要―**ト云ル也。**直曰致知在至物云々**、人々心ヲ平ニシテ可見。兎角通セヌ語也。然ルニ人々何ノ疑フ事モナク、通スルト思フテ居ル也。是程朱以来耳ナレテ居ル故也。タトヒ聞ユルニモセヨ、甚僻語也。故ニ下文ニ転折不完ノ語ト云リ。愈事物之理ニ窮メ至ル事ゾナラハ、窮字理学重シテ、至字物字トハ軽シ。其重キ方ニ付テ不曰致知在窮理シテ、軽キ方ニ付テ致知在至物ト云。更ニ窮理ノ事トモキコヘヌ也。**見〔於〕係辞**、説卦傳ニアリ。引チカヘカ。但象説卦文言等皆孔子ノ易ニカケ玉フ辞ナレハ、何レモ繋辞ト云テ不可ナランカ。**転折不完**、転―トハ、持テマワリタル事。不完ハハシタナル義也。転折トハ、喩ヘハ東ヘ往者直ニ東ヘ不往、東北ノ方ヘ往、ソレカラ南ヘ往カ如キヲ云也。

〔九〕**△来書云、謂致知―**、謂トハ王子常ニ謂玉フト也。王子ヲソシル者今トテモ如斯也。曽テ王子ノ説ニナキ事ヲコチラデカフシヤト極メテ置テ、扨誤リソトソシル也。アタラヌ事也。**致知ノ功**、言ハ如何様ニ温清シテヨカラン、如何様ニ奉養シテヨカラント思フカ致知ノ修行ニテ、即誠意也ト也。但コノ云分王子ノ意トハ違ヘリ。格物致知誠意正心皆一ツ事ニテ別ナシト見タルモノ。**揣度**、推量。**有可通乎**トハ、ソレハカタカラ埒ノ明カヌ事ソト也。**務求自慊而無自欺**、其意ノ通リニ行フ時ハ自心快慊也。モシ意ノ通ニセヌ心バカリ思テ、不行時ハ自欺ト云者也。言自慊無自欺シテ誠意ト云。吾子ノ云ル、如何様ニ温清スルカヨキソト思ヘルハカリヲ誠意トハ不言也。致知格物モコノ意也。**節者**、**宜者**、二ノ者字泥ムヘカラス。者字ナキ合点ニテ見ヘシ。**今按**、良知ハ天心也。良知ノ至リ所ヘ致ルハ、猶神明ノ来格ノコトシ。神ヲ拝スル者ハ外神ナレハ、或ハ柴ヲタキ、或ハ鬱鬯ノ酒ヲ地ニソヽキ、又先祖ノ鬼ヲ祭ルニモ茅砂ニ酒ヲソヽキ、香ヲタク。神道ニテ拍手ヲ打、仏ニテ焼香合掌ス。而シテ其神来格ス。所謂拍手焼香ハタトヘハ格物ナリ。天地神明也。拍手焼香合掌ニ不及ト云フヘカラズ。禅ナトヲワルク聞タガヘテ、儒家ノ格物ヲ非スルモノ大ナルアヤマリノミナラス、大事ノ実学ヲ害ス。其禅者ト雖トモ仏ヲ拝スルニハ、手ヲアラヒ香ヲ焼也。格物ハ即良知ノ天心ヲ至ラシムル所ノ拍手焼香。右ハ祖考識之。

〔一〇〕△**来書云、道之大端**、大端ハ総タヽイ也。**必待学**、学ンテ道ニ至ル事ナレハ、暫クモ不可怠也。扨コヽノ待学ノ学ト云ハ、書物詮議知ノ事也。是亦学ニ非ルニハ非ス。学也。然ルニ其文意ヲ見ニ、タヽニ書ノ方知ノ方重クシテ、所謂道ノ大端ト云ル方軽シ。良知良能愚夫愚婦可及ト云ヘトモ、致之行フ事ハ雖聖人不能処アリ。何ゾ重キ事ヲコヽニ不帰セヤ。**今語孝於**、易於明白可与及者ヲ云フ。**武之不葬**、コノ事史記伯夷傳ニ見タリ。但史記ノ説ハ誤也。書経ヲ考ルニ、武王紂ヲ代玉ヘルハ、文王崩シテ十三年目也。蓋顧東橋モ非不知之。然レトモ其実否ノ穿サクニハナク、只事変ノ事ヲ挙テ云迄ナルヘシ。故ニ王子ノ答モ、此問ヲ受テ其実否ノ穿鑿ニハワタラス。此処ノ論ニ不与事ナレハ也。**小杖大杖**、家語六本篇ニ見タリ。**割股**、陳蔵器カ本草集彙ニ人肉能治労瘵ト云ヲ載タリ。子タル者親ノ労病ニ我肉ヲ切テ食マシメタル人多シ。一々引ニ不及。**廬墓**、親ニ離レテ墓ノ側ニ廬居スルヲ云。**過与不及**、割股廬墓ハ過也。曽元ノ養口ハ甚不及也。**道―大端―其所謂学者―其字**、聖人ヲサス。**節目時変ノ変ハ**、定メ置カレズ、常ニ定メラルヽ、常ハ只一ツ也。変ハ限リナシ。譬ヘハ息災ハ只一ツ也。病ハカキリナキカ如シ。**未暇良知**、不及ト云カ如シ。明白ナリ易キヲ忽ニスルヲ云也。**而汲々焉**、水ヲ汲ミ上ル如ク、精ヲ出シテ急クヲ云。字書ニ不休貌トアリ。**夫良知之於**、此段ハ面白キ譬也。良知ハ心ノ明覚也。然レハ暗夜ノ灯ノ如シ。其灯昏シテ、向ヲサガスハ誤也。先灯ヲ明カニスヘシ。灯明カニナレハ、硯筥カ重箱ニマキル事モナク、重硯筥各求ルニ従テ可得、此段ノ譬ホヾ此意也。**不可欺以方圓**、五分ノ角ナル者ヲ一寸ト云ヒ、五分ノ円ナル者ヲ一寸ト云テ欺ク事ハ不能也。此方ニ規矩アル故也。下ノ尺度モ其意也。此規矩誠立則不可欺以方円ト云語ハ、礼記経解ノ篇ニ見ユ。

〔毫釐千里之謬、不於吾心良知一念之微而察之〕

毫厘千里、爰ヲ心元ナク思ヒテ、事物ヲ窮格セテハナラヌトノ玉フ。然ルニ是ハ何ニテ知ルベキ。規矩尺度ノ良知デナケレバ、知ル事不能也。**感応酬酢**、感応ハ、手マリヲツクニ喩ヘテ知ルヘシ。人心ノ妙也。酬酢モ同意也。此方テ酬ナレハ向テソレヲ酢ト云。向ノ酢ハ此方ノ酬也。畢竟一ツ事也。此感応酬酢ノ間ニ、義理不義理アリ。義理デスルカ第一ノ事也。是王子ノ大事ノ所也。扨手マリツクノ譬トハ、手マリヲツクヲ見ルニ、手ニアタリテ下ヘ落、下ヘ落アタリテ、上ヘアカリテ、手ニアタル。是手ニアタルモノ感ニシテ、下ヘ落ルモノ応也。下ヘ落、下ヘアタルモノ感ニシテ、上ヘアガリテ、手ニアタルモノ応也。**其餘数端**、養志養口大杖小杖等也。

〔一一〕**△来書云、謂大学―**、可牽合トハ、アハネトモ先是ハ無理ニ引合セラルヘシト也。**求於事為之際**、道ヲ事上ニ求メ、道ヲ言論ノ間ニ取リタル事明白ニシテ、本心ニ求ル事ニハ非ル事必定セリ。**務外好高**、論語子張篇堂々乎張也。朱注言其務外自高不可輔而為仁。亦不能以輔人之仁也トアリ。**自不知而作**、見聞ノ知ニ不依シテ自然ニナス也。此述而篇ノ語也。今按ニ、蓋有不知而作之者トハ、本知ヨリセズシテ作ス者有之ヤト也。蓋有之我未見之意也。我無是トハ、我ハ本知ヨリ作スゾト也。但ハ又有不知而作之者トハ、本知ヲ不知而作之有也ヤト云フ意ニヤ。猶可考。又論語ノ全文ニヨリテ　己（ママ）〔之〕ヲ思フニ、蓋シ不知而作之者トハ、文王ノ不知不識帝則ニカナヒ玉ヘル如キ聖地ヲ指スニヤ。**我無是**トハ、孔子自ラ聖人ト思召シ玉ハヌ。故ニ其不知不識則ニカナフ場ハ我無是トノ玉ヒ、扨多聞択其善者而従之。多聞而識之ヲ挙テ、コレ亦択ト云トコロ誠ト云トコロニシテコレニ従ヒ、多見而識之ヲ挙テ、コレ亦択ト云所ト、云識所而従之ト云所ニ、本然ノ知ヲ用ル所アレトモ、已ニ見聞ノ末ニ於テスル故、コレヲ知ルノ次也トノ玉ヒ、又扨聖語ヲ括テ見ルニ、不知不識ノ聖地ニハ、孔子謙シテ我無之トノ玉ヒ、又多見多聞ノ末ニ於テ、択之識之従之次ナルニハ、又自ラ居玉ハザル所ヲノ玉フ。自居玉フ地ヲハ其中チニコメテ置キ玉ヘル語ト見ユ。中庸ニ右ノ語意ノ聖語アリ。

孟子是非之心ートハ、人々良知ノアル事ヲ云也。**明徳性之良知云々**、徳性ノ良知ト云事。五十二版ニ詳也。良知不由見聞而有。而見聞莫非良知之用云々。

功名利達之具、即廣記博誦以テ立身ヲスル道トスルヲ云フ。**惟以用中云々**、中庸舜好問ー。**君子之学**、是ヨリ末節ノ答也。王子事為ヲ離レ去リ、論語ヲ廃スルニハアラサル也。ソレハ同事也。只主意ニ違ヒアル也。

〔易曰、君子多識前言往行。〕

要皆知行、要字ハ畢竟ト云キミ也。下ノ功ノ字修行也。

〔一二〕**△来書云、楊墨之為**、程子曰、楊氏為我疑於義云々。孟子ノ注ニモ出タリ。此語ニヨリ来ルナリ。**郷愿之乱**、語ノ郷原徳之賊也。孟子居之似忠信等ヨリ来レリ。**謾無印正**、言ハ楊墨カ仁義郷原ノ忠信。其ナリハ聖人ノ仁義忠信ト相似テ、其実相違ス。其外尭舜子ノ以下皆其事宜ニ似テ実大ニ悪也。是等ノ事古人ノ無印正。何ヲ主トシテ適従セン。其差別知レマシ。然レハ朱子ノ天下ノ事物ノ理ヲ窮ルト云事、無テ不叶事ソト也。印正ノ正ハ証ト同シ。禅家ニテ頓悟発明セル者ニハ、其證拠衣鉢ヲ与フ。是ヲ印正ト云。又印可トモ云。其悟道セル許シ證拠ト云事也。今技藝ノ許シヲ印可ト云。是ヨリ出タル事也。コヽモ印正トハ證拠ト云事也。**制暦ー**、コヨミ音律ノ事。**草封禅**トハ、草創ノ義ニテ、初メト云事。封モ禅モ祭ノ名也。封ハ天子自行幸シテ、土ヲ封シ壇ヲ作リ、天ヲ祭リ泰山ヲ祭ル也。禅ハ不封土シテ平地ヲ掃除シテ、天下ノ山ヲ祭ル也。皆天下一統ヲ祝シテ、子孫長久ヲ祈ル所也。此封禅ノ事始皇ヨリ始ル。尤其前ニモ七十三度在テ、昔ヨリアル事也トアレトモ、慥カナル書ニモ不見。サダカナラス。先ハ始皇以来ノ事也。委ハ史記ニ見。大造ナル事也。**又将何所致**、兼テ不考識ハ其シヤウ埒明クマジト也。**論語曰、生云々**、論語ノ下当ニ注ノ字アルヘシ。尹氏ノ語也。**所喩楊墨ー**、前舜武之論トハ不告而娶、不葬而興師。**訓疏トハ**、注ト云事。鄭玄月令注ニ、明堂ノ制ノ事ヲ云ヘリ。**未嘗詳及也トハ**、根カラ云テナキニハ非ス。サツトハカリ故ニ未嘗詳及ト云也。孟子ニ明堂ノ事見。詩大雅ニ、於辟雍ヲ序ツトアリ。明堂辟雍ノ事云。六経四書ノ中詳ニ云テナキカラ、畢竟有テモ無テモノ事ト見ユ。モシ無テ不叶物ナラハ、古聖賢不言ニハオキ玉ハシト也。總シテ記録ニハ留守居廻状ノ如クニ根ナシ事多シ。聖経ノ慥ナル語ヲ以テ正スヘキ事也。幽厲トハ、周ノ幽厲王也。**茅茨土堦**《ママ》〔階〕、史記茅茨不剪土　堦《（ママ）》〔階〕三等トアリ。**武帝肇講**、講ハ講シ考ル也。綱目ニ出ス。漢武帝ノ時趙綰ト云モノ明堂ヲ立ン事ヲ請テ其師申公ヲ進メタリ。武帝迎テ明堂ヲ立タリ。**武后**、唐ノ則天武后也。

〔天子之学曰辟雍、諸侯之学曰泮宮、〕

辟雍トハ、其廻リクルリニ池ヲホル。其中ヲ四角ニ土地ヲ残シテ宮ヲ建。其地形璧ノ如キ也。**泮宮**、其廻リ半分池ヲホル。ソレ故泮宮也。皆象地形而名トスル也。**為軽重**、教化ノ得失ヲナス也。**器数**、器物條目ト云カ如シ。楽ノ器物條目ノ事ハ、楽工ノ守ル事。礼ノ器物條目ハ、祝史ノ守リ事トスル事。事ト守トハ互文也。祝ハ、ハフリノ事。宗廟ヲアツカル官也。史ハ今ノ有識家ノ類也。**若昊天トハ**、若順也。昊天廣大ノ意也。**暦象トハ**、日月五星ノ運行ヲ暦ニ造リアラハシ、器ニ作リ象ルヲ云。今ノ渾天機ノ類也。**人時トハ**、農耕播植ノ時也。**是皆汲々**、是字尭舜ヲサス。**在於此トハ**、仁民養民ヲ云。**曲知**、私智。**星術**、天文者。**倡為誇侈トハ**、メツタニ目出度事トホメソヤシテ上ヲ倡ヲ云。**靡国費トハ**、国用ヲツイヤス也。封禅ハ殊ノ外大造ナル事ニテ、物ノ入ルコトナレハ也。**希賢**、トハ、此字周子ノ通書ニ出。

〔夫聖人之所以為聖者、以其生而知之也。〕

抜本塞源、後世ノ悪キ学問ヲ除キ去ル事。譬ヘハ木ナレハ根ヲ抜、水ナレハ源ヲ塞クカ如シ。故ニ――ト云。此四字左傳昭九年ニアリ。**夫抜本――至論中之至論**、此論ハ名文中ノ名文也。学問ノ全体ノナリヲ論セリ。根カラシテ根サラヘニスル論也。天下中ノ人ヘ皆コノ学問ノナリヲ知ラセタキモノ也。是ヲ知テ以後ハ、朱子テナリトモ陸子デナリトモ可学也。天下古今ヲ打詠メテ、学問全体ノナリヲ不知故、窮理カ学問シヤノ、才藝カ学問シヤノ、是ヲシラネハナラヌノト覚ユル也。爰ヨリシテ面々ノ異見立ツ也。扨学問ノナリヲ知リタレバトテ、ツヒナル事ニハ非ス。然レトモ先ツ此ナリヲ知テ置テ、扨学フ事ハ手本ヨリ漸次ニ進ムヘキ事也。皆人聖人ノ学ヲスルト思フ中ニ、此人禽獣ニカハツタ事也。然レトモ学者ヲ見ルヘシ。勝心日々発ルナリ。是ヲ能可考。禽獣心也。只相貪ルヲ以テ心トスルモノ、禽獣也。学者ト名ノル人々ト中アシク、親類ト不和ニナリ、ソノ上ニモ我身ヲヨキトノミ思ヒテ、人ノ非ヲサガシテ、是ヲ聖人ノ学シヤト覚テ居ルモ多キ也。**曰繁ハ**、事シケキ也。**曰難トハ**、学ヒ難キ也。**凍解**、冰壮（ママ）曰凍也。**雲滃**、滃ハ於孔反。雲気濃容貌。**呶々焉**、王子自ラ呶々タル也ハシヤヘリ廻ル事也。危困ハ危ク困キメニ逢フ也。

〔夫聖人之心、以天地万物為一体。〕

夫聖人云々、故ニ此論ヲナス也。是迄カ此論ヲ発スルノ由也。此カラ本ノ論也。**安全而教**、安全ハ常ノ養、恒ノ産業等也。**以遂其万物**、向ノ者ノ為シヤトテスル事ニハ非ス。我心カフナケレバ安ンセヌ也。我仁心コラヘラレヌ也。孺子ノ井ニ入ヲ引上ル時、孺子ノ為ト云心ハナシ。後ニ見レハ其子ノ為ナレトモ、實ハ其子ノ為メトテスル事ニハ非ス。カウ公ニナケレハ少ノ恩ヲカケテ笠ニキル也。コヽヲ能覚悟スヘキ事也。親カ我子ノ川ヘハマルヲ引アケテハ、アラ嬉シヤトコソ思テ快ケレ、自慢ハ少モナシ。爰カ万物一体ノ心也。爰ニ思見セ顔ノアルハ、禽獣夷狄ノ心アル故也。**有我之私**、是亦能覚悟スヘキ事也。人ニ宝物ヲモラヒタル時、ソレヲ又其道ニテ人ニヤリタル時ハ、モトノマヽノ我レ也。然ルニ其モラヒタルハソレホトニ忝クモ思ハデ、人ニヤリタルノハ、イカフ恩ヲキセタルト思フ也。是カ我ナリ。コノ我ト云モノカ出来ルカラシテ、本心ヲワロクスルト也。**大者以小云々**、大トハ万物一体ノ心ヲ云。通者トハ人ト我ト通貫スル也。本ト万物一体ナル故通ス。**人各有心**、人ト我ト各別々ノ心ニナルヲ云也。**克其我去其云々**、克去ノ二字前ノ間隔ノ字ニ応ス。**心体之同然**、孟子告子上ニ出ツ。所謂《朱子》**道心**、扨道心ハカリナレハ聖人也。人心ノミナレハ夷狄禽獣也。常人ハカタ一方ヅキハセズ。ソコカ頼ミ也。其人心ノ蔽ハレモノヲ取テノケテハ、道心ノ微ナルヲ引立〳〵セネハナラス。米ノモミスリタリ、舂タリスルガ如シ。是ヲ精ト云。精字米ニ从青ニ从也。シラケノ事也。ソノ維精ニシテユクハ、惟一ニセウト云ノ見込也。其米ヲツキタテヽ、上白ニナシヲヽセタルカ惟一也。其潔白ナル処ヲツカマヘルヲ執其中ト云也。扨其心ノ執行、樹下石上テスルト云事ニハ非ス。接物応答スル上ヘデミカク也。其応事接物カコノ執行場也。是ヲコヽニ節目ト云。其大ナル者五倫ノ道也。故ニ所謂父子有親云々ト云ヘリ。タトヘハ父子有親ノ場ニ、敬カ過ルカ足ラヌカ愛カ多カ少ヒカスルト、是有我ノ私物欲ノ蔽也。是人心也。コノ人心ヲ去テ、道心ヲ引立、惟精惟一ニスル。ソコデ親カ立也。何レモ如斯父子親トシテハ、惟精惟一ニナルト見テモ違ハス。然レトモ前ノ説ニ従ヘシ。**三代之世**、三代之時ト雖トモ、悪人ナシトハ云ヘカラス。悪人ハアルヘケレトモ、畢竟異習ノ人ハナシ。**惟以―**、惟以此ヨリ下而背此迄ノ五ノ此ノ字、親義別序信ノ五倫ノ道ヲ指ス。**閭井**、閭ハ侶也。从侶門ニ从。廿五家相群侶也。其一在所ニ門アリ。故ニ閭ト云。閭井トハ廿五家ヲ里ト云。其里ノ門ヲ閭ト云。子細ハ右毎朝井ノ水ヲ汲ム序ニ市ヲナセリ。故ニ閭井ト云ハ市町ト云事也。**功利**、功利ノ為メニアナタヘ馳セ、コナタヘ逐ヒ行也。**心体之同**、今迄ト云処ノ如シ。此心体ノ同然カ学ノナリ也。

〔学校之中、惟以成徳為事。〕

学校之、扨コヽカラ是ヲ云フニ、三代ノ世学校ノアルニハ子細ノアル事也。其子細ヲ述タリ。今日ニモ人才ニ不足ハナシ。イカホトモ才人アル也。但一ツノ気ノ毒ニハ、人欲カツイテ廻ル也。其才アル人ヲ人欲ニテシアケル故、大ニ害アル也。学問トハ其人欲ヲ去ルノ事也。然レバ学問ト云モノ才アル上ナレハ、ソレハ云ニ不及ナレトモ、少モ不苦。才ハ天下ニ満テアル也。其才人ヲ教テ人欲ノナキヤウニスルト、天子カラ下万民迄ヨクナル也。扨其学校ニテ学問次第段々述タリ。至極ノ事也。能々可観。**才能之異**、扨藝ヲ学ヘハ良知ニ害アルナトヽ覚ユルモノアル事ナリ。アヤマリ也。更ニ手ツタネテ居ルト云事ニハ非ス。アタラ才人ヲステヽ置ハ聖人ノ学ニナキ事也。論語ヲ可見。其器用云々—方カラ引立ル也。又ソウ云ヘハ一方テハ何モカモ知ルヲ聖門ノ学ト心得、人ノスル事皆一人シテ知ラフトカヽル。是亦大違也。**挙徳**、易覆卦象傳程傳詳ニ此意ヲ述フ。徃テ見ルヘシ。**使之**、程傳曰、古之時公卿大夫而下位各称其徳終身居之得其分也。**用之—**、是ハ其君タル人家老タル者ノ心持ヲ云。同心一徳トハ、其用ル人ト—也。**効用—**、群臣ノ事ヲ云。**同心一徳**ハ、主君家老ト—也。**煩—**、事多キ役也。**熙々**、楽キ意也。和楽貌。**皥々**、廣ハ大自得貌。自得ヲ安々トシタル意也。**如一家—**、面白キ事也。孝ヲスルヲ以テモ考知ヘシ。孝行スルハ親カイハシヒ故ニ総領ニカキル事ニ非ス。二男三男モ皆スル。アトヲトルトラヌノニハヨラス。主ニ忠スルモソレ也。大身小身上官ニヨラス忠スル筈也。小身ハ大身ニナル為ニスル筈ノ事ニ非ス。熙々皥々トシテ、一家ノ親ノ如クナル筈也。**其才質**、是ハ下民ノ事ヲ云フ。**安其農—**、易覆卦大象ノ程傳ニ、農工商売勤其事而所亨有限。故皆有志而天下之心可一云々。**相生—**、百姓ハ五穀ヲ生シテ人ヲ養ヲ云。総テ民ノ業ハ相生シ相養者也。**其才能—**、是ハ又歴々群臣其才能ニ依テ其事ヲ司テ、民ヲ下知スル事ヲ云。**則出**、出字出テ仕ルヲ云。**一家之**、前ニハ一家ノ親ト云。此ニハ一家ノ務ト云。親トハ思入レノ親切ナル也。務トハ行ノ不怠也。**営其衣食**ハ、農人ノ事也。衣食トハ桑麻五谷ノ事也。**通其有**、商人ノ事也。有処ノ物ヲ以無キ処ノ物ト貿易スル也。**器用**、職人ノ事也。**仰—**、仰事父母俯育妻子。**重己之累**、喩ヘハ農ノ事ヲ司ルニ、百姓怠テ其事ヲ不務時ハ、其司ル者ノ罪也。是ヲ重己之累ト云。餘モ同意也。**其心学**、天地生々―、**精神**、人ト我精神モ志気モ流貫通達スル也。**譬之一人之身**、ヨキ譬也。一身ノ中自然ニ尊卑アリテ、其用自然ニ別々也。目ト手トハ尊ケレトモ、耳足ヲアナトリモセヌ。又耳ト足ハ卑ケレトモ、目ト手ヲウラヤミモセヌ。又各我用ヲツトメテ、彼カ用ヲ兼ン事ヲモ欲セス。兎ニモ角ニモ一身全体ノ用ヲ済ノミナリ。只久シク下モニ居テ年月歩ミタル程ニモ、ハヤ手ニナリタキト云ノ願モナシ。上ニ所謂終身居其職而不易ト云。安於卑瑣而不以為賤ト云モノ亦マサニ如此。**痒痾**、痒病也。痒病モ呼吸モ、忽一身ニ通ス也。故ニ感触神応スト云。感触神応トハ、耳目鼻口ニフルヽ事不思議ニ応スルヲ云。爪ノ先ニ髪毛タチテモタチテモ其痛心ニ通シテ手ニテ抜ク。媿カシキニ感触スレハ、汗出テ神応シ、食ニ感觸スレハ、唾生テ神応シ、憂ニ逢ハ感觸シ、心悲クハ神応也。心悲クハ感觸也。涙出ルハ神応也。何事モ皆如此。**知識技能**、諸事諸物ノ理ヲ知ルヲ知識ト云。諸事諸藝ニ達スルヲ技能ト云。是ヲ学トスルハ後世ノ事ナル故、非所与論ト也。是迄古代ノ学ヲ云。是ヨリ以下三代ノ衰ヲ云。

〔三代之衰、王道熄、而覇術焻〕

焻、火ノモヘ上リタル如キ故―云。**為教**、五倫ノ道ヲ云。**近似**、道徳ニ似タル也。**假之**、聖賢シ玉フ処ハ内心ヨリス。覇者ノ仕形ハコレヲハ外トニテスル。其事ハナシテ替ル事ナシ。功ハ却而聖賢ヨリモスミヤカ也。**宗之**ヲオモトシタフトソ也。**蕪―**、草茅荒シケリテ道路ヲ塞ク也。道ト云ヨリ其縁ヲ以テ蕪塞ト云タル者也。**傾詐**、ユカミ偽ル也。傾ハユカミタル事也。富強ヲ見込ミ、立身ヲ心カクル日ニハ、弓カハヤレハ弓ヲ射ナラヒ、馬カハヤレハ馬ヲ乗習ヒ、詩文カハヤレハ詩文ヲ習、何カラ成トモ立身ノ道筋ニナル事ヲナシテ、ソレモ実ナル事正キ事ニテハヽカユカス、故傾詐ノ計ヲナス。ソレデモ思フ様ニナヒ打テナル程ハカユク事ハナキ故、攻伐ヲ用ル也。欲カ主トナル故セサル事ハナキ也。〇五井先生曰、傾ハ此方ノ俗語ノハメルト云フ、其レヲ傾ト云也ト。**世之儒**、漢儒ヲサス。**蒐**ー、二字トモニカリトヨム。獣ヲ取ルヲ云。分テ云ハ春ノカリ蒐ト云、夏ヲ苗ト云、秋ヲ獮ト云、冬ヲ狩ト云フ。獮ハ隠五年ノ傳ニ見ユ。獮ハ総名也。此ニハ假テ用テ先生ノ無法ヲカリトルヲ云。**煨燼**、始皇天下ノ書ヲ焚ク。其残漏セルモノ煨ー云。煨ハ説文ニ盆中ノ火也ト云燼ハ左伝ノ註ニ火ノ餘末。**記誦**、鄭康成馬融劉原父《ママ》ノタクヒ。**詞章**、司馬遷、柳宗元、劉禹錫ノ輩也。**侈**、ツハナカス也。**麗**、為美麗也。**紛々**、紛ハ雑也。乱也。**籍ハ**、語声也。カマヒスシキ也。**莫知**、主トシテ行クヲ適ト云。**讙**ー、讙ハ衆声。カマヒスシキ也。**謔ハ**、戯ト云。ヲトケヲ云。ヲトケテ道ヲトク荘子ノ如也。**跳踉**、イサミヲトルヲ云。カルワサノ類。**献笑**、言語ヲ以人ノ機嫌ヲ悦シムルヲ云。**争妍**、容貌ヲ以テ人之心ヲ動カス也。眩ハメクルメク。瞀ハ不明也。**恍**、恍トハ慌ト同シ昏也。不分明也。遺志也。**遨**、アソフ也。**淹**、淹ハ久留也。**息ハ**、トマリ居也。**家業**、屋舗ノ事ヲ云也。総シテ田地屋舗ナトヲ家業ト云。家ノ産業アル故也。言ハ己カ屋舗ヲモ打忘レテ帰ル処ヲ知事ナキ也。**無用**　應《(ママ)》〔**虚**〕**文**、只無益ノ文章ト云ノミニ非ス。記誦訓詁ヲモ込テ云也。共ニ皆徒ラナル文飾ナル故也。**空**ー、空疎ハムナシク疎ソカナル事ナレバ、役ニタ、スト云事也。**支離**、支離ハ、道ニハナレ〱ニナル也。牽滞ハ、文字言句ニ泥ル也。**卓然**、漢高祖唐大宗ナト是也。卓然タル人君也。然レトモ古聖人ノ道ヲ知リ玉ハス。故ニ下ニ云処ノ如シ。**所抵ハ**、落着ノキミ也。**富強功**、是アシキ事ニハアラス。孔子モ既ニ冨之トノ玉フ。功利ヲモシ玉フ也。又人ノ功利ヲモ聖人ホメ玉フ。如此ヨキ事ニシテ其毒甚シ。ヨイ事故免レカタキ也。其功利ニ誇リコソスレ恥ル意ナシ。功利ハ躯殻ノ方ニシテ天理ノ方ニ非ス。

〔聖人之学、日遠日晦、〕

仏老、仏子ハ聖人ノ全体ヲサヘ功ト見テ、人倫ヲ棄テ樹下石上ス。老子ハ聖人ノ仁義サヘ大道スタレテ仁義アリト見下ス。然レトモ其説本来自私自利スル処ニ出タリ。故ニ功利ノ心ニ勝事不能也。二家ノ説皆ツマル処病ヲナストテ、人マデ殺ノ術也。只病ヲナシテ人ヲ生スハ、聖人ノ道ノミ也。サテ其聖人ノ道ヲサヘ功利ト見タル老仏ノ道ハ、今ハ功利ノ直中ニナリ。**淪浹トハ**、淪ハ力均反。浹ハ子叶反。通也。沿也。シミコム事也。**相軋以勢**、勢ヲ以テ人ヲ凌クヲ、軋トハ車ヲ推ス事也。勢ニテ推行クモノナリ。故ニ勢ニテ人ヲ凌ク事ニ假リ用ユ。又軋字傾トヨミテモ通ス。**理銭穀者**、度支尚書、戸部尚書ノ事。日本ノ勘定奉行ノ類也。**夫兵刑トハ**、兵部尚書、刑部尚書也。軍兵ヲ司ル司馬ナト云也。**典礼楽射**、礼部尚書大常卿也。**銓軸トハ**、吏部尚書ノ事也。吏部ハ役人ノ欠タル時其役相応ノ人ヲ択出ス官也。是ヲ銓軸ト云事ハ、銓ハ秤ノ事也。軸ハ肝要ノ義也。其役人ヲ択フ事秤ノ軽重ヲハカルカ如クナレハ也。**郡県トハ**、郡主県令ノ事也。**思藩臬**、臬ハ闑ト同音。**孽藩**ハ―司也。一省ノ総司也。日本ノ九州探題ト云カ如キ者也。都ノ外ニ在テ王ノ藩籬タリ。故ニ藩司ト云。明朝ニテ行中書省ト云。唐ノ節度使也。臬ハ臬使也。漢ノ刺使也。十五省ヲ巡見シテ藩司郡主県令ノ所為ノ善悪ヲ吟味スル官ナリ。宋ニ提刑ト云也。**臺諫**、臺ハ御史臺也。天下ノ総目付也。諫ハ古ノ諫議也。君ヲ諫ル事ヲ主ル也。**宰執之**、宰相執政ノ要路也。宰執ハ天下ノ要地ニ居ル人也。理銭穀ト云ヨリ以下ハ我モ〳〵ト一人シテ天下ノ事ヲ専ニシ、柄ヲトラントスルヲ云也。**能其事**、是モヨキ事也。皆聖人ニアル事也。是ハ功利ノ為メニスル故アシキ也。**記誦之廣云々**モ同意也。**称名假号云々**、云タテヽト云事也。其云タテヲ聞ケハ**未嘗―**。陸象山曰、行或与古人同、情与古人異真義（ママ）〔此不可不辨也。若真是道義。〕則無名声可求、無勝負可較、無才知可恃、無功能可矜、唐虞之時、禹益稷契、功被天下、沢及万世、無一毫自多之心云々。**其誠心実意云々**、初学小生ノミニ非ス。天下後世皆如此ナリ。伊川先生曰、後世自庶士至于公卿、日志尊栄、農工商賈日志于富侈、億兆之心。交鶩於利、天下紛出。如之何其可一也。欲其不乱難矣。履大象程傳　**若是之積染**、上文ノ覇術之傳積々己深ト云ニ応ス。**若是之心志**、上文功利ノ心ニ応ス。**若是之学―**、上文訓詁記誦詞章知識聞見ノ語ニ応ス。**贅疣―**、贅―ハ無用ノ物トスルヲ云。贅ハコブ、疣ハイボ也。是身ニ在テ無用ノ物也。荘子大宗篇ニ出。**柄《ママ》**〔枘〕**鑿**、当世ニ不合―トスルヲ云。柄《ママ》〔枘〕ハホゾ也。鑿ハアナ也。丸キ穴ヘ四角ナルホゾト云事ナレハ、不合事ノ譬也。楚辞ニ出。**生斯世**、如此ノ世ニ生レテ也。**繁難乎**ハ、尭舜ノ世モ今日モト云事。**夫豪傑之士**、孟子ニ出ツ。

○答周道通書　一本啓問二字ニ作ル。誤ナルヘシ。字相似タルヲ以テ誤ルナルヘシ。巻首洪小序ヲ証トシテ答周ニ改ムヘシ。

〔一〕**△呉曽両生―**、呉姓ノ諸生ト曽姓ノ諸生也。**慰相念トハ**、道通ヲナツカシク思フ念慮ヲ慰メタリ。**憂病中**、王子ノ父龍山ト云人ノ忌中テアツタト也。**不能無負**、不能細論ニ応ス。**庶幾無負**、**毎見輒覚有進**ニ応ス。**書数語トハ**、請ト云ヘトモ喪中ニテ心モスサミクラキ故ニ、可言事ナシト也。**荒憒**、心ノ中アレミタレテヲルト云事也。**略下転語**、略ハ、テマトラヌ事。ツキト云意也。転語ハ返答也。

〔二〕**△来書云**、**日用**、総テ七節。其第一節。**立志**、王子末弟立志説アリ。総テ志ヲ立ルト云事王門ノ家法也。致良知誠意ト云ノ類、指ス処ニヨツテ名カワレトモ、畢竟同シ事也。開闢以来志不立シテ道ヲ成就スル人ナシ。孔子ノ聖トイヘトモ、十五ニシテ学ニ志玉フ。又曲藝ト云ヘトモ然リ。人事ノ上ニテ云ハ、安否ヲ訪ニ、往来スルノ小事ト云ヘトモ皆志カラスル也。是故ニ孟子志ハ気ノ帥也トノ玉ヘリ。孔子匹夫モ志ハ不可奪トノ玉ヒ、又苟志仁無悪トモノ玉フ。然ルニ志ニマギレモノアリ。自身カヘリミルヘキ事也。嗜好ヲ志ト覚ユルハ、似タモノヽ違フタ事也。此スキヲ志ト覚ユルハ認賊為子也。然レトモスキト志ト各別ノ物カト云ヘハ、又大ニ違ヒメノナキモノ也。只毫厘千里也。譬ヘハ千孔孟ノ語ニアフテモ益ニタヽヌ事也。スレハ我志ヲ立置テノ琢キ也。我志立テハ、コレニテ学問ハサラリトスム。然レハ我心ニテ事スミテ、他力ハイラサルガ如シ。書モヨムニ不足。況ヤ朋友ノ助ハ根カラ求ムルニ不及様也。然ルニ実心ヲ求メ、志ヲ立テ見レハ、我志立テバ立ホド、朋友ノ助大ニ益アリ。友ヲ得ネハ事カケナル者也。易ニモ麗澤ハ兌君子以朋友講習トアリ。古人モ天下ノ楽朋友講習ヨリ上ナシト云ヘリ。息災ニアリタケレハ、食ヲクヒ薬ヲノマネバナラズ。書ヲ読ムモ古人ヲ友トスルノ意也。講習ト云ヘハ只書物センギノ様ニ世皆心得レトモ、ソレノミニ非ス。事上心上ノイカヌ処ヲ論シテ、工夫ノ新益ヲ得ルカ講習討論也。人々試ミ知ルヘシ。議論ヲ討論シテ、道理ノ物語ナトセシ時ノ胸中ヲハ、扨々心ヨキモノヽ、サツハリトシタモノ也。其ヒトツ学友ニ碁将棋ナトノ会ニテ出合シ時ノ心モチヲ又試ムヘシ。同シ友同シ我ナレトモ、道義ノ切磋ノ時トハ気象各別也。スレハ主意ガ大切也。道通コヽニ工夫ヲ用ヒラレタルト見。**於朋友不能云々**。**纔有生意**トノ玉ヘリ。朋友義理ヲ講習スルトク、ハリツトシテ心モ生々トナリテ、リントスル。学問ノ益ハ此生意也。心ノリントスル事也。此心ノリントシタル生意ノ処ヘハ、思ノ正シカラヌ私欲ハツラ出シセヌ者也。生意カ悴ルト、ソコヘ邪気乗虚入也。コノ精徍潤大生意コレ朋友ノ益也。コノ友ニハ暫クモ離レトモナキ筈也。精粗ノ精ニアラス。精神ノ精也。**微弱トハ**、生意ノ悴ケテグツシヤリトナル也。此処ヘ事カ来ルトセツナクナル。是ヲ遇事便会困ト云フ。**時會忘**、カノ志モ忘レキル様ニナルヲ云。**乃今無朋**、是ヨリ以下扨々親切ナル工夫ノ用様。扨又親切ナル問也。**静坐**。**看書**。**游衍**。皆養ニナル。大ナル益アル事也。游衍経行、アソビテ気ノバシアリク事也。ヨク用レハヨキ事也。故ニ王子山水間ニテ教ヲ施シ玉フ事多シ。心屈セズ、ウラヽカナル故、教モ入ヨキ也。道通静坐―此三ケ条サテ総テ**寓目**、目ヲヨセテ見ル也。措身ハ身ヲ措テ事ヲナス也。此触ルヽ処、サハル処ヲ皆志ヲ培養スルノ地トセラル。如斯親切ナカ（ママ）ラハ意思和適スル筈ノ事也。然ルニ朋友講習スル生意ホトニナキトアルモ尤ノ事也。楠公ノ忠節ヲ書ノ上ニテ見タルヨリモ、其百分一ノ忠節ヲ眼前ニテ見タルカ方ニ感スル者也。心ヘノヒヽキ様ニ違イノアル者也。看書モソレ也。手前ニテ義理スヽミタル事ニテモ、相講スル時ハ、各別ノ意思ノ様ニ思ハレ、感通シテ新益ヲ得ル事多キ也。**此段足―**、王子ノ答道通ノ工夫ノ通リ也。只真切ノ二字ニ重キ事アリ。ヨク見得スヘシ。王子晩年ノ教ニ、只是親切、只是易簡、只是親切、只是易簡トノ玉ヘリ。志ヲ立ルト云モ、皆人知リ切テ居ル也。合点ノ前ノ事也。然レトモ又コヽニマキレモノアリ。気デ張ヲ志ト覚ヘテ居ルモノ也。是ハ多気ノツカヌモノ也。気デ張ルハ本ノ事ニ非ス。是真切ニ非ス。**今好色**、コレニテ親切ト云モノヲ可観。大学ニ如好色云々。論語ニモ好徳如好色ト云。コノ聖言皆親切ニノ玉フ也。好色人死ニ至ル迄甚思ヒ入タル所ヲ困マズ忘レモセヌ。是只真切故也。其真切ナレハ、ヤマヌト云事ヲ痒痛ヲ以テノ玉フ。

〔三〕**△来書云、上蔡、天下何思**、易繋辞、思案分別ノ入ラサル事也。前書ニアル如ク、痛ケレハ摩リ、痒ケレハ掻ク。更ニ分別モイラヌ也。**何思―**ノ四字、道ハ自然ナル者ソト云ノ至極ヲ云タ語也。上蔡コノ語ヲ挙テ是デサツトスミタル事也。何如ト問レタリ。其答ニ、程子ソノ理ハアレド、ソナタニハ早イト云事ヲ**発得太早在**ト云。ズイ分思ヒ慮リテナリトモ厚ク求メタキ者ゾト也。在トハヲジヤルト云キミ也。**学者工夫**ヨリ以下、道通ノ工夫了簡也。何思何慮ト云気象ナクンハ、皆正助ノ病ヲ不免シテ細工ニナルヘシ。又何思何慮ト云ニテスマシタラハ、自然ノ様ニハアルヘケレトモ、孟子ノ教玉フ有事ト云事ヲ忘レ果ヘシ。何思何慮底気象トハ、空々霊々タル気也。事トシ守テ不忘ト、空々霊々タル気象ト一ツニシテ、不偏廃シテ是ナルヘシト也。**若不識得**、是ヨリ以下ハ、片付テ工夫シテハ、一方ハ有ニ滞リ、一方ハ無ニ堕ツヘシ。兎角弊アルヘシ。故ニ両方合セテ用ヒハ有無ノ二弊ヲ免カルヘシト也。是親切ナ問也。尤ナル事也。然レトモ是デハ孟子ノハ易ノ工夫欠テ有ニ滞リ伯者ノ見ニナル。孟子ノ本旨豈カウデアラフ様アランヤ。易ハ有事ノ工夫ヲケテ無ノ見ニナル異端也。孔子ノ本意豈カウアルヘキヤ。スレハ道通ノ見違也。然トモ工夫ノ親切ワルウハナキ故、返書ニ所論亦相去不遠矣トノ玉ヘリ。**○所論亦相去**、上蔡伊川ノ意、繋辞ノ原旨ト稍不同トハ、是両人ノ上デノ事也。易ノ本旨ニハ非スト也。扨是カ易ノ本旨ニ違テワルイト云事ニモ非ス。稍トハ少々ノ意ナリ。**同帰、一致トハ**、天理ノ事也。是カラ出ル思慮ハアルホトヨシ。大学ニ知止ト云ハコノ同帰一致ノ天理ノ事也。慮而后能得ト云ハ、別思別慮ナク此天理ヲ殊途而慮シテ得ルヲ云也。論語ニ、無遠慮有近憂ト云モノ、是也。**寂然不動**、心ノ妙ヲ語ル也。係辞ニ出。感通ハユキヌケノ事也。此二句ヲ二ツニ分テ見ルハ朱説也。王子ノ意ハ二ノ原字ニテ見ユ。能々可味。寂然不動デイテ感通シテ、寂然不動ナルカ天理也。本心也。寂然不動ノ時、常住感通シテ居ル也。感通ノ時トテモ寂然不動ノ可見得。故ニ心ノ内ニアルカラダナリト常ニ云也。寂然不動ハ未発。感通ハ己発ト二ツニスル故、学術皆二ツニナル也。動時ハ格物窮理シ、ツトメ居ル時ハ居敬ト云ヤウニナル也。王子ノ意ナレハ、居敬ハ静ナル時ノ格物、窮理ハ動時ノ居敬也。**他本来**、天理ノ本末也。**按排**、オキクバル也。タトヘハ作リ花ヲコシラユルニ、コヽカヨカロウカ、彼カヨカロウカトテ、花ヲクハルカ如シ。本花ノサクハ自然ノ一生気カラシテヨイカケンニ咲也。**廓然大公**、脇ヘノイテ居テアツカラズニ見テ居ルキミヲ云。**正是工夫**、無別思慮ノ工夫ソト也。**伊川卻是把作**、程子ハ聖人ハカウシタモノソト見タ。思慮ナキガ学問ノシアケト見玉フ也。王子ハ正是工夫ト見玉フ。何思何慮トハ、別思別慮ヲヤメヨトノ事ニテ、即工夫シヤト見玉フ。其工夫聖人ニ在テハ自然ナリ。在学者ハ勉然也。**既而云 却**（ママ）**〔卻〕好用功**、是ハ王子ノ思召ハ伊川初ノ意ヲ思ヒ直シテ、謝子ノ意ヲユルシ玉フナル。ナルホト尤ナ工夫シヤ。

ナルホトヨイ格好ニ用功ト云モノシヤト、カウ伊川ノノ玉フト見タル者也。伊川ヲタスケテ伊川ノ語ヲ取玉フ也。近思録為学類ニアリ。発得太早在ト云語ノ次ニ、伊川直是会鍛煉得人説了又道恰好著工夫也。朱子ハ程子ノ語ヲヨイカケンニ工夫シヤト、謝子ヲ戒メ玉フ事ト取玉フ。**濂渓主静**、定之以中正仁義ト云カ有事焉無忘也。主静ト云カ何思何慮也。上巻ニ、雖曰何思何慮非初学時事云々。コヽト不同。按ニ上巻ノ説ハ是ヨリ以前ノ説ト見ユ。此処ノ説最可ナルヘシ。

〔四〕**△来書云、凡学者―、暁得ハ**、合点也。**聖人気象**、徳行トモ道徳トモ不云シテ気象ト云ルトコロ面白シ。理屈ノ外ニ言語ニモ述ラレズ、美ナルモノアリ。是気象也。手ニ喩テ云ヘハ、道徳ハ字ノ形也。気象ハ華意也。**真所謂以小人**、左傳ニモ似タル語アレトモ、此処ニハ不合。此語ハ晋ノ庾敳カ詞也。庾敳ヲ悪ム小人有テ、王越ニ讒セント欲シテ、其下巧ミニ先ツ王越ニ謂曰、庾敳ハ大冨者也。何時ニテモ金銀ノ御用アル時備借リ玉ヘト云ヘリ。彼小人ノ心ニ王越無心ヲ云ハヽ、敳必金銀ハ不持ト答ヘテ辞スヘシ。其処ヘ乗シテ讒セント構ヘシ也。其後果シテ王越敳ニ金銀ヲ無心セリ。庾敳少モ不辞。何時ナリトモ御用ニ立ント云ヘリ。王越モ甚感之。既ニシテ或人ヨクコソ答ヘ玉ヘリ、吾子ヲ悪ム小人有テ角謀レリト云。其時此語ヲ以テ或人ヘ答フ。世説ニ見ヘタリ。**〇気象**トハ、キミ合ト云カ如ク、イキコミト云カ如シ。偖我々テイノ上ニテ、聖人ノアンハイハ可知ニ非レトモ、決シテ知レヌ事ニモ非ス。譬ハ至テ病身ナル者モ壮健ナル人ノ気象モ大抵知ル者也。真ニソノ如ク也。**〇程子嘗云々**、此ハ孟子ヨリ一等上ヲ論スル也。然レハ孟子ノ云処非ナルカト云ヘハ、左ニ非ス。孟子ノ意ハ、尭ノ通ニスレハ即尭也ト云ヘル意也。ソレヲ程子ハ益委ク云者也。

〔五〕**△来書云、事上―、遇事来感トハ**、是外感也。自己有感ハ、内感也。感ニ内感外感アル也。コレヨリ道通修行ノ為ニクキ子細ヲ云也。**既有覚安**、心既ニ覚ユル事アレハ、無事トハ云ハレズ。有事也ト。**事凝心**

一、凝ハ凝清ノ意ニテ、静ト云義也。直ニシツカトヨムモ可也。事静カニ心純一ナル故云々。**尽吾心而已**、事物ニ展却セラル丶事ナケレハ、只吾心ヲ尽シテ居ル一枚ノミ也。**十分退省**、退省、論語ニ出。コノ処未免要ノ三字ニ就テ見レハ、此ニテハ其処ヲサケタク、其事ヲハフキタクナル事ト見ユ。**不了事**、ヨシ事ヲ不了当時ニテアロウトモト云事也。事合点ノ上ニテ培養ハ勿論也。才不足故ニ、アグミガ来リタルヲ不了事ト云。サレハトテステ丶オカレマシ。培養セスンハヲカレマシト也。**這一件**、良知ノ事。**事物之来**、此カ王子ノ家法、事上磨煉ノ場也。学者ト云ヘトモ、多クハ事ヲ磨煉スル故ニ、弓馬ヲ好人ハ弓馬ガ上手ニナル也。王学ノ意ハサノミニ非ス。弓ナレハ弓、馬ナレハ馬ノ上ニ於テ、事ニ随テ此心ヲ磨煉スル也。是格物ノ実功 傳（ママ）〔博〕文約礼ノ事也。尽吾心之良知以応之ト云モ是也。夫事ノ上デヨキアシキト論スルハ所謂窮理也。事ハ為ント欲レハ、為ル方ニ理カツキ、止ント欲スレハ、止ル方ニ理カツク者也。良知ニ尋レハ欺ク事ハ不能也。**困頓失次**、困頓ハ苦ム事ヲ云。失次トハ次第ヲ失フ也。**若能実致**、実ニ天理ナレハ人欲ナク、モシ人欲ナレハ天理ハナキ也。是ヲ見得ル事実致良知ニアラサレハ見得スル事ナシ。止至善ト云モ此外ノ事ニ非ス。事々物々上ノ止善ヲ論スルト、面々サバキニナル也。**是牽於云々**、問ノ有処得善与不善以下ヘカ丶リテ如斯ノ玉ヘル也。

〔六〕**△来書云、致知—**、帯格物意思此段ヨリ試タル上ヘノ問ト聞テ先尤ナル事也。格物セサレハ事カヌケル故也。夫故ニコソ大学ニ格物ヲ立タリ。然ニ本来ノ致知ニハ皆格物アル也。ソコヲトクト辨ヘザルト見ユ。ソコガタガヘハ致知モマコトノ致知ニアラサル也。帯トハ添ルト云事也。此来書尤ナル事也。格物ヲ以テ手ノ下シ処トス。然レトモトクト王子ノ致良知カ合点ユカサル也。其故ハ致知ノ内ニ自ラ格物アリ。格物ノ内ニ自ラ致知アル也。**一併下トハ**、一度ニ下レ手也。大学ニモ、致良知在格物ト云テ、欲致其知者先格其物トハナケレトモ、本来致知ト格物トハ一組ナレハ、一度ニ手ヲ下シテ可也ト也。**○格物是致―**、知得致知トハ、致知ノ合点ユキタル人也。**已得格物**、格物ハハヤスンテイルソト也。

〔七〕**△来書云、今之―**、有動気之病トハ朱陸初メテ鵞湖ニテ会セシニ、論合ハスシテ互ニ詩ヲ作レリ。其詩文議論其外周子大極無極ノ議論等、朱陸ノ集ニ載ス。皆互ニ詞モアラクシテ気ノ動キ見ヘタリ。且陸子死シ玉ヘルヲ朱子聞玉フテ、告子ヲ卒セリトノ玉ヒシナト甚意アリト見ユ。**論介甫之学―**、王荊公周礼ヲ見損フテ色々ノ新法ヲナセリ。ソレヲ明道論セル書也。

〔八〕**△来書云、有引―**、王子書中ニ有引ト也。下ノ程朱ノ語ヲ引テ云ツカハシ玉フ也。已不能無気質云々迄カ王子引ク所ノ語也。二先生ノ語ヲ道通トクト合点行カス。故ニ王子ノ書トモニスマズ。ソレ故此程朱ノ語ノワケヲ問也。**人生而―**、凡人生レ出ルト否ウフ声ヲ揚ク。産湯ヲアヒセルト危惧テ穏婆ノ足ニシガミツク。是生レ出ルト即念慮アリ。静ナルニ非ス。静トハ一念モ不発動、ウフ声モイマタアケサル時ヲ云。未タ人体ヘ落サル時ノ事也。然レハ静以上ハ理ノ天ニ在ル者也。スレバコヽヲ性トハ説クヘカラサル也。**不容説トハ**、不容説ト云事也。イカントナレハ性ト云名ハ人体ヘ受タル以後ノ名ナレハ也。性字心ニ从生ニ从フ。ステニ人体ヘ受タル上ニテハ早気質ノ雑アレバ性ノ本体ニ非ス。故ニ便モ《（ママ）》〔チ〕不是性ト云。晦庵先生ノ語モ此意也。**未有性之可言**、理ノ天ニ在ル時ノ事也。故ニ性トハ云ハレスト也。**已不能無気質**、喩ヘハ酒ヤ醋ノ如ク、本米ナレトモ酒ハ甘、醋ハスシ。モハヤ米汁トハ云レズ。其コトク気質ノ雑アレハ、是ウフノ性ナラサル也。**看書至是トハ**、是書ハ王子ノ書翰也。至是ハ右ノ程朱ノ語ヲ引玉ヘル処ニ至テ也。**○生之謂性**、此語アシキニ非ス。此語ヲナス心得ニ違アリ。故ニ孟子正シ玉ヘシ。明道マタ此語ヲ以テ性ヲ説。明道ノハアシキ事ナシ。生タル上ニテ性ノ名アリ。故ニ生之謂性ト云ハ、生ルレハ生レツキ也。生レツキハ気質也。

スレハ性ト云カ気事也。故ニ王子コヽニ生字即気字トノ玉ヘリ。明道先生曰、生之謂性々即気々即性生ルノ謂也云々。全文近思録道体ニノセタリ。是ヲ明道先生ノ性論ト云。朱子コレニ注ヲ作リ玉ヘリ。全書ニ見ヘタリ。**説気即是云々**、喩ヘハ甘シ酸シノ酒ヤ、醋ノ味平ナル米汁ト覚ルカ如キヲ云。**落在云々**、気質ノミ落ル也。**惻隠云々**、是気カ理ヲ載セテ発動シ見ハレタル也。此四端ノ気発ニヨリテ、仁義礼知ノ性、智ノ性善始テ見ユ。**不備**トハ、人ノ気質色々アリテ、カタギノ違ヘルワケスマネハ、是レ備ハレル論ニ非スト也。**不明トハ**、又本体ヲ不知ハ不明ト云者也。此語見遺書。程子ノ語ノ末ニ、二ツニスレハ則不是トアリ。

〇答陸原静書、原静病身ナル人也。故ニ静坐ナト好テシタリ。養生黄老ノ術ニ心ヲ用ヒタル人也。総テ人体ヲ合点セザレハ、教ノアンハイカトクト不落モノナリ。子路ハ子路ノ人体、冉求ハ冉求ノ人体アリ。ソレヲ知レハ教ノ味知レル也。

〔一〕**△来書云、下手━**、下手シテ工夫シテ見ルコト也。**無時寧**、寧静ヲ欲スルモ尤ノ事也。アヤマチト云モノ、皆心ノ動キカラシテアル也。シツマルハ結構ナ事也。孟子モ四十ニシテ心ヲ不動トノ玉ヘリ。**妄心トハ**、間思雑慮等也。**妄心照心**、二ツアルニアラス。一ツ心ナレトモ動ク方ヲ妄心ト呼ヒ、照ス方ヲ照心ト呼テ分タモノ也。妄ト云ハ、是本体ヲ失フタヲ云。スレハ動ク筈也。故ニ固動也ト云。照心、是ハ本体カラ物ヲ照ス心也。是動マイ筈ノ事ナルニ、物ヘテル方カラシテ動ク。是ニテハ恒ニ動キ通也。スマヌモノソトコヽニナヤンテ問タル也。是ヨクモアシクモシテ見テ上ヘノ問也。閑議論ニ非ス。**〇是有意於求━**、自然ノ良知ニマカセヌ也。自然ノ良知ニマカスレハ、可動シテ動キ、可静シテ静也。ソレヲ静ニシタイト云所、本体ニ背也。**愈不寧静**、古歌ニ、思ハジト思フモ物ヲ思ナリト云ニ同シ。一ツノ思ヲソヘル也。一ツノ動ヲソヘル也。**照心非動**、テル故テル方ニテ動クヤウニ思ハル、ソウナカソウデナイ。照スヘク動クヘキ方ヘテリ動クハ動ト云モノニ非スト也。親ヲ見テ孝、君ヲ見テ忠、孺子入井ヲ見テ怵惕惻隠スルハ、非妄動動クヘキ事也。是ヲ動トテキラフ事ニ非スト也。**恒動恒静**、是本体ノナリ也。本体ヲ失ヘハ、動ハ妄動、静ハ虚静也。天常ニ一周シテ少モ不息。是動也。千万年ヲ経レトモ違ハサルハ、是静也。此動字妄ニ動ニ非ス。ヨヒ事也。常住動テ常住静也。随分動テシカモ静ナル者ガ主ト也。上手ノ鞠ヲケルニテ可知。下手ノ十双倍アタル故、動ク処モ十双倍也。スレド随分静也。太刀打スルモ上手ノハ皆如斯也。是ヲ周子主静トシテ立人極ト云リ。**妄心亦照也**、コヽガ面白キ処也。妄心トテ別ニアルニ非ス。ワルイ処ヘ動キウツル。照ル故也。死人ナレハウツラズ。文字泥ンテハコヽハ見ヘサル也。溺色モ天地生々惻隠ノ心アル也。是ヲ取テノケテハ又何モナシ。**為物不貳**、中庸ニハ不測ニ作ル。コヽハ不息ト云テヨクキコユル也。故不息ト云リ。二ツナレハ生々ノ功ナシ。貳ナレハ非誠。偽ハ百千万モアリ、誠ハ只一ツ也。故ニ不息也。○心ヲ用ル日ニハ動ニテ心体ヲ損フヲ覚フ。コトニ後世ハ世間張テ事多キ故、猶動ノ害多シ。スレハ原静ノ工夫モヨギナキ事也。**照心**ハ、妄ヲ知ル也。其妄ヲ知ルモ心ノ動キ故、コヽヲウツトシク思フ処カ原静ノ病也。妄カイヤサニ照マテガイヤニナル也。動キツメヲイヤニ思フ。コヽカラツイニ心ヲ殺スヤウニナル也。動ノ字分テ云ヘハ妄心ノ動ハサハキ也。照心ノ動ハハタラキ也。

〔二〕**△来書云**、**良知―**、**有起処**トハ、是見誤也。有起処ソナレハ不起時モアリ。如是タヘマアルモノニ非スト也。**○是或聴之―**、**無起無不起**トハ、是ヲ是ト見、非ヲ非也ト見ル処ハ、良知起ルト見ユ。其是非ナキ時ハ起ラヌヤウ也。故ニ来書ノ問モアル也。然ルニ良知ハ起不起ト云事ハナキモノ也。明鏡テリ通シノ如ク、物来レハウツス。又ウツサヌ時トテ引込事モナシ。鐘ノタヽカヌ前モ音アリ。刀ノ不切前ニキレアルガ如シ。物ヲアテルトアテヌハ境界也。事ノ上ニハアリ。良知ノ方ニハ出ツ入ツハナシ。**雖妄念之発**、意ニハ動タ処テ云名也。良知ハサニ非ス。ヨヒ念ノ発ハ、モトヨリ良知ノ持前也。ワルヒ人心ノ動キト云ヘトモ、良知デナヒトハ云レズ。其妄動ヲエリモトニスハツテイル神明良知シテイル也。於是良知ヲ可観。ヨヒヲヨイハ却テ知レズ、ワルイヲ知ルデヨヒ良知カ見ヘル也。今按此説アシキニ非ス。今観ル処ハ其妄動ヲヱリモトニスハツテ居ル神明良知シツテイルト云ヘハ早二ツ也。元二ツニ非ス。喩ヘハ良知ハ燈也。書ヲ読ミ善ヲ行、皆此燈ノ光ヲ以ス。然ルニ博奕ヲナシ盗ヲナスモ、同ク此燈明ヲ以スルカ如、盗ヲナスモ人ヲ誑カスモ、良知ニ非スシテ、何ヲカコレヲナサン。然ルニ燈ハ博奕盗賊ヲナサンカ為ニ用ニ非ス。良知亦如斯。**有時而或放**、是又上所論ヲ重ネ論スル也。**其体**、良知ノ体也。下同。**存之而已**、良知本体ヲ指。下同シ。此工夫ヲ中庸ニテ戒慎ト云。○此処存養省察ノ功ヲ示シ玉フ。良知ヲ放ツハ、刀ヲ忘レタルヨリモ莫大ノアヤマチ也。然レトモ放ナルニ馴レテ、サホトニ思ハヌ也。一ツノ重宝ニハ刀ヲ忘レタルハ、取ニヤラネハカヘラス。其上時トシテ紛失スル事モアルヘシ。コノ良知ヲ放チタルハヤツト思ヒカヘセハ即コヽニアリ。我欲仁斯仁至トハ是也。ソノ工夫ヲ王子ノヘ玉ヘリ。**精一之精**、蓋来書ニ此筋ノ事アルニ依テ答ヲノ玉ヘリト見ユ。精一ハ儒者尭舜以来傳来ノ学也。一ツハ精ノ終。精ハ一ノ初也。精神ハ養生家ノ論也。然ルニ其精神ヲ精一方カラスレハ、老荘ニ不落シテ直ニ伝ノ道也。元来理気ハナレヌ者也。然レトモ精神ノ方カラ精一ニハナラレズ。精一ニナリ切レハ自カラ精神モサハヤカニナル也。ソコラ段々論シ玉ヘリ。○精神ノ論アル事ハ、原静養生ノ方ヲヲモニツトメル人故也。精一ハ書経精ハクハシクスル事也。

〔三〕△**精一之精以理言**、アラヒモノヲ去テ、キツスイニスル工夫故云。是理カラ云也。我ニキツスイナルモノヽアル也。タマシヒノ方カラ云ハ、気カラ云タノ也。故精神之精以気言ト云。精ガ尽ノ精ヲ出スノト云ハ、皆気デ云詞也。如斯理気ト云ヘハ二ツノヤウナレド、一ツ也。理ハ気ノ条理、気ハ理ノ運用也ト也。一ツ物ヲハタラク方カラ気ト云、スヂノ方カラ理ト云。譬ヘハ理ハ水ノ如ク、気ハ水ノ流レ行カ如シ。水ナケレハ流レ行ク事ナク、来ラサレハ所謂水ナル者ヲ見ルコトナシ。故ニ無条理則不能運用。無運用則亦無以見其所謂条理者矣ト云ヘリ。**精則精云々トハ**、道理カ精ナレハ気モ精也、明也、一也、神也、誠也。則精トハ一ニナレハ則精也、明也、神也、誠也ト也。**但後世儒者**、儒ハ道理云々ト云テ精気ヲ外ニシ、養生家ハ精気云々ト云テ道理ヲ遺シ、各滞於一偏也。朱子ノ調息論ノ様ニ、儒ニヨリ云事ニテハナケレトモ、養生ノ為ニヨイト云ヤウニ、二ツニナル、王子ハ道理ナレバ養生ニナルト取リ玉フ。道理ヲ外ニシテ別ニカル事ナシ。

前日精一之論、是ハ神気精ヲ養生ノ方ヘシテトキ玉ヘル説也。文録第二ニアル答陸原静第一書ナリ。

〔四〕**△来書云、元神ー**、元ト云ハ根元也。指一本動クモ皆神気精也。然ルニ其根元アリ。是ヲ元々ト云リ。**寄蔵発生**、ヨセカクルヽトヨム。頭ヲ入レテマツテ居ル事也。寄寓シテ潜蔵也。○人ノ身ハ指一本ニテモ陰陽精気ノカタマリ也。然ルニ其キツツヒノ真アリ。道家ハカヤウノ処ニ養アリ。故ニ是ヲ挙テ儒ニモアリヤトウタカヒ問ヘル也。**真陰真陽ノ真トハ**、骨髄ヲ云。皆道書ノ説也。原静ハコノ様ナ処カラ説ヲナセリ。王子ノ答ヲ見ルヘシ。ソレニカヽハラズ只良知一ツニテ答玉ヘリ。良知一ツデ済シタキモノナリ。**○夫良知也**、以其妙用トハ、上巻三十三版ニ亦コノ論アリ。**以其流行ー**、我一身デハカラタノ内ヲメクルヲ流行ト云ヘトモ、其カラタノ内ヲメクル気即天地トツレ立也。天寒ケレハ身モ寒シ。神ト云、気ト云、精ト云ハ、其アタリマエノ方デ云タル名デコソアレ、只一ツノ良知也。**形象方処**〔所〕、神ハ此様ナ物気ハ此処ニアルナド形ヲ以シ所ヲ以テスルヲ以形象方所ト云ヘリ。**真陰之精云々**、此字面真字ニ不泥ヲ見ルヘシ。陰精ハ即陽気之母、即陰気之父ト云事也。陰ノ方デ母ト云、陽ノ方デ父ト云。真陰之精ハ、寝ルハ起ルノ母、起ハ寝ノ父也。ハナレハセヌ也。開ケタモノヽ母ハ、シメタモノヽ父ハ、ヒタヒタモノナルヲ云也。ソダツル方ヨリハ母ト云、生レタス方ヨリハ父ト云也。**非有二ツトハ**、ヒトツモノカ動静スル也。**良知之説明則**、形象方処ノ上デ求レハ是ニ不遇、其窮理尽期ハナキ也。良知上ニ於テ明カナレハ、万事皆スム也。**三関七返九還**、三関トハ、道家ニ口ヲ為天関手ヲ為人関是ヲ為地関ト云リ。然ルニ其説ハ未知也。七返九還トハ、養生家ニ丹砂ヲ煉ルニ七返煉ルヲ七返丹ト云、九返煉ルヲ九返丹ト云、是也。丹トハ丹砂也。今ノ辰砂也。但煉丹トハ実ハ丹田ヲ煉ル事也。丹砂ヲ煉テ飲ニ非ス。後世誤テ金石ノ薬ヲ服シテ病ヲ生シ生ヲ損フモノアリ。

〔又〕

〔一〕**△来書云、良知―**、性善未発之中寂然不動廓然大公等ニ合テ見ルニ、皆良知ノ説トアフ也。然ルニ常人ニモアル良知カラハ、誰モ未発ノ中寂然不動廓然大公ニアルヘキ事不能。故ニ学問ヲ待テコレヲ得ルハ合点ユカヌトノ問也。**何常人**、本体如此カラハ誰モ善中寂公ナルヘキニト也。**〇性善不善―**、中寂大公ハ皆脇カラ良知ヲ詠メテ、場所―ヨリ云タルモノ也。良知ト云ハ其実体ヲツカマヘタル語也。然ルニ良知ト云モ本ト性ノ光ナリ。故ニ性無不善故知無不良ト也。**須学以去云々**、昏蔽ヲトケルカ学也。目ノ病耳ノ病ニテ耳目ノ見ヘカネ聞ヘカネ、薬ヲ用テ其疾ヲナヲスガ如シ。明ヲソヘ聡ヲソヘト云事ハナラヌ也。聡明ハ眼耳ノ持マヘ也。**加損**〔於〕**毫末**トハ、物欲ノ蔽アル時ニモ其本体ニ於テ加フル事ナシト也。**良ハ**、スナホ也。**存之**、良知也。

〔二〕**△来書云、周子―**、周子大極図説明道定性書ノ語也。此六字定字カ周子ノ静字ノ意也。程子ノ静亦定ノ静字ハ、動静ノ静字也。先コレヲ合点スヘキ也。**定者心―**、上巻ニモアリ。**夫常知―**、是以下疑問也。**何以謂之**、已ニ動ナルニト也。何以トハ已ニ発用ナルニト也。**〇理無動―**、動静アルハ気也。理ハ無動也。故云々ト也。**一於理**、水ノ下ヘ流ルヽカ如キヲ云。水ノ下ヘ流ハ、是動而未嘗動也。

〔三〕**△来書云、此心**―、是ハ中庸ノ未発ノ論也。未発ハ静ニ属シ、已発ハ動ニ属スル。故動静ヲ兼テ論シテ疑問スル也。扨コノ問畢竟根カスマスニ只文字言句ニ滞ルヨリ出タル也。ヨク合点スレハ、トチヘ云テモスム也。未発ト云モ、発セヌト云事ニハ非ス。発スルモノヽ、マタ発セサル也。モシ不発ナレハ死物也。未発已発ハ大事ノ事也。コヽガスマネ〔八〕修行ニ害アリ。発シタ時サヘヨケレハ、其前ハトウテモヨヒト思フモ誤也。又発セヌ時ガ大事也。発シタ処ニハカマヒ無ト思フモ誤也。**為之主トハ**、已発ノ主トナルカト也。**其無前後**、其字未発已発ヲ指テ云也。**一体者乎**、是迄一ツノ不審也。今謂心之動云々以下第二ケ条ノ不審也。**若以循理**、此ヨリ第二条ノ不審ノ事ヲ愈明白述タリ。**所謂動中有静**、朱子ノ語也。通書ノ註語也。是語人欲ニ従フ中ニ天理アリ、天理ニ循フ中ニ人欲アリ、人欲極テ天理也ト云ヤウニ見ユ。故ニ不可通ト云ル也。コヽカ原静ノ泥ミ也、**所謂動而無動**、通書ノ語。**若謂未発**、是第一ケ条ノ不審ヲクリ返シテ云也。未発ノ中ハ已発ノ先ニ在テ、已発ノ時ハ未発カナキナラバ是至誠有息也ト。**○未発之中**―、此答発端ノ処ハ総体ヲ総テ括テ説テ、アトデワリクダイテ説也。**無前後内外**―、引括テ云ル論也。良知ハ今天下古今ノ大事業ヲナストテモ、今照トテ出ル者ニモ非ス。又藏レ隠レテ一事ヲナス事ナシトテ、引込ミモセヌ者、喩ヘハ刀ノ切ル時切レカ出来ルテモ、切ラヌ時キレカヤムテモナキカ如シト云也。**無分於寂**―、動静寂感ノ差別ナク皆心ノ本体ソト也。**動静者所遇**―、刀ノ譬ヲ以テ云ヘハ、動ハ切ル時、静ハ切ラヌ時。切ルト切ラサルトハ時也。切不切ノ差別ナク切レテオルカ刀ノ本体也。故ニ本体固リ無分―也。**理無動**―、コレヨリ子細ニワリクタキテ云也。**槁心一念**、欲ノ方カラコシラヘテ不動ヲ云。動カヌ様ニハアレトモ未嘗静也。虚無寂滅ノ学皆是也。循理テ万変ニ酬酢スルヲ以テ、朱子ノ動中有静ノ語ヲ解シ、従欲槁心一念ヲ以テ、朱子ノ静中有動ノ句ヲ解ス。**有事而感通**、周子ノ動而無動ヲ解。**無事而寂然**、周子ノ静而無静ヲ解ス。**至誠有息之疑**、出ルテモ、入ルテモ、増スモノテモ、減ルモノテモナケレハ、是至誠無息也。スレハ至誠有息ノ疑ハ云ニ及不《ママ》トケル也。**可以為陽**、伸ヒ通スル時ナレハ也。

〔凡観古人言語、在以意逆志、〕

為陰為静、屈シ縮ル時ナレハ也。**此常体**、春暖夏暑秋冷冬寒、コレ常体ニシテカハラヌ也。**自元念**《ママ》〔会〕**云々**、時ヲ積テ日、日ヲ積テ月、月ヲ積テ年、段々積テ元ノ十二万九千ト云。而年ニシテ天地ノ数尽也。邵子経世書ニ出タリ。**刻秒忽ー**、一日ヲ百刻トス。十微ヲ忽トシ、十忽ヲ秒トシ、十秒ヲ刻トス。**無端**、**無始**、始ハ終リノアトナル故、シリカシラハナキ也。**心従法華**、壇経ニ出。心ヲ法ノ為ニ転却セラル丶ヲ云。言ハ法華経ヲ心ニ引付テ自由ニスル意也。サレハトテメツタニトウテモスムト云ニハアラス。

〔四〕**△来書云**、**嘗**、試字親切也。論語ヲヨム人ハ多ケレトモ、試ル人希也。孟子ニ、我雖不敏請嘗試之。**良知常**〔若〕**居**、言ハ良知ハ常ニ喜怒ト諸共ニ喜怒ハセスシテ、別ノ処ニ擾々トシテ安閑ニシテ居テ、主人公トナツテ、ソレハヨイソレハワルイト詠テ居ル様ニ思ハル丶ト也。是尤モラシキ事ニテ相違也。**知此則ー**、此トハ来書ノ喜怒憂苦之感発ト云ヨリ、罔然消阻スト云迄ヲ指也。中也寂也和也感也トハ、皆良知ノ妙也。故ニ云爾。

〔五〕**△来書云**、**夫子ー**、**照心人用功**、人功ヲ用テ物ヲ照スナレハ、体ニハ非スシテ用也。**猶思也**、思ト云ニ似タリト也。照シテ居ルカ戒慎也。故ニ乃戒慎之心也。戒慎之心乃思ニ似タリ。故ニ猶思也ト云。其戒慎シ思フモノヲ、ナセ心ノ本体良知トノ玉フソト問タル也。工夫ヲ本体也ト云ニ似タリトノ不審。**○能戒慎**、コノ戒慎ノナルカ良知ソト也。戒慎スヘキ事ヲ知ル者良知也。是工夫本体、本体工夫ナル者也。

〔六　来書云、先生又曰、〕**△来書**、**不在於其中**、妄心ノ動ク中也。下ノ其中ハ妄心ノ昏キ中也。**且既曰妄**、其妄ヲ安ト知タ所カ照ナレハ、其妄心ノ上ニ在テハ、ソコヲ照トモ申サウト也。**在照心則―**、又照心ノ上カラ見レハ、彼妄心ノ上デ照ラス者ハ、却テ妄ト云ヘシト也。此語ハ、タトヘハ小人ノ中ノ君子ニテ、君子中ニテハ小人也ト云カ如シ。**妄与息何異**、妄ナレハ早天理ハ消ル也。元来至誠間断ノ処カ妄心ナレハ、妄心即息心ニテ異ナル事ナキ筈也。トコニ違ヒアルソト也。**続至誠―**、妄心亦照トシテ、至誠無息ヲ続ク様ニノ玉フハ、未通明ト也。假ハカリモノ。実ノ反。妄ハマコトナラス。真ノ反。コノ假妄ノテリデツヒデ居テ、其至誠无息ト云テハスマヌ事ソト也。**○照心非動**、所動トハ動迷也。**無処**（ママ）〔所〕**動即照**、即照ノ字可味。上ニハ妄亦照ト云。即字ハ自ラ別也。**有妄有照**、喩ヘテ云ハ、、帷子ハ軽クテヨシ、小袖テハ重クテ悪シト云様ナル者也。夏帷ヲキルハ、冬小袖ヲキルト同シ心也。貳ニアラサル也。先子曰、按ニ此等議論他ノ学ヨリミレハ、甚険癖也。ムツカシヽト云。此方ヨリ見レハ、甚易簡也。文句議論ニナツメハムツカシ、本体心上ヨリ見レハ易簡也。

〔七〕**△来書云**、**養生**、是養生家ノ説也。夫清心ト云上一（ママ）〔二〕徒養生ノ方ニ肝要ナルノミナラスト云詞ヲ加ヘテ見ルヘシ。原静ハ道家ノ学ヲ心カケタル人也。故ニトカク其方ヘ引カケテ道ヲ求ムル也。依之清心寡欲作聖ノ功畢ト云リ。主意養生ノ二字ニ私アルヲ不知ナリ。**人欲之私**、是迄カ見立也。今欲ト云ヨリ以下其工夫也。克人欲工夫ヲ三段ニ立テ疑問セル也。今欲ヨリ下文生於西ト云迄カ一段、若欲ヨリ不清迄カ又一段、且欲ヨリ以下又一段也。**引犬上堂**、ワザ〳〵犬ヲ堂ヘ引ノホセテ、ソレヲ又逐ヲロスカ如シ。誤テ人欲ヲ出シテ、ソレニ克ニ喩ル也。**必欲此心―**、必欲ノ二字甚精神アリ。是作聖ノ基也。**防未萌之先**、喩ヘハ火消ノ如シ。其身イカニ火消ナレハトテ燈《ママ》出時又火ハケサレスモ、又モ一出タ時ノ事トテ火消シ道具ヲモ如在ニシテ油断シテハ居ラレズ。常ニ心掛ルナリ。此心カケル所カ即チ消タ処也。イカントナレハ油断セス心カクルカ故、火ノ出タ時ツイケス也。是所謂防於未萌云々也。**戒慎恐懼**、防未萌之先也。**致知格物**、方萌ノ際ニ克也。**舎此之外**、然ルニ是亦二ツ非ス。内外一致也。喩ヘハ糸ヲ引張タルカ如シ。先ヲ引ケハ本迄ヒヾク也。**養生以清心云々**、孟子既ニ養心莫善於寡欲トノ玉ヘリ。養性トカ心ヲ養ヘハ、自然ト養生ニモナル也。然ルニ主意養生ノ方ナレハ私也。利也。私利トナレハ将迎意必ナクテ不叶也。清心寡欲ハ作聖ノ切ナレトモ、主意養生ノ為ナレハ、是亦自私自利スルヲ不免也。**引犬上堂**、下巻剜肉倣ト云ト同シ。先生正色。你不用且放起云々。

〔八〕**△来書云、仏氏**、善念モ悪念モ無ク、空寂ナル時ヲ云。**本来面目**、本トノ顔付ト云詞也。此方テ云ヘハ良知ノ事也。仏氏タヽ今ノ現在ノ面目ヲハ皆假想也トシ、空寂ヲ以テ本来ノ面目トス。此語慧能其弟子明上坐ニ告タル詞也。明上坐即悟レリ。法壇経ニ見ユ。**吾若於不**、王子常ニ、良知ハ本来ノ面目也ト云ルニツヒテ、如此仏氏ヲ挙テ問ル也。コレニツキ先今日ノ人ノツラツキカラ、トクト知リニクキ者也。嬉シキ時ハ嬉シキ時ノ顔色、思ヒアル時ハ思ヒアル時ノ顔色也。何レカウソノ顔ツキナラン。目猶然リ。心亦如此。**有寐**、寐ヲキノ時ハカリ良知自在ソト也。**夜気**、告子上、牛山之章。**与造物者**、天地ト相伴ヲ云フ。造物トハ、物ヲナシコシラユル人ト云事也。スレハ天地鬼神ト云事也。**今欲善ー**、心ノ良知ハ元来自由自在ナル者也。然ルヲ又手ヲ付テ自在ナラン事ヲ欲ス。是即自私自利将迎意必也。欲ト云字ヨク〳〵可見。良知ノ本体ナレハ、親ノ死タル時哀ミ泣ネハ心不安。仏氏ハ哀メハ心ガモメルト思フ。是自自利スル者ミルヘシ。**不消説**、上巻ニ、夜気是就常人説。学者云々。**守去**《ママ》〔去守〕**株**、夜気ノ説ヲ守ル故也。**徹頭ー**、良知ハアタマノギリ〳〵カラ足ノツマ先キユキトヲリテ居テ、始モ終モナキ者ソト也。今善ニテモ悪ノ通リニ照ス者也。ソノ善其悪ニハ限リアレトモ、ソレハ其善悪ト云物ノ始ノ終リ也。良知ニハ始終ナシ。只来ルニ随テ照スノミ也。

仏氏、是唯識論ニ出タル語ニテ、声聞乗トハ仏家ニ道ト云事ヲ乗ト云也。**種性トハ**、性ハ心性ノ事也。心性ハ一切ノ事ノ出ル種子也。故ニ種性ト云リ。

〔九〕**△来書云**、**仏氏**、仏氏又云云々。是禅家ノ常談。瑞岩ノ主人翁ト喚フ類也。此念ニ気ヲ付ル事也。此心ノ散乱セサル様ニ提也。**常記**、常ニ心ニ覚テ不忘ナリ。常知得常存得モ同シ事也。**私欲**、客気ハ、左傳定公八年ニ出タル字也。一旦気ノ動スルヲ云フ也。世俗ノ所謂血気動也。**常提ー**、常住主人公ヲ提テ不散乱トナリ。常字心ヲ付ヘシ。是迄カアトノ王子ノ答ニ、所謂前一段也。**抑於**、是以下ドギ〳〵シタル問也。皆イキ過タル事也。**又為思善**、元来不思善不思悪カ本来ノ面目ナレハ、既ニ思善フ時ハ本来ノ面目ニ於テ未達シテ間カアリト也。

〔一〇〕**来書云**、**質美**、質美者トハ、近思録為学篇、明道ノ語也。論語言忠信行篤敬。雖蛮貊章ノ註ニモ此語ヲ朱子載玉ヘリ。故ニ論語ニテハ忠信篤敬等ノ事ヲ指テ明得尽ト云。然レトモ此ハ総体ニテ云ルナレハ、道ヲ明得尽ス事也。**良知本来**、朱子モ、査滓是私意人欲之消未尽者、人与天地本同体トノ玉ヘリ。是良知本来自明ト云ト同シ事也。朱子ノ語、近思集解ニ載タリ。**因一明字**、原静兎角旧聞ノヌケサル者アリ。故ニ明字不分明也。朱学窮理ノ筋ハ、物ニ在ル処ノスミタル者也。王子ノ学ハ、ソレヲ明トハ不立。心ガソレニ又ナラヌ内ハ暗トス。朱学ノ窮理カラ云明テ見ル故、此明得尽ノ語カマヌ也。来書ノ明得尽ノ明字也。**欲速**、渾化ノ字ニ応シテ云。是ヨク原静ノ病ニアル処ヲ見付玉ヘル者ナリ。渾化ハイトモナク自然ニ全ヲ化スル事ナレハ、速ノ反也。速ニスルノ心アリテ渾化セラル丶モノニ非ス。原静ノミニ非ス。只早ク埒明タキカ学者ノ通病也。朱子モ此筋ノ事ヲノ玉ヘリ。古人ハ敏底ノ質ヲ以テ鈍底ノ事ヲナストノ玉ヘリ。尤ノ事也。今日ノ人ハ鈍底ノ人テ居テ、却テ敏底ヲナス也。大ナル誤ナリ。**明善**、後儒ノ明善ハ、物ノ上テ其善ヲ求メテ、一通リソコガスムト、早是ヲ明善ト覚ユ。是レ明善ハ知識、身ハ行ト立ル故也。王子ノハ我ニナツタ物デナケレハ明善トセス。明モ善モ向テ沙汰シテハ王学ニ非ス。故ニ**非若後儒所謂明善―**浅也トアリ。

〔一二〕**△来書云、聡明、**果質乎トハ、ムマレツキト云事。言ハ修行ニ因テデキルニハ非ルカトト也。**聡明―**、古ヨリ聖人ノウマレヲ云ヒ、仁義礼智ハ、聖愚ノ隔テモナクヒトシク人ノ性ヲ云フ也。常人ノ質固ヨリ聡明叡智ナラスト云ヘトモ、目トシテ物ヲ見ヌ目モナク、耳トシテ物ヲ聞カヌ耳モナク、知トシテ是非ヲ弁ヘヌ知モナケレハ、皆人トテモ聡明叡智ノウマレ也。是亦可思。只聖人ノ質トスル者ハ、其分量多キニツイテ云ル者也。

性一而―、此段行燈ニ譬ヘシ性一而巳トハ、性一ツノ行燈也。**仁義**、性之性也トハ、仁義礼智。行燈ノ大也ト云カ如シ。**聡明**、行燈ノ紙也ト云カ如シ。**喜怒**、行燈ノ火ノ光也。**私欲**、行燈ノ紙ノフスホリ也。**質有清**、行燈ノ紙ニ厚薄アル也。四面ノ紙ノ中、或ハ二面薄紙ニシテ、二面ハ厚紙ナルモアリ。或ハ三面厚クシテ一面薄モアリ。故ニ其薄キ方ヘハ光過テ、厚キ方ヘハ不及。仁義礼智ノ性ノ火、喜怒哀楽ノ情、光リト成テ及フ時、或喜ニ発シ難ク、怒ニ発シ易ク、或ハ哀ニ薄カ、楽ニ厚カ劣スルハ、皆聡明叡智ノ紙ノ厚薄ニヨル也。且尚私欲客気ノフスホリ、其紙ノハダ、ソミヤスキ方ヲソメフスボル故、四面ノ中フスホリニモ浅深アル也。

聞学トハ、ホリ物ナト家ホリハ家ト云処アリ。道アリ。習アリ。学問モ其如ク也。**即是道**、良知ハ、道ノマヽナラテハ照サヌ者也。白キヲ黒トハ照サス。故ニ即是道ト云フ。**牽蔽**、一ツノ事也。其ノ中牽トハ物欲ノ方ヘヒキツレラルヽヲ云。蔽トハ、物欲此方ヲ昏シヲヽフヲ云。**学者―**、循トハ、フリムケルト云カ如シ。良知カ足ライテ足ヲ云ニ非ス。只良知ニ循ヒカタシ。学ヲ学ト云フ少モ不（ママ）〔才〕覚ヲ以テ是非善悪ヲ分ツ事ヲコシラヘヌ也。手作ヲ用ルト、是非ノ素定好悪ノ執滞トナツテ、良知ヲクラマス也。是ヲ不知シテ学フ故、世間ミナ博ニ従テ素定執滞モマスく深キ也。**専在**、専字ハ字眼也。良知カラ事ヲ行ト云カ如シ。**泛ー**、泛濫ハ水ノ川筋ヲ不流シテ外ヘアフレ出ルヲ、脇道ヘソヒレルト云事也。**多岐**トハ、爾雅ニ、二途謂之岐。所謂良知ハ通途也。専在良知上用功何有多岐之迷。**而未純**、此純字可味。純ハ純一也。喩ヘハ君ノ御意、親ノ命ナレハ、其事ノヨキアシキノト云私意ナク、若シ天ヘ飛アカレトアラハ、アカラレスヲ打忘テ先飛テ見ルホトナヲ純ト云。然レトモ飛上ラレス。コヽガ諫メ、又ハ君ナレハ立退クノト云処也。然ルニ窮理ノ字カラハ、其飛フ段ハ思ヒモヨラス。我ハノヒテ居テ、君ノガワルイノ、親ノガワルヒノ、見切テ諫メ、又立退也。諸公此処トクト未純也。〇呉草廬ノ説ニモ曰、行如司馬文正公。才如諸葛忠武侯亦不免為習不著行不察。為資器之超於人。而謂有得於聖学。則末也ト云々。蓋呉氏其行其才孔明温公ニ雖不可比。然レトモ晩年於徳性上見ル事真ニシテ、自言語文字ノ末ニ滞リ、訓詁ヲ以テ学トスルノヲ一旦悔悟シテ、四十年ノ非ヲ知リ、然後此説ヲナセリ。然レハ知学聞道ニ於テハ、雖孔明温公不譲モノアリ。譬諸庶子而宗子貧ニ公ノ如キハ、雖饒猶庶子奉前代神主。主祭祀事アタハス。奉神主々祭フハ、雖窮呉氏ニアリ。然レハ呉氏ノ所謂著察ト云ルモノハ、世儒ニハ非ス。殆聖門ノ著察。所謂本心良知上ニ於テ著察スルヲ云也。**困勉**、言ハ困勉ト云。畢竟良知良能カラスルナレハ、是ヨリ云時ハ是亦生知安行ト云ヘシ。**知行二字**、生安ノ二字ハ軽ク、知行ノ二字ハ実字ニシテ重シ。宜精察ト也。誠ニ聖人ナレハトテ、坐シテ居ルニ、ヒトリ足カ歩ミ行ク者ニモ非ス。向ヘ行ニハ歩マネハナラス。只聖人ハ達者ニシテ、常人ハ不達者ナルカ如シ。ソレニ付テ安行ト云ノミ。

〔一二〕**△来書云**、**反自**《ママ》〔身〕**求**、喩ヘハ狂言ヲ見テ、其アハレナルヲ見テ涙ヲナカシ、頭ヲヤマシテ慰ミトシ、又其好色ヲ見テ心気浮ルヽヲ慰トシ、是ヲ以テ楽ト思フ。只波タヽヌ心ヲ波タヽシ、七情ヲモムヲ俗人ハ楽トスル也。是求憂苦加迷棄也。迷棄ハ真楽ヲステヽ迷フ也。**反自而**、即此而在矣トハ、真ニ楽ミコヽニアリト也。**騎驢**―、梁ノ宝誌和尚ノ語也。即心即仏ナルヲ不知也。俗ニ云、抱タ子ヲ尋ネルト云事也。

〔一三〕**△来書云、大学**、大学本文ニハ身ト云字ニテアリ。ソレヲ程子心字ニカヘ玉フ。ヤハリ身字ノ方愈レリ。コヽハ程本ニ従テ心ト云。王子モ心身モト一ナルカ故、心字ニシテ置テ答玉ヘリ。**是々**、情ノ是ナルハ是ト知リ、非ナルハ非ト知テ、其事ニ就テ可格ト也。**謂之有未形**、有トモ云ハレス。勿論ナシトモ云レス。此有無ノ間ドウ致良知サンヤト也。**仏氏曽有**、此言ニ於テ未為非ト也。無可無不可ト云ヒ、無適無莫ト云ヒシハ同シ語也。スレハ語ニ咎ナキ也。其意ノアル処ハ、ナルホト仏ハ儒トヒトシカラサル事アラン也。

〔答欧陽崇一〕

〔一〕**△答欧陽崇一―　若致其良知**、求之聞見ト云処、トクト致良知ノスマヌ処ヨリ云出セル也。致良知セハ、聞見直ニ良知也。**○良知不由**―、良知ト云者ハ、見ルテ出来モ聞テ出来モセズ。扨良知ニ随ヘハ、見ルモ聞モ皆第二義ヘハ落チス。皆第一義ナリ。又此良知ヲノケテナレハ、善ナル物ヲ聞ツ見ツシテモ、皆第二義也。コヽヲヨク弁ヘサレハ、句々皆アヤマルノミ明也ト云モ学ニ非ス。**鶻突**、俗語。不分暁ヲ云。元来鼈濁ト云フ語ノ音ノ変セル也。□ハ濁酒也。以酒為喩。不明ナル事ヲ云。**未瑩**、ハツキトセヌト云事。骨折ノタラヌヲ云也。

〔二〕**△来書云、師―　不是以私意**、天理良知ハ晴天白日ノ如クナレハ、是カ彼レカトオキナラヘテ、兎ヤセン角ヤセント思按スル者ニハ非スト也。**自私用智**、喩ヘハ良知天理ハ秤ノ如シ。人ニ金ヲ与ルニ秤ヲ以テカケテ与フレハ、何ノ安排思索モ不入。自私スル事モ用智事モイラズ。然ルヲ此天理良知ヲ不用、ノケテオイテ安排思〔索〕分別ニ亘レハ、私ノ心出来テ、色ニ知ヲ用ユル様ニナル也。良知ノ秤ニマカスレハ、私スル事モ知ヲ用ユル事モナシ。又良知ハ灯ノ如シ。クラキ処ノ物ヲ尋ルニ、此灯ニ随カヘハ、私スル事モ智ヲ用ユル事モナキニ、火ナシニ尋ヌル故、色々ト私智ニ渉ル也。**用智矣**、是迄カ王子ノ答、已下崇一ノ問也。

認賊為《ママ》〔作〕**子**、賊ハ私意按排、子ハ良知ニタトフ。

思曰睿、思ハタトヘハ水ヲ汲ム様ナ者也。水ハ汲ムデ清水ニナル。思曰―如此也。**沈空守寂与安排**、二ツトモニ皆〔自〕私用智也。此カ彼カトナラヘ、兎ヤ角ト思ヒ求ム用智也。分レハ如此。実ハ皆自私用智モノ也。元来智ハ公ケニ自然ナル者也。鏡ノ物ヲ照スカ如クナル者也。然レハ用ユルト云事ハ入ラヌ也。用ルハ按排思索也。用ユマシキト云フモナキ也。用ユマシキトスルハ私也。沈空守―也。**良知発用之思云々**、至極カウシタモノ也。能々可体察。**紛紜**、紛ハ乱也。紜ハ雑ナリ。即明白簡易ノ反也。**労擾**トハ、ミタリカハシキ也。

分別得、自然ニ是ハ私意也ト云事ハ分シ得ル也。**致知之学**ト云フニツキ、致知格物ハ組合也。ソレニツキ此書ノ発端ノ思曰睿ハ洪範五事ノ一ツデ、藤樹先生ノ格物説ハ五事ノ非ヲ格ト云事也。亦思ヒミルヘシ。

〔三〕**△来書又云**、**只是一事**、致良知ヲ云。下一件ト云モ同シ。**寧不了**、寧ハ俗ニヨシハト云詞也。ヨシハ事ヲ不成功ヲ不成トモト云義也。**加倍《（ママ）》**〔培〕**養**トハ、本体良知ヲ養フ也。**加休養**、是良知知リタル通リ事ヲシトケン為ニ休養スルナレハ、是即致知也。二ツニ非ス。ソレヲナセ両事トノ玉フソト也。尤ナル問也。

不容不了、事ヲ不成ニハ捨テオカレヌナリ。**鼓舞**、フルヒ起ス也。易ニ出。**支持**、事ヲジツハリトコタヘル事也。軍ノ時両陣互ニ対シテ居ルヲ支持ト云。**可矣**、持志以師気ユヘヨシト也。**愛憎取舎於其間**、其事成リ其事利ナルヲハ愛シテ取リ、其事敗レ其事不利ナルヲハ憎テ舍ルヲ云。**義外トハ**、事ニ応スル皆致良知シテ宜フスヘキ事也。然ルヲ両事トシテ是内非外時ハ義外也。**見有悪々臭**、言ハ鼓舞支持シテ好悪スル者ハナシト也。悪々臭好々色ハ人ノ誠ナル故、志ヲ奮起シ支持スルニ不及。自然ト好悪スル故ニ、畢事テ困憊モセサル也。精力ニ困ム事モナキ也。**所従来**、功利ノ心也。古歌ニ、筑波山葉山シケ山シケヽレト思ヒ入ニハサハラサリケリ。是好色ノ誠也。又頓阿ノ歌ニ、今サラニカハル心ノツクハ山ハヤマシケ山サソハルラン。右ノ反シ也。草庵集ニ出。

〔四〕**△来書又有云**、即詐也トハ、己モ直ニ詐也ト云事。下即非信ト云モ同シ。**出入毫忽―**、僅ニ先覚ルト云ヲ出ルト、直ニ詐ヲ逆ヘ不信ヲ億ル方ヘ隠入テ良知ノ霊覚ニ背テ詐ノ方ヘ一致スルト也。**合詐**、此詐字ハ、上ノ即詐也ト云詐字ヲ受テ云ヘリ。**不逆不億―**、猜忌トハ邪推スル事也。ウタカフトヨム。**尚亦不失為善**、是内ニ向テ良知ヲ証入セル処ヨリ出タル論也。論語此章ノ註、楊氏ノ、不逆不億而卒為小人所罔焉斯亦不足観矣ト云ルモノハ、外ニ知ル事ヲ求ムル究理ヨリ出。アハセナラヘテ翫味スヘシ。**然亦頴悟―**、才知ノ頴悟ナルヨリ此ニ及ヘル者也。実ニ其際ヘ至ルニ非ジト也。手覚ノアル事ニハ非スト也。際字書ニ極也。**易以知険**、下係ノ詞也。険阻ハムツカシキ義ニ取ル。険ハ易ノ反。阻ハ簡ノ反。吾カ徳易簡ナレハ、自然ニ其険阻ヲ知。猶正ハ邪ノ反ニテ、吾カ徳正ケレハ、一毫ノ邪モ不知事ナキカ如シ。易簡ナル良知ノサゲ墨アレハ、是ニハツル丶者、即コレ邪悪ノ険阻也。良知自然トコレヲ知ル。**明誠相生**、明ナレハ誠ヲ生スル也。誠ナレハ明ヲ生スル也。中庸廿一章メニ、自誠明謂之性。自明誠謂之教。誠則明矣。明則誠矣ト云々。**不欺而誠**、喩ヘハ上手ノ棋ノ如シ。手前ヲ不欺シテ誠ナル故、向ヨリタマシヲ入ル丶処ナシ。タマサレジト構ヘネトモ、タマシアレハ自然ト知ル也。智ヲ用ヒネトモ、彼ノ方ヨリ出シテ見セル也。**自信**、王子シバ〳〵ノ玉ヘリ。文録第四巻、答陸元静、第五巻、答友人書等、執斎先生標注ニフス。可見也。**二而言之**、如ト云字可ト云字ヲ置玉フ。コレ二ニシテ云ル也。

〔答羅整菴少宰書〕

△答羅整菴少宰書　羅整菴ハ、時ノ少宰ニシテ、博学ナル人也。朱学ヲ信シテ、王子ヲ請取玉ハヌ也。後ニ

冢宰トナレル也。**某頓ー**、某字人ノ諱ヲ憚テ云。王門弟子師ノ諱ヲサケテ某トセリ。王子本書ニハ守仁トアルヘシ。日本ニテ、我ト云事ヲ某ト心得タルハ、大ナル誤也。頓首トハ、頭ヲ地ニ付テ、直ニ上ルヲ云。暫クシテ上ケルヲ稽首トス。啓ハ啓上ノ啓、申上ルト云事也。承教トハ書状ヲ崇メテ云詞。我邦ニテハ将軍ノ書ハカリ御教書ト云。王子四十九歳ノ時ノ書也。**発舩匆々**、此時王子贛ト云処ノ征代《（ママ）》〔伐〕ニ往玉フトテ、出舩ノ折也。匆々ハイソカハシキ事也。**暁来江行**、舟ニテ江ヲノリ玉フ。晩方ニ至リテ稍暇アル也。**至贛**、贛州府ノ巡撫使トナツテ往ケル也。人事ハ世事也。**見道**〔固難、而体道〕**尤難**、此語固リ無理ニアラズ。先道ト云モノ見易キモノニ非ス。見ルサヘ難シ。況ヤソレヲ又引請テ体スル事尤難キ筈也。此様ナ語ハ筋々カ有テ、トチラヘモ云ハル丶者也。道ハ見易イ者シヤ、明メ易イ者シヤト云筋モアリ。トチカヨイワルイト片付ルハ、皆固滞也。道ヲ見付タ人ノ云事ハ、ドチモヨキ也。王学ノ徒コノ少宰ノ語ヲアシキト思フハ誤也。王子トテモ学モ講セネハ明カナラヌ事ト思召也。然ルニ此少宰語ハ、王子ノ学ヲ察シテ、王子ハ学ヲ講スル事ヲ禁シテ、只我安於所見シテ、遂ヒコレヲ至極ノ則トキハメタ者ソト思フ処カラ出タ語ナリ。此語ワルキニハ非レトモ、王子ヲ察スル処不当也。王子ハ整菴ノ固滞ヲ破リテ答玉フ。更ニ曽テ手前ノ見ヲ極則ト存セズ。而モ随分講明致シタキ願ソト也。○来教ト云ヨリ為極則迄デ、是王子ヲ非トシテ云ル也。**聞其説**、王説ヲ聞テ、脇カラ非笑スルモノアリ。詬訾スルモアリ。又一向論シテタクラヘハカリワキマヘ議スルニモ不足事ソトテ、外ニシテ通ル人モアリテ、一人トシテ我ヲ教ル事ヲ肯スル人ナキソトナリ。其説ノ其字、王子自ラノ説ヲ云。**夫道必体**、是王子ノ学問ノシカタ也。朱子トハ前後ス。朱子ハ道ヲ先ツ見付テ、後体之スツモリ也。近思録篇ノ次第ヲ見テモ可見。道体ヲ首篇ニ置テ、次ニ為学ヲ置玉ヘリ。扨王子ノ意ヲヨク合点スレハ、道ヲ見テ体スルト云事モナキニハ非ス。**知孔門之学**、孔子ノ学之不講為憂。其学ト云モノ文字センキノ事ナルヘキカ。更ニ文〔字〕センキノ事ニハ非ル事於爰可知。**来教謂**、是ヨリ以下所補之傳ト云少宰語也。コノ論ハ整菴王子ノ心ヲ推量シテ云論也。其意学ハ内ニ求テスヘキ事シヤヲ、程朱外ニ求メ玉フ。大ナル違シヤトテ、ザツト新本ヲ去テ、古本ニセラレタト也。是整菴ノ推量違ヒ也。王子ノ学ハ、内外ト云事先ツナキ也。故ニアタマデソウテゴザラヌ、非敢然也ト答玉フ。扨コノ整菴ノ推量違ヲ実ニ取テ、王子ノ学ニシテモ、今時ノ朱学ヨリハ遥ニヨキ也。同シクアヤマル中ニモ、外ヘ向テアヤマルハ大誤也。内ニ求メ、内ヘ向ハヨキ事也。然レトモ王子ノ意、此整菴ノ推量ハアハヌ也。コヽニ見ヘタリ。此書ヲ見テ云フカ、又不見シテ、只朱子朱学ノ徒ノ一唱ニ雷同シテ云カ、今時ノ学者ノ王学ヲ評判スル事、皆内ヲツトメ外ヲノコスト覚タリ。**有内外トハ**、内ニ求ムル筈ノ、外ニ求ル筈ノト云事ニアランヤ。学モト内外一致ナリ。**非故去朱子分**、朱子ヘノトンヂヤクニハ非ス。古本ハ孔子ノ古キマヽニシテ、モトヨリ世ニアリシモノ也。其古本王子ニ在テ見レハ、少モ脱誤ナク見ユル也。故ニコレニ従フソト也。故サラ日本ノ古書ニコトサラト云ルハ、皆ワサトト云義也。今時殊更ハ意違フ也。**出於庸常**、日用平常今日ノ上ノ事也。**按拠**、何ノ書ヲ按トシ何ノ書ニ拠テソト也。**此段之**〔必〕**在**〔於〕**彼**―、康誥曰、克明徳。大甲曰、顧諟天之明命。帝《ママ》〔尭〕典曰、克明峻徳皆自明也。朱子以此段為傳之首章。為釈明徳。注曰、此下三章至止於信。旧本誤在没世不忘之下。又傳三章為釈止於至善而注曰、此章内自引淇澳詩以下、旧本誤誠意章下、又傳之四章為釈本末而註曰、此章旧本誤在止於信下。コノ類、皆為此段之必在於彼云々ナリ。〇此謂知本、此四字挙程子之語為衍文也、此謂知之至也。此六字之上為闕文、以此語為其結語、且第五章為格物致知之傳。今亡矣。コレ皆為此欠彼誤者也。逐改正補輯之。今ノ章句大学コレ也。**而誤**、全書通本皆作補。然ルニ異本文録及則言共ニ作誤。故ニ執斎先生印本誤ノ字ヲ用。**無乃重**、是整菴ヘアタリテ云也。

〔来教謂、如必以学不資於外求、〕

不資於外求、是亦前ノ当求之於内ノ意也。整菴王子ノ説ヲ推量シテ云ル語也。外事物ニ於道理ヲ求ルニ不資ト也。**便困トハ**、ネンゴロ也。アナカチニト云事也。**惟其工夫ー**、格致誠正ヲ云ヘルハ、工夫ノ詳密ナル所也。然ルニ引括ツテ云ヘハ、只是一事也。**所以為精一之学**ト也。精ハ精密也。一ツハ括リノ所。惟一也。内心ヲ修スル事ニアラスンハアラスト也。**為有外**、己カ性ニテ不足トシテ、外アリトスルナリ。**有我**、仏見也。**精義**、道理ノ隠微ヲ尽スヲ云。是即チトリモ直サス用ヲ致ス処也。此易ノ説見ルヘシ。内外二ツニ非ス。又利用安身ト云語ハ、外トノ事ノ様ナレトモ、是亦直ニ内ノ事也。以崇徳也トアルヲ可見也。致用トハ天下国家ノ用ヲ致ス也。**此可以**、此トハ以上ノ古語。皆内外一同ナルヲ云。是ニ於テ、格物ハ心ノ感スル所ノ事物ニ即テ、吾カ意念ヲ正ス事分明ナル事可知ト也。**徹首徹尾**、大ノ道統曽子ニテ可見。臨終ニ易簀是格物也。**格物**、王子ノ格物ハ外事ハカリニ非ス。意ノ上ニテ格スナレハ、イカナル人ニテモ日々可見ノ地也。**格物者**、格物ノ中ニ、正心誠意致知アルヲ云。心所感意ノ交ル所、知ノ知ル所ヲ格也。**正心者**、是正心ノ中ニモ格物アリ。誠意ノ中ニモ格物アリ。致知ノ中ニモ格物アルヲ云。〔約二字欠字〕、是運用スル主人也。**襲聚**（ママ）〔**陥**〕、不覚不知内心ヲヲカシ陥ル也。

〔凡執事所以致疑於格物之説者、〕

必謂、是一ケ條也。必謂云々。皆ケ條也。約字ハククリト云事也。**審如**、実ニ如此ナル時ハト云事也。審字ハ詳字ト異テタシカニスル意也。下同シ。如是トハ前ノ四条ヲ指ス。

〔孟子闢楊墨、至於無父無君、〕

抑謂之、所ニヨリテ疑ノ詞ニモナル。又反語ノ詞ニモナル。疑ノ時ハ、但シノナニトノト云キミ也。反語ノ辞トハ、ヤリ過シテオサヘテ取テカヘス事也。故ニ又ト云キミ也。左傳昭八年ニ、春石言于晋抑臣亦聞之。是ハ疑ノ詞也。語ノ抑与之、与ハ反語ノ辞也。此ハ反語ノ辞也。**学不仁**、今世ノ学術ノ弊ハ、学不仁不義而過者ト謂ンカ。不仁不義ヲ学テ過ルハ、洪水猛獣ノ禍ヨリモ甚シカラント也。洪水猛獣ハ一世ノ禍也。学術ハ万世ノ禍也。故ニ王子呶々トシテ此ヲ辨之ト也。

〔其為朱子晩年定論、蓋亦不得已而然、〕

蓋亦、前孟子云、予豈好弁哉。予不得已也ト云ルニアタツテ云也。**中間**、二字ニテ中チト云事也。晩年定論ノ中チト云事也。**調停**、ユリ合セル意也。本彼モ尤此モ尤モトシテ中直ルスルヲ云。**牴牾トハ**、本牛ノ角ツキスルヲ云。コヽハ俗ニモンチスルト云キミ也。**僕敢自―**、決シテ朱説ニ異ナル者ハ、僕敢テ自心ニ尤ト不思事ヲ朱子ニ従テ自心ヲ欺ンヤ。ソコノ処ハ不従ト也。**同**《ママ》〔固〕**不敢以**、同心モセヌ事モ、同心ト云テ朱子ニ事ヘハセジト也。内同心セズシテ外トデ合スハ小人ノ心也。**面陳口**、面陳ハマノアタリノヘル也。口　折（ママ）〔析〕ハ判断也。ロツカラワカツ事也。**聴受トハ**、姑ク執事ノ教ニ従フト云者ハ、敢テ執事ノ深愛ヲ負ク事不有ト也。是亦其深愛ノ心ヲ報セン事ヲ思フノミト也。

〔答聶文蔚〕

文蔚名豹。此書ヲ按スルニ、嘉靖五年春、文蔚巡按ニ徃ク時、王子へ対面シテ、後夏ニ至テ書ヲ王子ヘヲクレル、ソノ返簡ト見ユ。此書ハ夏也。末ニ暑毒トアリ。

〔春間遠労迂途、枉顧問〕

△**春間―捲々**、ネンコロト云事（ママ）也。証トハ考見ルト云事、又タヽスト云事也。**公期**、公用ノ期会公儀御用ノテハヅト云事也。**快々**、ウ〔ス〕ツキリトセヌ事。**其謂思孟**、其謂トハソコ元ヨリ仰キカサルヽト云事。

是ヨリ以下文蔚ノ書ノ文也。**思孟周程**トハ、子思孟子周子程子ニ合セフトモ思ヒハシ玉ハヌ也。此間ニ意ハナキ也。而千載ノ下ニ周子程子出テ相遭ト也。此語ハ、賢者ハ人ニ合セフト云意ハナキト云事也。**与其尽信**、此語ノ文蔚ニ出タル子細ハ、当時王子ヲソシレル者多クテ、其学ヲ請取ル人希ナル故也。扨此信於一人トノト云分、ヨキ見也。メツタニ人カ信ンシタトテ、本ノ事ニモ非ス。然ルニ一人ニ信セラル丶ト云所、マタ向ヒニ一人ヲ立ル也。スレバ我心ニ立ヌ也。ソコガ王子ノ意ニ十分ニナキ也。此一人ヲモ忘レネハ、本ノ事ニ非ス。信ヲ人ニ求ルノ意アリ。**有大不得己**、天下ノナリ也。天下ノ有サマ此通リニシテ、見テハ居ラレス。故ニヤメテモヤマレヌ者アリ。コ丶カ学術ノ立ツ処也。我今此学術ヲノベ、イテハイラレヌ也。朱子ニ違フトテ、人ハ信セウカ信セマイガト云事ヲ計ル事デハ更ニナキト也。此書学術ノ事也。是ヨリ以下ソノ事ヲ述。抜本塞源ト相表裏スルノ書也。能々可味。此書ニテ能々良知ノ事ヲ合点スヘキ事也。

〔夫人者、天地之心。天地万物、本吾一体者也。〕

夫人者、此ヨリ以下王子学術ヲ立テ玉フ処ノ論也。人者天地ノ心トハ、天地ハ何ヲ以テ心トシ玉フゾ。人ヲ以テ心トシ玉フ也。人ハ天地ノ心也。天地間ニアル処ノアリトアラユル物、皆是天地腹中ノ物也。其中人ハ心ノ臓也。其外ノ物ハ五臓六腑ノ一ツ也。或ハ又膜ノ腸ノト云類也。スレバ万物モ亦外ニ非ス。吾一体也。**困苦**、ヅ丶ナイ事ヲ云。茶ハクラミニカキモノ也。**孰非疾痛―**、前論スル如ク、人ハ天地ノ腹中ノ心ノ臓也。万物ハ臓腑也。医書ニモ、一臓虚スレハ四臓共虚ト云リ。ソノ虚スルヲ見テハ居ラレヌ也。然レハトノ臓カ虚ソウトモ、疾痛吾身ニ切ナル筈ノ事也。況ヤ生民ノ困苦茶毒スルヲヤ。コ丶カラ立ネハ王学ニハ非ス。王門ヲ汲ムモノ、此ニ於テ心ヲ立テ、良知ニ本ツクヘシ。大学ノ親民ト云サヘ、親ノ字ハヤ工夫ノ名也。親マネハナラヌワケヲ知ルヘシ。親マネハナラヌ根元爰テ見也。万物一体ニサヘナレハ、コノ疾痛ヲ知ル。コレヲ知ラヌハ是非ノ心ナキ人也。**良知**コヽラニテ能親《ママ》〔観〕ルヘシ。外ノ事ハ人々ニテ違ヘトモ、只此良知ノミ聖愚古今一枚也。ナゼ一枚ナレハ、天心ニシテ人作ヘワタラヌモノ故也。コレニ本ツカヌハ、皆ウハノソラ也。**世之君**、是ハ在位君子也。**求天下**、コヽカ大学ニ欲平天下者ト云ハズシテ、欲明々徳於天下者ト云ル処也。明徳ノ天下ヘ行ツイタ日、即天下平ナルノ日也。**一夫不―**、其処ト云テ、皆ヨキ位ニスルト云事ニ非ス。山ノ物ハ山ニ、川ノ物ハ川ニ在ルヲ獲其処ト云也。皐陶ノ九徳ヲ述タルカ如シ。仁者ハ上ニ居、不仁者ハ下ニ居テ、仁者ノ役トナルカ、本ニ処ヲ獲タト云也。**殺之而**《ママ》〔不〕、悪ヲニクンテ人ヲ不便ニ思フ故也。故ニ刑ニ逢フ人モ、亦自悪ヲ知テ上ヲ怨ミサル也。上ヨリ一ヲ悪ム意アレハ、タトヒ其刑罰ヒトシト其悪ニアタレリト云ヘトモ、服セヌモノ也。**利之不庸**、耕田而食、掘井而飲。帝力何加我ト云ル類也。王者ノ民ハ随分勝手ヨキ様ニ上カラシテ玉ハリテモ、ソレヲ上ノイサヲシトモ思ハズ居ル也。又上カラモ民ヲ利シテヤツタヲ功トモ思召サヌ也。親ノ子ノ為ニスルカ如シ。他人カラ一朝ノ食ヲ得ルハ大ニ恩ト思フ。親ノ恩ハ一ツニカソヘハセヌ也。コヽカ至極ノ大恩也。太陽ノ物ヲ照スカ如シ。一日モ間断ナケレトモ誰レ礼云モノモナシ。日亦是ヲ功トモシ玉ハズ。一夜提灯ヲカリテ道ヲ照セハ、甚其恩ヲ謝ス。

〔後世良知之学不明。天下之人、用其私智。〕

用其私智、コヽヲヨク可考。良知ニ蓋ヲシテ置ト、アトハ何ヲ以テ天下ヲハ治シテタモノソ。治ムヘキモノナシトテステヽモ居ラレズ。ソコテ私智也。良知カラ来ラヌモノハ何ホトヨキ事テモ皆私智也。私智ト云モノハ、一人ハカウカヨイト云ヘハ、一人ハカウガヨイト云テ、千人千品アル者也。今時ハカウナケレハイカヌナト云也。シカモソレテユクモノデナキヲ不知。是皆良知ヲ塞テ置故也。コヽテ学者良知ヲ見ルヘシ。良知ハ聖愚一枚也。万人ヨセテモ同モノ也。其私智ハ千人千色ノモノニテ、シカモ我ヲモチアゲル勝心ダラケモノ也。**人各有心**、前ニ、**良知之在人〔心〕**、**無間於聖愚云々**ト相対ス。良知ナレハ万人ノ心一心也。**揜人之善云々**、コノアタリノ数件タヽ能可見。良知ノ学弊ヲ論ス。然ルニ面々自反スレハ、良知ノ学ヲマナヒナカラ此心根多ク潜伏。コノ数々ノ病アラハ、マコトニ王門ノ罪人也。可恐。可慎事也。**一家骨肉**、左ノ手カ右ノ手ヲツメラバ、右ノ手カ左ノ手ヲツメリ返ス様ナモノ也。マコトニアルマイ事也。然ルニ自立カヘリ吟味スレハ、大カ小カアルヲ見出ス也。良知ヲ致シテ、コレヲ直スヲ学問ト覚ル人希也。尤人々アル良知ナリ。更ニ王子カラモロウテ、王門ノ徒ノミアルニ非ス。故ニソレヲ学デナヒトモ思ハズ、ナル程ソレガ学問シヤトモ云バ云フ也。スレト只モノ事来歴センキシ廻ツテ、一生学ヲツトムルト覚ヘテ暮ス也。

〔僕誠頼天之霊、偶有見於良知之學、〕

必由此而後天下、彼ノ禍乱無窮相尋ク天下ノナリヲ取テカヘシテ天下治マル様ニスル事、此良知ノ学ノ外デハ絶テナラヌト見ヘタリ。此良知デナルヘキカ、ナルマシキカハ、トクト可味。可考。**以此救之**、此ハ良知ノ学也。之トハ陥溺ノ民ヲ指ス。**士之見者**、士トハ外ヨリ見ル人。路人ナト也。我身ニアツカラヌ人也。**揖譲談笑**トハ、礼義正シク、身フリ物云ヨロシク、形儀ヨク語ル体也。**亦無不可**、王子ヲ脇カラ気ガチカフタソウナト云モ不可ニハ非ス。尤ノ事ソト也。其子細次ニ述ヘ玉フ也。**天下之人心**、天下ヲ同体トスルカ、イヅク迄モ此書ノ主意也。**吾安得而非**、天下ノ人心皆我之心ナル故也。天地万物一本ノ仁心ナル故也。一臓病シテハ四臓トモニ病也。

〔昔者孔子之在、當時有議其為諂者、〕

東家丘ー、初ハ叔孫武叔等ノ凡人悪人ノソシレルヲ云。次ハ一等上テ晨門等ノ隠君子ノソシル事ヲ云。其次ニハ又一等上テ子路等サヘ疑ルヲ云。**其遯世無悶云々**、右ノ如ク天下ヲ苦ニシテハ、若愈用ヒラレヌ日ニハ悶絶シソウナ者也。然ルニ孔子ノ心モトヨリ泰然也。悶ル事少モナク、而モ楽天知命テ推ツケラレシ玉フ事更ニナシ。胸中ノ楽云フ様モナク、苦ト云モノ一点モナキ也。疾痛迫切已メント欲シテ已レヌモノト、此ユツタリト苦ノナキモノトガ、並行而不相悖也。コヽカ大聖人タル処也。胸中狭窄ナル人ハ、一方アレハ一方塞カル也。心廣体胖ナル人ハ、並行而不相悖也。タトヘハ水火ハ暫時モ不同居ト云ヘトモ、廣キ天地ノ間ニハ常住アル也。猫ト鼠ト又狭家ニハ居ラレヌモノナレド、大厦ニハトチラモ居ル也。聖人ニ非スト云ヘトモ、人々相応ニ並行ハルヽ者アリ。コレヨリ識取スヘシ。假令ヘハ悪人ヲ至極ニクム心、皆人ノ心也。シカルニ其悪人ノ殺サルヽヲ見テハ、不便ニナリテ、見ルニ不堪也。是二心ノ様ナレトモ、サニハ非ス。悪ハニクンテ、人ハ不便ナル故也。此カ良知也。**有助於我**、同志ノ人ヲ得テ、コレト相療治シテ天下ノ篤病ヲ去タキト也。**其具トハ**、溺ヲ援フノ道具也。在我トハ我本体良知也。**以委之何人**、一人信之不為少ノ信者ハソコ元ソト也。譲リテノキ玉フ事ハナルマシキソト也。委ハ委推トツヽリ、ニジルト云事也。俗語也。誰ヘ避ケテニジリツケント思ヘルヤ。其一人ノ信シテ吾子ノ外ニナシト也。**切膚之痛**、並行而不相悖ノ意。切膚トハ、近ク身ニ切付ル如キ痛也。**恝然ハ**、何トモナキ事也。何トモ思ハスニ天下ノ讒妬忿勝ノアリサマヲ見テハ居ラレスト也。**臨岐**、使ヲ送リ路ノ岐マテ行キテ此ヲカキ玉フト云々。

○徳洪ノ小序ニ拠ルニ、南元善ノ記サレタル傳習録ハ是迄ニテ止レリ。此末ノ一書ハ徳洪ノ増録也。

〔二〕

〔得書見近来所学之驟進。〕

△来云見近来、**譬之駆車**トハ、是ハ先根本ノ致良知ノ事ヲ合点スレハ、未熟処ノ小ムラハサシテ不苦事也ト云事ヲ、車ヲ駆ニ譬テ云也。**康荘**、五達六達ノ道ヲ云。幾筋モ道筋多キヲ云也。**賺**、アヤマツテモ、アサム

キイレラルレトモヨム也。**炎方**、嶺南ヨリ南ハ炎暑ツヨキ国也。故ニ炎方ト云。**責付トハ**、軍務ノ仰付ラレシ事也。セメノ重キ事也。**不敢遽辞**、急ニ辞退モナラヌト也。**地方**、土地ト云事。爰モトト云カ如シ。此年ノ二月、王子平思田七月破八寨断藤峡。其《（ママ）》〔**具**〕**本**、本ハ始終ヲ委細ニ書立タル書物也。此書付ヲ仕立テ指上ルヲ具本ト云也。**外惟**、惟濬ヘ遣ス状ヲ進スル程ニ、幸ニトヽケテ玉ハレト也。

〔来書所詢、草草奉復一二〕

△来書所詢ー、**山中**トハ、王子ハ会稽山ノ人也。故云々ト云也。**有事ー**、シコトニシテ居ルヲ云。論語ノ請事斯語ノ事字ト同シ。**須勿忘**、須ノ字ヘシトヨメトモ用ト云意ハナレズ。勿忘ト云事ヲ用ユト也。**提ー**、提撕ハ困学紀聞ニ出。サカルモノヲ引上ル意。ヒツサケ引タツル也。警覚ハネムル処ヲ気ヲ付テ醒ス意也。然レハ勿忘勿助ハ、有事ノ工夫立テ後ノ提撕警覚也。馬ヲ乗ル者ノ能ク歩マヌ時策ツカ如シ。止マリモセヌニ策打事ハナキ事也。カケ出ス時ニ引シメルカ、未駆出ニ引シメルト云事ハナキ事也。**此其工夫**、勿忘勿助ト云カ工夫ニテ、ナキト云ニハ非ス。工夫ヲ云日ニハ、何カ一ツ工夫ニ非スト云フナシ。然レトモ**勿助ー**ハ、有事必時々義ヲ集ル上ノチヨツ〳〵トシタイマシメ也。スレハ此工夫推出スル事ハ有事ノ事也。**灑脱**、無造作ト云事也。**火候**、火カケン、タキカケント云事也。痴漢《ママ》〔癡騃漢〕、痴《（ママ）》〔癡〕騃ハ無知也。漢ハ人ト云事。中国ヨリ夷ヲ罵テ虜ト云。夷人ハ中国ヲ罵テ漢ト云。痴《（ママ）》〔癡〕騃漢ヲ俗語ニハ獃東西《タイトンスイ》ト云。東西ト云字人ト云事也。**経綸**、経ハ糸口ヲ尋テクリ出スヲ云。其クリ出セル糸ヲヨリ合ヲ綸ト云。世務ヲ経綸スル事如此。易ノ蒙引ノ説也。**宰制**ハ、トリサバク事。本ト肉ヲ折《（ママ）》〔析〕クヲ宰ト云也。**耽ー**、耽閣ハ吏語也。耽ハ耽誤也。アヤマル事。閣ハ阻閣也。空クセラルヽ意也。一生ヲサツト其事ニハメテ、其通リニテ終ルヲ云也。

〔夫必有事焉。只是集義、〕

必有事、是ヨリ王子ノ学流也。集義ノ事ヲ論シテ、良知ニ説至ル。文字ニ執滞スルノ徒、此説見得ル事カタシ。タヽツトメテ知行合一シ、工夫ニカケテ見テ覚スヘキ事也。**集義**、義ハ心ノ宜シキ所也。我心ニ問テ、良知ノ肯ヌ事ヲセスシテ、肯ヤウニスルヲ集ト云フ。即洪然ノ出来カシヤウ也。如此時々義ヲ集ムレバ、物ニカヽム事ナシ。至大至剛ノ体ヲ全フシテ、天地ニ塞カル也。然ルニ義ノ字此ヲ集ル工夫ハ、義カ不義カト、良知へ今一度問テ、此カネヲアテネハナラヌ也。アタマカラ致良知ト云フト、右ノ如一段問フ事不待也。直ツケ也。スレハ集義ト云モ、致良知ト云モ、一ツ事ナレトモ、集義ト云方ニハ、未タ頭脳ヲ不見。致良知ノ方ハ、其場ニ直ニ用ル処アル也。良知ト云カカネノ矩也。扨集義良知共ニ孟子ノ発明シ出シ玉フ処也。**一時《ママ》不**〔未〕**見**、一時ハ即坐ト云カ如シ。集義モ致良知モ同シ事ナレトモ、集義ト云テハ、即坐ニ主意頭脳カ不見也。**徹上—**、賢知ノ人モ庸愚ノ人モ、大学ニアル如ク学フ時ハ弊ナキ也。故ニ徹上—云々。

〔聖賢論学、多是随時就事、〕

攙和兼搭トハ、アチラナル事ヲコチラへマセ、コチラナル事ヲアチラへマセ合ハセル事ヲ云。俗語也。分テ云へハ、サシマセルヲ攙和ト云、兼マセルヲ兼搭ト云。鉄熊手ノ事ヲ鉄搭ト云、モカキマセ合セル見ナレハ也。**湊泊**、アチラノ説トコチラノ説ト合セアツメル也。湊ハ水上所会也。泊ハ、字彙ニ、舟附岸泊ト云也。**亦有攙—**、何モカモトリニカサヌ分別ナルヲ云。是本ノ事ニ非ス。違フトモカマハスニ主意ノ通リ実地ヲ践行フカ本ノ事也。其跡ヲ考レハ自然ト合フモノ也。

〔文蔚謂致知之説、求之事親従兄之間、〕

自為不妨、致良知ヲ右ノ如ク求ル工夫ヲ以テ自ノ工夫トセスハ、不苦ト也。**蓋良知只是**、此ヨリ以下因薬発病ノワケヲ云フ也。良知只是云々ハ、善ヲ善、悪ヲ悪ト知リ、親ニ向ヘハ愛敬起ルノ類、天然自然ノ明覚也。**不是事君的良知云々**、孝也忠也弟也皆一箇ノ良知ヲ致ノミ。良知ダニ致レハ、孝ニモ忠ニモ弟ニモナル也。然レハ事君良知不能致得時、又事親良知上ヨリ拡充スト云事不用也。事君不能シテ、事親ヨリ擴充ストナレハ、本源ノ良知ニ非ス。是ナレハ本源ヲハ脱シテ、一町サバキニスルト云モノ也。豈如此ノ良知アランヤ。本原ノ良知ト云モノハ、今ト云フ如此真誠惻怛事親即孝行ハレ、従兄即弟行ハレ、事君即忠行ハル丶也。於是ヨク〳〵良知本体ヲ覚悟スヘシ。親ノ兄ノ君ノト云、支節上ニ於テ求メ廻テハ、埒明ヌ事也。天下事物ノ多キ其支節ニ於テ論セハ、万ノ良知ト云トモ不可足。○扨コノ本原支節ノ字見誤ルヘカラス。世ノ儒者王学ヲ難シテ、王子ハ良知ヲ根本トアガメテ、親ヘ孝兄ヘ弟君ヘ忠ナトヲハ支葉ノ事ト思ヘル也。故ニ忠孝ノ工夫スルヲハ、**脱却本原著在支節上**ト云ルソトソシルナリ。王子ヲ学フ者モ、此語王子ナルヲ以テフトキ丶マドヒスル者也。是ハ甚タ文字ニ固滞セル事也。王子ヲソシルニ、毎々此類アル事也。ヨク〳〵可弁事也。此支節ト云ハ、親兄君ヲ軽シメ、忠孝等ヲトシテ云ルニハ非ス。良知ヲ責ムハ、良知ニ本トツケハ忠孝ナル故也。良知ニ本テ忠孝ナラスンハ、何ソ良知ヲ責ン。**著在支節上**トハ、物ヲ遂ヲ云。君父忠孝ヲ軽シメ、支節トスルニハ非ス。大学ニ詩云、穆々文王云々ト云ヲ可見。緝熙トハ、文王ノ至善良知ノ光明ノツキツヒテ不絶ヲ云。敬止トハ、緝熙ノ良知ニ止ルヲ云。故ニ人一《ソレ》ノ文王ノ、一箇ノ良知其居リ場ニ随テ仁敬孝慈信トナル事、下文云処ノ如シ。然ルヲ君トナル時ノ至善ハカク、臣トナル時ノ至善ハカウト、一ツ一ツサカシ廻リ、逐ヒアリクヲ支離ノ学ト云ヒ、支節上ニ著在スト云。是ニテハ譬ヒ一端忠孝見事ナリト云ヘトモ、根ノナキ花ノ如シ。一以貫モノニ非ス。故ニ是ヲ**脱却本原著在支節上**ト云也。**更無去来**、何方ヨリ来ルニモ非ス。又トコヘ去ルト云ニモ非スト也。**自在軽重云々**、親類ト他人ト、人ト物トノ云々、下巻問大人与物同体条。把手足捍頭目ノ譬説得明白也。兼テ手ハ頭ヨリ軽キ故ニ、手ハスタリテモカマハヌト云事ニハ非ス。随分ト愛惜スル処也。然レトモ頭ヘ太刀アタレハ、手デ此ヲハラフ者也。故ニ良知ノ物ニ於ル無不愛、而自然ト、親類ヨリ他人ハ軽ク薄ク、人ヨリ物ハ軽ク薄クシ、程々ニ叶フテ発見流行スル也。荀子彊国篇云、白刃捍乎胸、目不見流矢、抜戟加乎胸、目不見流矢（ママ）〔十指不辞断。〕云々。所謂天然自有ノ中トハ此事也。発見ニハ自然ト軽重厚薄アレトモ、良知ノ中ニ軽重厚薄アルニハ非也。只一ツノ良知也。

〔孟氏尭舜之道、孝弟而已者、〕

提省、挙示スト云カ如シ。**良知以応之**、向ニ已ニ有規矩尺度之譬説得明詳可併考。**放之四海**、礼祭義曰、夫孝置之而塞于天地、溥之而横于四海云々。**明道云々**、言ハ仁ハ理也。孝弟ハ仁ノ事サ也。然レハ孝弟ノ本ナレ。孝弟ヲ以テ仁ノ本トスルハ不可ソト也。

〔億逆先覚之説、文蔚謂誠則旁行曲防、〕

億逆先覚、巻内五十六版ニ詳也。**旁行曲防**、雪渓左善翁曰、前七十版前面ニ、所謂傍蹊曲径ナルヘシ。然レハワキミチマハリ道ト云事也。孟子ニ、所謂勿曲防ノ曲防ニハアルマシト也。猶可考。防字与坊同シキカト云々。此方ニテトコ通リト云事ヲ彼コヽテトコ坊ト云也。**旁行**ハ、ズカ〱ユク事。アマネクユク也。**曲防**ハ、カタハシフセク事。ツフサニフセク也。**惟濬之言**、是ヨリ又別段ノ事也。総テ先ヨリノ一段ニ云々ノ問ヲ受テ答タル書簡故、上ミトソグハヌ事アル也。是ヨリ下皆同シ。此答テ見レハ、文蔚ノ方ヨリ惟濬如此申スカ、自分ニハケ様存スルト云問アリト見ユ。又別段ノ事也。文蔚コノ事ヲモ問ヘリト見ユ。言ハ只邇言可察程ノ事アリ。蒭蕘ニ可詢程ノ事有テ詢察スルト云ニハ非スト也。

〔**尽心三節**、區區曽有生知學知困之説、〕

尽心三節、是ヨリ又別段ノ事也。**此三段書**、文蔚カ方ヨリ三段ノ書ヲ書キ立テ問ヘリト見ヘタリ。**分疏比合**、是朱学ノシカタ也。分疏ハ云ヒ分ル。比合ハクミ合セル也。

〔所謂尊徳性而道問学一節、〕

所謂徳性、又別段ノ事也。

右南大吉録、徳洪小序ニ、明白簡切使人得入手。又莫詳於文蔚第二書故増録トアリ。然レハ答聶文蔚第二書ハ、是レ徳洪ノ増録也。コヽニ南大吉録トアルハ、通本ノ誤ナルヘシ。答文蔚第一書迄カ大吉ノ録ナルヘシ。然ルニ又一本ニ立志説、訓蒙大意二篇ヲ此書ノ次ニ載テ、其終ニ右門人南大吉録トアル本モアリ。執斎先生ノ印本ハ、此処ニ右南大吉録トシ、次ニ別ニ立志説ト訓蒙ヲ載タリ。二篇タトヒ後人ノ所増ナリトモ、最親切ノ書ナルカ故也。〇一本、訓蒙ノ前ニ立志ヲ載ス。立志説ハ直指精功至極ノ事也。故ニ執斎先生印本彼本ニ従テ此次ニ立志ヲノセ、其終ニ訓蒙ヲ載セ玉フ。最不可見書故也。

〇示弟立志説

此條王子学術ノ肝要也。学問ノ筋ニ於テ、始終離レテハ不叶事也。凡ソノ事、志ヨリセヌ事ハ縦少々善事アリテモ、必跡戻リスル也。況ヤ人ヲ善スル学問ニ於テヲヤ。志トハ心ノツンザイテユク物ヲ云。去ニ依テコヽロサシト訓ス。元来人ノ本心ノサシユク所ノ物ハ道義ナリ。然ルニ気質ノ蔽人欲ノ昧ニ依テ、其志ノ通リニスル事不能。此志ノ不立故也。立トハ、木ノシツカト立テ、不可動カ如ク也。此志サヘ立ツ時ハ、外物ノ為ニ動サルヽ事ハナキ也。而シテ此志立カタキ者也。孔夫子ノ聖ニテサヘ、三十而立トノ玉ヘリ。然レトモ難立ト云ヘハトテ、吾人不能事ニハ非ス。今伊勢参リノ小児ヲ可見。未タ見モセヌ、道モ不知トモ、一途ニ参ラント思ヒ込日ニハ、路銭ノ貯ヘモナケレトモ、霜露ヲ犯シ、困窮艱難ヲ為テ、見事往テ戻ル也。彼小児別ニ志タルト云ニモ非サレトモ、一途ニ志ス故也。然レハ今日学問ヲスルニ、人々実ニ志サヘスレハナル事也。畢竟実ニ思込サル故也。此立志ノ説ハ、日々モ講シテ吾人ノ立様ニシタキ者也。扨其心ノサシユク悪ヲ見タラハ、人々当下ニアル所謂良知也。良知ノ照ス思慮分別ニモ不渉。善ハ善、悪ハ悪ト知ル。是レ本心ノサシユク態《スカ》タ也。此ヲ志ト云。故ニ志字本之ニ従ヒ、心ニ従フト也。今从士ハ略也。

△**培擁**、コヤシシュウリスル事也。擁字文録作壅。恐是也。

△**如猫之捕鼠**、上巻元静録中亦多シ。朱子文集偶読漫記ニモアリ。○**精神心思**、心ノハタラキ也。心根也。**客気**、ウハ気ノト云ノ欲也。**烈火**、志ナリ。**毛**、人欲也。

〔訓蒙大意、示教読劉伯頌等〕

△**訓蒙大意━**、訓ハ導クノ意也。訓導ト云モノハ、マコトニ急務也。一年文字ヲ学ハスレハ、早一分ノ用ニ立ヲ見レハ、スヽテ置テハスマヌ事也。不教シテ殺ヲ賊ト云論語ニモアレハ、小児ニ不限、教ト云事万事ニナクテ不叶事也。教ルニ其場所カアルユエニ学校ト云モノアル也。不教シテ刑曰《ママ》訓〔罰〕スル事ハアルマイ事也。故ニ王子ハ軍シテ其刃ノ血モマダカハカヌ中ニ、早其地ニ社学ヲ立テ教ヘ玉フ。後世如此民ノソコネルハ教カ立ヌ故也。扨教ト云モノ又教ヘ様カアヤマレハ、徃々学舎ヲ立置テモ無用ノ長物也。今世ノ寺院ノ多シテ釈迦ノ意ナキカ如シ。扨学舎ヲ立テ教ルト云ニ付テ、大人ヲ集メテ講釈シヒキインヨリハ、幼少ノ者ヲ教タキ事也。此訓蒙ノ主意也。如何トナレハ、大人ハ宿習ノ汚フカクシテ、変化スル事ハ十人ニ一人モアリカタキ者也。小児ノ未タ知モ開ケス、コハミナキヲヨク導訓。コレハ五年ニ一変シ、十年ニハ世上大成スヘキ事也。是ニテ世教一変セスンハアルヘカラス。且人ノ親タル情、我ハヒカミスネリテモ、我子ハ直ナラ

ン事ヲ欲シ、我ハ不学トモ、子ニハ書モ読セタキト思フ者也。コヽカラ教立テ、小児ヨクナレハ自然ト大人モ改ル者也。ソノ内ニ老タルハ去リ、小児ハ次第ニ長ナレハ、世上風移リ俗改リテ、淳朴ノ世ニカヘルキ也。此ヲ覚悟シテ王子訓蒙ノ意ヲ見ルヘシ。カクナクテハ風俗ハ改リカタキ也。**蒙トハ**、蒙昧也。然ルニ蒙ノクラキト云ハ、大人ノ愚昧ナルトハ大ニ違ヘリ。小児ノ時ハ暁ノクラキカ如ク、日出レハ段々アカルクナルヘキ者ノ、未タ蒙キヲ云。聖人ト雖トモ幼少ノ時ハクラシ。**大意トハ**、コトコマカノ処ヘハ行カス、先大概ヲ述ルトノ事也。此時正徳十三年、王子四十七歳、南贛ノ賊ヲ亡スノ命ヲ受、正月ヨリ軍ニ立テ、三月ニ三十八ケ処ノ城ヲ破リ平ケ、其四月、南贛ノ地ニ学社ヲ立テ、直ニ其弓ヲ引タ者共ノ中デ、老者杯ノ道理ヲモ会スヘキヨイ人ヲアラミ、教ヲ施シ玉ヒ、専ラニ小児ヲ教立ツヘキ事ヲ以門人劉伯頌等ニ示シ玉フ。是訓蒙ノ興ル所也。王子ニ在ラハ、訓ト云モノヽ急ナル事如此。**教読トハ**、素読ナト教ル人ノ事也。扨朱子ニモ童子ノ教アリ。小学ノ書、是也。ソノ外文集ニ載タル童蒙須知、コレ其教也。今取テ見ルヘシ。筆ノ持様、紙ノ持様、如斯ト云ヤウニキ、ツシ〳〵形儀ニシ立ル事也。是カアシキニ非ス。王子トテモ尤ト一通リハ思召事也。然レトモソノヤウニシテハ小児ハ堪カタキモノ也。ソコヲセヌト責付故、ツイ是カライツハルモノ也。小児ノミニアラス。今大人モ隅カラ角迄キツシリトシタキモノナレトモ、理屈ツメニモナラヌ者也。スレハ分際相応ニスルガヨシ。外ヲヨイ様ニツクラウテモ、心術ヘツマラヌ事ハ似セモノニテ、ドコゾノ果ニハ大ニ偽ル者也。人々聖人ニ非ラネハ、聖人ト見ラレイテモ不苦事也。其上聖人テモナクテ、聖人ト見ラルヽ事、迷惑ナル事也。トテモ似セテスマヌカラハ、内外ツレ立テ、ソロ〳〵ト心カラヨクナル様ニ学フヘキ事也。況ヤ小児ヲ追ヒスクメルハアシキ事也。偽ヲ教ルノ道也。

古之教者―、扨禽獣ニハ教ト云事ハイラヌ也。人ハ暖衣飽食逸居シテ禽獣同様テハスマヌ者也。ソコテ聖人上ニ立テ教ヲ施シ玉フ。ソノ教ト云モノ又外ノ事ハナシ。人倫ノ道ヲ教ル也。尤牛馬ニモ教ナキニ非ス。人ヲ乗セテ自由ニハセ、引スルノスベヲ教ルノミ也。孝弟セヨトノ教ハナシ。人ナルカ故ニ孝弟忠信ノ教カアル也。是ヲノケテ教ヲ立ルハ聖人ノ道ニアラス。**後世**ハ、漢ノ世ヲサス。**孝弟忠信―**、此八字訓蒙ノ大意、大眼目也。此八字ノ外ニ蒙ヲ訓ル事ナシ。コレニテ尽タリ。以下論スル処ノ詩礼書ノ三ツハ其孝弟忠信云々ノ養ヒ也。此八字ニテハ不足ナル故、求ムレハコヤシ養ヒカイル也。スレハ孝弟等ノ八ノモノ小児胸中ノアリモノ也。此八ツノ花実ヲ十分ニナサンカ為、其ヲ養フカ学舎ノシコト也。即詩書礼ノアル処也。故ニ其栽培涵養ノ方ハ如斯々々トノベタル也。**誘之トハ**、頭取ヲシテ引連ル事也。**導之トハ**、先ヘ立テ手引スルヲ云也。**諷之トハ**、フシハカセヲ付テウタフヲ云。教ユル者、我ハセスシテ子共ニセヨト云テハ、セヌモノ也。我カラ心面白ク詩ヲウタヒ、礼節ヲナシ、書ヲ諷誦シテ小児ニサセル也。教トイウモノキウクツニ立ツト、ウラヽカニ其方ヘ趣カス者也。先声ヲ立ルカ小児ノ持前也。門前ノ小歌ヲ聞習テ、ウタフヲ見ルヘシ。其ヨカラヌ歌ヲ留テモ、コチラニウタハルヘキモノナクテハ、留ラヌ也。スレハヨキ文句ニ節ハカセヲ付教ヘ、歌ハスヘキ事也。自然トヨキ事カ心ニソム也。又立働ガ小児ノ所作也。火消遊テモスル者也。夫ヲ賓主ノ出合ヒ、太刀折紙ノ類ヘ引カケテ、サスレハ面白スル者也。扨引シメル筋モアルカヨシ。ソコカ書物ノ場也。扨志意威儀知覚ハ、人間ノ生意也。故ニ捨置テモ発スル者也。開ケル者也。ソレニ随テ道ヲ明カニシテ、ヨイ方ヘ開発サセルマテノ教ナリ。教カナケレハ、アシク開発スル也。スレハ不教シテ捨置ハスハナシ。然ルニ教ヘヌノミナラス、志意威―アシキ方ヘ引立ル者世ニ多キ也。アシクトラケタハヤリ歌ナトウタフヲ、利発ナトヽホメ立ウタハセ、志意ヲ蕩カシ、或ハ物マネ狂言見苦シキマネヲ、イタイケナトテ所望シテ、威儀ヲシタラクニナシテ、扨ハ人ヲ打タヽケハ、ケナケナト云テホメ立テ、負テクルナトテ勝心ヲ教ヘ立、又書テモ読スルカ、物テモ書スレハ、ソンショウソノ子ハ手本何本アケタニ、ソノ方ハマダソレヲ習フカト云テ、争ヲ以テ教ヲナシ、少シ書デモ読ハホメ立タリ、勢ヲ付ルトテ物ヲトラセタリシテ、欲ヲ以テ引立、利心ノ根ヲウヘコム故ニ、知恵次第ニヒスラコクノミナリユク也。**為不切時務**、彼カ子ハ四書五経モ覚ヘタニ、爰テハブラ〱詩ヲウタヒ、礼ヲ習ハセテ置テト云ヲ笑也。是末俗鄙庸之見也。今日学校ヲ興シタキト憂ル君子ノ心根ト云フモ、書ヲ講スルヨリ上ヘハ不出。スレハソレモ末俗ノ見也。又ソノ書ヲ読サヘ嫌フ様ニナレルハアサマシキ事也。

〔大抵童子之情、楽嬉遊而憚拘検、〕

大抵童子、孔孟サヘ小児ノ時ハ嬉遊シ玉フ也。〔二字欠〕小児モアシキハ恥テヨキハ知テ居ル也。ソノヨイ方ニ趣キ向様ニシテ、扨趣向フト、ソコヲノカサヌ様ニシ立テユク也。是仕手ニアル事也。論語ニモ、幼者ヲハ懐之トアリ。然ルヲ今日ハ、コハカラセルカヨイトノミ覚テ居ル也。コハカラスレハ事ハヨクモナレトモ、第一ノ心カカシケル也。童蒙須知ノ方ヲ以テ四角ナ箱ヘ入ル様ニシ立ルトハ各別也。可味云々。**凡誘之**、是以下ハ発志意云々ト云ハカリデナク、又養生ニモナル事ソト也。詩ヲウタフテ、ウツタイモ散スル也。今ハ謡ヨリ外ナシ。先是ヲウタハスヘシ。心アル君子、マタ堂上ナトノ作ヲ求メテ、フシヲ付テウタハセタ者也。ツクシ琴ノ組ノ詞ハモヨロシカラス。又アマリカタキ口義ノ節ハ、却テ急ニハ行ハレモセス。詩ノ意味ニモ不似也。何トナク養ニナル様ニ作リテウタハセタキ者也。**沈潜反復**、心ヲ静メテ物ヘハメル事也。書ヲ読マスレハ覚ユント思故、心カシマル。書ノ方ヘ心ヲシタシテ居也。

〔若近世之訓蒙穉者、日惟督以句讀課倣、〕

句読課倣、素読也。課倣ハアテヽサスル事也。何十度何篇ト云カ如ク也。

〔教約〕

〔毎日清晨、諸生参輯畢、〕

△毎日清晨ー、参揖トハ、教読ノ前ニ云々タル也。**一応**、総シテト云コト。無冤録ニ、一応猶凡也。**心術**、心タテ也。**肄業トハ**、即次ニ云詩ヲ歌ヒ礼ヲ習フ等也。

〔凡歌詩、須要整容定気、　記述ナシ〕

〔凡習礼、須要澄心粛慮、〕

△習礼ー、**沮而作**トハ、沮ハト丶コフリナリ。シンシヤクト云事也。**径而野也**、径ハ直也。スカ〳〵トキマ丶ナル也。**課倣**、今日ハ是迄トアテ、ナロフ事也。

〔凡授書、婦財徒多、　記述ナシ〕

〔毎日工夫。先考徳、　記述ナシ〕

△傳習録巻之下続録。本徐愛聞ル処ヲチヨツ〳〵ト書ツキケ置レシ書也。後ニ段々カシコヽノ聞書ヲツキ立テ、凡テ傳習録トス。此書ヲ読ニ、下冊ヨリ読初ル子細ハ、先輩ノヲキテニヨルニモ非ス。モトヨリ常ニ見ルニハ、上冊ヨリ見ルヘキ事ナレトモ、今聞人ノ為ニハ、下冊ヨリヨムカヨシ。何則初巻ハ王学ノ初ニシテ、人其説ヲウケトラヌ時故、方々ヤリトリノ議論多シ。且王子モ御筆ノワカキ時ノ事ナレハ未其説熟シ玉ハサル事モ有ンカ。下冊ハ五十前後ノ言ニテ、而モ世間王学ヲモソロ〳〵ウケトルモノ多クナリタルナレハ、朱王ノ争モソロ〳〵ウスクナレリ。今日モ王学ノ意ヲ知ラサル人ハ、先上冊ヨリモ見ルヘケレトモ、王子ヲ信シテ見ル日ニハ、彼朱説トノ議論ハ無益也。尤カタツイテ、上冊ハ議論ト云事モアラネトモ、先此意ミヱ、下冊モ亦論ナキニ非ス。大概主意ノ上ノ事也。扨朱子近思録第一動体ナレトモ、二三巻メヨリ読ミ初メヨト

云ノ語モアレハ、ソレラヲモヨリ処トシテ、下冊ヨリヨミ初ル也。扨王子ヲ慕者ハ、イツヲ界トナク此書ヲ巡講スヘキ事ナレハ、終テハ始ムヘケレハ、トコヲ終ト云事モナカルヘシ。実ニ学ハ孔孟ヲ学ナレハ此書出テスム事ニ非ス。論孟ヲ見ルヘシ。其論孟ヲ見ル為ノ傳習録ト落着スヘシ。

一－三　傳習録筆記　下巻

傳習録―傳習録ヲ与レ人講スルニ、執斎先生、必下巻ヨリ始メ玉フ。○傳習録巻之三新本ノ傳習録ニハ、傳習録巻之下続録トアリ。

〔一〕△**正徳乙亥**―、**求之外トハ**、事物ノ理ヲ心ニ求ズシテ外ニ求ムル也。**家居トハ**、辞レ官也。**歩々トハ**、段々ト云カ如シ。**再去不得トハ**、此ニ至テ尽竭テ再ヒ脇ヘ去ル処ナク、工夫ハ無カ如シト也。**先知覚トハ**、良知カ知リ覚ルナリ。然レハ誠意ノ前ニ致良知ノ工夫アル事、余儀モナキ尤ナル事也。係辞ニ所謂顔子ノ事ガ必先知覚スルヨキ證拠ト存スルト也。**又思来云々トハ**、思ヒ見ト云事也。**吾心之霊トハ**、即良知ト云事也。**希顔トハ**、王子ノ門人也。**無身則無心**、スレハ身心一致ナル事可知也。**主宰処トハ**、主人ト成テ万事ヲ宰判スルヲ云也。**當時與トハ**、与ハ甘泉カタメニト云事也。**不須換物字**、随処体認天理ト云ルヲ指スト云也。随処トハ意ノ在ル処ト也。**程子曰トハ**、明道ノ定性書中ノ語也。

物字未明、此物字皆人合点シカヌル也。王子ノ捌ハ意ノ移リ行ク処ヲ総テ物トス。譬ヘハ目前ニナクトモ花ノ事ヲ思ヘハ、即意移リテ花ニ有ソコガ即物也。又物ハ天下ニ充満シテ有トモ意ノ移ラヌ也。物ハ物ニ非ス。

乙卯歸自京師トハ、震（ママ）〔宸〕濠ト云者謀反セルニ依テ、王子京師ヨリ帰テ是ヲ退治セル也。**倥偬**、音孔総字彙ニ不暇也。又事多也。**九川曰**、此語奥ノ九川終ニ不レ悟。請問ト云処迄一貫キニ九川自己ノ工夫ノ筋ヲ段々述タル語ニシテ、其語中段ニアリ。ヨク見ネハ見マカフ也。近年体験得ト云ヨリ、如何以前又ツトメラレテ物ノ出シ入レヲ司リテ、内外ノ事ヲヨク調ヘテ、其后徳洪ヘ吾学此臺所奉行セシニテ大ニ益アリシ也。先生ノ常ノ学ハ、操事而後実トノ玉シカ。誠ニサヤウナリヌレハ至教也ト語ラレシ也。陸子集要ニモ此赴ノ事アリ。陸子ノ家ハ一族一所ニ暮シ玉ヘリ。子弟輪番ニ家事ヲ司レリ。陸子ノ番ニ当テ三年掌レ庫テ所学大ニ進リ。故ニ這方ニ是執事教トノ玉ヘリ。是ラノ事思合テ観ヘシ。今時ノ静坐々禅多ハ似二斂収一而実放溺也。一箇ノ懶惰ヲ養成ス也。上々ノブセウモノニ成リ果ツヘシ。

〔二　記述ナシ〕

〔三　記述ナシ〕

〔五〕**△又問、陸子之学—、還トハ**、モチカワツテト云事ナレハヲンヅマリト云事也。扨王子ロヲ開ケハ濂渓明道トノ玉フ。濂渓伊川トノ玉フヲ不見。朱子晩年定論ノ序ニモ、洙泗ノ傳孟子ニ至テ息ム、千百余年ニシテ濂渓明道始テ復追尋其緒トアリ。然バ毎々伊川ヲ称シ、其語ヲ取リ玉フト云トモ、道統的脈ニ於テハ、伊川ヲ除テ明道ヨリ続玉フト見ヘタリ。誠ニ王子ハ伊川ノ学筋ニハアラス。扨朱子明道伊川ヲ合称シテ、四書集註ニモヒトツニ程子ト称也。大学章句ノ序ニモ、河南程氏両夫子出。而以有レ接二乎孟子之傳一。実ニ始テ尊信此篇而表章之。既又為之次其簡編発其帰趣トノ玉ヘトモ、其実ハ朱子ノ学伊川ヲツギ玉ヘリ。故ニ今朱子学ノ徒程朱ノ学ト称スル。程ノ学専ラ伊川ニ属ス。近思録ニ伊川ノ好学論明道ノ定性書ヲ朱子ナラベノセ玉ヒ併テ称シ玉フト云ヘトモ、朱子一生ノ学意好学論ノ方ニアリ。王子モ又二書ヲ併シテ尊信シ玉フト見ユレトモ、王子ノ学ハ定性書ノ方ニアリ。**膏肓ハ**、穴ノ名。二豎子ノ故事也。**揣模依倣ノ**四字即陸子ノ書ニアリ。陸子集要巻ノ一与朱晦庵第二書曰、周道之衰、文貌日勝、事実湮於意見、典訓蕪於辨説、揣量摸写之工、依倣假借之似、其餘尽足以自信、其習熟足以自安。深按ニ用功久シテト云ヲ、象山ノ学ヲ吟味スルノ功久シテト見ルハ、似タ事ノ大違ナルヘシ。我カ学ニ功ヲ用ル事久クハ良知ノ明純一ニシテ乃他ノ粗処見ルト也。

〔四〕△問、**静坐―**、如惟濬トハ九川ノ字也。汝今ト云事也。**在事上トハ**、即格物也。**好静トハ**、好ノ字見有病。**無長進**、上達ナシト云カ如シ。〇一巻陸原静ノ問ニ、静時亦覚意思好。才遇事便不同。如何。先生曰、是徒知静養、而不用克己工夫也。如此臨事使《ママ》〔便〕要顛倒。人須在事上磨。方立得住、方能静亦動亦定。**失其本体**、原典内外ノ本体ヲ失フ也。**有省トハ**、省悟也。

〔五〕**△又問、陸子―**、粗些トハ、チト粗略ナル処アリト也。**篇々トハ**、書物ノママ也。**鍼肓膏**、深切ナルヲ云。**揣模依倣**、聖人ノ道ハカウソナト推量シ、古人ノ説ニ依リ倣フテ、道ヲ文義上ニ求ル也。

〔六〕**△庚辰往虔―**、知頭脳トハ主意ヲ見付ルト云如シ。**穏当トハ**、常ニ云穏当ト同シ。スラリトシテ平和ナル義也。**去心上尋箇天理**、心即理ナルヲ、却テ心上ニ於テ別ニ箇ノ天理ヲ尋ヌル也。**理障トハ**、円覚経ニ出タリ。理ヲ悟テ其理ヲ取リ持、却テ無理ノ為障ラレ居ヲ云也。**有**〔固〕**訣竅トハ**、コヽニ大事ノ口傳秘密アリト也。訣竅トハ秘密口傳ト云如シ。字彙ニ訣ハ方術ノ要法也ト云。訣竅トハ大切ノ処ヲ云。竅ハアナトヨム。俗ニツボムト云詞ノ如シ。**自家底準則**、テマヘト云事也。準則ハラウギ也。**意念著処**、意念ノ興リ渉ル処ナリ。悪念ニ非ス。**他是ノ他**、ハ良知ヲサス。**更瞞他一些不得**、良知ヲアザムク事ハチツトモナラズト也。瞞字彙ニ謨官反満日《ママ》〔目〕不明也。小補韻会ニ模本反暗ト云々。**実々落々**、実落ト云事也。実落ハ実ト云事也。**真訣トハ**、真秘ト云如シ。**靠著トハ**、ソウヒセズハト云事也。タガフ事也。**這些《コレラ》真機**、此ノ肝要ト云事也。即良知ノ事也。**体貼トハ**、体認ト云事也。**細看来**、看字下来字アルヲ可トス。琴卿先生曰、孰此章ヲ見ルニ、格物モ畢竟ハ致知也。真ノ致知ナレバ、格物自然ニ在「其中」。王子大学ノ序発端ニ、大学之要誠意而已矣ト云、而致知焉尽矣ト云語ニテ序ヲ終レリ。其意ヲトクト可観。扨本経ニ致知在格物ト云、格物而知至ト云事ハ、誠意ノ功ヲ主トシテ用ヲ語レル者也。傳文ニ毋自欺ト云、如悪々臭如好々色、此之謂自慊。誠意ノ極、止至善ノ則ヲ主トシテ、体ヲ語レル者也。功ト用トヲ語レハ格物前ニアリ。致知後ニアリ。則ト体ヲ語レハ致知前ニアリテ格物却テ後ニ在リ。然ニヨク心悟ニ本テ文句拘滞セサレバ、格物即致知ニシテ致知即格物也。先後彼此ノ云ヘキナシ。

〔七〕**△在虔与于中謙之｜、是尓自家有的、**王子詠学詩ニ、箇々人心有仲尼。自将見聞苦遮迷。而今指与真面目。只良知更無疑。**如何要推トハ**、何ニ推譲ルソ譲ゾ所テハナシト也。**不取トハ**、ウケガハヌ事也。華人ノ詞ニ不取トイフ事ヲヨク云フ也。日本人ノ詞ニ夫ハ合点カマイリマセヌノ、或ハ承知仕リニクイノト云所ヲ不敢云々ト云也。長崎ニテ毎度聞シ事也。唐音不敢也。**在人随トハ**、良知ハ人ニツイテ在ル者ナレハ、汝如何様ニシテモ不能泯滅ト也。此你ハヒロク指也。**不會失トハ**、不失ト云事也。**先生**〔曰〕、**于中如此｜**、是大ニ御称美也。然ルニ面々体ノ者モ合点シテ居ル也。然ヲ于中ヲ称シ玉ヒ、他人不及ノ玉ノ事ハ前ニ王子尓胸中有聖人ノ語ヲ受取ズ。后ニ笑受ル所ヲ可見。実ニ手覚ノ在所也。実見ユヘ如此称美シ玉フ也。

〔八〕**△先生、這些子｜**、**些子トハ**、チト計ノモノト云事。即良知ヲ指ト云事也。喩ヘハ良知ハ僅ニ一尺ノ曲尺也。然ニ此曲尺正ケレハ万仭ノ曲尺皆可知。**合得的トハ**、其透徹セル処ノ良知ニ合ヒ得ル也。**心印トハ**、悟道見性ノ事也。祖庭事苑八ニ、達磨西来不立文字単傳心印トアリ。印ハ刻文合信也。**試金石ハ**、ツケ石ナナグロ也。天工開物ト云書ニ詳也。色黒漆ノ如シ。日本紀州熊野ニ多シ。那智ノ黒石如碁石為天工如人工、特作金録ヲ以テ此石ヲスレバ、偽金銀ハ其黒色ツク。真金銀ハ真色ツク。是ヲ以真偽ノ試ト、貝原翁ノ大和本州巻之三廿五版ニ見タリ。**持南針**、衍義ニ云。持南針用二磁石一磨レ針則鋭ル処常ニ能ク持南。同上。

〔九〕**△先生曰、人若―、多少トハ**、多トモ少シトモ定メラレヌ詞也。今メンボウト云如キ詞也。**点鉄成金トハ**、凡人ヲ点シ替テ聖人ト成ト云事也。此悟道家ニ多ク云事也。

〔一〇〕**△崇一曰、先生―、再去不得トハ**、此ノ外モ無此上モ無ク、少モ動シハナラスト也。ナルホドコノ通リナリ。王子ノ玉フトテモ如此也。然トモ只カウシルモノ知解也。実ニシテ見タ上ニ非レハ本ノ事ニハ非ス。故ニ王子請取リ玉ハス。何言之易也トツキ返シ玉ヘリ。コヽカ又教也。

〔一一〕**△先生問九川―、恰好処恰トハ**、心邊ニ合ト云字也。心ニコウナリト合フヲ恰好ト云フ。**可知体来ト**、コレニテ合点セヨ。実ニ身ニ体スルト徒ニ耳ニバカリ講説ヲ聞ト各別ナル事也。

〔一二〕**△九川問曰、伊川―、体用一源顕微無間**、程子易傳ノ序ノ語也。此語本ト唐ノ憲宗ノ時ノ沙門澄観ト云フ者作ル華厳経ノ疏ニ出タル語也ト云リ。程子其語ヲ取レリ。此事明ノ景隆ト云沙門ノ作ノ尚直編ニ見タリ。但シ尚直編ニハ澄観ハ唐ノ太宗ノ時ノ人也ト云リ。時代相違セリ。憲宗ノ時ト雪渓ノ物語也。扨程子ノ云ヘル所ハ、体ハ易ノ道理ヲ云ヒ、用トハ易ノ卦爻ノ象ヲ云也。顕ハアラハレテ易レ見。是レ用也。微ハカクレテ難レ見体ヲ云也。**不打緊トハ**、アリフレタル事ニテ其緊切ナラサル事一様、何ノムツカシキ大事テハナシト也。一般トハ一様ト云事也。**彼此トハ**、聞ク者ト説ク者ト也。**沛然ハ**、泛貌也。

〔一三〕**△又曰、知来本―トハ**、道ト云モノハ、知テカラハ目ノ前ノ事ナレハ、アリフレタル事ニテ、別ニ是ヲ知ルト云事ハナキ也。覚モ亦其通リ也。道ヲ覚リヌ中、何事ソ深遠ナル事アリテ、知覚スヘキ者アルカ如シ。覚シテ後ハ別ニ珍シキ事アルニ非ス。然ラハ不レ知覚ラズシテヨキカト云ヘハ左ニ非ス。不知時ハ道理カ淪ニ埋レテ昏キ也。

〔一四〕**△先生曰―、大凡箴規トハ**、先キノ悪所ヲ戒メ正ス也。指摘ハユビサシツマムナレハ、先ノ悪キ事ヲ如此々々ノ事有ルゲナト探リ出スヲ云。**箴規**又箴誡ト云フ詞ハ、医者以箴石剥病ヨリ出タル詞ハ也。有所諷刺而救其失者謂之箴。**委曲ハ**、委細ト云事也。コヽハ唯マゲテト云事也。

〔一五　記述ナシ〕

〔一六〕**△九川問、自省―、預トハ**、今入用ニモナキニ兼テト云キミ也。**料理トハ**、兎セン角セントハカツテ筋道ヲ付見ルヲト云。料理ノ字俗語也。晋書王微之ノ傳ニ出。**良知上ニ著工夫トハ**、良知カ思テ是也ト思ハヽ思ヒ、不是ト思ハヽ早速止ルヲ云。**那時不知トハ**、良知ヲ忘レ彼ノ良知ニ気ノツカサル時ヲ云ト也。**我這裏―**、手前カ工夫アラハ、何ニ依テ左様ナル邪妄ノ念慮ナドガ出来ンヤト也。**勝得容易トハ**、上ノ難鑿ト云ニ応シテ云。**難鑿**コソ理リ也。容易ニナルナレハ是大賢ト云者ゾト也。**預トハ**、前カドト云事ニテ先ヨキ事也。此ニテハ無用ノヲ預メスル事也。**井々有味**、洪武正韻ニ往来連続貌有味トハ面白キ也。**纏々トハ**、念慮ニモツレツイテ不離也。**易覚トハ**、屏ケ易キ也。**舊功トハ**、即致知工夫ヲ云。**雖知去他**、気カツイテモ其念慮ガステサラレズト也。

〔一七〕**△九川問、此工**《ママ》〔功〕**夫―**、読書ノ法此巻此処。又廿一枚ノ浦廿七枚ノ裏、及上巻三十一枚目ニ出タリ。皆問ニ依テ答玉ヘルナリ。又末ニ、琴瑟簡編学者不可無益有業以居之心孰不放トモアリ。互ニ考ヘ合シテ観之。其意尽テ工夫下落フ処アルヘシ。

〔一八〕**△一屬官―**、屬託トハ悪ク罪アル人ノ類族也。**請求トハ**、其公事人カ御慈悲ニ奉頼ルナドヽ請求ルニ依テ、不便ニ思フテ其捌ノ意思ヲ屈ル也。**煩冗トハ**、煩悶スル事、マギラハシキ也。**讃毀トハ**、ホメソシリ也。一本讃ヲ作譖。恐ハ非也。**羅織ハ**、罪ナキ人ヲ悪シク云ヒ回ス事也。**著空トハ**、ムダ事也。

△有一屬官―、**屬官ハ**、王子ノ属官ナルヘシ。今與力同心ノ類也。**講先生之学トハ**、王子ノ門人王子ノ学術

ヲ講ル也。〔**簿書ハ、**〕牒ヲツケ或ハ書キ物ヲスル也。**無状トハ**、此方ノ詞ニテハワケモナキト云フ事也。又セウタイモナキト云事也。**円轉トハ**、弁舌カドヒシナクヨクマワルヲ云。**屬託トハ**、人ニ頼ル事也。悪其属託トハ、譬ヘハ時ノ権アル人ナドカ、其公事人ノ事ヲ頼時ニ、中々頼マレテ用捨スルヤウナル我ニハ非ルニトテ腹立ツナドヲ云フ。**加意トハ**、彼頼シ人ヘノツラアテニ、意ヲ添テ捌クヲ云。**羅織トハ**、罪ナキ者ヲ色々ト拵ヘテ罪ノアヤヲナシ、罪人ニスルヲ云。唐ノ則天ノ時分アリシ事也。無理ニ巧テ拵ヘナス事、織物ナドヲスルガ如キ故、羅織ト云。

〔一九〕**△虔州将帰ー**、**妙合**、陰陽五行ノ妙合也。人間ノ形ノ初テ生ル時ヲ云。**将迎無処トハ**、鑑空衡平ナルヲ云。**乾元トハ**、天道ト云事也。良知在天ハ乾元云々在人テハ良知也。〇将起事去テ心猶トヾマリアルヲ将ト云フ。事未来而待マツヲ迎ト云。荘子等ニ出シ字也。明道定性書ニ亦出。此時将音送。〇乾元易ニ出乾ノ大象伝ニ、大哉乾元万物資始ト云々。

〔二〇〕**△于中国裳**

〔二一〕**△先生曰、聖人ー**、是ノ一條ハ世ノ人生知ト学知トヲ一向別段ノ事ニシテ、聖人ハ生知ニシテ手ヲ束ネテ済ム事ノ様ニ覚ヘ、学者ハ生レ乍ラ知ルモノ一向無クシテ、只学フテ知ル事ノヤウニノミ思フ。其弊ヲ救ン為ニ発シ玉ル段也。**聖人**ヲ生知ト云。**安行**ト云ハ、脇カラナガメテ名ツケタルモノ也。其ノ御身ニテハ随分学ヒ玉フ合点也。孔子ノ我好古而敏求之者也トノ玉フヲ見ルヘシ。**兢々業々**、書経ノ皐陶謨注ニ、戒謹恐惧ト有。**馮他トハ**、人々良知ヲ固有シテ居ル故ニ、其良知ニ由テ学フ也。

〔二二〕**△黄以方問ー**、**一節ハ**、一事ト云コヽロ。右ノ如意念ノ交ル処ニ就テ格シテ知ヲ致ス時ハ、其知ハ其一事ノ上ノ知也ト也。聖人ノ知ノアマネク廣キ事天ノ如、其知ノ底深ク沸出ル事渕泉ノ如シ。**人心是天渕**

ト云句譬ヘナレトモ、外ノ譬トハ違ヘリ。人心実ニ天渕也、唐土迄モ行通ヒ、千万世ノ後迄モ量リ知ル天ノ一枚ナルカ如シ。又何ホド孝弟忠信ヲ為テモ心理尽ス事ナキ事沸出ル。是即如渕。**念々トハ**、アトヨリハ起リ云々スル故ニ云。躯殻ノ念発スルタビコトニ良知ヲツレ来リサバカスレハ其念直ニ本心也。**良知**、良ハ易直也。論語温良恭謙譲ノ章ノ朱註ニ在リ。スラ〳〵トスラカニ、スナヲニ人作ナシニ出ル本心也。神道デ云正直也。コノ良知モ即念也。念モ又良知也。良知ノ安心立命ノ地ト立テ、ソレヘハマル致良知ノ学ト云。コノ曇リタル中ニシテ、人々尭舜タルヘキモノハ唯コノ良知一ツノ頼ミ也。良知即天也。**昭々トハ**、中庸ノ註ニ、小明ノ貌トアリ。ヒカ〳〵ト云事也。**四外トハ**、野原ナト物ノ隅ナキ処也。野外と同シキ也。**房子トハ**、家ト云事也。俗語也。**牆壁ハ**、如字カキカベ也。

〔二三〕**△先生曰聖━**、**功業ハ**、事功ノ大ナル事ヲ立タルヲ云フ。**気節トハ**、節義ヲ守タル事也。聖人ハ其場々々デ天理ニ循著シ玉フ。故ニ事功気節皆便是道也。功業気節ナル所マテハ自然ト功業気節アリテ、功業気節ニ見込ム事ナキ也。故ニコレラヲ以テナヅクヘカラズ。唯率性ノ道ノミ也。忠臣孝子義子廉夫、スヘテ常人ノ難レ成行ヒ、人能ク感スレトモ聖人カラ見レハ器小キ也。**気節━**、一作節気。〇今日ノ功業気節モヨキ事故、道之然トモ出ガ違也。功業気節カラ出ルト天理カラ出ルノ違也。人々省ルヘキ事也。男ノ道ナドト云ハ小キ事也。発端ノ立ヤウタガヘリ。聖門ノ人心得ヘキ事也。

〔二四〕**△発憤忘食━**、朱ハ一事ノ上ニテ説。王子ハ事ノ上ト取ラス。全体ノ上ト見玉フ。〇王子ノ説ハ只一ツ事也。右朱説ノ如ク得ヌ前ハ憤リ得タ後ハ楽ト云事ニハ非ス。常住心ニリント張テ居ルモノヲ発憤ト云。スレバ食好ナトスル御イトマハナキ也。譬ハ人参ノヒリ〳〵スル気味ヲ憤ト云。其気味ナキ人参ハ用テ功ナシ。憤ノ字ヲ鬱憤ト見泥ム故アヤマル也。心ノグツシヤリトセヌヲ憤ト云。反レ己シテ縮ケレハ牢獄ノ中ニテモ楽キ也。楽以忘憂也。無有已時無戚時ナリ。常住如此也。是ヲ朱註ハ一事ノ上ニテ得ヌ時ハ如斯。得テ後如斯ト取アヤマリタマヘリ。朱註ノ如ニテハ天下一役々タリ。聖人豈如斯ナランヤ。

△発憤忘―、発憤忘食、楽以忘憂、聖人全体如斯、憤者生気也。非憤鬱之謂、譬如人参之気味、回生起死者此是気味而已矣。雖富有天下、貴為天子時大行於此道不得此憤、減一分有得此楽増一分、又雖居貧賤処患難無一人知我者、不得此憤増一分、不得此楽減一分。真ニ無有已時戚時者、聖人之憤楽也。然ルヲ以得不得論憤楽者誤矣耶。朱子ハ得与不得ニテ憤楽アリト分ケ玉ヘリ。スレバ不得時楽ミナク已ニ得テハ又憤ナシト見ユ。如此ニテハ天下ノ事物役々タリ。賢者タモ豈如斯ナランヤ。況聖人ニ於テヲヤ。**之志トハ**、求道ノ志也。**如斯トハ**、常住如此ト也。**戚トハ**、憂也。哀也。

〔二五〕**△先生曰、吾輩―**、此條工夫ノシカタヲ示シ玉ヘル肝要ノ段也。ハカヤリヲスルハアシキ也。伊川先生モ大匠ニ代テ木ヲケヅレハ不傷手事鮮トノ玉ヒ、師斉風甫田ノ篇ニ、甫田ヲ田クル事ナカレ、維莠サ驕々トアリ。**先生曰、吾輩致知**、此段初学ノ人ナトノ工夫ニ第一ノ事也。タチノボリテモ此工夫ノ外ハナシ。扨コノ段ニ心得アル事也。先ッ主意ヲバ兎角聖人トナラント思ノ志ヲ立ヲ第一トス。スレバ良知一枚ニナリヲヽセ、人欲キヨク尽テ少ノ障碍窒塞モ無クナルヘシト見込テ、扨又脩為ノ仕様ハ、少モ不踰等、疑ヲ不生。我分限及フ処ニ随テ、見ヘテクルダケノ当下現在ノ良知ヲ致スカヨキ也。ソコラ此段ニ示シ玉ヘリ。今日ハ今日見在ノ良知ニマカセ、其良知ヲ擴充到底スヘシ。明日ナリテ、サキノ良知ト見タカ違ト見付タラハ、其開悟ニ随テ前ノヲ捨テヽ、ソレニ従フヘシ。トテモ初学ノ人違ハアリウチナリ。幾度シソコノフテモ不苦ナリ。天理ニ似テ実ハ人欲カ心本ナイトテ、窮理デ日ヲ暮シテハ実ニ行ノ早ク、シカモ知ノ日ナシ。スレバコノ段学者肝要ノ受用ニシテ、手ヲ下シテ教此ヨリヨキハナシ。**方是精一功夫**、コノ精一ト云カラシテ王子ノ説朱説ト違ヘリ。**拱把トハ**、両手ノ指ニテ囲ヲ拱ト云。一尺廻リ程也。片手ノ指ニテ囲ヲ把ト云。五寸廻リ程也。**合抱トハ**、一ダカヘ也。**傾上**、上ノ字ハソヘ字也。意ハナシ。俗語也。扨人皆十等モ上ヲ論ズ。是非実学也。小児ニ食ヲアタユルヲ以テ可観。二三歳ハ二三歳、四五齢ハ四五齢、自分限ニ随ハサレバ養ニナラサルノミニ非ス。害アリ。精一ノ功夫ハ上巻ニ見ヘタリ。惟一ハ是惟精ノ主意。惟精是惟一ノ功夫。非惟精之外復有惟一也ト云々。按ニ此條致知ノ説、実ニ尭舜傳来精一ノ功夫也。下文十八版、諸君功夫、最不可助長。上智絶少、学者無超入聖人之理。一起一伏、一進一退、自是功夫節次ト。此條可互考。

〔二六〕**△問知行合一—**、正要、コノ要ノ字在胸中ト云迄ノ四十七字ヲ包合タリ。容易ニ見スゴスヘカラス。

〔二七〕**△聖人無所不知—**、**聖人無所不知**。**無所不能**トハ、朱子ハ天下ノ事ノ上所作ノ上ニ於テ、無不知不能ト見玉フ。王子ノ意ハ左ニハ非ス。**本体明白故**ノ故ト云字ト、本体明後ト云字トニ気ヲ付テ見レバ、義理分明也。〇按ニ此ノ尹氏ノ説モ王子ノ意ヲ得合点シテ見レハアシキニモ非ス。如何トナレハ諸侯ノ礼サシ定ナレル上ニ於テ、又其国々ノ古礼モアリテ、少ヅヽ差別モ有モノ也。スレバ定式ヲ知リタル上ニテモ、其国ノ例ニ違ハン事ヲ恐テ問玉ヘキ事也。是敬謹ノ至リ也。然ルニ尹氏ノ難知ト云ハ究理ノ筋ヨリ出テ、聖人ハ無不知ト立タル方ヨリ出タル語也。故ニ王子其意地ノ処ヘカヽリテ此説不可通トノ玉ヘリ。

〔二八〕**△問、先生嘗謂—**、**此善悪**、一物ノ説本明道ノ語ヨリ出リ。然ルニ当世コノ説ヲ難シテ、タトヘハ妻女ヲ愛スルハ善ナレトモ過当也。愛ニ溺ヨリ悪トナル。是ラハ本ト善ヨリコケ来ル者ナレハ、其説可通。若シ人ヲ殺シテ奪物ガ如クノ類ハ、善ヨリ不来者ナレハ、本体上過当ノ説不可通。後世ノ説ニハ一通リ聞ヘタル様ニテモ不都合ナル事アル者也ト云々。是左ニ非ス。譬ヘハ魚ノ鮮トサガリタルハ一向別ノ物ノヤウナレトモ、其鰹ナドノ下リテ人ヲ害スルノモ、本ハ新クテ人ヲ養ノニテ別ノ物ニ非ス。易坤之文言傳ニ、弑父弑君一朝一夕ノ故ニ非スト云ヘリ。堅氷モト水也。氷水二物ニ非ス。善悪亦如是。

〔二九　記述ナシ〕

〔三〇〕**△問、修道説―、衆人亦率性也トハ**、雖衆人其善ヲスルハ本天性ニ率フ也。此本ン舊本九版、十二版ニ、衆人亦生知。衆人自孩提之童。莫不完具此知。只是障蔽多。然本体之知。自難泯息。雖問学克治。也只憑他ト、是也。**聖人亦修道也トハ**、是亦此本十二版ニ、聖人亦是学知、兢々業々、亹々翼々、自然ニシテ不息、便也是学ト云ル是也。

〔三一〕**△問、儒者到三更―、三更ハ**夜半九ッ也。五ヲ初更トシ、四ヲ二更トシ、九ヲ三更トシ、八ヲ四更トシ、七ヲ五更トス。**両下皆不用トハ**、両下トハ両方ト云事也。俗語也。**不用ハ**、取テノケル事也。仏ヲナスデモナク、儒ヲナスデモナク、只空々静々タルノミ也。此境儒ト仏ト何ヲ以テ差別セン。**先生曰―**、那三更時分ト云ヨリ以下動静一箇ノ子細ヲ云リ。畢竟夜半空々静々時儒ナレハ、昼ノ動テ有事ノ時亦儒也。昼ノ有事ノ時儒ナレハ、夜ノ無事ノ空静ノ時亦儒也。又夜ノ空々静々ノ時仏ナレハ、昼ノ動テ有事ノ時モ皆仏也。動静ハ只一箇也。然ルカラハ其三更空静ノトキ、仏ト一般ニテアルヘキヤウナシ。此処カ合点ナラハ、儒仏ノ差別分明ナラント也。扨此條亦王子ノ意全体仏也ト譏ル人アリ。儒仏ノ差処何毫厘ナラント云リ。誠ニ儒ハ五倫ヲ主トシ、仏ハ五倫ヲ外相トシ廃之。コヽニ於テハ千里也。然ルニ其心術隠微ノ処ニ於テハ甚マタ近キ処アリ。儒ニ鳶飛魚躍ト云、仏ニ柳緑花紅ト云。是ニ於テ毫厘ノ差也。然ルニ其実氷炭不相及。毫厘ノ差即千里ノ差也。其千里ノ処ノミニテ論スルハ粗略也。孔子ノ時ハ仏ナシ。故論亦ナシ。後世ハ仏アリ。故ニ論モ亦有リ。此段ナト能見ヘシ。仏トハ大ニ異ナリ。

〔三二〕**△門人在坐―、検束トハ**、ヲサメツカヌル也。ヲサムルト云中ニ此検ハ字ハ物ヲ筥ノ中ヘ入レヲキタル意ノ字也。

〔三三〕**△門人作事**《ママ》〔文〕ー、**心中有一物**、コヽハ子細アルヘキ事也。道理ノ一筋ヲ達シ、思ヲ述ルマテナレハ、サマテ心ヲ労スル事モナク、在懐事モアルマジケレトモ、毀誉ノ念、名聞ノ病ヲ不免ユヘニ、役々タルモノ有テ、心中一物ヲ有スル也。

〔三四〕**△文公格物之説ー**、物ニハスベテ肝要ノ処アル者也。文公ノ格物ノ説ノ如ク、一例ニ説テハ力を用ルノ本根ノ所ナキ也。其事ヲノ玉ヘルモノ也。

〔三五〕**△問有所忿懥ー**、**幾件トハ**、大学此段ニアル恐惧好楽憂患等ヲ云フ。幾クダリ幾ケ条ト云事也。**不可有耳トハ**、ジツト持テ居ル事也。**一分意思トハ**、腹立㞍ニ、キヤツヲ兎シテクレン角シテクレンカト思フ類皆意思ナリ。又脇ニ人ナト居ニ付テ、其怒ヲオサヘ、カクシテアラハサジトスルモ又意思也。**等件トハ**、大学此段ニアル、恐惧好楽憂患等ヲ云フ。**不曽動些子気ー**、按是亦誤テ気無シト説ヘカラズ。恐惧好楽憂患皆気也。別シテ気ニ属ス気ナシニ怒ト云事ナシ。然ルニ其怒義ニ当レハ本心ノ作用也。故ニ怒気ニ属スト云ヘトモ、些子モ不動也。其正キ也。有所忿懥ハ是気分上也。義ニ非ズ。仁義之勇血気ノ勇ト云トモ皆此味也。仁義之勇トテモ勇ト云カラハ気ナキニ非ス。

〔三六〕**△先生嘗云ー**、**還他トハ**、其㞍ト云事也。○按此段ナト当時仏徒高上ノ論多キ故、不得已シテノ玉ヘルナリ。我儒ハ相ニ不」著故ヨシ、仏氏ハ著スル故悪シト、仏ヲアイテニシテ論スルニ非ス。大根五倫ノ道ハ天性也。着スルノ不着ノト云論ヲ入ル処ニハ非ズ。仏ニ迷フ者多ニヨリテ不得已也。荀子ニ非相ト云篇アリ。賢人聖人相ニアヅカラザル事ヲ論セリ。然ルヲ陸象山曰、荀子相者ヲ相手ニシテ道ヲ論セリ。甚イヤシキ事也トテソシレリ。是ハ人相ノ事也。仏ヲ相手ニシテ論ヲ立モ亦相者ヲ相手ニセルト同シ事也。陸子既ニイヤシメリ。然ルヲ王子ヲヤ。然ハ是等ハ已ム事ヲ不得シテ故也。仏ト勝負ヲ争ニ非ス。

〔三七〕**△黄勉叔問、心━空々蕩々**、空々ト云モ畢竟同シ事也。但シ蕩々ハ大ナル意アリ。**去悪念便是善念トハ**、別ニ善念ト云一物ヲ有スルニハ非ス。念字ニ執滞スベカラズ。コヽラノ味ハシテ見テ可知。思念ト見付テ去リタルアト、ウツソリトナル事也。ソレヲ善念トハ為ス。是ハ病去テ元気乏シキヤウナル者ナリ。ソコハ平常ノ養ニヨルモノ也。

〔三八〕**△問、近来用功━**、**腔子裏**《俗語也》**トハ**、カラダノ中ト云事也。**黒窣《ソツ》々トハ**、マツクラナル事。**如何打得トハ**、何様ニナシテテト云事。**初下手用功トハ**、上ミニ近来用功ト云ニ応スルナリ。

〔三九〕**△先生曰、吾教━、有根本的学問トハ**、コレカ本心ノ良知ヲ致スナレバ有根本也。**鮮好トハ**、アザヤカニウルハシキ也。

〔四〇〕**△問志於道━**、**擇地ハ**、場処ヲ見立ル也。鳩材ハ木ヨセヲスル也。**経営トハ**、コヽハ居間ニセンカシ、コヽハ書院ニセント縄張ヲスル也。**區宅トハ**、一區ノ家也。一軒ノ家ト云義也。扨初ニアル譬如ノ如字ハ、下ノ数句ヘ悉ク付テ見ルヘシ。**如**《ママ》〔加〕**些畫采トハ**、或ハ絵ノ間ニナシ又ハ張付ナトスル事也。**藝者義也トハ**、必シモ藝字ニ義ノ字ノ義理アルニ非ス。音近ヲ以テ也。音近ケレハ自ラ義モ通也。**要去買画掛倣門面トハ**、繪掛物ヲ買テ、是ヲ掛テ門面ヲツクラハント欲スルナリ。門面トハ俗語也。此方ノ外聞ト云詞也。

〔四一〕**問、読書所以━**、**科目トハ**、及第ト云事也。科ハ品也。及第ニハ品々アリ。賢良科、博学廣詞科、秀才科類、是ナリ。**挙業トハ**、及第学問ノ事也。及第ニ挙ラルヽ学業ト云義也。**総有累**、総字恐クハ縦字ナランカ。猶可考。**易学克トハ**、易学之易克之ナリ。**強記トハ**、物覚ヨキ也。元来読書ハ其道理ヲ會スルコソ専一ナレ。文句ヲ覚ユルハサシテ無益也。**闘靡トハ**、人ト華美ヲ比ヘ争フ也。**印対トハ**、印證相封也。仏氏ニ師ヨリ悟道ヲ許スヲ印証ト云。心印ヲ得テ向ヒ合ト云キミ也。**任他読書トハ**、ヤハリソノマヽニ書ヲヨム也。**不屑此々トハ**、挙業ヲサス。イサギヨシトセザル也。**甘心トハ**、コラユル事也。**制於親トハ**、其身ノ及第セネバ親ヲ養フ事モナリカヌルユヘ、其才ニセカレ制セラルヽト也。親ハ強テ挙業ヲ学ハシムルト云義ニ見テモ見ラルレトモソレハ不然ト也。**耽閣ハ**、耽誤曽阻閣ト云事也。ブラカハトシテ誤ル事ヲ云也。

〔三八〕**△問、近来用―**、奔流トハ流水也。**渣滓トハ**、水アカヲ云フ也。**良知上用功トハ**、即是孟子集義ノ工夫也。**良知存久自光明**、即所謂集レ義生スル也。主意既ニ立ツ。於レ此助長ノ病ヲ防ベシ。王子ノ教ヘ孟子ト一般ナル、於是モ可見。**不成功夫**、修行ヲ成就セズト也。

〔四〇〕**△問、志於道一―**、**無状小子トハ**、正タイナキ若輩者ト云事也。**置造トハ**、ツクルト云事也。

〔四一〕**△問、読書―**、読書ノ法旧本八版、廿二版上巻―版等ニ出。可考。新本十版、廿七版。可考。**強記ハ**、此ニテハ強テ覚ヘントスルヲ云フ。文句ヲ覚ル事ハ専一トスル事ニ非ス。強記ノ心不是ナル子細、下文旧本廿二版、新本廿七版ニ明白也。**不屑此**、挙業ナドハ物ノカズトセヌト也。**自苦耳**、名ノ為ニ苦ム也。

〔四二〕**△問、生之謂―**、生之謂性ハ仏氏ノ所謂作用。是性ト同シ。目ノ見、耳ノ聞ノ類。生テ働者ヲ指テ性トス。是固ヨリ性ト云ヘキ也。故ニ説得テ是ト云也。**認得一邊トハ**、生テ働者而已ヲ性トシテ、良知ト云モノヲ性トスル事ヲ不知也。**形色トハ**、形ト云事也。色ノ字ハ付ケ字也。目ノ見、耳ノ聞類ヲ形色ト云也。生之謂性ノ語ニ誤リナシ。道義ニ本イテ生テ働ク者ヲ性ト云時ハ可也。然ニ告子ハ只運動スル者一邊ヲ指テ性トス。然ル時ハ不孝不忠ノ働キモ性也。牛馬ノ性モ違ナキ也。然レハ告子一辺ヲ認得テ頭脳ヲ不知者ナリ。孟子形色ハ天性也トノ玉フ。是レ気ヲ指テ性トノ玉ヘル者也。然レトモ其主意頭脳タガサル也。主意頭脳ヲサヘ得レバドチヘ説モ可也。

〔四三〕△**又曰、諸君ｰ、超入トハ**、一足飛ニ飛込ヲ云。足一歩ツヽハコバズニ一足飛ニスルヲ超ト云。**一起一伏ｰ**、一タビ浮立テズカ〱ナルカト思バ、又沈テハカヱキセズ。又進カト思ハ又アトモドリスル。是学問ノ瀬渡也。イクタビモ此セワタリヲ越テ後、自得スルモノ也。人多ハ此瀬渡ニ退屈スル也。**一蹶跌トハ**、ツマヅキ倒トスベリ倒ルヽ也。二字トモニツマヅクト訓スレトモ、跌ハスベル事也。師古曰、是失レ拠。此スベリコロブ事ヲ云ヘリ。

〔四二〕△**問、生之謂ｰ、得頭脳トハ**、根本也。良知ノ事ヲ云。下皆同シ。**信口云々ハ**、是禅見ナル者也。**所謂生云々ハ**、告子云々也。**却要ノ要**、カナラストヨム。**停当**、亭当ト同シ。道ニ叶ヒ当ルヲ云。**不備トハ**、道理不レ備也。

〔四三〕△**又曰、諸君、不可助長トハ**、ハカヤリタガルナト也。**超入聖人**、仏家ノ一超直入如来地ト云アリ。超入聖人スルナリ。仏ニ右ノ如クト云ト云ヘトモ、聖人ノ道ハ実学ナル故、左様ナ理ハナキ事ゾト也。歩ミナラヒノ小児カラ、直ニ千里ヲ歩ムノ脚ニナルト云事アルベキ様ナシ。起ツコロビツスルガ達者ナルノ修行也。故ニ一理（ママ）〔起〕一伏進退自是工夫ト云リ。巻内旧本十一版新本十四版ニ、吾輩致レ知各随二分限所レ及云々。以下精一功迄ヲ此條ト並考ヘシ。**自是功夫節次**、モトヨリコレ修行ノ次第ト也。**却不済トハ**、工夫ヲ不済也。**矯強做**、矯ハモト箭《シ》ヲ操ルヲ矯ト云フ。ソレヲカリテウハベニテタメ直シテスマス気味ヲ矯ト云フ。故ニ詐ト訓スル也。做ハ為ナス也。**破綻之綻ハ**、大諫反潳衣ノ縫解ル也ト云字注也。故ニホコロビトヨム。**那不曽之那ハ**、倒タ人ヲサス。**忍耐做去**、良知ノマヽニシツハリトコタヘルヲ云。**任地ノ任ハ**、マヽト訓ズ。ソレナリニシテ置ヲ云也。**主宰ハ**、主意ト云事也。**得力処トハ**、力量ガ出来ルヲ云。**是魔也**、悪魔トナツテ也。**被累倒トハ**、毀誉得喪利害謗貶等ノ為メニ被累倒ト也。

〔四四〕**△先生一日出|、禹穴ハ**、所ノ名也。会稽山ノ枝峯ニ宛委山ト云山也。其所ニ底ノ不知深キ穴アリ。古ヘ其所ニ禹ヲ葬レリト云リ。故ニ其穴ヲ禹穴ト云ト也。

〔四五〕**一友常**、此章ヲトク見過テ一概ニ人ノ悪ヲバ打詠テ黙ス事ト思フモ非也。今日ノ人舜ノマネハナラヌ事也。又舜トテモ象ヲ諫シメ玉ヒシ事モアルヘシ。主意ノ所我ヘ目ヲ付ル処ニアリ。**傲象感化ノ事**、雖未見出書瞽叟豫ヒテ致ニテ推テ知ルヘシ。且王子ノ象祀ノ記ハ議論ノ確乎タルノミニ非ラズ。文章モ亦スグレタル文章也。文家者流ノ徒モコレヲ称セリ。**機括トハ**、ヒツクヽリヲンヅマリト云事也。主意肝要也。**責辨也トハ**、責メ咎ル也。辨ハ問難スル事也。

〔四六〕**先生曰、凡朋友|、浅近トハ**、アサハカ也。**粗疎ハ**、アラキ也。**病発トハ**、彼カ病ノ発スル也。**鄙薄トハ**、彼ヲヒハクスル事ヲ云。

〔四七〕**△問、易朱子主卜筮|、卜筮是理々亦是卜筮ト云ルハ**、子細ハ末ニテ聞ユル也。**師友|**、師友ト問答スルモ、兎スレバ悪ク角スレハ善ト問答ス。其外博学|モ道理ヲセンギシテ、凶悪ヲ去テ吉善ニ就ナレハ、是皆卜筮也。卜筮モ亦神明ニ問テ、道理ノマヽニスルナレハ、卜筮亦道理也。○按此段朱易卜筮ヲ道理トシ、程易道理ヲ卜筮也ト云ニハ非ス。ドコ迄モ朱子ハ卜筮ヲ主トシ、程子ハ道理ヲ主トシテトキ玉ヘリ。王子此段ノ子細ハ、サシテ程子朱子ヘカヽリテノ事ニ非ス。只卜筮卜理ト二ニシテ一ツナル事ヲ示シ玉ヘル者也。コノ意ヲ不知シテ一向卜筮トスレバ、易ハ無用ノ長物ニチカシ。又一向道理トスレハクダケテ人作ニ落ル也。易ヲ読ムモノ心得アルベキ事也。**△問、易朱|**、大於卜筮ハ天地一枚ノ理也。**占卦トハ**、ウラ方也。**今之師云々**、是理亦卜筮ノ義ヲ云也。**卜筮者トハ**、是卜筮是理ノ義ヲ云。**神明トハ**、心中少ノ私意ナキ事也。**有所渉ハ**、私意ニ渉ル也。

〔四八〕**△黄勉之門―**、**義即是良知トハ**、事宜ヲ知ル者ハ良知ヨリ外ニハナシ。故ニ―ト云フ。モシ頭脳ヲ不識得。恐ハ義襲テトルモノナラン。孔子ノ所謂義ニアラシ。

〔四九〕**△思無邪一言―**、六経并ニ古今天下聖賢ノ話皆人心ノユガミヲ直スニ過ズ。故ニシカノ玉フ。**一了百当トハ**、此一ツヲ了レハ一切ノ事当リ合フト也。思ニ無邪レバ言行モ邪ナシ。スレバ思無邪ハ即至誠也。

〔五〇〕**△問道心人心―**、朱子微危ノ字ノ取様ハ、中庸ノ序ニ見ユ。微ノ字ヲカスカニシテ不ルレ着ル義ニ見。危ト云者ハイカナル方ヘハセ行シモ不知。故ニ危ト見玉ヘリ。

〔五一〕**△問、中人以下―**、**謾々**、ソロ〱也。但謾字ニテハ不通。漫字ニナシテ可見。蓋シ音ノ通也。**他也不省得也トハ**、他トハ中人以下ヲサス也。也ハマタトヨム也。**省得トハ**、省悟ト云事也。合点セヌト云事也。

〔五二〕**△一友問、読書―**、**不記得ハ**、覚ヘザル也。**要暁得ハ**、其道理ヲ合点スル事也。**自家本体**、自家トハ良知ヲサス。下文モ同シ。

〔五三〕**△問、逝者如斯―**、問ノ意ハ、人々ノ心性昼夜無滞働テ、怠転ナキ事流水ノ如クナル者ヲ、皆人持《モチナ》シガアシ サ（ママ）〔　〕ニ死物トナルト云事ヲ説玉フヤ、否ト也。**活潑々地**、地字ハ付字也。**須臾間断**、致知ノ工夫間断スレバト也。**与天地云々**、天地ノ運行須臾モ急転ナシニ不相似ト也。**也タ只如此**、良知ノ活潑間断ナキヲサス也。

〔五四〕**△問志士仁人章―**、**生身命子**、子字ハ付字也。**不問トハ**、センキセザル也。**要宛轉委曲トハ**、宛轉ハ総シテ物ノマハル事也。**委曲トハ**、マカル事也。委曲ト云ツブサナル義トスルモ、マカリ〱テトコ迄モユキワタル意ナルユヘ也。サレハ要宛転委曲―トハ、アチラヘシ、コチラヘシ、マケテ也トモ命ヲ全セン事ヲ欲スル也。

〔五五〕**△問、叔孫叔武—、求全之毀トハ**、全ヲ求ハヨキ事ナレトモ、其所求全ヲ毀者アリ。有不虞之誉トハ、物コトユキツキ次第ニスル。不善事ナルヲ却テ物ニトヽコヲラス、無造作ナトヲ誉ル者アルナリ。スレハ世上ノ誉毀ハアテニナラヌ事アリ。自己ノ与ル事ニハ非ス也。扨右ノ説ハ孟子集註ノ意ニハ非ス。集註ノ意ハ、又コノトリヤウトハチガヘリ。右ノ説王子ノ説ト云フセウコハナケレトモ、王子ノ意ハカウ見タモノカト思ハルト也。〇元柏侃夷斉ヲ賛シテ云。服薬求長年。誰従孤竹子。一食西山薇。万古猶不死ト云、是也。**〇不堅不介**、実心不堅固也。**不介トハ**、介字易ニ介二于右一アル介字ノ意也。不堅ノ意ニシテ不賢人ノサダマラヌ事ヲ云フ也。

〔五六〕**△劉君亮要—、反養成一箇—**、凡隠遁者ナトノ山林ニ引込ハ、世人ヲ見限リ、或事ヲヤカマシカル、ブセウナルキマヽヨリスル事也。世人ヲ見限ハ驕也。世事ニブセウナルハ惰也。

〔五七〕**△王汝中省曽—、用扇トハ**、是大暑ノ節ト見ユ。敬シテ不扇。故ニカクノ玉ヘル也。**捆縛**、二字トモシバルトヨム。楚ハ痛ト註セリ。シハリツケテ苦痛ナルヲ捆縛苦楚ト云也。**不是粧倣トハ**、アツハレ道学者カナト見ユル様ニ、外形儀様子ヲ飾ルモノデハナシト也。**略見トハ**、外ヲ飾リテシバリ付テ苦痛ナル者ニハ非ルイキカタ大略見ルト也。**整頓トハ**、威儀ヲ引ツクロウ事ナリ。必シモ論語ニ三子ノ者威儀ヲ引ツクロウテ答ントハナケレトモ、冉有モ公西赤モ其答皆謙レルナレハ、左コソ威儀モ正シカルヘケレハ也。**飄然**、風ナドノ吹テ通ル如ク、何ノ意モナキヲ云。三子衆ノソコニ在リトモ不覚ヲ云フ。**鼓起トハ**、ナラスト云事也。**狂態トハ**、気チガヒト云事也。**師之問目トハ**、孔子ノ方ヨリ問ヘル名目ハ、時世ニ用ラレタル時ノ事ヲ問タマヘル也。然ルヲ曽哲ソレヲバ不對シテ我思フ所ヲ云リ。打テカハル答ヘ也。**斥罵起來了**、斥罵ハ、シリゾケシカル事也。**通傚一般**、通合シテ一様ナス事ナリ。

〔五八〕**△先生語陸元静曰―**、**簡ハ**、事スクナ也。**易ハ**、ムゾウサナル也。孔子吾道一以貫之トノ玉ヒ、曽子夫子ノ道ハ忠恕而已矣トノ玉ヒ、孟子尭舜ノ道孝弟ノミトノ玉ヘリ。**規トハ**、ノリト云義ニハ非ス。規正規諫ノ義ニシテ、正ス意諫ル意也。

〔五九〕**△先生曰、孔子　無不知云々トハ**、皆良知ヲナスト云事。

〔六〇〕**△何廷仁黄正之―**、**顧トハ**、見廻ス事也。後ヘネジケク事トハカリ覚ルハ非也。**良知上更無不尽トハ**、喩ハ花実ヲ欲セハ一ノ種ヲウヘ付ルヨリ外ナシ。此中花実悉ク在ス。花ビラ一ツ葉一枚モ外ヨリ取来ルニ非ス。其如ク聖人トナル事モ、此ノ良知ヨリ外ニタス事ハナキ也。扨此章面白キ事也。此衆中ハ皆相応ニ志立タル衆也。故ニ弥憤発セシメ玉フ。根カラ志ナキ人ニ云テハ糠ニ釘ト也。**無不尽**、良知ニテスムト也。**掛帯トハ**、カケヲブルナレバソヘル事也。

〔六一〕**△先生曰、良知是―**、**造化的精霊トハ**、一元気ノ事也。精霊トハタマシイト云カ如ク、性根ト云カ如トナリ。良知ハ是天地ノ一元気也ト。精ハキツスイノ義也。霊ハ无声无臭ニシテ霊妙ナル也。**復得他トハ**、其天地ノ一元気ナル良知ヲ本体ノマヽニスル也。**不覚云々トハ**、不知不覚シテ、行住坐臥悉ク良知ナラントナリ。○按孟子曰、万物皆備於我矣。反身而誠。楽莫大焉。即此章之意。陸象山先生曰、蔽鮮惑去。此心此理。我固有之。所謂万物皆備於我。昔之聖賢先得我心之所同然者耳。亦此章之意ナリ。

〔六二〕**△一友静坐有見―**、**醫経折肱トハ**、ヒタモノ教ヘソコノフタル故、本ノ事ヲ見付ケ出タリトノ譬ヘ也。折肱ノ語左傳ニモ出テ、又孔叢子ノ嘉官ノ篇ニモ出ズ。其内左傳ニアル語意ハ、度々怪我ヲシテ醫ニカヽリシ故、外科ノ上手ヲ知レリト云義也。故ニコヽノ譬ニハトクト不合。孔叢子ノ語ハ三折肱而為良醫トアリ。

是ハ度々怪我ヲシテ自其疾ヲ療シテ上手ニナレリト云義也。スレハコヽモヨク合也。王子孔叢子ノ語ニヨリテノ玉ヘルナリ。

〔六三〕**△一友功夫―一切云々**。二ノ義アリ。一ハ大学ノ註ニ壹是ハ猶一切也ト云一切也。是ハ仏氏ノ所謂一切無生ト云ル一切ト同シ事ニテ、オシナベテト云事也。又大学ノ序ニアル、一切以成功名ノ一切ハ、淮南子ナトニ多ク出テアル一切権時ノ一切ト同シ事ニテ、チヨツトヽ云事也。一切権時トハ当分ノ間ニ合ヤウニスルヲ云。此所一切應感ノ一切ハ一切権時の一切ト同シ事ニテ、チヨツトト云義也。言ハ良知時々絶間ナキヤウニト在スレトモ、チヨツト應感スル処ツイ良知ノ方ニ気カ不付。若シ或ハ事務ノ上ニテアチラヘコチラヘト周旋スレハ、其時ハ急ガシサニ又良知ヲ不見付ト也。**照管**、俗語也。気付心ノ付クヲ云。畢竟管字ハ付字也。**尚有内外之間トハ**、外ノ感應事務ニマキレテ内良知ニ心不付ナレハ、是内心ト外事ト間テアル也。**我這裏工夫不由人トハ**、我此良知ノ修行人ニ由ル事ニ非スト也。言ハ自心ニ修ルニアリト也。**急心ニトハ**、何角ヲ閣テ早ク心付意也。急ニト云事也。又不㆑由㆓人急心㆒トハ、急ニ出ル心ノ寛ニト出ル心ノト云差別ハナシトナリ。猶可考。**会透徹トハ**、内外一致ニ透徹スル合点ユク也。**内外両忘トハ**、何心モナクテ而モ良知ハリントシテ居ルト也。

〔六四〕**△又曰、功夫―**、透得コヽヘ透徹得テ、コヽカラクルテナケレハ聖学ニ非ス。左モナケレハ皆ウワサ学問ナリ。**渣滓渾化トハ**、垢ノヌケル也。**沾帯トハ**、ケガレヲオブル也。但帯字滞ノ字ナランカ。滞ナレハ猶ヨクキコユルナリ。

〔六五〕**△先生曰、天命―**、王子言ハ世ノ人性道教ヲ各別物ノ様ニクワシク云フ。サニ非ス。性道教畢竟皆一ツ也。世間ニ説ク如ク支離破砕スル事ニハ非スト也。**天命ト云ヲ**朱子ハ流行ヲ以テ云ヘリ。王子ハ直ニ天命ヲ性ト見タル者也。○朱子中庸章句ニ、循其性之自然則日用事物之間莫不有当行之路是即道也トノ玉フ。王子ハ道ト云者ヲ本性ヨリ事ニ應シテ感発スル筋ヲ指テ道トス。直ニ活底ノ者也。朱子ノハ道具ニナルキミ也。教ト云モ同シ。朱子ハ品節之以為法於天下則謂之教若礼楽刑政之属是也トノ玉ヘリ。王子ハ道ノ通ニナシテ行事トシ玉フ。王子ノガ直ニ子思ノ意也。中庸ノ末ヲ見ヘシ。二十一章目ニ、自誠明謂之性自明誠謂之教トアリ。**完々全々**、親ヘノ孝、子ヘノ慈、天下国家ノ事迄是ニ依テ不足ナル事ナシ。故ニ―ト云。**是的還他是ハ**、良知是ト知リタル事ヲハ、其マヽニ是トスルヲ云也。他字良知ヲ云也。世人多クハ良知ノ是ト見タル所ヲモ、人作ヲ以テ非トシナス也。コレニテハ還スト云モノニハ非ル也。非的還他非ト云モ同シコヽロ也。還字ソノマヽノキミ也。**是你的明師是亦難シテ云ハヽ**、天子ハ就有道テ正ストノ玉ヘルニ、志ヲ師トスト云事、是禅見也ト云ヘケレトモ、其就有道モ不就有道レハ、此良知安カラサル故也。正シテモラヘト云モノ良知指図也。スレバ是手前ノ明師也。

〔六六〕**△中庸《ママ》不睹不聞**、中庸ノ不睹不聞ト云ルハ、寂然不動ノ本体ヲトキ、戒懼ハ又其本体ヲ不取失ノ工夫ヲ云ヤト也。ナルホド其通リ也。不睹不聞カ本来ノ面目ニシテ、戒懼ハ功夫也。然トモ其間ニ於テトクト不會所アリ。故ニ大事ノ所ニ於テ皮膜ノ間テナキ事不能。元来本体即工夫云々即本体ナル者也。コヽガ王子ノ学術也。ソノ所睦トスマヌト見タリ。**先生曰―**、此処トハ此本体工夫ノ処也。須信得トハ、実ニ信シテ會得スヘシト也。本体モト不睹不聞者ニシテ、亦戒慎恐惧ナル者也。恐惧ナラサル者ナレハ、所謂不睹不聞ト云モノモ死体ノモノ也。魚ナドノ新キヲ見ルヘシ。イマダ生気ノコリテ、シリヽトシマリアリ。是所謂戒惧的光景也。戒惧即本体ノシマリ也。故ニ未発ノ本体トハ云、不発ノ本体トハ云ハズ。不発ハ仏者ノ本来ノ面目、未発ハ儒者本来ノ面目也。**戒懼ハ**、指当リ工夫所作ト見レトモ、実ニ自然ナル者ニテ、本心ノスガタ也。

其不睹聞ノ本体ヲ不失処、即戒惧也。試ニ戒慎ノヌケタル処ニテ可観。本体モベツタリトナリテ居ル也。本体ベツタリトナラヌ時ハ、戒惧モ存シテ居也。此本体工夫、々々本体ノ処ヲ會得セサレハ、戒惧皆人作ニ落テ、コレガ為ニ本作迄モイスクメタル也。ソノ上コ、ラ不弁ヘレハ戒惧カ己発ノ工夫ニナルナリ。中庸ニモ、不睹ニ戒慎シ不聞ニ恐惧ストアリテ、元来未発ノ場ノ工夫ナリ。コ、ノ味ハ本体工夫ノ処ヲ不理會シテハスマヌ也。**戒慎恐惧是本体―**、工夫本体々々工夫故、見得タル時ハドチラヘ云テモ同シ也事ノ子細ヲノ玉ヘル也。戒慎恐惧是本体ノ子細ハ前ニ述タルニテ聞ユ。扨不睹不聞是工夫トハ、見聞ニツレテ恐惧ヲモ失フナレバ、不睹不聞ヲ以テ工夫ト云。亦可ナル也。何レニテモ分テ二ツトスル者ハ本ンノモノニ非ス。ヨクコ、ヲ可会得也。

〔六七〕 **△問通乎昼夜之道―**、**通乎昼夜之道而知トハ**、昼夜之道ヲ一ツニシテ知也。道ニ通シテト云合点ニハ少異ナリ。元来良知ハ昼夜ヲ知テ居也。扨其知ルト云モノニ子細アリ。俗ニ知ルト覚テ居ル俗知ハ云ニ不及、識知学知等ノ知ニモ非ス。コ、ノ違目ヲ會ス可シト也。此問手ノ知カラカ究理ノ方ノ知也。究理カラクル知ハサツハリトシタル模様ノモノ也。良知ノ知ハニツトリトシタル模様ノ者也。**不知何以一叫便應―**、人睡ル時固ヨリ不知也。睡テ良知ノ不知ハ、喩ヘハ鏡ヲ家ニ納レ劔ヲサヤニ藏メタルカ如シ。家ニ納リ鞘ニ藏タリトイエトモ、物ヲウツシ物ヲ切ル所ノモノハ無間断。故ニ一タビ用ヒハ即移シ即切ル。良知雖睡一タヒ叫而應事如是也。**向晦宴息**、易ノ語也。睡ルヘキ時ニ睡ルカ良知也。人ノ寝時固ヨリ不知。然ニ良知ノ不知ハ、明鏡家ニ入、宝剣ノ鞘ニ納ルガ如シ。室ニアリ鞘ニアリト云トモ、移ス所以切ル所以ノモノハ、無間断也。室ニ入ヘキ時ニ不入、鞘ニ可藏時ニ不藏レハ、曇ツサビツスル也。**衆竅トハ**、耳目ハ云ニ不及、手足モ竅也。**不會宴息**、宴息ヲ會スル事ハ難キ事也。王子ハ軍中ニテ四十余日不寝レトモ、精神少モツカレス。心収斂スレハ不寝ト云ヘトモ寝ル同然ト見ヘタリ。又常人宴息ヲ不會。故寝テモ或ハベツタリトシテ昏睡シ、或ハヲソハレウナサル丶。是ニテハ寝ニオトレリ。養ニナラサル也。**良知是順應トハ**、善ハ善ト見テ捌キ、悪ヲハ悪ト見テ捌キ、万事見ヘ来ルホドノ事ニ順ニ應スル也。**先兆トハ**、後日ニアルベキ事ヲ先ツテ夢ル事ヲ云フ也。王子伏波将軍ノ廟ニ詣テ詩ヲ作レル夢ヲ見玉ヒ、後果シテ至リ玉ヘルニ、夢中ニ見ル所ト同シ。孔子死日七日前ニ祭ラル丶ト夢ミ玉フ類也。○此段ナト識知世知ニテ、本知ノ合点ナキモノハスマザル段ナリ。本知ノ合点ユケバ、易簡ニシテ何ノ造作ナキ事也。下ノ段亦同シ。

〔六八　記述ナシ〕

〔六九〕△**先生曰、仙家ー**、従養生トハ是自私自利スル処。**出離出死云々**、是亦自私自利スル処也。生死苦海ハ元来仏氏ノ見。善悪ノ念ニ因テ生ヲ受ク。善悪ニ因テハ天堂ニ生ル。悪念ニ因テハ悪道ニ陥ル。是生タリ死タリスルノ苦海ヲ出離セント欲セハ、無心ニナラサレバ不能ト立タル者也。故ニ説テ至レ無也。**還他トハ**、此二字ハ其マ丶ニスル事也。仙佛虚無ヲ宗旨トスレトモ、意思アル故却テ真ノ虚無ニ非ス。聖人虚無ニ於テ意思ナシ。虚無ヲ事トセズシテ真ノ虚無也。**天之天**（ママ）〔太〕**虚トハ**、大虚ノ如ト也。下ノ無形モ無形ノ如ト云事也。**天地万物倶**、良知ノ発用ニ順ヘハ、天地モ位也。万物モ育也。天地万物共ニ在ニ我良知発用流行中一ト云句、仰山ニ聞レトモ、能合点スレバ簡易ナル事也。誠ニ一タビ良知ニ順テスレバスム也。一タヒ良知ニ順ガヘハ、当下天地位也。万物育スル也。全体位育スルハ聖人中和ノ極功也。

〔七〇〕△**或問、釈氏ー、要之トハ**、畢竟スルニト云キミ也。**天則自然トハ**、天則ハ天理ト云カ如ク、五倫之道也。**幻相トハ**、マボロシノスガタ也。**無些子交渉**、今ノ出家ハ世間トハ交渉シテ五倫ヲバ失ハズ。儒ノ所謂異端ノミニハ非ス。釈氏ノ為ニモ異端也。

〔七一　記述ナシ〕

〔七二〕**△先生曰、孟子—**、学者先此ノ不動心ト云ヲ以テ的トシテ学問スベキ事也。故ニ古ヨリ儒ニ不レ限仙仏ノ道モ、又諸藝ノ上モ　忠《ママ》〔志〕アル程ノ者ハ、不動心ヲ以テ心ガケトス。不動ヤウニスル修行ニ至テハ、公ノ道理カラスルト功利カラスルト違アル也。只告子ヲ非トシ、孟子ヲ是トシタル分ニテ、動カヌ工夫ヲセズシテ何ノ益ニタヽザル也。扨実ニスル日ニハ、告子ニ随テ不動ハ不レ貴、動トモ孟子ニ従テスルヲ貴フ。孟子ノハ即曽子ノ傳来ニテ、夫子ノ道也。孟子養気ノ章曽子ノ語。可考。**阻撓了**、ヘダテタハムル也。軍法ニ沮撓ト云熟字アリ。スレハ阻沮ノ字ナルヘキカ。**又害之**、心ノ本体ヲ害スル也。**孟子集義工夫**、コヽラニテ本ンノ道筋ト云モノヲモ可考。スベテ本ンノ道ハ易知易従易簡ナル者也。義ハ人々合点ナル者也。是易知ナリ。ソレヲ集ル事ナレハ従ヒ易キ事也。扨埒明事ハ難キ事也。致良知ノ学モ其通リ也。告子カ道ハ甚シテ其功ハ却テ卑シ。孟子四十而不動心。告子先吾不レ動レ心トアレバ、告子ハ四十以前ニ埒明タルト見ユ。陸象山曰、学問ハ験ヲ以テ論スルナ。験ヲ以テ云ハヽ、告子ハ孟子ヨリ勝テル者ソトノ玉ヘリ。朱子ノ究理モ難レ知難レ従シテ、而モ外面ノ験ノ良知ノ学ヨリ甚速也。

〔七三〕**△又曰、告子—**、**告子執定トハ**、告子カ見ハ性ハ善モナク悪モナク、ブラリトシタル者ト云ニ執定セル也。**在物感上看**、来リ感スル物ノ上ニ於テ、有善有悪ト見タル者ソト也。**倣両邊**、外物ト心トヲ二ツニスル也。**會差トハ**、差フ事ヲナスト云事也。俗語ニ用ユル字也。天下心外ノ物ナシ。皆我心ノ内ニ在リ。告子カ見ナレハ心外ノ物アル也。故ニ差フトノ玉フ也。**他於性ノ他ハ**、告子ヲ指ス。彼カ性ノ見様イマダカシレタト也。

〔七四〕**△朱本思問—**、言ハ人々ハ虚霊不昧ノ本体アレハ良知アル筈也。草木瓦石ノ類ニハ、虚霊ノ本体ナケレハ良知ハアルマシキ事也。然ルニ是亦良知アリヤ否ト也。此問ヲナセル子細ハ、王子常ニ万物一体ト云事ヲノ玉フ故ニ問ヲナセル者也。**若草木瓦石**、言ハ人ノ良知ハ即一元気也。天地モ人モ万物モ皆此一元気ヨリ生々シテ不息。此一元気ナケレバ天地モ運化セズ。万物モ不生也。**其発竅云々**、一元気ノ発見也。発竅トハ発見ト云フガ如シ。此二字、素問金櫃真言論ニ出タリ。肝ハ発ニ竅於目一、肺ハ発竅於鼻ノ類也。五臓ノアラハルヽハ、穴ニアラハルヽガ故也。**一點霊明**、即良知ノ事也。**此一元気トハ**、天地一枚ノ気ノ事也。此巻旧本廿五版、新本三十一版ノ表ニ曰、良知ハ是造化的精霊。這些精霊。生天地。成鬼成帝。皆従出ト云々。此章ト右ノ章ノ意ヲ得テ見ヘシ。良知ハ造化ノ精霊也。良知ノ名ニナツンテ、手前ノ物ト見ト此章不通。此章不通ノミナラス、良知トスルモノ亦良知ニ非ル也。良知ハ天地タル活潑ノ精神也。此章以下三章ト通シテ可考。明白ナルヘシ。且―版人心与物同体ノ條亦並按スヘシ。○朱子ニモ亦、草木及腐敗之物皆知覚アルノ説アリ。語類六十巻ニ見ユ。又文集五十九、答金（ママ）〔余〕方叔書ニハ、天之生物、有血気覚者。人獣是也。有無血気知覚。而但有生気者。草木是也ト云々。彼此相矛盾スルカ如クナレトモ、各自一意固滞スヘカラス。

〔七五〕**△先生遊南鎮―**、**無心外之物トハ**、天地ノ間ニアルモノハ、皆我心度内ノ物ソト也。**帰於寂**、花モ汝カ心モ、共ニ空寂無心ニシテ、何ノ意モナシト也。**你来看此花**、言ハ汝來テ此花ヲ見テ扨モ見事ナルト思ヘハ、此花モ顔色一時ニ明白ニ見事ニ見ユルト也。

〔七六〕**△問、大人与物―**、身是一体トハ、頭上ヨリ脚下迄一体ト也。**把手足云々**、荀子強國篇ニ云。白刃捍《ヲ、ヘハ》乎胸。則不見流矢。抜戟加乎首。則十指不辞断。**宰禽獣**、宰ハ宰殺ト連綿ス。コロスト訓ス。**合該如此**、該ハ宜ト通スルナリ。合該二字ニテ、ベシトヨムモ不苦也。**従此出**、親々ヨリ出ト也。**此処トハ**、親々ヲサス。**順這箇**、順ヲ履行ヲ云也。

〔七七〕**又曰、目無体**、本道ハ虚ナル者也。故ニ目無体ト也。目ノ中ニ五色ハナキ也。故ニ云々ト云。下耳鼻口モ同意也。**以天地万物云々**（ママ）、是カ感シ來レハ乃是ト知テ應シ、非ガ來レハ乃非ト知テ應ス。是心ノ体也。然ルヲ適莫将迎ニテ感應 ヲ 妙ヲ塞キ、是非ノ素定好悪ノ執帯ニテ、無体ノ心ニ体ヲナス。譬ハ鏡ノ中ニ形ヲヱリ付タルガ如シ。ヨク〳〵此段ニテ覚悟スヘキ事ナリ。

〔七八〕**△問殀寿不貳ー、一切声利云々**、一切ノ名聞利欲ノ好ナドハ学問修行ノカゲニテ、其事無クサレトモ、一ツノ生死ノ念ニ於テ離レガタシト也。**死生念頭ハ**、偷生避死云々。**未融釈処**、声利ノ念慮カ未融釈也。イカントナレハ生ヲ好ノハイヤトモ、金銀ナケレバ生ヲ遂ケラレヌ。故ニ其念不失也。**従生身命根**、ギヤツト生レ出ルヨリト也。**見得破**、ミヤブル事也。**透得過**、トヲリヌケル事也。**此心トハ**、良知ヲ云也。

〔七九〕**△一友問、欲於ー**、是初学ノ一友也。此問ナドロク〳〵功夫モセスシテ、遽ニ此不審ヲ起セル也。甚卒爾ナル事ニテ、実ニ功ヲ不レル用人也。今時王子ノ学ヲ疑フ人多此類也。**剜肉做瘡**、起リモセヌ名利色ヲ尋サガシテ掃除セントスルハ、タトヘハ疵モナキ身ヲサキワヒデ、却テ瘡ヲナスカ如クナラント也。吹レ毛求疵ト云カ如シ。**曰這是トハ**、上ノ名利貨色ノ根ヲ掃除廓清スルヲ指ス。**更有大本事**、ハ右ノ病根ヲ去ルノ上ニ、更ニ大根本ノ事アリ。然ルニ其処ハ十数年モ工夫ヲ用過タル上ニテ用ル薬方也。你ナドニハ早シ。先其病根ヲ掃除スルカヨシト也。**放起トハ**、打ヤツテヲケト云事也。**愧謝ハ**、ハヂアヤマツテ謝ト也。**此量トハ**、此段此分此場ナド云カ如ト也。**以誤汝トハ**、此一友ノ意ハ煩悩菩提ノイキ方也。誤レリ。**悚然トハ**、恐レタ事也。

〔八〇〕**△一友問功夫ー**、不切ニ字上ノ句ニ属シテ、問功夫不切トヨムハ非也。**轉説轉遠**、説ケハ説ホド弥虚遠ナル事バカリ云ゾト也。**亦須講明**、講明亦スベキ事ナル故、彼是ト申シテ見マスルト也。**肯用功ノ肯ハ**、ウケガフテト也。**糊塗トハ**、俗語也。謂㆓不明㆒モト醫濁也。後ニ骰突或糊塗ニ作ル。焦氏筆乗ニ並ニ非也ト云リ。醫ハ故谷切濁酒也。以酒為喩也。糊塗ハ物ノ分明ナラヌ事ヲ云。類書纂要ニ見ユ。不埒ト云事也。**我亦無別法可道**トノ玉ヒ、又何可請明トノ玉ヒ、子細ハ此問無理デナケレトモ、工夫ヲ用テイカヌ処ヲ問ヘルニハ非ス。言語ノ上ノ詮議也。故ニ受取玉ハヌ也。**把麈尾**、払子也。麈尾ハ鹿ノ長ニテ、鹿ノ類皆麈ニ従フ。故ニ禅師用之テ法ヲ所化ニ示ス。コノ把麈尾提起スルハ、世尊ノ捻花ノ意ナラン。○麈ハ大鹿ト云字ナリ。麈先ツト小鹿従フ。故ニ先職ノ僧之ヲ持。士ノ再拝ノ如シ。**藏過トハ**、只カクスト云事也。但俗語ニ、コチラノ物ヲアチラヘ移スコトヲ過スト云フ。コヽハ過辞ヲ其義ニ見テモ可也。アチラヘ移シカクス也。扨コノ麈尾和尚未知出処傳燈録所蔵ノ一指和尚打地和尚ノ徒ナルカ。**説法トハ**、示スト云事。**我麈尾安在**、良知ヲ指言。良知ハ即面々ノ身ニ在ト也。○陸佃カ説ニ因テ見レハ、麈尾ヲ揮フ事和尚ニ不限ト見ユ。陸佃曰、鹿大曰㆑麈群鹿随㆑之視㆓所㆒㆑往以㆓麈尾所㆒㆑転為㆑準古之談者揮焉良為㆑是也。**躍然トハ**、ハツキリト心ニ思ヒアタリタルヲ云フ。孟子ニ引テ不発躍タリトアル躍字ノ意也。扨是段ナト禅録ノヤウ見テ是見ヨ。王子ノ学ハ果シテ仏也ト云人アレトモ、夫子禘ノ説ヲ問ヘル答ヘ玉ヒテ、掌ヲ以テ示シ玉ヘルヲ以テ思ヒ見ルベシ。孔子ニモ此筋ナキニ非ス。其餘出門大賓ヲ見ル如キ、又在輿則見其〔倚〕於其衡ノ類。在他人必是禅機是観法トソシルヘシ。

〔八二〕**△或問至誠ー**、**誠是実理トハ**、真実無妄ノ実理ナレハ、畢竟只是一ノ良知ノ事ソト也。**妙用流行**、妙用ト云モ替リタルモノニ非ス。知善知悪是也。流行ト云モノ妙用ノ外ニアルニ非ス。其妙用ノ行キトヾク処ヲ以テ流行ト云ル也。**誠神機トハ**、三ニシテ真実ハ一ツ也。周子ノ語ノ心ハ、至誠ノ聖人ハ神妙ニヨク事ノ幾ヲ察スト也。王子此語ヲ引玉ヘル意ハ、周子モ右ノ如クコソ云タレ。貴㆓前知㆒トハノ玉ハズト也。前知ト云ト幾ヲ察スト云トハ、似タ事ニテ違ヘル也。**禍福之來**、此語中庸ニ因テ云ヘリ。然トモコヽデハ福字ノ方ハ甚軽シ。タヽコヽハ禍字重シ。**遇変而通トハ**、禍変ニ出テモ不塞也。文王羑理ノ囚レ、孔子司馬桓魋ニ殺サレントシ玉フ類也。且知幾人ハユキツマラヌ也。是ニ於テ通ス。国家ナド治ル上ニ於テ、ユキツマラヌ内ニ引ノベル事アル事ナリ。易係辞ニ曰、変而通之。**趨避トハ**、早合点也。備テアル事也。譬《ママ》〔避〕ハ皮意反音備逃去也。**利害心未尽**、邵子ノ撃攘集ナド見ルベシ。利害得喪ノ心ハ離レ切タル賢者也。此ノ語ニヨリテ邵子ヲ軽ク思ハヽ、夫子ノ子路ガ瑟ヲ聞キ玉ヒテ、不《ママ》〔奚為〕於丘之門トノ玉ヒシヲ聞テ、門人衆ノ子路ヲ不敬ト同カルヘシ。邵子其云ル処果シテ能ク中ル故、面白ク思玉ヘル所ナトニ於テ能ク見レハ、未至処アリ。ソコラニ利害ノ心ニ未尽処アル也。常人ノ利害トハ又自別也。

〔八二〕**△先生曰、無知―、無知無不知トハ**、心ノ本体空虚ナル故、知ル事モナシ。然ニ其本体霊妙ナル者故、自然ト不知事モナキ也。無知ト所謂虚也。無不知ハ所謂霊也。虚霊不昧カ明徳本体也。

〔八三〕**△先生曰、惟―、看トハ**、王子ノ前方思召ニハト也。**何等玄妙**、何等ハイカバカリナリ。何等ノ玄妙ニシテ、手ノトヾカヌ事ゾト也。**今看来トハ**、今思ニト也。**何等明白簡易**、上ノ玄妙ノ反《ウラ》也。イカバカリ明白ニシテ事少ク為也。易キ工夫ゾ。少シモ玄妙ナル事手ノトヽカレヌ事ハ無キゾト也。

〔八四〕**△問、孔子所謂―、遠慮ノ事**。按遠慮ト云也。新板頭書ニ見ユ。○近世王学ト称シ、藤樹学ト称スルノ徒、所謂不精思。漫然トシテ随事應シ去ヲ良知ノ学ト思ヘル者多シ。同志ノ中精思スル者アレバ、却テ渉」「按排」トソシル。是大ナル心積《ママ》チカヒ也。先生此言亦新板頭書ニ見ユ。尤我レ知ラヌ方ヨリスラ〱ト出ルモノ、真ノ天心良知也。可仰可尊可信可戴也。此天心ヲ不知ル学者多シ。然ルニコレハ欲ニ不動物ニ不滞時、惺々坦坦蕩タル処ヨリ直ニ呈露セル良知ナレハ、面々底常ニアル事ニ非ス。然ルニソレヲアテニシテ精思ノ功ヲ欠ク。大ナル誤也。コトニ大事ニ至テハ、能ク精思セサレハ良知ヲ欺ク。然ルニスラ〳〵ト天心生シカヌル故、学者ノミ精思スルニハ非ス。聖人ホド弥精思シ玉フ。按排ト精思トハ主意事上ヘムクト、心天理ヘムクトノ処ニアリ。似テ大ニチガヘル事ナリ。今世ノ王学者藤樹学カノスラ〳〵ノミヲ事トシテ、精思ヲ按排トソシル故、世儒此等ノ学ヲサシテ頓悟ノ宗旨トス。世儒ノ咎ニハ非ス。実ニ此等ノ学者ノ誤也。然ルニソノ頓悟ヲ宗旨トスル禅ト雖トモ、カクノ如ク思ヲ精シフセズシテ、ユキツキ次第ナルヲ本心トタツトミハセサルナリ。

〔八五〕△**問、一日克己ー**、作效験トハシルシト二云事也。**以万物為体トハ**、為体ノ間ニ恐クハ一字アルベシ。脱セルナラン。**八荒皆在云々**、八方ノ果迄皆我カ門闥ノ中ニ在リト。門闥ハ内々ト二云事也。按ニ克己銘ニ曰、方二其未克一。窘二吾室廬一。婦姑勃磎。安ッ取二厥餘一。亦既克レ之。皇々四達。洞然八荒。皆在二我闥一。孰曰三天下不二帰吾仁一。**不在此トハ**、效験ノ方ニ不レ在ト也。

〔八六〕△**問、孟子功《ママ》**〔巧〕**カー**、朱子云三字《ママ》〔子〕云々トハ、伯夷伊尹柳下恵也。力トハ聖ヲ云。巧トハ智ヲ云也。**三者皆長**、伯夷以下ノ清任和ヲ云也。**而極トハ**、至極尽テ居ルナリ。下文同シ。**聖知本体**、良知也。

〔八七〕△**先生曰、先天ー**、言ハ天道ヲ待合セズ。此良知ニ従テ行ヘバ、自然ニ天道ト一致ニナルハ、是天即良知ナル故也トゾ。下ノ句モ同意也。良知ノ俣ニサヘスレバ、天ト不違ト也。此段ナトヨク味ベシ。夫易ハ開レ物成レ務ノ書也。天ト人トツレダツノ道ニテ、易道モ此外ニハナキ也。良知ハ無文無筮ノ易、易ハ有文有筮ノ良知也。四書ニテ引合シテ云ヘハ、従心所欲不踰矩カ先レ天而不レ違也。上律二天時一カ後レ天而奉二天時一也。読書録ニ見タリ。**奉ストハ**、敬テ行フ事也。

〔八八〕**△良知只是|**、**是非ノ心トハ**、是ヲ是ト知ノ《ママ》〔リ〕、非ヲ非ト知ルノ心ト也。**是非只云々トハ**、是非之心ト云ハ、只是ヲ好ミ非ヲ悪ムヲ云フト也。**只好悪云々トハ**、只此好悪ノ心アレハ、乃其是非ノ心ヲ尽スト也。**巧処則トハ**、先規矩ハアルナリ。然レトモ其使ヒ方ハ、上手カ使ヘハヒツミナク、下手ガツカヘバ少シヒヅム。故ニテギハ、其人ニアルゾトナリ。

〔八九〕**△聖人之知|**、之知ノ二字ハ、下賢人ノ下ヘモ愚人ノ下ヘモ入テ可見。**陰霾トハ**、陰ハクモル也。霾音埋。土ボコリノフル也。詩邶風終且（ママ）〔終風且〕霾《ツチフル》。註霾雨㆑土　蒙（ママ）〔為〕霧也。疏ニ曰、風而雨㆑土為㆑霾。又曰、大風揚㆓塵土㆒ヲ従㆑上下ル也云々。是春ムキ不㆑珎事ニテ度々アル事也。霾字マイトモカイトモ両音也。謨皆反音埋。又莫懈反音賣。**夜裏トハ**、夜中也。**這点明処**、一点ノ明処也。即未尽処ノ良知ノ餘光ヲ云。点明処ト云テ一点ト云一字ヲ略セル也。俗語ニハカヤウノ一ノ字ヲ略ス事マヽアリ。一盃ノ煖酒ト云ヲ盃ノ煖酒ナト云ノ類也。

〔九〇〕**△問、知譬曰|**、但（ママ）〔俱〕ニ是人心合有的トハ、按ニ礼記曰、人生而静ナル天之性也。感於物而動性之欲也。朱子曰、其未㆑感純粋至善万理具焉。所謂性也。感㆓於物㆒而動。則性之欲出焉。而善悪於㆑是乎分。是性之欲。即所謂情也。**要認得良云々**、其七情ノ中ニ就テ云々。**如日光云々**、アソコカ日ノ光也ト、其方角ヲ指ス処ハナシトナリ。光字ヲ気ヲ付ヘシ。日輪ハ方所可㆑指也。光ハ方所不㆑可㆑指。上下左右前後無㆑可㆑指也。○扨此光字ヲ和訓ニヒカルト付タルハ面白キ訓也。体ヨリ云フ時ハヒカルト云ヒ、用ヨリ云フ時ハヒカリト云フ。共ニ日借ルト云ノ訓也。其子細ハ凡テ天地間ノ光耀ノ実体ハ、只一ツノ日輪ノミ。他物ノ光耀アルハ、スヘテ此日光ヲ借ルノ意也。今良知ヲ以テ日光ニ喩フ。其意亦思ヒミルベキカ。天地間良知ノ知光ノ外亦別ニ何ニ物カ有ル。今此説ヲナス。更ニ牽合附會セントニハ非ス。自然ニカナフモノアリ。雖㆑然漫向㆑他テ

説ヘカラス。痴人夢ヲ説ノ事右ノミニ非ス。**不可分別**、良知ハ善、七情ハ悪ト分別スベカラスト也。**有所着トハ**、過不及ヲ云也。**會覚トハ**、只サトルト云事ナリ。

〔九一〕**△問、聖人生知—**、**甚功夫トハ**、アノヤウナト云事也。**知行二字**、生知ト云、安行ト云フ知字、行ノ字アルハ、即功夫也。心ヲ起シテ歩ムト、ズツト歩ムトノ浅深難易ハアレトモ、足ヲハコバスシテ歩ト云事ハナシ。同ク歩ム也。**殊トハ**、殊ノ字ハ品ノ違フタヲ云。異字トハ差別アリ。異ハウラハラナヲ云。**依此良知云々**、聖人トテモ良知ノマカセトテアレガテニナルト云事ニハ非ス。依ノ字可レ観。テリカヽヤク精々明々ノ通リニスルカ聖人也。喩ヘハ大力ノ者物ヲアケルガ如シ。大力也トテ物ヲアゲスニ独アガルニハ非ス。次ナル者ハ力ヲ起シテ引立務テアケル。是学知利行也。良知一通リハ、聖人モ今日ノ人モ替ル事ナシ。**時々省察**、孝カ不孝カト省テ、孝不孝ヲ合点スル也。**蔽錮已深**、蔽ノ字ハ知ノ字ヘアタリ、錮字ハ行字ヘアタル。**聖人雖是云々**、此ヨリ以下学者思ヲ尽スヘシ。**肯倣困知勉云々**、尭舜文王ナドノ兢々業々亹々翼々。書ノ臯陶謨、詩大雅文王ノ篇等ニ見ヘ、又孔子又自聖也トセズシテ、却テ困勉憤発シ玉フ意。論語中所々ニ見タリ。**困知勉行的却要**、此病王学者志アル者ニ却テ多シ。志アル者ホド皆コヽガナラズトモ、如斯事ハホツコリト開ル筈ジヤト思テ不審立ル也。是困知勉行ノ位ノ人ニシテ、要レ思三量倣二生知安行的事一也。人百己千ノ功ヲナス合点ハナキ也。是デ怎生シテ成得。学問成就セヌ事実ニ爰也。此ノ処学者ノ通病。能可二体認一。易ク覚ヘテ生知安行ヲ欲ルニ由テ、イヨ〳〵ナラスト思フ也。只困知勉行シテ真ノ困ヲ楽ムベシ。辛キ物ヲ食カ如シ。辛キハカラケレトモ、辛キカ却テスキトナル也。　朱子曰、聖人以二敏底之質一倣二鈍底之事一。常人以二鈍底之質一倣二敏底之事一云々。

〔九二〕**△問、楽是心—**、心ノ本体楽シキ者也。故ニ王子カクノ玉ヘリ。人分外ノ願アリ。持ナシカ悪サニ安楽ヲ失事也。心本卒々トシテ苦ナキ者也。喩ヘハ飢テ後ヒダルキト云フ苦ミハアル也。其時食スレバ亦本体トツリ合フ。故ニ其苦心去ル也。此楽ノ字、七情ト分テ云フ時ノ哀楽ノ楽ニハ非ス。情ノ上ニハ哀ノ場ト楽ノ場ト二品也。此ハ心ノ本体也。本体ハイツモ楽キ也。**大故ハ**、父世ノ喪ヲ云。**還在否トハ**、還ノ字ハ持テ廻テモト云事。ドウコカシテモ楽アリヤト云フキミ也。**一番了**、俗語也。ヒトヽヲリ、ヒトタビト云事也。

便不楽矣云々、哀哭スヘキ時哀哭セサレハ、於㆓良知㆒ブキミナリ。哀哭スルデ本体ノ楽存ス。

○楽ハ心ノ本体ナル事、人々理會セデハ叶ハヌ事也。ヨソゴトニハ非レハナリ。此ノ段ナドヲハ當世ノ大儒ノ論モ問モ答モ無益ノ事ナリ。聖学ト云モノハ、親兄ヘ事ル筋ヤ国天下ヲ治ルコトヲコソ問答スヘキ事也トテソシレリ。ソレハ大マカナル論也。論語ニモ夫子顔子ノ賢ナルヲ称シ玉フニ、人不堪其憂。回也不改其楽トアリテ、又推返シテ、賢ナル哉回也トノ玉ヘリ。註ニ程子簞瓢ヲ楽ムニ非ストノ玉ヒ、又其字可味トアリ。是境界ノ為ニ本体ノ楽ヲ不改ヲ以顔子ノ賢トシ玉フニ非ヤ。又孟子モ、自反万物皆備㆑我楽莫大焉トノ玉フ。是亦本体カゲメナク、スボキ事ナク、楽キヲ云フニ非ヤ。自反ノ二字孟子ノ位ニシテ顔子ニ不及処也。夫子ノ疏食飲水ニ至テハ、自然ニ本体ノ楽ノ充アフレタル姿ミユ。顔子ニ於テハ、不改ノ二字顔子ノ位ニシテ、夫子ノ自然ナルニ不及処也。皆コレ本体ノ楽ノ事也。然ルヲ無益ト云。道学ニ不論事トハイカナル故ゾヤ。コヽハ万事工夫ノ根本ニシテ、而モヨソノ事ニ非ス。可体認事也。

〔九三〕**△問、良知一而已―**、**作㆑彖トハ**、今云卦ノ辞也。**繫爻トハ**、爻ノ辞也。**賛易ハ**、作㆓十翼㆒ヲ云。易ノ義ヲ賛ケ説クノ義也。**看理不明**、不㆓一様㆒也。上ノ良知一而已ト云ヘアタリテ云也。**死格トハ**、活法ノ反也。死法ト云事也。聖人説道ハ皆活法也。**大要トハ**、大タヽヘノヒツクヽリ也。**為説何害**、良知ノ同キヨリ出レハ、百人百色ノ説ヲナシテモ可也。皆聖人ノ学也。良知上カラ出ス。爰カ違ヘハ異端也。説ハヨクトモ異端也。聖学異端ノワカレ爰ニアリ。孟子告子ト論スル処、ヨリヨク可味。其語悉ク非ナルニハ非ス。其出ル処甚非也。**造化妙手**、言ハ作リ花ゾト也。是異端也。**不妨有異処**、良知ノ同キヨリ出ツレハ、異処アツテモ不苦也。**不肯用功**、培養良知ノ功夫也。**連筝云々**、連筝トハ筝トモニト云フ心也。筝トモニ連テマタ生セス。先筝ノ生スルヤウニシヤレ、枝節トコロヘハユキタヽヌゾト也。**抽トハ**、抽芽也。不抽得ハ言ハハヘ出ツマジト也。

〔九四〕**△郷人有父子——、侍者欲阻之トハ**、侍者ハ王子ノ臣カ或ハ門人カ也。父子ノ争カ何トシテ王子ヘ云ハレウゾト止メルナリ。**不終辞トハ**、聞玉タル也。トキニ此父子感化シテ、涙ヲ流シ、ダキ合テ去リタルト也。○又一説ニ其訴ヲ聴テ、其捌ノ辞ヲ云ヒ不終ニト也。**記得トハ**、覚ヘテ居ルト也。**自家トハ**、自分ト云事也。**時如何トハ**、イカバカリト云事也。**復得此云々**、此時初テ慈心ノ生シタルヤウナレド、此慈モトヨリ有モノ也。故ニ復得ト云也。○或ル朱学者ノ先生此段ヲ挙テ、王子ノ学ニハ甚術アリ、舜ハ是レ世間大不孝的ノ子、瞽叟是世間大慈的父トハ、聖学者ノ云ヘキ詞ニ非スト云リ。勿論朱学カラ云フモ左也。スレド爰カ人ノ心ヲカキ立ル処也。謀計デハナフシテ、向ノ迷ヲ自身ニシラセタル者也。此父子感化シタトテ、王子ヲ文武周公孔子ノ如クノ聖人ト云事ニテハ非ス。文王ニハカタカラ父子訟獄ノ者ナキ也。王子モ及玉ハヌ処ナリ。

〔九五〕**△先生曰、孔子——、先有知識云々トハ**、知識ヲフレマヒナサレナンダト也。**其心只空々云々**、朱子ノ意ハ、空々如ヲ鄙夫ノ事ニシテアリ。鄙夫ノヤクタイモナキ問ヲ云フ也。叩両端而竭ト云モキミアイ違タリ。王子ノ意此段ニ明白也。孔子ノ心中ニ一物モナキヲ其心只空々而已ト云フ。両端ト云フモ彼良知知ル所ノ是非ノ両端也。**叩他自知云々**、向ノ鄙夫ノ自ラ知テ居ル是非ヲ発動シテ、ソレテ直ニサバク也。**一剖決ト**

ハ、チヨツトタチワケテ見スルヲ云フ。**便是他本云々**、天則ハ天然ノ準則也。鄙夫ヘ天カラクダサレタ良知也。聖人ノ聡明ニ少シモ増ヲトリハナキ也。聖人ハ信シテコレニ従ヒ、鄙夫ハ自信セヌ迄也。天則ノ字、易文言ニアリ。乾元用九乃見天則ト。**竭尽無餘了**、彼カ良知ト云也。**留得些子云々**、此方ニ少シナリトモ知リ顔ナル者アレハ、他ノ良知ヲ不能竭。我塞ク故也。**道体トハ**、原ト天地一箇ノ道体。良知即道体也。

〔九六〕**△先生曰**、**蒸々｜**、蒸々ハ本註ノ説、コヽニアルカ如ク、象蒸々ト義ニ進ミ進ンテト也。然ルニ王子ハ蒸々ヲムシムス事ト見玉フ。我徳ヲオサメテ、ソレデ向ヲムシテ、向ノ悪ヲバ格シ玉ハヌト云事。故ニ姦ヲ不格ト見ル也。格ヲ格正ノ格トス。本註ハ至ルノ義ニ取テ、不レ至三人為二姦悪一トス。**徴庸二字ハ**、舜典ニ出。舜生テ三十徴庸ト云也。**象猶曰云々**、サレハ本註ニ、不レ至三人為二姦悪一トアレトモ、是程ノ姦悪又トアルマジケレバ、本注云フ処アヤマレル也。於レ是王子為レ説曰、舜只是自進云々ト也。如レ之ト云迄本註ノ誤ヲ云。舜只是云々以下王子ノ意ヲ述ブ。**以乂薫烝**、乂トハ、徳ヲ乂ル也。我ニ入ル徳ノ火モ以テ、フスベ、ムスナリ。**凡文過揜慝**、凡ハ象ニ不限、凡悪人ハト云事也。揜レ慝ハ陰悪也。**常態トハ**、ツネノナリ也。**指摘トハ**、ソコ爰トサシツケツミ立テ云フ事也。**他是非**、此他字下ノ他字、二ツナガラ象ヲ指ス也。**激トハ**、サカ立事也。**舜初時云々**、舜ノ聖ト云ヘトモ、其初自乂ムルニ蒸々タルノミニ純一ナラズ。却テ象ヲ早クヨクセント急キ玉フ。是ヲ要象〔好〕的〔心〕太急ト云リ。是故ニ象反テ激シテ舜ヲ殺サント要セル也。是舜ノ過チゾト也。**是舜之過処トハ**、古今ノ大議論也。扨此過チヲ経来テ、ソコデ舜功夫ノ自己ニアル事ニアル事ヲ知リ玉ヒ、象ヲ責スシテ以テ克諧フル事ヲ致シ得玉ヘルト也。**動心忍性トハ**、心ヲ動トハ、心ヲハタラカス也。心ヅカヒナリ。思《ママ》〔忍〕レ性トハ生レツキガタギヲコラヘル也。於レ是孟子ノ天将降大任於是人也ノ　意《（ママ）》〔章〕内ノ語ヲ引テ、舜象ノ論ヲ終ヘ玉ヘル也。此ノ語告子ノ下篇ノ出ツ。**古人言語云々**、是ヨリシテ末ハ、舜ニ不限、古人ノ言語ハ皆実ニ践履ヨリ出シ言語ニシテ、今日ノ如ク口耳ノ学ニハ非スト云フ事也。先人曰、此論中舜ノ最初於レ象所ヲ指テ舜ノ過処トス。此議論ノ大ナルニ予モ仲ゴロ愕テ、過処ノ過字ヲ過去ト見テ、此ハ是過去シ処ナリト如此見タリ。今又顧フニ、聖人トテモ過ナシトスヘカラス。況ヤ舜ノ於象、其好ン事ヲ欲スルノ急ナレハ、亦過ノ宜《ムヘ》ナル者アリ。孟子ニ是ヲ問ハヽ、周公ト斉ク其過亦不宜乎トノ玉フヘシ。世儒ニ問ヘハ、王子異ヲ好ムトソシルヘキカ。**他許多云々トハ**、他トハ古人ヲ指ス。許多云々ハ、イカバカリノ骨ヲリトナリ。

〔九七〕**△先生曰、古楽―**、是段ハアタマカラ問手ノ語也。以前聞ル処ノ先生ノ語ヲ挙テ疑ヒ問ヘル也。**古楽云々**、外ノ事ハ我カ心ニ覚ヘテ、悪事ヲバ改テ進ム。楽ハ不レ覚不レ知平気ニシテ心和スル者也。心学ノ事ヲ明朝ニテ云ヒ出シタヤウニイヘトモ、古ノ此楽ト云フモノ、是心学也。此学ニテ心ノメリカリヲ直ス。舜ノ時専ラアリシ也。此楽ト云者小鬧《キ》トキヤ、腹ノ立時ハナラズ。和シタ時ノ遊ヒ事也。故ニ孟子ニ今之楽ハ猶古楽ト云リ。**今之戯子**、アソビ事ト云事也。コヽニ孟子ヲ受テ、與二古楽ノ意思一相近ト云リ。ソレヲ徳洪心得ヌ事ト思テノ問也。隋ノ時迄モ宗廟朝廷ハ古楽ヲ用タリ。但為二遊興一別新楽出来次第ニ盛ニナレリ。是ヲ散楽ト云リ。日本ノサル楽ト云フモ、散楽ノ唱違也ト云フ一説ナドモアリ。**韶之九成**、書経ニ出ツ。九篇ヲシカヘシ奏スル故ニ云フト云リ。サモアルニヤ。成トハ成就ノ意ト云リ。下ノ九変ト云モ同意也。**一本トハ**、一ツト云事也。**聖人一生実事**、爰ニ大事アリ。書ナドニ書顕ハス時ハ、皆ヨイ事許リ書顕ハス也。後世理学開ケテ後ハ、愈尤ラシキ事ノミヲ記ス故、全体ノ人トハ別也。只スク事、好ム事、遊フ事ノ上ニテ、其人ノ実事アラハルヽ者也。韶楽ハ舜ノ戯子《アソヒ事》也。武王ノ武、舜ノ楽ホドニハ至ラヌ也。其位々ヽノ物也。凡人モ亦如斯。我カ心ノ位ヲ知ラント思ハヽ、古楽カ面白キカ、淫楽ガ面白キカ試ルベシ也。**播二在楽中一**、音楽ノ中ニアル也。是カ御スキト云ノ事デ、其一生ノ位ガ知レル也。**後世作楽云**々、聖楽ハ天地自然カラ来ル。後世ノハサニ非ス。**些詞調トハ**、如此ノセフガヲ歌ヒ、如此ノフシヲ付タルト云迄ノ事ソ。詞ハシヤウカノ事、調ハフシノ事也。故ニ、於二民俗風化一〔絶〕無二関渉一也。聖学ハ、水ニ舟ノ浮カ如シ。天地ノ功化ト一ツニ成ル。後世ノハ別ノ事也。スレド近世ノ淫楽デハナキ故、大害ヲバ云ハス。一段下ノ淫楽ニハ甚害アリ。**今之戯子**、歌舞伎ナドノ事也。今時相應ノ楽也。其中ノ妖《バケ》々シキ事ヤ淫乱事ヲ取ケ除ケト也。**無意中**、ナニ心ナキ中ト也。**求元声トハ**、声ノ根元也。古楽ノ出来ル本ヲ云。暦ヲ作ルニ冬至子ノ半ヲ求ルト同シ。元声カラシテ五音ヲ分ル也。**制管候気**、管空位九分長九寸ノ筒《ツツ》也。大概管ヲ作ルノ法、今ノ曲尺九分ヲ一寸トシテ、其一寸ヲ九ツ合セテ、九寸ヲ一尺トス。是ヲ古律尺ト云フ。古ノ尺ニテ、一尺ノ筒ヲ黄鐘トシテ、是ニテ冬至ノ気ヲ候フ。右ノツモリニテ、一尺ハ今典ニテ九々八寸一分也。其筒ノ中ヘ黍粒千二百入ルヲ度トス。其筒ノ中ヘ葭ノ灰ヲ一盃入テ其口ヘ絹切ヲフタニシテ、灰ノ不散ヤウニシテ地中ヘ埋置キ、尤密室ノ中ニテスル也。此次ノ葭灰黍粒ト云ルハ即此事也。**水底撈月**、月ヲカキトル也。熊手ナドトテ物ヲカキトルヲ撈ト云。是求得ガタキニ譬フ。**作**《(ママ)》〔在爾〕**心上トハ**、腹立タ時ノ声ト、悦時ノ声トハ誰モ習ナシニキヽシル也。是心上ニ面々元声本ンノ声アル故也。**在此歌詩**、荀子云々、標注ニ見ユ。鍾子期伯 雅《(ママ)》〔牙〕カ絃ヲ聞モ亦如此。**志便是楽的本**、詩ハ其志ヲ述タル者ニテ、其詩其楽ノセウガナレハ、志ヲ和平ニスルガ楽ノ本トナル也。**歌永言トハ**、言ヲ永ク引ク也。コヽデウタヒ物トナル故、歌ハ便是作レ楽ノ本ナル也。**聲依 求**《(ママ)》〔永〕**トハ**、言ヲ永ク引ニ依テ、五声カ出来ル也。律和声トハ、律デ五声ヲ和スル也。聲ヲ和スルガ便是制レ律ノ本ト也。是ヲヒツクヽツテ見ルヘシ。志ハ楽ノ本。五声ヲ和スルハ制レ律ノ本ナル時ハ、畢竟心志和平ガ楽全体ノ本トトナル也。コヽヲ不弁シテ楽ヲ云ヒ、元声ヲ管ニ求ルハ、丁ド今礼ヲシツケガタデ求テ、敬ニ本ヅカザルト同シ。**求之於外**、全体ノ本ナル心志和平ヲ捨テ、是ヲ外ニ求ンヤト也。**曰古人制云々**、言ハ先生ノ説ノ如クナラバ、筒ヲ制シ気ヲ候フ事ハ無用ノ事也。然ルニ古人候気ノ法ヲ制スル事ハ、是意何取ソト也。**中和之体**、心体中和ナル也。**必待此トハ**、候二天地之気一協二鳳凰之音一ヲ指ス。**須定至日**、冬至ヲ定ヨト也。冬至不レ定ハ、假令灰散リテモ合タルカ不合カ不レ知也。且上巻ニモアル如ク、多クノ管ヲ埋ヲクニ、其灰一様ニハ飛ズ。**至日子時**、イツモ冬至ハ子ノ時ト云ニハ非ス。然ルニ子ノ時ト云フハ、尭ノ甲子ノ歳十一月朔日夜半ノ子ノ時、冬至ニテ、日月五星皆子ノ宮ニアツマレリ。故ニ冬至ヲ云フ時、子ノ時ト云ル也。**又不準**、準字一本作レ准ニ。不準トハ準的ナラサル也。其的ヘユカザルヲ云フ也。

〔九八〕**△先生曰、学問|、点化トハ**、気質之事ノ上悪事一寸々々トナラヌ事也。ヲモハシカラヌ事多キウチヲ、アソコ爰ト心ヲ付テヨクスルヲ云。是一通リヨキ心カケ也。是ガアシキニハ非ス。スレトモソレノミデハ限リモナキ事也。良知ニ本ヅクベシ。是レ一了百當也。是ニヨラザレハ点化モアトモドリスル也。要ト云、不如ト云ヲ見ルヘシ。一向点化ヲ不好ト云ニハ非ス。**不如自家云々**、一本ニ作二作家一。作家トハ一ト器量アル者ヲ云。明将ナドノ事也。俗語也。爰ハ自家ガヨシ。**自一了百當**、大根元ノ所ヲ見付テ目ノ明キ開キタルヲ云。良知ニ本トヅケバ一了百当也。自ハ自然也。事ハ一事サトリテ百事是当也。

〔九九〕**△孔子気魄|**、気魄ハ気根ト云事也。**凡帝云々**、ナベテノ天子ト云フニハ非ス。二帝三王ヲ云フ也。詩書ヲ叙デ、周易ニ十翼ヲ作リ、春秋ヲ作レル類皆帝王ノ事業一々理會シ玉フ処也。**理會ハ**、合点スルヲ云。**根本上トハ**、其合点シ會得シ玉ヘル心上ヨリナサレタル者也トゾ。**能如此トハ**、上ノ有多少枝葉ト云ヲ指ス。**汲々然トハ**、無暇意イソガハシキ也。

〔一〇〇〕**△人有過|、於過上云々**、カウ云ハネバヨカリシ、カウセネバヨカリシナドヘ、ソノ過ノ上ニテ

取ツヲイツスル也。**是補甑トハ**、既ニソコナイシ上ヘナレバ捨ツヘキ事ナルヲ、捨スシテ、ヒタモノツヾクリ合セテ見ルヲ云事也。甑ト云ハ、ヤキ物ノコシキ也。アノ方ニモ木ノコシキモアレトモ、コヽハスヤキノ焼物ノコシキノ事也。○此補甑ノ事ハ、按ニ後漢ノ太原ノ孟敏カ故事ニ拠テ云ルナルヘシ。孟敏モト百姓也。常ニ甑ヲ杖ノ先ニ掛テアリケリ。或時其甑ヲ地ニ落シ破リタルニ顧ミモセズ。折節郭林宗ト云フ賢人、此テイヲ見テ感シテ其故ヲ問シニ、孟敏答テ、既ニワレタレバ是非ナシ、見タレバトテ益ナシト云リ。林宗常人ニ非ル事ヲ知テ、進メテ学問セシム。遂ニ天下ノ賢才トナレリト也。是等ノ古事モアル也。右学捷録観篇ニ、郭林宗以破甑得孟敏ト。

〔一〇一〕**△今人於喫―**、**喫飯トハ**、食事ノ時也。**事在前トハ**、目前也。**常役々トハ**、何ヤラツカハレルヤウナヲ云。喫レ飯一事ヲアゲテ、万事万端皆如是ナルヲ知ラシム。役々ハ、イソガシキ也。**収攝トハ**、ヲサメスブルナリ。

〔一〇二〕**△琴瑟簡編―**、**簡編トハ**、書物ト云事也。**就不放トハ**、不放心也。横渠之語頭書ニ見ユ。

〔一〇三〕**△先生嘆曰**、**知学的トハ**、学問シタル人也。**這些病痛**、チトシタル病也。其チトシタル病ト云フハ、即不二是善与レ人同一ヲ云フ。善与レ人同トハ、已ニ善アレバ親切ニ人ニモ及ホス様ニシ、人ニ善アレハ親切ニ喜テ取之ヲ云也。**打不破トハ**、病ヲ打ヤブラズシテ、其マヽ置テ根ノヌケヌ事也。**好高トハ**、即勝心ノ事也。○歌ニ　越エテユク人ヲバ先キニ龍田山我身ハ露ニナヲシヲルトモ　是己レヲ忘レテ高フル事ナキ姿ヲ云トレル歌也。

〔一〇四〕**△問、良知―**

〔一〇五〕**△所悪於上―**、上ノシカタノワルイハ皆知ル。是良知也。其知ヲコチラヘ致スガ毋以使下也。良知ハ我ニアリ。工夫ハ致ノ字ニアリ。

〔一〇六〕**△先生曰―**、後世ノ事業云々トハ、許多ノ豪傑ノ事業、許多ノ名家ノ文章。**豪傑名家**、豪傑ハ漢高祖・魏曹操等也。名家トハ韓退之、柳宗元・欧陽永叔・蘇東坡・蘇老泉・蘇子由・王荊公・曽南豊以上八人ヲ八大家ト云フ。是等ノ事也。**揣摸トハ**、ハカリサクル也。**肯綮トハ**、獣ノ骨ト肉ノ間ヲ云。コヽラ切レバ切レヨシト、其ジユンヲヨク覚ヘタルヲ中㆓肯綮㆒ト云。今日カタリヲスルモノモ、人ノ心ヲ知タ故也。聖人ノ智ト云ヘトモ此上ナシ。用ル処違ノミ也。盗ノ盗ミヲスルモ明徳デスル也。誠ハ人ノ好ムモノ故、誠ラシクシテダマス也。近世ノ学多クハ儀秦ノ流也。**不能究トハ**、人ガ云ツメル事不㆑能ト也。

〔一〇七〕**△或問未発―**、王子ノ論ニ、心ハ一也、已発未発ナシト立テ示シ玉ヘル論アリト見ユ。此問此答ニ由テ見ルニ、左様見ユ。**分説了**、二ニワケテ説事也。**劈頭トハ**、アタマカラ也。又打ツケニト云詞也。俚語ニ云ヘバ、ヤニワニト云事也。劈音僻。剖也。裂也。破也。劈雷之急ニ激者也。俗作㆓霹靂㆒。非也。**原不妨**、元来不㆑苦ト也。**如鍾声**、鐘ノ字ニ作テ見ヘシ。

〔一〇八〕**△問**、**古人―**、孟子性善云々。標注欠之。董仲舒ノ性説春秋繁露ニ見ユ。其説善ヲ米ニタトヘ、性ヲ粟ニタトフ。性ハ善ヲ出スト云ヘトモ、性ヲ善ト云ヘカラズ。粟米ヲ出セトモ、粟ヲ米ト云フベカラサルカ如シト也。米出於粟而粟不可謂米。玉出於樸而樸不可謂玉ト云。又善者王教之化也ト云リ。此方仁斎ノ薪火ノ説コレニ似タリ。**無定体**、虚霊ナル物ニシテ如此。**是這箇性**、コノ一箇ノ性ニテ二ハナシト也。**但所見有浅深**、本体源頭ヨリ説クハ、所見ノ深也。孟子ノ性善ト説、是也。又発用流蔽ヨリ説ハ、所見ノ浅也。荀子性悪ト説、是也。**執定一邊**、性ハ決定善ナル者ト也トモ、又悪ナル者ト也トモ、一偏ニ取堅タルヲ云。旧本五十四版、新本七十一版ニ、今之論㆑性者、紛々異同、皆是説㆑性非㆑見㆑性也。見㆑性者無㆓異同之可㆒㆑言矣ト。合セ考ヘシ。**性之本体**、是ヨリ王子前ノサマ〳〵論アルヲ引括テ論シ玉ヘル也。**一定善云々**、善ニ執着シテ凝リ堅ルモノアリ、悪ニ執着シテ凝リ堅ルモノアリト也。**直視トハ**、物ヲ見スヘル事也。醫書ニ直視《ミテミツメル》ト云ルトハ異ナリ。**微視トハ**、目ヲ細メテ見ル也。物ヲタメル時ノ眼也。其外イヘハサマ〳〵ノ眼アリ。シタ、タルキシリメヅカイヲ秋ノ波ト云フ。**這箇眼トハ**、此一ツノマナコ也。**大概如此**、世間ノ人ガ皆一々善也ト云ニ非ス。大概十人カ九人ハ善ト云ルゾト也。**他不是只是見云々**、皆悪也ト思ヘルハ只是見得云々。**衆人トハ**、衆人ノ悪ナルハト也。**便費刀トハ**、骨ガ折レルナリ。

〔一〇九〕**△先生曰ー**、孟子曰、難言ト。仏経ニ云、止々不可説我法妙難思ト。我執斎先生ノ和歌ニ　妙ナレヤ思ヒ分クタニカタ糸ノトカバミダレン法ノ一スヂ　ト。彼経題ヲ得テヨミタカヘリ。**著不得言語トハ**、渉｢言語｣レバ第二等ニ落ル也。

〔一一〇〕**△楊慈湖ー**、名簡。字敬仲。象山先生門人。

〔一一一〕**△人一日間古今ー**、上巻旧本ノ三十五版、新本四十五版ニ、世道日降條可並考。**世界トハ**、仏語也。四方上下ノ界畔アルヨリシテ、世界ト云フ。ヘダテワカレタル間差ヨリ云ヘバ、世間ト云フ。佛経ニ東西南北、東南西南、東北西北、上下ヲ界トシ、過去未来現在ヲ三世トス。界ニ二種アリ。十界三界ヲ通シテ三種アリ。小千世界、中千世界、大千世界也。此三種千｜ヲ以テタヽミツム。故ニ三千世界ト云。長何（ママ）〔阿〕舎（ママ）〔含〕起世困（ママ）〔根〕本経并ニ大論巻之七ニ見タルヨシ。松浦成之カ本朝斉東俗談巻之一ニ見ヘタリ。此條ニテハ只世代ト云事也。羲皇ノ世界、尭舜ノ世界、三代ノ世界トハ、羲皇ノ世、尭舜ノ世、三代ノ世ト云事也。扨本邦ノ俗、黄昏ヲ王莽ノ時ト云。王莽ガ時ト云フ事ヲオモドキ、又ハカマガトキト呼フ。王子此條ヲバ、一昼夜ヲ古今世界ニ比シテ云。本邦ノ俗黄昏ヲ王莽ガ時ト云フハ、昼ヲ西漢トシ夜ヲ東漢トシテ、日気既ニ没シ、夜気未萌時故、黄昏ヲ新室トシテ云ル也。其事相似タル故、コヽニ記ス。右斉東俗談巻之五ニ詳也。**経過一番**、ヘスグル事一通リナリ。**夜気云々**、寝入タ処也。**平懐トハ**、懐ヒノ平和ナル也。**羲皇トハ**、伏羲也。**雍々穆々**、雍々ハ神気ノ和スル也。穆モ和也。**秩然トハ**、次第アル也。**往来雑擾**、心ガ彼カ此ヘ渉ルヲ云。**景象寂寥**、世上ノ景色モヨウヒツソリトナル也。○陶淵明夏日北牖ノモトニ寝テ涼風ヲ取リ、餘リ快ク覚ヘテ、伏羲ノ時ノ人ニナリタルカト云気象見也。

〔一一二〕**△薛尚謙**、尚謙。名侃。鄒謹(ママ)〔謙〕之。名守益。馬子辛名—。王汝止名艮。四人トモニ王子ノ門人也。**自征寧藩**、時ノ帝ノ一族寧王宸濠ノ謀反セルヲ、王子ニ命シテ征セシメタリ。**藩トハ**、総シテ諸公王ヲ藩王ト云フ也。帝ノ藩籬ノ如クナレバ也。**為宗儒云々**、為二宗儒一カトフドシテ、宋儒ハ是ニシテ王子ハ非也トスル也。**自南都云々**、明ノ武宗正徳九年ニ、南京ノ鴻臚官南京学校ノ長ヲ云トナリ玉ヘリ。ソレヨリシテ後、同志信従スル者日ニ衆也ト也。**排阻者**、ハライサマタケル也。**一段トハ**、一ツト云事也。**郷原的**、世人ニ合スル意也。**真是　真**(ママ)**〔直〕非云々**、真ニ是、真ニ非ト見タル事ハ、人何ト云トモカマワズ行テ、更ニ我心ノ見込ヲ覆蔵ス事ナシ。故ニ人々我ヲ譏ルト也。不飾二辺幅一内外無二一也。是乃孔孟ノ真血脈也。然ルニ世ニ又コノ似セモノアリ。恣情真行ヒ、外狂者ノマネヲナシテ、狂ノ名ヲヌスムモノアリ。是亦似テ非ナルモノ也。晋ノ七賢此類也。故ニ陸子ハ狂者ヲ不レ好。最風俗ヲ敗ル。只狷者ヲ好ム故、自号二又次居士一ト也。王子曰、此言亦有レ味是亦可省察。**信得此トハ**、合点セバト也。

〔一一三〕**△先生鍛錬—**、鍛錬人トハ、教ル事也。**満街**、トハ、此言俗語ノ往還中ト云事也。**到看你是聖人**、標註ニ、到看要書ニ作二倒看一。恐可也ト。然レバ到着ノ到ノ字ハ、倒ノ字ノ誤リナルヘシ。倒ノ字俗語ニカヘツテト讀ナリ。其方ガ先キノ人ヲ聖人ト見レハ、先キノ人カヘツテ你ヲ聖人ト見ルト也。此下ニアル如ク、王汝止少ク圭角アツテ人ヲ見下ス病アリ。故ニ先生是ヲ美シテ進メ玉ヘル也。羅（ママ）〔蘿〕**石**ハイツハシ悟レリト思ノ意思アリ。故ニ是ヲクジキ玉フ。恍見有悟、ホノカニ其心ニ悟レリト思テ居ル也。**會試トハ**、天下ノ進士及第ヲカセグ諸生ヲ、四年ニ一度ヅヽ都ニテ會衆シテ、其諸生ノ才能ノ優劣ヲ考ヘ試テ會試ト云フ也。此四人ノ衆モ是ニ登ラレタル也。**拏一箇聖**、拏トハ、俗ニ云、ツカマヘテ来テト云フ事也。モツテトモ、ヒイテトモ読也。言ハ聖人ニナリカハリテ、得タリ顔ニ学ヲ講スル也。拏、字書ニ女居反。音袽。与拏同。牽引也。**行須做得**、ユキサキト云意。此後ト云フ事也。**先生曰、泰山云々**、按ニ易ニ云。地中山アルヲ謙卦トスト。地中ノ山固ヨリ不レ可レ見シテ、其廣大イクバクゾヤ。上巻旧本三十七版、新本四十七版、賢人如二山嶽一守二其高一章可并考。**翦栽剖破**、翦栽ハ、小刀ハサミナドニテキル事也。剖破ハ、包丁ナドニテヒラク事也。**莫不悚懼**、悚字ヲソル丶意アリ。敬フ意アリ。此章做二得箇愚夫愚婦一ト云、不如平地大ト云事、至極ナル面白キ事也。夫子ノ我レ有知ヤ無知有二鄙夫問一レ我空々如ナリノ気象也。大徳ノ人ハ却テ可見者ナシ。郷党一篇何ノ弥シゲモナキヲ見テ合点スヘシ。

嘉靖二年先生五十二在越

〔一一四〕**△癸未春―**、**来越トハ**、南方越ノ會稽山ニ王子居玉ノ故ニ、爰ニ来レル也。**送別于云々**、舟ニテ浮峰ト云フ所迄送テ別ル丶也。**移舟トハ**、陸ニウツレル也。**秉燭トハ**、燈ヲ立ルヲ云。古ハ多ク炬《タイ》松ヲ手ニ持テ燭トス。後世ハ蝋燭ヲ燭台ニ立ル也。然レトモ古ノ詞ヲ不改メ秉燭ト云。書物ヲ古ヘ竹ヲトヂテ巻タリ。後世ハトヂ本ナレトモ、古キ詞ヲ用テ巻ト云ト同シ。此外酒ヲ酌ト云フ類アマタアリ。**慨悵トハ**、ナゲキイタム也。**江涛烟柳**、江ナミタチ、柳ハ烟リコムト也。柳ノ枝葉盛ニ茂リタル時ハ、烟タツガ如クナル故、烟柳ト云也。**故人トハ**、謙之ヲ指也。言ハ古人ハ乍チノ内別レ出テ百里ノ外ニ在リトナリ。**良近之トハ**、良字ヤヽト訓ス。但少《ヤヤ》ノ字トハ異也。良近之矣トハ甚近レ之ナリ。

〔一一五〕△丁亥年（同六年先生五十六）**｜、起復トハ、**奉公ヲ引テ故郷ニ居ル者ヲ、マタ君ヨリ召出シテ、役ヲ云ヒ付ルヲ云フ。オコシカヘスト讀也。**征思田将命云々**、思田ハ二州ノ名。両廣ト云フ、是也。是レヨリ以前、廣西田州岑猛ト云モノ乱ヲ為シヲ、姚鎮ト云フ人征シテ、猛父子悉ク擒セラレシニ、其後盧蘇王受ト云者衆ヲ構ヘ乱ヲ発シ、思恩ヲ攻テ陥ル時、鎮復夕征シガ、久シテ不レ克。於レ是王子ヘ命降リ、都察院左都御史ヲ兼テ、征二思田一玉フ。此年九月壬午ニ発シ玉ヘル也。将命行トハ、発足ヲ命ズル也。**究竟話頭**、究境トハ畢竟ト同シ。ツマリト云。極意ト云事也。**若説心体**、以下極意ヲ詞ニ非ル子細ヲ云。**無善無悪**、空虚ニシテ霊明ナル也。**是夕待坐云々**、此條此夕ノ字容易ニ看過スベカラズ。此夕トハ、王子明日戦場ヘ立チ玉フト云フ、其出陣啓行《カドデ》ノ前夜ノ事也。畿（汝中ノ名）曰、明日先生カドデナル程ニ、今晩其元《ソコモト》ト同道シテ此議論ヲ挙テ請問フベシト約シテ両人先生ヘ行シニ、其節ノ事ナレハ、夜分迄容《ママ》〔客〕アリ。漸客散シテ、王子勝手ヘ入ントシ玉ヒシ時、洪ト畿ト庭下ニ立テ候ヒ居ルヨシヲ聞シ召シ、於此先生復出玉ヒ、席ヲ天泉橋（処ノ名也）ニ移サシメテ、両人ヲ呼ヒ逢ヒ玉ヘリ。其時洪ト畿ト論辨セシ趣ヲ挙テ正ヲ請シニ、王子喜ヒ玉ヒテ二君此一問アルハ大慶ナル事也。我今将レ行ルニ、朋友中モ此ニ及者ナカリシニ、二君ノ見云々タリト。右詳ニ年譜ニ見ユ。**挙請正トハ**、所論ノ詞ヲ挙ル也。**今将行云々**、此三字モ心ヲ付テ見ルベシ。常ノ旅立サヘ、旅ト云ヘハ何ゾ忘レタル事ハ無キカナドヽテ、其外事シゲキモノナルガ、生死ヘカヽリ、国ノ大事ト云ヒ、軍門出陣ノ前夜ニテ、對客ヤウヤクスミタル此夜、カクノ如キト云フハ、サテ〳〵王子ノ講学ニ孳々タル教レ人不レ倦ノ仁感服スルニタヘタリ。尤トモ此一事ニハ不限、全体不レ厭不レ倦ノ御徳行、雖二聖人一不レ譲モノアリ。サレバ於《(ママ)》レ是モ其一端ヲミルニ足レリ。扨此四言教ハ、大学一書ヲ四言二十字ニツヅメタル、至易至簡ノ至教也。我徒　客〔容〕

易ニ思ハヽ道ノ冥加ヲ失フベシ。カヘスく此一条年譜ニ考エヘ見テ、平日ノ論トミナスベカラズ。**正要你們云々**、要ハ我レ欲シ願トナリ。你們ハナンヂト云事也。**講破**ノ破ハ付ケ字也。**有此弐種**、利根聡明ノ人ヘ接スト、其次ノ人ヘ接ストノ教ニ通リアルト也。**一悟本体云々**、言ハ本体ヲ合点シテ、以後段々修行スルニハ非スト也。一ヒ悟リタル所ガ直ニ工夫修行也。**人己内外云々**、人己ハ人我一致也。内外ハ身心一致ニ透徹スルナリ。一斉ハ一ソロヒ也。一致ト同シキミ也。**實落為善**、實ト云事也。実々落々也。落ハフミツケテ行事也。**查滓トハ**、カスト云事也。**查滓去得尽トハ**、アカノヌケタ事也。**為用トハ**、用ニ立ル也。**於道体各有未尽**、失レ人ハ万物一体ノ道体ニ非ス。故ニ有未尽トノ玉ヘリ。**話頭トハ**、コトバト云事也。**懸空トハ**、ウハノソラ也。**倶有省トハ**、省発省悟ナド丶連用スル字也。

〔先生初帰越時、朋友踪跡尚寥落、〕

△先生初帰越—、此條本文ト同シヤウニ擡頭シテ書スヘキ事ニハ非ス。上巻曰仁跋文ノ例ニ従テ、一字サゲテ書スヘキ事也。故ニ新本ハ抵書セル也。**先生初帰越トハ**、正徳十六年前ハ江西ノ巡撫使ト云フ官ニテ、江西ニ居玉ヘリ。ソレヨリ初テ越ニ帰リ玉ヘル也。先生五十歳八月也。**踪跡尚寥落トハ**、来ル者モナクサビシキト云フ事也。踪跡ハ人ノ足アト也。**比屋トハ**、屋ヲナラベテ也。**如天妃光相トハ**、天妃ハ山ノ名也。興化府ノ湄州ニ在リ。宋ノ哲宗ノトキ、林恵ト云者ノ女、天然ト生レナガラニシテ人ノ吉凶禍福ヲ見ル。当時ノ貴賎尊二信之一、彼女ミテ死シテ後此山ニ祀ルレリ。後世ニ至ルマデ此神ニ祈レバ願望成就スト云テ崇敬シ、夥シク参詣ス。今ニ至テ日本渡海ノ商船ニ菩薩ト称シ舟霊《タマ》トシテ祭レリ。コレニ香ヲ備ル役人ヲ香 供《キヤウコン》ト云。長崎ノ役所ニテ是ヲ菩薩《ボサ》唐人ト云フ。入津スルト彼ノ船魂《フナタマ》ヲ唐寺ヘアヅケ納メ、帰帆ノ時マタ船中ヘ勧請ス。旗ヲタテ木ノ矛ヲ備ヘ、ノセヲロシトモニ香ヲタキ、鉦太鼓ヲ打テ祝レ之。其燈籠ニハ天妃娘 々《ニヤンニヤン》ナド丶朱

ニテ書ス。娘々ト云ハ大奥様ナドヽ云事也。俗語也。如レ此信仰之舟神トスル故、海上風波アラキ時ハ願ヲカケ、此社へ参詣スルナリ。ソレ故此ノ山ノアタリ渡世便ナルヲ以テ、比屋シテ甚タ繁昌ス。明ノ哲宗永楽七年ニ、弘仁普済天妃ト云号ヲ賜リタリ。ソレヨリ此山ヲ天妃山ト云フ。天妃トハ天女ナドヽ云カ如シ。**光相トハ**、越ノ城下町ノ名ナリ。光相坊ト云フ。是亦繁昌ノ地也。**諸刹トハ**、諸ノ寺々也。刹ト云元来播ノ柱ノ事也。沙門一法ヲ得ルト、播ヲ立テ遠方へ告ヶ知ラシム。夫ヨリシテ寺ノ事ヲモ刹ト云フ也。**當一室トハ**、今ノ増上寺ナドノ寮主ノ如ク、室一間ノ主ニナリテ居ル者ヲ云フ。**更相就席**、番手ヲ定テ更席ニ就テ寝ル也。**歌声徹昏旦**、其国々ノ歌ヲウタフ声ナリ。**徹昏旦トハ**、朝夕不絶也。**南鎮トハ**、會稽山ノ事也。會稽山ハ南越ノ鎮守也。夫故南鎮ト云。総シテ其国中ニ在ル名山大川ヲ其国ノ鎮守トスル事也。周礼ニ見ヘタリ。**禹穴トハ**、会稽ノ枝峯ニ宛女山ト云山アリ。其処ニ底モ不レ知深キ穴アリ。其所へ伯禹ヲ葬レリト云傳ヘタリ。故ニ禹穴ト云也。景色勝タル所ト見タリ。**陽明洞トハ**、学校ノ名也。**寺刹トハ**、寺々ト云事也。**徒**（ママ）〔徙〕**足所到**、出遊テ徃先々也。**送往迎来**、門人ノ中ニテ故郷へ帰ル者ヲ送ル也。迎来トハ來リテ門ニ入ル者ヲ迎ル也。**在侍更云々**、在侍ハ先生ノモトニ侍ヘリ居ルモノヲ云フ也。**記トハ**、ヲボユル也。**不出在天地間**、今タトヒ遠ク別レ徃ト云ヘトモ、天地ノ外ニハ非スト也。**可以忘形似**、言ハ此形ヲノケテ見レバ、天地間一枚ニシテ隔タル事ナシト也。似リトハ如シト云コト。忘形ノ二字荘子ニアリ。可三以忘二形似一ト点ヲ付テカタチニ構フ事ナシト云事トモ云リ。然トモ今按スルニ、前ノ説可也。忘形二字出処アル字ニテ、熟字ナレバ也。**南都以前ハ**、先生正徳九年南京ニアリ。其以前ヲ云フ也。**孚信トハ**、信アル人ト云事也。**要亦トハ**、肝要ノ要ニテクヽリ也。故ニ要亦ト云ハ、畢竟スルニ亦ト云事也。**感召之機**、人ヲ感シ至ラシムルヲ云フ也。**神変無方**、易係辞ニ、易無方而神無体ト云フ。一本神変無方ノ四字ナキ本アリ。**有不同トハ**、前日ニ不同ト也。

嘉靖戊子之一節、旧本後六十版後面ニ出ズ。此ニ出スベキ筈也。新本ニ従ヲ可トス。此後黄ノ六字、新本ニ是ナシ。

△嘉靖戊子―、嘉靖戊子ハ七年也。王子病甚シテ故郷へ帰リ玉フ。其途中南安ト云所迄来リテ卒シ玉ヘリ。十一月二十九日行年五十七歳也。ソレヨリ王子ノ尸ヲ取収テ故郷へ持カヘルニ、廣信府ト云処へ至ル時、徳洪汝中王子ノ死ヲ聞テ、其喪ニ奔リ趨クニ出合ヘル也。此文勢ヲ見ニ、徳洪汝中廣信府ニ至ル時王子ノ尸ヲ持帰ルニイデ合ヘリト見タリ。王子ノ尸ニ出合ニヨリテ、於レ是同門ノ人々へ喪ヲ告クルナルヘシ。**訃告トハ**、喪ヲ告ヲ訃ト云。**収録遺言**、王子ノ遺言也。平日門人へ示教ナサレシ語ヲ云也。**切於問正**、慥ニ先生へ問正セル問答ヲ云。**居呉時ハ**、当時徳洪呉中ニ官タリシト見ヘタリ。**以憂未遂**、親ノ喪ニ遇ルヲ以テ、呉中ヲ去レル故ニ、版刻スル事ヲ成就セズト也。**当是時也**、王子ノ死後イマダ間モナキ時ヲ云。**無事於贅刻ハ**、四方ニ明ナル故、板ニ起スハ贅スル如クナト也。無用ノ様ナト云事也。故ニ板ニ行フカナド丶云営ミノ念モナキト也。**得洪手抄**、即徳洪ノ手録ト択ミ取ル所ノ者ト合セル若干條ヲ云也。**傍為采輯**、其外ニ脇々ヨリモ采リ輯メテト也。**於荊トハ**、荊ハ荊州也。**削去蕪蔓**、草ノメツタニ生ヒ茂リ、ツルノハビコリタルヲ云フ。無用ナル事ノ多キヲ比シテ云也。**傳習続録**、是下巻ノ首メヨリ、旧本四十八版、新本六十版ノ表亦自有不同也マテヲサス。**精舎トハ**、儒テ人ヲ教ル学校ヲ云フ。ソレヲ佛へ取テ仏者ノ寺ノ事ヲ云フ。元ト儒語也。後漢ノ包咸カ傳ニ出タル字也。**沉君思畏**、蘄州ノ人也。名寵思畏ハ其字也。**得讀遺書**、曽才漢カ板行セシ遺言也。**所逸者トハ**、彼三分二削去シ者ヲ云フ也。**躬修默悟**、以レ身修行シ、不言シテ悟ル也。**以実体得**、実事ヲ以テ体認シ得ル也。**終日言是**、致知格物ノ旨也。**専一トハ**、純一ナル也。品ハ百万デモ、教ハ其人良知ヲ引出ス事也。致良知也。**幾迎於言云々**、幾ハ云ントスルノキザシ也。王子ノイマダ云出シ玉ハヌ内ニ、早ウツリテ

クルヲ云フ故、神ノ通ズル処迎セラレタ語ギリテハナシ。発明多キ也。是ヲ神発於言外ト云。神トハ神智ナリ。**不**《ママ》〔未〕**及三紀**、標註ニ説アリ。又一説ニ夏二年ヲ紀ト云フ故ニ、三年也ト云也。**微旨ハ**、深意ノ旨也。**覚諭晦トハ**、徳洪胸ヘトクト合点ノイタ事也。**身践トハ**、身践行也。**不宣也ハ**、アマネク宣布ユキワタラサル故也ト也。**取逸藁トハ**、彼削去也。三分二ノ事。藁ハ下タガキヲ云。**得一巻トハ**、此一巻ト云ル者、黄以方問ト云ヨリ以下ナルベキカ。然ルニ其所レ采独リ黄以方録ノミナレハ、則是亦可疑也。此アタリスベテ難レ暁也。**影響不真**、ヲモブリノ何トヤラ王子ノ詞ラシクモナキヲ云。**并易云々**、并易ハ并写ナルベシ。易写字相似タリ。故ニ誤レルナルベシ。此前後疑フヘキ事多シ。新本標註ニ其事出タリ。**黄梅尹トハ**、黄梅ハ縣ノ名也。尹ハ奉行也。**崇正書院**、公儀ヨリ立タル学校ニ非シテ、学者ノ私ニ建立シタル学校ヲ書院ト云事也。今ハ翻転シテ廣間ヲ書院ト云フ。沉寵仰止祠ト云フ祠堂ヲ建テ先生ヲ祀レリ。徳洪記ヲ作レリ。〇舊本黄以方問以下此段ノ下ニ次クベシ。

〔一一六〕**△黄以方問—**、以方ノ問ノ意ハ、**博学於文トハ**兎角書ヲ博ク学フ事ト思ハルヽ。先生ノ説ノ如ク見テハ、**行有餘力則以学文**ト云フ処ニ於テ、不合ト也。文トハ、日用行事ニアラハルヽ事ヲスベテ皆文ト云フ。文ヲ書物トノミ見ルモセマシ。又日用行事ノ実ノミト見テ、書物ヲ文ニ非スト見ルモ誤ナリ。**天理之発見**、天理ノアラハレタル所ト也。又天理ヲアラハシタル者ト見ルモ可ナラン。畢竟同シ事也。**文字都云々**、文字ヲ学フ事モ、都テ天理ヲ存スル事ヲ学フ中チニ包ムト也。**不特発見云々**、是ハ上ミノ随レ事学レ存二此天理一ト云ル詞ニ対シテ云ル也。**学而不思**、学与レ思非レ二。然ルヲ学而不レ思ト孔子ノ玉ヒタルヲ見レバ、是カタヅリナ者ヘノ為ニスル語ト見ユ。不思学ト云事ナケレハ也。**此等人トハ**、此様ナ人トナリ。**学存此云々**、実心ニ不レ本カ実ニ身不レ行也。

〔一一七〕**△先生曰、先儒｜**、**先儒ハ**、伊川先生ト朱子ナリ。**格天下之物**、天下ノ諸事諸物ノ道理ニ究メ至ルナリ。**如何格得**、天下ノ事物夥キ事ナレバ、ナニトシテ一々究メ至ランヤト也。下ノ如何去レ格ト云モ同シ事也。**反來トハ**、其草木ノ道理ニ格リ得タル修行ヲ我身ヘモドス也。如此シテヽマヘ誠意ニナルト云フ事ハイカナル事ゾ。合点ユカズト也。**心者身之云々**、身ハ耳目鼻口四肢也。身デ身ハ不修也。故ニ此主宰タル心ヲ正スルヨリ外ノ事ナキ也。**発竅于目**、竅ハ心ノ竅也。此語素問金匱真言論ノ文ニ本テ云リ。**口与四肢**、四肢ハ竅ハナケレトモ、語勢ニヨツテ云ル也。**実々落々**、俗語也。実落ト云フ事ヲ重ネテ云ル者也。実落ト云ハ実ト云事也。日本ノ語ニモ、俗語ニハ重ネ詞多シ。ホント云フ、マコトヽ云事ナルヲ、ホンニマコトト云フ類マヽ多キ也。又梵語ナドヲ和語ニ用ルニモ重言マヽアリ。アカト云フハ水ノ梵語ナルニ、アカノ水ト云ヒ、帰命ハ南無ノ翻訳ナルニ、南無帰命ト云。和歌ニモ折々アル事也。伊勢物語ノクダカケノマダキニナキテ云ルモ重言也。カケハ家鶏也。クダハ家ト云事ナレハ是亦重レリ。**始有著落処**、始テ著落アル也。脩身ノ工夫モ、正心ノ工夫モ、誠意上ヨリ來ラザレバヽツトシテトリシメナシ。誠意ノ工夫ニ至テ、始テ其工夫実ナル也。且王覇ノワカレモコヽニアリ。誠意上ヨリ来ラザレハ偽也。事仁義ニ似タリト云フトモ覇術也。**所謂謂人雖不知**、大学傳六章朱子註語。**是正此トハ**、此トハ王子。**無知得善云々**、此二句甚深意アリ。先善ヲ善ト知リ、悪ヲ悪ト知ル者、所謂独知ニシテ、吾心ノ良知ノ処也。況ヤ其善ヲ做シ、其悪ヲ不レ做ヲヤ。大抵吾黨ノ学者ト云ヘトモ、此場ヲ致二良知一ト思ヒテ、此上ヘ詮議ヲカクル志ノ人希也。此ノ不レ依二這箇良知一ト云字ヲ能観テ孰（ママ）〔熟〕ク翫味シ、扨我カ自心上ニトクト尋ネ試ムヘシ。彼善ト知リ悪ト知ル固リ良知ナレトモ、其善ヲ做シ、其悪ヲ不做ノ一段、カノ良知ニ不依シテコレヲ為事アリ。是レ信ノ不及ナル処也。サレバ做レ之不レ做レ之ト云フトモ、コレヲ致良知トハ云フヘカラサル也。**做去トハ**、去字付ケ字也。無意只做ト云フ事也。下文ノ不去做ト云フモ同シ。不做ト云事也。**遮蔽了**、人欲ニ遮蔽スル也。**不能致知**、此ノ致ノ字甚有レ力。**到底トハ**、遂ケトヾク事也。**在実事上格**、今日見ヘ来ル所ノ事物上也。是致知格物クミ合ヲ云也。所作ナシニ心バカリデスルハ、誠ノ良知ニ非ズ。致知格物誠意組合也。**若如此格物云々**、カウ格物ノ工夫シテコソ誰人モナルベケレト也。程朱ノ格物ハ衆人ノナル事ニハ非ズト也。

〔一一八〕 **△先生曰、衆人―**、皆人格物ノ説ヲ朱子ニヨル事ヲ要スレド、実ニ其ノ説ノ通リシテハ見マイト云フヲ何曽把」他的説」去レ用ト云リ。王子ノ自分ニハ為見タト云フヲ、我着実ニ曽用来ルト云リ。ソノ事ヲ下文ニノベ玉フ。**初年トハ**、ソノカミトヨム。**銭友トハ**、銭友子ト云人也。**如今安得云々**、今ドノヤウニシテカ天下ノ事物ノ理ニ究メ格ルヤウナル大力量ヲバ得ラレシヤト也。**竹子トハ**、竹ト云事也。子ハ付ケ字也。笋ノ事ニハ非ス。**今去格看**、銭子ヲシテ竹ノ理ニ至テ見ヨトテ、格リ看セシムル也。**早夜トハ**、マダキシノヽメナリ。當**初説他云々**、**当初トハ**、ソノカミ也。初年ノ時ニ当リテノ意也。**他トハ**、銭子ヲサス。言ハ我レソノカミ云。其方カ精力ノ不足故也ト。**聖賢是倣不得的云々**、如此ノ力量カイナクテハ迚モ聖賢ニハナラレズ。聖賢ノ如キ天下ノ事物ニ究格スル大力量ナシト也。**他トハ**、聖賢ヲ指也。**及在夷中**、王子ノ嶺南ノ龍場ノ釈亟ト云微官ニ托セラレタル時ヲ云フ。**見得此意思**、即下ニ云処良知ノ意思也。**有擔當了**、我カ荷ニ相當シタト云フ事也。格物ノ功ヲ身心上カラスレバナル事ゾト云事也。朱子ノ玉フ格物ハ、中々荷カ過テ担ハル、事デハナキト也。**知道トハ**、道ノ字ニハ意ハナシ。附字也。見ル事ヲ見説ラクト云、説ク事ヲ説道クナドト云フト同シ。

〔一一九〕 **△門人有言―**、他這一点ノ他ハ童子ヲ指。**作輯トハ**、手ヲ拱揖スルヲ云也。

〔一二〇〕 **△或疑知行―**、此問ノ意ハ知ト行トハ別ナルヘシ。別ナ證拠ニハ、書経ニモ知之匪レ難行レ之惟難トアルト也。書ハ説命ノ中也。

〔一二一〕**△門人曰―**、此問ノ意ハ王子常ニ知行合一トノ玉ヘル面タリ。世ノ中ニナルホド能ク知テハ居レトモ不行者多シ。然レバ如何シテ知行合一ナル事ヲ得ン。其上中庸ニモ、博学ト云テ又一箇ノ篤行ヲ説ク。博学ハ知ヲ廣ムル事、篤行ハ行ヲ篤スルナレバ、分明ニ知行ハ両箇也ト也。中庸二十章哀公問ノ末ニ出ツ也。**只是事々云々**、事々トハ日用アタル処、サハル処ノ事ニ就ク也。学存此天理。学レ存ナレバ即行也。**先生曰、也タ是云々**、如是トハ此モ亦上ニ云ル通リ也ト也。**如此トハ**、上ノ事々学存此天理学之不息之意ト云ヲ指ス也。世儒皆学以聚之ト云テ、書ヲ読テ古事ヲ覚ヘ聚ル事ノミ取ル。故ニ是ヲ知ノ方トス。王子ハ此語ヲ学存天理、是テ心ヲ散乱セシメヌヲ学以聚之ト見玉フ也。又仁ノ字モ心ノ義ニ取ル也。仁ハ本心ノ全徳ナレバ也。**已是行了トハ**、及ト云モノカ行也。**程子云トハ**、総シテ一事一物ノ上ソレ〲ニ其スヂミチアリ。是ヲ為レ理也。近思録ニ載ス。**因謂之トハ**、其次デニ云フ也。**立言宗旨**、今新ニ云ヒ出ス言ヲ立言ト云フ。コヽデハ心即理ト云フ語ヲ指ス也。**宗旨トハ**、根本ノ旨也。**是如何トハ**、ドウシタ事ゾト也。**五伯攘夷狄**、許多ノ病痛アル事ヲ先ツ一例ヲ挙テ見セ玉ヘル也。**一箇私心**、攘夷狄尊周室ハ、其実意ノアル処ハ畢竟我国ヲ強シ、威勢ヲ振ハン為也。是大ナル私心也。然ルヲ其攘夷狄尊周室ナリ形ヲ指テ當理トセバ、是心ト理ト分明ニ二ツ也。**要来外面云々**、外面ニ為ス所ノ事好ク看ユル様ニト要スル也。看トハ人ノ見ル所也。**要打做一箇**、打込ニ只一ツニセウト欲シ玉フゾト也。

〔一二二〕**△心不是一塊―**、一塊トハヒトカタマリ也。醫家五臓ヲ主ル時心亦其一臓タリ。心一臓タル時ハ形アル者トス。儒家所謂心ハ其心ノ臓ヲサシテ云ニハ非ス。故ニ心不是一塊血肉ト云ヘリ。上巻―版ニ、若無心。便無耳目口鼻。所謂汝心亦不専是那一団血肉。下略 可考合。〇當世ノ大儒此章ヲ論シテ曰、心ノ知覚ト云ハ、善ヲ見テハ善トシテ感レ之、悪ヲハ悪トシテ憎レ之類、是也。耳目ノ視聴シ、手足ノ知二痛療一ガ如キハ、気ト云者ニシテ、心ノ知覚トハ別也。盲者ノ雖レ欲レ見不レ能レ見ハ、目ノ気絶スル故也。是ヲ心絶ト云フベケンヤト。委キ論也。然ラハ心不レ在焉視而不レ見聴而不レ聞食而不レ知二其味一ヲモ、気不レ在焉ト云フベケンヤ。大儒ノ説ト云ヘトモ、実ニ心性ヲ不知ノ論也。此章主意ヲ能見ルベシ。心不是一塊血肉ト云処ヲ可レ味。即満腔子惻隠ノ心ト云フニ同シ。足ニフミヌキスレハ、真ニ足ニテ其痛ヲ知。其知レ痛モノ即心也。

〔一二三〕　**△以方問曰ー**、為格物之事トハ、格物ノ中ノ一事トスルト也。**曰非也トハ**、其修行ノシカタハ只一様也ト云フ事ニテコソアレ、彼数件ヲ以テ格物ノ事トスルニハ非スト也。

〔一二四〕　**△以方問ー**、尊徳性ハ、中庸廿八章ノ語也。**先生曰云々**、人々此徳性ガ尊ク大切サニ、是不レ損不レ失ヤウニト思テ、道問学カ即所以尊徳性ソト也。**晦翁書云々**、晦翁ハ朱子ノ号也。文集答項平甫書ノ語ナリ。子静ハ陸象山ノ字也。朱子言ハ、陸子ノ教ヘ方ハ尊徳性ヲ以テス。問学ノ方ガトカクヌケル。我カ誨教ハナニト問学ニ道ル方ガチト過タデハナイカト也。**存此心云々**、存此心トハ存シテ不レ放ナリ。然レバ道二問学一ト尊徳性トハ一ツ事也。**致廣大トハ**、中庸ノ字也。**蓋心之本体云々**、是ヨリ一ツ事ニテ二ツニ非ルワケヲノ玉フ。**自是トハ**、モトヨリト也。**不能尽精微**、道ヲ究メ尽ス事精微ニナキト云事也。**又問云々**、此問モ舊説ノ宿習カラ出、只二ツニスルノ病ヲ不免也。**念慮之精微云々**、念慮事理ヲ二ツニ覚ルナリ。事理ナケレバ即事理アリ。念慮アレバ即事理アリ。念慮ノ精微ソコガ直ニ事理ノ精微ナリ。念慮ノ精微ヲ尽ス時ハ外カ事理ノ精微モ尽ル也。内外一ツ也。二ニ非ズ。

〔一二五〕　**△先生曰ー**、巻内旧本四十二版、新本五十二版。問下古人論レ性各有二異同一何者乃為中定論上。可レ考合一。**紛々異同**、紛々トシテ異ナル也。同ノ字ハ無レ意。重クミルヘカラス。同字ハ付字也。紛々ハマギラハシキ也。**見性者トハ**、性ヲ見付ケタル上ヘニハ、チガヒノ云ベキナシ。事々皆性也トゾ。

〔一二六〕**△問、聲色―**、**勿使留積トハ**、胸中ニ留積スル事ナカレト也。**良知只トハ**、言ハ其声色貨利ノ中ニテ良知ガハタラクト也。**天則流行トハ**、天理ノ流行ト云フト同シ事也。但シ天理ト云ハ体ノ方ヲ以テ云フ。天則ト云フハ、用ノ方ヲ以テ云フ也。

〔一二七〕**△先生曰―**、一番トハ一度ト云事也。**長進一番**、上達スル事一段也。一ト位ヒ上達スル也。**一場話説**、一坐シキノモノガタリ也。**亦何用トハ**、何ノ用ニカタヽント也。

〔一二八〕**△先生曰、人―**、**寂然**、**感通**ノ二句易係辞ニ出ヅ。而常々ノ二字ヲ以テ活説。**未應**、已應ノ二句程伊川ノ語。近思録道体篇ニ載之。此章ノ眼目常々ノ二字ニアリ。良知ハ常ニ寂常ニ感也。能可ㇾ味。**未應トハ**、寂然不動ノ時也。**已應ハ**、感而遂通之時也。已ニ應スルノ理悉ク未應ノ時ニ興ル。故未応モ先ニ非ス。已ニ應モ後ニ非ル也。コヽヲ不知故、少シ志アル者只何事モ跡カラノミ見ユト思テ、良知ニシリカシラナキヲ不知。伊川云、沖漠無朕、萬〔象〕森然已ニ具ル、未應不二是先一、已應不二是後一。

〔一二九〕**△一友挙―**、挙トハ、此佛家ノ語ヲ挙テ問云義也。此佛家トハ、或和尚ト云カ如シ。**顕出トハ**、袖ノ中ヨリ顕出スト也。**衆曽トハ**、大衆ト云事也。**佛説トハ**、所謂佛家説クト云事ニテ、右ノ和尚ノ言ト云フ事ナルヘシ。**未二見性一トハ**、未悟ト云フ事也。禅家ニテ悟ヲヒライタルヲ見性ト云也。**常在人之心神トハ**、指ヲ袖ノ中ヨリ出セハ見ユト云ヒ、入レハ不見ト云ガ如キハ、是レ向フ人ノ心神ニノミ目ヲ付ル也。**有ㇾ覩有ㇾ聞上云々**、只覩ル聞ノ上ヘ向フノ事ニノミ拘リハセテ、己ガ本体ニ目ヲ付ル事ヲ不知ト也。**不ㇾ覩不ㇾ聞トハ**、本体ニ在テト云事也。**覩其所不覩云々**、其未覩物時モジツト気ヲ付見テ居ルヲ云フ。下ノ句モ同意也。是常ニ本体ニ気ヲ付ル也。即チ戒慎ノ工夫也。常ニ如此本体ニ目ヲ付ケテ戒慎ス。故ニ有二箇実落処一。**検**（ママ）〔險〕

而真性、防検（ママ）〔険〕トハ防キ守ルヲ云。検（ママ）〔険〕ハ検束トヒキシメル意也。**真性トハ**、良知ノ本体。此和解未十分一通リカタノ如ク解スヘシ。

〔一三〇〕△問、**先儒謂―**、明道ノ語也。**鳶飛魚躍ハ**、中庸也。必有事トハ孟子也。コノ必有事ト孟子ノ仰ラレタルハ、鳶飛魚躍ト云フト同シ事ニテ、活潑々地ソト也。必有事ト云フヲ、朱子ハ事トスル事アリト取リ玉ヘリ。事ヲナス事也。明道ハ心ノウロリツトセヌ事ト見玉ヘリ。放心セヌ事也。故ニ鳶飛魚躍与必有事焉。同ク一活潑々地トノ玉ヘリ。朱子ト明道ト説タガヘリ。明道ハ事々物々ニワタル時モ集義、静ナ時モ集也。只心ノウロリツトセヌヲ有レ事ト云フ也。朱子ハソレデハ存養也、集義デハナイトノ玉ヘリ。明道ハ鳶飛魚躍ト、人心ノ必有レ事ウロリツトセヌト同一ジヤ、潑々地ゾト也。朱子ハ動ノ時ハ集義、静ノ時ハ存養ト分テノ玉フ也。王子モ明道ト同ク見玉フ。動静一致也。**先生曰云々**、鳶ハ上ミ空ヲ飛ヒ、魚ハ下モ淵ニ躍ル。皆自然ニシテ、天地ノ妙用ノ目ノ先キニ著ハレタルナレバ、天地間ハ皆其如ク飛躍ノ理ニ非ル事ナシ。此理即チ吾良知ノ流行不息モノゾト也。天地ニ在テハ、鳶飛ヒ魚躍ル。此妙用己レニ在テハ良知流行ナレバ、天理ト良知ト一致ニシテ二ツニ非ラジ。**致良知トハ**、便是必有レ事的ノ工夫トハ、ウロリツトセヌ也。戒慎恐惧ノ事也。**無往而非工夫トハ**、本体工夫工夫本体也。

〔一三一〕△**先生曰―**、務テ要レ立下箇必為二聖人一之心上。学問ト云フハ実ニ爰ノ事也。此心不立シテハ何ラ学フベキヤ。志ヲ先立ベシ。志ノ不レ立ヲ悔ルガ学者ノ通病也。聖人トナルノ志ハ立スシテハ不レ叶事也。扨立テヤウアリ。易簡明白ナル傳授アリ。受用シテ可レ立。終ニ聖賢トナルカ、小人ヲ免レヌカハ、其以後ノ事ナリ。先ツ立テネバ何ノ学問ヲカ云ヘキ。**一棒一條**、是本ト禅録ニアル語也。禅家ニ棒喝トシカル事アル也。徳山ノ棒臨済〔喝〕ト云事アル也。棒テ打ツ事ナリ。一條ハヒトスヂノアト也。畢竟俗語也。棒ヤシツヘイナトニテ、クラハサレタルアトヲ一棒一條痕ト云フ。**一摑《カク》一掌血**、摑ハ手ノヒラヲ云。一掌ハ一挙シ也。挙ナドデクラハサレタルデ血ノ流ル丶ヲ云。今モ小児ナドタ丶カルレハ、痛ムウチハ其過ヲ忘レヌ也。其如ク性根ヲ入レテ来テ聴クト得レ力ヲヘシト也。**茫々蕩々ハ**、一棒一條一摑〔一〕掌ノ反也。**回レ家トハ**、上ミノ在此ト云ニ対シテ云。去レ此ノ面々ノ家ニ回ラバトナリ。**舊時伎倆**、以前ノト云カ如シ。伎倆ハ俗語也。字彙ニ功也トアリ。又以前ノ様々ナル名利謀略ノ事ヲ尋出シテメサル丶デアラント也。知謀ノ計策ノト云事ニテ、俗語ニ伎倆ト云フナリ。

〔一三二〕**△問、近來—**、**定要如何ンカ用レ功不レ知此是工夫否トハ**、此後イカヤウニカラヲ用ユベキゾ。ヤハリコウ致スガ工夫デアリヤト問タリ。**多這些ニ着想**、佛ニ法欲ト云ヒ、儒ニ利《キル》レ仁ト云フ。欲モ利モ皆ヨカラヌ事ナレトモ、欲スルモ利《キ》ルモノヨキ故ニ、竟ニ無レ妨既ニ法ヲ得、仁ヲ得レハ、其欲其利ハ自去ナリ。**久々トハ**、漸々ト云事也。**會妥帖トハ**、字彙ニ定也ト云。シツトリト落ツク事ヲ妥帖ト云也。俗語也。**何足為**、為字ノ下ニ恃字ノアル本アリ。何ソ足ンレ為ルニレ恃ミトト也。是ニテハ愈義理明白也。

〔一三三〕**△一友自嘆—**、藤樹先生ノ當下ノ良知トヒタモノ丶玉ヘル。此段ナド也。**命根トハ**、天命根元ト云事。**当下ニ即チ去ニ消磨一**、コレ日々受用ノ肝要也。**立命トハ**、孟子尽心ノ篇ニ、脩身以俟之所以立命也ト云々。

〔一三四〕**△夫子説—**、此章ノ義ハ孔子ノ性相近トノ玉フハ、即孟子ノ性善トノ玉フト同シ事ニテ、本体ノ性ノ事也。程朱ノ如ク、孔子ノ所謂性ヲ専ラ気質ノ性ト説クナト云事也。新本標註可考也。

〔一三五〕**△先生嘗—**、言ハ心ノ本体ニハ一物モナキ様ニセヨト也。**些子能云々—**、按此処ノ点ノツケ様ハ義ニヨリテ替リアリ。些ニ子能得幾多満眼。便昏天黒地ニ了ル。是ナレバ些ニ子ノ塵沙ヲ得レハ、幾多クノ眼ニ満ル所ノ者不レ見。天地クラヤミトナルト也。又些ニ子能得ニ幾多一ヲ。満レ眼云々ト点ヲ附レバ、些子ノ塵沙イクバクノ事ヲ得ン。然レトモ眼チウヘ満ワタツテ直ニ天地モクラムト云フ事ニナル也。何レカ是也ヤ。尚可考。
此金玉屑ハ、金玉屑ノ譬ハ、元ト唐ノ憲宗ノ時ノ僧惟寛禅師ノ語也。五代ノ時ノ臨済モ、此語ニ因テ金屑雖レ貴入眼為醫ト云リ。載二臨済録一。

〔一三六〕**△問、人心与物—**、**人心与物同体トハ**、王子ノ語也。此ノ問ハ其ノ語ノ問也。**於人トハ**、他人也。**感應之幾上トハ**、我方ヨリ感ゼシムレバ、人ノ方ヨリ自然ニ應シ、人ノ方ヨリ感セシムレバ、我方ヨリ應ズ。譬ヘハ人ガ哀レナル事ヲ咄セバ、聞レ之感シテ哀ム心生シ、義ナル咄ヲ聞テ感スレバ、ソレニ応シテ義心ヲコル。彼我感應ノ妙スベテ如レ此。禽獣ニ至テモ、鴉ノ諸鳥ノ卵ヲ取ルヲ見テハ悪クシト思ヒ、大犬ガ子犬ヲ噛時ハ大犬ヲ悪シト思ヒ、子犬ヲバ不便ニ思フ。草木モ盛ニ花サケルヲ見テハ楽ク、枯レ凋タルヲ心憂ハシ、皆感應自然也。コヽニ気ヲ付テ見ヨ。万物一体ニ非ズヤト。**雖天地云々**、天寒ク地冱レバ我身モ寒冱ス。暑亦同。土用八専ノ人ノ身ニアタルモ皆感應ノ理也。**甚麼教做心**、其人ノ心ハ如何ヤウアルモノトカスルト也。**可知充天云々**、以下王子ノ語也。コヽニ日字アルベキ事也。脱字ナルカ。**這箇霊明**、是ハ天地ノ気ヲ云フ。言ハ天地ニ充塞テ中間只此気アリ。人モ亦此霊明アリ。即本心也。**我的霊明云々**、言ハ人モ万物モ本天地ノ理気ヲ得テ生スレバ、天地鬼神ノ霊明即我カ霊明。我カ霊明即天地鬼神ノ霊明ニシテ、二ツハナキ也。然レハ天地モ此霊明ナケレバ、誰人カ天高ク地深ク俯仰セン。天地モ此霊明ナケレバ滅却シテ有ル事ナシ。鬼神モ此霊明ナケレハ鬼神アル事ナシ。然レハ誰人カ鬼神ノ災祥吉凶ヲ弁ヘンヤ。鬼神ナケレハ吉凶災祥ノ瑞崇モナキ也。如此ナレバ即天地鬼神人間万物一気流通セリ。如何シテ天地鬼神万物ト間隔アランヤト也。**千古見在云々**、千歳ノ古ヨリキットアル者也。何ソ無シテノケンヤ。イツマデモアリ。然ルニ人ノ霊明ハ其人死スレバ無クナル也。是ハ如何ト也。我的トハ人ノ上ヲ云フ。**他的トハ、千古見在也。○人心与物同体**、此語前ニモ出タリ。又大学問ニモ出タリ。本礼記ニ、以中国為一家、以一家為一人ノ語ヨリ出ツ。仏家モ亦有此語。天地与我同根。万物与我一体ト云也。又神道六根清浄ノ秡ニモ出ツ。天地之精ト同根ナル故、万物ノ霊ト同体也ト云リ。但此ノ秡ハ唯一神道ニハアラズ。両部習合トモ云リ。朱子ニモ亦、草本《（ママ）》〔木〕及腐敗之物皆有知覚ト云ル説アリ。語類六十巻ニ見ヘタリ。扨法眼禅師諸国ヲ廻レル時、雪フレル日一ツノ廃寺ヲ見ツケテ宿シ、地炉ニヨツテ、ツレノ僧二人トカノ同根一体ノ語ヲ挙テ、互ニ感嘆シテ居ラレシニ、其ノ廃寺ノ住僧、是ヲ地蔵院ノ瓊琛ト云、右ノ語ヲ聞テ、指ヲ二本出シテ示シテ居間ヘ退リ。夫三僧見テ不審ニ思ヒ、翌朝暇乞シテ出ントセシニ、琛庭ノ石ヲ持テ、昨夕天地与吾同根万物与吾同体ト云リ。此一塊石在身内乎。有身外乎ト云リ。其比法眼ヲ肇法師ト云リ。答テ在心内ト云ケレハ、琛大ニ笑テ、此ノ石僧ノ腹内ニアラバ、重クシテ歩マレマイトテ笑ヘリ。時ニ肇扨ハト思ヒテ逗留ヲ請テ一人止リ、飲食ヲ忘レテ坐禅スル事三十日、ナヲ未悟。此ニ於テ憐ヲ請テ再ニ示シヲ乞シニ、琛《（ママ）》示之又前語ヲ用テ、天地与我同根、万物与我一体ト云リ。於此肇悟道セリト也。肇論ト云ヘル禅書ニ載タセリ。

〔一三七〕 **△先生起行ー、起行トハ**、起復ト云フ事也。凡ソ親ノ喪ニ遇フ者ハ、其官職ヲ致《カヘス》也。然ルヲ又上ミヨリ官ヲ仰セ付ラルヽヲ起復ト云フ。帰役ト云フ事也。**征思田トハ**、巻内旧本四十五版、新本五十七版、丁亥年九月云々。本文標註可并考也。思田ハ嶺南一州ノ名也。**送厳灘ハ**、所ノ名也。**佛家実云々**、涅槃経ニアリ。実相ハ法華所説諸法実相也。幻相ハ涅槃経所説事々皆空也。**先生曰有心倶是実トハ**、本体ノ心ヲ見付テスル。是皆実事也。本心ナケレバ皆幻相也。**無心倶是実トハ**、心ヲ用テ私知スルハ幻也。私知セズ無私心ニテナスガ実也。**汝中曰云々**、汝中爰ヲ見付タリ。初ノ句ハ本体ヲ見テトク。本体上ニ説工夫也。後ノ句ハ私心ナキ処カラ云フ。工夫上説本体也。仏者ノ実幻相ノアシライニハ非ス。〇仏者ノ実幻相ハ、本来ハ何モナキ者也。其ノ本来何モナキ無面目ナルカ実ノスガタ也ト。是ヲ実相トス。今日世ニ生、暫ク父子兄弟トナリ、君臣トナルハ、僅八九十年ニハ不レ過。間ナク又無ニナル。是見在ハ夢マボロシノ假リノスカタ也ト。是ヲ幻相トス。其外衣服住ノ類、肉身ニ属セル物ノ分ハ悉ク幻相トスル也。

〔一三八〕△**嘗**〔見〕**先生―**、耆宿トハ、耆ハ六十ヲ云。宿ハ宿老ノ事ナレバ、耆宿トハ老人ト云事也。**坐于中軒**、中軒ハ、軒ハ歴々ノ書院ナドニハ、木ノ屋形ノ上リロニ、別ニ軒ト云者アリ。天子臨軒ト云モ天子軒マデ出御シ玉フヲ云ナリ。今内裏ニテハ是ヲ軒廊ト云也。王子ノ二三人ノ老人ヲ門外迄送テ帰テ、未タ本屋形ヘハ不入シテ、中軒ニ坐セル也。**及此学トハ**、致良知ノ学也。**員鑿方枘**、宋玉ノ九辨ニ、員枘而方鑿兮。吾固ヨリ知二鉏而難一レ入。按楊升菴曰、今人作レ文。襲二用枘鑿一不レ相入一。夫枘鑿本ト相入之物。惟方枘円鑿則不二相入一。今去二方員(ママ)〔圓〕字一。而曰二枘鑿不二相入一。字義不通。文義大謬。甚者枘作レ柄。尤可笑也ト。字彙ニ枘音芮。木耑所二以入一レ鑿。員(ママ)〔圓〕鑿方枘ハ、マロキアナニ角ナルホゾ也。**世儒トハ**、コヽテハ右二三人ノ耆宿ヲ指云フ也。**加荒塞トハ**、自モチ荒ラシテ其大道路ヲ塞クト也。**不択衰朽**、耆宿ノ人ヲ云フ。老人ノ事也。

〔一三九〕△**先生曰―**、一傲字云々トハ、近思録克己ニ載ス。伊川曰、相別レテ一年做二得甚工夫一。謝子ノ答、只箇ノ矜字ヲ去レリト云リ。伊川ノ何ノ故ゾト問カヘシ玉ヘバ、又答子細ニ得来レハ病痛尽在二這裏一。若シ按二伏得這箇ノ罪過一。方ニ有ルト二向進処一。伊川コレヲ聞玉ヒテ頭ヲ点シテ、因テ坐ニアル同志ノ衆ヘ告テ曰、此人為レ学切ニ問近思者也ト。標註コレヲアゲテ曰、按ニ傲矜自是レ一物當二自反一スト。**象与丹朱**、象傲トハ、見二尭典一。丹朱傲リテ惟漫。遊是好ミ傲(ママ)〔敖〕虐是作。ト益稷ニ見ユ。**結累**(ママ)〔果〕**了トハ**、只ムスビハタストヽ云フニハ非ス。是レデ臨終スルト云事也。結果ノ二字佛者ノ語也。コヽデハ一生ノ仕廻ットヽ云事也。**要体此トハ**、下ニ云処ヲ指ス。**纎介トハ**、纎ハ糸スヂナリ。介ハ芥ト同シ。チリ也。**不可有**、有トハ我有ル也。**衆悪之魁トハ**、カシラト云事也。サキガケト見ルハ誤リ也。

〔一四〇〕**△又曰**、**此道―**、微トハフカキ也。**何日不見**、日々手ノ中ヲ見ヌ日ハナシト也。此句ヲ以テ道ノ至簡至易ナルニ喩へ、次ノ他ノ掌中ノ句ヲ以テ、道ノ至精至微ナルニ喩フ。**是無方体云々**、易係辞ニ、神ハ无レ方、易ハ无レ体トアリ。此良知ドコニアルヤラ方角モナク、ドノヤウナト云形モナキ也。**難捉摸トハ**、トラヘ難シト云義也。**六虚トハ**、謂二卦之六位一。**不可為典要**、常ヲ以テ求ムベカラズト也。典ハ常也。要ハ求也。言ハ不レ可下以二典常一要中求之上也。**惟変所適**、是迄係辞ノ文也。

〔一四一〕**△問**、**孔子―**、回也云々ハ論語先進篇。**精微トハ**、精微道理也。**本自トハ**、モトヨト也。**聞一知十**、公治長篇。

〔一四二〕**△鄒謙之―**、舒国裳トハ王子ノ弟子也。**一張紙トハ**、一枚ノ紙也。寫**拱把云々**、寫ハ書ト云事也。拱把之桐梓ハ孟子告子上篇。**懸筆トハ**、筆ヲ投シテト云カ如シ。**中過状元来**、状元及第ニ中リ来レル人ゾト也。過ノ字ハ付ケ字也。状元ハフダノカシラトヨム。及第ノ人何人アリトモ、其ノ中ノ第一ヲ状元ト云フ。其時ノ及第ノ人ノ姓名ヲ書キ記ス。看板ノ首ニ記ス故状元トイフ也。

一‐四　朱子晩年定論筆記

△付録　朱子晩年定論　此一條銭徳洪ノ小序也

△**定論首**|、**朱子病目トハ**、此巻末見下答二潘叔昌潘叔度一書上ニ。尤盲者ニナリ玉フニハ非ル也。**淵微トハ**、フカキナリ。奥儀ト云カ如シ。**告同志トハ**、即定論所レ載ノ黄直卿 向（ママ）〔何〕叔京呂子約等ノ教子ニ告ルヲ云フ。**与晦翁同**、朱子ハ賢者也。ソレト王子ノ学ノ違タルヲ、一分ニモ気ノ毒ニ思召、天下ノ人ヲモ疑ヘリ。時ニ朱子語類等カラ同ヲモムキノ事ヲ見出シ玉フヲ、我学朱子ト同キヲ喜玉ヘリ。王子モ初ハ朱子ヲ学ヒ玉ヘリ。後ニ改ル也。然シテ其説朱子ノ悔悟ノ書ニ大ヤウ同キト也。扨朱子其以後ノ説、スヘテ此ノ悔悟ノ如キカト見レバ、此悔悟ト違テ、何カハリメモナシ。コヽハ朱子ノ賢ト云ヘトモ、先入主トナリ、御手クセトナレルト見ユ。**刻行之**、板ニヲコシ、世ニ行フ也。**為朱子云々**、朱子ニ荷擔シテ也。**無意中得此一助**、世間ノ論ヲ止ントテノ為ニハ非レトモ、争フ者寡クナリタリ。是ハ一ツノ助ヲ得タルゾト也。此事与二安之一書中ニ詳也。此無意中得此一助ノ語モ其書中ノ語也。和文録三ニ載タリ。**虬峰ハ**、謝延傑ノ号也。**相繆戻**、モトリネジケル事也。**千古正学**、千載ヲ経テモ正学ノ分レハ同一源ナル事可レ知ト也。**袁慶麟ハ**、王子ノ門人也。**引其説**、序スト云ト同キミ也。〇後儒此編ヲ議スル者尤多シ。然ルニ王子ノ意或明白也。中巻旧本五十八版、

新本一版、答二羅整庵少宰一書ニ詳也。一版ヨリ一版ニ至ルノ間、至論至説コレニ加フルモノナシ。其間格言妙語亦スクナカラズ。王子嘗テ朱子ノ書三十四通ヲ採録シテ、以テ名ケテ為二晩年定論一。然ルニ其間不二晩年一書モ有レ之。ヨリテ整庵議之。王子之答右ノ所ニ於テミルヘシ。其為二朱子晩年定論一。蓋亦不レ得レ已而然リ。中間年歳早晩誠ニ有レ所レ未レ考。雖レ不三必尽出二於晩年一。固ヨリ多下出二於晩年一者上矣。然大意在下委曲調停シ以レ明二此学一為上レ重ト云々。

△朱子晩年定論序一、一本無二序字一。而篇首ニ有二陽明子序曰五字一。新本去レ之。**洙泗之傳**、洙泗ハ魯ノ二水ノ名也。孔子ノ居玉ヘル所洙水ト泗水ノ間也。故ニ孔子ノ学ト云事ヲ洙泗ノ学ト云ナリ。**濂渓明道云々**、朱子ハイツモ濂渓ヲノケテ孟子ノ傳ヲ程子ヘ引付玉フ。其中ニモ伊川ノ方ガヲモトナリ、王子ハ又伊川ヲノケテ、濂渓明道始復追尋スト、コノ二字ヘ引付玉フ。於是モ可レ観。学ハ明道ノ定性書カ主トナリ、朱子ノ学ハ伊川ノ好学論ガ主トナリヌル事ヲ。扨李延平ハ明道ノイキ方ガアリ。其弟子朱子ハ大器量ノ人故、学ガ一等ヨクナレリ。ヨウナツタヾケ又一変セリ。延平ノ学ハタトヘハ金銀ヲノミ取ハナサヌガ如シ。朱子ニ至テ其帳面迄綿密ナルガ如ク也。尤朱子ノ時ハ金モアリシナリ。朱子ノ後ツイニ其金ヲ取失テ帳バカリノ吟味ニナレル也。**辨折**《ママ》〔析〕**トハ**、道学ヲ辨シ折事ナリ。**支離決裂**、潜ニ朱子ヲ指。**湮晦トハ**、シツミクラムトヨム。**疲癘**《ティ》**トハ**、ヤマシキヲ云。疲癘ノ字モシクハ疲薾《テツ》ナルカ。疲薾ハツカレ果タル事也。本ト草ノシホミカレタルヲ薾ト云。骨折テツカレタル事也。**相出入トハ**、違テヲル事也。**依違徃返且信且疑**、ヨツテ見ツ、違テ見ツ、徃テ見ツ、返テ見ツ、**業挙トハ**、文章ヲ以テ及第スルノ学ヲ云也。乃稍トハ、稍ハソロ〳〵ト云事也。王子ノ心中モメルヲ云フ也。**謫官龍場**、武 徳《(ママ)》〔宗〕正徳元年丙寅、王子三十五歳ノ時也。**謫官ハ**、流サル、事ヲ云。**龍場ハ**、在二貴州西北一。三年戊辰三十七歳春至、始悟二格物致知一ト年譜ニ見ヘタリ。**恍若有悟トハ**、

恍ハチラリト合点シタル事ナリ。**体念探求トハ**、工夫ト云事也。体認観念也。**再更寒暑**、一年ヲ経タル事。**證諸五経四子**、此時五経臆説ヲ著玉フ。今不レ伝。序ハ和文録第一ニ見ヘタリ。**沛然ハ**、トヾコホリナク、サシツカヘナキヲ譬テ云フ。**開竇往**《ママ》〔徑〕**トハ**、垣タル大路ヲ不知シテ、小ミチナル所ヲ穿鑿スルヲ云。**二氏之下**、二氏ハ釈老也。コノ学ニモ王子ハ通シ玉ヘリ。既ニ天眼通ヲモ得玉ヘリ。然レトモ措二日用一欽漏シテ、人倫ノ道ニ非ルヲ以テ捨玉ヘリ。大器量ニ非レハ不能事ナリ。僅ノ曲藝タモ宿習ヲ改ルニ不レ忍。俗情也。於是モ王子ノ賢可観。**立異好奇**、王子ヲ非議スル也。コヽガ王子ノ反求ノ厚キ也。其議ヲ非トセズ、猶我アヤマレリヤト。**痛反深抑**、痛自反シ、深ク情ヲ抑テ、手前ノ瑑ケヌトコロヲ吟味シ玉フ。是ヲ務自捜剔斑瑕ト云。**捜剔斑瑕**、**捜剔**ハサガシケヅル也。**斑瑕**ハ周礼王制《（ママ）》ニ、雑色曰斑。瑕ハ字彙ニ玉玷又過也。**独於朱子云々**、外ノ議ハカマイ玉ハス。朱子ノ大賢ト違タガ合点イカヌ也。**相牴牾**《テイゴ》**トハ**、牛ノ角ヲ以テ互ニ相フレル事也。コヽノ意ハ違戻シテ不合ヲ云也。**恒疼**《（ママ）》〔**疚**〕**於心トハ**、卒爾ニ朱子ワロキト打ヤブリハシ玉ハヌナリ。益々厚キ事也。**切疑ノ切ハ**、コ《（ママ）》 ソカトヨム也。**及官留都**、留都ハ南京ノ事也。明ノ帝ハ本ト南京ニ都セリ。後ニ北京ノ都ニ移ラレタレトモ、南京ノ都ニモ官人ヲトメ置テ留守セシム。故ニ南京ノ事ヲ留都ト云。**官二留都一トハ**、王子嘗テ南京ノ鴻臚寺卿ト云ル官ニナリ玉ヘル、其事也。**自誑々人**、以下十字ハ此末答二何叔景一書中ニ出タル文也。**勝贖ノ贖トハ**、罪人ノ科量ヲ出シテ罪ヲ謝スルヲ云フ也。**集註或問**、四書注十六年ノ頃ニ当ル。朱子六十歳余リノ時ノ作也。然ルヲ未定。コヽニハ子細アル事也。マタ何叔景ニ答ル書ハ、朱子三十九歳ノ時ノ書也。是ヲ晩年定論トス。皆ワケアル事也。**舊本之誤**、即集註或問等ノ事也。**而其諸**、佐善翁其諸二字ヲ発語ノ辞トス。可考。**局於見聞**、局ハツボネト訓ス。自ラシキリシテ其中ヘハマツタト云事ヲ局スト云。カギリ止マル也。**概乎**、トハ一概ト云事也。**言之不信**、人ニ信セラレサル也。**先得我心**、告子上曰、心之所二同然一者何也。謂二理也義也、聖人尤得三我心之所二同然一耳。**呶々トハ**、カマビスシキ事也。○晩年定論ノ事、学蔀通辨・求是篇等ニ載タル如クニ、是ガ朱子ノ定論ニハアルマシ。通辨ナドニ載ル如ク、後迄究理ノ筋ヲノ玉フ。更ニ前ニカハル事ナキ也。然ルニ定論トテ此篇ニ載タル三十四通ハ、皆朱子ノ御本心ヨリ出タル親切ノ書也。悔悟ノ処ガ人ノ情実也。扨後迄前ニカハラヌ究理ノ筋ハ、朱子ト云ヘトモ御手クセ也。御本心ニハ非ス。夫聖人ハ道ヲ当代ニ行フ事ヲ本トシテ行フナレバ、行ナハレヌ日ニ至テ、セメテ後世ノ為ニトテ六経ヲ註シ玉フ。朱子ノハ初カラ書物ヲ穿サクシテ六経ノ註ヲシタリ。究理ノ沙汰等也。爰ガ朱子ノ御クセ御スキ也。気根ハ強シ。才ハ発シ玉フヒタモノ其方ノミ趣玉ヘリ。朱子ノ師ハ延平李先生也。李先生ヲバ古人モ壺氷ノ寒月ト評判セリ。朱子ニ此気象ハ傳ハラズ。李先生ヨリ書ヲ以テ朱子ヘ外面ヘ走リ玉フ事ヲ戒玉ヘリ。後目ヲ病テ書ヲ見ル事ナラヌ日初テ悔玉ヘリ。延平　異《(ママ)》　見ノ時ハヤミ玉ハザリシ也。

△黄直卿書—、黄勉斎ト云シ人。朱子道之詫《ママ》〔託〕在レ此我死トモ何ソ恐ントノ玉ヒタル道統ノ人也。ソレヘノ書也。**要立本トハ**、根本也。多クハ書ヲスマソフトカヽルモノ也。此過不レ少。病人ノ病ヲ愈ス為ニ醫書ヲヒラク如ク書ヲバ見ルベキモノ也。**寛心玩味**、書ヲバ心ヲ寛クシテ、ソロソロスマスガヨシト也。少々文義ハ違テモ不レ苦。ヒタスラ説ヲ求テ同異ヲ考ツ。**研究繊密トハ**、研究ハキハムル也。繊密ハコマゴマシキヲキハメルハアシキ也。此段則陸象山読書ノ法也。**促迫ハ**、セマリセマル也。**将来トハ**、コレカラサキト云事也。**見得大意ハ**、大ダヽイノ事ヲモ云。惣体ノ事ヲモ云フ。爰ハ総体ノ事也。是書ノ事也。大意サヘ見得タラバソレカラハ一二ノ節目ヲ挙テ、箇條ヲモ立テソロ〳〵スマシテモ不晩事ゾト也。**漸次《ココハ》トハ**、ソロ〳〵ト也。**向来定本之誤**、向来ハ前カド也。**定本**トハ此本字即最初ニ出タル立本ノ本字ニテ、此根本ヲ定ルト云事也。**向来定本之誤トハ**、立レ本ヲル事不レ要、一向文字言句ニ拘ハリシ誤ナリ。扨王子ノ序中ニ、舊本之誤思

二改正一而未レ及ト云ヲ、明ノ陳憲（ママ）〔建〕ガ学蔀通辨ニ難シテ、朱子自咎テ舊本之誤ヲ改正セント思ヘリト云事、文集ニモ語類ニモナシ。然ルヲ陽明如レ此云ルハ、定テ答黄直卿書中、定本之誤云々ト云ヲ其事ナルヘシ。然レトモ此書ノ定本ト云ルハ、註解等ノ事ニハ非ト云リ。ナルホドコヽノ定本ト云ハ根本ト云事也。然ルニ根本ノ誤リ、乃説ヲナスノ誤ノ生スル処也。然レバ旧本改正ヲ思フノ意言外ニアリ。又但集註或問ナドノ事ニテモアランカ。是亦不可知也。**煩勇革**トハ、煩ハ御太義ナカラト云事。其元ニモ改メサセラレヨト云事ヲ煩二勇革一ト云也。書簡ノ辞也。**避譏笑**トハ、今迄ト違タトテ人ノ笑ソシルヲハヾカルヲ云。

△答呂子約―、呂東莱ノ弟也。**復何如**、ドノヤウニ用ラルヽゾト也。**於此処**トハ、天理人欲。**見得分明**トハ、天理ヲ見付テ人欲ヲヨセツケヌ事。**功利権謀裏**、功ヲ立、利ヲ得也。**権謀**ハ根本ヘカヽラス。時ニ取テノ謀ナリ。**向日**トハ、前々也。**彼中証候**、**彼中**ハ世俗功利権謀ヲ指ス也。**証候**ハ病症ト云事。○世俗功利権謀ノシカタノ事也。ソウハ前々モセサレドト云意カ与ノ字ニ見ユル也。**忘己逐物**トハ、事物ヲ逐フ事也。コノ朱子ノ御見得ヲ可レ見。至極ノ事也。王子ノ朱子ヲタヾシ玉フモコノ通也。朱子ヲ功利権謀ノ学ジヤトハノ玉ハズ。支離決裂シテ、頃刻モ間断スヘカラサル底ノ事ガ疎遠ニナルトノ玉ヘリ。コヽ也。**虚内**ハ、カラニスル也。**撓己**トハ、己カ本源ヲミダシタマハヌ也。**己立**トハ、我カ根本ノ立事。孟子ノ大者立則小者不レ能レ奪トノ玉ヒタルト同シ意也。**了得天下云々**、天下万物ヲサバク事也。己立テ後ハ天下万物皆我ニアリ。我モノ也。**安頓去処**トハ、ヤスンジヲク也。安頓スル処ト云事也。去字ハ付字也。**経世**トハ、歴史ノ事也。**伎倆**トハ、調略ト云事。歴史ナト見レバ世ヲ治ル調略スム者也。呂子約別シテ史学ヲ専トシ、浮身ヤツセシ人也。此病アルベキ也。**相去遠**トハ、子約ハ西国、朱子ハ東国ニ在テ遠ク隔テリ。**書問**トハ、書ノ事也。**臨風**トハ、便風タヨリ也。又西吹ク風ナルベシ。○王ヲ難スル者曰、此書自分ノ定論ニハ非ス。子約ガ病ニアタツテ云フ

ト。然ルニ書中ニ、實見得向日支離之病トアリ。且此ヲ専ラ子約ヘカヽリテノ事トスレバ、即忘レ己逐レ物。貧レ外虚内ノ誤リ免レ玉フベカラズ。朱子ノ為メニ於テ贔屓ノ引ダヲシ也。

△答何叔京―、朱子ノ友也。文集四十五《(ママ)》〔四十〕巻ニ出ツ。**借易云々トハ**、借ハヒトゴロフトヨム。我分際ヲコヘオカシタルト云事。易ハタヤスキ也。借易二字デ卒爾ニ云フキミ也。此書発端ノ語トハ見ニクキ也。言ハ此ヨリ以前分ヲオカシタヤスク卒爾ニ博観ノ弊ヲ申シ入シニ、其意ヲ得ラレタト稟玉フ事ヲ拝スト也。拝ハ書ヲ拝シウケテ見タト云書簡詞也。雪渓翁曰、拝稟トハ申シ入ルヽト云フ事。拝シテ申スノ意也。此方ニテ啓上ト云如シ。言ハ手前ノ分眼《ママ》〔限〕ヲ越テタヤスク博観ノ弊ヲ申シ入シニト云フ事也ト。前ノ意ナレバ、借易拝レ稟二博観之弊一ト点ヲ付ヘシ。雪渓翁ノ意ナレバ、借易ニ拝二稟《セン》博観之弊一ト点ヲ付ヘシ。弊字彙ニ与レ弊同。**不自揆乃云々**、存シガケモナヒ尤ナトアル仰ヲ蒙ムレリ。何タル幸ゾヤト也。**未能拠舎**、博観ガステガタキ也。是レヨギナキ事也。雑々ノ遊藝ヲ達シテサヘ其非ヲ知リ、ヤメテモ人ノ不堪能ナルヲ見聞ク時ハ、一ツシテ見セタク云テキカセタキノ意起ル者也。況ヤ博観ヲヤ。尤ノ事也。爰ヲタチ切テ改ル事ハ、大賢ニ非レハ不レ能。明道先生サヘ好猟ノ心勃然トシテ一タビ生ゼサセ玉ヘルト云リ。**困事トハ**、朱子ノ觸発也。**少省発處**、チト合点ユキタル処。**必有事焉云々トハ**、集レ義事ヲ事トシテ其效ヲ期テスル事勿レト也。公孫丑上篇ニ見。明道鳶飛魚躍ヲ以テ是レト同意ト云ルハ、皆自然ノ流行ニシテ、天地間此理ニ非レハナシトノ意也。勿正ノ正ハ效シヲ見ル事。效ヲ求ルハ自然ニ非ス。**乃今二字**、文集作二今乃一。**此流行云々**、**此**トハ前ノ鳶飛魚躍道体流行ヲサス。コヽヘ工夫ヲ下ス事アルノ処ヲ観得タリト也。**日前トハ**、今迄ト云事也。**不可勝贖**、金ヲ出シテ罪ヲ謝スルヲ云。**守書冊云々**、コノ書冊言語ニトガハナシ。守泥ノ二字ニ罪アリ。**無交渉トハ**、ユキ通ハヌト云事。此通ノ流行ガ守二書冊一泥二言語一方ヘハ、十ガ十ナガラ通スト也。此書ハ朱子三

十八歳ノ時ノ書ト云リ。学蔀通辨ニ論セリ。

△答潘叔昌―、**無㆓不識字底神仙㆒トハ**、列仙伝ニ在ル事也。言ハ仙術ト云ヘトモ偏ヘニ長命ヲ専ラトシテ天上スルバカリニハ非ス。学字ヲ不知神仙ハナシ。仙家ニモ学問ハスル也ト。仙家ニ天ニ上ルト云事アルハ仙術ノ極意ノ事也。実ニ白日ニ上天スナド、思フハ相違也。**此論甚中㆓一偏之弊㆒**、尤ナ事也。文ト字ヲセンギセヌ弊ヲ救ウフニハ肝要也。文字ヲ不㆑識ハ一偏ノ弊ゾト先示ヲ受タルモノ也。扨文字センギノ却テ害タルヲ述ブ。**学上天トハ**、神仙ノ場ニ至ル事。神仙ニナル事ヲ学フヲ云フ。先神仙聖人ニナツテ、其後学ヒ㆓上㆑天人㆒。字センサクシテモ不㆑遅。妨モアルマイゾト也。文集ニ天人誤テ作大人。**間中ハ**、ヒマナルウチ也。**喟然トハ**、説バシキ事也。

△答潘叔度―、目力全短トハ、目ノ性ノ衰タル也。**冥目トハ**、目ノヒシゲタ事也。**静坐之静字**、文集作㆑間。**看書鮮識トハ**、見レバ見ルホド知識少ト云事。叔度ガ書中ノ語ト見ユ。**厳霜大寒《ママ》**〔凍〕**云々ハ**、何ホド寒キ時テモ、少ハ風モ和シ、日モ暖カナル事ナキニハ非ズ。スレド大寒中ニハ全体寒シ。寒キ方多シテ勝ユヘシ。書ヲ多ク見、文字ヲセンサクスル中ニモ心術ノ工夫アレトモ、書冊ヘ走レハ、其方勝テ収㆓拾放心㆒ノ方カ負ル也。スレハ落著収拾ノ方ヲ多カラシムヘシト也。

△与呂子約―、冊子上トハ書冊ノ事。子ノ字ハソヘ字也。**有己トハ**、己カ本体也。

△**与周叔謹―**、**應之ハ**、周謹ヘコノ人ノ事ヲ云遺シ玉フ也。**不《ママ》**〔未〕**得相見**、朱子イマダ逢玉ハヌ人ト見ユ。但コノ應之ト云ハ、直ニ叔謹ノ字ナルカ、又別人ノ事ニテ叔謹カ方ヘ云ヒツカハシ玉ヘルカ。**規模トハ**、規ハブンマワシ、模ハイカタナレバ其レカタト云カ如シ。**呂陸トハ**、呂東萊、陸象山也。**不満人意**、心ニ足ラヌ事也。我心ニ満足ニ不㆑思ト也。**両家トハ**、呂陸ノ二家也。**因話扣之トハ**、應之ノ云分ニ付テ教ルガヨカロ

ウト也。又應之ト云ヲ叔謹ト見レハ、此因話扣之因書諭及為幸トハ、物語ニヨツテトクト其見得ノ処ヲ扣キ出シテ尽サルヽカ、又ハ書ヲ以テ告及サレバ幸ノ事ナラント也。**坐字ハ**、タメニトヨム。○陸子集要五語録上二云。退歩シテ思量不レ要レ驚レ外。**体察収拾トハ**、性善ヲ体察ビ放心ヲ収捨スル也。**諷誦トハ**、ソランジ読事也。**大段トハ**、大分ニト云事也。**苦索**、文子《ママ》〔字〕ノ方ヲクルシミモトムルヲ云也。

△答陸象山—、先生諱九淵。字子静。○集要語録下ニ云。門人問。先生之学亦有所受乎。曰。因読孟子而自得之。○先生少二朱子一九歳。先二朱子一八年。先生ノ学術朱子ト甚タ合ズ。乙未淳熙二年、朱子四十六。陸子三十七歳。五月鵝胡《(ママ)》〔湖〕ノ会互ニ道アハズ。其陸子ヘノ書也。**熹衰病トハ**、御死七八年前ノ事ナリ。**比來トハ**、コノゴロト云事也。**可支吾トハ**、技捂ト同サヽヘサヽユル也。少ハモチコタヘソウナ事也。○陸子ヘノ此書ヲ見ルニ、初ハ道アハズ。此時ハ陸子ノイキカタニ朱子モナリ玉ヘリト見ユ。学蔀通辨ニ此書ヲ朱子五十七歳ノ時トス。而四書集註或問ハ六十歳ゴロト云ヘリ。

△答符復仲—、此書心ヲ付可レ見。兼テノ朱子トハフリガ就レ中カハレリ。今時朱子学ヨキト云者ノ論、皆義利ノ間難択者アル故ニコソ格物窮理ト教ルゾ。窮理セサレバ、事々物々ノ間義ト見テナス事モ、天理ト思ヒ込テスル事モ、其擇ガタキ者ノ間ニ於テハ、必シソコナイヲ義ト見、天理ト思ヒテナシタルモノ、却テ不義人欲也。是窮理ナキ故也。只々窮理セヨト教也。随分ヨキ朱学者是也。此書ノ**但意所疑以為近利者即便舎去可也**、アルハ、兼テノ筋ト大ニカハレリ。兼テハ究理セスバ、義ト見タガ義デナク、利ト見タガ利デナイ事ガアロフトノ玉ヒタルニ、爰ヲ可レ見。意ノ所疑ハ舎去タガヨイトアリ。所謂王子ノ良知也。當下ノ良知ガ利ト思ハヽ、利デナイノヲ去テモ不苦事ト也。喰物デイハヾ、毒カドウカト思フ物ハイマタ本草デ考ズトモ、ソノ一色ヲ喰ストテ不苦也。喰ヌガヨキ也。**○意所疑以為近利者云々**。巻内—我輩致レ知、只是各随二分限所一レ及。

今日良知見在如レ此。只随二今日所一レ知擴充到底。明日良知又有二開悟一。便従二明日所一レ知擴充到底。如レ此方是精一ノ功夫云々。**向後見得**、コノ後ノ事。アトデ前シタル舊事ヲ見ル丶ニ、見ル事不レル事尽アル者也。見得親切ト云ヲ可見。我ヲヨキト夸(ママ)〔誇〕ル意アレバ、奮事ノシカタノ不レ尽事ヲ見付ル事ナキ也。只當下ノ良知ニ従テソコニ不止脩行親切ナレバ、日々ニ道徳増進スル也。増進ニ随テ旧事ノシソコナヒモ見得也。究理云々ト云テ、當下ノ良知ヲ心元ナク思テ怠レハ、此即舎去ト云処カヌケテ、一生ヲ空クシテ果ス也。**又有之又字**、文集作只字。**過当トハ**、アヤマチ故也。アヤマチ故ト見タラ、其時ノ良知ニ随テ改ルカヨキ也。**陸丈回書**、陸丈トハ陸象山也。爰ヲ見ルニ、符復仲カラ陸子ヘ義利之間難レ擇者ノ問アリテ、陸子答玉ヘリト見ユ。ソノ回後ノ書テ朱子ノ意ヲ窺タルモノナルベシ。**其言明当**、陸子ノ云ヒ分シ明也ト云事。義利ノ辨ハ陸子ノ家法也。朱子ノコノ書ノ意、符復仲陸ヘ尋又朱子ヘ尋ヌ。ソレヲアチコチノ玉ヘバ、弥惑フ故ニ、陸子ヘツイテノ玉フニテモアルベケレトモ、ソレニシテモ陸朱王ノ学コ丶ニ於テ一意ナルヲ見ルニ足レリ。**且就此トハ**、陸子ノ説ヲサス也。

△呂子約―、**日用功夫云々トハ**、朱子ノ一分ノ功夫。老病ツノリタレバトテ、少モタユミハシ玉ハヌト也。**向來ヲ**、文集作二郷來一。**本以自立**、学門ノ根本的也。コ丶ニ力ラヲ不レ用シテ文字ニ走故、事々皆病ミ支離決裂スルナリ。**又聞講授云々**、是ハ呂子約ノ事也。講習シ授テ、勤労トツトメテセハヲヤキ、精出シテ弟子ヲ教玉フトウケタマハツタト也。**有未便トハ**、講授勤労シ玉フハ、恐クハ御自分ニ為ニハヨウナイ事デアロウトナリ。**事変云々トハ**、事変ハ万事万変也。**幾微ハ**、其カシラノキザス処也。其幾微ト云者ハ我ニアル也。源ヲ清クシ、本ヲ正フシテ、ソコラ察スルガ肝要ノ事ゾト也。皆王子ノ意ト同シ。**汩溺於故紙堆中**、書物ヲウヅタカクツミタル中ニ身ヲハメテト云事也。汩モ溺ル丶也。其中ニ浮ツ沉ツスルヲ汩ト云フ。言ハ諺ニ云。

書物ノ中カラ目ヲ出シテ居ルト云事也。**故紙トハ**、字紙也。字紙トハ、ホグノ事也。**失後忘前トハ**、前後ヲモ忘却スルト云事ナリ。○文會筆録巻四七十九版、答二花《(ママ)》〔范〕伯崇一書ノ末ニ、凡《(ママ)》〔此〕類皆須研究体味。見得聖人之心。脱落自在。無私毫惹絆処。方見義理之精微。於日用中。自然得力。所謂知至而意誠也。蓋幾微之間。衆理昭晰。雖欲自欺而不可得矣。至此方可説言外見意得意忘言。不然止是鑽故紙耳〔朱子〕文集。○鑽二故紙一見二傳燈録古霊傳一。

△与呉茂實ー、近來自覚トハ、朱子御身ノ工夫ノ事也。**講論云々。得力処**、コノ句ヲ見ルニ、コノシカタハ朱子御自身ノ誤リゾト悟玉フ語也。今ノ朱学者却テ又朱子ノ悔ヒ玉フ処ヘ立カヘリテ、文義詮議ニテ日ヲ暮シ、是ヲ義理ヲ積集スト覚ヘ、久フセバカヲ得ヘシト思フ也。尤朱子程子平生ソウノ玉ヒシナレバ、ヨギモナキ事也。然ルニ此書ニテ可レ見。過ソト悔ヒ玉ヘル也。**少検点トハ**、一点々々検《ココロ》ムル也。スレバ吟味ト云事也。ソコガワルイ、コヽガワルイト吟味シ、シルシヲ付ル事也。**深省而云々トハ**、朱子御自身ノ事也。**告之也トハ**、我前方ノシカタアシク、今痛ク懲リタルワケヲ諸同志ヘコノ趣ヲ告ヶ玉ヒテ、今迄ノシカタヲ改メ玉ヘト也。

△答張敬夫ー、**窮居如レ昨云々**ト。是ハ来書ニ朱子ノ貧ノ事ヲ尋玉ヘリト見エ、其答也。窮シ居事マヘノ如クナレトモ、是ハ言ニ不レ足ト也。**日**《ママ》〔自〕**遠去師友之益**、サシツケテ敬夫ヲ敬フヲ云ル也。**兀々度日トハ**、兀ハ不動ノ貌也。何モセズシテ日ヲ送ルト云事也。何事モセスシテ坐スルヲ兀坐ト云也。**無彊輔トハ**、師友ノ助ケヲ云。**一種トハ**、一通リト云事。**心悦之而不能自已**、朱子大賢ナレトモ、ソレ相應ノ向レ外走ルモノアル也。兼テノ註解文字等也。詩人ノ詩ニ走リ、文人ノ文ニ走ル。皆心悦レ之而不レ能二自已一者也。**止酒例トハ**、朱子ハ上戸也。病ニ中ルトテ止メ玉ヘリ。其如クニ、向レ外走作シ、心悦レ之モノヲ絶玉フト也。コヽハ晩年定

論也。親切ナル也。○禁止也。難キヲ強テ禁スルノタトヘ也。**前輩所謂云々**。東坡也。東坡カ詩ニ、貧家浄掃地。媿婦巧梳レ頭。下士晩聞道。聊以レ拙自修ト。鶴林玉露等ニ載。尤東坡ガ詩集ニアリ。上士中士下士ノ下士ニハ非ス。只下品ノ人、田舎辺ノ士ト云事ニテ、身ノ事ヲ卑下スル辞也。下士晩聞面白詩也。言ハ貧家ナレトモ掃除ハキレイニスル。醜婦ナレトモ見事髪ハ結フ。其如ク下士ニシテ晩ク通《ママ》〔道〕ハ聞ナレトモ、以レ拙自脩ト也。**拙トハ**、不調法ト云事也。**擴充不已トハ**、向レ外走作スル筋ヲ絶テ、志ヲ擴充シ不レ已也。**庶其有日トハ**、補復スル日アルニチカヽラント也。**苦求之苦ハ**、ネンゴロトヨム。**太過トハ**、義理ノ詮議大過スル也。**煩猥トハ**、事多クミタリナル事。附添テ煩猥スル也。**此正是最切近処〔最〕分明処**、慎独誠意也。皆内ニ向フ処為レ己ノ学爰ニアリ。**談於空**（ママ）〔空於〕**冥漠之間**、ウハノソラナ事ヲ談シマワル事。**○冥漠ハ**、体モナクバツトセル也。**其亦誤**、コヽガ悔悟也。今迄ノヲ朱子悔玉フ也。○朱子文集記二解経一曰、凡解二釈文字一。不レ可レ令二注脚成一レ文。成レ文則注与レ経各為二一事一。人唯看レ注而忘レ経。不レ然即須下各作二一番理会一。体（ママ）〔添〕中却一項功夫上。竊謂ク須ク只似二漢儒毛孔之流一。略釈中訓詁名物及文義理致尤難レ明者上。而其易レ明処。更不レ須二貼レ句相續一。乃為レ得レ体。蓋如此則読者看レ注。即知三其非二経外之文一。却須下将レ注再就二経上一理會上。自然思慮帰レ一。功力不レ分。而其玩〔索之〕味亦益深長矣。文會筆録四。**以此意トハ**、前非ヲ悔タル意ヲ以テ也。**検勒トハ**、ツカネ、ヲサヘル義也。**懍然トハ**、ゾツトヲソルヽナリ。**而失之トハ**、今ノ工夫ヲ指ス也。**最為下守二章句一者上**、朱子御自分ノ事也。又専文義ヲスマシタガル者ノ為メニ説テ、心ヲ修スル者ノ為メニセズトモキコユル也。但前説可ナラン。**推衍文義自做一片文字云々**、一片ハ一通リト云カ如ク也。聖語ヲトクトテ義理ヲ付過《ツケスゴセ》シ故、聖経ノ外ニ又一片ノ文章カ出來タル也。是レ家ノ下ニ又家ヲ作レルガ如キ也。屋下ニ架レ屋トハ、屋ノ下ニ又家ヲ作ルヲ云。作レバ作ル程本ンノ家ノ為ニアシヽ。故ニ説得意味淡薄ト云。

倣一片文ー。四書ノ註等屋下ニ架レ屋ノ所マヽアル也。**両頂トハ**、頭カ二ツニナリタルナリ。**下稍看得**、末々終リト云事ニテ、果ハト云カ如シ。**本旨トハ**、聖経ノ旨也。**漢儒可謂善説経者**、馬融鄭玄包咸等也。漢儒ノ経ノトキヤウガヨキソト。於レ是朱子漢儒ヲ尤ニ思召タル也。漢儒ハ此義理ヲ不レ云ニ、只訓詁ハカリニシテ、是ハカウ云フ事也ト云迄也。只字義ヲ述テ、其者ニ意味ハ見サセル也。故ニ経ト注ト両項ニナラズハナレズシテ一通リ也。故ニ聖意ノ深長也。是ガヨキトノ事也。○此書淳熙二年、朱子四十七八歳ノ時ノ書也。文集十一巻ニ載リ。此書全文ニ非ス。其要ノミヲ記セリ。然ルニ全文ニハ陸子ノ如ク学ンテハスマヌト云事アリ。ソコラバ王子ヌキ玉ヘリ。コヽガ王子ノ手也、術也トソシル事アリ。学蔀通辨ニモ難セリ。皆王子ノ意ヲ不レ知論也。朱子ノ文集固リ大部ナル者ナレハ、人気ノツカヌ書モアルベケレトモ、如此ヌキ取リ玉ヘル書ニハ、信スル人ハ勿論王子ヲナミスル人モ共ニ本書ヲ不可不考。スレバカクメカクサルヽモノニ非ス。且常人トテモサホドノ奸佞先ヅハアルベキ様ナシ。略シテ記セル処ガ王子ノ手ノアル処ナドヽ察スルハ、却テ其人ノ心ザマサニコソト思ヒヤラレテ浅マシヽ。陸子ヲノ〔ヘ〕玉ル一段ハ此主意ニアツカラサル故略シ玉フ也。

△答呂伯恭ー、**道間トハ**、道中ミチスガラノ事。道間ト云、講論ト云ルハ道スガラノ学問バナシト云事ナリ。此書箇ヨリ前ニ、朱子蔡季通ト共ニ道中シ玉ヒシ道スガラ、季通ト講論セル也。其講ニ由テ悟ルト云々ト也。**彊探必取**、**彊探**ハ、アナカチニ求メサガス也。**必取**ハ、コウシヤト取カタメル也。**尋流逐末**、水ナレバ源ヲ捨テ流ヲ尋ネ、木ナレハ根ヲ舎テ末ヲ逐也。**恍然トハ**、チラリトシタ事。**自失トハ**、自アキレタル事也。**頓進之功**、ニハカニ上達シタル様ニ思ハルヽト也。**頓悟之機**、潜カニ陸象山ヲサス。象山自身ニ頓悟トハノ玉ハネトモ、脇カラ頓悟ノ説トイヽタテ見タテタリ。**誨諭諸説**、ソナタヨリ示サルヽ所ノ諸説トナリ。**気質躁**

妄之偏、朱子ハ朱子ダケノ気質躁妄ノ偏アリ。皆人ハナヲ更也。皆是ニテ一生ヲ果ス也。朱子涵養克治シ玉ハヌニハアラネトモ、全体ノ学ノフリ涵治ノ功少シ。ソコヲ悟リ玉ヘル也。

△答周純仁―、此答書ノ趣ヲ考ルニ、純仁ノ方ヨリ使ヲコシテ、此ゴロ間暇ナル中随分他出ヲヤメテ書ノミヲ見ルニ就テ、何々ノ書ヲ其許ニテ調テ玉ハレト頼ミコセル、其返答ト見ユ。**宜謹出**トハ、他出ナサレヌトハ尤ノ事ゾト也。然レトモツラ〳〵想フニ、何ホド書ヲ取リヨセタリトモ、一度ニサホド大分ノ書ヲ読トル事ハ不レ能。然ルヲ何々ノ書ヲ調テクレヨト云テ、使ヲ往來サセ玉フ。此様ニ使ヲ往來セシムルハ、其費ト云ヒ、其使人ノ労ト云、一ト方ナラズ。是等モ亦省レ事身ノ寓スルニ随テ安スル事不レ能ノ病ト思ハル。如レ此書ヲミル事ヲ貪リ玉フハ、譬ヘハ如多服燥熱薬云々ト也。**一併**トハ、一度ニト云事。俗語也。**許多**トハ、イカバカリ大分ト云カ如シ。**専人**トハ、使者ノ事也。語ニ、使二於四方一不レ能二専對一トアル。是ニヨツテ後世使人ノ事ヲ専人トモ専使トモ云也。**似此**トハ、此ヤウニト云フ義也。**多服**トハ、多ク書ヲ貪ルニ喩ヘテ云フ也。此書最初解シガタシ。姑ク此説ニ従フベシ。△又一説ニ、**間中無事**、是ハ純仁ノ身ノ上ノ事也。カヽル時ハ固ヨリ出ヌガヨシト也。故ニ宜レ謹レ出ト云リ。**然想亦不能**トハ、ソレモ亦ナルマイゾト也。**一併讀得**トハ、許多ノ書ガ一度ニハ見ラレマイト云コトナルベシ。一併ニハ一度ニト云事也。**専人**トハ、使ノ事也。**来往労費**、来往ハイキツキツスル也。労ハツカルヽ也。費ハ入用物入ヲ云フ。使ヲヤツヽトツヽシテ労費アルト同シ事ゾト也。間中無事デ居ル事ナラヌノ病ゾト云事ヲ、**未能省事随寓而安之病**ト云リ。此書ハ見ニクキ書也。前説可ナルヘシ。**衛生**トハ、養生ト云ト同シ。**飛揚燥擾**、飛揚、俗ニウハヅク者ト云フ。即此飛揚其事ウハヅク事也。

△答竇文卿―、**為学之要**、前ノ説ニテハ格物究理トノ玉フ筈ノ処也。然ルヲ云々ス。コノ学ヲスル人ハ我レ

人、先ハ操存體認セヌ者モナキ也。只著実密功ノ字ヲ欠也。**表襮トハ**、アラハスナリ。**引惹ノ惹ハ**、音喏引著也。**枉費酬應トハ**、云テモ云ハイデモノ事ヲ云、マワリコタヘマワル也。然レハ是ノ外人ノ辨論ノ来ルハ、手前ノヒケヲカヌ処ヨリヒキヒイテ来レル者ナリ。シカケラルレハ又返答セズニモイラレズ。ソコデ枉費酬応也。是レ内ニ向ノ工夫ヲ分チ減スル也。**分却ノ却ハ**、付字ナリ。是自ノ為ニアラズ。スレハ切ニ忌ムヘキ事也。

△答呂子約―、二友トハ、誰カ不知。**為恨トハ**、残念ト云事也。**要領トハ**、要ハ裳ノ腰也。**領**ハ衣ノヱリナリ。大事ノクヽリノ処ヲ云フ也。**倣身主不起**、本心カ主ニ立ヌト云フ事也。**恍然トハ**、ホノカトヨム。ハツキト不弁ヲ云フ。**不知所以為賢者謀也**、ソコ元ノ為ニ相談スル事ヲ存セヌト也。手前カマヅ毎二一念一レ之惕然トシテヲソルヽホドヽ也。**遅回膽前云々**、是来書ニ私ニ此病アルト云ヒコシタルト見ユ。遅回云々トハ、ズカくトナラヌヲ云。**影子トハ**、本体ノ事也。**相聚一番**、同志相聚ル也。**一番**ハ一度也。**彼此ハ**、彼ハ呂子ヲ指ス。此ハ朱子身ヲ指ス也。**剖決之助**、剖ハ判也。破也。決ハ徂徠譯筌ニ、ワカツトヨムトモ、ハナレヌ処ヲ力ヲ用テ引キル意也。決断決訟決策決疑判決剖決一言決論決裁決皆公事ヲサハキ、疑ヲワカツ事也ト云々。堤決潰決水ノフキヽル事也。納レ履踵決トハ、フルキ履ニテハケバ、カヽトノサクル事也。決裂トモ連用ス。引決ハ自害スル事ニ用ユ。思切ル意ヨリ用ル也。剖決ハキツトカタノツク事ナリ。**失此幾会**、前ニアル如ク与二二友一俱来ラントシテ来リ玉ハヌ故ニト也。**訓導後生ハ**、子約書ヲ講シテ人ヲ教ヘ玉フ故ニ云フ。**不會減人気力**、コノ人ト云字ハ教ル人ヲサス。我ト云フキミ也。**如此トハ**、前ニ云フ如ク、不レ得二要領一為二文字一奪二却精神一ヲ云。**漫無統紀**、漫ハベツトシタル事。**統紀**ハシナタヽリ也。**無出頭処**、アタマカ出サレマイトニ云事ナレバ上達アルマイト云事也。

△答林擇之ー、**哀苦トハ**、喪ナドノ詩ト見ユ。**斂飭トハ**、**斂**ハヲサムル也。飭ハ、徂徠譯筌ニ、トヽノフルト讀。致レ堅也。牢密也ト注シテ、器物ナトヲ作ル上ニテ、念ヲ入レテドコカラドコマテモヌケメナク、堅クコシラユル事也。ソレヨリ轉用シテ、スミ〱迄ヲ吟味シテ、キツトナス事ニ用ユ。**怛然トハ**、キヒヤリトヒヾク事也。**震悚トハ**、ゾツトシテヲソロシキ事也。○朱子説《（ママ）》〔書節〕要ト云書ニ、此ノ書ハ朱子四十歳ノ時母ヲ喪玉フ。其忌中ノ書也ト云リ。是皆晩年定論ニ非ストノト云ヒ分也。**○怛然震悚**〔蓋〕**不レ知レ所三以措二其躬一**。悔悟親切亦出二于本心一者也。乃所三以為二晩年〔定〕論一。自レ我コレラミレハ、年数ノ早晩ニ拘ハラサル者アリ。晩年ナラサルヲ以テ、コノ悔悟親切ヲ欲レ捨亦何ノ心ソヤ。

△又ー、**朋友数人トハ**、門人ヲ指ス。**朴實頭**、木地ト云事。頭ハ付ケ字也。**負荷トハ**、道ヲ荷フテ居ルヲ云。引受テスル事也。**今方欲トハ**、学ノフリヲ改メウト欲スル也。**点検トハ**、得ト合点スル事也。**陸子寿トハ**、象山先生ノ兄。**講学上トハ**、陸子ノ学ヲ兼テ朱子ノ思召スハ頓悟ノ禅儒ニテ講レ学《スル》方ガナイ。ソレデハ究理ガ欠テ用ニ立ヌト思召シタル也。然ルニソロ〱近ゴロハ議論却肯向二講学上一理會ス。ヨイ事ゾト也。**其門人有相訪者トハ**、朱子嘗《（ママ）》テ陸子ノ門人楊慈湖ヲ美メ玉ヘル事アリ。此門人ト云ヘルモ楊慈湖ナドニテモアルヘシ。又萬正淳、曹　主〔立〕之、項平甫、胡季随、包顕道、包敏道、楊敬仲、陳君挙等ナルヘシ。此衆朱陸ニ往来シテ学ヘリ。其餘アマタアルヘシ。両先生共ニ教レ之テ忌ミ玉フ事ナシ。二先生各自見ル処ヲ執テ、相容ルベカラザル如シ。然レトモ偏心ナキ事如此。後世ノ及フ所ニ非ス。**皆好ノ皆**ト云字ヲ見レハ独リニテハ無シ。**其間亦有奮病トハ**、尊二徳性一ノ方ニ偏ナルヲ云。**此間云々ハ**、我方ノ事。コツチ筋ト云ノ意。此方ノ弟子ハト云事ナリ。**初謂トハ**、朱子最初ノ思召ヨリ也。義理ヲ明メテイツタラ、後ニハ自分ニ自ラ徳ニ入ンヤアラウト思召タニ、思ノ外説話ノミカウジテ、道徳ノ気力少モナイト也。於レ此深懲而痛警ヲ加ヘ玉ヘリ。

朱子ノ御眼前ニシテ其弊如レ斯。モシ此深懲痛警ノ書ニ不レ従シテ、未定ノ論説ノミ守テ、愈夸（ママ）〔誇〕リ二口説一ニ、愈長ハ二説話一則其弊イカント。可レ見。扨奮病トハ、朱子嘗謂陸子専二於徳性一而略二於学問一ト。然レハコ、ノ奮病トノ玉フモ、彼ノ徳性上ニ専ナル方ヨリノ玉フト見ユ。然ルニ旧病ノ旧字ニヨツテミレバ、上文ニ、所謂近日議論却肯向二講学上一理會スト云フモノ、実ニ然リト見ユ。且集要五語類上ニ、所謂陸子ノ語ニ於テモ、亦其講学ヲ不レ舍ノ意見ユ。朱子又自謂専二於問学一而軽二於徳性一ト。此ニ指二陸子之奮病一ニヨツテ見レバ、朱子亦此悔悟アリト云ヘトモ、後トテモ軽二徳性一専二問学一ハヨギナキ事也。是亦朱ニモ有二旧病一ト云ツヘシ。雖二賢者一、習熟ハ改メカタキモノ也ト見ユ。〇陸子ノ学ハ書ヲ捨ルト皆思フ。サニハ非ス。集要五語類上篇云、後士看ル二経書一須レ着レ看二注疏及先儒解釈一。不然執二己見一。議論恐入二自是域一。便軽二視古人一。至二漢唐ノ間名臣議論一。反二之吾心一。有二甚悖レ道処一。亦須地自家有下徴二諸庶民一。而不レ謬底道理上。然後別白〔一字欠〕之。〇讀書因不レ可レ不レ暁二文義一。然只以レ暁二文義一為レ是只是児童之学。須レ看二意旨所一レ在。コノ二書ニテ陸子読書ノ法可レ観。〇同語類上ニ云、有二一後生欲レ処二郡庠一ニ。先生訓レ之曰、一ニ擇レ交、二ニ随身規矩、三ニ読二古書論語之属一。コレ可見。

△答梁文叔|、看得透トハ、合点シヌクヲ云。**信得及トハ**、其通リスル事也。**孟子云々ハ**、標註可考。**向前トハ**、ムカイスヽム也。**有田地可不**《ママ》〔下〕**云々**。可レ下二工夫一ノ田地アリト云事。田地ハ下地也。**畫脂鏤氷トハ**、益ナキノ喩也。シハラク形チ見ヘテモ消失スル也。脂トハ凝リタル脂ヲ云。鹽鉄論云々標註可考。

△答潘叔恭|、**念々省察トハ**、片時モ忘レテナラン。是学ノ根本ゾト也。**其間之云々**、持敬集義ノ工夫ノ中ノ一事耳ト也。**舊来雖知此意**、今始テ爰ヲ見付タニハ非ス。前ヨリシテソウハ思タレトモ也。**緩急之間**、スハト云フ時ハト云事也。文集ニ、急字ノ下有二先後二字一。**有倒置処**、**倒置**ハサカサマニナル事也。讀レ書文理

ヲ求ルヲ学ト耳思フト也。ドチラヲ急ニシ、ドチラヲ緩スルガヨキト云中ニ於テ、終ニ是不レ覚不レ知緩急ヲ倒置テ、在二日用間一念々省察スベキ持敬集義等ノ学ノ根本ハ緩ク後ニナリ。其間ノ一事ナル読書求義ノ方ハ急ニナリ。先ニナル底ノ倒置ノ処アリト也。〇下文ニ曰云々ハ、標註可レ考。

△**答林充之―**、**為二仁之本一トハ**、標註可レ考。**有外於此**、孝弟ヲ云フ也。**為佳トハ**、善ト云事也。

△**答何叔京―**、京字一本並陽明全集共ニ誤作レ景。新本改京。**李先生トハ**、朱子ノ師李侗。字愿仲。号二延平先生一。**即処事トハ**、処断ト連続ス。捌ク事也。**亀山門下云々**、亀山ハ楊時。字中立也。程子、楊亀山、羅豫章、李延平、朱子ト道傳レリ。故ニ亀山門下相傳ノ指訣ト云フ。指訣ハ今云口傳ト云詞ト同シ。**尽心於此**、此トハ、於静中体二認大本 末(衍字) 未発時気象一。先生ノ主意ト処ヲ指ス。**孤負ノ字**、文集作二辜負一也。〇此書モ学蔀通辨―論アル書也。此ノ末ニ、右ノ如クハ思ヘトモ、又ソウバカリテモナキト云語アルヲ、コヽバカリ抜取レハ王子ノ術也トテソシレリ。又云、何叔京ハ朱子中年ノ時ニ死セル人ナリ。スレバ晩年ノ定論ニ非ト云フ難アリ。愧汗沾レ衣ノ本心呈露ヲ又イカンカ見ルヤ。〇時珎曰、汗ハ出二于心一。又曰、鮑景翔云、神為二気主一。神動則気随。気為二水母一。気聚則水生。故人之一身。貪心動則津生。哀心動則涙生。愧心動則汗生。欲心動則精生。右出二于本草人精并人汗ノ條。〇悝ハ悲テ心疾也。〇関尹子八籌篇ニ云、心慕レ物涎出。心悲レ物涙出。心愧レ物汗出ト云々。本心呈露ナル事ヲ思フベシ。御平常ノ議論ニナキ事也。

△**又―、昏憒無進歩云々**、昏ハ明ノ反与レ暗同レ義而稍軽シ。憒ハ字彙ニ心乱也。進歩ハ上達ト云カ如シ。**偸惰トハ**、文集作二媮隋一ハウカ〳〵ト暮スヲ云。ウカ〳〵ト暮スハ、月日ヲ偸ミ暮スト云者ニテ、大ナル惰リ也。故ニ偸惰ト云フ。**笱簡ハ**、ソレナリニシテソマツナルヲ云。**覚悟ノ悟**、文集作レ悮。**旧習トハ**、出二入口耳一也。

△**又―、持敬之説トハ**、程子ノ説也。**不自記其云何**、忘論ナル故、今デ思ニドノ様ナ事ヲ云タルヤラ。不記

トハヲボヘサル也。**提撕トハ**、元来ハ物ヲ提ケ示ス事ヲ云フ。類書纂要云、提撕自教誨言ト。ソレヲ軽シテ、放心シタル時気ヲ付ル事ニ用ユ。**不察良心**、文集ニ、察字下ニ於字アリ。**渺々茫々トハ**、シマリモナク、バツトシタル事也。渺々ハ水ノ長也。茫々ハ廣大ノ貌也。**中間トハ**、コノゴロト云事也。コレヨリ又別ノ事也。**却伬ノ上**、今思ヘハノ字ヲ入テ見ルベシ。**公案トハ**、本官府ノ公事沙汰ノ捌キヲ書タルヲ云フ。ソレヨリ推移テ、後世ニハ事ムツカシキ事ナドヲ、俗ニ公案ト云也。**黙會諸心**、聖人ノ道ヲ心ニ黙識スル也。**得失トハ**、道理ヲ得ト失ト也。**吾之鑿トハ**、コノ方ノカヾミカ明カニ成テ、ソレヲ以テテラシテ逃ル、事不レ能《カ》ヨキゾト也。**超脱トハ**、コヘヌキンデル也。**桎梏トハ**、カラミシバラレル事。**為合下入処**、為トハユヘナリノキミ也。合下ハ其場ト云事。又アタマカラト云事。入処トハ道ヘ入リバ也。**今日説話云々**、南軒ノ論説ヲ云フ。**滲漏トハ**、二字トモニモル也。其中穴モナク、ドコトモナクモルヲ漏ト云ヒ、穴アツテモルヲ滲ト云フ。コヽハ其見処ニヌケメアルヲ云フ也。**所論トハ**、南軒ノ所論也。○此書ヲモ、学蔀通辨ニ、朱子三十九歳ノ時ノ書ニテ、晩年ニハ非スト難セリ。

△答林擇之―、**無窒礙トハ**、顔子孟子同シヤウニナクテモ苦シカラスト云事也。同シヤウニシタキカ病也。**向來トハ**、サキコロ也。**存久自明何待究索ハ**、程明道ノ語也。程子遺書ノ二巻メニ見ユ。言ハ此心ヲ収メテ内ニ存スル事久キ時ハ、自然ニ心理明也。何ゾアナガチニ道理ヲ究メ索ル事ヲ得ンヤト也。**不誑語**、虚言ニハ非スト也。

△答楊子直―、随《ママ》〔堕〕**在トハ**、言語ノ方ヘ落ル事ナレハ泥ム義也。在ハ付ケ字也。**於語言中云々**、ソレホド言語ノ中ニ泥ムカラハ、言句ヲ究得テ、始カラ終迄通徹スルカト思ヘバ、ソウシタル者アルヲ見ル事ハ罕ナル也。**究竟トハ**、キハメキハムル也。究理スル事也。**徹頭徹尾**、始終通徹也。**草々ハ**、アラヒ事。字彙ニ、

苟簡曰二草々一。**可恃之實**、實ハ実徳也。**間中ハ**、シヅカナルウチト也。**進歩処**、道ノ事ニナル進ト云ニツイテ云ル也。**要訣トハ**、肝要ノ口伝ト云義也。

△与田侍郎子真―、**無交渉トハ**、交リ与ル事ナキ也。**違條礙貫トハ**、俗言也。條ハ縉《サシ》也。貫ハ銭也。サシガフトクテ銭ガサヽレヌと云事也。〇一説ニ、條貫トハ条目ト云ガ如シト。此説尚可考。**専字**、続集作レ更。陽明全書亦作レ更。**櫕近裏面**、内本心ヘ切込ミチカヨル事也。セマリチカヅク事也。アツメヨセル事也。末文ニ詳也。何レニテモキコユル也。先ッ櫕近ハ近ツクト云義也トハ、朱子〔書〕節要ニ、櫕ハ字ノ誤ナルベシ、趲字ナルベシトアリ。左モアルベシ。趲ハセマリ近ク事也。朱子〔書〕節要ニハ朱子大全ノ中ヲ抜集タル書也。朝鮮ニテ出来タル本也。扨此櫕字、朱子ノ続集第五巻ニハ儹ニ作ル。陽明全書ニハ作レ攢。此本ニハ作レ櫕。何レモ異レリ。按ルニ儹攢櫕共ニ義同也。聚ル也。但攢ニハ有二鑽義一。鑽《キレバ》―ノ鑽ノ字ナレハ、裏面ヘキリコム意ナリ。然レハ陽明全書作レ攢モノ是也トスベキカ。又節要云フ処ノ如ク、趲トスルモノモ可ナランカ。

比日何トハ、比日ハコノゴロ也。何トハドノヤウニト也。

△答陳才卿―、**詳来示トハ**、アノ方ヨリノ書簡也。**精進トハ**、漢書叙傳ニ云、召二属縣長吏一選二精進掾吏一。註ニ、師古云、精明而進趨也。佛書亦此字多シ。首楞厳巻八、唯以二精明一進趣真浄名二精進心一。以二真精知一進二真浄行一故名二精進一。**参前倚衡**、起ツ時ハ此心此理参レ前。在レ車時ハ此心此理倚レ衡也。**不レ待レ求トハ**、端的在レ我。故ニ不レ待レ求也。**格物致知ハ**、コヽトテモ朱子ノ平生ノ玉ヘル筋ニテ、王子ノ意トシツクトハ合セス。然レトモコヽハ、我ニアルモノヲ格致スルトノ云ヒ分ンナル処、常トハフリノカハレル処アリ。**已知者トハ**、大学補傳ニ出タル、已ニ知ノ字也。此ノ知字王子ノ如ク真ニ良知ヲ云フニ非ス。真ニ良知ヲ云フナレハ、已ト云フ字ヲ置事ヲ不得。大学モコヽモ朱子ノ已知トノ玉ヘルハ、彼小学ノ中ニ於テ洒掃應対進退ノ間ニ小

学相應ニ弁ヘタル究理ノ知ヲ指テ云フ也。モツトモ其源ヲ推セバ良知ナル故、其段ニ於テハ朱学トテモ良知ト云フ。然レトモ已知ト云事ヲ直ニ良知トシテ見ルハアヤマリ也。已ノ字トクト見ベシ。然ルニ下ノ者字ハヨク味アルニ心理ノ意見ユ。然レハ上文所謂此心此理端的在我モノ丶事也。不レ待レ求不レ待レ操ト云テ、格物致知亦是ト云ル文理ヲヨク味ヒ見レハ、平生ノ玉フ処ノ格物致知トハ少フリカハレル也。ソレホド又已知ノ字モアツカイカハレリ。トクトミルヘシ。

△与劉子澄―、**居官云々**ノ此七字ハ子澄ノ詞也。此**修レ業**ト云ルハ、書ノ異同ヲ考タリ、字義ヲ穿サクシタリスル事ヲ云ヘルト見ユ。是ハ心得タガヘナリ。故ニ朱子コレヲ正シ玉ヘル事下文ノ如シ。**徳業トハ**、易文言ニ出タル語也。**押文字トハ**、押音鴨。本書判スルヲ押字ト云。古人文字ヲ以テ書キ判トセル故也。今モ唐人ノ書キ判、又本邦モ堂上方其外学者ノ判等ハ、多クハ文字也。又花押ナド丶云フ常ノ筆法ニハセズ、ハナヤカナルキミモアル也。ソレ故花押ト云フナルヘシ。扨書判ノ初ハ、王荊公宰相タリシ時ヨリト云リ。然レバサマデ古キ事ニハ非ズ。扨此ニテ押二文字一ト云ルハ、證文ヲ書テ出タリ、裏判或ハヲシ切リ判ナドシテ出スコトヲ云也。劉子ノ官此筋ノ事ト見ユ。ソレ故カクノ玉ヘルモノ也。巻内旧本八版、新本十版、有二一属官一ノ條可二考合一。王子ニモ此段ノ如キ教アリ。我何嘗教爾離了簿書訟獄。懸空去講学。爾既有官司之事。便従二官司的事上一為学。纔是真格〔物〕。**地頭トハ**、場ト云事。頭ハ付字也。**編綴トハ**、アミツヾル也。**綴**ハ音拙也。**近覚向云々**、是以下朱子ノ御身分ノ事也。、**一頭緒トハ**、一ツノ端ニト云事也。此心ヲ存スルヲ主トスルノ一筋ヲ指テ云也。**端的トハ**、迂遠ノ反也。**真別有云々**、文字言語之間テ求来リ玉フガ朱子ノ平生也。此真ニ別ニ有二用心処一ヲ可レ見。内ヘ向ヒ玉ヘル考也。**浙中後来云々**、浙中ハ浙東也。朱子前方使ヒトシテ往キ玉ヒシ処也。其コロノ学問詮議ノイキカタ、其以後ノ我ラカ事ノ体、大分シ支離乖僻シタル事トモニテアリシト也。

事体ハ、コトノテイ也。**似正似邪云々**、ヨイトモワルイトモカタヅカヌヲ云。ソレ故云ヒホドキガコトノ外ムツカシキ也。ソレヲ極テ令ム二人難一レ説ト云也。**恐未可専云々**、前々ノ説ノ中デ、是非ヲ立テ、ヨイヲ取テ、アシキヲ舎タ分デハ、ヨイセツタリトモ旧説ノ部也。旧説ハスベテ一頭緒ヨリ不レ來。スレバ今見取ルト主意異レリ。必旧説ノ中ニ就テ取舎スルト也。

△林擇之—、**向来乖繆トハ**、向來トハサキゴロ也。繆ハ戻也。**不可縷数**、糸筋多キ如クニテカゾヘ尽サレヌト也。乖繆ノ多キヲ云也。**惕然ハ**、ヲソルヽ貌也。**悔吝潜積ハ**、悔ハクユル事也。吝ハハズカシキ事也。潜積ハ、ヒソカニツモル也。**惴懼トハ**、惴ハ憂也。**為計ノ計ハ**、シカタト云ガ如シ。**不逮ノ逮ハ**、音節今人多ク音太トス。

△答呂子約—、**見一大頭脳トハ**、心体ノ事ヲ云フ。藤樹先生ノ所謂ノ良知ニ御目見ヘスルノ事也。**把住放行**、把住ハ操ルヲ云フ。トリトメル也。放行ハ舎ルヲ云フ。手ノ中ニアル物ヲ持テ居ヤウモ、投ステヤウモ、自由ナル如ク、心ヲ操舎スルデナケレバ、本ノ事ニハ非スト也。**把捉トハ**、把住ト同ク、トリトムル義也。

○子約復書—、子約復書文集四十八前條之次ニアリ。而シテ人汩々ト云ヨリ以下コヽトハ大異ナリ。朱子答書以下ハ又此書ト同シ。文集モイクトヲリモアリテ、本ニヨリテノ異同アル事ニヤ。ナヲ可考。**此箇大頭脳云々**、朱子ノ仰コサレタル大頭脳ト云モノ、外面ノ物事ソハアルマイ。是我ガ元初元ト有ル底ノモノゾトナリ。ソレヲ段々末ヘノベタリ。**元初トハ**、生レ出ルマツ始カラ。**人生而静**、礼記楽記ノ語也。**喜怒云々**、中庸首章ノ語。**寂然不動云々**、易係辞也。人生ト云フ以下、寂然不動迄ノ三言、皆大頭脳ノ処、本心ノ事ゾト也。**汩々地**、汩々ハ乱也。役《ママ》〔没〕也。ウツラ〳〵トシテ暮スヲ云。浮ツ沉ツト云事。地字ハ付字也。**存息トハ**、存養ト云ト同シ。**程子謂云々**、程子遺書ノ二巻メニ出タル語也。**這箇義理**、此一ノ義理也。道義ヲ見付ケタト思フ人サヘ、擔板漢。生質仁ナル人ハ、只物ハメグムニシクハナキト思フテ是ヲ道トス。知アル人ハ不レ滞、サバケルヲ以テコレ道ト思ヘリ。皆実態ヲ見ヌ也。況ヤ百姓ハ道ノ中ニ居テ、大方道ニツイテ通レトモ、道トモ不レ可〔一字欠〕知シテ暮スナリ。是ノ処ヲ能自反スヘシ。一方向キト云ヘトモ、古ノ仁者智者ハ仁ト見、智ト見ルハ道体ノ流行ヲ不レ知モノト見落シテ、仁トモ知トモカタヅケズ。サラバ一大頭脳ヲ見タカト思ヘハ、見付ル事思ヒモヨラズ。只日用而不知。ヨク〳〵自反スレバ仁智百姓ノ三ノ弊ヲ合セテ居ルナリ。此処ニ於テ反求セズンバアルヘカラス。**仁者又看做仁了**、仁者知者百姓、此語モト易ノ係辞也。看二做仁一了トハ、各質ノ得方ノ方ヘ看做シテ全体ヲ不知。**道鮮トハ**、全道鮮也。**此箇トハ**、本体ニ在ル処ノ義理ハト云事。但遺書ニハ此箇ト云下ニ義理ノ二字アリ。此二字アレバ弥明白也。**亦不少亦不利**、仁ハアレトモ智ハナク、智ハアレトモ仁ハナキト云フニハ非ス。此箇ノ義理ハ一盃ニシテ、過不及ハナキモノゾ。見ル者ノ違ニテ一方ヘツカマヘルゾト也。**看他不見**、看他トハ本体ノ義理ヲ指ス。不レ見トハ不二見付一也。是迄カ遺書ノ語也。**此話トハ**、程子ノ話也。**勿忘勿助長トハ**、孟子ヲ指ス。勿忘勿助長ト前ノ話ト同意也。忘ルヽハモトヨリアシヽ。助長モ害也。於操捨之間用力ト云カヨキ也。**認乎此トハ**、彼ノ大頭脳本ト有ル底ノモノヲ見付ル也。**不昧トハ**、本心不昧也。**日滋長トハ**、不得其正者滋長也。**記得トハ**、思出ト云事。**験厥操舎**、験ハシルシ也。其心ヲ操ルト舎ルトヲ験トシテ、心ノ出ユクト入リスハルトヲ知ルト也。**主脳トハ**、主意ト頭脳也。**於操舎同**、心ヲ操舎スルノ間ニ於テ也。**用力処云々**、修行ヲ用タル上ノ実言也。**雖是ノ雖**、タトヒト讀モヨシ。**歴々トハ**、アキラカナル事也。**省験トハ**、験シヲ覚ル也。**雖其有一物在我手裏**、此語見ニクキ語也。此意ハ、雖有一物在我手裏ト覚ユルモ、ハツトソウ覚タ分デハ頼ニナラズ。総シテ善ハ我本体ニ備テアル者ニテ、可レ欲者也。スレハ放失セヌ様ニスベシ。ナベテノ悪ハ我本体ニ具ハレル物ニ非ス。不レ可レ欲モノ也。依テ少モ心中ニ不レ可二晋蔵一。如此ニシテ、コレラ実ニ有二一物在我手裏一ト云ト雖モ可也ト也。△**漫説トハ**、バツト只有二一物在一手裏一ト説テ可也。**無帰宿トハ**、落着ト云カ如シ。**把促得住トハ**、トリトメタリトモト也。**答書トハ**、再答書也。**可欲者トハ**、孟子尽心ニ、可欲謂善ト。可欲トハ忠孝仁義ノ類、コレ皆我ニ在底ノモノ也。**不可欲トハ**、不義不仁等我ニモト無キモノ也。

△答呉徳夫―、**坐談トハ**、只居テノ物語也。実地ニフミ行ハス、手ニ取テシテ見ズニ、口デハカリ云ヲ坐談ト云也。**去人欲存天理**、此以下可見。朱子平生ノ格致ノ筋トハ違ヘリ。王子ノ致良知ノ説トス。朱子ノ常ニノ玉フ筋ハ、究理セザレバ似天理而実人欲者ヲ認而為二天理一去テ行フノアヤマチアリトノ玉フ。今爰ヲ以テ見レハ、平常ノ玉ヒシノハ坐談也。今日見在ノ良知ニ従ヘバ、今日似二天理一。実ハ人欲者ヲ天理ト思テナストモ、他日次第ニ可レ見。一町ユケバ一町先キ見ユル也。是レ陽明先生ノ家法也。其ノミ違テ気ツカイテ、空ク究理トノミニテ坐談ニシテ一生ヲ過スハ、亦不レ過乎。朱子晩年ノ語ニ背ヲ不知。**摠処**（ママ）〔所〕**見トハ**、見付ル処也。**大体トハ**、総クヽリ也。**便察云々**、文集便下ニ有欲字。**放飯云々**、孟子尽心ノ篇ナリ。

△答或人―、新本標註ニ云。案ニ、是文集第四十三、答二林擇之一書之略文也。答二或人一書無二此文一ト云―謂。前ニモ云ル如ク、文集ニモ亦異本アリテ、是文答二或人一全文ナルモ不レ可レ知。**体用トハ**、体ハ中也。用ハ和也。**李先生トハ**、延平先生。諱侗。字愿仲也。**所見不同遂云々**、李延平ノ所見ト朱子ノ所見トフリガ違タル故ニ、李先生ノ言論ニ思ヲ致サヾリシト也。**不能尽記其曲折**、朱子其時一向ニ文字ニ拘リ玉テ、味ヲ面白ク思玉ハサリシ故ニ、委細ヲ聞覚ヘ玉ハヌト也。今是ヲ遺恨ニ思フト見ユ。曲折ハ委細ト同シ。**如レ云地人固有下無レ所二喜怒哀楽一之時上**。**然謂二之未発一則不可ト**、謂之未発則不可ト。未発ノ二字可見。可発物有テ未レ発。故ニ未発也。中ナフシテ空ナルハ不発トハ云ベシ。未発トハ不レ可レ言天。〇今按ニ李先生ノ云ルト云コトナルベシ。上ノ一

説ノ趣ハ不可ナランカ。天地カヘリ点モ今按ニ他日尚可考。**無主トハ**、ウツソリトシタ事也。**先言慎独云々**、先トハ中庸ヲ云也。先言慎独トハ慎独デネリ込デ然後主立ツ。ソコカラノ中和也。此亦嘗言之トハ、李先生ノ玉ヘリト也。**領略トハ**、尤ト受取ルヲ云フ。會得ト云ガ如シ。**蹉過トハ**、ツマヅキアヤマル也。**孤負此翁**、**孤負**ハ二字トモ背ク也。文集作辜負。此翁ハ李先生也。

△答劉子澄―、**追思凡百トハ**、追思ハヲツテ思フト也。凡百トハ総テノ諸事多キヲ云。余多ト云事。数多キヲ云也。**所謂註ノ註字**、文集作著。**坐此病ノ坐ハ**、タメニト読也。**回首茫然ハ**、フリムイテ日前ノ事ヲ見レバアキレ果ルト也。又**回首**ト云ハ思慮スル貌也。総シテ人何事ニヨラス、思ヒハカル事アレハ必首ヲヒネルナリ。スレハ回首トハ首ヲヒネルト云事也。**茫然**ハアキレ果タル貌也。**歳月トハ**、一歳一月ト云事也。**恵規益ハ**、規ハ正也。規益二字ニテ正ノ事也。分ケテ云ヘハ其悪キ処ヲ正シ規シ、損ヘル処ヲ補ヒ益スト云事也。是レ人ノ賜ナル故ニ恵ト云フ也。**不聞此等語トハ**、右ノ規益ノ詞ヲ云也。**今乃云々**、文集語ノ字ト今ノ字ノ間ニ、因循喩惰安得レ不レ至二於此一ト云十字アリ。**加鐫誨トハ**、**鐫**トハケヅル、キル、ヱルト訓。尤刻ム義也。骨ニ刻ミ付ルガ如クナル教誨ヲ加ヘ玉ヘ、ソコカ君子愛人意ソト也。**君子愛人云々ハ**、礼記檀弓ニ、曽子易レ簀ノ時ノ語ニ、君子之愛人也以徳トアリ。ソノ意也。〇此書三十四通ノ終也。誠ニ親切也。

△朱子之後云―、**真西山ハ**、宋儒也。名ハ徳秀。字景元。西山ハ其号也。**許魯斎トハ**、宋人。後事元ニノ大儒也。名衡。字平仲。魯斎其号也。**呉草廬トハ**、宋人。後事レ元。名澄。字幼清。草廬其号也。心経ヲ作リシ人也。毎朝読玉ヒシト云傳ヘリ。陸子ノ門人ノ註アリ。心経附注ト云。**尤真悔之**、**尤トハ**、就中ト云コト。悔之トハ、理学ノ誤リヲ悔ル事也。**備録トハ**、三子悔悟ノ説ヲ指也。**〇許魯斎**、元朝ノ人也。後明ヘ事タ人也。故ニコレヲソシル者多キ也。通鑑ニモソシレリ。山崎闇斎ノ作ニ、魯斎考ト云書アリ。コレニハ権道ジ

ヤトテ誉テ書リ。トカク常ノ人ニハ非也。魯斎草廬ハ元朝デノ人物也。

△臨川呉氏曰ー、**臨川ハ**、処ノ名也。草廬ハ臨川ノ人。故臨川呉氏ト云事也。**聖傳不嗣**、聖学ノ嫡傳孟子迄ニテ其後不嗣也。**士学靡宗**、**宗**トハ宗子宗領ノ宗也。正統ノ宗領筋カ消テ、末々ノセリアイニナリタル也。**董韓二子**、董仲舒、韓退之。**依稀トハ**、ホノカト云事。韻會云、猶レ言二髣髴一也。ニタルヲ云フ。ホノカニ聖道ノ旨ヲ得タヤウナル語モヨホドアリト也。**程氏四傳而至朱**、程明道ノ門人楊亀山、其門人羅豫章、其門人李延平、其門人朱晦庵ト伝来セルヲ云。**其学徒トハ**、朱子ノ徒也。**滞於此トハ**、此ト指タルハ文義ノ精密ヲ云也。**嘉定以後**、元ノ太祖ノ年号。朱子没後九年ノ改元。宗《ママ》〔宋〕寧宗ノ年号也。**末学之敝**、洪《(ママ)》〔黄〕勉斉、蔡李通ナドハ直ニ朱子ニ親炙シ玉フテ、文字ノ末ヲノミ見ハシ玉ハズ。末学ニ至テ学問ト云フ。只文字ノ事トノミ覚ヘタリ。朱子ハソウデハナケレトモ、爰ニ御手クセハアル也。ソコカラ末ノ弊トナレリ。末ノ弊ハ王子モ免レ玉ヒ難シ。良知ヲ唱ヒ、心学ヲ開キ玉ヘトモ王学ノ者トテモ末只文字ヘ流レテ、是ヲ学問ト思フヤウニナレル也。況ヤソノ方ヲ主トスルヲヤ。**天之所以与我者**、孟子告子上ニ、心ノ官ハ則思。々則得之。不思則不得也。此天之所レ与レ我者ト云也。**根株ノ株ハ**、木ノカブ即是モ根ト云事ナリ。**司馬文正公**、諱光。君實。温国文正公ト謚ス。宗《ママ》〔宋〕仁宗英宗哲宗ノ朝ニ仕ヘ玉フ。**諸葛忠武侯**、諱亮。字孔明。忠武侯ハ謚号也。三国ノ時、漢ノ昭烈帝ノ宰相也。司馬文正公ハ温公ノ事也。温公通鑑ヲ書玉ヘルニ、一字モ略字ヲ書キ玉ハヌホドノ人ガラ正シキ人也。左学問アリシ人也。スレトモ無学ノ人ト云ヒ、諸葛忠武侯モ聖学ノ人ニ非スト云。**習不著行不察**、孟子尽心上ノ語也。習トハナレル事。馴テ只ヨイトシテ居ルヲ習不著ト云也。行不レ察トハ、只ヨイ事ヲ行也。スレト道ヲ察シタニ非ル也。孔明二十二歳テ草廬ヲ出、天下ヲ三分シテ漢ヲ興シ、其軍法モ伯術ノ謀計ニ非ス。スレトモ聖門ノ学ヲ知レリトハ云レヌ也。尤大忠ナル人也。呉草廬ノ人タ

ル温公孔明ノ二字《ママ》〔子〕ニ才徳及ヒハシ玉フマジ。スレド聖学ヲ見タル処コノ篇ニ見ユ。微テモ宗領家ハ血脈ノ正統タルカ如シ。**資器トハ**、器量也。温公孔明ヲ指スナリ。**北渓之陳**、諱淳。字安卿。朱子ノ門人。**雙峰之饒**、諱魯。字仲元。宋朝之人也。**彼記誦**、彼トハ漢儒ヲ指スナリ。**以寸哉トハ**、一寸トモチガハズト也。**踵其後トハ**、アトヲフミツグ也。**澄也トハ**、呉草盧ノ名ナリ。**鑽研トハ**、錐ナドニテモム事。研ハ砥ニテミガク事也。**毫合縷折**、兎ノ毛ノサキヲ分ルカ如ク、又糸筋ヲワカツヤウニセンサクシタルト也。**杵臼中トハ**、穴ト云事也。**尊之々道**、中庸ノ尊徳性ト云ノ道ニ於テナリ。**中庸首章訂頑終編**、訂頑トハ張横梁ノ西銘ナリ。初是ヲ訂頑ト云也。コノ語面白キ事也。文義ノ科臼ノ中ニ居タルハ勿論アヤマリ也。四十年無益ノ骨折也。其非ヲ初テ知テ尊徳性ト云ニ目ノアイタ日モ何ソト云ニ同ク書ヲ舎ルニハ非ス。ヤハリ又中庸首章訂頑ト云リ。此ノ日ニ見ル中庸訂頑ガ真ノ中庸訂頑也。

△朱子晩年定論我―、**留都トハ**、南京ノ事也。巻内舊本ノ六十四版、新本八十一版ニ詳ニ記セリ。**録一本トハ**、一部書キ立タル也。**不及抄寫トハ**、去者写シトラズニ、直ニ其一本ノ書ヲ取テ行タル也。抄寫ハウツス事也。**憚於翻録トハ**、段々ト寫シトルヲ云。ソウシテハ誤字ノ出來事ヲ憚ル也。古人ノ語ニモ、三ヒ写シテ焉作」馬ト云リ。**寿諸梓トハ**、板ニヲコセバ、イツ迄モ一字モ不違、永ク世ニ伝フ。故ニ寿」諸梓」ト云。登」梨棗」ト云類モ皆板行スト云事也。**独表章トハ**、文集等大部ノ中カラ只三十四トリ出シタルヲ云。朱子ノ眼ガコヽニアル也。是学標注曰、恐衍字也ト。**麟無似**、麟トハ袁慶麟也。無似トハ不肖ト云ニ同。**居安資深之地ハ**、ヨク道ヲ自得スレバ、居ル事安楽ニテ、其道資用ル事深遠ナル也。慶麟三十餘年マデ、竟ニ此場ヲ不得ト也。居安資深トハ、手ニ入ルヲ云。孟子離婁下篇ノ字也。標注可考舎。**戊寅夏ハ**、正徳十三年也。王子四十七ノ御年也。**所著論トハ**、慶麟カ日比道ヲ論シ学ヲ論シタル所ヲ著シタル、其書物也。コレヲ持参シテ先生ニ見

セテ正ヲ請シニト也。**見先生トハ**、王子也。**日中天睹之即見云々**、此二句ハ、其場一念頭カラ聖人ニモナラサル丶ヤウニ思ハル、聖人ニ至ル筋カ見ユ。其芽ガハヘルヤウナトノタトヱ也。**恍然トハ**、ホノカ也。**退求其故云々**、コ丶也。王子ノ教ヲ得タトテ、直ニ聖人ニナラル丶者ニ非ス。不合トハ今迄学シ所ニ不レ合ト也。**不免遅疑トハ**、**遅疑**ノ二字ニテウタガイト云事也。総シテ疑ヘハ遅々スルモノ也。故ニ遅疑ト云也。王子ノタガヒモアルカト遅疑スル也。**假館トハ**、カシ屋ヲカル事也。**若将有聞ハ**、将ハホトンドト云事也。有聞トハ聞得事也。**袁慶麟謹識**、袁慶麟ヲ袁夢麟トアル書モアリ。何レカ是ナルヤ。但慶麟トモ云ヒ、夢麟トモ云ルカ。

家琴卿傳習録筆記謄写呈

一斎先生

天保八年榴月　　曽孫資輝敬記

琴翁之嗣資哲号為渓此記成於琴翁然編中

時有為渓補録朱圏内加墨点為識　　担

二　學談敗鼓

學談敗鼓序

凡物皆鳴ル。昔韓退之送二孟東野一の序に、これをいふ事詳なり。而して不レ鳴ものハ敗鼓なり。敗鼓不鳴にハあらす。すてに敗るといへとも、貌尚存せり。故に或撃レ之則鳴ル。只鳴ことを善クセさるのミ。こゝに先生響といふ者あり。心いまた道を得すして、手に経をとり、口に義を講す。所謂敗鼓にして鳴ル者也。其友餘音と常に道義を論辨取舎す。今集めて若干條あり、名つけて学談敗鼓といふ。所レ問所答共に敗鼓の響音にして、まことに無用の長物なり。誰かこれを翫んや。或人曰、敗鼓亦棄へからす。能治二蠱毒之病一と。響、聞之て曰、嗚呼、天下恒病メリ。而して蠱を病ム者ハ希也。故に敗鼓ハ人の所レ不レ顧なり。然るを吾子適不棄之。可謂吾子ハ退之にして、醫をよくするものなりと。於是恭敬奉持して、これを或人にすゝめて曰、けふよりして後、吾子与溲勃ともに改めならへたくハへて、これを薬嚢中に充てゝ、天下蠱を病の人をまてと。一笑胡慮してこれか序とす。

元文五年庚申秋九月　琴卿

名　資深

〔第一問答〕

餘韻問。当世日本の人さへ、其数をびたゝしく候。況や万国の人をや。況や開闢已来の万国の人をや。其限りあるましく候。然るに聖人と称し奉る人、伏羲・神農・黄帝・尭・舜・禹・湯・文・武・周公・孔子、其外顔子・伯夷・柳下恵等を合セても十四五人に不過候。不㆑勉して中リ、不思して得、従容として中㆑道を聖人と申と承候。中々たやすく沢山なるものとハ不被存候。されは上代すら難㆑成聖人を程子末代の学者に示して必為㆓聖人㆒の志を立よとの給ひしハ、誠に聞事にハ候得とも、かつてならさる事を強るに似たり。世話に、富士の山ほと願ふて芥子粒ほと叶ふといふ事あれハ、かさにかゝりての給へるにや。それさへあるに、貴老には王子藤樹の学を唱へて、心の良知、斯を聖と云ふなといへる語を笠に着て、聖人になる事をいと心やすくに宣ふ。近世朱学の徒の説に、王子の学を聖を近く説とて、そしれる人あり。此そしりいなとも申かたく存候。如何哉。

響子答。仰のことく不勉して中リ不思して得従容として中道の聖人数多くハ無御座候。然るによく是を我にかんがみらるへく候。人々赤子の初めハ純然たる天道にて候。父母を慕ふの誠思勉に不煩して従容たるにあらすや。吾人皆天性の赤子より来れは吾人皆聖人の心を具足せり。よくこゝに辨へて本来の良知にもとつけハ思ふも即チ不思を思ふなり。勉るも即チ不勉を勉るなり。されは困勉還て易簡平和となり。人道即天道也。然れハ聖人の心聖人に不在にして我心にあり。豈心の良知斯を聖といふにあらすや。孟子も、大人者不失其赤子之心との給へり。我初めの純然たる天道赤子の誠に復るの求めあるを必為㆓聖人㆒の志を立るといふ。すれはならさる事を強るといふへからす。此純然たる誠の天道より直さまに明なるを性のまゝなる聖人といふ。

賢者以下の人々ハ其ほどにしたがひ、気質の偏と人慾の私と習の不善と混雑して、姑くかの誠を覆ふといへとも心の良知一点の霊明なるものハ即諟天之明命にして終に滅すへからされは、此明カなる良知によりて、本来の誠に復るを教といふ。性のまゝなると教に由りて復ると。聖人賢人、天道人道、其位のいふへきありといへとも、元来誠ハ是吾心の真実無妄、明ハ是吾心の澄徹無瑕をいふなれは、誠明合一、性教一貫にして、更に二物にあらす。故に子思中庸におゐて、誠則明矣、明則誠矣、と示し給へり。是レ即聖人一貫の神道、吾人不二の真覚也。王子此道に発明して、聖々傳来の蘊奥、精一執中の心法、箇々人心の尭舜を開明すれは、侍人つとめてこれを蓋ハんとするハ何そや。聖人の道在レ邇。聖人の事在レ易。これを遠さけ、これを難するハ、いかなる心そや。古人亦有レ言。観レ道者如レ観レ水。以レ観レ沼為レ不レ是。則之レ河之レ江之レ海。曰、水是也。殊《タヘテ》不知我之津液涎涙皆水と。然るに吾子か此まとひ吾子一人の惑にあらす。漢唐以来の惑ひなり。宋儒忠賢といへとも尚此まとひを免かれす。漢儒聖人の百事足れるを見て、彼百工の事をあつめて、賣りあきなふ。聾断の賤大夫、後世所謂萬屋といものゝことくおもひなし、何となく事知りにあらされは聖人にあらさるやうに覚へしより已来、聖人の聖たる所、只本原天性の良知、性中の道義たるを不知して、却て良知を以て不足とし、義を外に襲ひ取り、理を物に捜り索めて、これを聖となるの功とす。是後世学者のあやまりなり。嗚呼むへなるかな。佛子の為にさみせられ、聖経を外典と呼れ、聖教を世間法といはるゝ事。宋の尹彦明ハ程門の中にてもさしもの高弟也。しかるに孔子の、我非生而知之者、好古敏以求之者也、との給へる語を釈して、孔子以二生知之聖一、毎二云レ好レ学者非二惟勉一レ人也。蓋生而可知者、義理爾。若二夫礼楽名物古今事変一、必待レ学而後有三以験二其実一也といへる語、なんとよく見給ふへし。生而可知者ハ、義理爾といへる方ハ軽くして、礼楽名物古今事変必待学といへる方却て重し。非惟勉也と云る尹子の語意、孔子専名物事変を求め給ふとのいひぶんなり。尤名物事変、聖人よく知り給ふべけれとも、聖人の聖人たる所、豈名物事変にあらんや。惟我心の義理を知り給ふ上へにあり。然れは命、聖人を学ハんものも、只此義理を求る事を学ハんのミ。わつか一念の立様にて千里のたかひとなる。思ハすんはあるへからす。夫子の知レ之求レ之との給ふ二の之字、我心の義理をさす。更に他に走セ外に向ふて名物事変を指スにあらす。上古の聖人伏羲神農の世にハ礼楽の翫ふへき器も備ハらす。事変の考ふべき書も乏しかるへけれとも、一ツの道義に事かきり給ねは、これを聖といふに不足なし。夫子の好レ古との給ふ事もよく〳〵体察あるへし。されはとて礼楽名物古今事変を知る事をあしゝといふにハあらす。聖となるの工こゝにあらすといふ事を弁へらるへし。そのうへ聖となるの学問、名物事変、すへて事の上の窮理にあるとならは、折角骨折て聖となりぬとも、唐にての聖人、日本へ来り給て、忽凡人となり給ふへし。いかんとなれハ、萬事萬端事品かわれはなり。其れ東海の聖人出給ひても、西海に聖人出給ひても、千百年上に出給ひても、千百年下に出給ひても、此心此理同しき所聖人なれハ、心外に理なく道なく、又学問もなく必遠しとする事なかれ。

〔第二問答〕

委細被仰聞。一通り致合点候。猶亦御尋申度候。心外に理なく、道なく、学問なく候ハヽ、名物事変を知事あしゝといふにハあらすと被仰候えとも、心理のまかひ可成候まゝ、世話に知らぬか佛と申ことく、何もしらぬ方、聖人になりよく候ハん歟。

答。これ大なる聞あやまりと申者にて候。知るほと重寶なる事ハなく、とゝ良知主となれハ、世知も即良知にて候。況や学知ハ猶結構なる事ニ而候。本意餘力あらは名物事変萬の藝能迄も程よく心懸給ふへし。只聖となるの功こゝにあらさる事をよく弁へ、本原の良知、性中の道義を存養する事が第一と申事に候。萬の藝能ハ譬ハ刃のことし。柄をとりて物をたては其用多し。若刃を握れハ必手を傷る。われ手を傷らん事を恐るゝのミ。更に事物を知るを禁するにあらす。世上物かゝす。そろバん知らぬ人とても、世知も沢山に、利心もたくましく思へハ、何も知らぬて聖人になりやすからんとて思ふも、亦たかひなるを知るへし。又事物を知るを禁するにあらすとハいへとも、彼世知沢山に利心たくましき人物も、よめ算もたけ候ハヽ、弥世知利心の機《ハタ》張《ハリ》出来て、虎に翼と申如く、自由をはたらきて、厘毛の利までもかしこくなりなば、本心理義の心ハ、弥くらみ可申候。されは人倫日用なくて叶ハぬ六藝の書数さへ根本不レ足ときハ害甚し。能々御体察可有候。

〔第三問答〕

又問。聖人とても精力にハ限りありて、天下の事物ハ限りなく、ことに事変ハとても知り盡され間敷候へは、聖人知る事を心とし給ハさる事、とくと合点参り候。其上知らて叶わぬ事ハ、問か良知に而候得ハ、人にも問ひ給ふへし。子入二大廟一毎事に問と候へは、是亦何の不審もなく候。但道理の至極と行ひの至極とに於てハ、必聖人知尽し行ひ尽し給ふや否。

答。道理の至極、行心の至極に於てハ、雖二聖人一いまた尽し給ハぬところありと見へたり。中庸費隠の章に、及二其至一也。雖二聖人一、亦有レ所レ不レ知焉。亦有レ所レ不レ能焉、と見へたり。されは道は愚不肖といへとも、與り知り、能行ハるゝものにて、聖人といへとも、知り盡し、行ヒ至り盡されぬものと見へたり。されは一二事能知り、能行ひても、愚不肖は愚不肖。たとひ知り盡し、行ひ盡し給ハすとても、聖人ハ聖人なり。かく申セは、たハひもなき論の様ニおもひ給ふへけれとも、道實に如此。聖人実に如此。文王望レ道而未レ見、とあるを見給へし。未レ見とところか実に見給るし所なり。仁者見レ之謂二之仁一。知者見之謂二之知一、ハ其見る所なきにあらす。然るに却而一偏の見所としていまた大道を知らさる者なり。吾子か所謂入二大廟一毎事問の註に、尹子雖知亦問、謹之至也、といへる。知ルの字、是亦響に申せしことく、聖人を事知りとセる所より来れるもの也。又費隠の章の註に、聖人所レ不レ知、如孔子問レ礼、問官之類、所レ不レ能。如孔子不レ得レ位。尭舜病二博施一之類、と云るハ、畢竟聖人ハ於理無レ不レ知於レ道無レ不レ能とセる所より出る語なり。惣して註の意、本文の及二其至一也といへる。至の字を至極の至の字とセすして、道全体の事にして見たるもの也。いかんニなれハ、窮メ二至リ事物之理一、而其極處無キ不レ到、と聖人と立たるものなれハ也。是にて至りと云ふ字、甚穏当ならさるなり。今誠に良知より見給ふへし。事の孝、事の忠、凡人も聖人に至らぬ所あり。又其孝の理、孝の行ひ、其至極に於てハ、聖人又不知不能所有へき事なり。董子曰、道之大原出二於天一、と。聖人といふも天何そ知ヲ盡し給ハん。

〔第四問答〕

問。良知の解、孟子に出て、不学して所知のもの良知なりといふ事、略わきまへ申候。よき事ハよきと知り、あしき事ハあしきと知り、鐘ハ鐘と聞、太鼓ハ太鼓と聞、鷺をは白しと見、鴉をは黒しと見、惣して有のまゝに分るゝ所、良知の光りと存候。我等如きものも、神も佛も聖人も同一理にて候處。誠に有難く覚へ候。千変萬化、有像無像につけて、気質に引たをされず、人欲に蔽ハれず、彼の有のまゝに分るゝ所の光りをもて至りを知てこれに至るを致知と申と申事も亦略承候。易簡親切無此上存候。然れともかく弁へ候迄ニ而ハ、何となくうつそりとして、たハいなきやうに御座候。とくと良知の形象承度候。

答。無聲無臭、無方無體か良知にて候故、今更取出して可懸御目形象も無之候。今仰候鐘を鐘ときゝ、太鼓を太鼓と聞、鷺を白しと見、鴉を鴉と見る。見わけて聞わけてが良知にて、其見分ケ、聞分る窓が眼と耳にて候。然れハ眼は良知の物を見る窓、耳ハ良知の物を聞窓にて候。先此眼や耳に何か一ツ色音有之候や。眼に五色なく候故、天下の色限りなく候得とも、ことく〵く見へ候。耳に五音なく候故、天下の音限りなく候得とも、悉く聞へ候。眼性あしくなり候へは、春ならぬとも空中に花ちり、耳あしくなり候へは、秋ならぬに枕の下に虫なき申候。なき所に一物生し候へは、有にまかせて、有のまゝに見聞事たかひ申候。鼻も口も同前に候。肺鬱すれは、沈香白檀もくさく覚へ、口に心熱あれは、蜜砂糖もなめても、しり口苦く候。身も亦如此。熱あれは玄冬のあしたといへとも、一衣も肌にふれかたく、又さむけあれは九夏の天に襲《カサネキ》すといへとも、尚たへかたし。意も亦しかり。意一たひ為ル事あれハ、誠意の本意にあらす。周子の曰、誠無為也と。為ル事あるハ欺キ也。所謂小人閒居して為二不善一、是なり。身でなす不善ハ大やう限りあり。唐にて桀紂、日本にて武烈雄略のごとき悪王と云へとも、我いまた君父を弑せし事を不聞。身の悪にハしのこしあるにあらすや。意の悪に於てハ無レ所レ不レ至。されは意一たひ為ル事あれは、好悪の本体忽地を易ニ口に熱あつて砂糖にがく、身にさむけあつて襲してもさむきに異ならす。眼耳鼻舌身意如斯。況や良知をや。良知元来無声無臭の上天にして、不顕の妙体也。何ぞ形象のいふへきあらん。形象あれは不顕の妙体を失ふ。雖レ然吾子か云類のことく、うつそりとしてたハいなきといふものにハあらす。不得已して為二吾子一に姑く形象をいはんとならば、良知即聖人にして、聖人即良知なれは、聖人の上にて良知の形象を語るへし。孔子自曰、其為人也。発憤忘食、楽以忘憂、不知老之将至云爾。と。是良知の形象に候。能々此語を味給ふへし。それ食ハ人の所好、憂ハ人の所悪也。今是を忘るとハ、所謂悪をなす事なく、好をなす事なきものにして、好悪の本体也。是を良知の象といふへし。此所より分れて、悪レ悪事如レ悪二悪臭一なる、是良知持前の憤也。好善事如好好色なる、是良知持前乃楽也。此憤楽を良知の形といふへし。扨不知老之将至ハ當下の至善に止りて、聊も無二意必将迎一所なれハ、良知形象の至極といふへき也。又曾子夫子中和の気容貌の間に見《アラハ》るゝものを見て、これを名つけて、温而厲、威而不猛、恭而安、とのたまへり。是無二倚偏一徳性の姿にして良知の註文なり。是等をもつて良知の形象弁へ知り給ふへし。

〔第五問答〕

問。憤楽の章を以て良知の形象を御物語リ被成、大概承り落し候。夫ニ付、朱子曰、未得則発憤而忘食、已ニ得則楽之而忘憂と。是事の得失によりて或ハ憤り或ハ楽しむと聞ゆ。貴老にも其通りに思召候哉。

答。前《サキ》に申候ハ、論語上面の意旨にてハ無之候。此聖語を借りて姑く良知の形象を語り申たるにて候。扨此語全体の意ハ、傳習録に王子の説出申、甚親切ニ候。其大概を御物語可申候。未得と已ニ得ルとにて、憤楽を分るをは、王子ハ御讀取不被成候。それにてハ吾子の被申ことく、只一事の上の事ニ成候。左ニハあらす。是ハ聖人全体の事ニ候。其上一事の上にて憤リと楽とを分ることきハ未得して、発憤セし時には楽ミなく、すてに得て楽しむときにハ憤なきなり。然れは忘食忘憂も亦二つになりて、それにつゐて思るへけれは、憤を発すときハ憂を生し、楽しむときは食をおもふといつて可ならん歟。豈如此聖人あらんや。聖人は常住憤り、常住楽しみ給ふ。憤りと楽と並行而不相悖也。且憤といふ字を鬱憤の憤の字と見まかふ故あやまるなり。此憤といふは、心のりんとしたる気味也。されハ憤楽とハ人参なとの甘キ味の中にひりゝとしたる気味あるかことし。聖人求道の志やむ時なし。何そ食好みなんどし給ふ暇あらんや。是常に憤りて忘食也。聖人何そ外物に煩するの求めあらんや。是常に楽て忘憂也。

〔第六問答〕

問。響に、佛子聖経を外典と呼ひ、聖教を世法と云ふと被仰しハ、如何なる事ニ候哉。

答。佛子佛書をさして内典とし、儒書をさして外典とす。世法とハ只今日の世上向の教といふ意也。内とするハ尊レ之也。外とするハ卑レ之。是仏子の咎にあらす。響に論するごとく、我儒のたがひたるなり。千載真儒なふして、心の外に理を求之、他に走せて捜索する故、佛これをいやしとす。一念心理を離るれハ、忠孝と云へとも外義也。世間法也。仏子のそしり、豈むへならすや。且少し我慢なるか、又ハ文盲なる佛者ハ仏言を内典と唱へ来りしに、聖りをこり、又少し気のある儒者は、儒書を外典といはるゝに、憤て腹たゝしきもこれあり。皆無益の僻事也。然とも其人の為メにこれを論せん。夫佛書を内典といふ詞、さのみ結構なる事にもあらす。又儒書を外典といはるる詞、さのミおとしめられたる事にもあらす。いかんとなれは、外典といふハ内典といふに對して書る詞、又内典といふハ外典といふに對して書る詞なり。されは仏教深く微妙にして無上成故、是を内典といふならは、それに對して外典と称せらるゝなれは、さのみをとしめられたるにも非るなり。又外典と指ス所甚鄙しめたる事ならハ、それに對當して内典と崇めたる分ニてハ、さして貴き事にもあらす。されハ是等に慢するハ若輩なる事にて、しかも手前の文盲を顕ハすといふもの也。又これに腹立も組て落る下輩也。陸象山ハさしもの荀卿か非相の一篇をさへ、其意の有所を推て、これをそしり給へり。大なる眼のつき所也。無上の道には相對する物なし。何そ内外を立て尊卑を論せん。然れハ内外典の号ハ、佛氏一家の称にて、内とハ親ムの詞、外とハ疎の詞なるへし。さして尊卑へわたる詞にハあらさるなるへし。

〔第七問答〕

問。念やみかたく、さりとハうつとしく御座候。如何いたし候ハヽ、やみ可申哉。

答。此問少志ある人に必有之事ニて毎度承候。志なき人ハかたから気もつき可申候。然るにうつとしくおもハれ候ハ思ひ違にて候。根元生々無息の天心より受来り候本心にて候故火に焔のあるかことくニ候。実に念止ム事ハなきもの二候。良知も即チ念にて候。良知一たひ止ムときハ火の消たるか如く、其人ハ生きておりても天機ハ死し去り候。何そ念のやむ事を願へる。

〔第八問答〕

又問。善念ハ結構なる事ニ候。我等のうつとしきと申ハ雑念の事ニて候。

答。先生々無窮の良知、善念のとり廻シを能々勘弁可被致候。良知主となれハ、雑念も重寶になる事有るものニ候。雑念起るにつゐて、我本体の求め薄く、良知の種を失ふ所をもよく知り弁也。弥緝凞敬止の本領へもとり候ハヽ、雑念もよき善知識ニて候。雑念をうつとしく思ハれ候ハヽ、親切のやうに聞へ候へとも、實ハ良知信し給ふ所薄き故にて候。古語に、鼠の穴より牛車を引出す夢ハ見ぬもの也と云るがことく、よもや屋をやき、人を殺すほとの悪念ハ有間敷候。実に良知に篤く信立ときハ、雑念とてさのみ悪む事もなく候。それ眼ハ物を見、耳は物を聞申候。然るに天下事物の多き、よき事斗もなき物ニ候。然れはよき事斗見、よき事はかり聞んと、たて切ル事もならぬ物ニて候。されとも主意善にあれは、自然と多くハよき事を見聞て通るもの也。たま〳〵あしき事目にふれ、耳に遮りても、大空の浮雲にて、何の障りにもならす候。然ルを強而ふせかんとすれは、眼をつきつふし、耳もつきつぶすより外なく候。心上にちら〳〵雑念起るも、眼にその物うつり、耳に色々の音聞ゆるも同一理なれハ、強て念の起るをやめんとするハ生々無息の心眼をつきつふすニて候。療によつて病ムとハ此事なり。最前申如く、主意善にあれハ、先ハ眼も耳も善を見、善を聞、心も善念かちなる物ニて候。其上善悪を末にてのミ論し候而ハ、善ともに枝葉の沙汰ニて候。王子曰、善悪只是一物。主善者心の本體。不下是有二一箇善一。却テ又有二一箇ノ悪一来テ相對上也、と。此意能々體認可有候。

〔第九問答〕

問。少の事にも悪ミかそひ、悪ミか残り申候。仕置なとする人の上ニテハ別而大なる害と存候。如何いたし候ハヽ、悪みのそハぬやうに残らぬ様になられ可申哉。

答。悪みのそひ、悪ミの残るを去ルの良法、良知より外にハ無之候。良知ハ明鏡にて候へは、よく良知に至り候て、そひも残りもいたすましく候。夫ニ付人にくみのそふの悪敷事をのミ知て、悪むも好むも、又本体なる事を知る人希也。悪むも好むも、又本体なる事を知らすんは、いかんそ其そうそハぬをよく知らんや。悪むも好むも本体なりといふ事ハ、とくに良知を弁へされは合点不参事也。然れは世上一通り悪みてそうを憂事も、皆一かハ上の事にて、実に悪ミのそうを知りて、憂事にあらす。是を隔レ靴《クツヲ》て搔《カク》レ痒《カユキ》とそ。吾子是を弁へて問ふや。不辨して問や。若不弁してとハヽ、是とりこし問答也。是を躐レ等と云ふ。更に益なし。

〔第十問答〕

問。好むも悪むも本体とハ如何なる事に候哉。

答。良知本無好悪にして能好悪をなす。鏡に形色なく、衡《ハカリ》に軽重なふして、形色軽重来るに従つて、よく照し、よく分ツがことし。鏡もし空のミにして形色不照。衡もし平のミにして軽重不分ハ誰か鏡衡を重寳とせん。良知亦如斯。可㆑好来ても不好、可㆑悪来ても不悪、良知何そ貴ハん。大学誠意の章に、所謂悪悪臭好好色か是良知の本色にして、所謂好悪の本体也。只不㆑與のミ。君子豈好悪せさらんや。此不與所より好し悪むを至公とし無私とす。好悪正しきを得るとす。是を大学卒章に、惟為仁人能愛人能悪人と云ふ。又論語に、惟仁者能好人能悪人といふ。夫㆑鏡凸なれハ人の顔をちさく見せ、鏡凹なれバ人の顔を大きく見せ、是鏡空の本体にたかひあるゆへ也。衡も亦然り。むため所一厘なりとも右へよる歟。左へよれハ何をかけても持前の目より或ハ一厘重く、或ハ一厘軽し。是衡平の本体にたかひある也。まつその如く良知の本体少しもたかへば、好悪悉くたかふ。よくこゝに不弁して、好悪の上にて悪みのそうを厭ふハ、大なるたかい也。厭へは厭ふほと其厭ふもの隔てとなりて、良知の明をおゝふ。猶鏡の顔を大くし、小くするをいとひて、覆をなし、衡の目を重くなし、軽くなすをいとひて、箱に入るがことし。何を以て悪むへきを悪み、愛しむへきをいとをしまん。焼亡の火の物をそこなふを見て、必しも飯炊く竈の下の火を消し給ふへからす。悪みの添を知るもの即良知なれハ、良知遠きにあらす。此良知を致セはそのもの自去りて、本体の好悪あやまる事なし。然るに事有時、良知を思ひ出さんとしてハ間にあひかたく、常に意を誠にするの志を立て、鏡空衡平なる無病の良知を弁へらるへし。又好悪の取廻しといふ事より、點シテ㆑鉄成㆑金の良法にて候。又換骨の方とも云。深く志あらん人ハ詮議あるへし。

〔第十一問答〕

問。好悪の取廻しとハ如何なる事ニ候哉。

答。悪みの添ほとあしき事ハなく候得とも、用ひ様にて重寶になり申候。たとへは上より我に命する所不礼にて、いかにとしてもかくハ有間敷事とにくまば、そこに不滞して、直に我下に命する所に不礼有之て、下亦我を悪む事なきやと立かへりて、其不礼を以て下に命セされハ、上のにくミ怨すたるのミならす、是にて下への命方《ケタ》にしてふろくならす。下より我へ事ふる所不礼にして、かくは有ましき事とにくまハ、是亦其所に不滞して、我上に事る所不礼有て、上亦我を悪む事なきやと立かへりて、其不礼を以て上へ事へ申さゞれは、下へのにくみ怨すたるのミならす、是によりて上へ事ふる所方にしてふろくならす。五倫の間、其外万事如此なるを好悪の取回しと云。よく如此取回して、民の心を以て己か心とし、民之所好好之、民之所悪々之。是を好悪の直なるといふ。國天下を平にするの要道此外なし。志ありて少シ求めある人ハ、皆にくミの添に心つくもの也。然れともさきに申如く、良知もと無好悪してよく好悪するの弁へもなく、又好悪のミ取回しをも受用セすして、一概に只悪みの添をのミ愛すれハ、却而可レ好をよみし、可悪をにくむ本体の好悪すくむもの也。小事すら本体すくめば、其害甚し。況や國家の大事を執行上に於をや。見賢而不レ能レ挙。挙而不レ能レ先。見不善而不能退。退而不能遠の怠り過も、皆すくみより生す。夫子臧武仲か璩伯玉か賢なるをしりなから、これを挙用ひさるを、位を竊る人也とそしり給へり。又妨賢國を病しむるものをは、穆公これをうとみ、仁人これを放し流して、不三與ニ同二中國一。是本然の好悪すくむものゝ不能所なり。すくミは悪みの添たくひにハあらす。其害甚し。終にハ好悪の執滞、是非の素定となる。可得心事也。

〔第十二問答〕

問。好悪の執滞是非の素定とハいか成事ニ候哉。

〔答〕是藤樹家の法言也。好悪の執滞とは、にくみ好ミに執着凝滞セるをいふ。是非の素定とは、素定の二字もとよりさたまるとよむ也。此を是とし、彼を非とするこゝろ、我不知つねつね一定してをるといふ事也。是を伏蔵とも云。人の是非、事の是非のみに限らす、たとへは学術にても、先入為主といひて、先キに聞たる事が主人となりて居るを云ふ也。先へ聞たるが主人となれハ、後に聞事は皆客人也。客人をも親しミ、たつとむ事を知ると云へとも、客人帰れハ、其親しミもたつとみも、それ迄なるかことく、後に聞事は、いかなる結構なる道にて、尤とおもふ事ニてもそれ迄になりて、兎角もとの親み一定して居るを是非の素定といふ也。彼ノ好悪なふして能好悪さる良知にて非る事分明なり。

〔第十三問答〕

問。古人賞罰の論議、賞は麁して、罰ハ密に候。是は如何なるわけニ候哉。其次てに罰を行ふの主意并に法、聖賢の中ニても、何れを目当に仕リ可然候哉。承度候。

答。聖人賞罰の大意、賞を重くし、罰を軽くす。其子細ハ賞の重キハ其身の難義ニも不及候。罰の過たるハ其身の難義ニ候。況や切たる首はふたゝひつかれ不申候。殊更仁者の心所不忍と、賞罰少しくあたらすとも厚キにあやまるが君子ニ候。扨罰を行ふの主意を知んとならは、皐陶を御読可有候。舜称皐陶期二于予治一。刑期二于無一レ刑。民協二于中一。時乃ノ功也との給へり。政ハ以徳民を化するを本とす。刑罰は其不及所を輔るのミ。此期于治一期二于無刑一か刑罰を行ふ主意眼目ニて候。皐陶答て、帝徳罔レ愆。罰弗レ及レ嗣。賞延二于世一。罪疑ハ惟レ軽シ。功ノ疑ハ惟レ重クスといへり。是刑罰を行ふの法にて候。先帝徳罔愆と申所政ハ徳を以て民を化するか第一たる所見へ候。次罰弗及嗣と申候。已後皆刑罰の法ニて候。されハ主意も法も皐陶に備り候へは、目當とする所も亦皐陶可然候。委く書経ニ見へ申候。扨我等諸家を見申候ニ此意を失ひたる所多く候。下モ法に背キたる事有之候節、上仁愛のかてんにて、或は晦出すへき罪をおしこめ候迄ニて指免し。扨其後何事なく月日経ても彼者仕そこなひ有之候時此度の罪おしこめ候歟。又ハ重き分レニても、只晦遣すニて済候。科なるにも前の罪の時の悪みか、又ハ晦出すべき所をおしこめ候斗ニて免し候。恩みセ顔のもの歟。兎角伏蔵の物出候故此休息にやなりて只晦遣すニて済候所を前にも如此なりしを慈悲にて免し候に、又々不届なりとて或は居所を構ひ又は奉公をかまひて出すに成申候。是大なるたかひにて候。前慈悲ニて免シ候にと申所一通り申セは、前慈悲と見へ候へとも、此たひそれ故にかまひも強く成候なれハ前の慈悲慈悲には非すして、却而あたと申物にて候。前□慈悲たてなく法の通り晦出し候て相当の刑罰ニ候得ハ大にたかひも無之候。殊更皐陶の宣ひし罰不及嗣と申大法にも自ら背き申候。其子細ハかまひつよく居所も勝手あしく奉公もならす候へは、其罪犯し候もの其人にとゝまらす妻子及難義候。是を刑を黷《ケガス》と可申候。刑を黷すハ人君并に政に従ふ人の上にての大なるたかひニて候。されは賞罰の事皐陶の給ひしことく可心得事也。然れハ刑罰ハ其時相当の罰を行ひたらばそれニ而罰と罰との算用無指引相済候迄ハ跡に少しも悪みを残すへからす候。たとひ一等も二等もゆるく候は、それハ其時我忍ひかたき仁愛を行ひたるにて候へは、是亦帳面ハ済たると申もの也。跡に少しも宥し忍とて指引の残りを心にとむましき事也。又賞の義ハ國家に益ありしものをハ其身への恩賞ハ申に不及子孫迄も捨ましく候。是所謂舜の道皐陶の法ニて候。

〔第十四問答〕

問。罰を行ふ主意并ニ法目當ともに致至極候。扨良知より見れハ如此ならてハ不叶事と存候。然れとも事の上にて見候時、賞も其時相應ニ行ひ候ヘハ、是ニ而指引相済候と申モノニて候。何とやらかたつりに聞へ候。両方ともニひとしくいたしてハ、道にたかひ候哉。

答。仰のことく先ハ万事めりかりなくひとしきが能候。然とも物の不齊ハ物の情なりと孟子被仰候。物に不限、道理にひとしからぬか自然にて候。強てひとしくセんとするか直に私ニて候。是を佛書に理障と申て御座候。理障とハ道理かへたてとなり申事ニ候。くされむしろハむさき物ニ候。錦ハうるハしき物ニ候。尊卑日を同して語るへからすといへども、鏡に打ち掛け候へは、其明を蔽ふ所ハ、くされ莚も錦繍も、かハる所なく候。それと同しく道理ほとよき事ハなく候へとも、隔つる日には其害甚しく候。今賞を長くし、罰を短くするにて、良知の安きか慥成る証拠にて候へは、外に詮議は不入事ニ候。鴨の足は短く、鶴の足ハ長きか、自然の持前ニて候。其上尺も有レ所レ短、寸も有所長と申古語御座候。壱尺の木は、一寸の木にくらふれは、十双倍長く候へとも、壱尺一寸の所へ用候へは一寸短かく候。又一寸の木ハ、壱尺の木にくらふれハ、甚みしかく候へとも、弐分三分の所へ用るれは長過候。其ことく賞を世々迄及し候ハ、罰を當座切りに仕上に合セてハ甚長く候へとも、君子の心より、良知より見れは、また短かく候。罰を子孫へ不及ハ、賞を世々にひくに合セてハ、尤みしかく候へとも、君子の心より、良知より見れハ、また長く候。されは賞を長く及しても尚短く思ふ。良知と罰を當座切りに仕上ふても尚長くおもふ。良知と良知を引合セて對算して見給ふへし。長きを短くおもふと、短を長くおもふと相通ずれは、ひとしくなりぬ。こゝにおひて良知所レ照に自然の長短ありて、自然と長短ひとしき所の妙をしるへし。扨善をなして國家に益あると、悪をなして國家をそこなふとハ、そのよつて出る所に雲泥のたかひあり。知らすんハあるへからす。悪をなし罪を犯すハ其身のまとひ躯売念頭の増長せる也。善をなし道を行ふハ、人の本心にして、元来天に根さセし者也。然れはこれを賞するハ、只其人に私して悦ハしむるに非す。天を尊むの恩賞也。故に其子孫迄も長く及すへき事也。人君はもとよりの事、國家に輔佐たるの人、其外人の上たるものよく辨へて亮二天功一し、人を賞し、害二天物一者を罰して、民を中に協《カナハ》しめ給ふへし。天工人代《カハル》レ之とハ此事也。是上たるものゝの職分也。よく如斯なるを君職を盡し天位を全し天禄を与《トモ》にすといふ。如此ならさるを天職を曠し天位を竊み天禄を私すといふ。終に國勢衰へ冥加空しかるへし。天命可恐々く、且道なき國にてハ、賞を行ふ事を、人に競をつけ、奉公にすくみを出さしむる道なと〻思へり。是人欲のたゝ中にて、大にさもしき心根なり。上少にても此心あれは、下亦利を見されは、すくまさるもの也。只天心を重んする賞なれは、自然と下善にうつるもの也。罪を罰するも、殺さて叶ハぬ罪を、不便なれはとても殺さぬも私なれハ、可殺ハ殺すへし。首とからたと所を異にするほと大なる事ハなきに、或ハ指をきり手を切り足をきり、段々苦しめてなふり殺しするなとも、いふ事はいかなる心そや。是皆我怒気のやみかたき所より出たるにくミなり。君子は罪をにくめとも、人をにくます。くひ切ルまても寒暑の防キに心をつけ、病気あれは薬を与へ、食事も亦人あしらいにする事也。吾子賞罰に心を用ゆると見へたり。然れは廟賞社戮の意を弁ふへし。是先祖を孝敬し、神明を尊信し、賞罰を清ふするの良法也。

〔第十五問答〕

問。これは尊き義ニ御座候。乍卒爾御物語り承度候。

答。此廟に賞し社に戮すと申ハ、賞罰を行ふ迄の敬にて候。嚮に罰を行ふの主意、并に法、并に目あてあまし申入候得とも、此法不明ときハ、明君と云へともあやまり有之候。況や闇君をや。此法よく行るゝ時は、闇君といへとも、大概賞罰のあやまりを免れ、正しく成り申候。明君ハ猶更の事に候。先廟に賞するとハ、君子の賞を行ふハ、國家の為にて我身の為ニてハなく候。然れとも随分心かけ候而も、身ひいきそひやすき物ニて、我気に入たる者へ賞及ひやすく、我気に不入者へハ及かたく候。夫故古人賞を行ふには、先祖の廟の前にて、其者の國家に益ありし事を神君に申上候て、廟前にて其賞を行ひ候。國家は即先祖の國家にて、人民ハ皆先祖の人民なれハ也。扨社に戮するハ、社ハ社壇とて、土地の鎮守、其所のうふすなニて候。其地の人民ハ、此神明の氏子にして、此神明の守り給ふ所也。君子の罰を行ふも、亦國家の為にて、我身の怒りを遂んとにはあらす候。然るに随分心かけ候而も、怒りは制しかたし。我気に不入者へハ、にくみ出やすきものに候。夫故古人罰を行ふにハ、社壇の前にて、其者の法に背し子細を、神明へ申上て社壇の前にて罰を行ふ也。法を犯せる人民に害あり。人民ハ則此神明の氏子なれハ也。如此して行へは、是賜ハ先祖の神霊より給ハる所の賞、刑ハ土地の神明よりいましめ給ふ所の罰にして、時の人君有司これを奉行すといふ者也。其上如此なれハ賞罰卒爾に不被行。たとひ時の人君徳薄く有司実少といふとも、有司依怙贔屓も難成、人君亦我気にあいたるとて取立もしかたし。まして色情のまとひ、又ハ不行義の取持する媚者なんと、取立る事ハならさる者也。罰も又相同し。怒を恣にし、礼を信し忠信を刑に行ふたくひハ大やうあるましき也。然れハ此廟賞社戮行ハるれハ、子孫迄賞罰の道公に正しく明かになる事也。世に道くらく、か様の故実すたれて、たまく〱志ある人君有司も心つかさる事多し。残念なる事也。

〔第十六問答〕

問。誠に有かたき故実にて候。然れ共今志ある人これを聞とも、世上一同如此ならさるには行ひかたかるへく候。其内賞の方ハ興する事もなるへく候へとも、罰の方ハ我カ日の本神道の法に於て血を忌候へは、社前にて斬罪なとゝ申事ハ、一向ならさる事ニ候。それともに行はるへく候哉。

答。道に行ハれさる道もなく、行ハれさる時もなく候。吾子跡に泥める所より此疑ひ出申候。此事に不限、諸に泥ミ候ては、何事もつかへ申候。諸に不泥して、法意をよく受て取行ふ事ハ、何方ニてもなる事ニて候。今迄の通りに賞罰ともに廟前社前にて不行とも、廟に申シ、神に告る所の誠を行ひ候て、先賞罰公に正しく明かになり候而、国家へ及所も深かるへく候。甚約にして甚廣く、人心を得るの道、此外有へからす候。其上非常の君、非常の臣あつて、古を好むの志深きあらハ、或ハ先祖の忌日、又ハ年忌祭等の節、急度したる恩賞等を行ひ、其者へも聊我私意を以て恩賞を加るにあらす。先祖神明の意を受て如此候まゝ、我子孫人民へ對して、随分国家の為、道を明にし、誠を盡セとあらは、請る者もいか斗敷忝く、又賜る君にも恩を賣の心なふして、彼恩見せ顔の残る伏蔵も有間敷候。罰の方も最初神に窺ふの誠心を致し、次第に我誠あつくハ、後にハ時の大臣家老を代参として、神明に告奉りて、寛大公正の道を以て、脅従をハゆるして、その渠魁を殲《コロス》の罰を行ひ給ハヽ、仁心其中に行ハれ、神明の威も重く、人君の誠も顕ハれん。誰かこれを嘲ハんや。更に道の不行時の行ふへきなきにハあらす。誠の不足也。我すける方へハ人君我位の尊きを自汚し、氏素性賤しき者の方へも行通ひ、猿楽をどり子の類を酒のあい手にもし給ふやうなるハ、世に絶ずして、志あり顔なる者ハ、吾子と云へとも、如此肝要の事に疑生す。殊ニ我か神国の法を犯して神前にて人を斬とにハあらす。能々味へし。

〔第十七問答〕

〔問〕御答へ至極いたし候。此上可申様無之候。然れとも疑を多くハヘ置可申様無之候まゝをして、又々御尋ね申入候。罪人を神前にてきれと申事ニ而はなしと被仰候へとも、斬罪を告奉る事ハ神明への憚り有ましく候哉。

答。福善禍淫ハ天地の賞罰、神明の内證也。公正の道を以て、神明の威をかゝげ、人君の誠を盡す事、いかて神の御心に叶ハさらん。神代にも正シキを以て邪を伐の神軍あり。中臣ノ祓第一段天孫降臨ノ段是也。天孫とは瓊々杵尊《ニニキノ》也。其辞に曰、国ノ中仁荒振神達《アラフルカミタチ》ヲ神問《トハ》之仁問賜《トヒタマ》ヒ神掃《ハラヒ》仁掃ヒ賜《タマフ》とある、是也。素戔嗚尊《ソサノヲノ》トの御子《おんこ》大己貴命《オヽアナムチノミコト》諸の邪神を従へ此国を横領し坐す。故天孫降臨なりかたきにより使を立られ、五度めの勅使に鹿《カ》嶋香取《シマカトリ》両神を被遣、國を奉らるへきや拒《コハ》む心あるやを問給ふ。是を神問《カミトハ》之仁問賜と云。大己貴神両神の旨に従ひ此國を渡し給ふ。出雲大社の神、是也。然るに大己貴の二男健御名方《タケミナカタノ》命ト候強力なる神にて、我勇を頼て従ひ給ハさりしかハ已に一戦に及ひぬ。健御名方打負給ふ。是を神払《カミハライ》仁掃イ賜フと云。終に過《アヤマチ》を改め帰復し給ふ。故に信州諏訪の郡を給ひぬ。諏訪大明神、是也。委クハ神代巻に見へたり。既に中臣ノ祓第一段に早神掃《ハヤカミハライ》仁掃賜と征伐の事出たり。且血穢を忌事、我神国の法度にして、聊も犯すへからすといへとも、戦場に於て獲る所の一番首をは、其血首を直に其所の鎮守の社壇に備ふ義の正しき所なれは　神これを受給ふ。まして今社地にて斬罪を行ふとにハあらす。明五刑弼五教人君天職の誠を以て、反《ソムキ》二戻《モトリ》人道一、敗二壊神徳一、民怨天怒、罪科を鎮守の神に告奉るをや。神何そうけ給ハさらん。

〔第十八問答〕

問。段々疑とけ申候。又承度事候。罰弗及嗣と申事至極の事と存候。乍然やハらか過候て軍法なと立申間敷哉と存候。

答。軍法ハ乱世の時の法にて候。軍ハ国の存亡、人の死生のかゝる所にて大切の事ニ候。法律厳になくてハ不叶候故、成程罰も強く行ひ申候。書経甘誓にも湯誓にも、不用命、不レ従二誓言一、予則孥戮汝、罔有攸赦とあり、やハら過たる軍法に害ある気遣ハ無之候。夫レ治まつて禮を忘るゝハ大なるおこたりにて聖人これを誡め給ひ候。軍は五禮の其一ツにて國をたもつ人の不可怠事ニ候。四時の猟も武を講するの一ツに候。然るに諸家をみるに軍國の餘習不改して、乱世の法を今日に用ひて、是を常法と思ひたがへるもありと見へたり。寧屈法失刑の責を受とも、申恩好生の徳を全する事、仁君處二治世一の道也。なを主忠信をは人君の威重事かく事ハ有ましく候。

〔第十九問答〕

問。大赦ハ好生の筋に候へは宜しき事と存候。然るに孔明赦をきらい被申候。孔明ハ不仁の人と可申哉否。

答。孔明の赦を不好候も深き慮の有事ニ候。只ゆるすを慈悲と存候は誠の姑息にて候。赦の害又甚しく候。悪人ハ國方を壊り善人を損《ソコナ》ひ申候。彼レ壱人を憐ミて、多の善人を損ふハ、亦仁者の所不為也。赦にあふて助り悪を改むるも有へけれとも、それハ萬人に壱人にて、先ハ悪人の癖にて此度遁れたるにて見つけもの也。又とらハるゝとも、もとの者と思へは、悔る事もなきと思ふと見へは、却而悪募るも多し。又赦は全体法のゆるみとなる。然れは悪人自然とふゆる理もあらん歟。又悪人の為にハ慈悲と見ゆれとも善人の為になる事見へす。其外害も多かるへけれは、孔明の不好も、深き慮りの有事也。孔明更に不仁の人にあらす。古人も王佐の才ある人と云り。されは悪人を赦す心を善人を賞する方へ用ひて、野に遺賢ありやと顧み、一善をも捨さるやうにし、又は耄期八十九十を耄と云。百歳を期といふは國に希なるものなれは、さのミ財用の費ケ程の事もあらされは、酒肉にても与へ至て、貧なるにハ布綿米銭等をあたへ、又餘命久しからさる事なれハ、少の扶持遣すとても、人主身に奉る所の一ツの費用を欠キ給ハヽ、必行ハるへし。其外窮民の父母妻子等に重き病あるなんとを恵ミ賑ハし給ハヽ、其功甚赦にまさりて、善人長寿国に生ることハりもあらん歟。只悪を赦すの方のミ世に行ハれて、此善を扶るの方、世に不被行ハ、残多き事也。扨よく此意を弁へて以後ハ赦を行ふも強而不可なりといふへからす。時所もある者也。其上いつを限りともなくつみ人かさなりてハ、仕置もだらけてはつきとする日もなけれは、事によセて赦を行ふも可ならん。軍家に改気といふ事あり。是赦の事にハあらす。殊更一流の軍家の秘事とする事なれは、其事白地ニハ述へ難し。先大意をいはゝ、長陣なんとの時、いかに厳密なる法にても、久しけれハ言気鬱す。鬱すれハ不慮の禍あり。これを転する方に改気といふ事あり。赦も亦仕置たらけて、はつきとする事なく、法鬱したる時の改気ならん歟。只赦したる迄にて跡に世の益なくハ嚮に亡るがごときの害あらん。聖法に赦の沙汰なし。然るに書経舜典と呂刑との二篇に贖刑といふ事出たり。後世の科料なり。呂刑に出たるは五刑共に贖刑ありて法不正、舜典に出たるを法の正しきとす。罪の至て軽く、鞭うつはかりの刑にて、しかも情可レ矜ム法可疑とき、金を出さしめてゆるす也。其文の末に、欽哉惟刑之恤《メクミヲセヨ》哉とあり。是金ニて赦の事ニあらす。科料の事なりといへともゆるす筋恤筋こゝに見へたり。されは赦ハ贖刑の金を出さしめざる者也。赦を行ハヽ時処位をよく考へ其可なるを見て行ふへく、平家物語りに中宮御産の御祈の為、非常の大赦を行ふといふ事見へたり。此一ツの為の字を見れハ、此大赦大に私なり。慈悲に似て実ハ慈悲にあらす。夫レ法は国家の法にして　一人の私物にあらす。人君も不能枉を以て法とす。管子法法の篇に、法ハ貴戚より重しと云り。尤聖人の法より見れハ、此語刻薄にして、刑名に近しと云へとも、後世上之法を私する事多けれは左様の為にハ、管子の一篇も膏肓の砭《イシハリ》と言ふへし。赦ハ国天下の為に行ふへき也。聊も我に善果あらんなどと思ふ意あらハ甚非也。

〔第二十問答〕

問。得人事、國政の第一と見へて、子游わつかの武城の宰となりたるにさへ、はや孔子人を得たるやと問ヒ給へり。然るに人を得んと思ハヽ、人をしらすんハあるへからす。人を知んとならは、人の善悪邪正を知らすんはあるへからす。善悪邪正をしる事、誠にかたき事と存候。其知ケ様御座候哉。

答。如仰人の上たる者如何ハ仕置の為なれハとて、役所々々を自身かけ廻り世話やく事もならぬものニ候。其上左様ニ候てハ上たるの威も失候。然れハ人を得て用るの外なく候。是政事の肝要ニて候。人を得るハ人をしるにあれハ、人をしる事又第一ニ候。然れハ吾子か此問、其要を得たりと云ふへし。扨人のしり様とて別なる伝授ハ無之候。善を好むが良知持前にて候まゝ、良知の善としる所の人を御用ひ可被成候。我耳目を鉤とし天下の耳目を餌とセは、必よき人を得給ふへし。夫子仲弓に答へ給りて、挙二爾所一レ知、爾所不知、人其舎諸との給へり。此聖謨能々体認あるへし。よき人たに得れハ世話なふして国天下治まると見へたり。夫子樊遅に答給ふて挙直錯諸枉、能使枉者直との給へり。扨こゝに千載のまとひあり。吾子も猶まとへり。能々弁へらるへき事にや。

〔第二十一問答〕

問。まとひとハ如何成る事に候や。

答。吾子か善悪邪正を知らすんハあるへからすと云る所、世々の惑ひ也。夫レ人を知る事ハ、只善人を知る事也。善人とハ善をなし給ふの人也。かりにも悪を知り邪を知んと思ふ事なかれ。少ニても悪と邪をしる方へ向ふときハ、善を見のがすもの也。善を好むは良知の持前也。此持前に随ふて善を好むにて事たれり。聖人挙直との給ひ、子夏又其御詞を冨りとして舜有天下、選於衆、挙皐陶、不仁者遠リ。湯有テ天下、選於衆、挙伊尹。不仁者遠矣といへり。然るに後世人々良知を信する所薄くしてさいかくを用る故、只たまされましきの、まとハされましきのといふ知恵はたらき、邪悪の方の目きゝのミに意あり。かく私意を用る人いかんそ皐陶伊尹を挙て不仁者遠かるの旨を知ん。然るにこれ良知の学明かならされハ此まとひとけ難し。夫レ良知ハ天然自有の中にて、初よりゆかみもなくひつみもなく、譬へはさけすみの縄のことし。是我人固有の本体也。夫レ龍吟すれハ雲起り、虎嘯けハ風生し、琥珀ハ塵を聚免、磁石ハ鉄をすふ物也。それそれに同気相感し、同類相求め、同声相応す。是皆自然の理也。況や天心良知をや。良知ハ良知に感し、良知に応し、良知に求るものなれハ、良知本体のまゝなれハ、常に人の良知に対して、更に人の意念に不對。常に人の是に対して、更に人の非に對セす。常に人の善に対して、更に人の悪に不對もの也。されハ吾人今日当下良知として、人欲の雲霧かゝらさる時ハ、心上穏にして人の恩に感し人の善を悦ふ。こゝに於て良知本来物我なく万物一体なる所を試へし。少ニても人欲の雲霧へたつれハ、心上苦しミて人の非を咎めにくミをそふ。此當下是を意念の多く中也。一体の仁心忽チ権を失ふに非すや。是人の善をすて人の正を失ふ根元也。然れは人の善を挙ケ人の正しきを取るの機密他にあらす。我当下良知を信用するにあるのミ。一日克己復礼、天下帰仁、と云ふ聖語も此事なれは、天下の人心を得るも更に他事なし。我良知になりたる日か、天下の良知になりたる日なり。たとへは口に熱ある人ハ、たとひ蜜砂糖を嘗ても、其しり口にかみあり。口熱一たひさむれは、天下千万の食物一ツ一ツくひ試るにも不及、悉く其味を得されハ、我天然自有の中、良知の下ヶ縄に帰着し給ふへし。是人を知ル法真決《シケツ》也。聊も悪をしり邪を知て、人を知らんとし給ふへからす。一念も邪悪向へは、我か良知のすミかねたかふ故、感應の妙を失ふ。善と正とをさへ知れは、人を知りて用るに、少しも事かく事なし。必疑ふへからす。其上善をしれは自悪もしれ、正を知れは自邪もしれぬへし。良知下ヶ縄にはつるもの邪悪なれは也。こゝにおゐて吾子か人の善悪をしらすんハあるへからすと云へる語の是に似て非なるを弁ふへし。是併吾子か心より出たるにあらす。元来宋儒より来れり。論語首篇の卒、不患人之不己知。患不知人也とある聖語の註に見へたり。此聖語ハ人の是をとり人の正をとる良知本体を充る事を示し給へる易簡親切の聖語なるを、註に不知人、則是非邪正、或不能辨。故以為患也と云り。此一ツの非の字、一ツの邪の字、吾子か今日のまとひを生するのミならす、天下万世の惑を生し、聖人本体を充ん事を示し給へる易簡親切の心法、これが為に蔽ハる。然れハ極めて論セすんハあるへからす。吾子試によく此聖語を考へ見るへし。先、不患人之不己知とハ、人我非我邪をしらさるを不患といふ事なるか、我是我正しきを不知を不患といふ事なる歟。人の不知を不患とハ我善の事なり。君子もとより人の為にセさる善なるゆへ、人の不知を患とセすと也。然れは下の句の患不知人と云るも、人の善の事也。人の善を不知は、我良知のくらみ故、君子これを患とすとの給ふ義也。更に非と邪との沙汰にあらす。且論語開巻の第一章、人不知而不慍と云るも、我善を人の不知に不慍を君子との給へる聖語を見て、在レ我物求るの外、聖門の学なきをしるへし。此聖語を以て学而一篇を発し、又不患人之不己知、患不知人と云聖語を以て、学而一篇を結へる所、論語を編る人の甚微意のある所也。且人の是を知り正をしりて用るか、政事の根元なるゆへ、患不知レ人の聖語を以て、次の為政の篇を起セるなり。蓋学とハ在己ものを己レに求め得たるものを人に及すの事にして元来二ツにあらす。されハ不患人之不己知、患不知人の聖語を以て学而為政の中間に載し事、返す々々甚深意あり。能く翫味し給ふへし。夫聖人の道ハ己をおさめ人を治るの外ならす。己を脩め人を治むるの要ハ、又我良知の善を信し、人の良知の善を知るより外なけれハ、右の聖語実に論語廿篇の大眼目なり。一たひこゝをあやまれは、経としてあやまらさる事なし。此故に分をわすれ量を弁へす、我黄雀の舌を以て大儒鴻鵠の説を犯して、語こゝに及へり。幸ニ非とする事なかれ。亦不得止のミ。

〔第二十二問答〕

問。不得已とハ、孟子を好辨給ふと世上よりいひ立るを聞て、公都子孟子に尋たる時、孟子答へ給ひし語也。貴老か又不得已といへる。亦ノ字を味るに、孟子の意をつげるもの歟。若シ孟子の意をつゐて聖学の蓁蕪を患へハ、孟子楊墨を拒き給へる例に效て、佛子を責へき事也。世上儒者とたにいへは、佛をそしるを表とす。然るに貴老には責佛に不及して、却而難問、宋儒に及ふハいかん。

答。是レ何といふ事そや。是何といふ事そや。我何そ孟子のまねをセん。我国ニ口耳四寸の学なりといへとも、又何そ鶴を学ふの鴉をせんや。雖然吾子か此一言まことに我膏肓の砭なり。不レ識不レ知鼻のさきなこめきて敖心発露セし也。これを弁ふる事何の幸そや。扨世上儒者とたに名のれハ、佛をそしる事、吾子かいふ所の如し。吾子其益をしれりや。不益をしれりや。孟子ハ既に往聖に継て徳業亦莫大也。故に一たひ論辨して楊墨の道天下於今唱るものなし。大陽出て魍魎かたちをかへすか如し。扨宋朝已来の諸儒、孟子能言の語によりて佛を責ると云へとも、我道に益なきのミにあらす、却而仏子の嘲を招き、儒佛ともに日々に勝心浮気を増長す。昔荀子非相ノ一篇を述へて、聖賢相にあつからさる事をあらハす。其意相者の道を距リにあり。然るに陸子荀か相者ニ対して論を立るを下れりとして是をそしれり。陸子何そ我を欺んや。我不肖なりといふとも、これに効ふへし。夫レ孟子没して千五百年、洙泗の道傳ふる人なし。宋朝に至て濂洛関閩の諸君子出、理学初めて盛にして火の山上に燃るか如し。其餘光遠く及て、後世学者の規模となりぬ。吾人道のかたはしをも窺ひ見るハ、皆此御恩也。我日々程朱を拝礼して、其餘澤の忝をおもふ。其門人高弟発明又多し。たとひ世挙てそしるとも、何そ其光りを害せん。其上我論する所、更にそしるにハあらす。此道の怨慕なり。道不同ハ相為に不謀ときけは其他ハ論して益なし。周公孔子を師として、仁義孝悌を志すの徒ハ、大小厚薄ハありとも、すへテ道同しといふ也けれハ、相謀らすんハ有へからす。夫レ親を慕ふハもとより孝也。親を怨るも亦孝也。舜の旻天の怨慕に弁の怒怨、豈なからんや。他人に於てハしからす。我レ於宋学も亦怨慕也。そしるにハあらす。

〔第二十三問答〕

問。舜旻天の怨慕、委しく承度候。

答。舜は大聖人にして大孝行の人也。然とも父瞽瞍の気にあハす。舜の御事なれハ、聊も我を是とするの御心をハしまさすして、至らぬくまもなく我不孝を責給ひ、如何なる所か親の心に不叶そと求め給へとも、兎角親の心を得給ハす。人を盡してハ天に訴るより外なし。こゝに於て天に向て號泣し給ふ。號泣とハよハひなくとよめり。その事をいひたてゝなけき給ふ也。是を怨慕と云ふ。怨ハ父母をうらむる也。慕ハ父母をしたふ也。朱子孝子にハ父母をうらむる事ハなきと見給ふゆへ、孟子萬章の篇に、〔約二字欠〕怨亡之不得其親といひ、非レ怨二父母一也と註し給へり。尤父母あしくとも少も怨る心なきか、孝子たる常態也。所謂萬章か古語によりて父母愛レ之、喜而不レ忘。父母悪レ之、労而不レ怨といへる所、是也。然るに怨るも亦甚親愛の深き所あり。一通りの孝心の弁へはかりにてハ、合点ゆくましき所也。公明高其弟子長息か問に答て是非爾所知といへるもこゝに深き子細あるゆへ也。よく大孝子の心になりて弁ふへし。既に告子の下篇に、　に〔衍字？〕小弁之。怨親なり、親レ親仁也と、孟子の給へり。此賢範にて怨る所即仁愛のふかき所なるをしるへし。夫女の嫉妬あるハ大にあしき事なり。故に婦の七去の法の中にも妬あれハ去ルと見へたり。伊勢物語に井筒の女の事をあけ、風ふけは沖津白浪の歌をのセて嫉妬なき貞女の徳をあらハセり。まことに其夫ト業平ハ世にならひなき好色の人にて、其頃河内の国高安の郡にいき通ふ所いできにけれど此女あたを思へるけしきもなくて出しやりけりと也。此たつた山の歌、誠に餘情限りなくあハれふかく見ゆ。少しも夫を怨るけしきなく、かへりて夫の夜半の山越を気遣ふ心つかひ浅からす。誠に有かたき志也。是貞女の鏡ともいふへし。然るに紫式部か源氏物語に、餘りに嫉妬なきは、かへつて夫をおもふの深からぬ也、折にふれて怨すへき事をハ怨するが、夫を思ふの親切なるそといふこゝろをのへ、紫の上をもて貞女の至極とセり。又伊勢物語、右の井筒の女の前の段に載たる、うきながら人をハえしもわすれねハ、かつうらみつゝ猶そ恋しきと云る女も、かの紫式部か心にかなへる貞女にもやあらん。是等の情にて大孝子の怨慕おもひ見るへきにや。萬章かいへる古語の労而不怨ハさし定りたる孝子や。所謂井筒の女の貞女たるか如し。舜の怨て慕ふハ孝子の至極、所謂怨すへきを怨する貞女の至極、紫の上又かつ怨みつこの怨也。怨てハ慕ひ、慕ひてハ怨る孝心仁愛の所、卒爾に語るへきにあらす。故に公明高長息に答へて是非爾所知といへるなれハ、能々良知上におゐて認得給ふへし。是孝行にのミ怨慕あるにあらす。五倫何方にも此意あり。故に夫子詩もつて怨つへしとの給へり。我カ日の本の歌ニても此意弁へらるへし。能々体認可有候。

〔第二十四問答〕

問。怨慕の事、御尋申委承り致大慶候。源氏伊勢物語を引給ふにて、猶よく聞へ申候。然るに我等存候ハ源氏伊勢物語等ハ皆女の作にてことに好色の事のミ多く候へは、淫乱不義の媒となるへき書にて候。然る上は道に志あらんものハ、一たひも目にふるましき書と存候。貴老源氏伊勢物語を引事によつて乍序御尋申候。わろく源氏なやみを致し候ハヽ、好色のたゝ中へ落入可申候。如何。

答。仰尤ニ候。成ほと御用心可成候。然れとも又一向にすてらるゝ書ニてもなく、又吾子一人すてんとしても、天下これを捨へからす候。林希逸か荘子の序に、天下此人なくんハあるへからす、又此書なくんハあるへからすと云り。我捨源氏亦如此。上代の古実大かた泯滅セり。幸に源氏の中に多く残り。其上上臈らしき風俗心遣ひ等も亦多く記し、人情浮沈の変態まても見るに足れり。且表むきハ好色第一ニ候へとも、教誡の意も存して書り。わつかの一念一事のたかひ末に至りて大にはひこる所を、式部か歌筆を以て書顕ハせる事多端也。抄物ニも勧善懲悪因果歴然の道理を示セると書り。三十年も已前一通り見候まゝにて、深く求めたるにもあらされは、もとより委き子細弁へ不申。一部全体の模様も早打忘れて候へとも、吾子か不審ニよつて心をこり候へハ、覚違ひ有へく候へとも、一二事申て見可申候。先空蝉ハ源氏一部の中の貞女の槿の斎院におしならひたる人ニ候。然るに源氏の中川のやとりに汚され給ひし事、やり戸のかけかねをよくかけさる、わつかの怠りより事をこり候。是男女の別、閨門の慎ハ申に不及、何事も根元のしまりを失ひ候へハ、多くのたかひ出来ることを戒しめたる也。空蝉一たひ源氏に見出さるといへとも、其後汚るゝ事なき所、空蝉の良知にして過て改むるの道をあらハせり。扨さすかに源氏の忘れかたくてありしなからの我身なりセはと思へる心の又してハ起れるハ、わつかの習気あとを引て意念となれる所を見セたる也。されは善悪ともに触るゝ所大事也。茶入なつめなんとに、一たひ龍麝の入たる丹薬を入レぬれは、臭気残りて幾度洗ても、其にほひ茶へうつろふ者也。よくこゝに戒めよとの事なる歟。又薫大将は源氏の子にして、女三の宮のうめる所也。然るに実ハ柏木の子なるも、根元源氏薄雲の女院にジヤウセし不義に出爾に出るものゝ示に帰る所にして、所謂因果歴然の理り也。又葵の上に六條の御息所の物のけの事、謡にも作れることく、時の左大臣の娘ニて、しかも天子寵愛の源氏の本妻なれは、威勢並ひなく時めき給ふ人なり。扨六條の御息所ハ歴々とハ申なから、先坊薨し給ひ、やもめにて世の餘情もかすかに、又物おもひかちなりしゆへ、彼かたの人のきのとくにおもひし餘り、折ふし加茂祭りのころなりしかは、御慰にとてさそひたてゝ祭見に出したてたりしに、かの葵の上かたの人々、はてはて御息所と知りなから、権威に募りて、御息所の物見事を人だまひのをくへおしいれ、其様はなハだ狼藉なりしを、御息所其身の出とをくひ恥ろひし。其たゝりを物のけに書あらハせる也。是いつの世とても権門の家ハ心ほこり驕りて、主人も不知に、下々たかぶり人を人ともせぬ挙動《フルマイ》も出来、終にハ主人の害をも引出す例多きを書つゝりて世の戒とし、又時を得ぬ者なんとハはなたしきあたりへハ徘徊すましき事なり。不慮のはづかしめにも逢ぬると、こゝかしことり合せておもしろく書なせり。大がい教誡の意如斯。扨源氏の諸抄に、式部源氏を書んとて、石山の観音に祈誓し、こもり居たりしに、次广明石のもやう湖水に移りしによつて、源氏ハ次广明石の巻より筆を起して書りと云り。此事つら〳〵おもふに、式部此物語りを書し一部の主意実に此にあり。わつかなる事を書さへ、主意なくてハ筆を下し難し。況や五十帖をや。其主意物盛者必衰の機気に本つき、驕をハ長すへからす。欲をハほしいまゝにすへからす。驕長し欲遂ぬれハ、家をほろほし身をそこなふの教誡を書んとなり。こゝに於て素性才質ともにそろひたる光源氏と云人をたてゝ、奢り驕りを極め盡し、萬欲の中に於て色欲ハ至てまとひやすきもの成ゆへ、朧月夜の内侍に侘して、其まとひを顕ハし、悪后のにくみにかゝり、終に次广の左遷の禍にかゝりしを示せしもの也。皆教誡の意也。是全部趣向の大意にして、古来より抄物に記せる趣也。湖水に移れりとハ、彼趣向の心の月くまなふして、心の水にうかへるを云るなるへし。筆をこゝに初しとは、是亦右の趣向のこゝに初れるならん。実に次广明石より書初しにハあらさるなるへし。いかに式部か歌筆なりとも、中へんより書き出して、前後をつきてハ、全篇なりかたかるへし。夫レ盛衰ハ天地の気運にして、存亡ハ人事の得失にあり。此意観るへきもの須磨明石の巻也。驕長し欲ほしいまゝなれハ、家亡ひ身を失ふ事必然の理りなれハ、天地の気運も実に人事の失得にかゝる。かやう所を示さんとのこゝろにや無益。源氏詮議とハおもへとも是も亦不得已。いかんとなれハ、吾子これを捨んとすれとて、下これを不捨。堂上は申に不及、地下の人々に而も、歌よむ人の重寶にして、さきに云るごとく、亦此書なくんハあるへからさるもの也。徹書記せらん云る事あり。源氏見さらん歌よみ口惜しき事也。それは禁しても禁せられさる書也。然る上ハ上ハむきの好色に蔽ハれすして教誡の意を存し、その上に於て上代の故実上臈の風俗をかんかみ、歌に無人ハ詞の□を翫ハ、、吾子か気遣ふ所の害も薄かるへし。此比頃息游先生に源氏の説ありといふ事を聞。われいまたこれを見す。

〔第二十五問答〕

又問。源氏は専仁道を主とし法華経に比して云りといふ。左様に候哉。

答。是亦抄物に、源氏全編の中ならびを除ひて廿八篇あり、是法華の廿八品に比すといへる説あり。しかと覚ゆ。式部か意、我不知といへとも、此説附会に似たり。いかんとなれハたとひ一巻半巻ニても、其意法華なれハ即法華也。数にハよるへからす。廿八ありとて廿八品に比すとハ泥る説也。又箒木に起りて夢の浮橋に終るハ涅槃経四句の文の意、又ハ金剛経如夢幻泡影の意と云るハ世のならハし。多ハ佛教により又すこしも習俗を出たる人佛に入なれハ、式部もさもあらん歟。是亦我を以ていへとならは、意念風情の起滅即ふセやに生る箒木也。適莫将迎《テキハクサウケイ》、平地に波を生スルハ、夢路に渡る橋といふへし。古人是を酔生夢死といふ。早く此窠窟を出、葛藤を払ふて、本来の面目良知の真を悟れとの謂歟。おもふに又我儒に牽合する也。道の書に事かけもなけれは源氏は、源氏にして置へし。強て説つくらし。

〔第二十六問答〕

問。君子小人喩義と喩利と。薫蕕氷炭。日を同して不可語候。扨雪と墨ほとかハるかと思へは、今日志ある人もなき人も、さしてかハる事も見へ不申候。如何。

答。君子小人氷炭相反する事勿論に候。然れとも事の上ニ於て同し様に見ゆる事、亦毎々の事ニ候。天理人欲同行異情と申が其事ニて候。此語其味有之候。けくて雪と墨のことく違ひたる事ハ、さのミ違ひとも不被申、却而同し様なる事に大ちかひ有之候。去ル軍者の申候ハ、大将たるへき人は平生わづかの事にもうそハつくましき事也。国の存亡大事に、臨ム時為二謀斗一、偽らて不叶事あり。もし常に偽りあれは、左様の時、人不レ信して大事をあやまり、身死し家亡ひ、士卒これか為にそこなハれ候。又常に危き利を欲すましき事に候。諸葛孔明軍門をひらき琴を弾し却而敵ふかみて入ル事を不得りしも、常に危き利を不存、万事ニ手あつかりし故也と。此軍者の語誠に聞事也。然れとも立言大にたかひ候。只人ハかり初にもうそハつくましき事也。況や大将たる人をや。又危き利ハ欲す間敷事也と言へし。いかんとなれハ大事に臨て為謀斗、偽りて不叶事ありとおもひて不偽ハ、道よりこれを論すれハ一生のうそつきと言もの也。幸にして国家存亡の大事もなき時ハ、一生一事も偽りなしと言へとも、彼妄語せさる君子と、心いきハ大にちかひたり。是同行異情にあらすや。何の嗜もなく、常にうそつく人とても、二六時中うそもつかれぬものなれハ、人の信にといまた失せ切りもせさるもの也。然るに彼一代一度の為とてうそつかぬ人ハ、主意うそつく為なれは、一生間なく時なく、うそをつき通したると申もの也。然れハうそつかぬにて、却而人たるの信ハ絶切り申候。人にして無信ハ、車にくひきなきとひとしけれハ、人而無信、不レ知二其可一人《恐也字ノ誤》と、聖人いましめ給へり。又食と兵と信とハ国をたもつ肝要のもの也。故に子貢政を問れし御答に、聖人此三ツを以て示し給ふ。子貢尚又三ツの中にての第一の肝要を知んと欲して、必不得已而去らハ、いつれを先せんと問しに、兵と食とを去ん。民無信不立と答へ給へり。この聖語を味給ふへし。信ほと大切なるものなし。一生うそつかすして、却而信を失ふハ、なけかしき事ならすや。然るに事上にて見れハ、君子の妄語せさると同様也。又孔明の事、於聖人之道ハ不全許と言へとも、先輩また其才を賞して王佐の才ありとす。更に孫呉の類ひにあらす。平生危き利を不好して手あつきハ、臨事而懼、好謀而成の道に叶ひて、大事の時、危きを行ハんとの為のミにハあらし。其外萬の事にか様の心得たかひ多きもの也。人の君たるもの親たるものへ少し心かけあるを見るに、かく慎まされハ臣たるもの子たるものしたらくになると思ひて慎しみ、詞にもさいふもの多し。慎しむハよき事なれとも、同しくハ慎しむか、君父たるの道、君父たるの職分と思ひて慎まんにはしかし。是亦同行異情也。臣たるもの子たるもの〻、君父の心を得るも亦然り。各職分を慎しミてなし行ふも、又立身の為悦ひをとる為なら行ふも、行ふ上ハ同して、其意ハ誠偽はるかにへたたれり。色も貨も賢者豈好まさらんや。賢者も亦人なり。火にほけりのあるが如し。ほてりなけれバ死灰也。只君子ハ理にしたがふゆへ公に、小人ハ欲に従ふゆへ私也。公私の分る〻所、わつか一念入微上にありて、毫厘千里のたかひとなる故に、君子獨を慎ム。今日の上ハむき、何そ志のあるなしのかハりあらんや。

〔第二十七問答〕

問。一代一度の大事の時は如何。

答。それハ其時の良知かよく照し可申候。たゝ良知に御任せあるへく候。明日塩辛くハんとて、今日水ののミをきも成ましく候。一代一度の為とて、一生うそつかさるが、却而一生うそつきなる所を能弁へられハ、何の不審も不可有候。更にうそハつくましきと覚悟したる上、一代一度の大事ハ申ニ不及。只今にも忠孝の為歟、国家の為歟、人民の為ならは、為に叶ふ所か道にて候。道なれハ其時の良知かよくてらし申候。良知なれハうそつくにてハなく候。父為子にかくすも、子為父にかくすも、かくすと申ハ、事の上ニてハ不直に候へとも、可隠をかくさねハ、良知の直を失ひ申候。只良知をよく御詮議候而御求め可有候。良知なれば易簡ニ候。良知ならされハ甚造作ニ候。

〔第二十八問答〕

問。良知は易簡也。良知ならされハ甚造作也と被仰候。自こころミ申候ニ成ほと左様被存候。然夫ケ様の説を外より聞伝へてハ、それハ承度事ニ候。学問と申は六ケ敷事ニて、天下古今の事々物々の理を窮むるの、汗《カン》牛充棟《キウシウトウ》の書をよむのとのミ伝承り、さ様の事数なる事、中々我等体の根気ニて成事ニてハなく候と存、思ひ切りて居申候。左様無造作ニて成事に候ハヽ、そと学ひて見申度と申者御座候。是ハよき心づきと可申哉、否。

答。もし老境迄、学問せさる人、左様思るより被申候ハヽ、尤の事ニて候。古事を記する時節に而無之候。求だに親切ニ候へハ、一朝に埒明事ニ候。朝聞道夕死可なりと聖人被仰候。此道ノ字、事物當然之理と申事ニてハ有間敷候。事々物々の理は一生心かけ候而たに、萬分が一も得心難成候。此語朝夕と張合たる所、眼を可被附候。為人の道、志次第ニて早速済事に候。無二窮盡一道の事に候へは、其上の自在ハ各前の事ニ候。右之通第一義其儘埒明候間、御求候様ニ其人へ御申可有候。惣してならぬ事をなると申ハ道にて無之候。貧者ハたからを以て禮とせす。老者ハ以レ力不為禮と見へ申候。又為《ナセ》はなる事を不為ハ大なる怠りニ候。貧家浄ク掃地。醜婦巧ニ梳頭。下士晩ニ聞レ道。聊将レ拙自脩ムと申古人の詩御座候。此詩の心ハ、貧者家居を結構に営むと申事ハならぬ事ニて候得とも、庭を掃除する事ハ其儘なる事ニ候。又むまれつきの醜キは、無二為方《センカタ》一候。かみかしらをよくとりあけ候事ハ、直になる事ニ候。此二句ハ下二句を起さん為ニて候。扨下二句の意ハ、晩年に及て聞道の士、博学達才ニなる事ハ、彼貧者の家居を結構ニせんとし、醜婦の美女にならんとするにひとしく、ならぬ事ニて候。然れとも不学ハ不学の拙きまゝにて直に身を脩る事ハ、又貧者の地を掃ひ醜婦の頭を梳る如く、其儘なる事ニて候。其なる事を為んとの詩の心也。當下其儘の所か道ニて候へば、病者なる人ハ、寝て居ても道に叶ひ候。又年に富る人に候ハヽ、卒爾尤とハ難申候。いかんとなれは其詞私のたゝなかにて、をうちゃく分別と申ものニて候。根元道の求め候ハヽ、悉く事物の道理に窮めいたり、あらゆる書をよみ盡すニて、聖賢にならるゝとならは、命限り窮理読書を可勉と思ひきハめ、扨それニて弥可成哉否。又ハ我心理に窮め至るにて聖賢に至らるへきや否を、こゝをとくと顧りミて、心理に窮め至るに非してハ、聖賢の道筋へハ遠かるへきと知り、わきまふるよりして、良知の学に志立にあらされハ、皆をうちゃく分別と申者也。をうちゃく分別ニて、中々聖賢ニハ至られ申間敷候。命限りと申はまりに於てハ、何れもかはり有間敷候。千人なみの志にて得道せしと申人ハ古今不承候。こゝに気根なる人の候。六十ころより思ひ立て、四書小学近思録等をよみ覚へたる人、両人有之候。其一人ハ年若なるころより不行跡にて、其年迄無筆ニて、今川をたによみたる事なき人ニて候。今一人ハ商家の番頭ニて候歟。日々店にのみ日を暮して商の世話致し候。年久しき勤めゆへ、主人も家ニても持せてと申候へとも、其身望もなく候ゆへ、終に店も不持して隠居いたし候。隠居已後、隙ニなり候ゆへ、極近き所に而傳習録なんとの会これあり候へ、折々参り、それより志慕りて、いかにとしても、不学ニ候ゆへ、宿に居候節、書を見る事も不叶候。さらはよみ習ひ可申とて、大学より素読いたし、今ハ史記漢書なとの会讀にも出て大やうよみもし、思ひよりの議論なんとする程に成候。尤すくれたる気根故とハ非申。一ツは又志より引立候。何事も馴れハなるものニ候。蕃椒ハ辛く、たはこハ苦きものニ而、小児へなめさせ候へは啼出し申候。物のづゝなき事を辛苦と申候。されとも蕃椒をくひならへは、後にはこれなけれハ、一飯もすゝみかたくおほへ、たはこのみならへは、後は一朝ものまされは、目もさめぬやうになるもの也。王子の御示シにも書をよむに、嬾《モノウ》くハ書をよめと御座候。志ほとつゝに気の張りも出来るものニ候。孟子既に、志至レハ焉、気次ク焉と被仰候。年若き人ハ弓馬鎗兵法のわさ藝も多く候へは、おして気のつまるほとの事もあるましく候。必書をもよみ給ふへし。実に良知の志ある人ハ、よまて叶ハぬ書をはよみ、知らで叶ハぬ事物の理ハきハめ申候。けくてういら〱としたる窮理学の徒よりハ、知る事をハ知る筈ニ候。よます窮めぬか良知と申ニても有間敷候。只多を貪り今日孝悌の道に於て益もなき書物の中から目を出して入るといふやうなるを故紙堆中の紙魚《シミ》といやしみ無用の事詮議を外物に走作すると戒め申候。

〔第二十九問答〕

問。然らハ心法詮議のミにてハ埒明不申候哉。

〔答〕　本心法詮議なれは、各申候如く、よまて叶ハぬ書、しらて叶ハぬ事をは、とひ学ひ候故、心法の心かけニて埒明申候。わか心法ニて候而ハ中々不参候。五倫の道を初、政事経済皆心法ニ而候。是を記したる書なれハ、書も心法ニ而候。只こつそりとうそ眠り居て、少シ心地物なく空々静々たるを最上の安心とし、少し心裏法浄にして本体の光景ちら〱とするを、無上の心楽と覚へたる分ニてハ、大道の覚悟ハ成ましく候。是ニ而済と心得たるハ、譬は台所一間にて済と申と同意ニて候。成程我等ことき のものハ、居間にも寝間ニも食座にも客座にも、一間にても可相済候へとも、大身ハ申に不及、少シ身持たるもの左様ニはならさる者也。處居隔てもあしらふへき格あいもあるものなれハ也。是又人倫の禮義にて候。茶も酒も飯も羹も、椀壱ツにてすませは済といふへけれとも、茶を椀に而のみてハ、口気爽ならぬもの也。天の気運もかたつりに、地の寒暖も偏なる咬吧哂交趾《ジャガタラコウチ》のことき所ハ、衣類器物も一品にて済、上下礼なくてもたちぬへけれとも、我日本ハ豊葦原瑞穂國《トヨアシハラミズホノ》と号し、百穀充足り、漢ノ范史も君子国と称せる程の国にて、礼義備りたる風土なれハ、何一つかけても天道に不叶候。礼義我心の条理ニて、更に外事候ハあらす。五倫政事萬端有レ物有レ則なれバ、皆実理の流行にて候。此縁にひかるれハ事有り。事ハ皆假令也、妄想也と立れハ、妄想とも假令とも可申候得とも、本来固有の実理より見れハ、心事もと二ツに非す候。是を知り是を行ふ道を心法の学と申候。

〔第三十問答〕

問。五倫政事経済、皆心法と被仰候ハ、世法即佛法と申と同事ニ而候哉、否。

答。同しくして不同候。此縁にひかるれは此事有り。君臣あれは君臣の道有り。父子あれハ父子の道あり。是をのけて外に道あるに非すと申所ハ同しく相聞へ候。世法即佛法とハ此所にて候歟。佛説語録等、我等不案ニハ候得とも、先心性の事ハ往々有之候而、田賦、戸役、國計、農政、貢法、貯糴、宮制、詮選、律呂、禮制、兵制、刑法等の事ハ、佛経語録等に委しく其沙汰不見候。儒ハ又足食、足兵、民信之といひ、又既庶矣、又何加焉、曰冨之。曰既冨リ矣、又何加焉、曰教之といひ、又不違農時、穀不可勝食。数罟不入洿池、魚鼈不可勝食也。斧斤以時入山、材木不可勝用也。是使民養生喪死無憾也。養生喪死無憾、王道之始也。五畝之宅、樹之以桑、五十者可以衣帛矣。雞豚狗彘之畜、無失其時、七十者可以食肉矣。百畝之田、勿奪其時、数口之家、可以無飢矣。謹庠序之教、申之以孝悌之義、頒白者不負戴於道路矣。七十者衣帛食肉、黎民不飢不寒。然而不王者未之有也といへり。これによって我所謂五倫を初しめ政事経済皆心法といふをみるへし。田賦、戸役、國計、農制等、一を欠ても心法ニ非る事明けし。本来固有の実理心事二ツにあらさるによってなり。佛に田賦、戸役、國計、農政等の制度なし。然れは只これある上に就て是を除くへきにあらされハ、これをのけて外に道あるに非として、世法即佛法と云類なるへし。これ所不同也。

〔第三十一問答〕

問。本心本性の事を、貴老時としてハ佛心佛性と被仰候。婦人女子へ道を被仰聞候節ハ、猶亦其筋多く候。世儒承り候ハヽ、甚難く可申候。こゝに思召ある事に候哉。近代の大儒程子の本心を明鏡止水に喩られ候をさへ、人心ハ活底なるものを死物に比せられし事、宋儒の佛見也とて、大にそしり被申候。且又意儒なれハ語も亦儒なるへし。語佛なれは、意も亦佛になり候と被申候と承り候。如何。

答。我等も其説見申候。然れとも左様被申候大儒も親の伯父のと申歟。又ハ歴々へ向ハれ候てハ御機嫌好候哉と不被申候。機嫌の二字佛書ニ出候と承候。又門弟中へ對してハ無油断心かけよと可被申候。油断の二字亦佛書ニ出候。語佛なれハ、意も亦佛ならハ、彼大儒の門弟子へ無油断心懸よと被申候ハ、仏道怠るなと申事に候哉。左ニ而ハ無之、儒業の事ニ候。油断の二字、本《トハ》佛語に而、佛道の事ニ候へとも、儒者これをいへハ、儒業の事ニなり、武芸者これを云へは、武芸の事に成り候。語に泥ミ候。あまりに一概なる事ニ候。心を明鏡止水にたとへたるをそしれとも、理屈ニて候。明鏡止水のたとへハ、月をさす指ニて候。月を知れハ指に用ハなく候。明鏡止水へかりて兔の角のと申候ハ、指をとめて月とする故ニて候。惣してなしと同けれハたとへニて候なく候。昔麒麟を見し者へ、麒麟はいかなる物そと問しに、麒麟はてうと麒麟のことくなる物そと答しに、問ものあきれたるといふ事あり。本心を本心と斗いひてハ、麟を見ぬ人へ麟ハ如麟と云と同しく、心を会せぬ人不通候故、明鏡止水の佛語をかりてたとへたるにて候。戦國の時の人に恵施と云る人あり。譬にたくみなりしに、恵王の好みに、先生事をいふ時必たとへなし。口まつすくにの給へといハれければ、恵施の答へに、今人あつて弾の状をとハんに、弾ハ弾の如しと申候而、其者諭し申さんや。必さとさし。弾の状ハ如弓にて以竹弦と為と申せは、其まま諭し申候とこたへられしと也。且曰、固以二其所一レ知。諭二其不一レ知。而使二人知一レ之と云り。我か本心本性を云て即佛心佛性といふも、固以其所知、諭其不知、而使人知之者也。恵施弾を諭さんとて弓をいるのミ。弓を語るにハあらす。必たとへに泥ミ語に滞る事なかれ。中庸卒章に君子の道外くらくして徳内に明かなる事を云んとて、衣レ錦尚レ絅といふ詩をひけり。此詩ハもとそこいたりといふはてなる女の事ニて候。詩を引用る事毎々如此。只詩に不可限。たとへを語るも皆しかり。

〔第三十二問答〕

問。毎々道の御物語り難有存候ニ付、人にも語り、又ハ人のあやまりをたゝさんとして承りし事を申て見候に、人惑も不発、又あやまりをも不弁候。手前の不徳故とハ存候得とも、尚又勘弁も御座可有候哉と御尋申候。

答。我等も同前ニ候へハ、可答詞も無之候。明眼の人はさきのいりやすき所より示して、しかもさきの人我と非を弁へ候様ニ導候故、利益も深く候。少も我にほこる意歟、又我切にする心有之候而ハ、先へ不入ものと存候。人に異見する事なんと、随分徳ある人へ譲るかよく候。然れとも譲るへき方もなく、又我徳成就をまたれも致されぬ上ハ、止まれぬ事有ものニ候。左様の節ハ、随分と我へたちかへり、我か不徳と弁へ候へハ、さきの不義をにくむ所の咎の理屈上うすらくものニ候。理屈薄らき候へハ、何となく我もかく思ひたかふ日々ハ、其人にさしてかハりも有ましきとおもふ程の位になるものニ候。此位を得候へは、自然と無我ニ成候。此無我なる所より申出候へは、いか出とくらみたる人にも、いまた〔約二字欠〕かだに不尽候へハ、良知線路の明ハあるものニ候故、其良知の明所、此方の良知へうつるものニ候。此良知さへとりとめられ候得は、つもりの外申所も申盡され、先も非を弁ふるものニ候。我等不成迄も、如此受用いたし候。随分我レも信切と思ひ、額に筋を張て申候ても、先きのくらみたる所へ、我カ自反も不足して責かけ候分ニて、書少も益なく候。たとへ火急なる時ニても、右の心つく時ハ、大に手前をそこなハさる故、人に益あり。昔魏文帝群臣に向て曰、我を如何なる君そと思ふと。群臣もとよりこ媚諂ひて皆仁君なりと答へり。翟黄と云ふ臣の前にあたりて、翟黄曰、君ハ非二仁君一。君中山を伐取り給へり。是弟に与へ給ふへき事なるに不与して、我子にあたへ給へり。是によつて君の仁君に非るを知れりと答り。文侯甚怒り生して其座を追払ひ給へり。扨次ニ居ける任座といふものに尋ね給ふ。任座答て曰、君ハ仁君也。臣聞ク、其君仁ナレハ者其臣直なりと。向に翟黄か申せし所直言之。然れハ君ハ仁君也と云りけれハ文侯怒り忽とけて翟黄をよひて拝して上卿とせり。新序并に蒙求に見へたり。おもふに任座文侯の怒りに驚かは、いかて如此の名言を吐出さんや。怒りに不驚ものハ任座か良知也。文侯くらむといへとも仁をよみするものハ文侯線路の明也。任座良知を以てよく此言をなし、文侯の良知を迎へし故、文侯過を改て翟黄却而上卿の位を得たり。又齊景公秘蔵の馬死したりしに、其馬をあつかりし者を殺んとせし時ニ、晏子曰、とくと其者へ其非を知しめて殺んにハしかしとて、景公の前へ呼出して其者を責て曰、汝、君の秘蔵の馬を預りなから、其馬死せり。これによつて君の怒り汝を殺し給ふに至る。馬の死せしハ生キ物なれは死すましきものニあらされハ、汝か不祥にして汝か罪ニ於て軽けれとも、馬によつて人を殺し給へりと、天下挙て君の不仁を称るん。是汝か罪の重き所なり。我汝を免す事不能といひけれハ、景公これを聞て非を諭り、怒りさめてその罪なきを弁へ、これをゆるせり。又我朝人皇第二十二雄略天皇ハ、其初め性暴強ニおハしまして、誤て殺人給ふ事多し。天下謗て大悪天皇と申せし也。或時葛城山に猟し給ひしに、猪出て人をおい逐ひまハり、其勢ひすさましかりしかは、かり人大に恐て木ニのほれり。帝舎人に詔して、かの猪を迎へ射て、これをころせとの給しに、舎人色を失ふてこれを射る事不能。猪直に来て帝にむかひしかハ、帝弓をもつてツキ止《トメ》、挙レ脚て踏殺し給ひぬ。田をハりて扨彼舎人を斬んとし給ひしに、皇后幡梭《ハタヒ》姫ノ皇女、天皇を諫めて陛下常に猟を好み給へるさへ不可ならんに、今また一ツの獣の故をもつて舎人を斬んとし給ふハ、豺狼に異なる事なしと。帝此言を聞給ひて甚可なりとし、萬歳をとなへて、楽哉、人ハ禽獣をかりす。朕レハ猟して得二善言一とて、彼舎人を免給へるとなん。皇后と晏子と世かハり人かハれとも、良知千載一日にして、雄略帝景公ともに惑ひとけ怒りさめて、其罪なきを能弁へ、終に是をゆるせり。約をいるゝ窓よりすと易にも出申候。窓とハ良知のあかりを申候。此あかり我良知よりならてハ見へ不申候。識知を用てこゝを見出さんとしてハ、それより先へ我良知くらみ申候。此所よくよく御体認可被成候。此方より人のあやまりをたゝす時斗にても無之候。先より問尋ね候事に答へ申候。亦同心得にて候。夫子曰、吾有知乎哉。無知也。有鄙夫問於我空々如也。我扣其両端而竭焉と。此聖語能々御味可有候。聖人良知の外、別に無知との御事ニ候。此無知所か聖人に而候。問者鄙夫にして無識知候。聖人何そ識知を以てこれに先だち給ハんや。只聖心空々たるのミ。鄙夫といへとも良知已テに備れり。是非自知れり。されハ其自知る所の是非の両端を聖人空々の良知を以て動し尽し給ふのミ。鄙夫知ル所の是非、即本来の天則にして、聖人の良知と、もと更にかハる事なし。然れハ聖人の聡明と云へとも、これを増し減し給ふ事不能ものなり。彼まとひて自信する事不能のミ。惣して無志不学人ほと様々の理屈を多くたくハへて居るもの也。識知を以てかれに向ふハ、火に火をそふるかことく、又腹ふくれたる者へ食を給るか如し。たとひ河の鱸、河の鯉、龍肝、鳳髄、豹胎、麟脯の珍といふとも、かれこれをむなしとせん哉。無益のみにあらす。却而彼を損ふ。必識知を頼ミ給ふ事なかれ。必此方よりさとらんしかけ給ふ事なかれ。先きの人自然と得道するに非れは益なし。不レ視不レ聞の本体、無声無臭の妙用も良知のミ。子絶四、心中無二一切之累一。これ純《モッパラ》空々たる所。顔子亦これにちかし。回也其レ庶乎。屢空シと。吾子心を潜て学ひ得給ふへし。

〔第三十三問答〕

問。毎度良知の説承り、聖凡無隔と候へハ、頼しくいさましく、懸御目候節ハ、何の疑もなき様ニ候へとも、退ひておもへハ、我等ことときの良知ハ、何とやら誠の良知にてなき様被存候。弥聖人に不相替候哉。

答。良知聖凡かハらさるのミならす、事もさして替る事なく候。聖人亦人耳。昔齊王使人瞯二孟子一。果シテ有以異於人哉と。儲子と云る人これを孟子に告しに、孟子曰、何以異於人哉。尭舜も与人同耳と。王子曰、与愚夫愚婦同シキ的《モノ》、是謂二同徳一。与二愚夫愚婦一異的、是謂異端と。故に聖人人と異ナル事を欲し給ハす。関尹子曰、魚欲異群魚。捨水躍岸、即死ス。虎欲異群虎。捨山入市、即擒。聖人不異衆人。特物不能拘爾と。吾子自分の良知を疑ふハ、人と異なる事を欲する故也。白きものハ聖人の眼にも白く見へ、愚不肖の眼にも白ク見へ候。吾子獨何そかハらんや。只誠意慎独の工夫親切ならさる故、良知を欺き物の為に拘かれ候。墨子有言。今士之用身、不若商人之用一布之慎ニ也。商人用二一布一、必擇二良者一。今士之用レ身、則不レ然。意之所レ欲則為レ之。厚者入二刑罰、薄者被二毀醜一。則士之用身、不レ若下商人之用二一布之慎上也と。聖凡良知にかわりなし。只凡人ハ誠意慎独不親切のミ。

〔第三十四問答〕

問。世上にて器量者と申シ、又好き嗜みの武士也と申候而評判いたし候ニも、心得違ひあるかと存候。

答。如仰道沙法不案内の方にての評判には何事も違ひあるものニ候。誠の器量と申ハ、恐るへき事ハ恐れ、気遣ふへき事ハ気遣ひ、當下當下の致二良知一候歟、誠の器量と申物ニて候。それを心かけ候かよき嗜の武士ニて候。大かた世上ニてほめ申ハ、たとへハ百石取か三百石四百石取のまねをし、大てやかにしなし、武具馬具等ニても分際より各前にもては、これを器量と覚え、嗜よきと覚へ申候。誠の器量と申ハ、百石とれハ百石の取廻しをし軍役をもかゝさる様ニ致し、三百石四百石とれハ三百石四百石相應に取廻し、乃至千石万石になり候ても其時々々の分際に随ふを器量といひ嗜よきと申候。是ハ其際り知れ不申候。彼百石取て、三百石五百石たとひ千石のふり廻しもなり、武器も持候とても、是を自分に器量と存候へハ、それ迄の器量と申ものニて候。ほむる人も、亦それをいかめしくおもふなれハ、其人同前の器量にて候。実ハ小器量者と申ものに候。何事も當下々々其分際程つゝに致し候か、本ンの器量にて候。其中武器ハ少し余慶あるハ、外の物と違ひ、何その時武用足り、又人の益にもなり可申候。是も亦人々の思るよりあるものに候。一概にハ不被申候。昔可児才蔵と申候は、武篇者の由ニ候。其節若手のものとも、さて指量《サシリョウ》見事ニ候ハん、見度事そと申合し、折りふし次に刀ありしゆへ、そと鍔もとくつろけ、見候ひしに、さびたりしかハ、思ひの外成る哉と云ひあへりしを、才蔵聞て或時皆々へ対し、若き人々ハ別而腰の物なんとハ衣《サヒ》なきやうに心かけらるへき事也。我等も随分と存候。然ともゑてしてさばし申候。然れとも武篇を心かけ心様に於てハ、すこしもさひ生じ候事無御座候。武士ハ武士たるの心に随分さひを生せさるか肝要ニ候と被申たると聞及ひ候。扨家居家財等ハけしして門場なる方に器量有之候。子謂、衛公子荊善居室始有曰、苟合矣。有曰、苟完矣。冨有曰、苟美矣との給ひしを見るへし。始め貧なるよりして後冨るに至るも、皆當下をなして、少しも欲速欲盡美の意なく、其欲足り易し。量狭きもの丶ならさる所也。又夫子管仲を小器なりとの給ひ、三帰反坫の奢僭をそしり給ふを見て、よく弁へ給ふへし。程子曰、奢而犯禮、其器之小可知。蓋器大則自知礼而無此矣と。右の賢模賢範にて世上所謂器量嗜といふも、心得違ひあるを弁らるへし。

〔第三十五問答〕

問。軍法ハ何を主とし、何の書を要とし候ハん。

答。論語に孔子曰、必也臨事而懼、好謀而成者也、と見へたり。懼成の二字、万世行軍の要と云へし。易に、師の卦有り。卦爻は伏羲子起り、卦の辞ハ文王これを繫ケ、爻の辞ハ周公これを係ヶ、彖象説卦ハ孔子これをのへ給ふ。四聖人の手そろひたる易にて、始皇の焔にもかゝらす、全く然れる書なれハ、易の師の卦に軍の道の主意尽せり。これを本トして習はるへし。其外陣城備列等の法、近世越後家甲州家能備れり。其要其主意を弁へて後、其法ハ和軍御学ひ候而宜かるへく候。

〔第三十六問答〕

又問。其要其主意を弁へて後、其法ハ近世の和軍学ひ候而可然と被仰聞候。然るに和軍を承り候に、事の外無数ニて、これ一色にかゝる様ニいたし候而も、埒明かね申候。鎗太刀弓馬等も不致候而は、不心懸に候へハ、是亦こまり申候。

答。それハよき師を撰ミて御學ひ候ハヽ、無益の隙取有間敷候。いか様軍といへは旗の幕のと申仕立方、又紙筒紙隅陣渋紙の法、其外海中ニて水を得、かの潮を清水とするの、日取方角のとて、様々傳授事多く、又ハ一生城取なとニ而、日を暮す類御座候。何れも一時一度の用に立申事ニハ候へとも、それハそれ数寄の者致し覚ゆるニて、世の調法相済候。大ニ志ある者ハ顧ミ申間敷事ニ候。具足仕立なとハ具足屋岩井市江等ニ問尋ね候。而も世上色々の利用好ミに馴て居申也。其上家代々の古傳も候へハ、此方一家の傳よりもまさりたる事も多く候まゝ、とくと聞候へハ、如何様ニも宜敷をとされ候。其外旗幕等の軍器仕立候事も、有司の守りニて候へは、我不知候ても苦しかるましく候。又城取なんとハ器用無器用も有之候。器用者致し得るニも能候。さま〳〵宏才なる事よりも、さつと土をさくりて堀とし、其土にてちよつと土囲をこしらへ、少の蔀ニテ内を見すかされぬなんといふ、急に取立て麁相成上に利用あるを悟り得たき事ニ候。十五の堅固そろひ四神相應の地を撰ひ急度取立候。城の縄張り至てハ巧者をえらミ、其上衆議を合せ致するか能候へは、我一人の才覚も不入候。只いまつき多勢といふとも能とり廻し竹の先に四手つけて成とも下知御座候様ニ成候。心かけ専要ならんか。如仰武芸不心遣ニてハ甚不嗜ニ候。

〔第三十七問答〕

問。弓馬鎗太刀の事、如何心得候ハん。

答。弓馬の事不鍛練ニ候。然るに弓ハ古人観徳の器と称し申候へハ、別而道徳の心かけなくてハ、其器にかなひかたく候ハん。内志正しく、外體直く、弓をとること審固にして中りをいふへしと礼記に見へ候。是に叶候様ニ師傳を受け、御心懸可有之候。又殷に序といひ、周に庠といひて、庠序は學校の事ニ候。庠ハ養也。老を養ふの義をとり、序ハ射也。賢を序の義をとる。郷村禮とて一郷射禮を以て交る理有り。日本ニても上古履中帝置史、文武帝校を設け給ひしよりこのかた、國ことに庠序ありしに、佛寺盛になりて後、天子摂関學校に怠り、元享應仁乱におよんて、天下學校の沙汰を不聞。然に加茂の社家中に養老郷射、近頃迄其道法残れりと聞く。今に有や否。然れハ射禮ハ道學に於ても與る所最も重し。返而殼に満るの方を師に受て、観徳の意に叶ふ様可被存候。馬術又弓とひとしく古藝の内にして上古より傳れり。易繫辞傳に、弦レ木為弧。削木為矢。弧矢之利。以威天下。蓋取諸睽といひ、服牛乗馬。引重致遠。以利天下。蓋取諸随とあり。随の卦ハしたかふといふ事也。物随牛馬て到遠。されは何事もと申うち、別而馬術ハ此随フの道を失ふへからさるか。よく馬の本性を弁へて無理なき様ニて乗事ニや。只達者を専としてへしまけおしまけ乗るハ、世にいふ馬くろふのりとて無理多き故、馬も労れ遠キを致すの本文にもたかひぬへし。桜狩なんとして遠乗の習ひ馬術家にあり。是専随の卦の工夫なふして不可叶候。然夫馬の持前の足ハ野足ニて候。尤地道のりかけし足も持前ニなきものなれハ、いかに教被てもなり申間敷候へハ、是も持前の外と云ふにハあらす。然れともこれハ乗手によつて成就せる足也。かれハうふのものハ野足に候まゝ、今の地道乗かけともニ根元野足の地道、野足のかけのりと云ふ心をわすれしてのるへきにや。此心得あらハ馬をつからかす間敷候。是所謂随の工夫受用に候。如此ニそろハヽ乗馬の本体立事教備り、軍用にも可然候ハんや。馬くろふ乗りハ達者一簾ニ落て随の意を大に失ひ、又乗方者といへは地道のりの□のりニも流れ候ハんか。□に流れ候へハ、是亦随の意にたかひ候。此論馬術家に有りや否。且はねつきれつす候、時手綱策鞍あふミ等にてこれを戒め候も、即《チ》随の意ニ候。かれハわか気まゝにして置を、随ふと心得候ハヽ、大なる心得ちかいニて可有候。かれか悪にしたかふて、それ相應に戒候か、随ニて候。此随より戒むる時は、無理もなく、能馬にもこたへて可申候。其上馬其悪気を改め候ハヽ、我ににくみも残るましく候。詩経に、不失其馳舎失如破と候。此意ハ御するに馳驅の法を不失して射てよくあつるを申候。然れハ乗り方射方皆習有事と見へ候。態々其師に可被尋候。此方ニハ馬にて車をつかふ事ハ不入候へハ、騎射なとの傳、此事に相當り候。達者ハ馬数ニもよるへく候。委不鍛練故不存候。扨又鎗太刀の事、其流々の習ある事ニ候へハ、一概に不被申候。我か釼術の師の被申候ハ、勝事の稽古と存候ハ、大なるおもひ違ひニ候。只我勇気を錬んと心得候へと被申候き。然るに今思ふに、此語を聞あやまり、用ひたがひ候と存候。勇気遣鍛《ル》といふ事をくひついても勝をつける事の様ニ何となく聞とり申候。是大なる我等のたかひニ候。いかんとなれハ唐土の盗跖、日本の熊坂も随分勇気逞しく、夫故人に勝事もすくれ申候。今武士たるものに盗蹠長範を学べと申事ニてハ有間敷候。されハ今思ふに、師の勇気を錬といへるハ、畢竟只気を錬と申事ニ而可有候。向上の人ハ気を錬と謂んより、心を錬といふへき事とて可被申候。心ハ勿論の事ニ候へとも、勝負ハ気の主る所ニ候。此時血気へ不落して、体の充るものを用ひ得候様ニ可心懸事と存候。鐺亦可為同前候。物ハ純一なる所、肝要ニ候へハ、十文字かき鐺等は、横手をわすれたる位を得候ハヽ、横手の利用可有候。頼む所にハ横もつゐて廻り可申や。長刀はつきも切りもなり候たけ利用、鑓ニハをとり候や。されハ長刀ハ先自身手をおろさぬ人の備にいたし申候。大名亦ハ醫師女の持する事ニ候。しかし鍛錬の上ハ持ものにはよらす候。よき師を得て御学ひ可被成候。

〔第三十八問答〕

問。日外去ル武芸を嗜む人の心性の事尋ね被申候節、心もと無内外と申事を御物語被成候由。定而出入無時、莫㆑知㆓其郷所㆒。惟心之謂與の類ニて御座可有候。然るに其一座ニ居かゝり候て、右の御問答を承ニ仁去ル方ニて其義申出し、扨々大切成る御物語を承候。心法の大事を仰られ候。心ハ内になきものにて、外ニあるものと被仰候。珍敷論承り候とて感し申候故、それハ聞ちかひニてハなきかと申候へハ、いや心を内にあると思ハれしか、あやまりになりぬるとて、弥心は外にある極め居申候。是に不限、御説を承違ひ候方多く候而、気毒ニ存候。

答。仰の如く聞たかひ用ひたかひも多く候。講釋とても半分茶になり、半分ハ毒になり申事可有候。いかんとなれハ、賢者ハたらりとしたるものニてハなく候。敏於行と聖人もの給ひしと云へは、気質しゆんとして事せハしき人、早これを得かたへ聞落し、得かたへ用て、人を遣ふにも弥火急ニ成行き、又賢者ハ優なるものニ候。寛ヲ為本と賢者も云へりと云へハ、質惰弱なる人、弥惰弱を寛大と心得て、家事の世話も気ふしやうに成行也。皆用ひたかひ被申もの二候。旨所事ニはあらす候。吾子も心つけらるへく候。脇より厳は過たる和に不足也と見ゆる人も、其身ハ厳得方にて折々ハ厳にて過をも免れし益あるに滞りていまた厳不足とのミおもひて和の不足へハ心つかさるもの也。和過候而厳不足なるも亦同し。よほと心かけ候人々ても、又してハ得方へ聞落するもの二候。古語、抱薪加レ火、爍《ハカケル》者必先燃ユ。平地ニ注レ水。湿者必先濡と申か此事ニて候。扨聞たかへ昔よりある事候。昔周の国の人、大に利を得んとて鄭の国へ行き、鄭の商人に逢て、しか〳〵の物多ク持来れり。そなた買求めてとしつき給ハんや、さらハ我等も利を得候ハんといひけれハ、鄭の商人それは幸ニ候。いかほととも買求め候ハんとこたへぬ。其時周の人、彼ノ持来りし品をとり出し見せけれは、皆鼠の死したるにて有之故、鄭の人肝をつぶし、是ハさらに望ミ候ハす、免シ給へとわひけると云事有り。其子細ハ玉ハ貴キ寶なり。故に商人あら玉を才覚しかは、求めて玉師にミかゝせ、貴人へ賣て利とす。其みかゝぬあら玉を璞と云。然るに周の国に而ハ、鼠の死して未腊を璞と云。是周の方言也。かの文盲なる周人、鄭にて璞を貴ミ、あたひ亦甚たつとしと聞て、此鼠の事也とおもひ、さらば利を得んとて、鼠の死たるを多く集て、ゆひて鄭の商人に強たる也。かの心を外にあるものとて聞れしも璞の貴きといふに耳とまりて、玉なる品を不察、鼠を銜シ周人の類也。我無内外の説ハ武術嗜む人、心を内にすへて聊も不動として、却而活底の本心を追すくめられし故、此論をなせし也。扨聞違ひハ無是非候。用たるかひなき様ニ互に心かけ可申事也。古人の詞に、吾道ハ如劍。以刄割物、即利アリ。以手握刄即チ傷と有之候。吾子必刄を握り給ふ事なかれ。我所謂毒と茶と相半すといふ此意也。

〔第三十九問答〕

問。夫婦は三綱の其一ツ。萬世のはしめなれ、禮の可レ重所也。然るに婚礼の時、夫婦の盃に、婦人より初むるハ如何なる故実に候や。夫ト唱ヒ婦随ふの道ニハたかひ候様に被存候。

答。唐の夫婦の盃事にハ合卺同牢《カツキントウロウ》といふ事あり。卺とハ瓢の盃也。ひやうたんを中よりわりて二の盞とし、夫婦これを合せてのむ。是を合卺と云ふ。日本の三々九度の盃事と同し。又同牢トハ、牢ハ日本の手かけ熨斗、昆布、かち栗のこころ也。ひとつなまくさを夫婦ともに是を食ふを云。男女ハ七歳より不同席而座。不共器而食。今合卺てのみ、同牢して食ふ。是夫婦の初めなり。和礼の事我知らす。然れとも姑く夫婦の故実を論せは、伊奘諾伊奘冊二神《イサナキイサナミノフタハシラ》、日本夫婦の初めなれは、是を故実とせん歟。日本紀以二馭馭盧島《ヲノコロ》一為二国中之柱《ミハシラト》一而陽神《ヲカミ》左ヨリ旋《メク》リ、陰《メ》神ハ右ヨリ旋《メク》リ、分《ワカレ》二巡《メクリ》テ國ノ柱一同会《アイキ》二一面《ヒトオモテ》一、時陰神先ツ唱ヘテ曰、憙　哉《アナウレシ》遇《アヒ》二可美《ウマシ》少男一焉。陽神不レ悦曰、吾レハ是男子ナリ。理《コトハリ》　當二先唱一如何シテ婦人《タヲヤメ》反リテ先　言《サキタツコト》ヲ乎。事既不祥《サカナシ》。宜二以改メ旋一。於是　二　神《フタハシラノカミカエ》卻テ更相遇。是行也陽《ヲ》神先唱曰、憙　哉《アナウレシ》。遇二可美小女《ウマシヲトメ》一焉。陰《メ》陽《ヲ》始遘合為二夫婦一と見へたり。

これによれハ夫婦の盃事夫よりはしむへきか。夫乾坤ハ陰陽也。周易坤の卦の辞に、先迷失道後レハ順テ得レ常と。所謂陽神の吾レ是男子《マスラヲ》ナリ。理當先唱。如何婦人反先言乎。事既不祥との給ひしも是也。又我に一説あり。夫レ周易上経乾坤にはしまる。是天の陰陽也。下経咸恒にはしまる。是人の夫婦也。蓋天地ハ二物にして氣化の始也。故に上経乾坤分れて為二天地之道一。男女ハ合レ体して形化の始也。故に下経咸恒皆男女二体合して為夫婦之義。而して咸ハ少女少男の卦、恒ハ長女長男の卦、咸夫婦交合の初メにして、恒ハ男女居レ室の常、咸ハ以悦為主、恒ハ以正為本。咸ハ少男ニして少女に下る和悦の至り也。故に能夫婦の交感をなす。恒ハ長男長女の上ニ居ル。尊卑の正しき也。故によく常久にして居ル室。蓋卦の序。咸先キにして恒後チ也。程傳ニ曰、咸之後受之以恒と。然れハ恒の前ニ夫婦交合の始を咸とす。而して男下女の時也。然れハ夫婦の初めの盃事斗ハ、婦人上ミに居て初むる事も其理あるか。猶亦極メて論之。夫レ位ハ欲レ分レシヲ。説卦曰、天地定位と。乾坤分レテ而為天地之道。神代ノ巻曰、天先成而地後定と。一書《アルフミ》ニ所謂陽神先唱テ陰神後和と。是欲シテ共ニ為夫婦未遘合之時也。夫レ気欲合。説卦曰、山澤通氣と。男女合而為夫婦之義。程子曰、男志篤実以下交。女心説而上應と。神代巻所謂思欲以吾身元處合汝身之元処。於是陰陽始テ遘合為夫婦と。此文能く可考。位分未遘合の時ハ陽倡ヒ陰和すへし。是親迎の礼に当る歟。氣合し已に遘合する時ハ男女に下るへし。此時の盃事なれハ、女より初メて、次に男のむも其理あるや。然れハ婚姻の其夜、閨中の盃事ハ、安んして和禮に随ふへきにや。扨男女居レ家の常道ハ、男動二于外一、女順于内、恒の卦に備れり。婚姻の翌日より、此道に依るへきなれハ、吾子か三綱を重んする上へに於ても、其障り有へからす。我レ亦男女の道ハ、正しき上にも猶正しからん事を思ふによつて、吾子ノ問に答るの詞、其長きを不レ覚。

〔第四十問答〕

問。今の世に當ツて、有司の心かけ、如何いたし可申候哉。

答。礼と和と心かけ候か、只今の肝要と被存候。各其職分を敬しみ、各和して其事をなす様に可被致候。我より上の人を不レ犯、我より下の人をあなとらざる、是礼也。同役は申に不及、上下の役人、申合せて一家の事をなし、一人の身の事をなす様にする、是和也。和徳なけれハ君の為にもあしく候。和徳なきハ心の敖ニて候。敖は萬善をそこなふ根元にて候。丹朱啓明とて、朱ハ随分発明なる人に候へとも、嚚訟なりとて登《アケ》庸《モチヒ》給ハす。禹懲二丹朱之傲一との給へり。禹の聖徳にてさへ、こゝにかへりミてつゝしミ給へり。されハ心の傲ハおそろしきもの也。傲なけれハ必謙。謙ハ又萬善の基にて、謙なれは自然と和す。私ハ即楽也。楽といへはとて、鐘鼓を云にはあらす候。只八音克ク諧、無三相二奪倫一の意をさとすへし。八音とハ八色の鳴り物ふき物なり。琴笛鼓等、聲音各かハれり。然るに各己か音を尽して更に外を奪ハす。しかも壱越平調等の調子其律そろいて和するを八音克諧無相奪倫云ふ。その如く役義ハ面々司る所ありて、各様々なれとも、皆己か職を尽して、更に他の職を不奪。就中笛とし琴と琴としハ、其節博士其よきを立て、それに従ふかことく、同役の中チハ十度か十度ニても其よきに従ふへし。少も傲心物我あれハ、舍レ己従レ人事難し。楽の調子ハよくも悪しくも一物ある所よりたかふと。去ル楽好める人被申候き。人のよきに随ふか則我よき人。聊も我レを立んとせは、和徳そこね、克諧の意を失ふへし。此位よりして其事を論する時ハ、いかはかりのわかおもハくも尽さるゝものにて、さきの和をもやふらぬもの也。又人の善を挙テ、又人を官にすゝむるにハ、公にして私なきを肝要とす。我カ贔屓故に不善なる者を善也と称して、役人にすゝめ挙るの私なるをハ、人能弁へて少の志ある者ハせさる也。只我か心やすき者、又ハ我親類の善なるを称し、役儀等にすゝむる事をは、大やう志ある者もしかぬる者也。或ハ同役のおもハくをハかり、又上ニも依怙にも思召給ひてんやとおもひてひかゆる也。是亦大に不レ公事也。此不公を知りてひかゆるハ、我身贔屓の私甚しき故也。春秋時代に祁奚といふ人あり。晋の家臣にして官中軍尉たり。年よりて隠居を願ひしに晋侯其諸役を誰にかいひ付んと尋ねられき。其時祁奚對へて解狐可然と申上らる。解狐は祁奚か讐なり。晋侯祁奚かすゝめによつて、これをいひつけんとし給ひしに、解狐卒せり。それ故又誰をか用んと尋ねられしに祁奚對て午よからんと云り。午は其子也。君子これを称して能挙レ善と云り。且今時ハ常の物語にも親し類の善を称するをハ聞者眉を攅て縁者の証拠なりとて笑ふ。是後世風俗の衰へなり。苟慈明といひし人、汝南の袁閬といふ者と出合て物語せしに、袁閬潁川の八士を問しに、慈明八士の善をバ先對すして、我か諸兄の善を云り。袁閬笑ふて国の士を尋しに、我諸兄に及へりとて尤めしかハ、慈明答テ、彼ノ祁奚か子を挙ケ、讐を挙し事をいひて以て至公なりとし、又詩経文王の詩に、尭舜の徳を不レ論して、文武を頌せしもの、親レ親の義なるよしをいひ、終に不愛其親而愛他人者、不レ為レ悖レ徳乎と孝経を引て其意を終れり。慈明かこときも、亦公ケなりといふへし。吾子有司の心かけを問ふによつて、古人詮選のおもつきの片端をのへ、且今日善を称するの談に及へり。

〔第四十一問答〕

問。御物語致至極候。皆五倫の道の明らかならさるゆへ、不義無道に陥り申候。今とても諸家同役の不和か多く候。殊更家老なとの権威争ひハ、大なれハ其君の国を亡ほし、小なれハ君の威を失ひ、もとより我家我身をもほろひ申候。扨々なけかしき事ニ候。

答。仰の通りに候。昔廉頗と申候者、趙の国の大将にて、大剛の者也。攻レ城野に戦ふの功夥敷候。又藺相如といひし者に、素より賤しき者なりしか、終に上卿に拝せられて、位廉頗より上に居れり。これによつて廉頗我功に伐り、相如か下につくを羞とし、我相如にあハヽ、必かれを辱めんと云り。相如これを聞しより後、随分頗と出會ぬやうにし毎レ朝スル、痛（ママ）〔病〕と称して頗と列を争ハす。又途中にて逢へハ、車を馳て逃てかくれたり。舎人この体を見て相如を諌めて曰、如レ此畏れ匿るゝ事ハ常人さへ恥とす。君何そかくハおハしますそと申ければ、相如曰、公、廉頗と秦王とハ、いつれをか強とすると。舎人曰、秦王也と。相如曰、我レ秦王の威をたもおそれすして、是をのゝしり、其群臣をも辱めたり。吾雖レ駑《ツタナシト》、獨廉将軍を畏んや。おもふに秦の強を以て我趙を責さるハ、吾と廉頗とあるを以て也。今両虎闘ハヽ、必ともに死なん歟。我にけかくるゝハ、国家の為を先キにし、私の讎を後にするもの也といひけり。廉頗そのことを聞て大にあやまり、みつから荊《スハイ》を負ふて相如か家に行て罪を謝し、相ともにましハりをかたふせりとなん。君に事りて我威を争ふ者ハ、相如か罪人也。前漢の司馬長卿、藺相如か為レ人を慕ふて、自司馬相如と称せり。それよりして後、人を慕ふ事を藺慕と云いふ。誰しも藺相如をハ慕ふへき事にや。

〔第四十二問答〕

問。日本儒教の始めて行ハれ候ハ、いつの代、何人にて候哉。

答。人皇第十六代應神天皇にておハしまし候。天皇神聖の御躬を以て好レ学、王道を万歳に闢き、教記を万民に施し給ひ候。依て崇めて宗廟不易の神と致し候。此御宇に、百済国の王阿直岐《アトキ》と云者に、易経孝経論語等をもたせ渡され候。皇子菟道稚郎子《ウチノワカイラツコ》これを師として経典を学ひおハしまし候。是本朝漢書の始にて候。天皇猶阿直岐にまされる者をとて、使を百済に遣され、王仁を徴れ、稚郎子又師として、儒教始て日本に行ハれ候。阿直岐王仁を本朝の儒祖とす。天皇位を郎子に譲り給ひて崩御なりしに、郎子ハ御兄大鷦鷯《ヲサヽキノ》皇子をすゝめて帝位にのほらしめんとし給ひ、大鷦鷯ハ御弟郎子の帝たてん事欲し給ひ、互に相譲りて天下君なきこと三とせに及へり。彼叔齋の天論を重んし、伯夷の父命を重し、互に國を譲て遁れしと、同日の談也。此時大鷦鷯の御子ハ難波におハしまし、郎子の御子ハ宇治におハします。郎子大鷦鷯の受給ふましをさとりて、終に自死し給へり。於是大鷦鷯やむ事を不得して帝位に即給ふ。人皇十七代仁徳天皇、是なり。難波津に、さくやこの花、冬こもり、今ハ春へと、咲くやこの花と、王仁のよめるも此時也。紀ノ貫之か古今の序六くさの歌のさまの第一そへ歌といへるに、此歌をのせたり。仁徳帝、父應神帝の季子雅郎子を愛し給ふを知て、長と少と孰か愛《イトヲ》しきの尋ねに答て、長子ハ多く寒暑を経て既に人となりぬ。唯少子ハいまた其威を知らす。こゝを以て少子甚憐むとのたまへり。父帝是を悦ひ給ひて郎子を立て皇太子とし給へり。孝心如此。其後父帝崩し給ひ、郎子と兄弟国を譲り、三歳天下無君。誠夷齊ノ後の夷齊といふへし。郎子死して不得已、九五の位にのほり給ひ、葛城に幸キし、高きに登りて四方烟ノ氣不レ起を観、民の炊しく事なきを察して、三とせの課役を赦し給ひ、宮垣崩れとも不レ造、茅茨壊れとも不レ葺《フキタマハ》、風雨隙より入て御衣被沾《イヒ》ひ、星辰壊レより漏りて御床蓐《シヤウシンウルホ》露ふ。かの有若の魯の君哀公に答へて、なんそ徹せさるといひものこゝに行れ、又もろこしの帝尭、我日本の天照大神の茅茨不レ翦《キラ》、椽柱不レ斲、禹王の卑宮室致於溝洫《シュツ》もの、亦こゝに行ハる。課を赦して後七年、始て課役科《ヲホセ》て造宮室。百姓喜て令勢(ママ)されとも、扶レ老携レ幼、子の如くに来りて争ひつくり、不日して成る事、文王の霊臺に異ならす。天資の聖徳、然りと云へとも、亦道を学び給ふの功也。同十八代履中天皇ハ、仁徳帝の御子也。此御宇始見て史諸州に置給ひ、布教化記二是非一給ふ。是我国学校庠序の権輿《ハシメ》といふへし。其後三十七代孝徳天皇三年二月、民の訴の達せさらん事を恐れ給ひて、朝に鐘を懸け櫃を設けて、長《ヲサ》たるもの司たるもの、下の訟を曲ケ、所レ訴不審は、此鐘を撞、願人たるもの阿党して、下の奏する事を押へハ、此櫃の中にをけと命し給へり。所謂追善の旌誹謗の木也。此御宇始て八省百官を置給ひ、文武備ハり、民を富し民を教へ給ふ。此時孝徳帝為レ君。天智為レ儲。南淵《ナフジ》為レ師。鎌足為レ輔。彼人皇十七代君仁徳帝子履中帝師王仁、臣武内の御世と合せて本朝の尭舜とす。我朝師道立チ、道上ミに明らかに、教化下に行われ、及ひ学校の権輿、百官の起りあらまし、如此ニ候。

〔第四十三問答〕

亦問。釈奠の禮ハいつの頃より初り行ハれ候ぞ。且学校等之儀、教を施されし事とも、今少御物語承度候。

答。人皇四十二代文武天皇の大宝元年二月巳ノ日、始メて於二大学寮一、修二釋奠の礼一。祭二孔子一。是本朝聖人を祭りの始ニ而候。是よりして年々不レ欽二其禮一。然れとも禮儀器物はいまた全く不レ備しに、四十八代称徳天皇の御宇に真備《マヒ》といふ人、禮典を稽へて、器物始て修り、礼容大にとゝのへり。神護景雲元年正月、帝幸二大学一給ひ、釋奠を行ひおハしまし候。五十四代の御門仁明天皇承和五年秋八月、釈奠を行ひ給ひて、帝自紫宸殿にて書経を講しおハしまし、大学博士学生等十一人を召て、講し給ふ所の書経の義を逓《タカイ》に論難せしめ、禄なと賜へりといふ事、旧記に見へ候。此時臣右大臣藤原の三守ハ、性温恭にして決断に明らかなりし人也。平城天皇、嵯峨、淳和、仁明の四帝に仕へ、かつて学業を好ミ官禄のあまりをもつて勝地を買、一ツの家をいとなみ、總藝種智院と號し、多くの書をおさめ、衆人に讀しむ。家貧にして好レ学もの、此院に入て業を成せし者、多かりしとなん。又此御宇承和八年八月、五畿七道の諸国に命令し給ひて、諒闇之間、釋奠の祭りを停止し給ふと、旧記に見へたり。これによつてミれは、往昔ハ毎年諸国に釈奠ありしと見へたり。

近代東照宮の文武の徳業、我日域に普ねく、憲廟方《ミサカリ》ニ好レ学、江戸筋違橋の外に聖堂を設け、橋を昌平橋と号け、春秋釋奠を行ハれ、林祭酒これをつとめ、伶人奏レ楽、御先手警ニ衛門戸一して、非常をいましむ。人皇五十一代平城天皇、大同元年に諸の王《ヲヽキミ》及ひ五位已上の子孫十歳よりして、大学に入れて、学業を合て教へ習しめ給ふ。同しく二年九月、巫覡の徒、禍福の説をなし、庶民の愚なるものをまとハし、正しからさる神をまつり、妖言して淳なる風俗をそこなふを憂ひ思召し、自今以後、巫覡の徒を禁断し給ふの詔下れり。次の五十二代嵯峨天皇の皇后ハ、仁明天皇の御母也。右大臣氏公と議して学問所をひらき、学官院と名つけ、諸の弟子を勧めて、経書を習ハしめおハします。時の人漢の鄧ノ后に比せりとなん。此御宇弘仁十二年、右大臣藤原の冬嗣、勧学院を造れり。藤原氏の宗族の年若き人をして、学問をなさしめりとなん。扨参議小野篁ハ即嵯峨帝の時の人也。父岑守《ミネモリ》に給ふて奥州に在しか、京にかへりても学業をなさゝりしに、嵯峨天皇難し給ひて、既に其人の子にして、何ゾぞ還て弓馬の士とならんとするやとの給ひしかハ、篁はし悔始めて学に志せり。家貧なれとも富を求めす。しかも公家の捧禄ヲ親友に施し、常に母に事へて至孝に、文に長し和歌ニ長し、かねて能書なりし。時の人、作文詠歌、天下無双と称せり。そのかみ書を下野の国足利郷によみ、其處に先聖の像を設けり。實徳孝行世に希なり。日本儒臣の傑出といふへし。此学校に居るもの相續て年久し。安房守藤原憲実、五経注疏を寄付し、足利学校其什物となれり。傳て今に学せりと云へり。此御宇人物多き歟。右京大夫兼加賀守正四位下藤原衛《マモル》も此時の人也。贈左大臣従一位内麻呂の第一番目の子也。二歳にして母を喪ひ、五歳にして母なきを悲しミ、哀慕人を感せり。歴々の子にしてつき従ふ者も多く、産婆乳母皆備ハれり。然るに獨其所生をおもふ事深し。父左大臣これを奇なりとし立て嗣とせり。孝ハ萬善の源とかや。此人七歳にして遊学し、十八にして文章生を奉り、試られて科及、肥後遠江守になり、政寛に静にして、百姓大喜ひぬ。其後為二式部少輔一、不法の事あれハ、これを評論するに、聊其戚を不レ避。嵯峨帝甚器レ之とし給ふ。又後為二大宰ノ大貳一て、赴レ任ニ、九國三嶋之民欣へりと云り。又従三位肥後守卮朝臣夏井といひし人も、此のうちの人なり。小野篁に筆法を受て能書なりし。文徳帝甚寵偶し給ふ。此夏井天性聰敏にて、臨レ事て不滞、君に事へてよく諫を奉れり。為二讃岐守一て政道大に行ハれ、民大に安シせり。任満《ニンミチ》て京に帰らんとせし時、百姓京に至りて、夏井の帰京をこひとゞむ。帝これを評し給ひて、又讃州に守たる事二年、民大にとめり。倉廩充チミテり。去るに及て、民わかれを惜み、送るもの甚多かりし。後肥後守に拝せらる。肥後に赴ていまた一年ならさるに、夏井の異母弟紀豊城《トヨキ》といひし人、善男といひし人と申合て、應天門を焼り。夏井此豊城と兄弟たるを以て坐せられ、被レ處二遠流一。境を出る時、肥後の民、路を遮《サエキ》りて悲しミ、哭事如レ喪二考妣一。向二土佐一、讃岐の境を過しかハ、讃岐の百姓男女非少、皆々家を棄て道路に迎へ、数十里の間、哭声相續けり。民心を得る事如此。扨配所に在て数年、母に事へて孝行なりしか、母終に死せり。夏井至孝、居レ喪礼に過たり。堂をたて骸骨を安置し、晨昏の礼、生る時に異なる事なかりしと也。政績孝行、一時の人、挙て是を賢と称す。篁衛夏井皆此比の人なりし故に、筆の次てに併せ記しぬ。夏井の土佐に配せられしハ、人皇五十六代清和帝の時也。清和帝貞觀二年正月、大学博士春日ノ雄継に孝経を授け給ふと、天皇の記に見へたり。誠ニ孝ハ萬善の基ひなれハ、人君これを躬に行ひ、心に得て、これを以て天下を帥ひ給ふへき事にや。　孟子曰、尭舜之道ハ、孝悌而已矣と。大学卒章云、平天下在治其國者。上老老而民興孝。上ミ長長而民興弟。上恤弧而民不倍と。孔子孝経を曽子に授て曰、先王有至徳要道。以順天下。民用和睦。上下無怨と。四十六代孝謙天皇天平寶字元年三月の詔にも、天下の民をして孝経を習ハしめよと也。其語ニ曰、古昔治レ民安レ国。必以レ孝理む。百行の本これより先なるハなし。宜く天下の民をして孝経の一本をおさめ、くハしくよみ、習ふる事をつとめてます〱加へ、百姓のうち孝行なるもののあらハ、名を以て薦めよ、不孝の者あらハ、奥羽二州に配すへしと也。又仁明天皇ハ、前にも申せし如く、学才おハしまして、釈奠の折から紫宸殿にて尚書を講し給るし也。此帝嘉祥三年正月、冷泉院におハしまし候大后へ、朝覲し給ひしに、大后帝に語て曰、われ深宮の中に有て、いまた帝の輦にのり給ふの儀を見す。今日還幸の折から、階のもとより輿に登り給ひて、われに見せ給へと。帝再三辞し給へとも、更に許し給ハす。これによつて帝源の常と藤の良房《ヨシフサ》にたつね給ひしに、みな大后の命にしたかひ給へと奏せられ、それハ於レ是帝登レ殿御簾の前に至り給ひ、北面して跪におハします時に、鳳輦を階の前によせしかは、帝殿を下り輦にめされて出給ぬ。左右其御粧ひを観る者、みな涙をたれて、誠哉。孝敬の道ハ自天子達二庶人一といへる事、今天子の尊き御身にて、北面し跪地給へりといひあへりとなん。孝子傳ニ云。雖二天子一必有レ尊也者。父母之謂也。舜雖レ接二帝位一而モ不レ降二礼於瞽瞍一。孟子ノ所謂尊之至者、可見。我カ龍田明神ノ託言ニ曰、人之両親即チ是内宮外宮之神明也。汝等不二善ク事一之而祈求於外ニ乎ト。三嶋明神亦言リ。人家不レ論二貴賤一。必有内外両宮之神在《イマス》。若シ能事レ之、崇敬莫レ不レ尽、則天神地祇日夜降二其家一。人々をして父母の尊き事、伊勢大神宮に相なぞろふへき事をしらしめ給ふもの也。扨天子の御讀書、初大抵孝経を用給ふ。其時御師範に立給ふ人、象牙の字さしを献す。此字さしハ、天子といへとも、永く御秘蔵遊ハされて、御一生御失ひ不被遊候とかや。親王家ハ竹を用ひ給ふと云り。扨字をならふの始め、必難波津浅香山の歌を以て、これを國の故実也。皆天下を治め国を治るの初にして目出度歌也。古今の序にも、なにはつの歌ハみかとのおほんはしめなり。あさか山のことのハヽうねめのたハむれよりよみて、このふた歌はうたの父母のやうにてに、手ならふ人のはしめにもしかるとみへ、又源氏物語に紫の上のいとけなかりし頃、筆の跡をミ給ハんとて源氏の請ひ給ひしこたへに、また難波津をはなちかきに、おもふやう書給ハぬといへる事見へたり。今世こそつて伊呂波を用ゆれともいかにそや、色ハにほへと散りぬるを、わか世たれそつねならんといへるハ、無常観念のためにハさもあらんか。をひさき遠からん事を祈る。親たらん者師たらんものも、心にハそむけるなるへし。誠に千代万代と祝すといふとも、死生有レ命なれは、人の願ひにまかさぬ事なれとも、はしめて手習ふ小児に、散るといひ、わが世たれそつねならんといふ事を、書てあたふる事ハ、人情にたがへり。且字をならふ事ハ、古人の文《フミ》をよみて五倫日用の道を知る事第一にして、礼楽射御の藝も、亦是によつて弁ふるなれハ、人これを急務とし、就中諸藝に於て、小児の学ふによきわさなれは、誰も六藝を教ゆるの最初とす。されはかた〱伊呂波ハ好ましからぬ事にや。貝原翁の和漢各数の倭音五十字、本邦一切ノ言語音聲反切、無二不レ出レ此者一。竪横並相通用。苟欲通我國ノ音語、須習暁之。小児初学二和字一者。宜二先習一レ之。不要学伊呂波と云り。手習ふ人、難波津浅香山を用ひすんハ、此翁の言に随ふて、彼五十音を学ふへし。扨其字をはしめて教るにハ、永の字しからん歟。文字の訓も可二嘉尚一。しかも側勒《ソクロク》弩《ド》趯策掠啄磔《テキサクレウタククケツ》の八点ことことく備れり。扨ハ千字文然るへし。同字なくして且教戒もほゝ備り、古事を記《オボユル》するにも便りあり。扨釈奠教化の事ハ所答あらまし所レ問に応せり。其餘ハ不覚。他に馳て云ふ所問ふ所にあらす。しかも学校の事ハいまたいひもせり。向に所レ述のことく、上古より学校の設ありと云へとも、次第に衰へて元享應仁の乱に暨て、天下学校有事を不聞。士民王道を不知。豊臣公一統の時、藤斂夫惺窩先生学校を播州に設く。国守宇喜多中納言江州関ケ原陣に敗れて校亦廃る。其後備陽の大守岡山の学校興れり。其頃の講書の先生ハ三宅道乙の子可二、廣沢喜之助、委文《シトリ》新六等也。息遊先生ハ議論を司《ツカサハツ》て常の講談ハさのみし給ハさりしと也。

〔第四十四問答〕

問。経書の日本へ傳ハり候ハ何の御代に候や。

答。人皇十六代應神天皇十六年春二月、百済国より阿直岐《アトキ》と云者、易経・孝経・論語・山海経等持渡れりと。又人皇廿七代継體天皇三年ニ、百済国より五経等渡れりと云う。是皆古注也。新注の渡れるハ人皇九十五代後醍醐天皇の御宇也。河内守垂水廣信朱註の四書を得たりと。又人皇百一代後小松帝の御宇應永十年に、南渡の帰船に四書朱註と詩経集傳とを載来り。同年八月三日、これを洛陽に達し、東福寺の不二岐陽和尚始て講せりと。会津の長井定宗編集の本朝道記并鼇頭ノ四書大全に見へたり。

〔第四十五問答〕

又曰、理学心学講書のあらまし御物語承度候。

答。右申せしことく、天皇自講し給ひし事もあり。又学士博士に講せさせ給ひし事も多かりき。今申せし後醍醐帝も元享二年夏六月、詔有て諸儒子五経三史を論議せさせ給へり。然るに皆漢唐儒の註疏也。日本其人に乏しからすと云へとも、孟子没して後、聖学くらみ、やうやく漢唐諸儒の訓詁を傳へて、是を学とす。いまた聖門の学を知る者なし。垂水廣信に至て、はしめて朱註の四書を得て、これを尊信せり。是權輿《ハシメ》なれハ廣信を朱学の師祖と立へし。雖然獨己をよくするのミ。藤房卿の賢といへとも、このいざなひに従かハされは、廣く世に施スに不至。其後其書を信する人をだに不聞。我朝道の開くる事の遅き、こゝにおゐて観るへし。近来東福寺の岐陽和尚、初て朱註を講す。然れとも其人浮図にして、只其端を開けるのミなり。世挙て朱註を讀事を知るハ、實に惺窩先生の誘によれり。然るに此先生、朱註を講すと云へとも、其学陸子にもとつけバ、朱にして朱にあらす。全く朱に帰し、委しく朱註を讀て、訓点ともに注意にかなひて、廣く今日に傳る者ハ、山崎先生也。扨我朝心学の開けしハ我中江藤樹先生に始る。先生朱子の格物致知の説を疑ふ事久し。或時京師の書肆に於て、明朝王陽明先生の全書を得、初めて致知の知を以て良知とする事を信し、是より良知を唱ふを字（ママ）〔宗〕旨とし、多く諸生を導けり。其学王子と大に同しく、小しき異なる。其餘王学を唱る者有といへとも、擇焉而不レ精、語焉而不レ詳。藤樹先生没後六七十年に及て、我執斎先生深く心を潜て、王子の学を其遺書に得、こゝに於て王子の学、始て大に世に明かなり。

〔第四十六問答〕

問。大学古本新本のわけ、あらまし承度候。

答。大学の一書、朱子二程子を祖とし、尚又分章補傳してより以来、天下一同、朱子に帰せり。然るに二程子の定本各異あり。二程全書に并載す。往て見るへし。朱子二程子に本クと云へとも、其実ハ伊川先生に被連り。先其親民を新民とするも、伊川の説なり。扨此大学と中庸の二篇、昔儒礼記の中へ入れ置て、第四十二篇目となり、誠に寶玉の土中に埋れたるか如し。宋朝迄千有五百年、人是を尊信せす。程子に至て始めて二書を信し、大学をして孔子の遺書とし、初学入徳の門戸是なりとす。是程子諸賢に勝れて高く眼のつきたる所也。尤中庸（ママ）〔唐〕の韓退之も、大学に於て見るなきにあらす。原道一篇の中、大学の語を引用ゆ。又唐の陸贄の奏議にも所々大学を挙ク。仁宗書二中庸一賜二王尭臣、大学ヲ賜二呂臻一し事あり。皆大学中庸ニこゝろなきにハあらす。然るにこれより称挙すへき事ハ、我朝人皇八十二代後鳥羽帝、文治五年巳酉ハ、宋の孝宗淳熙十六年、朱子大学中庸の序成リし年也。此夏四月清原頼業卒。此頼業禮記を讀て、学庸二篇を称嘆し、後世必遠悟の人有て、これを抽んて為二二経一と。是もとより古本也。程朱の表章を不レ待して如此。誠に有かたき事にや。四書大全鼇頭ニ云。表書奏之朝考年紀、於二程最為レ先ト。其功豈譲于宋儒手と云り。扨今王を信して古本の大学によるものと云へとも、大学の表書、実に程子の功なれハ、程子の高恩、豈莫大ならすや。されは新本を読むものハ申ニ不及、古本を講すといふとも、大学に問ハゞ、必程子并ニ朱子の大恩を思ひて、拝礼を加へすんばあるへからす。只恨むらくハ程子有レ所二錯簡一として為改本給ひしより、朱子伊川の本にもとつき分章補傳をなし、明なる事ハ明らかにして、功亦程子に増れりと云へとも、其後紛々の議起りて、致知格物の章、朱子今亡ひたりとし給へハ、董槐・纂受鼎王柏等の諸儒、かつて不亡、知止物有本末の二章を聴訟之上に還すへし。補傳かへつて為贅とそしる。又石経の大学といふもの出て鄭暁等信之、其外鄭瑗管志道等各定本をなして一家の説を立つ。我本邦に於ても堀川の定本あり。大学に限りて兎角あせかへすへき書となれるハ、誠にあやしき事ならすや。大学の世に顕ハれたるハ、程子の功なれとも、壊るとも亦程朱にあり。然れハ此改本や千載争ひの端なり。されハ後世紛々の論、実に程朱の開けるに非すや。所謂操爾チ之戈而入室者也。扨古本に復《カヘ》せし事ハ、朱子以後四百年にして、明朝に文成王公出給ひ、旧本の大学、易簡明白、可疑なき事をさとり、改本を退《シリソ》ケ給へり。我朝王子の賢なるを不知。又古本ある事をしらさりしに、右申候如く、王子没後八十年にして、藤樹先生生れ給ひ、古本の大学はしめて我朝に行れ候。則藤樹先生真蹟の古本大学、我等取持いたし候。

〔第四十七問答〕

問。垂水廣信

答。廣信ハ人皇九十五代後醍醐天皇の時の人也。勢州垂水の人にして、其為人質直にして学を好めり。帝登祚の初め、京に入て仕へり。帝政に怠り給ふをうれひ、小臣として君を諫むるの罪たるを知るといへとも、口を緘るに不忍して、大宮大納言惟通卿によつて諫めを奉れり。其諫疏曰、夫レ大君ハ天之宗子也。須三当代レ天育二萬物一。是故ニ身法二四徳一、而教レ民以五常、則天下治リ。其身不レ正而無レ教、則天下乱。今君好レ色失二其本性一、禍乱何遠。伏シテ冀速ニ改レ之也。諫争雖レ非二下官之事一、而心有所レ不レ忍。因冒シテ萬死以上二一言一云々。時に帝准后にまよひて聴いれ給ハす。廣信すなハち去て勢州に帰り、妻子と垂水に耕して、帝めせとも不至。其後兵部卿親王及ひ源の尊氏義貞等、重禄を以て招けとも、遂に不レ出。延文元年三月、九十六歳にして終れり。初廣信京に在し時、藤房卿と学談して常にましハりしに、廣信藤房卿に語て曰、これより六年已前、朱子の四書集註、日本に渡り、我幸にして得之。深く尊二信之一。世儒未知之。足下に願ハくハ是をかさん。思ひを此書にふかうし給へかしと。藤房卿諾之すと云へとも、其学雅リ混二儒佛一ゆへ、つゐに不レ合と云り。廣信愛レ君愛レ民の誠あつて、涯分を干《ヲカ》して諫を奉り、諫きかれすして知レ時察レ時して退き、其後大禄を以、十数度これを招くものありと云へとも不出。耕耘の暇、書を顕ハして為レ編、楽レ道て終れり。其書兵火によつて不レ傳と。

〔第四十八問答〕

問二清原頼業一。

答。頼業ハ人皇八十二代鳥羽帝の時の人也。始名ハ顕長と云り。天武帝之後裔舎人親王之後也。父を音《ヲン》ノ博士祐隆といふ。頼業為二高倉帝侍讀一、補二穀倉院ノ別当一。禮記の中に於て学庸 一（ママ）〔二〕篇を賛嘆せし事、前に申せし所也。文治五年夏四月卒せり。年六十八。後祠を嵯峨に建てゝ車裂神と号す。

〔第四十九問答〕

問。惺窩先生。

答。先生は人皇百七代正親町ノ院永禄四年に、播州細川邑に生れ給ふ。性ハ藤原、諱ハ粛、字ハ斂夫。定家卿十二世の孫也。父曰為純、所謂冷泉家也。世食邑於細川。故に先生こゝに産生して重瞳子あり。左眉の傍に有黒點。幼して穎悟常ならす。人呼て神童とす。一旦祝髪して為レ浮屠一。蕣といふ。京師相国寺の妙寿院に居れり。故に後世此菴号によつて、先生を妙寿院と称せり。後帰播州。文禄二年に武州江府に赴く。大神君命して貞観政要を讀しむ。先生當時善師なきを以て、奮然として明朝に渡らん事を思ひ、直チに筑陽に至り海洋に浮まんとす。時に俄に風起り濤たちて、鬼海嶋に漂着し給ふ。かくの如き事度々にして、其盛志を遂る事を得給ハす。是我朝神明の入唐を惜しみ給ふなんと云り。先生こゝに於て、をもへらく聖人に常の師なし。吾これを六経に求めて足矣。これより渡唐の望を止め給へり。朝鮮の員外郎姜沆といふ者、赤松氏の家に客たり。先生を見て喜て曰、朝鮮国三百年来、如此人あるを不聞。吾不幸にして雖レ落二于日本一、此人に遇ふる事、不亦大幸乎と云りとなん。先生自称して惺窩といふ。上蔡の所謂惺々法に取れり。本朝の儒者博士これより前、皆漢唐の注疏をよめり。故に経傳の訓点、亦其説に従へり。於性理之学ハ識者鮮シ矣。これに於て先生程朱の書によつて書の点を定めり。大に世に功ある所也。元和五年に行年五十九にして卒し給ふ。嘗曰、我所読人所読、其文義何異ン。然則諸儒注疏、凡識字者皆可レ讀。唯所レ貴則得二之言外一而可也と。

〔第五十問答〕

問。藤樹先生。

答。先生諱ハ原。字惟命。氏ハ中江。称與右衛門。講堂に有藤樹。よつて称して藤樹先生といふ。又自不能叟と称す。近江高嶋郡小川村の人也。父諱ハ吉次。称徳右衛門。母ハ北川氏。慶長十三年戊甲三月七日生レ、慶安元年戊子八月二十五日終ル。行年四十一歳。元和二年丙辰、先生九歳、祖父吉長に養ハれて豫州大洲に渉り、長して大守出羽守泰興公に仕ふ。寛永十一年甲戌、先生廿七歳冬十月、母の養のために辞仕して小川に帰る。其時の願書いまに中村長右衛門家に所持す。先生為人、幼にして頴悟なり。豫州城下の寺曹渓院に行て、院主天梁和尚に随て文字を学ふ。或時和尚に問ふて曰、釋迦生れて指レ天指地て曰、天上天下唯我独尊と。実に如此や否。もし実にかくのことくならは、釈迦ハ天下萬世傲慢の人といふへし。和尚何シそ礼之尊之と、和尚叱シテ曰、是小児輩のしる所にあらすと。又或時僧徒に告て曰、今夜盗賊必来らんと。外の小児知る事なし。僧徒曰、何を以てこれを知ると。先生曰、さきに人あり来家。我これを見て知之と。果して其夜来れり。又或時、隣国より人を害せし者来る。つゝいて人来りてこれを留ん事を乞ふ。先生聞て父に告曰、先早く諸方の船手ニ下知して出船をとめよと。果たして舟中に於て得之。幼にして其知如此。悉く共に挙るに不暇。長して人の碁を囲むを見て、碁ハさとすへし。先に石を置き候者必勝ん。但我一ツの疑あり。これいかんかすると。人これをきけハ則所謂劫也。於レ是答て曰、是を劫といふ。必一ト手隔てゝこれを取る歟。これをゆるさゞれは、それを捨て、これを得ると。先生則疑とけて碁ハ我知れりと。人これを囲ん事を乞ふ。於時先生一日二日考之て、其求めによつて囲之。初よりこれに韻するものなし。其後先生不嗜之。今に城中廣間にある所の碁盤是なりと。馬術も亦如此。其道を学ふと云へとも馬場へ出て乗給へる事もなし。或時人の求めによつて乗り給へるに常に乗れる人におとる事なしと。馬術十一ケ條の目録を先生書給へる真跡、於今〔約三字欠〕の家に収む。先生の屋敷ハ鉄砲町へ入る所のほと、今の石河衛三郎屋敷の内なりと云り。先生家にありといへとも、大守馬場へ出給ふとて、門前を通り給へハ、必衣服を正しく跪坐せり。其礼厚如此。才力発明、語り傳ふる所、こゝに枚挙するにいとまなし。先生の行状一冊あり。かくの如き事を欠く。他日あつめて并せ記さん事を欲す。徳成て後、其捷知かくれて不露。故に世の先生を慕ふもの、其温潤たる徳容を知て、其伶廉発明を知る者なし。唯大洲の人傳之のミ。所謂君子之道、闇然而日ニ章もの也。小川に帰て後、一日對客。客退て後、門人問て曰、先生今日對客少しく屈する所あるか如しと。先生曰、然んと。夫よりして後、禄重く位貴き人に謁すといへとも、少しもすくむ事なし。只礼容あつきのミ也と。又或時先生外より帰れり。門内に一僧彳めり。其容貌の不凡を見て盤珪なる事を知り、門人をして磁器に水を盛しめ、彼僧の前に行て、これを地にこほさしむ。盤珪曰、我レ彼に問ふ事なし。彼何そ我に問ふ事あらんやと云て帰れりと。大守珪を尊信す。其本鎗術の故を以て也。嘗て傳ふ。大守鎗を出せは、珪数珠を以て是を払て曰、心動くと。大守心術を用ふ。珪曰、大守中江の賢たるを未知して、終に不用之。何んそ心術を知らんと。先生の致仕ハ、大守の御年若き頃なり。後悔て命じて先生を召さしむ。先生拝して對て曰、母の為に不得已して辞せり。我今さらハ母いかんかせん。母死せは必ゆいて仕んと。而して先生母公に先たつて死せり。先生常に痰咳を患ふ。病起れは多く枕を重て頭をのす。愈るに随て一ツ宛其枕を去れり。先生将レ死て病革ニ而の時、母君来て病を問ふ。先生曰、少しき快しと。自其枕一ツを去り、母君枕の減するを見て、然らハやかて快からんとて、そこを去り給へは、先生すなハち終り給ひぬ。かく簀を易ふに及ても、母の意を慰せん事を忘れ給ハぬ先生の孝心、誠に有難き事にや。母君浮屠の法によつて、毎歳七月盂蘭盆の祭りをし給へり。先生これを助くる事甚勤め給ふ。其謹厚たくひなかりしとかや。嘗て聞、尹彦明ハ程門の高弟にして、程子しかもつとめて佛を距き給ふといへとも、其母の訓る所によつて、金剛経をよみ給へりと云へり。先生の意是に近き歟。又備前の大守、其佛を退け、諸臣に命して各屋敷に祠堂を設け、奠肉を以て先祖を祭らしむ。然るに臣一人其名ハ忘たり。居間の外に於て佛壇を設け、父母の位牌を安置し、蔬膳を以て祭り、香華を備へて看経誦経せり。大守聞給ひて彼臣を召して子細を尋ね給ふ。其者答テ曰、主命至て重し候。何そ敬せさらん。臣か父母、臣よりも猶敬レ之。故に屋敷に祠堂を設け神主を置、拝礼時祭等如レ法これを怠る事なし。然るに臣か父母存命の時此教なし。臣か父母、世上佛氏の教に従ひ、三寶を供養し、一生信用安心して終れり。今臣其生時に違ふに不レ忍居間ハ内証也。故にこゝに佛壇を設け、生時父母のなし来れる如く、香花誦経いたし候。臣不肖といへとも、君の命に不レ違、父母の意に背かさらん事を欲す。公事を表ニし、私事を裏にせは、忠孝二ツなから全からんかと。臣更に他の意なしと。大守つらつら聞給ひて、汝か志不可奪、汝が従レ所レ欲と命し給へりとなん。備前一国の家中、此一人其許容を得、孝誠の所レ感にや。上面数雖レ違二儒教一、未二初有一レ害二於孝一。学の異同、徳の高下ハありといふとも、其事相似たり。以て同日の談とすへき歟。さて先生存命の内、小川に於て書を講し、切磋の会をなせり。諸国其徳を慕ひ、我豫州よりも君の許《ユルシ》を得て、ゆひて道を学しし徒等連られ、書簡文集にも見へたり。その帰省の折から、先生の賜ハりし文章、其子孫今に持傳へて、中川良時等の家これを秘蔵す。夫先生の切磋也。古聖成二於楽一、の意を建んと也。蓋楽ハ五声十二律有て、更唱迭ニ和し、以て歌舞八音の節をなし、これを以て性情を養ひ、邪穢を蕩し、査滓《サシ》を消す。故に学者の終り義精シク仁熟スルに至て、自道徳に和順なる所以のもの、必楽におゐて得之。是以古の人我を成す事易し。然るに今楽絶て不傳、故後世の人我を滅す事難し。是を如何とせんや。先生竊にこれを憂ひて切磋の会を起し、是を以て其萬分の一を補ハんと欲せり。故に此会や議論を事とせすして養ひを主とす。先生易風楽《イフウラク》と云る一篇を作れり。必見るへし。会を以て楽になそらふる。故に同志の学、謡を律といひ、よく和合すれバ、律合へりと云ひ、不和合なれハ、不律なりといふ。今管弦を嗜む人の言を聞に、楽ハ必心中物有る人よりして、其節調をそこなふと。誠なる哉。子曰、由之瑟奚於二丘之門一と。註云、蓋其気質剛勇而不レ足二於中和一。故其発二於聲一者如此と。有二北鄙殺伐之聲一也。今切磋の序や、一人意念あれは一席必不律也。俗情の人多けれハ俗情に流れ、放蕩の人多けれハ放蕩に流れ、世知を懐く人多けれハ世知に流れ、学知を挟む人あれハ学知に流る。此故にひとしく同志と云へとも、其むき〱によりて、其切磋の風各異なり、聊も欺く事不能。又志篤く求め深く、不レ挟レ長不挟貴、一坐一律なれハ、各相應の中和の気象を胸中に得て、所謂慈愛恭敬、担蕩々たるもの、おもひみるに足れり。いかんとなれハ、一体の良知に帰して、他意なく、物我なき故也。一坐幾人といへとも、あつめて一人の良知に凝る所の良知の妙用、獨悦ふに堪たり。豈坐忘ならすや。此気象や経書講席に於ても得る事難し。況や世儒の会読文章詩篇の席に於てをや。先生百年の後に生れ、不肖如レ深者といへとも、其学縁によつてかく春風遅日に逢ふ事を得。況や傑出の人をや。況や先生在世傑出の人をや。子貢曰、見二其禮一而知二其政一。聞二其楽一而知其德。由二百世之後一、等二百世之王一、莫之能違也。自生民以来、未有夫子也、と。先生の徳固リ不レ可レ比二夫子一。況や深が愚ナル、千萬集めて一レ之といふとも、何そ子貢の千万の一をも望まん。雖然良知に於てハ二にあらす。先生の徳業好学、誠に本朝一人なるもの歟。今一序一律を以て百年の後よりこれを量る事、この学を不知ものハ、誠に可レ笑と云へとも、良知千載一日にして、無弦琴向二月中一。聞ゆるなれハ無有能道其情者あり。嘗て聞、先生会坐に臨而時、もし其座浮躁の士あつて雑話に及へハ、必曰、淀咄しになりぬ。我所不欲也。我ハ年貢をはかるへしとて、席を退ひて、或ハ書に對し、或ハ静坐し給へりと。諸生これによつて大に辱て志を発せりとなん。所謂淀咄しとハ淀舟咄しといふ事なり。淀舟の乗り合、諸国の人なれハ、思ひ〱の咄し有り。志一ならす。律分れてハ益なけれハなり。年貢をはかるとハ、先生をもへらく我いまた学業不レ脩心地不レ楽カラ、百姓の年貢をおこたれることし。故にこれをはからんとなり。是先生会座の戒なり。かやうの詞も、をのつから傳ふる人希にして、今ハ失たるがことくなれハ、こゝに併せ及せり。吾子先生を問ふにつけて、不覚長物語リになりぬ。所謂淀にも岸に着ぬへし。我不言。吾子亦問事なかれ。

〔跋〕

右問答縷々紙を累ぬ。其間切近の問目ありと云へとも、所答他に馳て、致知の體段、更に発明する所なし。所謂峨媚白長老の千頌なり。我もとより大和山主に唾せらるゝを不待して、鴉臭當レ風立事を知れり。つれはかいやり捨へけれとも、我党の諸子或ハ官途に暇なく、又ハ口をつくむのミにして、童蒙に便りするものすくなければ、姑く存して雪竇百量の頌を俟のミ。

甲戌四月初吉

一齋　担　看過

三　古本大学説屑

古本大学説屑ノ序説

孟子没シテ聖学不傳。大学ノ道、蓁蕪蔽塞スル事久シ。其書雖存、未有与聞者。千五百餘年ニシテ、至宋、河南両程子出テ、始テ抜此篇於戴記之中、而尊信之。又従テ整頓発揮之、明其帰趣。若翦荊棘而開大路、可謂有功。然後新安朱子善此道於三傳之延平李先生、取此書テ熟読精思之。顧ソノ為書猶頗放失スト。於是取程子之意、以テ補傳、為之章句、為之或問。其改正補緝既ニ備テ大ニ教群弟子。其憤悱ヲ待テ啓発之スルニ至テハ、横説竪説愈出テ愈々不窮。語類文集収テ載之。今読之味之、如見故人於他郷。其文義ノ快濶、古今一人也。可謂功倍於程子。昔二程子多令初学者読此書。尹和靖等ノ高弟、無不與聞者、其意謂先読之而定其規模、次読論語、以テ立其根本ト也。嘗テ伊川先生曰、可見古人為学次第者、猶頼此篇之存、而論孟次之。学者必由是而学焉、則庶乎其不差矣。然モ未聞列之於四書。唯朱子章句、遂與中庸独行於世、永為学者楷式。其論確乎。不可易。唯能禦之也。其後四百年ニシテ、至明、餘姚王氏出、亦尊信大学。其始信朱子、務窮理之学、潜究多年稍々有疑程朱改本。武宗正徳三年戊辰、王子年三十七、謫官貴陽龍場、處困動心忍性之餘。大悟格物致知之旨。始知聖人之道。吾性自足。向之求理ヲ於事物者誤也ト。乃以黙記五経之言、訟之。莫不胳合。然後雖務自捜剔班瑕、而愈々精明的確、洞然無復可疑。ココニ於テ欲復旧本。惟於朱子之説、有相牴牾ヲ恒ニ疾《ミ》於心、痛反深抑、亦多年。其間為弟子屢々論之トイヘトモ、自《ミ》足レリトシテ遽不為之説。事見與陸元静書。正徳十二年丙子王子年四十五、在南京。與陸元静書、載和文録巻二。曰所問大学中庸註。向嘗略具草稿。自以所養未純、未免務外欲速之病。尋已焚毀。近雖覚稍進。亦未敢便以為至。姑俟異日、山中與諸賢商量共成之故、皆未有言。其意旨大略、則固平日已為清伯言之矣。十三年。戊寅。王子年四十七。七月。刻古本大学。王先生出入賊塁。門人薛侃・欧陽徳等、二十餘人。皆講聚不散。至是回レ軍休レ士。始得専意于朋友。日與発明大学本旨。指示入道之方。其後作傍訓。見與黄勉之書。並大学古本序矣。而其傍訓不傳于世。顧是亦焚毀歟。述大意、作短序。載和文録巻二。然先生自言、嘗三易稿。石刻其最後者。今所伝不知孰。示梗概。姑便学者耳。亦未嘗為自足事、見與黄勉之書嘉靖三年甲申。王子年五十三。在江西。與黄勉之書。載和文録巻四。曰、古本之釋、不得已也。然不敢多為辞説。正恐葛藤纏繞、則枝幹為蒙翳耳。短序亦嘗三易稿。石刻其最後者。今各往一本、亦足以初年之見、未可拠以為定也。蓋王子ノ為人也。徳行有餘。神武兼備ル。雖無穎悟出其右者、シカモ反観内省、不敢妄為辞説。尊経之至也。嗚呼。微程朱子。誰求此書於戴記之中。表章之。然大学古本乃孔門相傳旧本耳。更無錯簡、無脱誤。程子先誤テ以己意迎之、疑其有所錯簡、而為改本也。而今列于四書、所行於世之本、蓋朱子本程伊川之本テ、経傳之分、則自処為之者也。自是以来、大学ノ一〔約三字欠〕可改正之本。紛々之議起ル。夫致知格物章、朱子謂今亡。董槐葉夢得王柏等ノ諸儒、則謂未嘗亡。乃欲還知止物有二章于聴訟之上。ソノ為亡テ補傳者固為贅。ソノ為未嘗亡ハ、雖似有見処者、實ニ執泥知物二字、且其欲置聴訟之上者、已迷於朱子合経而立傳之例、則是亦真見ニアラス。其後出石経本。又與古本異ナリ。鄭曉頗信之。而許孚遠則謂出好事者之為。蓋諸儒ノ定本一々不可枚挙。鄭瑗管志道等皆有定本。自主張一家之説。然朱子已後、更ニ無似朱子者。吾本邦亦近多有改本。紛々之議、于今不相一。コノ弊實ニ程朱発之也。夫此書之出、固在程朱之手、而此書之壊、亦程朱之手也。所謂操爾之戈而入爾之室者也。蓋当世他人ノ作文著述、傳者ノ誤一字脱一句スラ、且補之テ不謬者寡シ。況千歳之下ヨリ、窺千歳之上、有能推意脈而合作者之旨者耶。諸子之賢、不及程朱。程朱已不免其罪。況ャ諸子乎。不量其力之甚、拍手テ可笑。夫竹帛之所傳不能無衍文脱語。タトヒ雖有衍脱、存其旧而其使可通者尊信之テ、其間少シキ難通者ニ於テハ、慎闕其疑ニハシカシ。蓋大学旧本、一部大意、易簡明白、分暁固無可疑者。事見答羅整庵書。載傳習録中巻。其略曰、大学古本乃孔門相傳旧本耳。朱子疑其有所脱誤而改正補緝之。在某則謂其本無脱誤。悉従其旧而已矣。失在於過信。孔子則有之。非故去朱子之分章而削其傳也。夫學貴得之心。求之於心而非也。雖其言之出於孔子、不敢以為是也。求之於心而是也。雖其言之出於庸常、不敢以為非也。而況其出於孔子者乎。且旧本之傳數千載矣。今讀其文詞、既明白而可通。論其工夫、又易簡而可入。亦何所按拠而断其此段之必在於彼、彼段之必在於此。與此之如何而缺、彼之如何而補、而遂改正補緝之。無乃重於背朱而軽於叛孔已乎。嗚呼。微王子、誰能迸改本而旧本。王子自言。嗚呼。若某者、其尤不量其力。果見其之身之危、莫之救以死也矣。夫衆方嘻々之中ニシテ、而独出涕嗟。若挙世恬然以趨、而独疾首蹙額以為憂。此其非病狂喪心。殆必誠有大若者隠〔於〕其中。答羅整庵書中之語 由是而可見。王子以此学為己任。平生冒天下之非詆推陥、万死一生、遑々然不忘講学。□々終身、至於斃而已。此孔孟以来賢聖苦心。此語在傳習録中巻徳浩〔洪〕小序也。而曰、此情也詳答聶文蔚之第一書。孟子之時、楊墨之道、塞天下。天下之尊信楊墨、當不下於今之崇尚朱説。而孟子獨以一人呶々於其間、闢兼愛為我之流蔽。王子之時、朱子之説、亦塞天下。天下之尊信朱子、加於孟子之時崇尚楊墨。而王子亦独以一人呶々於其間、破新民之学蔽、窮理之意見、而明於明明徳而親民、親民而明明徳之説。述格物而致良知之工夫。使学者得復聞孔孟之真傳、継往聖開来学之功、無大焉。然積漬之深、雖賢知、皆不免習深。昏迷於彼説、瞽惑於此論。タ丶チニ聖学ノ門墻ニ不至。蓋至於今、新民窮理之説、淪浹於人之心髄。是故王子之論、雖明於一時、マタ従テ信之者鮮シ。凍解於西、氷堅於東、霧釋於前、而雲滃於後伝習録中巻抜一本塞源論之語。嗚呼。忌於王子之白日而好於諸儒之昏暗。其心何ソヤ。

我本邦不知有王子之賢。マタ不知有此書事久シ。江西藤樹先生始テ求其全書於京肆テ、然後専潜心ヲ於此学。可恨、天不假之齢、越不惑フハヅカニシテ命ヲ殞リ、其ノ徒雖有熊沢岡山等ノ巨擘、其学或ハ不純一。及再三傳、其甚キ者ハ、藤樹子之学、謂非王子之学。其意見如斯ナレハ、又何ゾ望於後世耶。藤樹先生没後、至六十年、有我執斎先生。其講学ノ綿密、固加於藤樹先生。其心術徳行ノ如キハ、恒カ可論トコロニ非ズ。ア丶。

本邦一人ナル者ヵ耶。此抄繇於同志之需而作ル。雖述先生之口授、顧畫蛇而添足耳。蓋先生之説金玉也。而此抄ハ其屑《スリクヅ》也。因テ名テ曰説屑。

享保壬寅除夜、觚於洋々堂

書古本大学説屑後贈同志

同志吉田子正恭、池上子為昌、紙筆ヲ携来テ、謂予曰、古本大学ノ教ハ、王文成公居夷千苦万辛シ玉フ中ヨリ見得玉フ所也。本邦中江藤樹先生始テ尊信王子、古本大学ヲ講習シ玉ヒ、大学考、秘解等ノ抄ヲナシ玉フトイヘトモ、其齢四十餘ニシテ、天年ヲ終リ玉フ。故ニ其説全ク備ラズ。其後我ガ執斎先生、亦王子ノ教ヲ遺書ニ求メ、致良知ノ説ヲカヽゲ、大ニ講帷ヲ開キ玉フ事数歳、吾儕幸一教育ヲ蒙ルトイヘトモ俗務鮮見ニシテ、アクマデ講席ニノゾム事不去。吾子ガ少ク聞ク事アルヲ以テ、古本ノ釈ヲ為ン事ヲ求ム。書スルニ国字ヲ以テシ、喩フルニ俚言ヲ以テセハ、初学ノ為ニ益アラント。予答テ曰、恒モトヨリ不学ニシテ、コトニ文章ニ拙シ。其責ニ不レ當事、同志皆知ル所也。然レトモ同志中、何ゾ拙ヲ恥トシテ、以テ辞センヤト。乃十月十五日ヨリ、筆ヲ取りて寒燈ヲカヽゲテ抄ヲ綴リ、十二月廿九日ノ夜、功ヲ畢ル。名ツケテ説屑ト云。夫古本ノ釈ニ於ル、文成公ノ賢トイヘトモ、敢テ多ク説ヲ為シ玉ハズ。況ヤ末学ノ徒、抄ヲ為ル事ハ憚ルベキ事ニヤ。且経傳ノ分チ、章段ヲ立ル事ハ、曽テアルマジキ事也。一タヒ王子ノ去リ玉ヒシ意旨ニ背クニ似タリ。然ルニ此抄国字ヲ以テナガ〳〵ト申シ述ル事ナレバ、上文下文入リ紛レテ見ガタシ。故ニ姑クコレヲ分ク。此抄ヲ見ルモノ、朱子ノ旧キニナラヒテ、実ニ経傳分章アリトスル事勿レ。扨一通リ見ヲハラバ、只註ナキ古本ヲ熟読シ玉フベシ。却テ意味深長ナルヲ覚ユベシ。此抄ニ泥マバ工夫ニ於テ害アルベシ。正経サヘ固滞スレバ益ナシ。王子ハ申ニ不及、朱子モ既ニノ玉ヘリ。大学ノ一書、有正経。有章句。有或問。看来看去。不用或問。只看章句。便了。久之又只看正経便了。又久之句有一部大学在我胸中。而正経亦不用矣。扨王子於古本旨、口々相傳ン事ヲ欲シ玉ヒテ、書ニ筆スル事ヲ欲シ玉ハス。再三弟子ノ所望アレトモ應シ玉ズ。思田ノ軍ニ発シ玉フトキニ至リ、漸ク大学或問一篇ヲ述玉ヘリ。一ハ冠《ママ》〔寇〕ニ兵ヲカスガ如ク恕シ、一葛藤繞テ枝幹反テ為蒙翳セン事ヲ思召シ、謹シ玉フ故也。扨又王子ノ朱子ニ於ル、固ク是ニ背ク事ヲ気毒ニ思召玉フ。況ヤ後学者、朱子ニ差フ事ヲ容易ニ思フベカラス。此抄誠意ノ章マデハ章句ノ意ニ従フテハ、ハルカ古本ノ旨ニ不合。故朱子ノ御説ヲ不取。ソレヨリ末ハ朱子ニ従フ事多キ而巳ニ非ズ。諸子ノ説ト云トモ、思ヒ出ルニマカセ取之。王子嘗テノ玉フ。吾説與晦庵、時有不同者、為入門下手処、有毫厘千里之分。不得不弁。然吾之心與晦庵之心未嘗異也。若其餘文義解得明當処。如何動得一字ト。朱子曰、某一生只看得這文字、透見得前賢所未到処。温公作通鑑。言平生精力尽在此書。某於大学亦然ト。朱子如此御精力ヲ尽サレタル大学ナルニ、妄リニ摘議シ、茶ノミ物語リノヤウニ、歯牙ニ掛ニハ勿体ナキ事也。朱子ヲアナドルノミナラズ、還テ王子ヲアナドルナルベシ。吾之心與晦庵之心、未嘗異也ノリ玉フ事、豈虚語ナランヤ。カヘス〲モ此ヘ本ノミ抄ヲシテ食傷ノ病ヲナサシムル事勿レ。金玉ノ屑、入眼ヲタチマチ昏天地トナルトハ、此抄ノ事ニヤ。因テ書ヲ以テ贈ル。

享保八年癸卯正月元日　　河田正恒

朱子コノ大学ヲ十五歳已上ノ人ノ学ト為玉フ。或問ノ最初ニ對小人之学言之トアリ。故ニ小学大学ト相タイシ玉フ。人生レテ八歳ナレバ、則王公ヨリ庶人ノ子弟マデ、皆入小学テ、洒掃應対進退之節、礼楽射御書数ノ文ヲマナブ。サテ十五歳ニナレバ、天子ノ元子衆子ヨリ、三公九郷二十七太夫、八十一元士ノ嫡子、皆入大学。凡ソ民ノ中ニテハ俊秀ノ賢者ノミ入ル【事ヲ得。ソノ学ブ所ハ、究理正心修己治人ノ道也。コレ小学之基本ニシテ、大学ハ】小学ノ成功ヲ収ムルユヘン也。是朱子ノ意ノ大略ナリ。

王子ハ小子ノ学ニタイスル大学トハ取リ玉ハズシテ、小人ヨリ大人トナルノ学ト見玉フ。其大人トハ、徳ヲ以テ云フ所ノ大人ナリ。私欲ノ隔リナク、天地万物ヲ以テ一体トスル人ノ事ナリ。然ルニ此徳生レナガラノ大人ニノミアリテ、小人ノ心ニナキモノゾ。ナラバ慕ベキヤウモナク、学ブヘキ事ニモ非レトモ、元来人ハ如斯ノハズノモノナレバ、小人トイヘトモ、コノ天地万物一体仁心ナキニ非ス。イカントナレバ天地生々ノ中ニ生レ出テ、ソノ天地生々ノ心ヲ受得テ心トシタル人ナレバナリ。故ニ孺子ノ井ニ入ルヲ見レハ、必怵惕惻隠ノ心アリ。鳥獣ノ哀ミ鳴ヲ見聞テモ、不忍ノ心アリ。ソレヨリシテ草木一本ノ上ニテモ、イキ〳〵トシタルヲ見テハ、コヽロヨクシテ、ヲレソコネタルヲミテハ、アハレムノ心発ス。是同類ノ同類ニ非ルノ知覚、生意ノアルノ無ノト云差別モナク、無心無精ナル石瓦ノ上ニテモ、生々仁愛ノ心ユキトヽキテハタラス、壊レソコネタルヲ惜ミ慕フノ心ナリ。サレバ此心大人トイヘトモ餘リアルニ非ズ。又小人トイヘトモ不足ニモ非ズ。カヽル霊妙不昧ノ徳ヲ持ナガラ、此カラダノ為メニシキラレテ、人我ヲ分チ隘陋ニナリ果タルヲ名付テ小人ト云ウ。彼天地一体ノ仁ワヅカニ我カラダナリニ止ルハ、誠ニ小サキ人ニ非スヤ。其小人ニナリ切レハ私ニノミ蔽ハレテ、利害ノ方ヘノミ光リサシ、忿怒相激シテ物ヲソコナヒ、類ヲヤブリ、果々ハ親子兄弟相争フヤウニナリ下ル。爰ニヲイテ彼ノ一体ノ仁ホロブ。然ルニ小人ノ心トイヘトモ、元来受エタル所ハ手ノ揃タル一体ノ仁心故、私欲ノ蔽ヲ去テ、自ラ其受得タル仁心明徳ヲダニカヽゲ明ニスレハ、彼ノ本然ノ所ニカヘルベシ。前ニ述タル如ク、此徳大人ニノミアルト云事ニテ、我ニナキ者ナラバ、学ハズシテモアリヌベケレトモ、人々元来天命ノ性ニ根シタル本体ヲ持ナガラ、狭ク小サク、一身ノ私欲ノミニシテ暮サンハ、口惜キ次第也。百歳ノ寿ヲ得レバ百年ノ禽獣ナリ。カヽル人ハ得レ志テ行フヘクノ道モトヨリナケレバ、況ヤ志不得シテ独其身ヲヨクスベキ楽ミモナシ。行蔵トモニ不埒ニテ、草木ト共ニ腐朽スベシ。更ニ人タルカイハナキ事也。然レハ貴キモ賤キモ、大人ノ道学バスニハアルベカラズ。サテ此書、学ンテ大人ニ至ル道ヲ記タル故、大学ト云ナレバ、此大学ノ二字直ニ工夫ノ題目ナリ。サテ朱子小学ヲ編テ小子ノ学トシ、此大学ヲ小学ニ對スル大人ノ学トシ玉フ。王子其レヲ過マリナリトシテ改メ玉フト云ニハ非ス。朱子ノ説固ヨリ證據ヲヽシ、学問所モ別々ナリト見ユ。大戴礼保傅篇曰、古者年八歳。出就外舎学小藝焉。履小節焉。束髮就大学。学大藝履大節焉。註曰、小学為庠門。一作虎闈。大学在王宮之東。束髮謂成童。白虎通曰、八歳入小学。十五入大学云々。サテ王子此大学ヲ小人ニタイスル大学ト見玉フ事、説ヲ求メ證文挙ルニ不及。此大学全篇熟読スル上ニ明カナリ。夫レ学問トハ小人ヨリシテ大人ニ至ルノ事也。学問シテ大人ニ至ラレサヘセフゾナラバ、證據ハアリトモ無トモ、其カマヒハアルマジキ事也。何方タヘナリトモ従フテ聖人ニ至ルニヨキ筋ヘ志ヲ立テ学ブヘシ。是専要ノ事也。然ルニ王子ノ説ニ従テ見レバ、ナルホド大学ハ小人ヨリ大人ニ至ルノ教ナル事明白也。且ツ朱子ノ御説ニ決定シタリトモ、小人ヨリ学ンデ大人ニナル教ト云ニ更々害ナキ事ナレバ、其上ノ詮議ハ我ガ為ニスル学問ニハ無益ノ事ナリ。只管ラニ工夫ヲ用ユベキハ大人ノ心ナリ。大人ノ心キハ万物一タイノ仁心也。此ヲ疎ニ思フベカラズ。聖人ト云トモ目ガ聖人、耳ガ聖人ト云事ニハアラズ。只此ノ心ノ事ナリ。スレバ今学ブ所ノ人モ、亦此心学ノ外ニ学ハナシ。サテ王子ニ小児ノ学ナキニアラズ。朱子ノ如ク此大学ニニラミ合テ説ヲ不立ノミ。其小児ノ学ト云モ無他小児相應ニ人欲ノハビコラザルヤウニ、イツトナク万物一体ノ仁ヲ養タツル也。訓蒙大意教約ヲ見ルベシ。専ラ小児ノ教導也。然ルニ朱子小学ノ意トハ毫釐千里ナリ。朱王共ニ教ユル所ノ洒掃應對ニチガイハナケレトモ、其主意不ㇾ同。傳習録下（六十六版）曰、洒掃應對就是一件物。童子良知只到此。便教去洒掃應對。就是致他這一點良知了トノ玉フヲミルベシ。亦童子自有童子的格物致知。又曰、我這裏言格物、自童子以至聖人、皆是此等工夫トアリ。コレニ由テ可窺知。王子ニ小児ノ学ナキニアラザル事、又大学ヲ離レテ別ニ小人ノ学非ル事ヲ。

大学之道在明明徳云々

大学ノ道トハ、前ニ述タル如ク、万物一体ノ仁ニナル大人ノ学問ナリ。其道筋ハト云ヘハ、在明……。在親……。在止……。在トハ無他ノ辞ナリ。徳トハ天ヨリ受得テ我ニ在ルモノヲ云。章句ニ、人之所得乎天而虚霊不昧ト云リ。王子大学問ニモ、根天命之性而自然ニ霊昭不昧者也トアリ。如斯此明ナル徳我身ノウチ何物ソト自己ニ尋テミルニ、君ヲ見レハ忠心発シ、親ヲ見レバ孝心出ズ。其外万端ニワタリテ、日夜朝暮。物ヲ愛シメグムノ心已ム時ナシ。此徳元来天地ノ心ナリ。天地生々ナルカ故ニ、万物ヲ生ス。ソノ生々ヨリ我身モ生セリ。其身ノ主トナル心ナルガユヘニ、此心直ニ天地生々ノ心ナリ。此心ヲ我物ノヤウニヲモフハ勿体ナキ事ナリ。カラダノ中ニアル心ニハアラズ。心ノ中ニアルカラダナリ。コノ所ヨク〳〵覚悟アレバ、此身ノ欲ニシキラレテ、隘陋ニナリ果ル小人ノ帰キヲハマヌカル丶ナリ。是大人ノ学在明明徳ノイハレナリ。然レハ明徳ト云ハ仁愛生々ノ心ナリ。サテ如斯ノタウトキ明徳ヲハクラマスモノハ何モノソト尋ヌルニ、気質ノ偏、人欲ノ蔽ナリ。畢竟気質人欲ハ二ツニシテ一ツ、一ニシテ二ツ也。分テ云トキ、生前ニ受ル所ノ駁濁ナルモノ丶、粋清ナルモノ丶ルイ、コレ気質ナリ。生レテ後コノ血肉ノ為メニヲコル所ノサモシキモノ、皆人欲ナリ。気質ノ清粋ナル人ハモトヨリ君子ナレバ、申シブンモアルマジケレトモ、多クハ偏ナルモノナレバ、油断ノナリカタキ事也。気質ノ剛ナル人ハ必ムゴキ事ヲ好ム。故刻薄ナル人欲ヲナス者也。是気質ヨリ人欲ヲ生ミ出スニ非スヤ。又欲ニテムコキ事ヲナセハ、気質ノ剛悪愈々根ヲ固フス。是人欲ヨリ気質ヲソダツルナリ。愈生シテ愈長セハ、大悪人トモナルベキ者ナリ。カタ〳〵ノ長ズルノミニハ非ズ。ソレ立テノビルモノナレバ、ワヅカノ事トイヘ共慎ムベキ事ニヤ。爰ニ所謂明明徳ノ工夫ノアリガタキ子細アリ。彼天心ヲ闇マサヌ事也。此天心明徳ト云モノ、カラダヨリ出ル分別底ノモノナラマシカハ、イカデカ盛ナル人欲ヲトドメンヤ。思ヨラザル事ナレ共、天命ノ性ニ根ザシタル霊昭不昧ノ寶ナル故、コノ光ヲダニサ丶スレバ、太陽一タビ出テ、魑魅魍魎ノ形ヲヲサムルガ如也。然工夫ハ上ミノ明ノ字ニアリ。扨爰ニ大軍アリ。キラ〳〵ト澄キリタルヤウナルヲ明徳ノ明ナルト覚ユルハ、大ナルチガヒナリ。是ハ異端老佛ノ徒ノ宗旨ニシテ、聖人ノ所謂明ニハ非ス。此大学ニ云ル聖人ノ明ト云ハ、内ニコタヘテ惻恒スル底ノ者ナリ。キヤリト響テ出ルモノヲ云。彼キラ〳〵トシタル者ノハ真ノ仁心ニ非ス。世ノ所謂事々物々ノ道理ヲ極メタル、窮理ノ学ヨリ開ケタル知解上ノ明ヲ本性本心ト見ルハ、大ナル誤ナリ。草木瓦石ノ上ヘ迄モヲレソコネタルハ、憫ミ惜ムヤウナル愛ラシキ徳性ナリ。此トコロハ僅ノ差別ノヤウナレトモ、道徳ノ本源也。此ニ一毫ノタガイアレバ、末ハ千里ノタガイトナル也。世ノ人ココニ於テサトラズシテ、王子ヲ疑テ陽儒陰佛ノ宗旨トス。豈アヤマラズヤ。カ丶ル受（ママ）〔愛〕ラシキ明徳ナルガ故ニ、此ノ徳明カナレバ必ズ親親。親親ノミニシテ、消ヘ失ベギ明徳ニ非ル故、其厚キニヨリ薄キ所迄行キワタリテ、一盃ニ親ㇾ民親ムノ字第一親ニ云辞也。民トハ人ナリ。遠ク遠キ末マデヲ兼テ云故、人トイワズシテ民ト云。明明徳ハ万物一体ノ仁ノ体ヲ立也。親レム民ハソノ用ヲ達スルナリ。故藤樹〔先〕生親民ハ明徳ノ感通ナリトノ玉ヘリ。面白キ事也。吾カ父ヲ親ミテ、其親シミ人ノ父ニ及ヒ、又其親シミ天下ノ人ノ父ニ及ベハ、ソコテ吾カ仁吾カ父ト人ノ父ト天下中ノ人ノ父ト一体トナル。ソレヲ孝ノ明徳ヲ明カニシタルト云也。兄ヘモ弟ヘモ何ヘモ角ヘモ、如斯ユキ達シテ親マサル事ナキヲ明明徳親民民ヲ親ミテ我明徳ヲ明ニスル也。明徳親民ハ引合テ支離セズ。爰ニ於テカタヅリナレバ大人ノ学ニ非ズ。サテ其明徳モ親民モ止於至善ニアラサレバ、真ノ明徳親民ニ非レバ、至善ト云ガ明徳親民ノ至極ノカネ合ナリ。此カネアイ亦外ニ尋ネ求テ得ル者ニ非ズ。モトヨリ一定シテナリノキハマリタル者ニモ非ズ。是ハ是、非ハ非ト物ニ感シテ物ニ應シテソノ場ソノ場ニ天然自然ノ中アリ。故ニ王子序文ニ至善也者心之本体也トノ玉ヘリ。良知ニダニマカスレバ自コノ至善アリ。若私智ヲ用イ、知解ニ鶩テ、事々物々ノ上ニ於テ定理ヲ求メテ、是ヲ至善ゾト思フハ大ナル誤リ也。我ガ心ニ備リタル天然ノ中是非ノ則ヲ昧ニシテ、天理終ニ亡ブベシ。今日ヨリシテ行キ過タル跡ヲ見タリ。或ハ議論穿鑿ノ上ニテ測度スル所ニハ、ナルホト一定ノ至善ト見ユルモノアルベケレトモ、是ハ皆真ノ至善ニ非ス。真ノ至善ノ工夫ト云ハ、當下ノ良知ニフリムケテ二念ナク、良知ノウケガイタル所ノ則ニマカスルヲ云。是今日分際ノ至善ナリ。何ホド事ハ見事ニナシヲヽセテモ、外ニテアヤツリタルモノハ真ニハ非ズ。疑ナク良知ニマカスベシ。サテ深ク至善ノ事ヲ論ズレハ、事物ノ上ヘニテ定理ヲ求ムルハ、固ヨリ云ニ不及、心上ニモトラヘ、スクメルモノアリテハ、至善本体ニ非ズ。舜ノ心ニ、我孝一盃ノ至也トハ思召マジ。只タラヌ〳〵トノミ思ヒ玉フ。スレバ孝ノ明徳至善トテ決定スル者ハナシ。民ヲ親シムモ同意ナリ。尭舜モソレナヲヤメリト、孔子モノ玉ヘリ。コノ心ニ足レリトセザル所ニ、マコトノ至善ハ立也。然ルニ至善ニ止ルノ工夫ナシニ、ヒタスラ明明徳セントスルハ、私心高リフリテ空寂ニナガレ、天下国家ノ施モナキ、只胸中サツハリトシタルマテノモノトナル。是老佛ノ学流ナリ。又至善ニ止ルノ工夫ナシニ親民トキハ、私心イヤシクコマ〲シクナリテ、権謀智術ノミニナリテ、仁愛惻怛ノ誠ナシ。是五伯ノ徒ナリ。至善ニ止リテスル明徳親民ヲマコトノ大人ノ学ト云也。

章句曰、程子曰、親當作新。コレ伊川先生ノ説也。而シテ朱子亦此説ニ従玉フ。或問ニ以文義推之、則無理トテ、親民ノ字ヲ改テ新民ト云説ヲ用玉フ。新民云者、以傳文考之、則有拠トアリ。コノ拠ロト云ハ、章句伝ノ二章、〔湯之盤銘ノ日新。康誥ノ新民。詩ノ其命維新ナリ。モトヨリ拠トモ云ベシ。其ウヘ親新文字モ相似タリ。音モ同シケレバ、卒爾ニカヘタルモノニ非ス。第一親民云者以文義推之、則無理トアルベカラス。随分推テ見玉フト見ヘタリ。ソノ上ニテ通ズルノ理ナキ故、新ノ字ニ作テ従之玉フ。是程朱子ノ思召也。然ルニ其証拠トシ玉フ。〕湯之盤銘ノ日新ヲ始トシテ、向ヘカヽリテ民ヲ新ニスト云事ニ非ズ。委クハ其所ニテ申スベシ。扨新民ニモセヨ親シムニモセヨ、其場所ハト大学ノ中ニテアテヽ見ルベシ。傳ノ九章十章コノ二章ガ国天下ノ事ナリ。然レバコノ二章ガ民ヲ新ムルノ場所也。然ルニ皆我ヘカヘリテ民ヲ親ノ意ナリ。向ヘカヽリテ新タニスルノ事ナシ。親シムト云親切ナルモノヲ新ノ字ニ作カヘ玉ヘルヨリシテ、学術皆テ向ヘ鶩ルノ弊アリ。明道先生ハ親民ト見玉フ。王子ノ意ヲ以テ考レバ更ニ文義ノ不通事モナキ也。

知止　至能得

至善ノ吾心ニ在ヲ知テ、外ニ假リ求ムル事ナク、本体ニ止テ良知ニフリムケルト、支離決裂ノ患ナク、心ザシ定リ向事アリ。志定リ向フ故、心妄リニ不動シテ、能静ナリ。心妄リ不動シテ静ナレバ、ユツタリトナリテセハ〱シカラズ。能安シ。是止ル事ヲサヘ知レバ自然ニ如斯ナリ来也。扨従容間暇而能安ケレバ、思フ事スル事、是至善ナルカナラザルカト云ヲ良知詳カニ察スル故、能慮ル事ナル也。慮トハ思ヒハカルト云訓ナリ。爰ニテトクト思慮スルガ真ノ思慮ナリ。故ニ道ニモカナヒ、理ニモアタルナリ。良知ニ止リタルトテ、一念ノ発ツモ手バナシニスルト云事ニハ非ス。於斯能慮ル故能ク至善ヲウルナリ。

物有　至道矣

物ハ体也。事ハ用也。本末トハ一本ノ木ノ上ニテ云詞ナリ。明徳ヲ明ニシテ其民ヲ親ミ、民ヲ親ミテ明徳ヲ明カニスル事ナレバ、初ヨリ両物ニ非ズ。一本ノ木ノウチデ、明徳ヲ本トシ親民ヲ末トスル也。親切ナル事也。若分テ両物トスレバ、明徳ハ打忘ルベシ。是大学ノ旨ヲ知ラザル人ノ誤ナリ。扨終始ト云ハ、知止ヲ為始、能得ヲ為終ト。章句ニモアリ。性根ヲスヘテ知止、是ヲ始ト云ウ。是ヨリシテ能得ト云フ終ヲナス也。始終ト云ズシテ終始ト云ハ、語路ノナラハシメニシテ強テ意ハナキ事ナリ。然ルニ始アリテモ終リナキハ、アシキ事ナリ。事ハ終ヲ始メニ合点シテ功絶サルヲ貴ム。故始終ト云ハズシテ終始ト云ゾト云ル一説アリ。工夫ニ用ルニハ是モマタ益アリ。

朱子章句ニ、明徳為本新民為末トアリ。此説末為不可ト王子ノ玉ヘリ。然ルニ見至レバ章句ノ説支離事ヲ不免。イカントナレバ或問ヲ見ルニ両物ニシテ内外相對トアリ。然レバ明徳新民、ハジメヨリ二ツナリ。二ツゾナラバ経ニ本末トハ言ベカラズ。明明徳以親其民而親民以明其徳ナレバ、明徳断然トシテ両ニアラズ。一本ノ木ノ如ク、コノ一本ノ木ノ中ニテ、明徳ヲ本トシ親民ヲ末トス。是ニテコソ本末ノ説明當親切ナリ。伊川先生ヨリ已来、朱子親民ヲ新民ト見タルモノ故、明徳ノ功ハ手前ノ事ニシテ、新民ハ人ノ事ニナル故ニ、イヤトモニ両事トナレリ。或問ノ両物ニシテ内外相對トアルヲ見レバ、章句ノ明徳ハ本、新民ハ末ト云ルモ、王子ノ木之幹謂之本、木之梢謂之末ト一物ノ上ヘニテ、本末ヲ立玉フ意トハ毫釐千里ノ差也。是学術ノ支離タル所ナリ。

古之云々　至格物

扨此八品ハ前ノ明徳親民ノ工夫也。トテモ明徳ヲ明ニセフゾナラバ、天下マデ行キトヽケタキ者也。本ヨリ明徳ノ分量行キトヽク筈ノ者也。喩ヘバ燈ノ光リハ其一坐敷ハ明ニナレトモ、其外ヲバ照サズ。又大ナル松明ナドノ光リハ、五丁十丁ヲモ照ス。然レトモ皆限リアリテ、遠クハ行キトヽカズ。タヽ日月ノ光リノミ、天下ノコス所モナク照スナリ。明徳ノ及フトコロ日月ト同シ。コノ明徳ヲ以テ親ニ孝ナレバ、孝ノ明徳明ラカ也。然レトモ未タ兄ヘ不及。コノ明徳兄ヘ及ベハ、ソコデ弟ノ明徳明カナリ。如斯タン〳〵君臣夫婦朋友次第ニシテ、天下マデ行キトヽキタル時、万物一体ノ仁ヲ成就シ尺スルナリ。コウナクテハ嬉シカラヌ事ナリ。扨如此ナラン事ヲ欲スルトキ、其工夫ハイカニゾト云ヘハ、先一トモドリモドリテ、天下ヨリ手近キ国ニ於テ徳ヲ明カニスベシ。未タ国ニヲイテ明ラカナラスシテ、天下ヘ及ブト云事ハナキ事ナレバナリ。扨コノ古之ト云フ字ヲ見レハ、誠ニ古聖人ノ明徳ヲ明ニシ玉フ大人ノ学ノ工夫ノナサレカタト見ユ。何レ外ノ道ハ不知、聖人ノ道ハ如斯。天下ハ国、国ハ家、家ハ身上モドリツヽ立カヘリ、内ヘ〳〵トキメ込ムヨリ外ハナシ。天下ノ本ハ国ニアリ。国ノ本家ニアリ。家ノ本ハ身ニアレハナリ。扨欲明明徳ト云字ハ、国ノ上ヘニモ、家ノ上ニモ、身ノ上ニモ、残ラズカヽルナリ。新安呉氏名浩字義夫曰、由此推之則治国、欲明明徳於一国、斉家是欲明明徳於一家也ト。此説ヨクカナヘリ。扨此次ノ八品ヲ順ニ解キ下シタル所ノ例ヲ以テ見レバ、古之欲平天下者、先治其国トアルベキ者ナルニ、欲明々徳於天下者ハト云ルニハ、子細ノナクテハカナハヌ事ナリ。天下ヲ平ニスルニ意アリテ、天下平カナルモノニ非ス。向ヘカヽリテハカヽルホド、平カナラザル者也。天下ノ平不平ハ自己ノ明徳ノ明不明ニアル也。故ニ後ノ段ニハ其験ヲ語リテ天下平カナリト云。コノ段ニ工夫ヲカタリテ、欲明明徳於天下者ハト云ヘリ。欲治其国者ト云ヒ、欲斉其家者ト云モ、皆治ムル斉ユルト云ニ、機智ヲ用ユル事ハナキナリ。明徳ヲ国ニ明カニシ、家ニ明ニスル事也。其明徳ノ国へ行レトヽキタル日ハ治ル。明徳ノ家へトヾキタル時ハ斉フ。スレバコノ天下ノ、国ノ、家ノ、身ノト云八品ハ、色コソカハレ、皆一ツノ明徳ヲ明ニスルノ場所ナリ。平ノ、治ノ、斉ノ、修ノト云モ同シク、一ツノ明徳ヲ明ニスルノ工夫ノ名也。場所ニヨツテ、天下ト云ヒ、国家ト云ヒ、其場ニ従テ平ト云、治斉ト云デコソアレ、実ハ一ツノ明徳ヲ明ニスル事ナリ。ソレ故ニ大学ハ聖学ノ正宗旨、道徳ノ大矩尺ニテ、天子庶人ト云ニ是ヲステヽハ聖域へ至ルノ学術ナシト云ナリ。扨コノ六箇ノ欲者先ト云字、皆工夫也。如此ナラン事ヲ欲シ願フ。故ニ先ツ一モドリツヽ立カヘリテ、実地ニ工夫ヲ用ユル也。匹夫庶人ノ身ニモ相應ニ家ハアレトモ、国天下ノ事ハモトヨリ與カラヌ事ナレバ、ヨソ事ノ様ニ思フ。モシ又引受テコレヲ思フ事、其位ヲ不出ト云フ。戒ニソムクヤウニ不審ノ立人モアルベキカ。然レトモ其疑アル事ニ非ス。大学ノ国天下ハ明徳ノ上ニテ立タル者ナレバ、匹夫ノ明徳トテ別ニ有テ、天ヨリ二間三間ノ家ギリノ明徳ヲ命シ玉フニモ非ス。其分量天子トイヘトモカハル事ナシ。若明ラカナレバ匹夫トイヘトモ天下ニ及ブノミナラス、只一ツノ孝、一ツノ忠ノ明徳ニテ、天地鬼神モ是ガ為ニ感動シ玉フ事、孝子忠臣ノ傳記ニ燦然タリ。世々人口ニ膾炙シテ、其徳泯滅セズ。又天子トイヘトモ、此徳ヲ暗マシ玉ヘバ、五尺ノ御身サヘ不治。ソノ上自己一身ノ実地ニ工夫ヲ用ル上ヘ二家国天下ノ場皆アルナリ。我コノ家内モトヨリ家也。隣家ノ者ヨリ始テ、其應接スル所皆国ノ事ナリ。扨諸国ノ人ニツキアイ、事物ニマジハルハ天下ノ事也。クレ〱此段ノ八品ヲ八ツニ切分テ、工夫ヲバラ〱トナス事ナカレ。只一ツノ明徳ヲ明ニスル事ナリ。然ラバ平ト云テモ、治マルト云テモスムベキニ、其徳ヲ明ニスル事ヲ語リ、サマニ天下ニテハ平ト云、国ニテハ治マルト云、家ニテハ斉ト云、身ニテハ修マル、心ニテハ正シ、意ニテハ誠、知ニテ致ス。物ニテ格ス、トサマ〱ニ名ノカハリタルハイカニト云。畢竟工夫ニ二ツハナケレトモ、ドチラヘシテモ不苦。只々明レ徳スルト云第一ノ頭脳ダニ知テ、コレヲナセバ治ト云、斉ト云類ノ字義ハスマズトモ、自然ニ其字義ニモ我不知カナフベシ。尤モ工夫ノ頭脳立タル上ニハ、其場々々ノスヂアリテ、コヽニ於テ精緻ノ工夫ヲ求ル事ト見ヘタリ。始ヨリ文字センギニ流ルレバ、又旧学ノ弊ニヲチ入リテ、着実ノ工夫ヲ失フナリ。随分字義ニ明カナル人、世ニ多ケレトモ、頭脳ノ工夫ニ力ヲ得タル人鮮シ。其上学七ツヤ八ツノ字義ヲ知ルブンニハ、手間ノ入ル事ニモ非ズ。知解上ニテ知リタルガ、サノミ工夫ノ益ヲナス者ニ非ズ。心上ニ覚悟スル事ハ、実地ニ工夫ヲナサザレハ不能事也。サレバ字義ノ事ハ只今急事ニモ非ズ。ソロ〱ト心ニコレヲ會スベシ。更ニ晩ニモ非ルナリ故ニ、只一ト通リサラ〱ト申シ侍ル也。平ト云ハマンベンニシテ高ビクナキヲ云フ。天下ニ施スベキ字ナリ。治ト云ハ条理ノ乱レヌヲ云。国ニ云ベキ字也。斉トハソロフト云義也。整々タル事也。父々タリ。子々タリ。兄々タリ。弟々タリ。夫々タリ。婦々タリ。是ヲソロフト云。家ニ云ベキ字也。此アトハ末ニテ申スベキ也。扨前ニモ申セシ如ク、工夫ヲ用ル事、天下ノ本ハ国ナル故、天下ヲ国トツメ、国ヲ家トツメ、家ヲ身トツメタル時、天下ヨリ家ト云マデハ、是外ノ事也。今一ツ約メテ身ト云ハ、直ニ此身ノ事也。然レハ欲斉其家者、先脩其身ト云ニテ、大学之道ハサツハリトスムナリ。親切ニ此身ヲ脩ムルノ外、別ニ大人ノ学アルベキヤウナシ。脩トハ脩覆修理ノキミ也。然ラバ修ノ其身ギリニテモ、ハヤ申シ分ハアリソモナイモノ也。然レトモ身ト云モノ、心ノ外ノ別ニアルモノニ非ズ。此心ノ動ク所作姿ヲ身ト云。コノ故ニ身を修ルノ傳文ニ、親愛賤悪畏敬哀矜敖惰等ノ事出タリ。スレバ其身ヲ脩ルト云ニハ、其カラダノ内ニ、心ト云テ此身ノ運用ヲサセルモノアリ。コヽヘカヽラネバ、身修マル事不能。細カニ能見至レバ、工夫ノ目付所ハ此心ト云アリ。其ハヅノ事也。大人聖人ト云モ心ノ事也。心ヨリ外ニナルモノハナシ。此心アル故、身修メヨト云事モアリ。此心ナキ死骸ニハ、足ナゲ出シテアリテカラ不礼ナリト云責モカヽラヌ也。此故ニ欲修其身者先正其心ナリ。正トハ心ムキノマロクナルヲ云。サラハ其心ヲ正ウセフゾト思ヒテモ、此心ト云モノニハ手ノツケラレヌモノ也。ソコデ其動キ発スル意ト云モノヲ誠ニスル也。然レバ大学ノ工夫ノ大眼目ハ誠意也。意ト云テ心ノ外ニ今一ツアルニ非ス。然ルニ心ト云ハ思ヒ思ハヌ皆心ナリ。思トキハ思トキノ心也。思ハヌトキハ思ハヌトキノ心也。意ハ同ク心ナレトモ、心ノハセテ出ル所ヲ云。故ニコヽロバセト訓ス。又心ノ端トモ云フ。心ノチヨツ〳〵ト思ヘワタルヲ意ト云。故ニ意ハ営為ナリトモ朱子ノ玉ヘリ。又意思トモ云。爰ニ於テ可視。国天下ノ事モ皆意ノ上ニノル。格物致知誠意ニテ、天下マデモ行キ至ル也。然レハ国天下ニ與ル人與ラヌ人ニハヨラザル也。誠トハ偽ノ對也。意モト誠ナルベキモノ故、誠スト云工夫アル也。本心カラ直ニ動出テ誠ナレバ、愈ソノ誠ヲシトス。モシワロキ意念ノ発アレバ取テノケテ誠ヘカヘス。其ワロキ意念ハ皆本心ヲ欺ク偽モノ也。此ウソト云モノヲ止メテ於心正アルベキヤウナシ。故ニ欲正其心者先誠其意ナリ。コヽヲ能可味。誠意ヲ見込ミニスル己ガ為ノ学也。明徳ノ工夫実ニ爰ヘ手ヲ下ス。故ニ王子序ニ於テ、大学之要誠意而已矣トノ玉ヒ、傳文モ亦外ノ傳トカハリテ引放シテ組合ヒナシニ、所謂誠意者トカヽゲアゲ、而モ経文スムト、直ニ挙玉ヘリ。学誠意ノ見込ミナケレバ、悪ハ云ニ及バス、善ヲナシテモ、其善或ハ名聞、或ハ利害ノミ也。マコトニ大学ノ要誠意ニアル事親切千万也。然トモ意ノ発有善有悪ソノ善悪ノ分ヲ明ニ見ワケザレバ、真妄ウヂマヂハリテ、欲誠之テモ得テ誠ニスベカラズ。然レバ此ヲ吟味シテ見分手ガアル筈ナリ。ナルホド内ニマロクナル矩ノ見分手アリ。是ヲ良知トナヅク。是ハ是、非ハ非ト見分テ、少モ筋ノ見違ナシ。シカモ此心人々皆天ニ得テ、此ヲ持タザルモノナシ。故ニ孟子是非之心、皆有之トノ玉ヘリ。此是非ノ心ハ学問ヲ待テ出来ルニモ非ズ。思慮分別ニテ得ルニモ非ズ。天ヨリ玉ハリ自然ニ霊昭明覚ナルモノ也。故ニコレヲ良知ト云フ。コノ良知ト云天吏ノ目付ヲダニ連レ立テバ、彼ノ意念ノ動、善ナレバ直ニ善ト知リ、悪ナレバ直ニ悪トシル。故ニ欲誠其意者必在於致知ナリ。致ハイタラス也。然レバコノ目付ヲツレ立テハブキミニテ、悪キ事ハナラザルモノ也。然ルニ悪トシリツヽ是ヲナスハ、彼良知ヲウシロムカセテ、其ヒマニコレヲナスモノ也。善ト知リテナサヾルモ亦如此。是皆目付テ欺クシカタ也。コレニテハ意ヲ誠ニセント欲シテモ何ゾ誠ナルベケン。故ニ善悪ヲ別テ其意ヲ誠ニスル工夫ハ、良知善ト見レバ直ニ好之事如好好色。良知悪ト見ル直ニ悪之如悪悪臭ナルニアリ。如斯ナラザレバ、目付ケアリテモナキニ同シ。扨致知在格物トハ、物トハ事也。意念ト云モノ事ナシニ起ルト云事ハナシ。必其事アリ。意念ノ上ニトセウカ角セフカト浮ム。是皆事也。物也。此物ヲ不格シテ、良知ヲ致ラスル事ハナラザル事也。凡意念ノ発ヨリシテ、天下アラユル事、皆物也。格ストハ正ナリ。正其不正以帰於正ヲ云ウ。タトヘバ良知ハ流ルヽ水ノ如シ。其水ミチゴミアクタニテ塞リタルヲ、其ゴミアクタヲ取テノケルガ、格物也。致良知ヲ致ラスル事ハ在格物ト云。扨物格シケレバ良知至ルベキ所ヘ至ル。故此次ノ段ニ物格而后知至ト云。

物格而后知至云々　至天下平

良知善ト見ルノ事ノブンハ、直ニ其意ノアル所ノ物ニ即テ、其マヽ真実ニコレヲ為シテ、ナシ尽シ、良知悪ト見ルト、直ニ其物ニツイテ其マヽ真実ニコレヲ去テ、去リ尽スト。物格クナツテ、吾良知ノ知ル所、少モカケメナク、曇リナク、ユキ付キ所マデ十分ニ至リ付ク。故是ヲ格物フシテ而后知至ト云。如斯良知至テ、意ノ誠ナルマジキヤウハナシ。目付ノ前ニテハ、イカニシテモ恥カシクテ、偽リゴトハナラヌガ如シ。故ニ知至而后意誠ナリト云。扨好善如好々色、悪々如悪々臭。一念ノ微モ欺ムカズ。屋漏ニモ愧ザル如クノ胸中ニテハ、アハレ目付ノ油断ナク、見ヨカシト見付ユカシキ心ナリ。是ヲ意誠而后心正ト云。サテ身ハ心ノ運用ナレバ、心正ケレバ身修ル也。身修テ而后家斉云々。而后国治云々。而后天下平也。其順如斯。前ノ段ハ我工夫ヲ主トシテ、欲明々徳於天下ト云。此段ハ効ヲ語テ天下平也ト云。スレバ平天下ハ我明徳ノ工夫成就シテ、天下ノ上ニヲイテ明ナルヲ云。

自天子　至為本。

壱是ハ一切也ト章句ニアリ。物ヲヒトソロヘニ切タ如キヲ云。凡民マデ皆可学道也。俊秀ノミニテハ不限。

其本　至至也。

其本トハ前ヲ請テ身ヲ指。我身ニ十分仁ミチテ親ヘ出テヽ、ソレヨリ段々ツタフテ民ヘ及ブ也。スレバ本ト云ハ、実ハ明徳也。末トハ親民也。厚薄ハ又親民ノ上ニテ云フ。我老ヲ老トシテ、天下ノ老ヲ老トスル也。是自然ノ厚薄也。所薄トヨムベシ。薄フスルトヨムハアシヽ。ドコヘモ厚キガ仁者ノ心也。然レトモ我老ヨリ人ノ老ハ薄ク、親ヨリハ兄弟ヘハ、薄ハ自然ノ理也。事物ノ理ヲ究テ、ヨイ加減ヲ按排スル事ニハ非ス。手ハヲシカラヌモノト云ニハ非ス。随分愛スルモノナレトモ、頭ノ太刀ノアタルトキハ、手ヲ以テ禦ク也。

是ニテ自然ノ厚薄ヲ知ヘシ。本トヲ知リテ末ニ及ヒ、厚キヨリ薄マデ、良知ノユキトヽクヲ謂知本。謂知之至也。是マデ経文ト見ユ。凡二百十五字也。章句ニハ此謂知本。此謂知之至也ト云十字ヲ五章メノ傳文ノ結末トシ、扨其傳ハ欠タル故、朱子補玉フトナリ。其ウチ此謂知本ノ四字ヲバ、程子衍文也トノ玉フ。スベテ十字経文ヘ入玉ハズ。故ニ章句ニハ二百五字トアリ。程子モ明道先生ニハ衍文ノ説ナシ。

所謂誠其意　至獨也。

是ヨリ傳文ト見ヘタリ。王子経傳ヲ分ケ玉ハスト云ヘトモ、大学問モ経一章ニ止リ、總シテノ文義モ是ヨリ釈文ト見ユ。ユヘニ所謂ト経ヲ受タリ。扨後世ノ註釈ハ、文字ヲトキ分ル事ヲ第一トス。古人ハ本文ノ文字ニハサノミカヽハラズシテ、只工夫ノシヤウヲ述ブ。易ノ彖傳象傳等ヲ視テ可知。繫辞傳ノ九卦十一卦ナドモ、皆本文トハフリノ違タル事也。此大学ノ傳文ヲ見ルモ、此心得ヲ不知レバ、大ニ其本意ヲ失ス。先此傳文ノマヅ最初ニツヽカケテ誠意ヲ挙玉フ所、工夫ニ於テ甚ダ肝要ノ事也。宋朝ノ大儒トイヘトモ、後世大学ヲ釈スル意ヲ以テ求メ玉フ故、却テ此誠意ノツヽカケテナルニ通シ玉ハス。是ヲ錯簡ナリトシテ、第六章目ヘ推下ケ、其外アトヲ先ヘシ、後ヘシテ、経文ノ順ノ通リニ、首章明徳ノ傳文、二章新民、三章至善、四章本末ノ傳文ト立定メ、第五章メ格物致知ノ傳ヲ置ベキ所ニ、大学一篇ノ中、此傳文ラシキ事見ヘズ。コヽニ於テ朱子新ニコレヲ作テ補ヒ玉ヒ、其次キ第六章メニ、此誠意ノ傳ヲ置玉ヘリ。如斯ダン〳〵順ニナラベ、傳十章メ治国平天下ニテ、事終レリ。前ノ四章ハ統論綱領指趣。後六章細論条目工夫トノ玉ヘリ。経モ合セテ傳ヲ次第シ定メ玉フト云論モ或問ニ見ヘタリ。是一ト通リ尤ノ事也。今書物ヲカサヌルトテモ、一二三ト順ニナラデハカサネズ。譬ヘハ又椀家具ヲカサヌルトテモ、飯椀汁椀、中ノカサ、末ノカサトナラデハ、カサネヌ也。然レトモ今マ用ル日ニハ、論語ヲ越テ、孟子見ル事モアリ。同シ書ノ中ニシテモ、初巻ヲ指置キ、末ヲ考ル事モアリ。モトヨリ順ニ見ル篇モアリ。椀ヲ用ルトテモ、飯椀ヲ不レ用シテ、末ヲ用ユル日モアル也。王子ハ用ル方ヲ取テ工夫ヲ主トセル傳文ゾト見付玉フ。故ニ一二三ニハ拘リ玉ハズ。古本以テタツトミ玉ヘリ。扨経文ハカサネテ置タル時ノ如ク、傳文ハ今用ル時ノ如シ。是古人ノ意也。シカルニ今一ツ大事ノ子細アリ。其カサネタル如クナル経文八条目ノ中ニ、ハヤ工夫ヲ主トシテ、順ニカマハズザル所見ユ。則誠意ノ所ナリ。先前ニ述タル如ク、天下ノ本ハ国、国ノ本ハ家、家ノ本ハ身、身ノ本ハ心。故段々本ヘ〳〵ト推ツメテ、心ト云マデ責ヨセタリ。学ハ心ヲマロクニスルト云ヨリ外ノ事ナケレバ、正心ト云マテ尽セリ。恒按スルニ、大事ノ子細ハコヽナリ。心モ意モ一ツモノナレトモ、心ノ発スル所ヲ意ト云ナレバ、心ハ本ニシテ、意ハ末ナリ。コノ八條目、本ヘ本ヘト推モトメタルモノナレバ、其例ヲ以テイハヽ、欲修其身者先誠其意、欲誠其意者先正其心トアルベキ也。是ニテコソ一二三ト順ニナラベタル趣キナリ。然ルニ爰ニ至リテ轉シテ、欲正其心者先誠其意ト云リ。是経文八條目一二三トナラベタ如クノ中ニモ、工夫ノ大眼目ニ至リテハ、順ニモ何ニモ拘ハラス、只工夫ヲ主トセル也。本ヘト本ヘト推スハ、至極ノ事ナレトモ、心ト云一段ニ至リテハ、手ヲ付ベキヤウナケレバ、発動ノ意ヘカヽルヨリ外、工夫ナシ。是実ニ大学ノ要ハ誠意ニ在所ニシテ、傳文ツヽカケ誠意ヲカヽゲ挙タル子細也。コノ処ヘ見至ル人鮮シ。既ニ経文ニサヘ本トヲ推スノ例ヲ誠意ニ於テ轉セリ。況ヤ傳文ハ初ヨリ順ニカカハラズ。タヽ工夫ヲ以テ要トセリ。故ニコノ誠意ノ傳ノ中ニ於テ、明徳ノ事ヲモ打込デ述タリ。大儒先生トイヘトモコヽニ心ツカザル故、大事ノ眼目ヲ不暁シテ、終ニ工夫范々蕩々トシテ下落ナシ。扨傳文毎章連両事而言。独此章単挙誠意。是ニテモ可視、大学ノ肝要、誠意ニシテ、扨傳文ノツヽカケニアルベキニ極マレリ。其誠意ノ工夫ハトイヘバ、毋自欺也。自欺テハ誠意ニハナラレヌ也。

欺トハ偽リヲ云。コノ毋自欺ト云三字ノ中ニ、致良知ト云事ガ見ヘテヲル也。経文ニ、欲誠其意者先致其知トアルガコノ事也。ヨイトワロキハ天心良知知リテ居ナガラ、是バカリノ事ハ大事モナキトダマシテ通ルヲ自欺ト云也。良知アリテモナキニ同シ。不致ユヘニ如斯ノ欺キアリ。目付ハアレトモ、ウシロムカセテ置ガ如シ。此欺ノナイヤウニスルヲ誠意ノ工夫トス。皆人善悪知リテ居ナガラ、ドキマギシテ自ラダマスモノ也。事ノ上ヘハヨイヤウニ偽リナシテ、人モ尤モトウケトルモノナレトモ、良知ハダマシヲヽサレヌモノ也。人々ノミタキクヒタキト思フ心アリ。是躯殼ヨリ出ル心也。ソレヲ又躯殼ヨリ出ル心ニテ制シテハ、終ニ制シヲヽサレヌ者也。然レ共不義ノ食ヲ見テハ、只今餓死スルトテモ、コレヲクラハズ。コレハカノ躯殼ノ心ニアラズ。天心也。良知也。コノ良知天心発スルトキハ、我身ヲステヽコノ心ヲ立テヲヽス事ヲ悦トス。殺レ身シテ仁ヲナスト云モコノ事也。カヽル身命ニモカヘヌ天心良知ナレトモ、平生欺テ通ル也。サテミヲソロシク勿体ナキ事ナラズヤ。シカレバ悪ヲ悪ム事如悪悪臭。如此ナレバ少モ欺事ハナキ也。悪臭ハ人ノ上ニ見テモイヤナル者也。況ヤ我身ニフレテハ、心ノ底カライヤナル者也。然ニ悪事ハ人ニアルハニクミテ、我ニアルヲハ悪マズ。只々悪臭ヲ悪ム如クニアリタキモノナリ。好善事モ好色ヲ好ム如クアリタキ者也。如斯ナレバ誠意也。コノ悪ム好ムト云ガ意念也。如悪……如好……ガ誠也。コレ皆人ノ為ニ非ズ。故ニ自謙ト云フ。コノ誠意ノ工夫ハアトカラハナラヌ者ナル故、常ニ爰ヲ大事ニカケテ、彼ノ良知ノ目付ニカブリモフラセヌヤウニスル故ニ、君子必慎其獨也ト云。獨トハ人所不知而已。所独知之地也ト章〔句〕ニアリ。コヽヨリ工夫スルヲ、大人ノ学ト云。己ガ為メノ学ト云。此胸中ヨリ外デスルヲ覇者ト云。中庸ニテハ是ヲ戒懼ト云。論語ニテハ此ヲ如見大賓ト云。ヨキ意念ノ発スルトキハ、彼ノ如好々色カト引合テ、誠ニアシキ意ノ起ルトキハ、悪之事如悪悪臭カト引合レハ、工夫ダン〱スヽム也。是ヲ慎ムトハ云也。是真実吾カ為メノ学也。又一説ニ、獨トハ良知ノ事也。天下ニ對ナキ貴キモノ故、独ト云。コヽニ於テ少々テモブキビナルモノアリニハコラヘラレヌ筈ノ事也。今コノ五尺ノ身ニ、一分ヤ二分ノトゲタチタレバトテ、外ヨリ見苦シト云人モナケレトモ、此躯ノ為ニハヌカザレハ、安ンセズ。況ヤ良知ニ於ルヲヤ。コノ独ノ所ヲ取リチガヘルト自欺ムク小人也。其小人ノアリサマ、次ニ云ル如シ。

小人間居　至独也。

慎ムト前ニ云フ君子。慎マヌト小人也。故ニ身ニ悪事ヲナス小人ヲバイハズシテ、胸中ノ意ノ上ニテ小人ヲ論ゼリ。爰ハハツカシキ所也。我人只今一意念ノ間ニテ、君子トモナリ、小人トモナル。間居ハ独リ居ル所也。コノ為不善ト云ハ、念頭ニテ色々ノ悪キ事ヲイナミナシヲ云営為也。所作ニテスルニハ非ズ。所作ニアラハレタルハ、卒章ニアル小人也。小人之使為国家、菑害並至トアリ。爰ハ誠意ノ章ニテ云ナレバ、胸中ノ沙汰也。君父ヲ害スル事コソアルマジ。其外ハ多クハ至ラヌ隈モナク、サモシキ意念ノミナリ。扨益モナキ雑慮也。学問トハ爰ノ事也。ケクデ物ニ接ル上ハサノミ小人トテカハル事モナシ。只独居ノ胸中ノ事也。爰ヘ小人来リタル分ニテハ、兼テ仲間ノ事ナレバ、助アイコソスレハ、恥ハセネトモ、彼ノ慎独ノ君子ニ逢ト、此ノ小人ノ胸中ニモ、天心良知ト云君子ハアル故ニ、只今マデハ後ロムキテ寝入タルカ如クナリシカトモ、彼ノ君子ニサソハレテ、俄ニ目ヲ打サマセハ、君子ト君子ノ合出ムカフ場ニナル。爰ニ於テ急ニ恥シクナルヲ而后ト云フ也。胸中ノモヤウ、孔子ト云ヘトモ知リ玉ハネトモ、小人自ラノ君子目ガ覚ル故、恥カシクテコラヘラレタ也。ソコデ厭然トシテ揜其不善而著其善。厭然ハチヤツト打ケスカクスヲ云。故ニ章句ニ、銷……貌トアリ。著其不善トハ尤ラシキヨイ筋ニフリヲナスヲ云。前ノ間居為不善ハ自欺トコロ也。コノ著善ハ人ヲ欺トコロナリ。アリモセヌ善ヲ著ハスハ、不届キ千万ナリ。爰ガ小人ノ形状ナリ。然レトモ不トドキグルメニ小人トイヘトモ、胸中良知ノアル事ヲコノ上ヘニテモ見ルニ足レリ。人之視云々何益矣トハ、見ヘヌクモノナレバ、カクサレヌモノゾトナリ。其見ヘヌクト云。譬ハ如見掌ナドトイハヽ、明白ナル事故、尤ラシキタトヘ也。見肺肝ト云テハ、見ヘヌ事ノヤウニ、一旦聞ユベケレトモ、爰ハ胸中ノ事ニシテ、打見ニ見ヘヌ所ナリ。而シテ見ユルタトヘ故、如肺……ト云ヘル也。医師ノ顔色ヲ望見テ白ケレハ、肺ノ虚タル事ヲ察シ、黒ケレバ腎ノ虚タルヲ知ルガ如シ。外ニテカザルハ大ナル偽モノナリ。誠於中形於外ナレバ、自一念知テ居ル獨ノ場、胸中ヨリ誠ニスベキ事也。内ヨリ出ザレハ、大人ノ学ニ非ズ。故ニ推返シテ、君子必慎其獨也ト云リ。見君子ト云ツイデニ君子ニアラズトモ、大勢ヨツテ見ルハ、タガハヌモノゾト云事ヲ、曽子ノ語ヲ以テ挙タリ。

曽子曰云々　至厳乎。

厳乎トハ、ヲソロシイ事ゾト云事也。サテ胸中意念ノ上カラシテ、欺ムク事ナキ境界ニ至レバ、心ハ勿論、寛大寛平ニナリテ、其生色見面盎背テ、形体マデモ舒泰ナルト云事ヲコノ次ノタンニ云ヘリ。

冨潤云々　至其意

冨潤屋トハタトヒ大廈峻宇ニアラズトモ財足テ家内ノ潤澤ナルヲ云フ。表ムキノ結構ヲ潤フトハ不言。表向ノミニシテ、内貧ナルハ、却テ窄キ者也。其如ク人モ上面ヲ取繕フテ、着《(ママ)》〔著〕其善テモ、誠意カラ不来ハ、愧怍ル事多シテ、肩身モスボム者也。才能技藝ハナクトモ、心ニ根ザシテ、徳ダニアレバ、身ニ光潤アル者ナリ。ソノ徳潤身ノ事ハ有徳ノ人ナラデハ、明カニ不レ辨ヘ処ナル故ニ、先ツ衆人ノ能ク知ル所ノ冨潤屋ヲ云テ、其知ルモノニ因テ、其難レ弁ヘ徳ヲ弁ヘシムル也。扨其徳潤身ノ験ヲ下文述テ、心廣体舒ト云リ。胖トハ舒泰ナルヲ云。誠ニ体ハ心ノ通リ也。心狭窄ナレバ体迫リ、心寛廣ナレバ体泰也。誠於中形於外者如斯。元来衆理具リ万事ノ出ルノ明徳我ニアレバ、意ヲ誠ニシテ、心ノ迫ルベキヤウナシ。心サヘ廣ケレバ、体ハ獨リ胖也。大人ノ学如斯ノ事故、彼ノ事物ヲ窮格スル方ヨリ手ヲ下スヲ誤レリトス。誠意ヲ要トスル工夫ヨリナラデハ、此場ヘハ絶テ至ラレザル事也。故君子必誠其意ト云。必ノ字可味。

詩曰瞻彼淇澳　至諠兮

是ハ詩ヲ引テ前詠嘆セル也。淇ハ水ノ名。澳ハ隈也。ホンノ水ヲシ廻シタル奥ノ方ヲ云フ。此景面白キ処ユヘ、呼カケテ彼ノ淇澳シテ云ヘル也。興ノ詩也。菉園ノ竹ハ淇園ノ竹也。詩ニ作緑竹。水グマニ美ク盛ンニアヲ〲ト、竹ノ生テアルハサゾ見事ナルヘシ。此淇澳ノ菉竹カラ興ヲ起シテ、マツソノ如クノ有斐君子ト称シテ、君子ノ徳ヲ美シテ君子ヲ慕タル詩也。有斐君子ト称、其獨タル君子、徳潤身、心廣体胖ナルノ君子也。サテ其如クナル君子ニハ、イカヤウニシテナリ玉フゾ。ナレハ格物ノ工夫ニテナリ玉ヘリ。格物トハ前ニ委ク論セリ。是ト見タ事ヲハ必ス為之。非ト見タル事ヲハ必去之。シツカリトマロクニ為シヲヽスルヲ云。其格物ノ工夫ヲ如切如磋如琢如磨トノベタリ。切ト磋トハ骨角《ツノ》細工ノ治《シカタ》ナリ。琢ト磨トハ玉《タマ》石細工ノ治ナリ。扨其骨角細工ノ治ハ、マヅ刀鋸《ノコギリ》ヲ以テ切之テ、ソノ上ヘヲ鑢《ヤスリ》ノ錫《コスリ》ノト云モノニテ磋シ、玉石細工ノ治ハ、マヅ椎鑿ヲ以テ、琢テ、扨沙石ヲ以テ磨ク也。是ハハジメニハ刀鋸椎鑿ノ類ヲ以テ、手強クアラ裁《コナシ》ヲナシテ、其後次第ニ鑢錫沙石ノ類ヲ用テ、ソロ〲ト澤ノ出ルヤウニシアグル也。君子格物ノ学、其工夫マツソノ如也。故ニ四ノ如ト云字ヲ以テ君子ノ学ニ比シタリ。其最初善ハ善、悪ハ悪ト良知ノ目付ノ見テ出シタルモノヲトリモニガサズ。其場カラシテ格スベシ。少々間違ヒ出入アリテモ不苦。刀鋸椎鑿ノアラゴナシナレバ、必疑ヲ生ズベカラズ。二ノ足ヲフムベカラズ。サテ漸次ニ形質モ成就シテ、後ハ益々其精シキ事ヲ致スナリ。学問ノ条理、亦如斯。次第ニ綿密ナルニ従テ、天理ニ似テ実ハ人欲ナルモノ、人欲ニ似テ実ハ天理ナルモノヽ、精微ヲ尽ス工夫ニ至ルナリ。爰ハ鑢鍚沙石ノシアゲノ場ナリ。然ルニ力ラヲ用ル事右ノ如ク精麤アリト云トモ、一ツノ墨矩ハ始終カハリナシ。刀鋸椎鑿ヨリ鑢鍚沙石マデ一貫キ也。其如ク学問ノ工夫モ、志学ヨリ従心マデ、一ツノ墨矩良知ヲカヘル事ハナシ。又番匠ノ木ヲ制スルヲ見テモ譬フベシ。始メハ手斧ヲ以テ麁制シヲナシ、ソレヨリ後カンナヲカク。カンナモ荒ガンナ、中ガンナ、キヨガンナト次第ニ精ク功ヲ用ユ。然レ共一ツノ墨矩ハ始終通リテ変スル事ナシ。今天理人欲精微ノ道理ヲ窮格スル事ヲノミ勉メテ、当下ノ良知ヲ致シ、物ヲ格ス事ヲ専トセザルハ、骨角玉石ニシテ、始ヨリ鑢鍚沙石ヲ以テシ、大材ニシテ始メヨリキヨガシニテ削ルニ似タリ。其形質ヲ成就スル何ノ日ヲ期センヤ。況ヤ鑢鍚沙石キヨガンナ、皆名ノミニシテ、実ナキヲヤ。今此ノ有斐君子ハ、切磋琢磨、時ニシタガヒテ功ヲ用ヒ、致知格物ノ工夫絶間ナキ故、瑟ト内ニ少シノスキマナク、僩トタケク、リントシテ（章句瑟云々、僩……）サテ内ノ光リ外ヘサシテ、赫喧トハツキトアキラカニシテ、沢山ナリ（章句曰……）。如斯心廣体胖ニ斐アル君子ユヘ、民終ニ諠ルヽ事ナシ。サテ此ヨリ以下ハ右ノ釈文ナリ。

如切如磋者道学也　至忘也

道学自修。章句ニハ二ツニ分ツテ、学ハ謂講習討論之事。自修……学ト云ヲ知ノ方、自修ト云ヲ行ノ方ニ取リテ、省察克治ハ居敬ノ工夫、講習討論ハ究理ノ事也。是朱子ノ御立派ニテ尤カケメナキ面白事也。然レトモ如斯ニタチ分テハ、支離シテ、其弊訓詁耳ノ学トナル。總シテ学ト云ハ、自修ルノ学。自修ルト云ハ、其学ヲ自修ルノ事也。知行合一ニシテ、初ヨリ二ツニ非ズ。恂……ハ章句曰……教内ニ存シテ、リントシマリタルヲ云。威儀トハ義外ニ方ニシテ容貌詞気マデヲソロシキヤウニテ、手本トモシツベキヲ云章句曰。……如斯表裏トヽノヒタル故、此盛徳至善ヲ民称シテ忘ザルベシ。是皆誠意見込ヨリツヽ立テ格物致知シ玉ヒシノ成功ヲ語ル。サテ如切如磋、道学也ヨリ以下五十三字、見爾雅。古ヨリイヒ伝タル語ト見ヘタリ。爾雅ヨリ取テ大学ヘ載セタルニハ非ス。次又詩ヲ得テ其忘レヌト云所ヲ述ブ。

詩云於戯云々

章句曰、於……。前王……。君子ハ……。小人ハ……トシナリ。サテ此四箇ノ其字、前王文武ヲ指ス。後賢後王タル歴々ハ、文武ノ賢ヲ賢トシテ、其親ヲ親ミ、後民タル末々ノ者ハ、文武ノ楽ミヲ楽ミトシテ、含哺鼓腹シテ、其利ヲ利スルナリ。利ハ前王ノ利也。前王ノ利即天下ノ利也。故ニ此恩沢ニ浴シテ、没世玉フ以後マデ、上下皆不忘。是誉ヲ求メテツトメ得玉ヒタルニハ非ス。只我意念ヲ誠ニスルヲ要トシテ、好レ善悪悪玉フ事、好色ヲ好ミ、悪臭ヲ悪ム如クシ玉ヒ、所以言乎己之明徳、所以言乎人之親民成就ナサレシ故也。明徳ノ工夫、誠意ヨリ起ル故、傳ノ最初誠意ノ章ニ次第ニ明徳ノ事ニ説及ボス。此次キ康誥ヨリ明徳ヲ挙テトク。

康誥曰、克明徳

章句ニ克ハ能也トアリ。能ハ俗ニ云フナルト云事ナリ。克明レ徳トハ、明徳ヲ明ニスル事ガ能《ナル》ト云事也。誠意ノ工夫ツンデ後、明徳明カニナラル丶事ニテ、中々ツ丶カケテナル事ニ非ズ。故ニ能ノ字、克ノ字、同シ心トイヘトモ、克ノ字、力ノアル字也。気質人欲ノ大敵ニ克ツテ、ソコデ徳明カニナルゾトナリ。サテ人タル者ハ誰シモ明明徳ニスベキ事故、大学之道在明・・・は巻頭ニ云ヒ出セリ。然ルニ其工夫ハ誠意カラ修行セザレバ、手ヲ著《ツク》ベキヤウナシ。古本ノ意甚タ親切也。新本ニハコレヨリ皆自明也マデヲ、傳文ノ最初ニ置テ、明明徳ノ釈トス。経文ノ順ニ伝ヲ立タルモノ也。ソノ子細前ニ詳也。工夫ニ於テ意味ヲ失セリ。

大甲曰、云々

顧ルトハ外ヲ不レ見ニ内ヲ見ルヲ云。諟《コノ》・・・章句　天之明命ヲ見張テ居ル事ナリ。古註ニ顧謂常目在之也ト云ヘリ。朱子モ此語最好トノ玉ヘリ。サテ天ノ明命トハ、明徳ノ出処ヲ云フ。人ニナシテ玉ハル天ノ命令御朱印也。是ヲ我ヘ受テ我カ徳トスル方ヨリ云トキ、明徳ト云。於是天人合一ナル事ヲ可 規(ママ)〔視〕。然レハ此徳ヲ我物ト心得テ、蔑如スベキヤウナシ。人ノ人タル命令也。コレヲ見張テ不忘トキハ、往トシテ、道理ニ非ル事ナシ。孝弟忠信トモナリ、三千三百ノ礼トモナル。是我カ私意ノタクミニ非ズ。章句曰、天之明命即天之所以與我而我之所以為徳也ト。面白キ御註也。コノ大甲ノ篇ハ、湯王ノ御徳ヲ伊尹称之シテ、太甲ヘ告タル語也。湯王ハ天人一体ノマ丶ヘ目ヲ附テ聖人トナリ玉ヘリ。此反《ウラ》ナレバコ丶ヲ忘レ切テ、イカナル悪人ニナリ果べキモハカリ難シ。桀紂、是也。

帝典曰、云々

コノ段ハ明徳十分ニ明ニナリ切タルヲ云。帝尭ノ御徳也。章句ニモ峻ハ大也トアリ。明徳峻・・・二ツニハ非ズ。本体ノ明カナルニヨリシテハ、明徳ト名付ケ、全体ノ大ヲ以テ峻ト云。スレハ天下一盃ニ徳ノユキトヾキタルヲ明峻ト云フ也。皆自明也。此四字ニテ今マ所引ノ書経ノ三言ヲ結ブ。コノ語肝要ノ事也。文王・湯王・帝尭、三聖人トイヘトモ、皆自明ニシ玉フゾトナリ。況ヤミナ人ハイヨ〳〵骨髄ニ徹シテ思ヒ込、汗ヲ流シテ明ニスベシ。ナマヤハラカニシテハ、手トヽキノナル事アラス。粉骨砕身ト覚悟ヲ極メテ、心一盃ヲフルヒ出シテセヨトノ事也。誠意ヨリ立ザレバ、コノ処ヘハ来ラヌ也。サテ此三言只聖人沙汰ヲ云ニ非ス。平生工夫ニ用テコトノ外力量ヲ生ス。此三言何レ尊キニ於テ優劣ハアルヘカラサレトモ、就中湯王ハ学ンテ聖王ニ至リ玉フノ聖人ニシテ、サテコノ顧諟…ト云ハ、真切ナル語ナリ。今日工夫ヲ用ユベキハ、専ラ此語也。コレヨリシテコソ峻徳ノ地ヘ至ルヘキ事ニヤ。コトニ三言ノナラビタル上ヘニツイテノ工夫ノ條理モ自然ニ立ト見ユ。

湯之盤云々

此銘古詩帰ト云書ニ載タリ。然トモ據トスルニ不足。只コノ大学ニアルノミニテ、外ニタシカニ載タル書ナシ。コノ註、章句明白也。〇内則ノ篇ニ子事父母、不過五日燂湯請浴、三日具沐而巳ト云ヲ引テ、沐浴之盤ニテハアルマジ。盥頮之盤ニテアルベシト云説モアリ。新定ノ邵氏カ説也。邵氏曰、日々盥頮ハ人所同也。日々沐浴、恐未必然ト云ヘリ。何レニモセヨ無間断事ヲ欲シテ、其縁アル器ニ銘シ玉ヘル也。湯王其身ヲ洗テ垢ヲ去ルガ如ク、人欲ヲ去ン事ヲ思召テ、其盤ニ刻ミ玉フ。此銘三字ヅヽ三句也。最初ノ一句能可味。工夫ニカラアリ。苟ニ日新トハ人欲ニ克去テ天理新ナルガ其手覚ノ処ヲ云。何ヲ云テモヨゴレカヘリテ居ル人ニ向テ、其キレイナルヲヨゴサヌヤウニ、日々セヨト云イマシメハ立ヌ事也。ソノ如ク人欲ヲ去リタル手覚モナキニ、其去リタル人欲ノカヘラヌヤウニト云用心ハナキ事也。ヨクモアシクモ、一ヘン潔ナリタル人ヘ、日々沐浴盥・・・ヲ絶セズセヨト云ヒ、一度人欲ニ克去リ、新ニサツハリトナリタル所ヘ、日々其功ヲ不絶新ニセヨ、油断ガアルトヨゴレガツクゾトノ警シメタツ也。何カサテ湯王ノ御事ナレバ、サゾサツハリト人欲ニハ克去リ玉ヒツラン。サテ末二句ハ其克去リタルモノヽカヘラヌヤウニ、二タビヨゴレノツカヌヤウニトノ御警ナリ。コヽガ聖人ノ御心也。第二句ノ日日新ト云ニテ間断ナキ事見ユ。末ノ又日新ト云ヲ見レバ、一生涯ヲヤミナク崩御ナサルヽマテ新ニシタウシ玉フ御覚悟ミユ。マコトニ有難キ事也。古ノ聖賢何レモ兢々業々トシテ、固無時而不戒謹恐懼。ソノ上ニモナヲ怠リアランカト恐レ玉ヒテ、常ニフレ玉フ。器ニ銘シ玉フ也。聖人ハ手ハナシニシ玉テ、御心ガケハナキ事ト思フハ、大ナル違也。カヤウニ心カゲ玉フガ聖人タル所ナリ。コヽニテ合点スベシ。学者ニ人欲ノ尽ル日ガアルト思フベカラズ。実ニ尽ル期ハナシ。只去リニ去テ、是ヲ所作ニシテ居ル事也。一息存スル間ハ新ニシトヲシテ、斃テ而已ムト也。サテ其新ト云ハ一篇昏ク汚テワロクナリタルヲ新革スルヲ云。明カニスルト云トハ、差別アリ。明明徳ト云ハ存養ノ工夫ナリ。明カナルモノヲ明ナルマヽニテ、昏クナラザルヤウニスル事也。然ルニ前日ノ汗《ママ》〔汚〕ヲ去リ、新ニスルト云モ、元来明ニ潔キヲ目アテトシ、其明潔ヲ引立テ、其昏汚ヲ洗ヲトス也。克己ノ工夫也。元来明潔ナラザレバ、新ニスルト云功モイラズ。ムクロジハ三年磨テモ白クナラズ。左様ノ事ニハ非ズ。根ガ白カルベキ者ナルヲ人欲コレヲ黒クスル故、此新ニスルノ工夫洗濯ヲ用ルナリ。サテ段々論スル如ク、苟ニ日新ト云ハ、一タビ克去リタル手覚ノ処也。此手覚誠意ヲ要トシテ、致知格物セシヨリ来リタル手覚也。己ガ為ニセシ工夫ノ效也。然ルヲ章句ニ此銘ヲ初トシテ、次ノ書詩ノ語、君子・・・マテヲ第二章トシ、新民ノ傳文トナシ玉ヘリ。然レトモ此銘ハ云ニ不及。次ノ書モ詩モ向カヽリ、民ヲ新ニスルト云意見ヘズ。三綱領ノ親民ヲ新民ニ作リカヘ玉フ程朱ノ據、スナハチコノ処也。マコトニ新ノ字多ク此ニアリ。文字ノ證據ニハ尤タレリトセンカ。但工夫ト義理トニ於テハ聊モ無據ナリ。

　康誥曰、作新云々

康誥曰、王曰、嗚呼小子封　闕（ママ）　宅㆓天命㆒作㆓新民㆒、トクト此文ヲ可見。皆我ニ反リ求ムル事也。衛ノ国ニ往テ、コレヲ治ムルユヘン他ニ非ス。惟尽汝心、無自逸而好逸豫、乃其所以治民也ト告玉ヘリ。更ニ向カヘカヽツテ新ニシテ迴ル事ニハ非ス。新民トハ本ト殷ノ民ナレトモ、殷亡ヒタル故、新ニ周ニツキタリ。故ニコレヲ新民ト云。蔡沈集傳ニ、按武王克商　闕　ト云ヘリ。モトヨリタシカナル事ニハナラネトモ、カヤウニモ有ツベク思ハルヽ也。然レバ康叔ノ封セラレタル衛ハ、紂ガ子武康ノ封セラレタル地ト近シ。此ノ地ヘ康叔封セラレテ往玉フ時ノ　詰（ママ）〔誥〕命ユヘ、助　玉（ママ）〔王〕宅天　下（ママ）〔命〕作㆓新民㆒ヲトノ玉ヘリ。スレバ新附ノ民ト云事也。此民ヲ作ス事、向カヽリテ新ニセントシテ、イヨ〳〵新ニハナラヌ、我身ニ疾痛ノ病アルガ如ク、民ノ不安ヲ気ノ毒ニ思テ、親之テ敬テ大事ニカケ、尽心無康好逸豫。ズイブント順理テ勉メツトムルニアル也。是康誥ノ文句、一ツトシテ向ヘハカヽラズ。扨新ノ字、是ニ不限、周書ニ多ク見ユ。先ツ康誥ノ篇首ニ、周公初基作新大邑于〔東國〕洛トアリ。召誥ニ達ク視于新邑営トモアリ。其外社于新邑、祀新邑、往新邑、宅新邑、在新邑、我新造邦ナドヽ、所々ニ見ユ。何レモ此方ヨリ新タニスルト云事ニテモ、自新ニスルト云事ニテモナシ。只アタラシイ（革面ノ民ト云事也）ト云事也。朱子自新之民トノ玉ヒ、王子モ作新民之新ハ是自新之民（傳習録上巻首ニアリ）トノ玉ヘリ。朱王トモニ書経ノ意ヲ轉シテ取リ玉ヘリ。サテ自新民ト見テモ、上カラ新ニスル事ニハ非ス。章句ニ、振起…トアリテ、或問ニ又、此豈声色号令ノ所及哉。亦自新而已トアリ。何カタカラ見テモ、民ヲ新ニスルト云事ハナキ也。然ルニ又或問ニ、程子之改親為新也。何所拠　闕　然邪ト云ニ答ヘテ、闕　有拠ト云ル。其據ト云ハマヽ也。モトヨリ新民ノ字アレトモ、民ヲ新ニスルノ意ナケレバ、是ヲ證據ニハ埒ノ明ヌ事也。王子曰、作二新ナル民一〔之新〕是自新之民、與下在レ新レ民之新上、不レ同。此豈足為據。作字却與親《本ノママ》相對ト。畢竟作新民ト云ハ、前ノ日新ト同意也。向ヘカヽラズ我ヲ新ニスルノ功ニテ、民亦旧染ノ汚俗トレテ、新ニナル。是説ニテハ、新附ノ民ヲ作スニモ、自新タニスルノ民ヲ作スニモ、共ニ通ズ。

詩云、周雖旧邦　云々

后稷以来文王マテ、千年ヲ過タル故ニ云リ。其命維新トハ、文王自新ニシ玉フ所ノ分尽テ、自然ニ天命マデ新ニナリタルヲ云。新ニナルハ変スルナリ。変革ノ至極ハ、武王ニ至ツテ天子トナリ玉ヘリ。扨是ハ文王ノ事ヲ云タル詩ナリ。令ノ新タト云ヲ天子ニナル事ト見ルハ誤リ也。或問曰、至於文王、聖徳日新而民亦不変。故天命之以有天下ト云ヘリ。然ルニ詩経ノ意ニ非ズ。然ルニ受命元年ト云事アリ。是ハ偽泰誓ノ文ニ惑テ云ヒ立タル事也。其説天下聞虞芮之訟息、帰周者四十餘国。故知周自二虞芮質成《タヒラキ》一。諸侯並附以為受命之年ト云ヘリ。書経古註小序ナドニ出ツ。此虞芮質成ノ年カラヲ文王天命ヲ受ルノ年トシテ、受命之年ト云。是漢儒之ヨロシカラヌ説也。此誤リヲバ皆知リナガラ、誤リヲ傳テ命トサヘ云ト。天子ニナル事ト思フ也。周書無逸ニ文王受命惟中身。厥享国五十年トアリ。是モ受命トアレトモ、天子ニナリ玉フヲサシアテヽ云ニハ非ズ。天子ニナラザレハ、天命ヲ尽サヌヤウニ覚ユルト大ニ害アリ。朱子孝経刊誤ニ厳レ父配レ天、本ト因レ論武王周公之事、而賛美其孝之詞、非謂凡為孝者、皆欲如此也ト云ヘリ。其末ニ曰、若必如此而後為孝、則是使下為人臣子者、皆有中今将ムカイヲ奪トルノ事之心上而反陥於大不孝矣。マタ其末ニ、不レ知二其非所以為天下之通訓、トニテ、傳者ヲトガメ玉ヘリ。其命維新ト云モ同意也。人々相應ニ維新アリ。平士タル者モ、日新ノ功ツモリ、人モ慕ヒ、主公モ感シ玉ヘバ、物頭トモナリ、用人家老トモナル。是モ其命維新ナル也。サキノ説ニ惑ヘハ、此次ノ其極ト云語ガヒシト天子ノ事ニミユル也。大ナル誤リニ非ズヤ。只誠意ヲ要トスル事ヲ不忘。右孝経刋誤ノ意ニ倣テ見ルベシ。

是故君子　云々

君子大人ノ学、固ヨリ人ノ為ニ非ズ。前ヨリダン〳〵申セシ如ク、我カ意ヲ誠ニスルヲ以テ要トスルナレバ、意念ノ上ヨリ取作ノ上ニテ、一盃ニ致良知格物存養克己ノ工夫不怠、明徳ヲ養立テハ益々明ニシ、人欲ヲ克去テハイヨ〳〵新ニシテ、其命維新ト云トコロマデ至リツメルヲ、用其極ト云。章句ニハ、自新新民皆欲止於至善也ト云リ。コノ意ナレバ、處ノ字ニテアルベキニヤ。向ヘカヽラズシテ、我上ヲ尽ス事故、無所……ト云ヘリ。極ハ至極なり。其至極場所、物ノ上ニテ論スルハ、窮理ノ極ニテ、我王子ノ所謂極ニ非ス。極トハ即チ我心也。コヽヲ又タシロキテハ、折角新タニセシ功無ニナルベシ。湯ヲ燂シテ水ヘ入ルヽ如シ。故ニ尻ヲスベテ其極ニ止ルベシ。我心ノ極トハ心ノ本タリ。至善也。良知ヲ則トシテ此至善ニ止ルノ外、他事ナシ。故ニ次詩ヲ引テ其事ヲ述ブ。

詩曰、我邦畿　云々

邦畿ハ王者ノ都ナリ。千里四方アルナリ。是ハ先ツ汎ク止ルト云字ヲ説ナリ。サノミ入組タル事ハナシ。止ルト云ノ題目ニ挙タリ。人皆都ヘ都ト往キ止マル。唐モ大和モ同情ナリ。止マル処ノ目アテヲ述タルノミ。

物各當止所ノ処アルヲ云テ、次又綿蛮ノ詩ヲ以テ親切ニ止リヲ知ルベキ事ヲノベリ。

詩云緡蛮　云々

章句曰、緡……。丘……。子曰、以下……。〇黄鳥日本ニハ見ヌ鳥也。烏《カラス》ノ類ト云ヘトモ、如斯朝々諸方ヘ飛散レトモ、夜ハ住馴タルシゲミニ帰リ止ル也。人ノ又止ルベキ所ハ至善ナリ。良知至善ニ止マラネハ、人ヲシテ鳥ニヲトレル也。章句ニ言、人當……也ト然リ。然ルニ是ニ（ママ）タ〔テ〕トクト考レバ、朱子ノ玉フ処ハ、事物ノ上ニテ云フ処ナリ。知ノ字モ知解ナリ。止ルノ理ヲ知リ窮ルナリ。王子ノ意ハイヅカタトテモ知トイヘハ、行其中ニアリ。行ト云ヘハ、知其中ニアルナリ。鳥ノ止于丘隅ハ、行デ其当止所ヲ知リテ、当止処ニ止マル。人ノ良知ニ止ル。モトヨリカクノ如クナルベシ。人トシテ知テ行ナク、行テ知ナクンハ、コレマタ鳥ニシカザル也。次又詩ヲ引テ、聖人止ルベキトコロニ止リ玉フヲ云。

詩云穆々　云々

章句ニ穆……ヲグラキ事也。天子ノ容貌アサハカニナキ事ヲ云。於ハ歎美ノ辞。緝ハ継続也。煕ハ光明也ト章句ニモアリテ、朝ヨリ晩、暮ヨリ暁マデ、トコシナヘニ明ナヲ緝煕ト云。前ヨリ申セシ如ク、明徳ト云モ、誠意ト云モ、根ハ一ツ事ニテ、サノミ格別ナルモノニハ非ス。故ニ日新ト云モ、緝煕敬止ト云モ、ツマリ一ツノ事也。タダ存養ノ方ヲ主トスルト、克治ノ方ヲ主トスルトノ味ノミ也。聖人ト云ハ、何レノ聖人ニテモ、意ノ誠ナル人ノ事也。スレバ工夫モ亦誠意ノ外ハナシ。此段ドコ迄モ誠意ノ章句ナル事ヲ忘レズシテ見ルベシ。意ノ発動ハ早クスミヤカナルモノナレバ、油断シテハ、手ヲクレニノミナル者也。盗ヲ見テ矢ヲハグト云タトヘノ如ク、間ニ合ヌ者ゾ。然ルニ文王ハ、良知ノ光明テリ続テ、少モ間断ナク、シカモ大事ニカケテ、敬畏シテタジロカズ、良知ニ止リ玉フ。其良知ニ止ノ発見ヲ下モ、五箇條述タリ。西伯トナリ、天下ヲ三分シテ、其二ヲ有玉フ如キノ人君タルトキハ、止於仁玉フ。又為人臣、紂王ニ事ヘ玉フ。一ツハ止於敬玉フ。王季ノ為ニ子トナリテハ孝。武王ノ為メ父トナリ玉フテハ慈。国人ト交リ玉フ上ニテハ信。如此ソレ〳〵ニ良知自然ニマカセテ、止ルベキ処ニ止リ玉ヘリ。然ルニ是ヲ一ツ〳〵センサクシテ、君トナリテハ仁ニ止リヤウハイカン。臣トナツテ敬ニ止リヤウハイカン。事物ノ上ニテ止リヤウ理ヲ窮ルハ、甚タ支離ナリ。ソレハ却テ逐レ物ト云モノ也。止ルト逐ト、其タガヒイカンゾヤ。サテ先ツ此五箇條ニ三綱ノ其一ツ、夫婦ト、又長幼トガカケタリ。是ヲ以テ見テモ、一ツ〳〵スル事ニハ非ル事ヲ知ベシ。然ルヲ章句ニ、推類以尽其餘則於天下之事、皆有以知其…矣トアリテ、或問ニ又、猶且闕其二焉。苟不推類以通之、則亦何以尽天下…ト云ヘリ。類ヲ推ト云フ事一通リキコヘタルトモ、是即逐物也。天下ノ多キソレヲ一ツ〳〵推シテハ、尽期ハナキ也。尤モ一旦豁然貫通ト云日アリトハ見ヘタレトモ、サウアロフカトテ、日ヲ暮シテハ、当下ノ良知ニ止ル事ハ一生不致シテ果ス也。タトヒ段々止リヲ知ルニモセヨ、天下ノ事ヲ一ツ〳〵止リヲ知ゾ。ナラバ幾千万ト云限リテモナキ止リ也。サハアルマジキ事ナリ。止ルトハ脇平見ズニスハリキルヲ云。文王緝熙敬止ト云只一ツノ良知ニテ、君トナリテモ、臣トナリテモ、父トナリテモ、子トナリテモ、少モ止リニ事カキ玉ハズ。聖人如斯ナレバ、聖人ヲ学ブ者モ亦如斯。一ツノ良知ノ止リヲ可学事ナリ。タトヘハ一ツノ金ト云モノダニアレバ、入用ニ従テ何ナリトモ調ルガ如シ。只一ツノ良知サヘ乏シカラネバ、自然ト所ニシタガヒ、仁敬孝慈信ノ止リヲ得ル也。スベテ元ト云モノノイクツモアルモノニ非ズ。一ニ止ラント欲シテサヘ雑リモアルニ、元トヘイロ〳〵ノ事ヲコダ〳〵ト取リ入レ置ントスルハ、錯雑支離ナリ。誤レリ。

子曰聴訟……

コノ子曰ノ二字、古本ニアゲテアリ。漢ノ石経ノ大学モ如此ト云ヘリ。イカナル子細アルガ不知。コノ前ニアル綿《（ママ）》〔緡〕蛮ノ詩ノ下ニモ、子曰ノ字アレトモ、書下ニシテ、コレニカキツテアゲルニツイテ、考レバ前ノ孔子ノ語ハ、詩ノ釈文ニシテ、独立タル事ニ非ス。爰ハ新ニ孔子ノ詞ニテ発シタル所也。其上ヘトクト見至ルニ、全体此章ハ誠意ノ傳文也。君子必慎其獨ト云ヨリシテ、皆我手前ノセンギ也。次ニ富潤屋、徳潤身……ト中コロニテ一結ヒ結デ、サテ淇澳ノ詩ヲ引テ、切磋琢磨、致知格物ノ学ヲ説。ソレヨリ明徳ノ上ヘマデ説キ至リ、猶又親切ニ日新ノ工夫ヲ述ヘ、サテ心ノ本体至善良知ニ止ル事ヲ三タビ詩ヲ引テ、文王ノ緝熙敬止ニ説キツメタリ。皆手前ヘノセンサク、誠意ノ見込ヨリスル学ニシテ、一言モ向ヘカヽル事ナシ。爰ニ於テ始テ孔子ノ語ヲアケテ、人《本ノママ》ヘカヽリテ、政事ノ事ヲ述タリ。故ニ子曰ノ字ヲ改メ、上タルモノト見ユ。サテコノ夫子ノ語、政事ノ筋ニテ向ヘカヽリタルヤウニテ、シカモ手前ヘ立反ル工夫也。サイ初ヨリノ学脈少シモタガハズ。此味心ヲ潜メテ見ルベシ。聴訟吾猶人也トハ、政事ノ上ヘニ於テ聴訟ト云事也。先ツ一ツノ大ナル也。然ルニ訟ト云モノハ、必一方理ニシテ、一方非ナル者也。コレヲ聞ワケテ是非ヲ分ツ事ハ、ムツカシキヤウナレトモ、誰モ亦ナルベキ筋ナリ。皆人トテモ理ヲ理トワケ、非ヲ非ト分ル事、孔子ニカハル事モナシ。スレバ孔子モ又皆人ト同ナルベシ。故ニ吾猶人也トノ玉ヘリ。非ヲ理ニマギラカハシテ欺クハ、各別ノ事也。然ルヲ理非ヲ誤ラズハ、孔門ノ高弟子路ノ徳タル所ナリ。コヽハ其入組タル事ヲ云ニハ非ス。只理ヲ理、非ヲ非トキヽワクル事、孔子モ皆人モ同シ事ゾト也。孔子ノ思召ハ訟ノ上ニハナシ。必也……トナリ。乎トハ訟ヘナキヤウニナロウカ、ソウシタイモノゾト思召也。子路ノ片言以テ訟ヲサダムルホドノ徳トハ云ヘトモ、訟ヘ以後ノ沙汰也。其訟ヘナキヤウニナルベキ子細、次ノ句ニ仰ラレタリ。好善悪悪事真ニ如好好色如悪悪臭、意誠ニ徳明カナレバ、其前へ来リテ、彼ノ無情実、偽リ者ガ其偽リヲ十分ニカザリ通シテ、其辞ヲ尽ス事ハ、ナラザル者ノゾト也。情トハ心ノ芽出シなり。双心从青念意ノ字也。頃ノ芽出シハ、元トマコトナルベキモノユヘ、マコト丶譯《ヨム》ナリ。得ノ字ハ失ト云字ノ對也。スレバ不レ失ト云ハ、得ル事ニテ、不得ト云ハ、又失フ事也。ズイブンタクミタル事ニテモ、其明徳明カナル人ノ前ニテハ、其巧ノ言ヲイ丶ヲ丶セル事ヲ失フゾト也。ソレヲ不得尽其辞ト云。理非ヲ分ル際ニ、心ヲ用ユル境界ニテハナラヌ事也。其筈ノ事也。爰ハ孔子ノ御志願ナリ。然レトモナラヌトテ、是ヲ捨テハ、大人ヲ学ブニ非ズ。我ガ分限相應ニ至誠ニナリ切ト、大ニ畏民志。畏トハ恥入テヲソロシク思フ事也。至孝ノ人ノ前へ出テハ、父子ノ訟ハ恥シクテナラザル者也。サテヲコガマシク覚ユレトモ、外へ申スニテ待ラネハ、我ガ親ノ事一言申シ侍リ。先年主公ノ命ニヨツテ　テ《本ノママ》、上野州新井村ノ宰タリシ事アリ。其折フシ年久シク兄弟田ヲ争ヒシ百姓アリ。兎角イヒヤマスシテ、其兄我親へ申シ出シ侍リ。我親其者ヲツク〲ト見テ、少間アリテ、此事理非ヲ分ンハ易カルベシ。只兄ニタイシテ弟ノ非ヲアゲ、弟ニ向テ兄ノ非ヲ云ン事ノホイナサトテ涙グミケレバ、其者大ニ畏レ入テ赤面セリ。又少間互ニ物ヲ申サヾリシガ、其者恥入リタル体ヨギナクミヘ、コトニ年寄役ノ百姓タリシ故、虞芮ノ君ノ田ヲ争シ事、物語セシカバ、大ニ忘ヲ変シテ、只今マデノ兄弟不和ナリシ事ヲ恥シ入、早速数年ノ争ヲヤメタリ。我ガ子弟ニモ傳マホシク侍レバ、筆ノ次デニ今一事記シ侍ル。我親又アル事ノ秋、新井村へ下リ侍シトキ、名主ノ女房懐妊ニテ、ヤガテ産ムベキ折ナリシガ、名主物語ノ次デニ、産落ナバ、マビクヘキ由申シ侍リ。其子細ヲ尋シカバ、子多ク産ノマ丶ニ養育シ侍レバ、人皆ソシリ申スユヘ、殺シ侍ルト申ス。我親コレヲ聞テ怵惕シテ惻隠《本ノママ》之情シキリニヤマズ。コレガ為メニ、且ツナゲキ、且色ヲ正シテ、名主役ヲモツトムルモノ、左様ノ不仁ナル事アランヤ。其方ヨリ初メテ其ソシリヲ不顧、風俗ヲ改ムベシ。

主公ノ御耳ニ入ナバ、サゾヤ〳〵ナゲカシク思召ラメトテ、天地生々ノ道理、父子親愛ノアツキ事ナト、耳近ク物ガタリセシカバ、ヨクガテンセシト見ヘタリ。次ノ秋下リシトキ、其妻イダキ出デヽ、御カゲニテ子ヲヒトリマウケ侍ル。コノ子ノ命ノヲヤサマナレバ、御目ニカケ侍ト申シキ。其後キケハ子ヲマビクノ一事止ミハンベル也。今此書中ニ記シ侍ル事恐多ハ侍レトモ、事実トイヒ、コトニ愚父ガ如キ者トイヘトモ誠実ノ心ヨリ出ヌル事ハ如此ノ美事アリ。マコトニ大学ノ要、誠意ニアル事有ガタキ教ニ非スヤ。ソノ年ヨリノ名ハ加右衛門ト申セシト覚ヘ侍リ。名主ハ源兵衛ト申セシ也。△サテ訟ヲ聞ク人、邪曲ノ人ニ惑ハサレシ、偽リカザルニ欺カレマシト、我知分ヲ用レハ、イヨ〳〵其上ヲノリコヘテ欺ク者也。是非ヲ打忘テ、至誠ニナリ切ルト云ト、訟ヘナキヤウニナルユヘニ、誠意ノ章ヲ結テ、此謂知本ト云ヘリ。サテコノ謂知本ト云ハ、経文ニアル謂知本ト云ルト同シ事ニテ、以修身為本ノ本ノ字、其本乱而‥‥、ト云ノ本ノ字也。此方ノ誠不尽シテ、民ノ志ヲ畏レシムル事ハナラサル事也。政事ニ與リ訟ヲ聴ニモ限ルベカラズ。人ノ争論ヲ聴モ同事也。不佞ガ如キ者ダニ、此誠意ノ教ノ御カゲニテ、数人命ヲ絶ホドノ争ヲ解テ、双方見事ニ済タリシ事モアリ。況ヤ一二ノ同志ノスグレ玉フル生質ヲヤ。タノモシキ御事也。相互ニ誠意ノ工夫ヲ切磋シテ、良知ノ学ヲ励ムベシ。不佞ヲイヤシトシテ、示教ヲ吝ミ玉フ事勿ラン事ヲ願フノミ。扨章句ニ、我〔之〕明徳〔既〕明自然有以‥‥自無也、トアリ。尤ナル御註ナリ。然ルニ其前ニ、聖人能使無実之人不敢‥‥辞トアリ。是尤ナル御註ナルヲ此語ニヨリツヽ、却テ多ク取違ヘル事アリ。人ニ欺カレヌヤウニ、人ノ偽ヲモ知リキリ、巧ナル事ヲモ知リ覚レハ、我明徳明ニナリ、大ニ民ヲ畏シムト心得テ、悪人ノシカタヲ尽シテ知ル事ト覚ユ。丘瓊山ナトモコノ筋也。大ナル僻事也。是ハ我意ヲ欺テ、先ツ悪ヲ我カラナスト云モノナリ。何ゾ人ノ恥入事ヲ望ンヤ。大ニ大人ノ学ヲカブル。サテ謂知本ト云字ニテ、誠意ノ章ヲ終テ、其本ト云字ヨリ身ヲ起シテ、次ノ章修身正心ノ傳文ヘウツレリ。
○所謂修身…。コノ身ノ主宰ハ心ナリ。故ニ身ノ脩マル不脩ハ、其心ノ正不正ニヨル。身有所…。身ハ血気ノ凝《カタマ》リ也。其身ヨリシテ怒ルハ、即血気ノ怒也。忿懥ノ二字共ニイカル《ロク》トヨム。眉ヲイカラシ、面ヲ赤メ、腹ヲ立ヲ云フ。是皆身ノ忿…也。有所バト云ハ、胸中ニ横在シテ、本心ノ光ヲ塞テ居ルヲ云。四箇ノ有所ノ字、皆同シ。不得其正トハ、心不得其正トイウ事也。是亦皆同シ。然ルニ此身ノ字ヲ程子尚作心ト玉ヒ、朱子モ是ニ従ヒ玉テ、心有…則…ト見玉ヘリ。是ハ不宜御説ナリ。心ノ忿…ハアルベキ筈ノ事也。文王武王皆怒リ玉ヘリ。是ヲモ不得其正ト云ベシヤ。恐懼ハ勿論、学者タルベキ者ノ二六時中須臾モ離ルヘカラザル者也。中庸首章ニ、君子戒慎…恐懼…、トアリ。中庸第一義ノ工夫ナリ。書経開巻ノ第一義欽ノ字ニアリ。欽ト云モ恐懼ノ事也。称尭徳シテ欽明文思トミヘタリ。世々ノ聖賢皆ズイブンニ恐懼シ玉フ。心ノ恐懼ハ有ルガ上ヘニモ有タキ者也。然レバ何レモ身トイウ字ヲ置テ可㆑見。身ノ恐懼トイウハ、足モフルヘ、腰モ立ザル類ヲ云。是ヲ臆病ト名ツケル也。好楽ト云モ、心ノ好楽ハ聖人ホド多キモノ也。孔子肱ヲ曲テ枕トシ、楽ソノ中ニアリト仰ラレ、顔子モ亦在陋巷ニテモ改メ玉ハス楽アリ。孔子又従吾所好トモノ玉ヘリ。此好楽ハ誰シモナラバ、イカホドモ得タキ者也。身ニ於テスル好楽ハ、彼暖衣飽食逸居、禽獣ニ近キ類也。憂患是モ本心ノ憂患ハヨキ事也。尭ハ舜ヲ不得ヲ以テ憂トシ、舜ハ禹稷皐陶ヲ不得ヲ以テ憂トシ玉フヲ可見。終身ノ憂ハ君子ノナリテカナハヌ憂ナリ。然レトモ一朝ノ憂ヘ身ノ憂ヘトイウモノハ、君子ニナシ。身ノ不偶ヲ憂タリ、貧困ヲ憂ルハ皆是身ノ憂也。サテ前ニ申セシ如ク、身ト心、本ト二ツニ非ス。故ニ本心ノ怒ヲ以テ悪ヲ征スル日ニハ、身戎衣ヲ著テ、イカメシキ体ニテモ、是ヲ身ノ怒ニシテ、心不得其正トハイハズ。或ハ過位色勃如足躩如、其言似不足者々。或執圭下如授勃如、足蹜々如有循トテ、是ヲ身ノ恐惧臆セル者トモイハズ。好楽憂患モ皆同シ。身ヲ心ヘ引付ル日ニハ、身即心也。故満腔子惻隠ノ心ト云。其替リニハ、運用ノ身ヘ引カヽルトキハ、心直ニ身也。身ニシテ此四ツノ者アレバ、心不得正。心不得正トキハ、身愈不修也。章句曰、蓋是四者皆心之…者トアリ。是マデハ面白キ御注ナリ。是ヨリアトハ、不当御注也。身ノ字ヲ心ノ字ニカヘ玉フ故ノ云ワケト見ユ。其御註ニ云ク。然ルニ、一有之而不能察則欲動情…矣、トキコヘヌ御註ナリ。サテ身ヘ心ヲ引付ラルヽ日ノアリサマ、次ノ句ニ見ヘタリ。

心不在焉　云々

心不在トハ、心トハ心ノ在リ所、方寸ノ留主ニナルヲ云。ウツトリトシテ万事只身ノ次第也。目デ視、耳テ聴、口テ食マテ也。目耳口トハ皆身ヲ云。身テ視、身テ聴、身テ食フナレバ、実ニ不見不聞、不知其味人ナリ。孟子ノ所謂放心ノ事也。是モ心得違テ、ハツキトシタルヲ存心、ウツトリトシタルヲ放心ト覚ユ。ソレハ気ノ上ノ沙汰ニテ、心ノ事ニ非ズ。ハツキトシテモ放心ハ放心。タトヒウツトリトシテモ存心ハ存心也。孔子ノ在斉、聞韶三月…、ヲ放心ト云ベキヤ。食而不知其味人ト云ベキヤ。ソウシタル事ニハ非ス。只本心ノ体《ナリ》ヲ失ハザルヲ存心ト云。存シテアルベキ所ニ、トクトスハツテマロクナル故ニ、是ヲ又正心ト云。孔子ノ正心ニテ、韶楽ヲ聞玉フハ、舜ノ正心、孔子ノ正心トノ出合也。肉味ヲ知リ玉ハザル筈也。其味ヲ知リ玉ハヌ所ガ正心タル所ナリ。又顔子ノ死セルトキ、孔子慟セリ。此トキ不慟ハ心不在ノ放心也。此味ヲ不知人、論語ヲ取テ大学ヲ疑ヒ、大学ヲ信シテ、論語ニ惑フ。兎角一方通シテ、一方不通也。其通スル一方トモニ本ンノ事ニ非ズ。皆文字上ノ執滞也。真ニ一方通スル人ハ、一方モ亦疑ヘキ事ナシ。心ヲ潜テ可味事ニヤ。然レハ此在リトコロアリテ、マロクナル心ヨリ万事ヘワタルヲ、心ニテ見聞食フト云。故ニ此謂修身在正其心ト云。以下古本新本相同。

所謂斉其家　云々

前ヨリ申セシ如ク、斉家トテ向ヘカヽリ、家内ヲ新ニシ廻ル事ニハ非ス。我明徳ヲ我家ニ明ニスル事也。徳既ニ家内ニ明カナレバ、上下フシ〱モナク、ソロフ故ニ、其効ヲ斉フト云。在修身ト云ヲヨク可味。我身ニ徳不明不足ナレバ、家ノ段ヘハ行カザル故、其不足ヲ修理シテ明ニシ、明ニシテ以テ其家内ヲ親シム也。於爰モ見ルベシ。皆我ヲ尽ス事也。然レバ大学一篇ノ見誤リ、ドコマデモ親ノ字ヲ新ノ字ニ改メタルニ在リ。我身ヲ修メ、徳ヲ明ニシテ、以テ其家ヲ親ミ斉ルハ、随分結構ナル事也。家内ニハ親アリ。兄弟妻子奴婢アリ。此親ミハアリ餘ルニ如《シ》クハナシ。然ルヲ、之《ユイテ》其所親…、トハ、又イカナル事ゾト云ニ、サレバ其親愛ノ字ニトガハ聊ナシ所ト云字、少シ申分アリテ、之《ユク》ト云ウ字ニ至テ、其弊甚シキ也。之トハツヽカケテユクヲ云。志ト云字ノ註ヲ、心之所之謂ト、朱子モ仰セラレタリ。然レバ本心ノサシユキベキ筋ヘサシユクハ、申ブンノナキ事ナリ。当親愛シテ親愛スルハ、本心ノユクベキ第一ノ筋也。故ニ親民ヲ大学ノ第一義トス。然レトモ何ホトヨキ事ニモセヨ、一途ニアトサキ不見ニコレニ泥テユクトキハ、本心好悪ノ平ヲ失テ、親愛ノ一偏ニ陥ル故ニ、或問ニ、蓋備於愛則溺而不知其悪矣トノ玉ヘリ。親愛、賤悪、畏敬、哀矜、敖隋《（ママ）》〔惰〕ノ五ノ者ノハ、皆身ト與物接トコロニ於テ不能無。固人心之所宜有者也。親愛ハモトヨリ、父子兄弟妻妾奴婢マテヲシタシミ、イトヲシムヲ云。賤悪ハ我身ヨロシカラザル者ト接ル上ニアル事也。是モヨク考ベシ。人手前ノ利ノミヲ計リテ、人ヘ難義ヲカケルヲ脇ヨリ見ルトキハ、其五ノ不トヾキハ、五ニ見ヘナハ、十ニ見ヘテ、相應ニ賤ミ悪ム。是心之《ユ》カズシテ、賤悪スル也。是ナレバ、所宜有ノ者也。然ルニ兼テ不届ニ思フ者カ、又ハサシ当リテ我へ無理ヲシカケテ来リタル日ニハ、五ツスベキ賤悪ヲ十モ賤悪スル。是我心賤悪方へ之テ、賤悪故也。是ニテハ偏ナラサル事ヲ得ス。朱子モ亦或問ニ、偏於悪則阻焉而不知其善矣トノ玉ヘリ。畏敬トハ尊者長者師匠ノ類、此身ノ接ハル、常ニヲソレウヤマウヘキ人也。哀矜ハ二字トモニアハレムトヨム。時ニ不遇ナル者ノ無告ノ類、皆哀矜スベキ者也。敖 隋（ママ）〔惰〕是ハ愛シムニモ非ス。悪ムべキ事モナク、敬フ事モ哀《カナシ》ム事モナク、スベテ此四者ヲハナレテ、惟サラ〳〵トアシライ通シ、来ラバ其通、不来ハ其通リナド丶、如塗人思フヤウノ交リヲ云。然ルニ前ノ四ハ、人心ノ所當有疑ヒモナシ。此敖 隋（ママ）〔惰〕ノミハ始ヨリ凶徳ト見ユ。本心ノ徳ニ敖リ 隋（ママ）〔惰〕ルト云事ハアルマシキ事也。之テ辟マデモナク、根カラアシカルベキト思ル丶故ニ、朱子ヘモ門人タビ〳〵尋玉ヒテ、此返答ニハ朱子モ厭玉ヘリ。是敖 隋（ママ）〔惰〕ハ心ノ徳ニアルマシキ事ト、又偏ニ思ヒ疑カラシテ、サマ〳〵不審モ立也。鑿セズ大ヤウニ見ルベシ。是モアルべキ筈ノ事也。或問ニ載玉ヘル孔子ノ取瑟而歌、孟子ノ隠几而臥シ玉フ類、常法ニハアラネトモ、ナクテモカナハヌ事也。心向ヘトラレ、之テノ敖 隋（ママ）〔惰〕ニサヘ非レバ、是亦人々アルハツノ事也。凶徳トテ疑ハ丶、是ニ不限、賤悪トイヘトモ、親愛畏敬哀矜ニ比レハ、凶シキ方也。只固滞スル事アルべカラズ。扨之《ユク》ノ字章句ヲ読ム人ヲイテトヨミ来レリ。然ルニシカト於テト云義ニモ非ズ。猶於也トアリ。今コレヲ我先生ユクトヨマシムル事、王子ノ説アリテ、ソレニヨルト云事ニハ非ズ。於ト云註ヲカリズトモ、直ニユクトヨム方、義理モ却テ早ク通スル故也。ユクハ一ムキニツ丶カケユクヲ云。檀弓ニ、之《ユイテ》レ死而致死之、不仁而不可為也。之死而致生之、不知而不可為也、ト云ヘル之ノ字ノ如シ。扨前章ノ忿懥等ノ四ノ者、此章ノ親愛ノ五ノ者、皆意ヘカ丶ル事也。正心修身ノ章、修身斉家ノ章、両章トモニ誠意ニ與ルヲ見テ、イヨ〳〵大学之要、誠意ニ在リト云事ノ信然ナル事ヲ思フベシ。然ラバ大学ノ要、誠意ノ章ニテ尽ベキニ、如此説及ス事ハイカンゾ。

ナレハ何方マテモ誠意ノ事ナレトモ、只其誠意ノ場所ト其気象トニ差別アル故、其工夫モ亦一章ニ止ル事ヲ不得。黙シテ此味ヲ可知也。既ニ前章ハ正心修身ノ工夫ユヘ、忿懥等ノ四者、皆我身ノ上ニカケテ身有所忿懥ト云。親愛等ノ五ノ者、別ニ忿懥等ノ四ノ者ニカハリタル者ニハアラネトモ、段々申セシ如ク、是ハ向ニ相手ヲ立テ、身ト與物接ハル上ニテ云フ故ニ、修身斉家タル此章ニ於テ述フ。畢竟クヽツテ云ヘバ、只誠意ノ工夫、一ツニ帰ス。誠意ノ工夫ト云ハ、即明徳ノ工夫也。更ニ無二致事ヤ如斯。支離セザル事ヤ如斯。扨親愛畏敬哀矜ノ三者ハ好ム方、賤悪敖隋《（ママ）》〔惰〕ノ二ハ悪ム方也。サレバ此五ツ者、畢竟好悪ノ二ツニツヾマル。其好ム方ニテモ、悪シキハ悪キト知リ、又悪ム方ニテモ、善ハ善ト知ル筈也。若シ如此ナレバ、身修リ家斉ヘトモ、皆之《ユイ》テ辟スル故、好而知其悪、悪而知其美者天下鮮矣ナリ。其子細ヲ次ノ句ニ述ブ。

故諺ニ有之曰、云々

莫知其子…。好シテ不知其悪者也。章句ニ、溺愛者…。是也。莫知其苗、…。悪テ不知其美者也。ソノ内トクト見考ルニ、苗ノ碩ナルヲ不知モノハナケレトモ、愛シ好スル事過テ、ヨキ上ヘニモヨカレカシト思フ人欲アル故、人ノヨリハ、ワロキ〱トノミ思ヘル也。是ヲ章句ニ、貪得…ト云ヘリ。面白キ御註ナリ。扨溺ルヽト云事、貪ルト云事ヲウカト心得テ、愛ガ多ケレバ溺ルヽト覚ユル心得チガヒアリ。是ハ溺ルヽト云ウ味ヲ不知モノナリ。愛ノ多少ニハヨラズ。少ニテモ向ヘトラルヽト、是ヲ溺ト云。之《ユイ》テ愛スルニ非レバ、イカホドモ多キニ如クハナシ。貪ルト云モコノ意也。多寡ニハヨラズ。之テ得ルモノ皆貪リ也。之テサヘ得サレバ、舜尭ノ天下ヲ得ルモ、ヲコレソトモ、貪レリトモセズ。貪、人ノ得ルモノハ、一厘毛トイヘトモ、之テ得ル故貪リトス。是偏ノ害ニシテ、身モ家モ修リ斉ラザルユヘンナリ。

此謂身　云々

前章ノ結語ニハ、此謂修身・・・。此例ナレバ爰モ亦此謂斉其家・・・トアルベシ。是ヲ正語ト云。正語ハ温和也。只ズラ〳〵ト云此章ノ結語ノ如キヲ反語ト云。反語ハ力強シ。前章ノ身ト心トハ、工夫ニ條理アリトイヘトモ、身ノ外ニ心ナク、心ノ外ニ身ナケレバ、其実ハ一物也。只形体運用ナルモノト、霊明主宰ナルモノトニヨツテ、先後次第ノ可言アル耳。此章ノ身ト家トハ、家ハスナハチ父子兄弟妻〔妾〕奴婢ノアル所、此心身ヲ離レテ外物也。既ニ親愛等ノ五者、皆身ト與物接ル際ニ於テ云ヘリ。況ヤ諺ヲ以テ、莫知其子之悪、莫知其苗之碩モノハ、ハツキト接物上ニ於テ云フ。身ト家トノ継目ハ大ナル事也。爰ノウツリメサヘ済ムト。ソレカラ国、ソレカラ天下トハ、理勢ノウツリヤスキ所也。惟大事ハ身ト家トノ境ニアリ。故ニ力ヲ入テ反語ヲ以テ此《本ノママ》　事ヲ結ヘリ。読者容易ニ看過ヘスヘカラズ。工夫ノ功ヲ積ベキ事ニヤ。

所謂治国必　云々

家ハ前章ニ申セシ如ク、我身ヲ離レテ外物ナリ。然レトモ父子兄弟妻〔妾〕奴婢ノ間ニシテ、我身ノアル所也。国ハ我親属ヲハナレテ、他人ヘワタル所ナリ。又コノ境シテ故、必先ト云字ヲ設ケタルカ。治ノ字ハ経文ニ於テ申セシ所也。在国、其題ヲ治ムルト云ヘトモ、其工夫ハトイヘバ、手前ノ徳ヲ明ニスル事也。此一章就中古本ノ註ナキヲ推返ヘシ〳〵熟読シ、潜玩スベシ。惟親ノ意ノミニシテ、一ツトシテ向ヘカヽリ、新ニスルト云事ナキノ意ヲ見得ベシ。扨其必先二字、傳文ノ中、是ヨリ外ナシ。於経考レハ、先ノ字アツテ必ノ字ナシ。伊川先生ハ此二字衍文ト見玉ヘリ。朱子ハ其マヽニ取玉フ。只例ヲ推ノミ事トシ、文ニ泥ンテ、何方モ一字不違ヤウニト求メテハ、却テ傳者ノ意ヲ失フベシ。此二字ニツイテ考ルニ、前章強ク反語ヲ以テ結ヒタルハ、身ヨリ家ヘノウツリシメ故也。其家ト云ニ答テ、此章ニ必先ト云字ヲ置タルモノト見ユ。イヅレ家ヨリ国ヘ及ハ、我親属ヲ離レ、他人ヘワタル所ナレバ、コヽモ亦少シ場所ノカハリメ也。其家不可教而能教人者無之。……。成敢（ママ）〔教〕於国トハ、我身我家ニ此教不及シテ、家ヨリ外トノ人ヘ教ノ及フ事ナキ故、外カヘ走廻リテ、トセヨ角セヨトハ言ハズ。我カ家内ニテ為所、直ニ国ヘ及フ事ヲスル也。ソレハ何ゾナレバ、下文ノ孝弟慈也。扨教ト云事、頭脳ヲ不知人ハ、全体向ヘカヽリテ、兎セヨ角セヨト云事ト覚ユ。是モ教ニテナキニハアラネトモ、抑末也。大学一篇スベテ頭脳ヲ第一ニ述タル書也。故此書ヲ学問ノジヤウキ墨矩トハ申ス也。此教ト云字、風雨露雷、教ニアラズト云ウ事ナシト云ノ教ノ字ノ意ナリ。教即《本ノママ》 道、道即性ニシテ、徹上徹下、一貫也。是中庸首章ニ、天命之謂性、率性之謂道、脩道之謂教トアリ。然レバ教トハ率性ノ道ヲ此身ニ脩ルヲ云。更ニ向ヘ貪著スル事ニ非ズ。中庸次ノ文ニ戒恐説キ、慎独ヲ説ヲ視ヲ可見得。子思證人ニ立玉フ上ニハ、疑ヘキ事ナシ。然レバ爰ノ孝弟慈、性中ノ徳ニシテ、即道、即教也。此教ヲナス場所ハ家ナリ。此家ヲ不出而国ニ成就スルイハレハ、イカントナレハ、此家内ニスル所ノ孝弟慈、取モ直サズ事君事長使衆道ナレバ也。

孝者所以事君也……使衆也。

事君事長使衆ハ皆国ノ事也。身ニ脩スル所、家国ト脈路相通スルハ、ヒトヘニ向ヘカヽラザル故ナリ。治国ト云事、千モ万モ不入。只孝弟慈ノ人ニナル事也。扨テ朱子ノ解ニ、二段ヘモドリテノ玉ヒタルハ、章句一篇ノ中、惟コノ所ゾハカリ也。身脩レハ、則家可教矣。孝弟慈ハ所以修身而云々至教成於下也、トアリ。

康誥曰、如保　云々

慈者所以使〔衆〕也ト云ウ事ヲ受テ、康誥ヲ引タリ。程子曰、赤子未能自言其意而為之。母者慈愛之心出於至誠、則所以求其意者。雖或不中而不至於大相違矣ト。今日ノ人ノ赤子ヲ介抱スル、皆是ナリ。飢テナクヤラ虫ガ痛ヤラ知レネトモ、誠實ノ心ヨリ察スル故、マツハ違ハヌ者也。此心ニテ民ヲ介抱スルヲ慈者以テ衆ヲ使フ所也ト云ナリ。子ヲ養フスベヲ学テ後、嫁者ハナケレトモ、子ヲ生スルト、此子我身ヲ分タルモノ故、子ノ苦痛ノ如ク思フヨリシテ、真實不便ニテ、食事ヲ始メ、自ハカリ、又人ニ問尋テ、子ノ為ニヨキヤウニスル也。ソノ如ク真實ニ慈ト云モノサヘ我ニアレハ、家ニ居テ、イマタ衆ヲ使フ仕形ハ不学ト《本ノママ》モ、今日国ヘノゾミテモ、此真實ノ慈カラシテ、直ニ衆ハツカハルヽ也。扨衆ヲ使フ日ニハ使ヤウノ仕形モアルベキ事也。是ハ帳面ヲ開ケハ、其マヽナル事ニシテアル也。文武之政布在方策、其人存則其政挙ト孔子ノ玉ヘリ。我明徳サヘ明ナレハ、使衆事ハナル。只骨折ハ手前ニアリ。扨我子ヲ愛スレバトテ、小児マカセニ食ヲ與フレバ病ヲ生シ、姑息ニ流ルレバ怠慢ノ心ヲ培養ス。民ヲ左右ルモ同意也。民ハ無知ニシテアレバ有リ次第ノモノ也。ソレヲ指引セザルハ、民ト同意ノ無知也。白圭カ斂ヲ薄スルハ貉ノ道也。取ヘキホド取リ、賑貸スベキ時ハ、倉廩ヲ発テ救ヘキ者ハ百姓也。ソノ外上トシテ下ヲ使フニ道、タヾ物ヲ與ヘ、遊バセ置ト云ニハ非ズ。コトニ當罰ヲ罰セザレバ、却テ其身ノ為ニモナラズ。善人ノ害ヲナス者也。易曰、小懲而大誡。此小人之福也。履校滅跡无咎。此之謂也ト。扨其罰ヲ行フ心ニ慈不慈ナリ。怒気ヨリシテ罰スルハ、モトヨリ不慈也。邪知ニシテ罪ヲ犯スゾナラバ、我カ慈愛ノ徳ノ不レ及ヲ反求シ、不得已シテコレヲ罰シ、無知ニシテ罪ヲ犯スゾナラハ、憐ミノ心ヲ以テ、コレヲイマシムベシ。是一ツニ我子ヲ折檻スル心ノ如クナルベシ。何方マデモ如保赤子ト云字、国ニノゾミ使衆ノ事也。此如字、孔子ノ玉ヘル。移スト云字、孟子ノ仰ラレシ推ト云字也。孔子告曽子曰、事親孝。故忠可移於君云々。至善推其所為而已矣。扨今一ツ見所アリ。上文以孝弟慈三者並列而言之テ不出家而成教於国事ヲ語リ出シテ、下ノ文ニ於テ重キ孝弟ヲ不言シテ、康誥保赤子語ヲ引テ、獨リ慈 ノ《本ノママ》 ミヲ挙タルハイカンゾヤ。是ニハ傳者ノ意ノナリテカナハサル事也。扨コノ慈ト云モノ、孝弟ヨリモ勝リタル徳ト云ニモ非ズ。コトニ未有学養子而後嫁者也ト云ル語、全ク慈母ノ方ヲ云タル語也。大ヤウ愚カナル男ニテモ、カシコキ女ニハマサレル者ナルヲ、父ノ方ニテ不言ハシテ、母ノ方ニテ言ルハ、カタ〳〵傳者ノ意アル所也。コヽヲ推考ル。彼ノ三者ハ人心ノ天ニシテ、所同然ナレトモ、世降リ俗末ヘニナリテハ、士君子トイヘトモ、孝弟ハ薄クナリ下レリ。只我子ヲ慈愛スル心バカリハ、禽獣マテモアルモノナレバ、況ヤ人タルモノハ、イカホド刻薄ナル者ニテモ、良知発シヤスシ。其油然トシテ発スル慈ノ一ツヲカヽケ出シテ、孝弟トモニ此中ニコメタリ。故ニ朱子或問ニ、慈幼之心、又非外鑠云々　至大者可知矣ト云ヘリ。面白キ事ナリ。然ルニ、挙其細則大者可知矣、ト云ヘル語ハ、少シ穏カナラサル事ヲ覚ユ。孝弟慈三者、徳性之大目、人倫ノ大綱ニシテ、是ニ細大軽重ハナキ也。只慈愛ノ心匹夫匹婦トイヘトモ、子有レハ必ス発シ、不慮シテ知リ、不レ学シテ能スル者ナレバ、其発シ易キモノヲ挙テ、此難レ発孝弟ヲ悟シ知シムルノミ。

一家仁一国云々

貴キモ賤キモ、家内ニテ仁ナル人ノ門ヲ出レバ、不仁ナルト云者ハナケレバ、一家仁ヲ以テ治ムル者ハ、何才マテモ仁ナル者也。ソノ仁ニ化シテ其国中興仁也。故ニ章句ニ、此言教成於国之効ト云ヘリ。国君ノ上ニテ云タルレトモ、皆人ノ上ニモアル事也。昔陽城兄弟友愛、奴亦化レ之、一家之仁耳。晋之鄙薫而善良者幾千人一国之仁也。窮而在下者如此。況達而在上者乎。東郡民感韓延寿之化。昆弟願以田相移、終死不敢復争。一家之譲耳。郡中翕然傳相敕厲二十四縣、莫以訟言。一国之譲也。賤而為民者如此。況貴而為君者乎ト。呉氏季子ノ説也。大全載タリ。スベテ他人ト交ル上ハ、皆国ノ事也。仁譲ナル人向ヘハイカナル無慙ナル者モ、良知ノナキ人ナケレバ、我不知本心ノ仁譲出向テ相感スル者也。一人貪・・・ニシテ、一国作・・・事ハ勿論古今例多キ事也。呉氏亦晋武帝一人ノ貪ニシテ、一国ノ乱トナリ。梁恵一人ノ戻ニシテ、一国ノ乱トナリシ事ヲ挙タリ。餘力アラバ見モスベシ。仁譲言」家。貪・・・ニ言人事ハ仁ハ一家ニ積デ後一国ヲ化シ、悪ハ善ヨリ捷ナモノ故、貪・・・ハ纔一人ノ身ニ出テ一国ノ乱トナレハナリ。然レトモ強テ固滞スベカラス。文ヲ互ニセリト見ル方穏カナルヘキカ。或問ニ、善必・・・。是ハ人々ヨキ警也。一言僨事一人定国・・・。トハ、程子ノ言箴ニ興戎出好吉凶栄辱、惟其所召トノ玉ヘルコヽロ也。事ニ一言ト云。国ニ一人ト云モ、前ノ意也。アタリ前ノアル所ナレトモ、是モ一言一人、文ヲ互ニシテモ見ベキ也。定国ハ国君ノ事ナレトモ、是亦国君ナラザル人モ尊敬シ用ラルヽ人ハ、此人定国ノ人ト云モノ也。

尭舜師天下　云々

上文一人定国ト云ヲ承テ云フ。令ハ命令也。桀紂モ觸流ス所ハ、君ニ忠ヲセヨ、親ニ孝ヲセヨト施ス也。其我ガ好ムトコロヲ見レハ、不義無道ノミ。命令スル所ト好ム所ウラハラナル故、民其令ニハ不従シテ、好ム所ニ従テ、不義無道ヲナス也。尚書君陳ニ、違上所命、従厥所《（ママ）》〔攸〕好、爾克敬典在徳。時乃罔不変ト云リ。尭・・・ハ、敬典在徳テ所好仁ナル故、民モ亦仁ナリ。君子有諸己而後求諸人。無諸己而後非諸人ト。先我レニ善アリヤ、悪ナシヤト立カヘリテセンギスルヲ、有諸己無諸己ト云。如斯自身所好為善去悪ニアレハ、民亦従厥攸好テ、為善去悪ナリ。於爰求諸人非諸人、コレ推己以〔及〕人ノ恕也。推シテ以テ人ニ及ボスベキノ恕ヲ先ツ己ニ蔵ムヘキ事也。然ル故、所蔵乎身不恕而能喩諸人者、未之有ト云リ。何方マテモ向ヘカヽラズ。身ニ反リ新ニスルノ意ニ非スシテ親シムノ意ニアリ。

故治国　云々

是マテニテ斉家治国ノ子細、文具意足リテ悉ク相スミタリ。故コヽテ一クヽリ括タル者也。扨コノ次三タヒ所引ノ詩、別ニカハリタル発明モナシ。皆前ニアル意旨也。スレバ贅言ノヤウナレトモ、サニハ非ズ。人ノ心ニシミ込、ドコトナク善ニ移ル所ノ益アル者ハ詩也。故ニ古人必詩ヲ引也。今読詩者モ亦古人ノ意ヲ承ケ、心ヲノドヤカニシテ、何トナフ諷詠スベシ。理屈ニ落レバ詩ノ甲斐ハナキ也。

詩云、桃之夭々　云々

夭々ハ少好貌。蓁々美盛貌。宜其家人而后ト云ヨリ、以下釈詩之辞。是前ノ君子不出家…ノ意ヲ述タル者ナリ。ソレモ論ハ前ニテ尽タル事ナレバ、大ヤウニ見ルベキ也。キツシリ丁ド前ヘ引当テ注解ノヤウニ見ルハ固ナリ。フシダヽヌヤウニ見ナスベキ事也。古周ノ世ニハ、媒酌ノ官アリ。其人應配偶セリ。其婚姻ノ時節必桃之夭々タルアリ。其葉蓁々トヨムト詩ノ味ヲモ意ヲモ失フ也。桃ノ夭々タルハ、其葉モ蓁々タルトカヽリタル辞也。爰ニ自然ト面白キ意アリ。家齊レバ国治ルト云。家国一理ノ所ヘ落ル味アル也。此詩ヲ挙タルハ、深ク味アル事也。ヨク吟味スベシ。帰《トツク》トハ人家ヲツグト云事、アトツグト云訓也。婦人謂嫁曰帰ハ、夫ノ家ヘカヘルト云ノ義ナリ。古人ノアツキ心アル事也。扨此詩夫婦閨門ノ内ヨリトヽノヒテ家人ニ仁ナルヲ云。

詩云、宜兄宜弟　云々

此詩兄弟ノ宜ヲ云ハ家内ノ譲リ有テ、見事ナルヲ述ル也。詩ヲ釈スル辞前ト同シ。

詩云、其儀不忒　云々

家内仁譲ノ風行ハレ、其仁譲ノ儀不差シテ、東西南北ノ四國へ及、國正フナルゾト也。三詩自然ニ序アリ。経文明徳テ親民本不乱而末治リ、厚キニ厚シテ薄ニ及ノ意ナリ。又孟子嘗所引大雅思斉ノ篇、刑于寡妻ニ至于兄弟、以御于家邦ノ意、其為学兄弟足法以下、釋詩辞。

此謂治国　云々

三詩上文ノ意ヲ詠嘆。而又結之如此。

所謂平天下　云々

所謂アルハ、前ヨリノ例ノ如ク、経文ヲ挙タル故ナリ。然ルニ経ニハ、欲明明徳於天下者、先治其国トアリ。又、国治而后天下平トアリ。ドチラヨリ見テモ、平天下在治其国トハナシ。スレバ強テ文字ニ拘ハラヌ事也。扨天下ニ於テ其題ヲ平ト立タレトモ、其工夫ハ明々徳也。明々徳ノ実事ハ親民也。程朱子ノ思召ノ如ク、民ヲ新ニスル事ゾ。ナラバ新ニスルノ場所ハ、此章ヨリ上ハナシ。然ルニ此章更ニ新ニスルノ意ナフシテ、親シムノ意ノミ也。先コノ、老レ老長レ長恤孤ト云ウヲ視テ可知。扨コノ老レ老長レ長恤孤ト云ハ、トリモ直サズ前章ノ孝弟慈也。此三者明徳ノ物ニ及所仁ニシテ即親民事也。孟子曰、尭舜之道、孝弟而已矣ト。有子曰、孝弟也者……。治国平天下ノ道、コレ外ナシ。是ヲ家ニテ老我老長我長幼我幼スルガ厚キニ厚キ所ナリ。ソレヨリ漸々国へ至リ、老人之老。長幼〔人〕之長幼トスル也。猶ノビテ及薄天下へトヾキタルトキ、老天下之老、長幼天下之長幼スル也。扨而民トアル三箇ノ而ト云字ヲヨクミルベシ。而ハソコデト云事也。上興スニ意アツテスルニ非ズ。兎ニモ角ニモ孝弟慈ヲ尽シテ他念餘事ナシ。御心故直ニ天下迄其御心ヲ移シテ至ラザル事ナシ。是皆親ミニテ糸ヲ引張タル如ク天下マテ貫ク也。上ミノ貫ク也。上ニテ孝弟慈如此。厚く家ニ行ハレ国天下迄ト丶ケバ、自然ト国ハ家ニ感シ、天下ハ国に感シテ、孝弟慈ヲ興ス也。民ヲ興スニ意ナフシテ民興ルハ、人皆良知アレハ也。章句ニ、興謂有所〔感〕発而興起也トアリ。コノ感発ト云事、民へバカリカケテ見テハ残念也。上先ツ感慨デナケレハ嬉シカラズ。我家ニテノ孝弟慈、本心へヒ丶キワタリテ、コノ感慨ヨリ出ザレバ、本ノ孝弟慈ニ非ズ。サナケレバ随分ヨクテ唐ノ太宗ナリ。上実ニ感慨ヨリ出レバ、下亦感慨シテ興ル。章句ニ、此三者上行下效捷……ト云へリ。上恤孤而民不倍トハ、恤孤ト云モ慈幼ト云モ同シ事ナレトモ、其中天下ノアハレナル者ハミナシゴナリ。孤ハ無父之称也。文王発政施仁玉フ。鰥寡孤独四窮民ヨリ先ンズ。詩正月之篇ニモ哀此煢独トアリ。第一ニヨルベナク、困悴ル者ハ孤なり。上孤トシテ孤ヲ恤ム事我子ヲ慈シム如クナレバ、民亦孤ヲ恤ム心ニナル。此不倍ト云語興孝興弟ト云ト。辞ハ変シタレトモ意ハ相通ス。感発シテ興ル故不倍ナリ。絜矩ノ道トハ至極向ヲ忘レ我ニ反ルヲ云。致良知ノ事也。譬ハ弓ヲ射ルガ如シ。飛セン事ヲ忘レテヲシテ勝手ヲツリ合セ、ヤコロニ満テ放セバ飛ト中ル其中ニ在リ。然レバ習レ射者ハ中ト飛トヲ不レ習《ス》シテ、只手前へ引込事ヲ学ブ。其如ク平天下ノ道、天下ヲ忘テ絜矩スルニ在リ。如此ナラサレバ矢ユキ天下ヘトヽカヌ也。舜禹有天下而不興ト云モマヽノ事也。其字義絜度也。矩ハ所以為方也。ハカツテ方ニスト云事也。ハカリ合セテマロクニスル事ヲ云。是朱子ノ父韋齋先生ノ友范公如圭ノ説ニシテ、朱子取テ章句ニノス。ツマリハ致良知ノ事也。然ルニ范公以前ノ諸儒絜ヲ訓シテ挈トス。朱子或問ニ、殊ニ無意謂トワシレリ。於字義不熟事ニテ有ベケレトモ是ニテモスム也。挈《ヒツサグル》ト云モ致スト云キミ也。朱子モ矩トハ心也。我心之所欲即他人所欲トモノ玉ヘリ。スレバ挈ㇾ矩ハ我心ノ良知ヲ致ス也。色々説モ多ケレトモ、スベテ字義ヲセンサクスル事ハ、其字義不ㇾ明ハ、其意スマザルユヘ也。絜矩ノ事ハ此次本文ニ明白ニシテ、シカモ直ニ此之謂…トアレバ、ウガツテ字義ヲ求ムルハ無益ノ事也。サテ此絜矩之道ハ治国平天下ノ章ニ不限。何方ニテモ是ヲ外ニシテ又別ニ云ベキ道ハナケレトモ、爰ニ是ヲ尚ンテコト〳〵シク君有絜矩之道ト云ニハ子細ノアル事也。纔ノ水ハ上ヘノボセル事モナケレトモ、天下ノ水ニ至テハ水ノ性次第ニマカセネハ汎溢スル也。人モ亦如此。ワズカノ人ハ威厳ヲ用テキメツケテモ置ケハ置ルヽケレトモ、天下ノ人ハ誣テハ不治。向ヒニテ不治ヲ治メントシテハ、一向不能者也。国ニテハ其国人常ニ其主公ヲ不説モ、他国ヘユキテハ我国ヒイキト云モノアリテ、引キミアルガ人情也。コヽヘ便リテ彼ノ術智ヲ用ル者、作意ヲ以テ治ムルモ、一旦治マル事アリ。家ハ猶又不和ナル親属ドモモ、外ヘ出テハ助アウ事ナリ。故ニ本ンノ事ニハ非レトモ、人作ニテモマギラカサルヽ筋モアリ。只天下バカリハ対ナキ者故、作意ヲ以テハナラザル也。無地ニ向ヲ忘レテ我ヲ尽スニ非レバ、平ナラザ者故、爰ニ於テ絜矩ノ道ヲ語ル事詳審也ト知ルべシ。サテ国ニ治ト云、天下ニ平ト云事、前ニ申セシ所也。天下ハ廣キモノナレバ、マンベント云ウヨリ外ナシ。キツシリトコマ〳〵シクハナラヌ也。ソレヲ無理ニスルハ、大ニ誣タル事也。故ニ其題ヲ平ト云。手前ハ又其矩《カネ》ニナル事故ニマロクニスベキ事也。天下ヲ持ザレバ此工夫ハセズト云ウ事ニ非ズ。爰ヲ得ルヲ王佐ノオト云。

所悪於上　云々

上トハ我ヨリ上ミニ立所ノ人也。悪ムトハ俗ニ云イヤナト云事也。キラハシク思事也。医書ニ所謂悪《ヲ》気悪《ヲ》寒ノ悪ノ字也。其イヤニ思ヒキラフ上ニハ、ニクムト云義、勿論ノ事也。扨所悪於上乃吾矩也。良知ノスミカネヲアテヽ見タルトキ、カフハアルマイト、イヤニ思フ也。其悪ム所ヲ以テ下ヲ使ヘハ、矩ヲアテヽ下ヘハ矩ヲ當ザル也。サハアルマジキ事也。両方ハカリ合テ、我ヲマロクニスベキ事也。是絜矩也。矩ヲ上ヘアテヽ下ヲ使フ方ヘマロクニ出シ、下ヘアテヽ見テハ上ヘ事ル方ヘマロクニ出スベシ。中庸ニ、所求乎子、以事父未能トアリテ、随分難キ事也。良知ヲ輝シツメザレハナラヌ事也。上ノ使我不礼ニシテ、キラハシク思フトキ、我亦下ヲ使ニ不礼アリヤト矩ヲアテヽ、モシアラバ早速ニ改ムベシ。其改ムルニ至リテハ上ノ不礼ハ我師也。過分ナル事ト思フホドニ無レバ此段ノハマリカイナキ也。上下前後左右皆同意也。傳者丁寧反復ニノ玉ヘル也。朱子交代ノ官ニテタトヘ玉ヘリ。前官ノ待我既ニ不善。吾毋以前官所以待我者待後官也。サキヨリワロキトテ又ワロクシテ後ヘ渡セバワロキニ習ト云者也。アルマジキ事ニヤ。絜矩ノ道ノツマリハ、人ノ我ヘワロキヲハ受テ、人ヘハヨクシカケルヲ云。利害カラ見テハ損ナル事也。此損ヲスルト覚悟シテハマレバ人興起スル也。章句ニ、彼同有是心……。所及者廣也トアリ。其絜矩セシ君子ノ事ヲ次詩ヲ引テ述フ。

詩云楽只　云々

此君子ヲ称美シテ楽只ト云リ。詩ノ心ハ明也。民之所好ト云ヨリ以下ハ傳者釈詩之辞。親ノ心ニテ下ヲ治メ玉フ故、下又父母ト称スル也。民ト君トハ甚タ遠ケレトモ好悪ヲトモニシ玉フ故、君民一体トナル也。平天下之要道コノ外ナシ。所操者約ニシテ所及者廣シ。次又詩ヲ引テ不絜矩底ノアリサマヲ述フ。

詩曰、節彼南山　云々

是大学ノ道ノ大破好悪一己ノ偏ニシテ民心ヲ失ヘルアリサマ也。節ハ章句音註ニ読為截トアリテ、註ニ截然高大ノ貌ト云ヘリ。南山……在関中也。巌々ハ石ノツミカサナル也。終南山ハスサマジキ山也。截然トキリタテタル如クニシテ、高ク大ニテ嵒々タル石、今マ落カヽル体ナリ。其石ニ人々打タレタルニテモナケレトモ、其下ニ居テハブキヒナルベシ。師尹トハ周ノ大師ノ官此方ニテ云大老職ノ尹氏ノ人ナリ。コノ人赫々ト威ヲ振ヒカヽヤカシテ民ヲ自眼《ニラミ》ツケネシテマハシタリ。其下ニカヽム民ノ心、彼南山ノ落カヽルヤウナル大石ノ下ニ居ル思ヒナリ。ソレヲ民具ニ爾瞻ト云。有国以下ハ傳者釈詩辞。辟、音註ニ読為僻トアリテ註ニ偏也ト云リ。ヒガムトヨム。カタヅリナル事也。民トトモニセズシテ身為メハカリスルヲ云。僇ハ與戮同シトアリ。下ニ在ル人ノアシキハ、及所狭シ。上ニ在ル人ノアシキハ及所廣シ。天下ノ本ノマヽトナル也。サテ又詩ヲ引テ前ニ詩ヲ括レリ。善ナリトテモ油断スレハ悪ナル意ヲ述フ。其カハリニ不善ナルモ改レバヨクナル也。此コヽロ次ノ詩ニ見ユ。

詩云　云々

殷ノ湯王ヨリ初リテ、聖人ノ餘耀厚ク、其上賢聖ノ君六七作リ玉ヒテ、代々久シク治マレリ。紂王ニ至テ悪逆募リテ終ニ滅亡シ、周ノ武王コレニカハリ玉ヘリ。此詩ハ周公ノ作也。周公追述文王之徳、周家受命テ殷ニ代ルユヘンヲ明シ、以テ戒成王ノ詩也。先殷ノ喪ザル前ノ事ヲ述テ、未喪師克配上帝ト云リ。師ハ衆也。上帝ハ天帝ノ事。天道ト云ヒ、鬼神ト云フ、皆同事也。ソノ内以主宰言フトキ帝ト云ウ。配ハ對也ト章句ニモアリ。對待ノ意、ナラブト云事也。ハリ合ト云事也。夫婦配偶ナド、云配之字ト同シ。上帝トツリ合テナラビ立玉ヘリ。目出タカリシ事ナリ。然ルニ紂王ニ至リ無道ニシテ喪師シカバ、上帝ニ見ハナサレテ終ニ亡タリ。シカレバ儀監于殷事也。今天命周ニアリト云ヘトモ、モシ絜矩ノ道ヲ失フト、又亡フル事殷ノ如クナルベシトノ戒也。殷ノ紂王ノ悪キヲ、矩ヲ嘗テハカリ合テ方正ニスルノ警也。乃絜矩之道也。峻ハ大也。命ハ則天命ノ事也。天命ハ少ノ事ニモアリ。其中ニ天下ノ請取渡シハ、天命ノ大ナル事故峻命ト云リ。今天命周ニ帰シ玉ヘルトテ、イツコデモト云請合ヒハナラヌ事也。油断スルト改マルモノゾト云ウヲ峻命不易ト云也。章句ニ、不易言難保也トアリ。巻約ナドノ請人ニ立ヲ保人ト云。又人ヲ肯テ出スヨリ、ヲヤヲ保任ト云。コノ保ノ字モ其コヽロニテ難レ保ハ、請合ガタキト云事也。戒ノ辞也。前ノ如保赤子ト云ニモ、保人保任ノ意ハアル也。持ノ字ナドトハチガフ也。道〔得〕ヨリ以下、傳者此詩ヲ釈スル辞。得衆則得国トハ、周ノ文王武王絜矩シ玉フ故民心ヲ得、天命ニテ周ニ帰シ国天下ヲ得玉事云。失衆則失国トハ殷ノ紂王不絜矩シテ民心ヲ失ヒ、天命ニテ革リ滅亡シタルヲ云。扨此詩ハ又前ノ三詩ヲ釈スル為メニ挙タル詩ユヘ、得衆則得国ト云ウハ、楽只君子…ト云南山有臺ノ詩ヘカヽル。失衆則失国ト云ハ赫々師君…。節南山之詩ニカヽル也。畢竟絜矩スルト否トノ二ツヲ括レル也。何レモ傳者自意ヲ先ニセズシテ、詩ヲ挙タル所、最モ宜潜玩。

是故　云々

徳トハ明徳也。慎トハ前ノ有国者不可以不慎ト云ノ慎也。明徳ハ大学開巻第一義也。此徳ヲサヘ慎ムト、人モ土モ財用モツイテ廻ル也。徳ハ木ノ根ノ如シ。木ノ根ハ土中ニアリテ外ヨリ見ヘヌ者ナレド、爰ヲ能培養スレハ枝葉花実自然ニ発達ス。徳アル者ニハ人服スル故、一寸ノ地ヲ不持トモ衣食住ニ事カヽヌ也。君子小人常ニ相反ス。小人ハ此見ヘヌ所ノ徳ト云モノヲ培イ養フ事ヲエセヌモノ也。只人ノ土ノ財用ノト云ヘカヽヅラウ。然レバ此一段ノ工夫先慎于徳ト云ニアリ。アトハ慎徳ノ効《シルシ》也。是ヲ湯武ノ上テ云ヘハ東征西怨也。慎徳者ハ能絜矩ス。故ニ慕来テ有人。人ノ立処皆土也。故有人テ地ナキ事ナシ。上文ノ得衆則得国ト云ウ、是也。有国ハ財用ハ其中ニアリ。四箇ノ此ノ有ト云モノハ、他ニ求ムル事ヲ不待シテ、徳サヘアレバ、自然ニツイテアルヲ云。其次第自然ト有人有土有㆑財用㆒。

徳者本也　云々

徳ト云根サヘ立バ、堅固ナレバ枝葉花実ハ自然ト生ス。徳ハ人土財用ノ根也。古人モ銭ハ泉也ト云ヘリ。水ト云者、我独リコレヲ用ント欲シテ、我門ニテセキ切レバ、外ヘ不通ノミナラバ、溢レテ我先水害ヲ蒙ル者也。只水上ノツキザルヤウニシテ、我人同ク得ルヤウニシ、却テ我前ニテツカヘルヲ切リ流シテ、下ヘ通スルヤウニスレハ、弥々水上ヨリ流レ出ルモノナリ。是財ヲ通用スルノ道也。天下ノ主ハ天下ヲ以テ蔵トシ、一国ノ主ハ一国ヲ以テ蔵トスヘシ。惟カスベカラザル者ハ権、一タビ下ニアレバ国衰微ス。扨本末ノ字先ツ経文ニ見タリ。而シテ傳文誠意ノ章ノ末ニ至リテ、夫子ノ語ヲ引テ政事ノ事ヲ語リ、聴訟……云ヘリ。同シ本ノ字也。此夫子ノ語、実ニ国天下ノ章ヲ貫ク大学ノ要、誠意耳ナレハナリ。扨聖賢常ニ徳ヲカタル日ニハ財ハ舎テ論セズ。然ルヲ此段、徳ト財ト張合セテ本末ヲ論スルハ尤イヤシキニ似タリ。然レトモ此段ハ国天下ノ章也。国天下トテ別段ノ工夫アルニハアラネトモ、前ノ聴訟ト云ヲ以テモ可視。下ノ訟ハツマリ財用ヨリ発ル。財用ヨリ訟ノ発ル所以ハ、又上タル人、徳ノ本タルモノヲ忘テ外ニシ、財用ノ末タルモノニ心ヲ用テ、コレヲ内ニスル故ナリ。夫財ハ国家ノ用、一日モ無ンバアルベカラス。然ルニ不絜矩而欲得之、則下ナル者猶財ニヨツテ今日ヲ立ルナレバ、不奪不厭也。是レハコレ上導キ教ル也。故ニ争民施奪ト云。

是故財聚　云々

古来ヨリノ人君ヲ考ミルベシ。是ニハヅレハナシ。世々ノ悪王、夏桀・殷紂・隋煬帝・秦ノ始皇等、外本内末セシ故皆財ハ聚リシ也。財聚ルホド民ハ散シナリ。土ノ所生量アリ。上取ル事多ケレバ、下ハ必寡シ。古人モ、紂積鹿臺之財民散、武王発鉅橋之粟而民聚ト云リ。

是故言悖　云々

章句ニ曰、此以言之・・・也ト。扨道理ニ悖テ入ルノ貨ノ道理ニサマウテ出ルト云事、皆人知リ顔シテ不知モノ也。実ニ此ヲ知レバ底深ク徳ヲ養テ財用ヘ心ヲ不用。実ニコレヲ不知故ニ徳ヲ慎事疎遠也。徳ハミヘザル者ニシテ財ハ目前ナルモノ故、小人ノ専ラ財用ヘ走ルモ餘儀ナキ事也。故ニ皆人覚シヤスキ言ノ出入ヲ先ツ言テ、貨ノ出入ヲ悟セシムル者也。然レハ言ノ出入ハ譬ニ引タルモノニテ、重キ事ハ下ノ貨ノ出入ニアルト見ヘタレトモ、此言ハト云モノモ国ニ天下ニ於テ大事ノ者也。程子言箴、興戒出好吉凶栄辱、惟其所召也。己肆物、忤出悖来違ト云リ。是亦思フベキ事也。桀自《ミ》如日在天トイヘバ、其民時日曷喪ト云。言悖而出、亦悖人ニ非スヤ。只今ニテモ、人ヲ悪言シ罵《ノノシ》レバ人又我ヲ悪ミ悪口ス。秦人頭会箕斂而府庫卒為漢有。コレ貨悖而入者・・・ニ非ズヤ。康・・・。傳文命ノ字ヲ言フ。是ニテ四タビ皆詩書ノ語也。上世ハ天ニ近シ。故ニ天ヲシテアテトシテ徳不徳ノ警戒ス。詩書ニ天ノ字多キハコレヲ以也。其天命ヲ人ヘ受取テ云トキ、性ト云心ト云明徳ト云良知ト云。其所指少キ異アリトイヘトモ、其實一ナリ。コノ康誥ハ前ノ段々ヲ承テ云。道善則ト云ヨリ以下、傳者釈書之辞也。前ノ文王之篇ニ云ル峻命不易ト云モ、爰ノ惟命不于常ト云モ一ツノ事也。天命ニカハリハナシ。スレバ得衆則得国、失衆則失国トモ、コノ善則得之、不善則失之ト云モ、亦別ナル事ニモ非ズ。得失ニカハリハナシ。申子言テ丁寧反覆益深切ヲ尽ス也。其中前ノハ国ノ得失ヲ云トテ衆人ノ得失ヲ云。アラキ工夫也。爰ハ我徳ノ善不善ニテ、天命ノ得失アルヲ云。一段コマカナル工夫也。

楚書曰、楚国　云々

楚国ハ国語ノ楚語也。楚昭王ノ時ノ事也。王孫圉ト云者聘於臣。定公餐之。其馳走人ニ大臣趙簡子名軼ト云者出。コノ趙簡子王孫圉ニ楚国ノ白珩名玉ノ事ヲ、猶在乎。其為宝也幾何矣ト問タリ。其答ニ楚ノ賢観射父左史倚相ナトガ為君、言ヲ奉リ事ヲ取ハカル事ヲ述テ、此者トモヲコソ楚国ノ寶トハ致也。若夫白珩 先王之玩也。寶トハ致サヌト申タリ。其貶ノ語也。故ニ言不宝金玉而宝善人也トアリ。楚書ノ趣モ右ノ如ク宝善人ト云事也。然レ共前ノ善則《本ノママ》得之、不善則失之ト云ヲ承テ、コノ善以為宝ト云語ヲ爰ヘ引タル者ナレバ、徳ニテ云フ善不善ノ善ト見ルヲ可也トセンカ。只善ト云テハ、形体ナフシテノ金玉等ノ宝ト張合テハ、イカヾナルヤウナレトモ、次ノ仁親以為宝ト云語ヲ見ルニ、仁ノ字ヲ指テ審ト云タルモノ也。仁ト云モ形体ハナケレバ、善不善ノ善ト見テ苦シカルマジキニヤ。

舅犯曰、亡人　云々

舅ハ母カタノヲヂヲ云。晋ノ文公ノ舅孤偃字子犯ト云シ人、文公覇業ノ佐ヲナシ、名高キ男ナリシ故ニ、舅犯ト呼シト見ヘタリ。扨此語ノ子細ハ檀弓ニ見ヘタリ。〇亡ハニグルトヨム。本国ヲニゲ出タル浪人者ト云也。扨楚書ニ語意ヲ同ストイヘトモ、楚書ノ惟善以為宝ト云ハドコトナク明徳ノ意旨アリ。コノ仁親以為宝ト云ハ、原厚及薄、親民ノキミアリ。是モ泥ンデ見ルハアシヽ。

秦誓曰、云々

コレヲ平天下ノ章ニアケタル事面白キ事也。大ニ傳者意ヲ用ユ。容易ニ看過スベカラズ。人ゴトニ国家ハ号令等差引ノシヲキニテ治マルト思フ故ニ、随分ヨキト云ブンニテ、古今ノ時変サマ〳〵仕形ヲ沢山ニ覚タル人ヲ取テ国家ノ任トス。天下国家ノ事トイヘハ、学者皆究理デナケレバユカヌト覚ユ。然ルニ国天下ノ任ハ、其古事知ルニハアラズシテ、実ニコノ一个ノ断々休々ノ人々、此人ニナル事ヲ学フヲ大学ノ学問ト云。此人ヲ挙用ヲ大学ノ道ヲ知リタル賢君ト云。此人ニナリタル臣ヲ棟梁ノ賢臣トス。国天下ノ任タルベキ人ノ注文。此秦誓ノ一篇ニコユル事ナシ。ヨク味ベシ。断々休々ニサヘナレバ、藝能ハイラザル也。文武之政ハ布テ在方策、開テ見ルトスム也。一个ノ臣トハ独ノ臣ト云事ナリ。断々ハ誠一之貌、誠ト一マイニテ雑リ物ナキヲ云。ソレヨリ外ニ藝能ト云テハ何モナキ也。是ヲ無他技ト云。休々焉トハユツタリトシタルヲ云。寛平廣太ニシテ胸中廣クモノヲ能イルヽ也。其如有容焉ト云ハ、断々休々ナルヲ賛タル辞也。如斯ユツタリトシタル気象外ニ比スベキアランヤ。又トハナキゾトノ事也。彦聖トハヨキ人ノ事也。章句ニ彦美士也。聖通明也トアリ、コノ聖ノ字、孟子所謂大而化人ノ聖ノ字ニハアラズ。周礼云徳ノ聖字也。黎民、民百姓ノ事也。尚亦有利哉ト云マテガ国天下ノ大任タルベキ人ノ注文也。如此ナレバ実ニ天下ノ才徳皆コノ人ノ才徳也。一ツトシテ事々物々ノ窮格モイラズ。新民ト云事ニテナシ。惟一ツノ断々誠一ニテ、天下ノ任事足レル也。尤馬ヲ馭シ弓ヲ引鎗太刀ヲツカウ事、本朝武人ノ所専ニシテ、物ヲ書キ書ヲ読ミ水土ニ通シ算術ニ達スル類、イヅレ調法ニ非ルハナシ。国家一日モ無ンハアルヘカラズ。尤モ大人ノ学ヲナス者、コレヲセスト云事ニ非ス。我ヱカタニテオノハタラク筋ノ藝ヲ心ガクルハ尤ノ事也。一藝秀レバ国用ニ立事也。然レトモソレニテ国天下ヲ平治スル任ニハ至ラレヌ也。軍中ニハ軍中ノ法アリ。尚書甘誓湯誓ノ類、是也。然ルニ軍家者流、其軍中ノ法ヲ以テ今日平天下ノ道ヲ語ラントス。是大学ノ道ヲ外ニシテ、大学ノ道ヲ語ラントスル者也。大ニ不誤ヤ。又家々ノ法式ノ内ニ、戦国ニテハ尤ノ事ニシテ、今日治国ノ法ニハアラザル事ノ、マヽ、マジレルアレトモ習テ風トナレバ、心ノツカザルモ多シ。扨平天下ノ章ニ於テ、此一ケ断々ノ臣ヲ挙タルヲ能々可視。国マデハ所作モ入ル事アリ。天下ノ任ト云ウニ至リテハ各別ノ事也。尭ノ天下ヲ治メ玉フ。水ヲ禹ニ治サセ、地方ヲ后稷ニサセ、契ヲ司徒トシ、夔ニ典楽ヲ司ラシム。皆其才アル方ヲ用玉フ。然ルニ天下ヲ譲リ玉フニ至リテ、彼ノ衆ヘハ不レ譲シテ、父頑母嚚キ、ヤモメナル舜ヲ挙テ、是ヘ天下ヲ譲リ玉フ。其取ル所、惟孝弟ノミ也。更ニ才能ノ沙汰ナシ。尭ノ臣舜ヲスヽメシモ、孝弟ヲ称メスヽメタリ。書経ヲ取テ見ルベシ。璇璣玉衡ヲ作リ、七政ヲタヽシ玉フノ外、才能ラシキ事モナシ。是トテモ一カラ十マデ舜ノ細工ト云事ニモアラザルベシ。故ニ孟子舜之道孝弟而已トノ玉フ。又孟子ニ楽正子（ママ）春ノ魯ヘ呼出サレシヲ、事ノ外満足シ玉フテ、喜而不寐トアリ。公孫丑疑テ楽正子（ママ）春強乎ト問。孟子否トノ玉ヘリ。有知慮乎ト問テモ否トノ玉ヒ、多聞識乎ト問テモ否トノ玉フ。スレバ国家ヲナスニ取所ナシト愈々疑思ヒテ、然則奚為喜而不寐ト問タリ。其答ニ其為人也好善トノ玉フ。好善トハ即コノ人之有技。若己有之人ノ彦聖、其心好之、寔能容之ノ気象也。魯国ハ言フニ不足、天下トイヘトモ是テ事ナル所ノ人也。公孫丑コヽヲ不知。今大学ハ皆人ヨメトモ、又公孫丑ガ不知ニ同シ。故ニ学者コノ人ニナル事ヲ不学。人君亦コノ人ヲ取事ナシ。一生知慮多識ヲ求メ事物ノ際ニ心ヲ用テ一日モ断々タルベキ工夫ハセザル也。

人之有　云々

此句ノ上、亦若一个臣トモ五字ヲ加ヘテ見ルベシ。皆設テ言ヘル事也。サテ此ノ娼疾ノ人、断々休々ノアトニテ見ル故、悪人ト見過セドモ、今日キツトシタル人品ニアル者也。不学無藝ノ人ニモ多ケレトモ、是ハモトヨリ小人ニシテ言ニモ不足。世ニ学者才人ト称スル人ニ、此娼疾ノ人アリ。イカントナレバ、去二人欲一事ヲ事トセズ。況ヤ誠意ノ工夫イサヽカモ覚ナク、只読ニ書ヲ読ミ古書ヲ誦テ得方ヘ用ヒ、口々ニ天理ヲ滅スルユヘ、博識多聞ニナルホド、今マデナカリシ機智機功モ逞クナリ、人之非ヲ咎メ己ガ長ニ発リ、学問々々ト思フ内ニ、終コノ娼疾ノ人ニナリ果ル也。是疾賢病国ノ悪人也。文盲無藝ノ時トテ、人欲ニ事ハカヽネトモ、人欲アリツヽ、モハダハリナシ。聞見知解ノカヽワズルニツイテ、募レル人欲ハ大ニ害ヲナスモノ也。算ヲ知レバ厘毛ノ利ヲ見ル事サトクナリ、太刀打入身ニ長ズレバ勝心ヲ生ス。スベテ徳性ヲソコナフ事多シ。瑟琴書籍ハ君子身ヲハナサザルモノ、六藝ハ君子常ニ遊ブ所ナレバ、是ニ咎ハナケレトモ、去人欲存天理工夫、致良知ノ手ヲ放ス故、ヨキ事ト〳〵ト思フ中ニ、娼疾ノ気質ニ培ヲ不覚。誠ニナケカハシキ事也。兎ニモ角ニモ誠意要トシ、格物致知ノ工夫ヲ家常茶飯トシ、次ニ才ニ随テ藝ヲナスベシ。コノ娼疾ノ人ヲシテ国天下ヲ任セシムレバ大ニ害ス。書経ニコノ殆哉ト云ウ句ノ次ニ、邦之抓隉《コツケツ》曰由一人。邦之栄懐《サカエヤスキモ》、亦尚一人之慶《ヨキ》也トアリ。而カモ此句書経一部ノ終ノ語也。秦誓ノ一篇ヲ四代ノ書ノ終リニ列スル事、夫子ノ意ノ存スル所ナルベシ。平天下ノ章ヲ読ム者、是亦能々可味事ニヤ。蘇東坡云ヘリ。前ノ一人似房玄齢、後一人似李林甫。故ニ太宗用玄齢而興リ、玄宗用林甫而乱。用人可不謹哉ト。

唯仁人　云々

章句音註ニ迸読為屏。古字通用ト有テ、或問ニ證據ヲ挙タリ。可見。註ニ又猶逐也トアリ。遂屏ル事也。扨之《コレ》トハ娼疾ノ人ヲ指ス。コレヲ放流シ、屏二四夷一。仁人ト云所ニ心ヲ付ベシ。唯仁人ノミナリテ、仁人ナラサル者ノセザル所ナリ。新安陳氏ノ説ニ、唯仁人為能愛人能悪人ト一云ハ、家語ニ出タル孔子ノ語也。故以此謂冠之。乃引援ク古語之例ト一云リ。大全ニ見ユ。然レトモ家語ヲ本書ニ立テ、大学ノ傳者爰へ引ルトハ請取ガタシ。大学ニアルヲ取テ、家語ニ載タルカ。可疑。家語ハタシカナラヌ本也。

見賢而不能挙、挙而不能先命也。云々

此段ハ上文ニアル仁人ニ未至人ノ上ヘヲ述タリ。絜矩シ好悪スル事ハ知リタレトモ、イマタソコヲタヽキ不尽也。ハマリノ不足所ヲ可見。故ニ章句ニ知所愛悪矣。而未能尽愛悪之道。蓋君子而未仁者也ト一云リ。扨挙賢方ニテハ不能先ヲ命也ト云。退不善方ニテ不能遠ヲハ、過也トアルヲ可見。譬ヘハ病テ薬ヲ服セサルハ命也。毒ヲ不禁ハ過也。過ハ命ヨリ重シ。扨命ノ字、如字ヨミテモ通スベケレトモ、シツクリトセス。故ニ鄭氏云、當作慢。命慢音通ル也。程子云當作怠。字形相似タリ。二説共ニ章句ニアリ。又或問ニ字既ニ両通而於事義、無大得失、則亦何必苦シメ心極レ力以求レ之。徒ニ費レ日而無所益乎トノ玉ヘリ。尤ノ事也。只ヲコタリトヨミテ可レ置《ヲク》。

好人之所悪、悪人之所好。云々

好善悪レ悪ガ人ノ為人性也。孟子曰、是非之心人皆有之。然ルニ如此好悪相反スル故ニ、拂人之性。云払ハ逆也。拂人之性ハ是人ニ非ス。孟子曰、無是非之心非人。絜矩セザルノユキツキ所如此。此禽獣ニ近キ也。前文秦誓ニ君子小人ノ注文ヲ出シ、其次ヨリ好悪ノ上中下ヲ述タリ。第一節ノ能愛シ能悪ハ能絜矩スルノ至極仁人也。第二節見。見賢不善テ愛悪スル事モ知レリ。只未尽也。仁人ニハ大ニヲトレトモ是モ君子也。扨此ノ一節ハ、大ニ絜矩スル事不能、大不仁者也。此三段ヲ雙ヘ、己ニカヘリミルベシ。国天下ノ任ニ與ルノ不與ノ云差別ナク、学者ノ警戒也。扨前ニ文王ノ詩ヲ引テ、為人君止於仁ト云リ。此章ニ於テ唯仁人放流之云仁云ニ、固リ二ツハナケレトモ、前ノハ仁敬孝慈信トカソヘ立テ云フ所ノ仁ノ字故一徳ノ仁ナリ。爰ノ仁ノ字ハ全体ノ仁也。故ニ仁人ト云。章句ニ、至公無私ノ字ヲ以テ仁人ヲ註シ玉フ。其意可見。絜矩ハ恕ノ事ニシテ、恕所以行仁。

是故君子有大道　云々

是故君子有大道ト云七字ヲ見ルニ、声ヲ張アケテイカメシキ云タテ也。スレハサゾ珎シキ事ニテ而モ難レ測難レ窺コトニテアルヘシト思ハルヽ也。然ルニ下文ヲ見レバ何ノ珎シキ事ナク、随分易簡ニシテ誰モ知リヨキ事也。忠信ナレバ得之、驕泰ナレハ失之云。ソノ易簡明白ナル所カ大道ナル所也。譬ヘハ大路ノ如シ。少モ紛ハシキ事モナク誰知ラヌ者モナシ。是ヲ大道ト云タル所思フベシ。面白キ事也。假令ヒ告子ガ孟子ニ先タチテ心ヲ不動コトク、道云モノ捷径アリテコソセンテ本ンノ事ニ非ス。君子ノ不レ申トコロ也。馬車引連テ通ラルヽカ本ンノ道也。小道ハ得ル所ヘ害亦ツイテ廻ル者也。大道ハ誰モ知ルベキモノナスヘキ者也。故ニ章句ニ、謂修己治人之術トノ玉ヘリ。尤朱子之治人之術ト云ハ、新民之意謂ニシテ、此忠信驕泰云フ向ヘカヽラサル心術ノ工夫ニハ不レ当ベシ。此新民ノ意ヲフリカヘテ、親民ノ意ニ用レハ、此語却テ有レ味。此段ヘ格物ノ窮理ノトテサマ〳〵ノモノ落込ネバ、朱子ノ所謂修己治人云モノニ非ス。イカントナレバ事々物々ノ定理アリ。其物ニ即テ其理ヲ窮ルト云ヨリ立タル朱子ノ大学ナレバ也。ソレニテハ此本文コトノ外、六ケ敷ク入組タル事ニナル也。論語ノ朝聞夕死可ナリ矣ト云御註ニ、道トハ者（ママ）事物当然之理トノ玉ヒタルト同シ。一朝聞テ一タニ死ストモ可ナリト云道ヲ事々物々当然ノ理ト云テハ不当事ニヤ。仰山六ケ敷事ニナル。左様ノ事ニハアルベカラズ。委ハ此書ノアツカル事ニアラス。サスレバ論語ヲ読モノ其所ニ於テ可考。爰モ亦色々手ノ入事ニ非ス。本文ノマヽニ見ルベシ。必忠臣以得之、驕泰以失之、見ヘタル通リノ事也。扨ナルナラヌト云段ヘカヽリテイヘハ、朱子ノハ難フシテ、今言所ハ易ト云ニハ非ス。至極絜矩ヲ打フルハネハナラザル也。入組タル事ハナシ。心易クナリヨキ事ニハ非ス。見ヘタマヽノ忠信驕泰、扨々親切ナル事也。忠信ト云ハ、内外打ヌキテマコトナルヲ云。泰トハ忠信ニ反シテタカブリヲゴル事也。忠信ナル者ハ必謙ル。謙ハ衆善ノ所帰。所謂徳之盛也。藤樹先生本体ノ異名トセリ。驕泰ナル者ハ必傲ハ万悪ノ源也。丹朱ノ不肖惟一ツノ傲ノ字ト王子ノ玉ヘリ。自忠信ヲ好テ驕泰ヲ悪ハ親切千万ナル事也。扨得失ノ字、是マテ三タヒ出ツ。初ニハ衆ト国ニテ言、中ニハ善ト不　青《本ノママ肖カ》テ云。此段ハ得失ノ由来ヲ推原テ心術ノ上ニ於テ云フ。之《コレ》ト云字ニ国天下モ民心モ天命モ皆アル也。益々深切也。故ニ章句ニモ、至此而天理存亡之幾決ス矣トノ玉ヘリ。

生財有大道、生之者衆　云々

是ハ前ニ有土有財ト云ウニ因テ言フ。前ノハ理也。体也。爰ハ事也。用也。故ニ前ニハ此有土此有財ト云。爰ニハ生財ト云。然ルニ体用ハ一源也。必体ト用トヲ分チテ格別ニ講スヘカラス。既ニ此段ヲ事ト云ヒ、用トイヘハ生ト云字ヲ作意ニ看ナス也。甚害アリ。生ト云ハ自然底ノ事也。大道ノ事、上文ノ申セシ通リ也。扨生財ノ大道ハ畢竟人欲ノ一ツヲ去事也。暴君汚吏ハ人欲ヲ不去シテ浚民財ヲ殖ス。是ハ生スルニハ非ス。聚ル也。故其財聚レハ民散ス。又タマ〱財ヲ不聚ニ似タル者アリトイヘトモ、此大道ヲ不知故、徒ニ小恵ヲ事トシ、民ニ誉ヲ求テ恩ヲ賣ル。固リ誠ナラザル故、タトヒ敗散ストイヘトモ、民聚ルノ効ナシ。扨前ニ徳ハ本也、財者末也ト云テ、コヽニ於テ又生財ノ道ヲ云ウ。是深ク子細ノアル事也。聖賢傳来ノ道也。孟子七篇ノ首メ、梁恵王ノ将有以利吾国乎ト云ニ、何必曰利。亦有……而已矣ト云ヲ以テ、答テ又河内凶ナレバ則移其民於河東云々ト云章ニ不違農時……トノ玉フヲ可視。徳ニ本ヅキ財ヲ生スルノ道明白也。コトニ此ヲ王道ノ始也トノ玉ヘリ。下文ニ七十者衣帛食肉……トアリ。聖賢ノ心少壮ノ者ヲシテ衣帛食肉事ヲ欲シ玉ハザルニ非ス。顧ニ土地ノ所生分量アレバナリ。即大学コノ所ノ生之者衆ク、衆之者也寡……舒ノ意也。又洪範九疇初ヘ……。用八政コレ先在天ノ五行ヲ云。コノ五行在人ハ五事ナル故、第二、コレヲ述フ。散天之道也。是ヲ敬シテハ天人合一トナル。扨第三、八政ヲ述フ。人ノ以テ天ニ因ル所也。其八政、一曰食。二曰貨。コノ食貨ヲ先トシテアル事ヲ可視。能々見至レバ九疇第一番ノ五行ノ中ニ早見ユル也。水火木金ノ四ツハ以性言テ、水ニ潤下、火ニ炎上、木ニ曲直、金ニ従革ト云。惟土ノミ独リ徳ヲ以テ言テ稼穡トアリ。稼……ハ五穀也。人ヲ養フ事ヲ云リ。洪範ハ本ト天ニ出ツ。禹王ヨリ傳テ、箕子ニ至レリ。箕子コレヲ陳テ武王ニ傳フ。聖賢傳来如斯。生財ノ道重キ事也。故ニ有大道ト云リ。マコトニ国天下一日モ財ナクンバアルベカラス。扨財トイヘバ金銀ノ事ト思ヘトモソレハ第二也。右段々申セシ如ク財ノ本トハ食也。章句ニ呂氏曰、国無遊民、至寡矣。尤モ然リ。是国ノ道ハ本文生之云々ノ十六字ニテ尽タリ。知レタル通ニテ別ニ講ズル事ハナシ。扨ナルカト云ヘハ誰モエセヌ也。エセヌハツ也。人欲ガ邪魔ニナリテナラヌ也。実ニ大人ノ学ヲスル人ハ初手ニ格物致知ノ工夫ヲナシ人欲ヲヌイテ置故、是ヲ聞カサル。サナクテ、爰合点ジヤトテナル事ニ非ス。経済ノ根本モ爰ニテスム也。仁政ノ本也。生者ト云ハ農人也。農人多ク商売ノ少キヤウニスルガ第一也。上ヲゴリ世ノ中ノ風流ニナルト、町人多ク農人少クナル者也。世質素ナレバ商売ハ少キ者也。衣食住ノ三ツ歴々ニモヲトラヌヤウニテ而モ利ヲ得ル事多ケレバ、骨ヲ折テアジナキモノヲ食ヒ、糞土ヲ持運ブ農人ヲバ、誰モ厭フハヅナリ。世質素ニ帰リ、目前ノ町人ノ滅スルハ、天下ヨリ見レバ、世ノ衰微ト云ウモノニハ非ス。然レトモ町人モ衰微シ農人モ興ラズンバ、是ハ取ル手モナキ次第也。食之者寡事、右町人ノ論ニテ考知ルベシ。況ヤ遊民ハ太ニ国ノ害也。遊民ノ長タル者ハ出家也。国用ヲ一ツトシテナス事ナフシテ、而カモ衣食住美ヲ尽スモノナリ。是又日ニ繁カラヌシムケノアル事也。韓退之曰、古之民ハ四、今之民ハ六加老釈ト。油断セバ儒者ヲ加ヘテ七ツニモナルベシ。大ニ国天下ヲ憂苦トシ玉フ人牧ハ宜ク尋玉フベキ所也。然レトモ徒ニ所作ノ上ニテ求メ玉ヘバ却テ害ヲ生ズベシ。兎ニモ角ニモ良知ヲ致スニアリ。人欲アリテハナラヌ事也。扨為之者疾トハ、上ミ不ル農時ユヘ、民為之疾也。川ヨケ水普請トイウニ精ヲ入ル也。然レトモ民ハ我事故、捨置テモ心ニ入ルト思フハ、人君、又吏タル者ノ油断也。民ハ無知ナル故、シムケヲヨクセザレハ思ノ外無精ナル者也。病人ハ我身命ノ事故、サゾ養生第一ニスベシト思ヘトモ、脇ヨリ指引セザレハ食事等法ヲ不守ガ如シ。故ニ孟子文公ノ国ノ為ヤウヲ問ハルニ答テ、民事不可緩也。詩曰…トノ玉ヘリ。此詩、豳風七月之篇。周公ノ民ニ心ヲ用ヒ玉フ見ルベシ。又ヒタセリテ民ヲ使フ事ハモトヨリ暴君汗吏ノ得手モノ也。此詩ヲ聞カハイヨ〱得方ニ引カケテ、益々民ヲ労スベシ。ソレニテハフテタリスネタリシテ、曽テ精ヲ出サヌモノ也。故ニ孟子下文ニ於テ、民之為道也、有恒産…無、不為已トノ玉ヘリ。恒ノ心ナキ民何ゾ精ヲ出シテツトメンヤ。是在」位人ノ過ナリ。国ヲ憂ルノ君、孟子ニ於テ講求シ玉フベシ。又孔子禹王ヲ賛シ玉フテ、卑宮室而尽力乎溝恤云々トアルヲ可見。先手前ノ宮室ヲ美ニスル人欲ヲ断去テ力ヲ民ニ用玉フ也。即此段ノ用之者舒ト云ヘルガ此事也。我人欲ノ入用ヲ省クヲ云。田間ノ水道ヲヨクシテ備旱潦事ハ、人君心ヲ用ヒ玉フベキ事也。水カヽリ水ハキハ田地ノ咽喉便道也。扨大学ノ此章コレヲ論ゼサレハ文段スマズト云ニモアラズ。モトヨリ一二ヲ論シテ尽ル事ニモ非ス。無用ノ物カタリ也ト云ベシ。然レトモ我人大学ヲヨムト云ヘトモ、作二一文字一看過スルノミ也。随分ヨキブンガ道徳ト云テ事業ヲ忘レ、事業ニカヽル者ハ道徳ヲ捨ル也。是ハ譬ヘバ木ノ真木ヲ切捨テ、其根バカリニ培テ徒ニ根張リノ大ナランヲ欲スルト。又根ナキ其真ン木ノ枝葉ノハビコラン事ヲ求ルトノ二ツノ惑也。共ニ国天下ニ益ナキノミニ非ス。我ニ於テモ、豈如斯ノ聖門ノ学アランヤ。故ニ天下ノ章、先慎乎徳也。有根テ枝葉アル也。而又コヽニ於テ生財大道ヲ述フ。皆明明徳以親其民、而親民以明其明徳学術也。一篇ノ文章ト打詠メズ。又一偏ニカタヅラヌヤウニト、シバ〱師説ヲ挙テ、経世ノ一二ヲ論シ、此章ヲ衍義スル者也。

仁者以財発身　云々

以財発身トハ以財此身ヲ立テテ通ル事也。前ニ所謂財散、民聚ル事也。民聚マレハ身起テ自尊シ、不仁者ハ身ヲ打込テ財ヲ殖ス事ヲノミツトムルナリ。

未有上好仁　云々

此一節ハ上文以財発身仁者ノ效験ヲ云。上ノ人財ヲ不貪シテ所好仁愛ナレバ、下感興シテ忠義ヲ好ム者也。下忠義ニシテナス事ノ不終ト云事ハ未有也。顧尭舜ハ不知其ヨリ以下ノ賢君明主ノナシ玉フ事、千ガ千、万ガ万、悉ク理ニ当ルト云事ニテモ有マジケレトモ、其根タル所仁政ナレバ、少々不合事モ遂行ハレテ、而モ其事ドコトナフ国家ノ一益ニモナリヲヽセル者也。又論モツマリ事マタ国家ニ益タルベキニ極スル事モ、根トスル所口上ノ利ヨリ出レハ、カシコノ爰ニ障リ出来テ其事不終者也。タトヒ其事終ヘ其益アリテモ、害亦随フ者也。何事モ法度号令ノミ頼ミニテハナラザル者也。扨コノ上ミ仁ヲ好メバ下義ヲ好ムト云ヲ能可味。

仁義二ツニ非ルヲ見得ン。コノ府庫トハ上ノ府……也。其府……ノ財モトヨリ上ノ財ナリ。然ニ弥シソウニ府……ノ財其財ニアラザル者ハアラズト仰山ニ名ノリ立テハ、ナゼナレハ上ノ勢ヲ以テ府庫ニ納メ入レテアリテモ、所謂以身発シタル財、悖テ入タル貨ナレバ、眼前上ミノ蔵ニ有テモ、畢竟其財其貨ハ下ノ物ナリ。紂王ノタメ置タル鹿台ノ財、鉅橋ノ粟、徳宗ノ瓊林、天盈ノ積、是也。上ミ仁下義ナル忠愛ヨリ入レ置タル府……ノ財ナレバ悖出ノ患ナシ。是誠ニ上ノ物ナリ。故ニ仁義ヲ語リテ後府……ノ財ナル事ヲ云ヘリ。扨常ニ仁義、仁義ト云ヘトモ、卑質如恒者ハ只ウハノソラニテ、工夫力量ヲ用ユルコト不能。コノゴロ古本ノ大学并ニ王文成公ノ序大学問等ヲ数日読テ、天下一物トシテ我物ト云物モナク、又他ノ物ト云物モナキ事ヲ思ヒ付タリ。爰ニ於テ工夫少シク省発スル事アルニ似タリ。夫天下何カ一ツ我物ト云物アリヤト尋ツメテ見ルニ、生レ出タル其初ハ誰モ皆赤裸ナリ。故ニ人ヲ裸《ハダカ》虫ト云。今日口ニ食ヒ身ニ衣ルヨリシテ、居ル所ノ家、用ル所ノ器財、一ツトシテ我持テ出タル物ニアラズ。随分私シテ我物ト云ヘキ物、外トニテ四支百骸、内ニテ五臓六腑コレノミ也。コレトテモ殺身為仁有ルヲ見レハ、自私シテ我物トスル事ハナラザル也。此工夫実落セバ富貴ニ夸リ奢リテ、貧賤ヲアナドリサクル事モ、貧賤ヲナゲキ悔テ、富貴ウラヤミソネム事モアルマシキナリ。舜禹ノ有天下テ興リ玉ハザルト、孔顔ノ陋巷ニ居玉テ、楽ミ玉フト。其地位懸隔ナレトモ、其心一也。豈舜禹孔顔ノミナランヤ。雖常人良知ニ求レバ同然ナリ。然レバ天下一物トシテ我物トスベキ物ナシト云ウ所ニ於テ、高ヲ括テ覚悟スベキ事也。爾我ヲ分チ彼是ヲ争フ。サモシキ心少シハ醒ムベシ。又天下何ニ物カ一ツ他ノ物トシテ疎シ遠ベキ物アランヤ。皆我仁愛ノ中ニアリ。人ト人トハモトヨリ同類ナレハ愛スル厚キ所也。而シテ知覚アル禽獣、而シテ生意アル草木、而シテ無情ナル瓦石マテモ、皆我身中ノ物也。天下心外ノ物ナケレバ也。故ニ孟子ノ玉ヘリ。自ラ反スレバ万物皆備於我ト。実落ニ此工夫ヲ用イバ、形骸ニ隔、己得失惑フノ私心少ハ薄カルベシ。夫天下ノ物一物トシテ我物トスルノ私愛ナキハ義也。天下一物トシテ他ノ物トスルノ私憎ナキハ仁也。府庫ノ財、其財タル事固リ天也。

孟献子曰、云々

章句云、孟献子……用氷者也。是ニツキ氷凌ト云事アリ。氷室《ヒムロ》也。周礼天官ニモ凌人挙氷トアリ。日本ニモ古コノ事アリ。仁徳天皇甲戌六月一日、額田《ヌカダ》皇子大和闘鶏山ニ狩シ、氷ヲ得テ天皇ニ献シ奉リシ也。其司ル者ヲ氷室守《モリ》ト云ルト見ユ。其用ル子細ハ不知。唐ニテハ祭祀或ハ饗応ノトキ、大ナル瓦盆ノ如キモノヘ氷ヲ盛テ、其内酒肉ノ類ヲ置キ、暑熱ヲ禦ギ味ヲ不ㇾ失ハ、色ヲ不変ヤウニスル也。又喪ノトキ夷槃ト云モノヲ設テ造ㇾ氷。氷ヲ盤中ニ実レテ、尸状ノ下ニ置テ尸ヲ寒ス事也。皆仲春ノ後ヨリ秋涼シクナル迄ノ間ノ事也。大夫以上スル事ニテ士ハ氷ヲ不用。士ノ分際ニテ氷ヲ用ルホドノ事ハナキ故也。君ヨリ氷ヲ賜ハリテ用ユル事ハアリ。ソレハ各別ノ事也。扨卿大夫ハ受氷ノ家也。斬氷事ハ国君ノ事也。然ルニ喪祭ナト云重キ事ニハ、卿大夫ノ為メニ君氷ヲ斬玉フテ賜ハル故、伐氷ト云テ直ニ卿大夫ノ事ニナルニテアルベシ。百乗ノ家トハ軍車百輛出ス家也。シツカトシタル身代也。扨士タル者ハ禄モ少ナケレバ、四時ノ祭式ハ盛礼ヲ行ヒ、貴人ノ客ヲ設ルナドヽ云トキ思フヤウニ鶏豚ヲ買得ル事ナリガタキ故ニ、常ニ心ガケ畜置事餘儀モナキ事也。已ニ試ラレ大夫トモナリテ四馬ニモ乗ル身ニテハ、餘慶モアレバ、其時ニノゾンデ鶏豚ヲ調フベキ事也。兼テ貪リ畜置ベキ事ニ非ス。是ヲ不ㇾ察ト云ウ。今一段上ミ喪祭ノ家、是ハ益々大身ナレバ、タトヒ我カ財ハ亡トモ民ヲヤブルベキヤウナキ事也。故ニ不ㇾ畜㆓聚歛之臣㆒ト云ヘリ。扨是ハ前ヨリノ語ノウツリニテ云ル辞也。百乗ノ家ヨリ以下ハ之アリテモ不苦ト云事ニハ更ニナキ事也。泥ㇾ語句ニ執滞シテ、義ヲ害スベカラズ。寧トハ和語ノカヘツテト云ヒ、マシト云ウ意也。聚歛之臣ヨリハ盗臣ノ方ガカヘツテマシゾト云事也。激シタル語ナリ。然ルニヨク見レバ激論ニアラズ。聚歛之臣ヲ臣ゾト思ヒソコ意、ドコトナフ御為者《ヲタメシヤ》ト思フヤウナルサモシキモノ不レ尽。故ニ此ヲ激シタル語ノ様ニ見ル也。トクト自反スベシ。一念モ損於下テ、益於上ノ意アリテ、人主ノ欲ヲ奉シ、取媚於上ゾナラバ、我即聚歛之臣也。時君モシ闇フシテ、コレヲ国ニ利アリトシ、納忠トシテ賞セラレ、名声モ亦一時ノ冠タリトモ、所謂献子ノ罪人ナリ。恥カシキ事ニヤ。扨段々ノ論ヲ可見。不畜鶏豚、不畜牛羊、不畜聚歛之臣トアリ。更ニ人間アシラヒニ非ズ。深ク民ト利ヲ争フベカラザルヲ云フ。魯ノ相公儀休援二園葵一去織婦事、載二史記一。董仲舒賢良對策ニ與二之歯一者去二其角一云々。共ニ朱子或問ニ収メ玉フ。此謂以下傳者献子ノ語ヲ釈スル辞也。此語古語トモ見ユ。扨コノ章最初君子有絜矩之道云出シテ、スベテ章内能絜矩スルト不絜矩トヲ反復シテ述タリ。初ニハ上ミ人君ニテ云ヒ、中コロ秦誓ヲ引テ大臣ノ註文ヲ云、コヽニ於テ献子ノ語ヲ引テ、聚歛ノ臣ノ悪ムベキヲ云。次ニ如斯ノ小人ヲシテ国政ヲアツカラシムレハ、失民心蠹国脈、災害並至テ、終ニ手モ付ラレヌ様ニナリ果テ、亡ル事ヲ云ヘリ。是国天下ノ大事ハ、補佐ノ臣ニアル子細ナリ。大学ノ学問ハ臣トシテハ王佐ノ臣、君トシテハ民ノ父母タルノ君トナル事也。

長国家　云々

長トハ大ニシテ天子諸侯ハ申ニ不及、小ニシテ卿大夫諸大夫ノ如キ、一家ニ長タル人ト云ヘトモ貴人ハ元年《（ママ）》〔来〕サモシキ事ニ心ヲ用ヒ玉フハヌ者也。今日ニテモ大身ナル人ハコレヲ恥玉フ者也。左様ノ歴々ノ財用ニ力ヲ専トシ玉フハ、剥レ下奉レ上小人事ヲ取ル故也。小人ハ世ニ所謂御為者。上文献子ノ玉フ聚歛ノ臣也。故ニ章句ニ、自ハ由也、言レ由二小事導一レ之也ト云ヘリ。彼レ為ニ善《トス》レ之トハ、彼レハ小人ヲ指ス。コレヲタメニヨシトシテ、聚歛ヲナシナス也。章句ニ、彼為善之、此句ノ上下、疑有㆓闕文誤字㆒ト。イヅレ穏ヤカナラヌ文字也。サレト一通リ聞ユル也。二程子定本此ノ字ノ説アルヲ不聞。但伊川先生云、一本ニ、作彼為不善之小人使之為国家。コノ類ノ語古書ニハ多キ事也。一ト通リ聞ヘバソレニテ置ベキ也。扨如斯小人ノ仕形ヲ忠ナリトシテ納レ用ヒ、使為国家、菑害並至ル。菑ハ天菑トテ天変アル事也。害ハ人害トテ疫病ハヤリ稲ニ虫ナドツキテ、世ノ中アシクナル事也。此段ニ至リテ、ヤレト云テ能者ヲ用ニテモ益ナキ也。譬ヘハ一朝タナラヌ病因ヲ油断シテ薬ヲモ不㆑用ノミナラズ、飲食節度ヲ失ヒ、気血精神共ニ耗《ゴウ》散シテ、已ニ変ヲ顕ハス段ニ至リ、驟テ良医ヲ招カ如シ。良医固ヨリ仁ニシテ、且ツ術アレハ、病痾深固ナリトモ腎間ノ動気ダニタシカナレバ、回生起死ノ功ヲ奏スル事モ〔アルベケレトモ〕、後天穀気、先天真気、共ニ絶スルニ至テハ、幕ニ爪シ腸ヲアラウノ術モ可施地ナシ。其如ク善者ノ於国天下、タトヒ天菑シバ〳〵ナリトモ、仁ヲ以テ引カヘス事モアルヘケレトモ、天怒リ人背キ菑害并至テハ、早仁政モ手オクレニテ、如何トモスベキヤウナシ。終ニ国脈亡ル也。故ニ又此謂国不以利為利、以義為利也。深ク明以利為利之害、而重言以結之。其丁寧之意切矣。扨コノ結句分ケテ見レハ、上文ノ義利ハ心理ノ上ヘ示シテ云フ。故ニ章句ニ君子寧㆑亡己之財而不忍傷民之力トノ玉フ。此段ハ本文ニ、雖有善者亦無如之何矣トアルヘカヽリテ云フ義利故ヘ、事上ノ義利也。心術事上共ニ以㆑利利トセズ、義ヲ以テ利トセヨトノ教也。如㆑斯見レバ、欠ケ目モナフ委シキ事也。然レトモコノヤウニ分テ見ルヲ支離ト云。口耳ノ為ニハ面白ク聞ユレトモ、意味ハ却テ短クナル也。上文ハ心術ニシテ事上カケ、此段ハ事業ニテ心上ナキ様ニナル工夫ニ於テ害アルナリ。上文下文共ニ通シテ、何方タニモ心術事業、何方モ不以利為…ト見ルべキ也。心外ニ事ナク物ナケレバ、又事物ヲ離レテ心モナシ。然レバ工夫モ又二ツハナキ也。扨コノ終章絜矩好悪義利ヲ述フ。其故ハ平天下ノ要道。能絜矩シテ好義悪利而已矣。

此外更ニ言フベキ事ナシ。而シテ専ラ言財用モノハ、人君利ニ喩ケレバ義アル事ヲ不レ知シテ善者ヲ忘テ小人ニ由ル。故ニ章内理レ財用人ノ二事ヲ打カヘシ〳〵互ニ発シテ、丁寧深切ヲ尽スナリ。

○大学一篇、多ク説二好悪一。先第一誠意ノ章ニ、如悪悪臭‥‥ト云。是好悪ノ本体也。斉家ノ章ニ、好而知其悪云々矣ト云ヒ、莫知其子之悪云々ト云ウ。是ハ人情一モ之《ユク》トコロアレバ、偏辟ニシテ好悪ノ本体ニ背クヲ云也。治国ノ章ニ、所令反其所好ト云。是レ言ハト行ヒト好悪相反シテ民不信令ヲ云。平天下ノ章、所悪上下前後‥‥ト云。是良知所レ知ノモノニツイテ自反及求シテ、欲レ尽二好悪本体一也。即平天下ノ要道也。次又民之所好好之‥‥ト云。是好悪ノ直ニシテ、平天下ノ賢君也。又秦誓ニ人之彦霊‥‥ト云。是レ天下棟梁ノ臣ニシテ人君ノ可二挙先一人也。人之有枝‥‥ト云。是疾レ国ノ小人ニテ人主ノ可二退遠一人也。次ニ仁人能愛レ人。能愛人ト云。是レ至公無私ニシテ好悪之正也。又好人之所悪、悪人所好‥‥ト云ハ、是好悪ノ大ニ私アル者也。人ノ本性トスツテ、違テサカサマナル者也。人君人臣共ニ如斯ナレバ、菑必逮夫身。コノ人長国家タレバ、小ニシテ国、大ニシテ天下其禍ヲ受ク。故ニ末ニ於テ菑害并至ト云。又上好仁、下好義、末有好義、其事不終者也。是所好仁義ナル故、效ニ目ヲカケザレトモ、如斯府庫ノ財ヲ有ツテ、メデタキヲ云フ。右好悪ヲ述ル事ノ丁寧反覆ナルヲ可見。而卒章ニ於テ二タヒ、国不以利為利‥‥ト云テ、大学一篇ヲ結べリ。傳ノ首〆誠意ノ章、好悪ニ初リテ終リ平天下ノ章、義利ノ弁ニテトマル所ヲ深ク翫味スルニ、学テ大人トナルノ学問ハ誠意ニ尽タリ。其誠意ノ学ト云ハ、所好義、所悪利ナレバ也。義利好悪ノ外、誠意ノ学ナケレバ平天下ノ学モナシ。然レバ誠意ノ学即平天下ノ学也。只場所ト分量トニ異アルノミ。誠意ノ章慎独ノ君子ヲ天下ニ置ケバ、即民之父母、絜矩ノ君子也。スレバ卒章為《ヲサメ》二国家一テ菑害ヲナスノ小人、亦誠意ノ章ニテ間居セシ小人也。総括シテ見レバ、好悪義利表裏始末ヲナス。誠ニ文成公ノ大学ノ要、誠意而已矣トノ玉ヘルハ有難キ金言也。只此誠意ノ工夫、大学一部徹頭徹尾ノミナラズ、實ニ古聖人ノ道学、只コレノミ。誠意ヲ外ニシテ学ハバ、徳如温公、才如二諸葛武侯一ト云ウトモ、終ニ其異端タラサルヲ不知。〇又大学一篇義利ノ弁ニテ終ルヲ見。孟子七篇義利ノ弁ニテ発ルヲ見ル。義利相対シテ教ヲナス。是聖賢傳来ノ法脈也。又論語ニ云ヘリ。君子喩於義、小人喩於利。

大学総論

銭緒山曰、一部大学、其宗旨不待泛求。只在止至善一句。止至善、又不待泛求。只在各々自己良知。至善如何。即是良知。容不得一念自欺。可見吾心本体本来至善。天命流行。純粋無雑。不待擬議。自然発見。此理至徴而昷。至動而寂。是之謂至善。若着一毫擬議。便参以人。便危而不自安矣。可見良知即是至善也。在己而言、虚霊之中、条理燦然、謂之明徳。在家国天下而言、分雖不同、其真誠惻怛。一体無間、是之謂親民。大学之教、只説止至善足矣。必　一字マメツ　明徳親民説来者。要知此是聖人立言苦心。離却親民以明々徳、是以清浄無染見良知也。離却明々徳以親民、是以事功作用見良知也。以清浄無染見良知、而不功乎家国天下之施是謂玄虚。是謂寂滅。非止至善也。以事功作用見良知、而無有乎真誠惻怛之實。是謂假仁。是謂義襲而取、非止至善也。若内以立寂然未発之体、而外昷（ママ）〔顕〕自然物格之用。是又分内外二見、内外不能両忘。非止至善也。古之止至善二字、必従明徳親民指点出来。可見至善之体、至動而神、至感而寂、合内外而一之者也。此聖賢立言之苦心、師門説教之宗旨。于此悟得徹、斯謂之真悟。于此行得徹、斯謂之寔行。

考證

論吾子曰道千乗之国云々 学而篇 ○又子曰君子学道則愛人 陽貨君子以位言 ○孟氏使陽膚為士師云々 子張之篇 ○孟子曰今王與百姓同楽云々 梁恵王下按孟子説斉梁之君其説皆不出于此外而凡全篇言治平事業者一以親愛為本 ○又曰三代得天下也以仁云々 離婁上 ○又曰愛人不親反其仁云々 同上此乃親民堂記取由来 ○又曰桀紂之失天下也失其民也云々 同上 ○又曰文王視民如傷 同上 ○中庸曰為天下国家有九経云々 第廿章 ○易曰大哉乾元万物云々。又曰至哉坤元云々 上彖伝○按是親民之所以然也 ○又曰地上有水比云々 比大象傳 ○詩曰 ○書曰恫瘝乃身敬哉 康誥 ○民可近不可下 五子之歌 ○礼記曰孔子對哀公曰古之為政愛人為大 哀公問 ○周礼大宗伯以賓礼親邦国

○傳習録上冊曰。愛問在親民。朱子謂當作新民。後章作新民之文。似亦有拠。先生以為宜従旧本作親民。亦有所拠否。先生曰。作新民之新。是自新之民。與在新民之新不同。此豈足為拠。作字却與親字相對。然非新（ママ）字義。下面治国平天下処。皆于新字無発明。如云君子賢其賢而親其親。小人楽可楽而利其利。如保赤子。民之所好好之。民之所悪悪之。此之謂民之父母之類。皆是親字意。親民猶孟子親々仁民之謂。尽心上 親之即仁之也。百姓不親。書舜典 舜使契為司徒。敬敷五教。所以親之也。尭典克明峻徳。便是明々徳。以親九族。至平章協和。便是親民。便是明々徳於天下。又如孔子言脩己以安百姓。論憲問 脩己便是明々徳。安百姓便是親民。説親民。便是兼教養之意。説新民便覚偏了。

天保辛丑八月二十六開巻十月十一日謄写畢

土生惟鶴

四　琴卿集

桑揄三言

〔第一　志學説〕

志者心之所出也。道者性之所欲也。是故欲必為聖人者、必立為聖人之志、而學率性之道焉。其成與不成者、非所憂、惟責志勉學也已。此外無更可言矣。蓋夫子ノ十有五ニシテ而志于學ト云フモノ是也。但シ何ンカ故ニ志于道トノ玉ハスシテ、志于學トノ玉ヘルトフハ、ホカニ不可穿。學即チ道、道即學ニシテ、初ヨリ二ツニアラズ。論語ニ、學而時習之ト云。學ノ字乃中庸所謂率性道ノ事ニテ、中庸發端率性ノ道、乃論語ニ所謂時習ノ學也。猶溯ツテ、伏羲ノ一畫、堯舜ノ執中モ、惟是ノミ。其所指ニヨツテ名ノカハルノミ。譬ヘハ我カ此ノ一身ヲ親ハ子ト云、子ハ親ト云ヒ、主ハ家来ト云ヒ、家来ハ主ト云フカ如シ。文字言句ニ泥ンテ、他岐ニ迷フベカラス。孟子没シテ此ノ學、此道ヲ取失ヒシニ、宋ニ至テ、濂溪先生ヲ始トシ、程子朱子陸子其外張子呂子等ノ数賢ナラヒ起リ玉ヒ、或太極説、或定性書、或好學論、或西銘等ヲ著ハシ、又居敬窮理ト宗シ、又ハ實理流行ト云ヒ、其説区ナレトモ、皆古聖賢ノ餘澤、一時ニ明ナル者也。嘗テ聞、漢唐千餘年ノ間、董子韓子ノ彷彿タル数言、道ニ近シ。然レトモ本原竟ニ昧ヒタレハ、孟以後聖人ノ道継モノナシト。然ルニ所謂周程出テ玉ヒ、上之通孟子、且程子ノ道四傳程明道伝之於揚亀山、亀山伝之於羅豫章、豫章伝之於李延平、延平伝之於朱新安。、而至朱。朱専主張伊川之學。其文義之精密、孟子以来所未有ノ一人也ト。然ルニ其徒往々滞文字而溺其心。嘉定元太祖年号。朱子没後九年、改元以後、益支離散漫シテ、此ノ學、此ノ道マタ記誦詞章ノ俗學トノミナレリ。朱子ノ門人ニ於テ、陳北渓名淳字安卿饒雙峯名魯字仲元ノ如キハ別シテ大儒ニシテ、鑽研於文義、毫分縷析、精密ヲ極ムル事、雖大越他人、與彼記誦詞章之俗學、相去豈能以寸。是亦原本意昧ニ也。諸ヲ父祖所譲ノ金銀貨財ヲ喪フテ、タヽ其簿書《テウメン》ヲ重宝シ、日夜コレヲ翫フニ譬フ。道學穿鑿ニ陥テ理学コヽニ極マル。誠ニ可嘆也已《ノミ》。其後至明テ陽明王先生出テ大ニ憂之、良知ノ學ヲ唱ヘ、精一執中ノ古學ヲ復セリ。其意謂古聖賢ノ奥秘、只良知ノ二字至レリ尽セリト。其言ニ曰、我此良知ノ二字、実ニ千古聖賢相傳一点ノ滴骨血也ト。又曰、某於此良知之説、百死千難中得来。不得已、與人一口説盡只恐學者得之容易、把作一種光景玩弄、不實落用功、負此知耳。見年賦節略資深壮年ノ時、蛻岩梁田先生ノ紹介ニヨツテ、梁田先生ハ予カ自弱冠ノ師也見執斎三輪先生テ、受此學。然ルニ王子ノ玉ヘル如ク、悠々トシテ不實落用功、垂八十、始テ覚其非。初ヨリ不信固無論。ステニ信ストナラハ、呉臨川ノ晩ニ云ル如ク、一日之内子而亥、一月之内朔而晦、一歳之内春而冬、常見吾徳性之昭々。如天之運転、如日月之往来、不使有須臾之間断。則於尊之之道殆庶幾乎。思フニ此學似易而至テ難シ。朱子ノ徳ノ賢ナル、學ノ精キ、教ノ及フ事ノ深キサヘ、本領一段ノ工夫、猶闕ルトコロアリト聞ク。呂子ト再三論辨アツテ改之玉ヘシト。今ノ章句ニ於テモ、天命ノ一段、恐クハ事物窮格ノ説ニ障ラレ玉ヒ、尭舜禹陽（ママ）〔湯〕周公孔子子思孟子嫡々相傳ノ易簡直截ノ宗旨ニハ、趣向少シク背ケルカ。蓋良知ハ先天ノ學也。扨先天ノ學ノ事、予カ愚昧ニシテ、シカモ志ノ拙キ思ヒツキヌヘキ事ニモ非ルニ、一朝フト心ニ浮ミヌル事、父祖ノ積善ノ餘慶ナルカ。誠ニ冥加ノ至リナリ。然後ニ退テ思フニ、程伊川朱新安ノ學、文義正シク、字義審カニ、且ソノ議論確乎不可抜。然ルニ天命一段未發ノ中ニ於テ、本領猶有所闕。邵康節ノ學ノ如キハ、動スレハ、術数ノ末ニ落ツ。雖然却テ有所根本領。其自餘吟曰、身生天地後、心在天地前、天地自我出、自餘何是言ト。無所見何云ハン。王子良知之説蓋似之、文録語録等屡出故略之。扨論語夫子所云、往無非先天之學、カノ董仲舒ノ依稀タル数言モ、有取于此也。然伊川朱子ノ大賢、其他宋朝ノ諸君子、紛々ノ論ハ多シテ、本領一段ノ所、ソノ頭脳ヲ欠クハ何ソヤ。不リキ思、我朝ハ初ヨリ此処明々タリ。寶基本紀曰、神道則出混沌之堺、帰混沌之始ト。鎮座傳記曰、神人守混沌之初ト。鎮座本紀曰、除萬言之雑説、而挙一心之定準、配天命而嘗《ナム》神気、故祭神清浄為光ト。東家秘傳曰、渾沌未分處、立心者大象也。苟得其道、則先天地主造化、我國自神代此道炳焉ト。是等皆暗良知ノ説ト符號ス。宋學之所不言也。資深嘗聞、神道以異國之學混淆スル事ヲ禁スト。我何為犯其所禁、常慎而不以儒説神。雖然所理之自合者、神儒何擇。舎人親王編日本書紀、既以漢字填和語。而其理愈明矣。誰非也トセン之。又應神天皇令王仁師稚郎子《ワカイラツコ》学漢字。是日本用漢字ノ始ニシテ、以與日本詞通用ス。蓋王仁モ亦學和語。故此時無相齟齬、所理同ハ漢字モ即チ和字、儒語モ即神語。若理違ハヽ、タトヒ語相似タリトモ、是以儒附會於神也。蓋非應神帝之神慮。況以佛之似附于神乎。可謂大背神慮ト。或人曰、王仁ノ和語ヲ学ヘル事何レノ書ニ見ヘ何ン人ノシカ云ルヤ。曰難波津ニ咲ヤ此花ノ和歌ヲ以テ知之、何ヲ苦ンテカ拠ロヲ他ニ求ヲ為ン　扨此書所記、志學先天律襲ノ三條、皆予カ晩年ノ工夫也。立志ハモトヨリ學者ノ當務、一日一時モ不可怠者也。故ニ最初ニ先ツ記ス。然ルニ此記、予カ晩年ノ工夫ノ所為、要ハ先天ノ學説也。易簡而天下之理得ル者也。儒家失之テ、我本邦却テ此道自存セリ。前所引ノ寶基本紀等四件ノ語可味、律襲ノ條ハ志先天ノ餘論也。先天之學ノ事次ニ論之。

〔第二　論先天之學〕

先天ノ學ノ事、中庸首章發端ノ三句ニ云ヒ盡セリ。孔子ヨリ曾子、曾子ヨリ子思ヘ傳ハレル道學ノ道統也。顏子既ニ傳ヘ玉フトイヘトモ、短命ニシテ死シ玉ヘリ。其餘ニテハ、子貢頴悟、顏子ニ次クト云ヘトモ、其始メ聞先ノ學ニ隔テラレ、且屢中ノ才ニ引カレテ、性道統ニ與ル事不能。屢中ノ事、近ク論語八佾篇告朔ノ章ヲ見テモ可察之。魯自文公始不視朔而有司猶供此羊。子貢欲去。夫子愛其禮トノ玉フ。然ルニ雖羊猶存朔遂不復。子貢欲去者虛見ニアラス。蓋屢中ノ一証ト為ベシ。同公治長篇曰、子謂子貢曰、女與回也孰愈、對曰賜也。何敢望回、回也聞一以知十。賜也聞一知二ト。蓋以知十知二答フルハ、是德ノ優劣ヲ云フノ辞ニアラス。才ノ事ナリ。是亦子貢以聞見為學トノ一証ト為ヘシ。子貢平日以己方回、見其不可企及者、皆才カコトナリ。其自言曰、夫子之言性與天道、不可得而聞也。集註至是得聞之而歎其美也ト見ユ。公治長篇　子貢後ニ其志裏ニ向ヒ、性天道ヲ聞テ此語ヲ發セリ。蓋孔子為メニ道轍チ天下ヲメクリ、孔席不暖トテ、一処ニ尻スヘ玉フ事モナキホトナレトモ、性天道ヲ告ケ玉フヘキ人君弟子ニ乏フシテ、打チ過キ玉ヘルナリ。晩ニ曾子子貢等一傳之玉フ。如此性天道ノ説ナルヲ子思子於中庸人ノ撰ミナリ。一句ニ泄シ玉フハ、卒爾ナルヤ事ナレト、時処位不得已也。子思ハ孔子ノ嫡孫ナレハ、其相距遥カニ久シキニモアラサレトモ、異端ノ説蜂起シ、勢不可遏。此時性命ノ説ヲノ玉ハサレハ、天地アランカキリ、聖人道統ノ傳来殆ントヤムニ近シ。子思ノ憂、此ノ上ナシ。サレハ朱子章句序文ノ最初ニ、中庸ハ何為而作也、子思子憂道學之失其傳而作也ト云ヘリ。朱子時ヲ知リ、且子思ノ意ヲ辨ヘ玉ヘリト云フヘシ。蓋シ中庸最初ノ三句、上古ノ聖神、継天立極、道學ノ蘊奥、道統ノ傳来ニシテ、誠ニ極秘ノ語也。就中開巻ノ第一義天命ノ二字、愈以テ秘中ノ秘也。蓋聖學ハ、性ノ一字緊要也。夫性ハ天所賦ノ理ニシテ、健順五常之徳也。其天ニ出ル所ノ者ヲ外ニシテ、只事為ノ末ニ於テ私知ヲ用ヒ、布置按排シテハ、タトヒ幸ニ其事可ニアタルト云トモ、正載覇者ノ事業ヲナシ得ノミ。豈聖學ト云事ヲ得ンヤ。窮理ト云フモ、此理ヲ推シ究メ、性ヲ打チフルヒ、天命ニユキツク事ナリ。説卦窮理盡性以至於命ト云フ是也。朱門ノ後學イツトナク第一等ヲ闕キ、ヒトヘニ事物ノ理ニノミ泥滞シ、只管事詮議ニ陥溺シ、天命ノ性ニモトツキ難シ。中庸章句ニ、聖人曰人物之所當行而品節之、以為法於天下、則謂之教ノ説イヤトハイハレヌ語ナリ。印證固多シ。然レトモ中庸首章ニ云ヘル教ハ不然、何也。中庸首章所言ハ、天命ヲ性ト云ヒ、率性ヲ道ト云ヒ、其道ヲ脩ムルヲ教ト云フナレハ、此教ノ字ハ天命ヨリ引ツ張リタル教ニテ、雖聖人外ヨリ歯牙ヲ加ヘ玉フ所ニアラス。サレハ子思自解之テ、自誠明謂之性、自明誠謂之教、誠則明矣。明則誠ト云リ。第二十一章 所謂誠ハ天命ヨリ云。所謂明ハ良知也。然ルヲ如禮樂刑政属是也ト云ヘル。恐クハ朱子支離散漫ノ端ヲヒラキ玉ヘルニアラスヤ。蓋自誠明ハ是聖人ノ生レナカラ所得玉フ也。文王孔子ノ如キ是レナリ。湯武ノ為聖ハ反之也。湯武ノ反フスルサヘ、文王孔子ノ性ノマヽナルニ比スレハ第二等也。況ンヤ禮樂刑政ノ属ヲヤ。中庸首章所云ノ教ニアラス。可観第一章、自頭至尾、惟性命ニ根サス事ノミ。無駆其他、其書中亘萬事ト云ヘトモ、其基ハ是ノミ。是中庸一書ノ頭脳ニシテ、聖學全体ノ骨子也。資深垂八十、ハシメテ眼ヲ此ニツク。同志資深カ晩キカ如クナル事勿レ。朱子曰、道猶路、人物各循其性之自然、則其日用事物之間、莫不各有當行之路、是則所謂道也トハ則可也。脩品節之也。聖人因人物之所當行者、而品節之以為法於天下、則謂之教、若禮樂刑政之属是也トハ、非中庸開巻之本意。前ニ云フ所トクト考ヘミルヘシ。又章句下文ニ曰、人知己之有性、而不知其出於天、知事之有道、而不知其由於性、知聖人之有教、而不知其因吾之所固有者裁之也ト。マコトニ人人如此。然ルニ是レ何ソンカ故ソト推究ルニ、最初ノ知己之有性ノ知ルノ字ヲ初トシテ、知有道知有教ノ三ツノ知ルノ字、聞見ノ知ナルカ故ナリ。真知ナレハ下文三ツノ不知ノ憂ナシ。真知ニ本クヲ學ノ要トス。其妙訣、他書ヲ捜《サカ》スニモ、他人ノ言ヲ借ルニモ不及。於第二十一章、子思明白ニ示シ玉ヘリ。自誠明自明誠是也。自誠明トハ聖人徳無不實而明無不照者也。賢人以下至衆人ハ、或ハ始ヨリ實不能トイヘト、人無不有良知、由此一点之明而至于實。是ヲ自明誠ナリト云フ。同第二十二章、二十三章、詳カニ言之。聖人自然ニシテ天下無加ト。賢人以下衆人由良知テ推シ致ストノ難易ハ有リト云ヘトモ、各造其極則一也。是講求真知ノ要訣也。不由于此而論知不知ハ贅辨也。扨繰リ言ナカラ、果シテ聖人ノ品節、果シテ禮樂刑政之属カ、首章本文所言ノ教ヘナラハ、子思於下文必禮樂刑政ヲ云フヘキニ、戒慎乎其所不睹、恐懼乎其所不聞トノ玉フ。不睹不聞ハ未發也。戒慎恐懼、於此ハ所謂致良知於所無事也。是學者切近為己ノ實也。王覇ノヨツテワカルヽ所ナリ。故ニ予コレヲ先天ノ學ト云。先㆑天而天弗違者也。扨第三節莫見乎隠、莫顕乎微。故君子慎其獨トハ、是天ト人トノ堺、性ヨリ情ヘ亘ルトコロナリ。跡雖未形而幾則動クノ地ナリ。カノ先天ノ學ニ志立ツ者、獨リ知之テ尤加慎、是後天而奉天時者也。古歌ニ、鵲ノワタセル橋ニヲリ霜ノ白キヲ見レハ夜ソフケニケルト云ヘルヲ活法シテ此ノ意ヲ解スヘシ。鵲ハ背黒ク腹白キ鳥也。故ニカササギト云フ。カラストサキトノ合訓也。カラスハ黒キ也。夜ヲ云フ。サキハ白キ也。晝ヲ云。渡セル橋トハ、夜ト晝ト橋モテカケ渡シタルカ如キヲ云フ。橋ノ訓ハ端ト同シ。コナタノ岸ハタトカナタノ岸ハタト、橋カケ渡シテ、両岸合シテ一トナル。先天後天、二天ニ非ルニ譬フヘシ。黒キハ暗キ也。形未見寂然不動ノ地也。白キハ著《シルキ》也。幾己動、感而遂通ルノ場也。學得本領、前後合シテ一也。ハナレハナレナルニ非ス。良知ニシリカシラナキカ故ナリ。藤樹先生ハ慎獨ノ獨ヲ天下無對ノ語トシ、良知ノ尊称ト見玉ヘリ。扨第四節ニ中和大本達道ヲ云フ。朱子大本者天命之性、天下之理、皆由此出、道之体也。達道者循性之謂、天下古今之所共由、道之用也ト云リ。固ニ然リ。大本ハ聖人ハ廓然大公、天君泰然、所謂先天ノ所立、達道ハ聖人ノ物来テ所順應、百体従令、所謂後天ノ奉天時者。吾人ノ不及不能トコロナレトモ、學者大抵是非ノ素定、好悪ノ執滞タニ不甚ハ、喜怒未来以前大ニ偏倚ナキカ故ニ、真中ニ非スト云フトモ、先ツ是中也。喜怒ノ事来ルニ當ツテ、所応其事、無過不及ハ是亦雖非真和也。然レハ中和ノ形象彷彿トシテ、略聖人ニ似タル者アリ。然ルニ是皆偶然タル一事ノ中和ニシテ、先天ヨリ響キワタリ、ミチアフレタル中和ニアラス。然レハ是ヲ天下ノ大本、天下ノ達道ト云事ヲ得ス。不學ハ已ナン。學フトナラハ、志ヲ先天ノ場ニ立スンハアルヘカラス。大聖夫子ノ十有五而志於學トノ玉ヘル學ト云フモ、此學志ストノ玉フモ此ニ志スナリ。顔子ノ終日如愚モ、此ノ処夫子ト黙契セルカ故ナリ。曽子ノ唯モ亦無疑於此也。ソレヨリシテ子思ニ至ル。子思懼道學之傳愈久而愈失其真。於此作中庸。孟子得テ承其統、性善ト云ヒ、一而已ト云ヒ、萬物皆備於我ト云ヘルヲ以テ可見。程子既ニ孟子有大功於世、以其言性善也ト云リ。是其見ル所アツテ云ヘル也。扨孟子ノ門ニ於テ、如滕文公カノ性善ノ説ヲ聞テ、絶テ久シキ三年ノ喪ヲ行ハントスルニ至リ、滕國ノ百官族人、吾宗國魯先君莫之行、吾先君亦莫之行、至子之身反之不可也ト云ヒシカ、其五月居廬ヲ見テ、可謂曰、知禮其及葬テ四方来観之、弔者大悦、且居喪命戒サラサレトモ、カネテオソレシ斉楚ノ大國、滕國ニ指ヲモサヽス。又復井地之法テ、許行。楚ヨリハル〳〵来リ、聞君行仁政ト。願為氓ト云テ、受一廛、又陳相兄弟自宋来、聞君行聖人之故、是亦聖人也ト云テ、請フテ為滕之民、是等皆性上用工夫シ功験也。蓋孟子所見ノ人君、齊梁ノ君ヲ始メトシテ、ソノ餘ノ諸君、無及文公者、在臣ハ樂正子ノミ。樂正子魯ニ用ラルヽヲ孟子聞玉ヒ、喜テ不寐ト云リ。此人以善信称シ玉ヘリ。然レトモ文公樂正子トモニ不能紹道統之傳。至宋濂渓先生出テ玉ヒ、サシツイテ程伯程淑朱子、ソノ餘諸賢多ク出テ、聖学一時ニ明カナリ。程伯云、我学有所受、天理二字ニ於テハ、自家体認出来ルト。コレ実ニ天命ノ性ヲ知リ得、道統ヲウケツギ玉ヘル人也。コレヨリ亀山豫章延平ト伝ハリテ、朱子ニ至レリ。朱子ノ才徳ノスクレタル、学ノヒロキ、気魄ノ大ナル、マタ諸賢ノ非所及。シカレトモ明道亀山豫章延平ノ學脈ハ大ニ一変セリ。延平先生答朱子庚辰ノ書ニ、羅先生令静中看喜怒（ママ）愛

〔哀〕楽未發之謂中、未發時作何氣象ト云々。朱子答何叔京書ニ、李先生教人、大抵令於静中体認大本未發時氣象分明、即処事應物自然中節、此乃亀山門下相傳ノ指訣ト。下文ニ然ルニ、当時親炙之時、貪聴講論、又方竊好章句訓詁之習、不得尽心。於此至今、若存若亡、無一的実見處。孤負教育之意、毎一念此、未嘗不愧汗沾衣也。見朱子文集、王子傳習録下、朱子晩年定論中載之。右二書ヲ観テ、朱子ノ學、明道以来ノ學脈ト違ヘルヲ可察。扨見識思ヒく\ノ不同ハイカントモアレ、至宋聖學大ニ振ヘリ。然ルニ朱子没後間モナク、學穿鑿ニ落チ、ヒタスラ考校同異研究繊密ヲ為務、忘己逐物貪外虚内、一生耽著文字、守泥書冊、孟子ノ道性善求放心ト云ル聖々傳来ノ教ニ背クニ至ル。ソノ後明ニ至リ、文成公良知ノ利劒ヲ提ケ、葛藤ヲ切リハラヒ、精一執中ノ心學ニ復シ玉フ。此ノ道ヤ、前ニ子思大學一部ヲ約メテ中庸首章トシテ、後學ノ惑ヲ開キ玉フ。然ルニ後ノ人マスく\尋流逐末、支離決裂シテ無統紀。コヽニオイテ王子不得已、猶ヲ學庸ノ要ヲ括ツテ為四言教。其言曰、無善無悪是心之体。有善有悪是意之動。知善知悪的是良知、為善去悪是格物ト。コレ予カ所謂先天ノ學ニシテ、王子ノ中人上下皆引入於道ノ教也。アヽ聖學ノ要、性ノ一字ニアリ。狂者雖行不掩言志在于此。是以聖人與之郷原、非之則無可挙、刺《セメントスル》之則無可刺、無所往而不為原人。然ルニ聖人悪之為徳之賊、過吾門不入トモ不怨トノ玉ヘリ。志背其性也。右縷縷累紙ト云トモ、書不能盡言、転説糊塗ス。猶面論ニ述ヘシ。律天襲士之辨、次ニ記之。

〔第三　律天襲士之辨〕

世俗ノ何事モ、唐ハ日本ニマサレルト思フハ、論スルニ足ラス。學者ノ、世俗ト同シク、何ノ辨ヘモナク、中華夷狄ト云ヘル名ニ泥ミテ、我國ヲアナトルハ、学問セル詮モナキ事也。モツトモ唐ハ大國ニテ先キニヒラケ、物コト早ク宜キ事多ケレハ、日本コレニナラヘル事少ナカラシ。其上ヘ聖人賢人カハル〴〵出玉ヒ、道ヲ示シ玉ヘルナレハ、其教ヲ尊ヒ敬ヒテ、受ケ学フヘキ事勿論也。然レトモ我國ヲヒトヘニ夷狄ト思ヒテアナトルハ、大ナルタカヒ也。我カ國マタ勝レタル事誠ニ多シ。先ツヲツトツテ善穀嘉禾ヨリ繁リ、武備具ハレル國也。豊葦原瑞穂ノ國ト称シ、細矛千足ルノ國ト云ル事、マコトニ實ニ協ヘル稱號也。唐ニテハ唐ヲ中華中國ト稱シ、日本ニテハ日本ヲ豊葦原ノ中ッ國ト称ス。何レモ我國ヲ中トス各國ノ称号也。夷狄中國ノ辨、ステニ山崎翁浅見翁等ノ説アレハ、今更不贅之。虚心平気、勝ヲ争フ事無ンハ、自《オ》分カルヘシ。予生得愚カニシテ、シカモ不学ナレハ、何一ツ論スヘキ伎倆モナシ。然レトモ世上ノ大儒、窮理々々ト云ヒナカラ、賤目貴耳、只ウハムキノ説多キ故、不得已論辨ニ亘ル事モマヽアリ。但シ直ナル人ノ正シヲモ得マク欲スルナリ。

中庸曰、仲尼祖述堯舜、憲章文武、上律天時下、襲水土。第三十章ノ語 夫子ノ祖述シ憲章シ玉フヲ知ラント欲セハ、先ツ堯舜文武ヲ不可不知。堯舜文武ヲ不知ハ、仲尼何ニテ祖述シ、何ヲ憲章シ玉フト云フ事不分明。其堯舜文武ノ聖タル所、詩書ニ詳ニ論、孟ニ亦散在セリ。誠ニソノ聖徳天ニ出ツ。孔子ノ祖述憲章シ玉フ事、豈不宜ヤ。章句曰、祖述者遠宗其道、憲章者近守其法ト云ヘリ。扨予カ夫子ノ祖述憲章ヲ宜ヘナリトシテ、無所疑。コレヲ請取ルニ、世儒ト少シ相違フ事アリ。世儒ノ所謂請取ハ、唐人日本人差別ナシニ請取レリ。予カ請取ル所ハ、予姑ク唐人ニナリテノオモハクナリ。アリノマヽノ日本人ニテノオモハクトナラハ、此ニ於テハヤ疑ヒアリ。何者祖述憲章セラルヽ人ハ堯舜文武、祖述憲章スル人ハ孔子ニテ、皆聖人ナレハ、誠ニ至極セル事ナレド、日本ニシテ見レハ、先ツ其堯舜ノ受禅申シ分ンナキトハ云ヒ難キカ。日本ハ国常立尊以来、今日ニ至マテ、天子嫡々相伝一姓ニシテ、更ニ姓氏ノ可称ナシ。姓氏アルハ皆臣ニシテ、興台産霊命《コゴトムスビノミコト》ノ末孫也。其間親王ハコレモ天子ノ胤ナレト、天ニ二ツノ日無ク、民ニ二ツノ王ナケレハ、東宮ノ外ハ皆姓ヲ賜リテ人臣ニ列ス。惟天子一人ノミ国常立尊ヲ祖トモ姓トモ氏トモシテ、万代不易也。是天照大神ノ天壌ト共ニ、無窮トノ玉ヘル神勅ノ炳《イヤチコ》ナル所也。然レハ堯舜ノ受禅雖美、日本ニテハ彼神勅ニ的當セリト為ヘカラス。モト堯ハ唐ノ姓、舜ハ虞姓。堯ハ天子、舜ハ庶人ナレハ也。易革卦ノ象ニ、革ッテ而當リ具悔代亡ト云ヒ、湯武革命、順乎天而應乎人、革之時大哉ト云ベシト。ソレハ唐ニテノ天命人情ニテ、日本ノ天命人情ニアラス。建諸天地而不悖、質諸鬼神而不疑、廿九章ノ語ト云カタシ。カクイヘハ、大事ノ天命カ二ツアルヤウナレト、二ツニシテ一ツ、一ツニシテ二ツ也。コレヲ水ト器ニ譬フヘシ。水ハ天命也。天下ハ器也。世界只一ツノ水ナレトモ、圓キ器ニ入リタル水ハ圓キ水也。方器ニ入リタル水ハ方ナル水也。コレヨリ見レハ、唐ニテハ道ナレト、日本ニテハ道ニアラス。然レハ日本ニテ道ナル事ノ唐ニテ道ニアタラヌ事モマヽアルヘシ。ソレヲクイチニ唐虞ヲ祖述スルノミヲ是トシテ、我カ国ノ帝王ノ万古一姓ナルヲ非ト思フハ、所謂方器ノ水ノミヲ水トシテ、圓器ノ水ヲ水トセヌニヒトシ。豈不偏ヤ。ソノウヘ平ニ云ヘハ、父ヨリ子ニ譲リテ、世々相續スルハ常経也。姓ヲ改メ、他姓ニ譲ルハ権也。仲尼祖述憲章ノ一節、此ノ事ヲ不論シテ、カタムクロニ祖述憲章ヲ信スルハ、世儒ノ僻見也。且此ノ一義ドチヅト云ハヽ、日本ノ万世一姓ナルガ常ニシテ愈レリ。日本ノ万国ニスクレタル所、第一ニ君臣道明ラカニ天ノ地ニヲツル事ナク、地ノ天ニノホル事無キカ如キニアリ。且嚮キニ云ル革ノ卦、文王ノ卦ノ辞ニモ、又孔子ノ象ノ辞ニモ、悔ノ字ヲ設玉フ。必ス意ヲ留メテ味フヘシ。扨吾儕我カ国ニ生レナカラ、日本ヲ夷狄トシ、我身モ夷狄ト落着スルハ、大ニ僻メル儒者カタギト云モノナリ。是故ニ予此ノ夫子ノ語ヲ見ル時ハ、我カ日本人タル所ヲノケテ置キ、唐人ニナツテ見ルベシト云ヘリ。總シテ書ヲヨムニ、此心得ナケレハ見アヤマル事多シ。源氏物語ノ抄ニ、源氏ヨマン者ハ源氏ノ時代ニナリテヨムヘシ。サナケレハ見ヘヌモノゾト云ヘリ。是レマコトニ名言ナリ。經書モ他ノ説ヲ見ル時ナント、コノ心得ナケレハ、先入主トナツテ、其人ノ意ヲ見得ル事ナキ者也。其説ノ可不可ハ見得テ後ノ沙汰也。扨文王ノ事ハ、唐ニテハ勿論ノ事、日本ヘ持チ出シテモ、マタナキ大聖人也。拘幽操ニ天皇ハ聖明也。臣カ罪死ニアタルト云ヘルニテ可観。サレハコソ、コケ来ル天下ナレトモ、猶コレヲ得ル意ナク、殷ニ服事シ玉フ。夫子徳ヲ称シ玉フ事、徃トシテ厚カラサルト云事無キウチニモ、至徳ト称シ玉ヘル事ハ、論語中惟二タ処也。泰伯ト文王トノミ。文王ハ其功業大ヒニ顕明、泰伯ハ其ノ事跡至テ隠微、其隠顕不同処異也。易地皆然ラン。蓋シ泰伯ハ神代ノ事代主命ト似タリ。扨湯武ノ事ハ、唐ニテモ猶ヲ常経ニソムケリ。サレハ自モ或後世口実トセントノ玉ヒ、或ハ慙徳トノ玉フ。總シテ中庸彼章重キ事下ノ句ニアリ。必律天時襲水土ト云フ二句ヲ浅ハカニ看過シテ、上ノ句ヲ講スヘカラス。恐クハ夫子ノ深意ヲ失スヘシ。カヘス〱重キ事下モ二句ニアリ。堯舜ノ禅譲、湯武ノ放 代（ママ）〔伐〕、元法天運之自然而因水土之定理也。故ニ夫子祖述憲章シ玉フ。是亦唐ニテノ天運水土ナリ。夫子吾國ノ人ナラハ、カクハノ玉フヘカラス。嘗テ浅見翁曰、孔子生于日本玉ハヽ、日本ナリノ春秋ヲ作リ玉フヘシト。此ノ言予私カニ取之。ヨツテ此ノ辨ヲ述テ、以テ其意ヲ尽ス。淡斎翁亦曰、蓋前キニ湯武既ニ為放伐之始、後孟子以勧齊梁君。故儒者紛ニ有不得已之論。程子亦曰、王者天下之義主也。聖賢亦何心哉。視天命之改與不改耳。嗚呼又必到之勢也ト。ココニ備後ノ儒士荻野氏日半兵衛浅見翁ノ中國辨ヲ非レル書ニ曰、浅見ノ学ハ陽儒陰神也ト。予嘗和漢ノ学者陸王ニ賢ヲソシツテ陽儒陰佛ト云ルヲハ多見之。朱子非陸子玉ヒテヨリ以来、明後ノ諸儒学蔀通辨、求是編等ヲ始トシテ、陸王ヲ刺ルノ書チマタニ満ツ。此ノ方ニテモ道春ノ陽明攅眉ノ書等一而猶不足。軍学者山鹿マテモ著書テ王子ノ四言教ヲ非リ、又近クハ室鳩巣高倉書院ノ講、三宅尚齋造士館ノ會、ソノ餘、予カマノアタリ所聞無暇枚挙。然ルニ陽儒陰神ト云ヘル評ハ始テ聞之。所謂陰神説、予ヲ以テ見ルニ、彼儒士ハ十分ニ嘲ルト思フケレト、浅見翁ハ陰神ヲ未足トシ、トテモノ事ニ陽神トイハレマホシカルヘシ。何者浅見ハ山崎翁儒門親炙ノ高弟ナルカ。既ニ翁ノ講セラレシ神書ヲ浅見ノ筆記セラレシ講義、世ニノコレリ。然レハ神道ヲモ山崎翁ヨリ傳ヘラレシト見ヘタリ。予カ如、神道シラヌ人ニハアラシ。マコトニ神州ニ生レシ此身ナレハ、神道精クコソ不知トモ、生レツキタル日本魂ハ不失ホトニアリタキ者也。日本ニ入リ用ニナキ事ハ、六經ニ出トモ不知シテ不苦。予所謂神道トハ、我カ国ノ水土ニカナヘル道、是也。我国ノ水上（ママ）〔土〕ニカナヘル道トハ、以正直為本自、道ニ不違者也。倭姫世記正直ノ所必有神ト云ヒ、神道明辨ニ開国自然之道也ト云リ。木綿手繦《ユウタスキ》ヲ掛ケ、拍ハ手ヲ打チ、幣帛ヲ振ルノ謂ニハアラス。又日本魂トハ、日本人ハ自然ト剛強ナル者也。然ルニ只一偏ニ剛強ナルヲ云ニハアラス。至テ異端殊道之頑村、甿野夫之愚、無不祈国祚之長久。是我国自然之風俗也。此之謂日本魂、夫日本ハ寶祚天壌無窮之国也。山崎翁曰、六合之間、載籍之傳、訳説之通所未曽見聞也ト。谷秦山曰、是乃吾道之本原而天地之所以位、君臣之所以叙、正在乎此ト。谷川淡齊ノ今按ニ所以天柱一立而君君臣臣不可容議其間也ト。予カ所謂日本水土ニカナヘル道、不辨シテカナハヌ事トハ、大抵引括テ是等ノ事也。山崎翁又云、以天為天、以地為地、日月終古照臨不墜者、我葦原ノ中國矣。是以君則日神之嗣、臣則興台産霊之児、亘乎億万歳如一日矣。隆矣哉。西土之建國、以簒弑為基業。堯舜之聖、雖盡禅譲之美。然實非天地常経矣。是以伏羲以来、更姓者三十氏、以弑書者二百事、其餘放殛紛々不可疏挙ト。淡斎翁亦曰、春秋二百四十二年間、弑君三十六。此紀神武以後四十一帝、凡一千四百年矣。所書唯二帝而已。然倶在報私怨、而非有意于神器者也。弑父比々不已、此紀ノ無一載之者ト右数説見日本書紀通証初巻コヽニ予カワカヽリシ時ノ事思ヒ出セル事アリ。予カ友生沼南岳戸田〔大〕隅守之家臣有志于道テ、學堀川之學於其高弟桂川翁名貞輔令其子二人讀左傳。二子倶幼。一日予談南岳之亭、二子問於父曰、書中弑君父者多焉。弑之如此亦可乎。南岳曰、豈可乎哉。書中之者戒之也ト。予在側謂ラク、令子弟讀書不可不擇、問ヒタレハコソ以戒答リ。若不問シテ不孝不臣ノ意、内ニ熟ム事アラハ、如何ンカセント。予後ニ讀傳習録、徐愛問文中韓退之之條。上巻自十四枚至于二十枚 王子云、挙繁文之害、聖人刪去之而社（ママ）〔杜〕長乱導奸之道之事。其文長故略之。欲詳者往可見。 又挙詩經不刪鄭衛之事曰、先儒謂悪者可以懲創人之逸志。先儒即朱子詩伝序中之語 王子云、今之詩非孔門之舊本。此必秦火之後、世儒附會以是三百篇之数。蓋淫泆之詞、世俗多所喜傳、如今閭巷皆然。悪者可以懲創人之逸志。是求其説、而不得従而為之辞、詰リ玉ヘリ。蓋王子欲倣孔子之述六經懼繁文之乱。天下推簡之之意者。豈不可ヤ。嚮所謂生沼二子ノ事ヲ以テモ可察耳。サテ王子ニ有訓蒙之説。伝習録中巻百三板載之。又王子年賦正徳十三年四月。班師立社學下、行之有之、雍々然漸成禮讓之俗矣ト云々。 我師執斎先生月次切磋ノ会ニ、イツトテモ先ツ彼ノ訓蒙大意ヲ講シ玉ヘリ。其意謂後世風俗衰ヘ天下靡然トシテ俗習日甚於一日、人ノ心髄ニシミコメリ。遽難挽回、訓蒙ノ講功ヲ急ノ方ヨリ見レハ、迂遠而濶於事情ト謂ツヘケレト、小児ヲシテ教ヘ立テハ、二三十年ニシテ世上一変スヘシ。庶成蒙以養正之功矣ト。ツラ〳〵世間ヲ見ルニ、昇平之化ニ浴シ、奢リ長シ、華美ヲ好ム俗人ノミ然ルニアラス。學者モ實地ヲフム事薄クナリ、只管浮気飛揚ニナリユキ、其間ナマ才覚アリテ、博文ナルモノハ華美ヲ好ム方カラシテ、文一ツ書キ、詩一ツ作ル方ニモ、関東ヲシテ天子ジタテニシナスヤウニナル事多シ。是㆑天ニ二ツノ日ヲ生ズルナリ。皆虚文日ニ盛ンナルノ禍ナリ。近世イツノ頃ヨリカ、江戸ヲ東都ト云ヒナラハセリ。以前我先師明石ノ蜺嵓先生、予ニ語ツテ曰、唐ニテハ都ノ字ヲ用ル事軽シ。邑ニ有廟ハ皆都ト云フ。其餘都会ノ字ナト可見。日本ニテハ甚重シ。天子一皇居シ玉ヘル所ナラテハ都ト云ヘカラスト。然ルニ先生ノ書玉ヘル文章、後ニハ皆江戸ヲ東都ト書キ玉ヘリ。雖先生世儒ニ移サレ玉ヘルニアラズヤ。扨トクト思フニ、世上學者只東武ヲ東都ト云ヘルノミニハ非ズ。帝都ヲ西京ト称シ、ソレニ相対シテ東武ヲ東都ト云フ。

然レハ天下両立ニアラズヤ。甚僭号也。ソレ天子ハ宝祚《アマツヒツキ》ヲウケキ玉ヒ、穆々タル神徳ヲ九重ノ内ニ安ンシ玉ヒ、将軍ハ東照君ノ武徳ヲ嫡傳シ玉ヒ、凛々威徳ヲ東武ニ持チ玉フ。於是四海泰平、万民常《トコシナヘ》鎮ニ其治澤ヲ蒙リ、浮圖巫覡、賈販奴隷ノ徒ニ至ルマテモ、寶祚長久覇府安全ヲ不禱ト云フ事ナシ。将軍御威光何ノ不足事アツテカ、外ニ求メ玉フ事アラン。近来世儒文華ニ夸ルノ餘リ、諸事諸物ニ至ルマテ、天子ニ稱スルトコロノ号ヲ以テ関東ニ稱スルハ、何ンノ心ソヤ。是レアカムルニハ非スシテ、却テ誣クナリ。前キニ浅見翁略稱呼ノアヤマリヲ正シ、邇者留守氏猶ヲ詳ニ辨之、命ケテ曰稱呼辨正、蛻嵒先生序之。其序ヲ閲ルニ、嚮ニ所謂先生自誤マラレルノ稱語ヲ大ニ悔恥玉フ。此序先生八十二ノ作ナリ　如先生ハマコトニ可謂不吝改過。コノゴロ又世ニ名高博識文才アル一大儒ノ集ヲ見侍リシニ、其僭稱妄號、無暇枚挙、彼徒毎開口則曰先王ノ礼楽、コレヲ先王ノ禮樂ト云ハ、、イツレカ先王ノ禮樂ナラサラン。博文富リトイヘトモ、著述巧ミナリトイヘトモ、豈名教ノ罪人ナラズヤ。

宝暦九年　巳卯　四月八日　　川田資深識　旹七十有六

予カツテ不學神道故ニ、若有問焉者則以不知答フ。時ニ強テ有問焉者、出此律襲篇テ以塞其責。蓋不得已ナリ。然ルニ其所述多クハ谷川淡斎翁所著ノ日本書紀通証巻首ノ語ナリ。余嘗テ得通證而讀之ノ時、タマ〳〵有適余之意者、摘ミ取テ以載于律襲篇内。故一命律襲篇曰、神道一家言、是敢テ非壊淡斎翁之労。竊録私淑與一二之同志講習、而欲浴其恩波ノミナリ。嗚呼、後於天テ生レテ知天地之始、先天死シテ察天地之終者、獨良知ノミ。蓋良知者不期而合神明者ナレハナリ。東家秘傳曰、苟得其道則先天地主造化ト。我固非其人。雖然纖々線路之明、有不可辞者、豈為牽合附會之説、而欲自誑誑人乎哉。

宝暦拾年　庚辰四月二十九日

雄琴山人　病間再稿成

安永五年　丙申陽月念五　謄写了

播州　龍野

小西尚徳　書

六年酉夏五月九日　謄写了

于迷蘭精舎

玉川散人

五　豫州大洲好人録

好人録序

先哲有言。無好人三字。非有徳者之言。蓋天理民彝之不泯滅。長與天地無有終極。雖斯道不能無時有湮晦。而十室之邑。必有忠信。則不誣也。故其或不竢學而然者。最有徳者之所咨嗟誘掖。而恕其不聞於世也。吾藩僻在海隅。里閈草野之人。樸實純厚。其愛親敬長之心。發乎忠誠。止乎禮義者。往々有之。非世之沽激矯飾以迂人者比也。先臣川田資深深有感於斯。取彼孝子弟弟足以興起人之善心者。輯録之。積九年。得八十人。立傳四十餘。名曰好人録。亡友牧野某深喜斯書之成。嘗願刊行之使國人有所矜式焉。而不果。方今吾公没々好學。仁民賞善之政無不脩挙。適以此備覧。嘆曰斯書有補政教。宜頒之縣邑。乃命授梓。使臣寛序之。臣對揚公之心。遂言曰斯書埋没于往時。而發見于今日。彼二子者之志既得頼公手伸。彼八十人者之懿行。亦頼公而着。彼天理民彝之不泯滅者。亦頼公而行于世。蓋非偶然也。又見公仁民賞善之政如日之升。則又将観其大者至者。姑発斯言。以為之兆云。

寛政己未季夏　　大洲藩臣　安川寛　謹撰

豫州《よしう》大洲《おほす》好人録《かうじんろく》自序

孝子忠臣貞女義士《かうしちうしんていぢよぎし》の民間《みんかん》にある道《みち》を学《まな》べるハすくなけれバ、多《を》ゝくハ生質《おひたち》の美《び》なるにや。されば世《よ》の道《みち》ある道《みち》なきにもよらず、桀紂幽厲《けつちうゆうれい》の代《よ》といへども、孝子《かうし》ハおのづから孝《かう》に、忠臣《ちうしん》ハおのつから忠《ちう》なり。しかハあれど惜《をし》むべきかな。道《みち》なき世《よ》には、人の感《かん》もうすくて、上また是《これ》を称《せう》せざるゆへ、ありといへども、なきにひとし。其名《そのな》をだに傳《つた》へ残《のこ》さゞれば、まして其事実何《そのじじつなに》によつて是《これ》をうかへしらん。もとより其人名《そのひとな》の為《ため》にせず、利《り》のためにせず、天性《てんせい》おのが誠《まこと》を盡《つく》すなれバ、傳記《でんき》の有無《うむ》、更《さら》に加損《かそん》なし。只後世道《ただかうせいみち》に志《こころざし》ありて、孝弟忠信《かうていちゆうしん》の人を慕《した》ふものゝ一大欠事《けつじ》なり。豫州大洲《よしうおおづ》、元より其人《そのひと》にとぼしからず。近《ちか》き頃市井田野《ころしせいでんや》の卑賤《ひせん》におひて、予《よ》がまのあたり見聞《けんぶん》せし人感《かん》じ、上賞《しやう》し給へるをそこばくあつめとりて五冊《ごさつ》となし傳《はべ》る。ひろく天下の観《くわん》とせんとにもあらす。後世此地《こうせいこのち》にて、道《みち》に志《こころざし》ありて、孝弟忠信《かうていちうしん》の人をしたハん人のためにかき綴《つゞ》るなり。嗚呼《ああ》。孝弟忠信《かうていちうしん》の人、かく一時《いちじ》にあらハるゝハ、天運《てんうん》のしからしむるにや。吾侯道《わがこうみち》を信《しん》じ、古《いにしへ》をこのミ、政尚孝弟事《まつりごとかうていをたつとひ》、揚善《ぜんをあげ》給ふ教化《けうくハ》の所為《なすところ》にや。天歟人か。是我所不知也《これわがしらざるところ》。侯《かう》かく三とせ四とせ、一孝子《いつかうし》一貞婦《いつていふ》を観《ミ》、一忠臣《いつちうしん》一義士《ぎし》を聞《きゝ》給へバ、必《かなら》ず賞之《これをしやうし》給ふゆへ、有司是《ゆうしこれ》をいふ事をよろこび、衆人《しうじん》是を聞《きく》事を楽《たのし》む。けふよりして後民間《のちみんかん》いまだ孝弟《かうてい》ならず、いまだ忠臣《ちうしん》ならざる者《もの》も、をのずから感化《かんくわ》すべければ、貍変豹《りへうにへんずる》も又たつてまつべし。まゝ評《へう》を加《くわ》へ予《よ》が子弟《してい》に示《しめ》すといふ。

延享二年乙丑春三月

川田資深識

題言五条

一、此録《このろく》元文《げんぶん》二巳のとしより起《をこ》して、延享《ゑんきやう》二丑年に至《いた》る。其間《そのあいだ》九年なり。傳《でん》を立《たて》たる事四十有余《ゆうよ》人を得《う》る事、かね合せて八十人にも及《をよ》べり。（一伝の中あるひは夫婦兄弟あり。成野村のことき八同士二十七人なり。）皆山野市中《みなさんやしちゆう》の孝弟忠信《かうていちうしん》の徒《ともがら》なり。延《ゑん》享二年六月　先侯《せんこう》享年《としをうくる》三十年にして終《をハ》らせ給ふ。ここにおひて此録筆《ろくふで》を止《とゝ》む。嗣侯継述《しこうけいじゆつ》の御志《おんこころざし》ふかくおわしまして、仁恵又厚《じんけいまたあつ》く物《もの》に及《をよ》ハせ給へバ、向来賞《このゝちしやう》じ給ふ所の好人《かうじん》に多《をゝ》かるべし。こひねがハく後《こう》人継《つい》で記《しる》しとめて、浮世《うきよ》に告《つげ》よ。これ予《よ》が志《こころざし》なり。

一、此録有司所蔵《このろくゆうししよぞう》の役所《やくしよ》の記録《きろく》をもつて拠《よりどころ》とし、其余《そのよ》ハ巨細《きよさい》よく知《し》れる人に就《つい》て是《これ》を問《とふ》てしるしぬ。まち〱にして正《ただ》しからさるをば、姑《しばら》くこれを省《はぶ》く。但《ただ》し知《し》れる人に問《とふ》といへども、其人《そのひと》の物語に、詳《つまびらか》なるあり、略《りやく》なるあり。故《ゆへ》に録《ろく》も又精《くわしき》と粗《あらき》と

有て、一様《いちやう》ならず。其善《そのぜん》の漏《もれ》たる所あらば、諸賢《しよけん》是を補《をぎな》ひ給ふべし。

一、此録中《このろくちう》の人に予かねて知《し》れるあり。又後《のち》にあひ見しあり。いまだあひ見ざるあり。其《その》かねて知《し》れるハ、始《はじめ》より其人の善《ぜん》なるを知《し》れり。されど僅《わづか》に四五人に過《すぎ》ざるのミ。予《よ》一とせ需《もとめ》によつて郡中順行《ぐんちうじゆんかう》し、教諭《きやうゆ》せし事あり。毎席男女僧俗《まいせきだんじよそうぞく》百人二百人入替《いりかは》り〱して椽崩《ゑんくつ》れゆり落《をと》し、一巡《いちじゆん》の人数《にんづう》二三万に及《をよ》びし時《とき》もありし。其間《そのあいだ》ニおひて此録《ろく》に所載《のせしところ》の孝子貞婦《かうしていふ》をミれハ、必《かならず》とゞめて是《これ》にあひ、物語聞《ものがたりきゝ》しに、山野草莽《さんやさうもう》の鄙人《ひじん》なれハ、容貌詞気元《ようほうしきもと》より野也《や》といへとも、誠実《せいじつ》あぶれて、われを驚《おどろか》す事多かりき。毎《まい》々彼《まいかれ》か剛毅木訥仁《かうきもくとつじん》に近《ちか》きの気象《きしやう》に養《やしな》ハれ、みつから巧言令色仁鮮《こうげんれいしよくじんすくな》きの徒《と》たる事をまぬかれさるをはちぬ。

一、此録成《このろくなつ》て後《のち》、これをミるに、文體《ぶんてい》一やうならす。一人の手《て》に出さるものに似《に》たり。これ聞《きく》にまかせて記《き》して、一時《いちじ》の筆記《ひつき》にあらざるゆへなり。三たび稿《かう》を易《かゑ》るといへと、其意《そのい》むしろ事を賞《しやう》するに過《すぐ》るとも、善《ぜん》をもらす事をなからん事を欲《ほつ》し、只其善《ただそのぜん》を蔽《おほ》はす。無事のミを恐《おそ》れて、其文《ぶん》の拙《つたな》きを顧《かへり》ミるにいとまなし。なを且《かつ》すこしき年月の前後《ぜんご》もあれど、事におひて害《かい》なければ、いまだ改《あらた》め正《たゞ》さず。ミる人幸《さいハい》にとかむる事なかれ。

一、此録前稿《このろくぜんかう》はやくもれて人の手《て》にあり。ねがハくは此稿《このかう》をもて是《ぜ》とすべし。

豫州大洲好人録巻之壱

目録

厩《むまや》下人《げにん》喜兵衛妻《つま》りき孝心貞烈《かうしんていれつ》の事

此《この》りき、親《おや》ハ忠左衛門とて紺屋《こんや》なりしが、晩年《はんねん》に足痛《あしいたミ》て、其業《そのげう》もかなハず。わづかなる山畑《やまはた》をよすかにて、夫婦《ふうふ》今日を過《すぐ》しぬ。男子《なんし》二人女子《によし》二人有しが、男子ハ皆過《みなすぎ》さりぬ。女子一人徳《とく》の森《もり》といふ所の山伏何某《やまぶしなにばう》が元《もと》に嫁《か》し、此《この》りきハ末《すへ》のむすめなるが、厩奉公人《うまやほうこうにん》喜兵衛といへるを養子《ようし》にして、これをめあハせ、山畑《やまはた》を譲《ゆづ》り、是《これ》にかかりて老《おひ》を養《やしな》ひぬ。此喜兵衛短慮《たんりよ》なる者《もの》にて、物毎《ものごと》ふつゝかなりしか、心根正路《こころねしやうろ》なる所も有にや、養父母《ようふぼ》によくつかえぬ。忠左衛門夫婦《ふうふ》もよろこび、人々へ吹聴《ふいてう》して、うミの子のごとくおもふに、養父母《ようふぼ》病中《ひやうちう》死後年忌《しごねんき》弔《とふら》ひまでも念《ねん》ころに成《な》しかば、りきも浅《あさ》からず思ひて、年月を送《をく》りぬ。扨近《さてちか》き頃《ころ》拂《はらひ》地《ち》有しを、喜兵衛とゝのへんとて、兎角《とかく》しけれども、代銀《だいぎん》いさゝか不足《ふそく》成りし故、かの養父《ようふ》の譲《ゆづ》り置《をき》し山畑《はた》を賣拂《うりはら》ひて、彼《かの》代銀の足《た》しにせんと思ひ、其趣《そのおもむ》きをりきへ語《かた》りしに、りき申けるハ、拂地《はらひち》をもとめバ、今日のよすがいかばかりなるべければ、悦《よろこ》バざるにはあらざれども、彼《かの》山畑《はた》はかたハなりし親《をや》の、子の為《ため》をおもひ、痛《いたミ》を忍《しの》びて切《きり》ひらき給へるなれバ、今更《さら》人に渡《わた》さん事、心にしのびがたき所あり。やめ給へとにはあらねど、外にてたてもあらばやといひ居《い》けり。程《ほど》なく拂地取持《はらひちとりもち》の者来《ものきた》りしに、喜兵衛いよ〳〵賣拂《うりはらふ》にきハめ、券《てかた》などの相談《さうだん》も事済《ことすミ》しを、りき竈《かまど》のほとりにて茶《ちや》を煮《に》ながら右の物語《がたり》を聞《きゝ》、心《こころ》のうちにつく〳〵と親《をや》の事のミ思ひ居《い》けるが、取持《とりもち》の者帰《ものかへ》るさに、りきに向《むか》ひ、山畑賣拂《はたうりはらひ》の事世話《せハ》致《いた》せしに、大かたすミたり。さこそ悦《よろこ》バれ侯半《はん》といひければ、りき答《こた》へて、かれこれ御心つかひ浅《あさ》からず候とて、御礼《れい》申べき事なりしを、此山畑《はた》ハ、年より殊《こと》に足痛《あしいた》ミ侯親《をや》の骨《ほね》おり侯て切《きり》ひらき給へるなれバ、今更《いまさら》女こゝろに名残《なごり》をしく、親《をや》のかたミとおもへバ、二たび親《をや》にはなるゝやうに候ひて、御礼さへ申おくれ候。然《しか》れとも調《とゝの》へ給ふ方《かた》、尼《あま》ごぜのよし承《うけたまハ》り侯へバ、親《をや》の為《ため》にも成りぬべく、草《くさ》の蔭《かげ》にても有《ある》まじき

事をとも思ハれまじく候といひければ、取持《とりもち》の者ハ何のいらへもなくて帰《かへ》りぬ。其跡《そのあと》にて喜兵衛りきに向《むか》ひ、只今《たゞいま》の挨拶《あひさつ》こゝろえず候。必《かならす》先方《さきかた》へきこへ、此相談破《このさうだんやぶ》れ候べし。さほど親《をや》の譲《ゆづ》り名残《なごり》をしくば、山畑《はた》其方へ渡《わた》し候ハんまゝ、何方《いづかた》なりともとく出去《いでさり》ねとて、甚怒《はなはだいか》り罵《のゝし》りぬ。案《あん》のごとく其暮方先方《そのくれかたさきかた》より喜兵衛を呼《よび》に来りしかバ、喜兵衛されバよとて、りきニに向《むか》ひ、こハ賣損《うりそん》し候ひぬ。これ全《まつた》く其方のなす所《ところ》也。いよ〱とく出《いで》よと訇なから出行《いでゆき》ぬ。喜兵衛短慮麁忽《たんりよそこつ》かくのごとき故、今迄も追《おひ》出される事度々《たびたび》なれども、世《よ》にいふ一旦腹《いつたんはら》にて跡《あと》なきにより、程《ほど》なく帰《かへ》りてすミぬ。されど此度《たび》ハ常《つね》ならぬけしきなれバ、しバらく身《ミ》をしのび、気焔《きゑん》をさけんとおもひ、雨《あめ》のそぼぶるに、家《いへ》を出ぬ。喜兵衛かへりてもりき帰《かへ》らざりしが、気《き》もしづまり、日《ひ》もはや暮《くれ》ぬれば、近所《きんじよ》なんど尋《たづね》けれどもミへず。爰《ここ》に紺屋《こんや》忠兵衛とて、りきが従弟《いとこ》也し者《もの》あり。若《もし》此所にもやと思ひ、夜《よ》あけて尋《たづね》させけれども、爰《ここ》にもあらざりしが、早他《はやほか》へもれきこへて、喜兵衛こそ例《れい》の短慮《たんりよ》つのり、妻《つま》を打擲《てうちやく》しおひ出せしが、身《ミ》のおき所《ところ》もなくて、入水せしの、首《くび》くゝり死《し》せしなんと、とりざたまち〱にて、厩目付《うまやめつけ》の耳《ミヽ》にさへ入りぬ。此目付外《めつけほか》より支配頭《しはいかしら》へきこへてハいかゞとや思ひけん、直《すぐ》に頭《かしら》へ訴《うつた》へ、喜兵衛全体狂気《ぜんたいきやうき》のやうに聞《きこ》へし故、まづ押籠《をしこめ》、番人付置《ばんにんつけおく》事になりぬ。さてりき家出《いえで》して三日めに、其有家《そのありか》しれけれハ、忠兵衛方《かた》へ呼取《よびとり》、徳《とく》の森《もり》の姉其外《あねそのほか》の親類《しんるい》なんと打寄《うちより》、喜兵衛が不届《ふとどき》をいひたて、屋敷并《やしきならび》に山畑《はた》は親《をや》の物にて、もとより其方の物なれバ、これを取戻《とりもど》し、縁《えん》を切《きり》候へと申聞《き》け、猶又《なほまた》りきが所存《しよぞん》を尋《たづね》けるに、山畑賣拂《はたうりはらひ》の事、兎《と》も角《かく》も喜兵衛任《まか》せ、もの申さても有べき事也しを、しか〱の事にて機嫌《きけん》を損《そん》じ候。前々追《まへまへおひ》出されし折《おり》ハ、彼是《かれこれ》たのミきけん繕《つくろ》ひ候て帰《かへ》り候へども、人の世話《せハ》に成り候も度《たび》かさなり、殊《こと》に此度《たび》ハ大方《おほかた》ならぬ事に候へバ、すミやかにハわび言《こと》申がたくて、已前《いぜん》奉公致《ほうこういた》せし主人《しゆじん》の方《かた》へ参《まい》りて、かげをかくしぬ。されどかく斗《ばかり》、夫《おつと》の難《なん》に成べきとはさら〱思ひ弁《わきま》へず。今日帰《かへ》り候わんとて、出ぬる途中《とちゅう》にて我《われ》を尋《たつぬ》る人に出合《であひ》、はじめて諸《あと》の騒動《さうどう》をうけ給ハり、驚《おどろ》き入候ぬ。兎《と》に角我身《かくわがミ》の不届《ふとどき》に候まゝ、喜兵衛越度《をちど》にならざるやう御取成《とりな》し給はれかしとて、只《たゞ》うち涙《なミだ》ぐミぬ。寄合《よりあひ》し人々の存念《そんねん》とははるかにたがひぬる故、皆人又曰《みなひとまたいふ》、喜兵衛事此うへ御頭《かしら》よりの御咎《とが》めいか斗ならんも斗《はかり》がたし。然《しか》るに我々《われわれ》申事をも聞《きゝ》入ずして、不埒者《ふらちもの》に付添《づきそひ》居《い》候ならば、親類不残縁《しんるいのこらずえん》を切《きり》、住居《ぢうきよ》とてもならざるやうにはからひ候べしと、皆雷同《みならいどう》して再三《さいさん》申候へども、りきハ心のうちに、此たびの事、とにかくに我《わが》あやまりにて、かく夫《おつと》の名《な》も立《たち》候に、却《かへつ》て此方《こなた》より縁《えん》を切《きり》、剰《あまつさ》へ屋敷《やしき》山畑《はた》を我《わが》ものにせらるべきや。其上両親《りやうしん》の心によくかなひ、病中死後《びやうちゅうしご》までも残《のこ》る所《ところ》なく候へバ、何を以《もつ》てか此恩《をん》を報《ほう》すべきと、つねに忝《かたじけな》く思ひしものをとおもひけれバ、此上申ひらき立難《たちかた》く、喜兵衛御扶持《ふち》にもはなれ、我身《わがミ》も添《そひ》がたくハ、わが身《ミ》ハいかやうにもなり行《ゆき》候へし。いづれにもこれよりいとまこひ候事ハゐこそいたし候はめと申居《い》けり。扨彼支配《さてかのしはい》がしら忠兵衛方《かた》へ目付《めつけ》をつかハし、委《くわ》しく問尋《とひたづね》けるに、りきが家《いへ》出も心かろくて、世《よ》の有様《ありさま》を人はしらねバ、何との風精《ふせい》に聞《きゝ》けれバ、頭《かしら》喜兵衛を呼《よび》よせ、去《さり》とてハ不埒《ふらち》の事ともに候。家出《いえで》して、夫《おつと》を狂気《きやうき》のやうに致《いた》しなし候。あさはかなる妻《つま》に添《そひ》申事も有まじきわざ也。今すミやかにさりなバ、其方身分立《そのほうみぶんたち》候まゝつとめさせ候べし、と申渡せしに、さすが科《とが》なき妻《さひ》の事なりし故にや、喜兵衛しか〱の答《こたへ》もなかりしかバ、我異見《わがいけん》も聞《きゝ》入れず、かく家出《いへで》せしつまをさし置《をき》、所も騒《さハが》しぬれバ、果《はた》して村中《むらぢう》より住居《すまい》ならざるやうにいひ立《たつ》べし。斯《かく》なつてハいかゝなれバ扶持《ふち》はなさめと思ひ、終《つい》にいとま出しぬ。是《こゝ》におひてりき一家《いつけ》のものどもいよ〱募《つのり》て、しきりに縁《えん》を切《きり》候へと責《せめ》けれとも、はじめよりの心かわらざりしゆへ、せんかたなくて姉《あね》と忠兵衛かのりきを松本何某《なにバう》の方《かた》へつれ行、離縁《りえん》を申付呉《つけくれ》候やう頼《たの》ミぬ。此松本氏ハりきが主筋《しゆすじ》にて、りきが祖父《ぢい》を始《はじ》め、りきが兄弟《けうだい》、りきとともに召遣《めしつか》ひし也。此松本もかくいやしき女の、かくまで孝心貞烈《かうしんていれつ》ならんとハ思ひよらざりしゆへ、只《たゞ》何となく短慮《たんりよ》なる者《もの》につれ添居《そひい》候を、不了簡《ふれうけん》なる事に思ひ、親類《しんるい》のねがひに任《まか》せて、しかりつ、すかしつ、様々《さまざま》申聞《きか》せしにより、りき申けるハ、御前《ごぜん》様にもかく仰《おゝせ》られ候上ハ、私《わたくし》の心得《こゝろえ》たがひにてこそ候ハめ。されども喜兵衛事両親《りやうしん》の気《き》にもかなひ、よく養育《やういく》致しくれ候者《もの》にて、此たび山畑《ばた》の事も、親《をや》の事を思ふとハいひながら、夫《おつと》にまかせざりしおのがあやまちゆへ、夫難義《をつとなんぎ》に及《をよ》び候ひぬとて、喜兵衛あやまりにて御坐《ござ》なき旨を御支配方《しはいかた》へ仰わけられ下され候へかし。夫《それ》も叶《かな》ハず縁《えん》も切《きれ》候ハゞ、是非《ぜひ》なく候。家屋敷畑等《いえやしきはたとう》ハ、親《をや》の養子《やうし》にいたし候者《もの》の事に候へバ、喜兵衛へまかせ可申候。家屋敷《いえやしき》山畑《はた》にはなれ候ひて、我身《わがミ》ハいかゞ成《な》り行《ゆく》べきと、姉《あね》はじめ呵り候へども、私《わたくし》の身ハいかやうとも致《いた》し可申候とのミ申居《い》けり。松本つく〴〵聞居《きゝい》けるが、りき申所《ところ》も理《ことハ》りなれバ、

一家《いつけ》の者《もの》の勘当《かんだう》をしバらく止《とゞ》めて、まづかへし、りきを松本方《かた》に留《とゞ》めぬ。此間の委細すへの体に見ゆ。其後程《そののちほど》なくりきが誠《まこと》あらハれ、人々これを称《しやう》する事、上に聞《きこ》へ、忝《かたじけな》くも御沙汰《さた》ありて、支配頭小林氏《しはいかしらこばやしうじ》を召《めさ》れ、奉行列座《ぶぎやうれつさ》にて、右りき事、はじめ山畑賣拂《はたうりはらひ》の相談《さうだん》の頃《ころ》より、始終父母《しじうふぼ》を慕《した》ふ孝心深《かうしんふか》く、且夫《かつおつと》への節義《せつぎ》も深切《しんせつ》に候段《だん》御感心《かんしん》の旨《むね》、御書付《かきつけ》を以て被称之《これをせうせられ》、俵子被下之旨《こめくださるのむね》申渡《わた》しぬ。其後《そのゝち》江戸に相詰居《あいつめい》候小林氏《こばやしうじ》の同役牛田何某《どうやくうしだなにぼう》へ、小林氏《こばやしうじ》より委《くハし》く申遣《つかハ》し候所《ところ》に、其返書《そのへんしょ》に、誠《まこと》に感心の事ニ候。既《すで》に御上より御褒美《ほうひ》の上ハ、支配《しはい》よりも又褒美《ほうび》すべき事なれバ、支配物《しはいもの》のうちより両人として褒美遣《ほうびつかハ》し然《しか》るべくと申こして、又牛田小林《うしだこばやし》両人より俵子《こめ》遣《つかハ》しぬ。扨《さて》りきハ御書付頂戴《かきつけてうだい》いたし候節《せつ》、只涙《ただなミだ》にくれ候て居《い》候。其後《そのうち》人々汝《なんじ》が誠《まこと》のかんずる所ぞと称《せう》しけれども、彼《かれ》が心のうちには夫《おつと》の名《な》を立《たて》頭《かしら》の機嫌《きげん》を損《そこな》ひ、親類《しんるい》の心にもたがひ、ことにしバらくの間《あいだ》とハいひながら、夫《おつと》の一たび御扶持《ふち》にまではなれ候事、皆我身《みなわがミ》の罪《つみ》にして、草《くさ》の蔭《かげ》なる親《をや》の心にもかなひ侍《はべ》るまじければ、露斗《つゆばかり》も孝行《かうかう》なる事なき身《ミ》なるに、いか成事にやとのミ思《をも》ひ居《い》けり。かく斗《ばかり》始《はじ》め終《をハ》りかわらぬ誠《まこと》なるに、其身《そのミ》は誠《まこと》ともおもハぬハ、有《あり》がたき心ならずや。誠《まこと》は天の道《ミち》なれは、天意《い》にも叶《かな》ひけるにや。四十をはるかに越《こゆ》るまで子《こ》もなかりしに、程《ほど》なく男子《なんし》をまうけ、其上《そのうえ》、上《かミ》より賜《たまハ》りし俵子《こめ》にて、おもふまゝに田地《てんち》をも調《とゝの》へ、有《あり》がたき御恵《めぐ》ミを長《なが》く失《うしな》ハざるはかり事をもなしけるとなん。

松本氏、りき姉并《あねならび》ニ忠兵衛をかへし、りきをとめおき候ひし。折節《おりふし》松本亭講学切磋会《ていかうがくせつさくわい》にて、同志集《どうしあつま》り学談《がくだん》せし序《ついで》に、此事語《かた》り出し、いかゝし侍《はべ》らんやといひしに、予其座《よそのざ》にありて聞より感心堪《かんしんたへ》ず。率爾《そつじ》に應之曰《これにこたへていふ》、嗚呼《あゝ》、孝哉《かうなるかな》。貞哉《ていなるかな》。孝哉《かうなるかな》。夫《それ》利は人の所欲《ほつするところ》也。彼何《かれなん》ぞ人に異ならん。今貧賤《ひんせん》の身《ミ》として、疲地《やせち》を賣《うり》、肥田《こへた》を買《かふ》はハ、大なる幸《さいハい》也。其利《そのり》いくばくぞや。然《しか》るに親《をや》の労《らう》を忘《わすれ》れず、此疲田《やせだ》を愛《あひ》して、是《これ》に離《はな》るゝをもて、ふたゝひ親《をや》に別《はな》るゝがごとしとする事、事死《しにつかふまつること》猶事生《せいにつかふまつるごとき》の孝心勝其利《かうしんそのりにかてバ》なり。それ死《し》は人の悪《にく》む所也。彼《かれ》も又人なり。何《なん》そ命《めい》を惜《をし》まざらん。然《しか》るに姉《あね》と従弟《いとこ》と口《くち》を同《おなじ》うして、今の夫《おっと》に添《そふ》ならば、親族不残義絶《しんるいのこらずぎぜつ》し、住居《すまい》もならざるやうに斗らんといふにあたつて、心更《こころさら》に動《うご》かず、我身《わガミ》ハいかやうにもならめといふをミれバ、失死守志《しをちかふところこころざしをまもる》とミへたり。かの袈裟御前《けさごぜん》の為夫命《おっとのためにいのち》を殞《おとせ》し事かれ何ぞ難《かた》しとせん。真《しん》の孝子《かうし》也。貞婦《ていふ》也。夫罵詈《おっとのゝしり》て我《われ》を追《おへ》ども、一言《いちごん》も夫《おっと》をうらミず、暫《しバら》く身《ミ》を隠《かく》せしハ、夫《おっと》を敬《うやま》ひ、愛《あひ》するなるに、はからず夫難《おっとなん》にあひしをかへつておのが過《あやまち》とし、夫《おっと》の心に應《おうぜ》さるをもて、其身《そのミ》の罪《つミ》とし、姉従弟世々《あねいとこよゝ》の旧主《きうしゅ》、皆其夫《みなそのおっと》を非《ひ》とし誹《そし》れども、そのそしるをも非《ひ》とせず、又是《これ》によつても露斗《つゆばかり》もおつとの不是《ふぜ》をミず、始終《しじう》おのれを責《せむ》るのミ。皆是古《みなこれいにしえ》にも多《をゝ》く聞《きか》ざる所也。易曰《ゑきいわく》、確乎《かくことして》其不可抜《ぬくべからず》と。語曰《ごにいわく》、匹夫不可奪志《ひつふをもこころざしをうばうべからず》也と。我思《われをも》ハざりき、男子《なんし》におひて未《いま》た是を見ずして、婦人《ふしん》におひて是を見んとハ。松本子《まつもとし》、何分《なんぶん》にも此婦《ふ》の心ざしをたすけ、夫《おっと》に帰参《きさん》の願《ねが》ひかなひ候やうに、御支配《しはい》まで申盡《つく》さるべき事にや、と申ければ、一座の同志《どうし》又一同に感心《かんしん》にて、はては落涕《らくるい》に及《をよ》ひぬ。主人とくと自反《じはん》して曰《いハく》、只《たゞ》此喜兵衛悪《にく》ミそひし故、かく不仁《ふじん》なる者《もの》に家屋敷山畑《いえやしきやまはた》を渡《わた》し、其上親類《そのうえしんるい》にも見限《かぎ》られ、行先《ゆくさき》さへなきやうに致《いた》しなし候事、扨々愚《さてさておろか》なる事哉《ことかな》とのミ存候ひき。今一座《ざ》の高論《かうろん》によつて自己《じこ》の利心凡情《りしんぼんじやう》を弁《わきま》へ、始《はじ》めて彼《かれ》が心底《しんてい》に恥《はぢ》入候と申されぬ。扨委《さてくハ》しく支配頭《しはいかしら》へ物語《がた》り有しに、頭《かしら》も志有《こころざしある》人にて、甚《はなハだ》りきを感心《かんしん》の上へ、是又自反《じはん》に及び、我過《わがあやまち》を悔《くひ》て、喜兵衛をも元《もと》のことく呼《よび》かへしぬ。扨取沙汰《さてとりさた》もさま〳〵なりし事なれバとて、用人佃何某《ようにんつくだなにぼう》の元《もと》へゆき、我さきに喜兵衛取《とり》あつかひし趣《おもむ》き、且りきが孝心貞実《かうしんていじつ》の事とくと語《かた》り、其上《そのうへ》にて申され候ハ、此度《たび》の取扱《とりあつかひ》甚《はなハだ》不調法千万《ぶてうほうせんばん》ニ候。其子細《そのしさい》ハ根元夫婦中《こんげんふうふなか》の申ぶんに候へハ、彼《かれ》より起《をこ》りて訴出《うつたへいで》候ハヽ、各別《かくべつ》是より僉議《せんぎ》に及《およ》ぶべき事ならざりしを、不斗入婿《はからずいりむこ》の身《ミ》として我《わが》まゝなる仕《し》かた哉《かな》と存候と、平生《へいせい》がさつなりし所をとがめ居《い》候よりして、かく取行《とりおこな》ひ候ひぬ。今又存候へば、喜兵衛事も、奉公筋《ほうこうすじ》ハ精敷者《くわしきもの》にて候。一通《とふ》りより申候へバ、きのふけふいとま申付、早速召《さっそくめし》かへし候ハ、浮躁《うろたへ》なる事《こと》にて、世上《せじやう》の評判《へうばん》も有《ある》べく候。又頭《かしら》たる者《もの》の威《ゐ》も立《たち》不申様《やう》に候へども、されバとて非《ひ》を文《かざる》へきやうもこれなく候まゝ、彼《かの》女の孝心貞実《かうしんていじつ》をも申のへ、喜兵衛召帰《めしかへ》し候ぬと語《かた》られけれバ、佃氏《つくだうじ》つくぐ聞《きゝ》て、世上《せじやう》の褒貶《はうへん》にかゝハらず、速《すミやか》に己《おの》が過《あやまち》を改《あらた》め、人の善《ぜん》をあげられ候所《ところ》、尤感心《もっともかんしん》に及《をよ》び候。扨《さて》かのりきが事感涕《かんるい》に及びぬ。此事《このこと》を聞《きゝ》すてにハ致《いた》されす候とて、家老中《かろうじう》へ申されけれバ、家老中《かろうちう》も奇特《きとく》なる事とて、右《みぎ》の御沙汰《さた》に及《およ》バれしなり。

下田口孝子孫平《しもたぐちかうしまごへい》の事

孫平は卑賤《ひせん》の農夫《のうふ》也。親《をや》を休無《きうむ》といふ。子とも男女三人有しが、いづれも幼雅《いとけなかり》し時休無卒《にハか》に眼つぶれ、今日送るべき便《たより》なくして、止事《やむ》を得《え》ず、髪《かミ》をそり、爰《ここ》かしこさすらひありき。一鉢《いっはつ》のまうけしてあハれに光陰《くハういん》を送《おく》りぬ。漸《やう》にして三人の子《こ》ともおひ立《たち》、手《て》たすけを成《な》しゝに、其中《そのなか》にも此孫平わけて孝心尚《かうしんなお》よく幼《よう》年《ねん》の頃《ころ》より親《をや》の帰《かへ》るべき時をはかり、藁踏《わらぐつ》なんどひろひあつめ、湯を沸《わか》して待受《まちうけ》、すべて愛敬《あいけい》の心やさしかりしが、成人《せいじん》して後《のち》ハ昼夜《ちうや》をわかたず一村《ひとむら》の雇人《やとわれびと》と成り、其賃《そのちん》をもて父母《ちゝはゝ》を育《はぐくミ》しに、過《すぎ》し丑寅両年《うしとらりやうねん》の飢饉《ききん》に、村《むら》もいたミ、人雇《やとひ》する者《もの》もなけれバ、孫平賃銭《ちんせん》の手段《しゆだん》も絶《たえ》はてにけり。父母兄弟次第《ちゝはゝけうだいしだい》に飢《うへ》に及《をよ》び、いよく力《ちから》を落《をと》しけるに、孫平申けるハ、更々《さらさら》御心づかひ有《ある》まじく候。暫《しバら》くもそひ奉らざるハ遺恨《いこん》に候へども、是非《ぜひ》なき事なれバ、御家中《ごかちう》へ御奉公《ほうこう》申、養《やしな》ひ奉るべしとて、二三年奉公《ほうこう》に出ぬ。切米昼扶持《きりまいひるぶち》迄も悉《ことごと》く宿《やど》へ送《をく》り、父母《ふぼ》の養《やしな》ひとし、木樵《きこり》などに出《いで》候てハ、人よりも精《せい》を出《いだ》し木をとり、主人《しゅじん》の用《よう》をかゝずして、日の餘《あま》りもて宿《やど》へ見まひ、さる折《をり》からハ彌《いよいよ》我朝夕《わがてうせき》の飯《いひ》をもわけて両親《りやうしん》へ与《あた》へ、猶荷《なをに》の重《をも》きをも厭《いと》ハず、柴木《しばき》一枝《えだ》をも折《をり》そへて、父母《ふぼ》のもとへ送りぬ。彼道《かのみち》のべの便《たより》の桜《さくら》折《おり》そへて、薪《たきぎ》や重《をも》き春《はる》の山人とよミけるは、風雅《ふうが》のためしなるに、かれが折添《をりそへ》たるハ、孝養《かうよう》の優《やさ》しき心の花そかし。かくして二とせの飢渇《きかつ》をも免《まぬが》れしめ、其後奉公《そののちほうこう》を引《ひき》て又両親《りやうしん》の膝下《ひざもと》にそ侍《はべ》りける。瞽《めくら》父年月を経《ふ》るに随《したが》ひ起居《をきい》ます〳〵不叶《ふかな》ひ成《なり》しかば、たくはつの労《ろう》を気《き》づかひ、何とぞ休《やす》めたく思ひ、夜昼《よるひる》の労《らう》をいとハず、心力《しんりよく》を尽《つく》し働《はたら》き勤《つと》めて、終《つひ》に父《ちち》の鉢《はち》ひらきをしやめさせ、菽水《しゆくすい》の養《やしな》ひを遂《とげ》ぬ。瞽父《めくらおやぢ》病《やまひ》にかゝりてハ、唯《ただ》其病《そのやまひ》のミを憂《うれ》ひて、事物《じぶつ》心に経《ふ》る事なし。瞽父《めくらおやぢ》よろこびて曰《いハく》、われ死しても此心虚《むな》しからずハ、汝《なんじ》が

孝養《かうやう》を忘《わす》るべからず、といひて終《をハ》りぬ。其死《し》するに及《をよん》でや、孫平が悲哀《ひあい》いハん方《かた》なし。今ハ孫平妻子《さいし》をも有之《これあり》、破席《やぶれむしろ》をだに全《まつた》く設《まふく》る事かたき小家なれども、其中《そのうち》をしきりて母《はゝ》の休所《やすミところ》とし、心《こゝろ》のまゝに寝《ね》ふしをなさしめ、我居《わがを》る所をして母《はゝ》の居《を》る所《ところ》を妨《さまた》げしめず。誠《まこと》に貧《まづ》しき者《もの》のならひ、寒《かん》を禦《ふせ》ぐの備《そな》へおろそかなれバ、老母《ろうぼ》身《ミ》冷《ひへ》て寝《ね》る事難《かた》からん事を思ひ、我肌《わがはだ》に着《ちやく》せし物《もの》をぬぎて、母《はゝ》をして其上《そのうへ》に臥《ふせ》しめ、おのれ又母《はゝ》の傍《かたハら》にそひふして、己《おの》が膚《はだへ》をもて母《はゝ》の足《あし》をあたゝめ、爰《こゝ》かしこなでさすり、其熟睡《そのじゅくすい》をうかゞふて蹐《ぬきあし》して我寝所《わがねどころ》に帰《かへ》りてふしぬ。孫平が親切《しんせつ》よく感《かん》じけるにや、其妻《つま》も又倣《なら》ひ慕《した》ふてよく姑《しうとめ》に仕《つか》へぬ。一分《いちぶん》の田畑《たはた》とてハ僅《わづか》かなる事にて、菜畑《さいはたけ》なくてハなき程《ほど》なれども、あたり地《ち》など精《せい》を入つくりし故、母《はゝ》をも安楽《あんらく》に養《やしな》ひ、近年風雨折《きんねんふううおり》あしく、五穀登《ごこくミの》らざれども一粒《いちりう》も未進《ミしん》なけれバ、取立《とりたて》の責《ハたり》もなし。貢税納《ねんぐをさ》むる事期《ご》におくれざれハ、吏《やくにん》の催促《さいそく》もなし。しかのミならず、其人の成柔和《なりにうわ》にして、郷党のまじハりも睦《むつま》じかりし。元文二丁巳の冬《ふゆ》の事、上に聞《きこ》へて為御褒美俵子《ごほうびとしてこめ》を賜《たまハ》りぬるぞ忝《かたじけな》き。

下田口孝子延寿院《しもたくちかうしゑんじゅいん》の事

延寿院《ゑんじゅいん》ハ山伏《やまぶし》にて、父《ちゝ》を盛心院法印《せいしんいんほういん》といひ、年九十三に成りぬ。田畑《たはた》一丁餘《よ》も持《もち》て朝夕《てうせき》の備《そな》へも乏《とぼ》しからず。延寿院夫婦《ゑんじゅいんふうふ》ともに孝心《かうしん》ありて、よく父母《ちゝはゝ》に仕《つか》へぬれど、盛心《せいしん》百にちかき老《おひ》なれバ、心ひが〱しくて、やゝもすれバ食事《しょくじ》などこゝといひて食《くハ》ざりしに、延寿院《ゑんじゅいん》子どもに示《しめ》して曰《いハ》く、何《いづ》れも物たべ度候へば、老人《らうじん》の御機嫌《きげん》をよく取直《とりなを》し候へ。老人《らうじん》まいらずば、皆《みな》にも給《たべ》させ候ハじといひをしへ、ミづからハ元《もと》より父食《ちゝしよく》し終《をハ》らざれバ喰《たべ》ざりき。いつもの事にて子どももよくわきまへ、色々《いろいろ》と機嫌《きげん》を取《とり》あつかひければ、孫《まご》にめでゝひくしき心も止《や》ミ、物なども喰《くひ》けるとなん。延寿院《ゑんじゅいん》己《おの》が身《ミ》よく倹約《けんやく》を守《まも》り、老父《らうふ》の養《やしな》ひに深《ふか》く心を用ひて、好物《かうぶつ》なる品《しな》をたえず蓄《たくハ》へ、若他《もした》に之《ゆい》て珍味《ちんみ》を求《もと》め得《う》れば、帰《かへ》りて是《これ》を羞《もと》め、もし人有て微物《ひぶつ》を送《をく》り恵《めく》めバ、ゆひて是を献《たてまつ》り、あまり有《ある》にあらざれバ、子《こ》といへども私《わたくし》に与へず。可レ謂不下私以二愛而忽其孝養と。年積《としつも》りて後《のち》ハ、夜毎《よごと》に夫婦《ふうふ》ともに老父《らうふ》の側《そバ》にふして、寒暖《かんだん》に心を盡《つく》しぬ。其孝感《そのかうかん》の化《くわ》するにや、幼少《ようせう》の子《こ》どもまでもやさしく老人《らうじん》に仕《つか》へけるとなん。平常《へいぜい》の孝状《かうじやう》、隣里郷党《りんりけうとう》、是《これ》を称《せう》せざるハなし。孫平と等《ひと》しく上に達《たつ》し、これ又俵子《こめ》賜《たまハ》りて、其孝《そのかう》をあらハし給ひぬ。

豫州大洲好人録巻之一終

豫州大洲好人録巻之二

目録

重松村《しげまつむら》小百姓《こひやくしよう》吉郎右衛門後妻貞女《ごさいていじよ》が事

吉郎右衛門は高《たか》三石ばかりの農民《のうみん》にて、漸《やうやう》其日を送《をく》る者《もの》なり。同村より妻《つま》を向へ、男子《なんし》をうミぬ。其後何《そののちいか》なる事にや、其妻《つま》を離別《りべつ》せしが、小児《せうに》を抱《いだ》き居《い》てハ農業《のうげう》の勤《つと》め成がたき故、程《ほど》なく古田村黒内坊《ふるだむらくろちぼ》より後妻《ごさい》をむかへぬ。かくしてまだ久《ひさ》しからざるに、江戸《ゑど》奉公《ほうこう》の口有《くちあり》ければ、未進《ミしん》つくのひの為参《ためまい》らんと心付《こころつき》、妻《つま》に其旨《そのむね》を語《かた》り、彼子《かのこ》を託《たく》して江戸へ行《ゆき》ぬ。其後《そのゝち》いたり奉公勤《ほうこうつとむ》ことまてハ聞《きこ》へぬれど、賤《いや》しき者《もの》のならひ、情《なさけ》なかりしにや、又物《もの》も書《か》ゝさりしにや、文《ふみ》の便《たより》りもなく、今年迄《ことしまで》星霜《せいそう》十《と》とせ餘《あま》り八《や》とせがほど、何方《いづかた》にいかに暮《くら》せりとも、生《いき》るとも死《し》せるとも更《さら》に音信《をとづれ》もなかりし。然《しか》るに此女房夫《このにょうぼうおっと》にわかれて後《のち》、朝夕《てうせき》の烟《けむり》もたえ〱なる内《うち》に、かの子《こ》を抱《だき》きかゝへて、近《ちか》きとをきのけしめもなく、雨風闇《あめかぜやみ》の夜《よ》のゑらミもなく貰《もら》ひ乳《ぢ》し、其たへまにハすか粉《こ》などこしらへて育《そだて》しに、折《おり》ふし貰《もら》ひ乳《ぢ》する方《かた》も少《すく》なく、此子《このこ》うぶじゝも落《をち》、次第《しだい》に痩衰《やせおとろ》ひぬ。我身又《わがミまた》わつかの間夫《あいだおっと》に添《そ》ひしに、身《ミ》おもに成り、今は月数《かず》も重《かさな》りけるが、つく〱思ふに、此預《あつか》りし子は前妻《せんさい》のうミし所にて、夫《おっと》の為《ため》に総領《さうりう》の子《こ》といひ、殊《こと》に旅《たび》たつ日養育《よういく》をわれに托《たく》せし也。いかにもと思ひ、夜昼《よるひる》のわかちもなく、爰《こゝ》かしこともらひ乳《ぢ》すれども、はか〱しからず、衰《をとろ》へぬれバ、すかこなどにてハいかてか生立《をひたち》ぬべき。扨我腹《さてわがはら》にやどりしも同

じ夫《おつと》の子《こ》にて、又我子《わがこ》なれば、やす〱とうミて、いかにも育《そだて》たき事なれども、兎《と》して角《かく》して是《これ》をも彼《かれ》をも思ふうちには、此子十に一ツもながらふまじければ、残《のこ》り多《をゝ》き事なれども腹《はら》の子《こ》を堕《をと》し、其乳《そのち》をもて此子《こ》を養《やしな》ハバやと思ひ定《さだ》め、堕胎婆《こおろし》の元《もと》へ行《ゆき》て堕《をと》しけるに、天の恵《めぐ》ミにや、何の悩《なやミ》もなくおりて、乳《ち》も流《なが》るゝやうに出ぬ。悦《よろこ》びてかの子《こ》にあたへければ、程《ほど》なく肉《にく》もつき、すこやかにおひ立《たち》けり。名《な》を千《せん》太郎といふ。つねに愛《いとを》しみ育《そだて》、十二三の頃《ころ》より村役《むらやく》を務《つと》めさせぬ。役《やく》にて出ぬる時、帰《かへ》るべき時刻《じこく》、少《すこ》し遅《をそ》けれハ門に立《たち》、尚遅《なをゝそ》けれバ道《ミち》まで出、寒暑風雨闇夜深更《かんしよふうあんやしんこう》といへども、逢《あふ》所まで行向《ゆきむか》へてつれかへりぬ。其深切《そのしんせつ》わがうミの子《こ》を愛《あひ》する人にもこへたり。其身《そのミ》ハ人に雇《やと》ハれ、賃機《ちんばた》など織《おり》てミつぎとし、先《さき》にて得し昼飯《ひるはん》などハ、其身飢《そのミうへ》を忍《しの》ひて持《もち》かへり、千太郎に与《あた》へぬ。此子も生質孝行《せいしつかうかう》にて、雨ふる日などにハ蓑笠《ミのかさ》あしだやうのものの取《とり》もちて、送《をく》り迎《むか》へよくしけり。甚《はなはだ》愛《あひ》すといへとも父《ちゝ》に添ぬ子《こ》なれバ、何となく放埒《ほうらつ》にや。生立《をひたち》なんと思ひたがひぬるとミへける事あり。折々《をろをり》はきびしくいましめ折檻《せつかん》し、年次第《とししだい》に積《つも》りてハよく教《をし》へ聞《きか》せたり。厳家《げんか》に敗子《はいし》なしとかや。此子母《このこはゝ》にむつまじく、農業《のうげう》も次第《しだい》によくぞ勤《つと》めぬ。慈愛《じあひ》をもて育《そだて》、義方《ぎほう》をもて教《おしゆ》る道聞《ミちきゝ》ける人といへども、かくハ教《おし》たつること難《かた》き事なるに、片田舎《かたいなか》に住《すミ》ける蚩々《ち》たる寡婦《くわふ》のかくある事、誠《まこと》に難有《ありがたき》ためしならずや。舅《しうと》を惣兵衛といへり。極老《ごくろう》なりしに、これに仕《つか》ふる事も婦道《ふどう》に叶《かな》へりとなん。千太郎今年十八歳になりぬ。されバ此女夫《おつと》に別《わか》れて十八年にして、其婦徳其貞操《そのふとくそのていそう》、上に達《たつ》して、是を賞《しやう》し給ひて、子孫迄村役《しそんまでむらやく》かり物等《ものとう》の諸役《しよやく》御免《めん》にて、永くその徳《とく》を顕《あら》ハし給ひぬ。

扨貞婦《さてていふ》の顕《あらハ》れしきは、宗門改《しうもんあらた》めの役《やく》人巡郷《じゆんきやう》せしが、此重松《しけまつ》村にやどり、庄屋組頭《せうやくみがしら》など呼出《よびだ》し、

宗門證文《しうもんしやうもん》の改《あらた》め終《をハ》りて、宵《よひ》のいとまのつれ〱に、役人《やくにん》どし物語《ものがたり》し、かれハ兎《と》ありし、是《これ》ハ角《かく》有しなど語《かた》りあひて、一言《ごん》一行《ぎやう》の美《び》といへども、其善《そのぜん》なるを感称《かんしやう》し、互《たがひ》に自己《じこ》の非《ひ》をも正しあハれけ

るを、勝手《かつて》に詰《つめ》ける庄屋組頭《せうやくみがしら》五人組等《ぐみとう》ほの聞《きい》て、皆《みな》申けるハ、かく一時《じ》のわずか成善《なるぜん》をさへ御称嘆《しやうたん》候に、まのあたりにかくのごとくなる貞女《ていじょ》有て、年月感《かん》せし事なるを、露斗《つゆばかり》も上体《かみてい》へ申上ざるハ、我々《われわれ》求《もと》めなきとはいひながら、志《こころざし》の浅《あさ》ましき知《し》られ侍《はべ》る。いさや今宵此御方《こよひこのおんかた》様へ御物語《ものがた》り申べきとて、庄屋座敷《せうやざしき》へ出、うちく〱申あいし事つぶさに申て、かの貞女《ていじょ》が始末《しまつ》を述《のべ》ぬ。役人《やくにん》つく〱聞《きい》て感心《かんしん》し、巡郷《じゅんぎやうをハ》終りて帰《かへ》り、郡奉行中《こほりぶぎやうちゅう》へ物語《がた》り有ければ、郡吏《ぐんり》なをよく事実《じじつ》を正して、上の御聞《きゝ》に達《たつ》し、かく御称美《せうび》有しや。されバ此貞婦《ていふ》の顕《あら》ハれしも講学《かうがく》の餘裕《よよう》ならずや。此反《うら》なれは国道《くにみち》なき時ハ卞和《へんくわ》が璧《たま》もながく埋《むも》れなんかし。

八日市村正木《まさき》喜右衛門飢人《うへ》救《すくひ》し事

八日市ハ内の子のうちの小村にて、喜右衛門は其所《そのところ》の五人組《にんくミ》也。去《さ》りし子の年、諸国蝗災《しょこくくハうさい》有《あり》しが、豫州《よしう》尤《もっとも》甚《はなはだ》しく、田畑《たはた》かれはて、飢人《うへ》多かりしに、此喜右衛門豊饒《ふねう》の身にしもあらねど、最初《さいしょ》より飢民《きミん》を懇《ねんごろ》に救《すく》ひぬ。持合《もぁハ》せし米穀《べいこく》僅《わづか》の事なれバ、程《ほど》なく盡《つき》ぬべく、飢人《うへ》は日々《ひ》に多《をゝ》く成り行《ゆく》べき勢《いきほ》ひなるをとくさとし、糧《かて》の才覚《さいかく》遅ハりなバ臍《ほぞ》を噛《かむ》とも及《をよ》ぶまじとて、持来《もちきた》りし田畑《たはた》をも沽却《こきやく》し、鳥目《てうもく》にかへ、旅《たび》かけして、麦稗《むぎひへ》またハ糠《ぬか》など多《をゝ》く調《とゝの》へ、馬《むま》につけて帰《かへ》りけるが、果《はた》して飢人《うへ》おびたゝしく成りぬ。有《ある》をかぎり救《すく》ひしかバ、同村を始《はじ》めとして、餓莩《がハう》是が為《ため》に免《まぬ》るゝもの多《をゝ》かりき。侯其仁愛《こうそのじんあい》を感称《かんしやう》し給ひ、米《こめ》なと恩賜《をんし》し給ひぬ。其後台命《そののちだいめい》有て、諸国飢人《しょこくうへ》救《すく》ひし者御尋《たづ》ね有しに、元来《もとより》此地におひても思ひく〱に施《ほどこ》し救《すく》へる者なきにしもあらねど、渠《かれ》がごときハ又類《たくひ》なけれなとて、此ものを書上《かきあげ》給ひぬ。

夫善《それぜん》を好《この》み悪《あく》をにくむハ人の常《つね》情也。然《しか》に国《くに》に学なく道《みち》なければバ、其本情《そのほんじやう》にもどつて善《ぜん》を蔽《おほ》ひ悪《あく》を発《あばき》、賢《けん》を嫉《ねた》ミ能《のう》を譏《そし》る。是を化《くわ》するの備《そな》へ学校《がくかう》より能《よき》ハなし。されハ古《いにし》へハ我国《わがくに》も王宮《わうきゆう》国土《こくど》よりして閭巷《りよこう》に至《いた》るまで、学《がく》ならずといふ事なし。誠《まこと》や其頃《そのころ》喜右衛門がする所《ところ》、或《あるひ》ハ名聞《めいもん》にてかく行《おこな》ひぬといひ、或ハ賜有ん事を期してせしなどいひ、又ハをのが後世《ごせ》菩提天童快楽《ぼだいてんどうけらく》の望《のぞミ》あつてしたるなど口々《くちぐち》にいひて、世《よ》を欺《あざむ》き、疑《うたがハ》しめぬ。元来誠《もとよりまこと》なれバ終《つい》にハ顕《あら》はれぬべけれど、彼《かれ》が慈愛《じあひ》の心しバし流言《りうげん》の為《ため》におほわれぬ。近年主公道《きんねんしゆこうだう》の御　志《こころざし》しすゝませ給ひ、太夫諸有司百《だいぶしよゆうしもゝ》の下司迄《しもづかさまで》も学《がく》を講《かう》ずるならハしと成りて、かの悪《あく》をあげ、善《ぜん》を蔽《おほ》ふのまとひをとくとけて、喜右衛門が種々《しゆじゆ》の流言《りうげん》も跡《あと》かたなく、其《その》

誠明《まことあきら》かに達し、蝗《いなむし》以後《いご》賜《たまもの》有し上《うへ》に、尚《なを》又八年前《まへ》の善《ぜん》を改《あらた》め称《せう》して、元文四年未の年官舎《くわんしや》に召《めさ》れ、家名免《かめいめん》し給ひて、正《まさ》木と名のり、其上扶持《ふち》三口《さんこう》給りて、永《なが》く美名《びめい》を顕《あらハ》し給ハりぬ。

上田口村農民六平事《かミたくちむらのうミん》

六平ハ田畑持高《たはたもちたか》五六石斗《ばかり》の農民《のうミん》也。実体《じつてい》なる者にて、たとひ己《をの》が糧《かて》ハ絶《たゆ》とも奉上《あげたてまつる》の物を闕事《かくこと》なし。元《もと》より耕耘《かううん》の業不怠《げうおこたらず》ゆへ、子の年の蝗《いなむし》このかた百姓《ひやくしやう》多《おゝ》く労《つか》れぬれとも、此者《もの》ハ未進《ミしん》の催足《さいそく》を受《うく》る事なし。今年村方不作《ふさく》にして、飢《うへ》に及《をよ》ぶ者《もの》あまたなりし故、庄屋六兵衛見るに不忍《しのばず》して、光明寺《くハうめうじ》といふ寺にて粥《かゆ》を煮《に》、飢《うへ》人を救《すく》へり。救餓《ほとこし》の初日に六兵衛方《かた》へ、此六平参《まい》りて申やう。此度《たび》の御志《こころざし》こそ誠《まこと》に忝《かたじけな》く候へ。思ふに麦《むぎ》の生立《をひたち》候迄ハよほどの日数《ひかず》にて、其《その》うへ飢《うへ》人追々《おひおひ》ましぬべき勢《いきほ》ひなれバ、御救《すく》ひも續《つゞ》きがたくこそ存候へ。当時《たうじ》の事ニ候へハ、友《とも》たをれに候へとも、一分《いちぶん》の事ハいかゞ成行《なりゆき》候とても其いとひなく候。随分力《なつたけちから》を添参《そへまい》らすべく候まゝ、御救《すく》ひ遂《と》げ候様《やう》に御斗《はから》ひなされ候へかし。光明寺《くハうめうじ》へも参り世話《せわ》いたし候ハめとて、誠《まこと》に他事《たじ》なくぞ見へければ、六平天性《てんせい》のあいきやう、爰《こゝ》におひても見るへし。又先年《せんねん》金八といへる者《もの》の地《ち》をあたりて作《つく》りしが、年不登《みのらず》して、作得《さくとく》七斗《とう》の約束《やくそく》にて作《つく》りし地《ち》に、漸《やうやく》四斗ならでハ有まじく見へける故、見分願《けんぶんねが》ひしに、地主《ぢぬし》金八見分《けんぶん》して、誠《まこと》に左《さ》にて候程《ほど》に、弐斗引《ひい》て参《まい》らすべしと申渡《わた》しぬ。兎角《とかく》して作物《さくもの》かり上げこなしまて済《すミ》て、地主《ぢぬし》へ参《まい》り、此頃《このごろ》御あて地《ぢ》のさく物取上《とりあげ》候ひしに、御見分并《けんぶんならび》ニ我《われ》等存分《らぞんぶん》よりも餘慶《よけい》に候とて、弐斗の免の内を壱斗差出《さし》しぬ。地主の曰《いふ》、我等見分《われらけんぶん》のうへにて定《さだ》め候事に候へハ、かり取《とり》候迄にてのよけいは其方自然《そなたしぜん》の幸《さいハい》のこそ候へ。約束《やくそく》のごとく弐斗引て参《まい》らせ候ハめと、再《さい》三《さん》しひけれども、遂《つい》にましを壱斗差《さし》出して帰《かへ》りぬ。大やう人にあて候田《た》ハ、地力衰《ちりきおとろ》へ、次第《しだい》に肥田《こえた》もやせ地に成りて、善米《よきこめ》なきものなるに、かく見分《けんぶん》よりも取実《とりミ》の多《をゝ》き事ハ、六平が深《ふか》く耕易耨《たがやしおさめくさきる》事怠《をこた》らざりし人力《じんりき》の成《な》す所《ところ》にて、且陰《かつひそか》に造物者《さうぶつしや》の其信《そのまこと》を助《たす》くるゆへなるべし。租税期《そせいご》に不違《たがハざる》と同溝共井《ミぞおなじくしいとをともにする》人と、むつまじきと危《あやう》きを救《すく》ふに急成《きうな》るハ、農夫《のうふ》第一のまことなるに、六平備《そな》はれり。よつて上より其善《そのぜん》を称《しやう》して俵子《こめ》を給ハりぬ。

附《つけたり》。庄屋《せうや》六兵衛夫婦不和《ふうふふわ》にして家内騒動《かないさうだう》なりしが、近年講舎《きんねかうしや》の夜話《やわ》教喩《きやうゆ》の席《せき》に連《つらな》り、志《こころざし》出来《いでき》て、庄《せう》屋仲間《なかま》の会《くわい》も多《をゝ》くハ我家で催《もよほ》し兼《かね》て中村町方の会《くわい》にもたえず出て、郷約《きやうやく》もよくとゝのひ、次第《しだい》に夫婦中《ふうふなか》も和《くわ》し、家内穏《かないおだやか》になりぬ。次第《しだい》に村支配深切《しはいしんせつ》なる事ども多《をゝ》かりき。

野尻村農民《のしりむらのうみん》七郎衛門銀子差《ぎんすさし》上候事

七郎衛門は露《つゆ》の峯《みね》の枝《えだ》村野尻《のじり》といふ所の百姓《ひやくしやう》なり。田地少々作《でんちせうせうつく》りかねて商《あきなひ》をなせり。此者生得実体《このものせうとくじつてい》にて年々の租税《ねんく》怠《おこた》りなく、皆済《かいせい》いたし来《きた》りぬ。庄屋宅《せうやたく》へは五十町余《よ》も有道《あるみち》なるを折々往《おりおりゆき》かよひて、御城下《ごじやうか》の御安否《あんひ》をうかゞひ、次《つぎ》に庄屋家内《せうやかない》の無事《ぶじ》をつぶさにとひて帰《かへ》りぬ。年月をかさぬれども怠《をこた》る事なし。此者或《このものある》時庄屋《ときせうや》へ語《かた》りけるは、殿様《とのさま》御不勝手《ふかつて》に御座遊《あそハ》され候旨毎度《まいど》うけ給り、恐《をそ》れながら気毒千万《きどくせんばん》に奉存候。近来《きんらい》御火災《くハさい》にて御普請《ふしん》も打續《うちつゞ》き、其外《そのほか》御物入《ものいり》多《をゝ》く御座遊《あそば》され候と承《うけたまは》り候へバ、此以後《ご》御凌《しの》ぎの程覚束《ほどおぼつか》なくこそ奉存候。我々御下にて百姓相勤《ひやくしやうあいつと》め、其上商賣《そのうへしやうばい》仕り、御蔭《かげ》にて今程古銀《いまほどこぎん》の積《つも》りにて五百目ばかりたくハへも出来《でき》候。御見かけの通《とふ》り数年居宅《すうねんいたく》の修理打《しやうりうち》すて置《をき》候ひし故、甚破損《はなはだはそん》いたし候。此繕《つくろひ》をいたし候ハめと心かけ居候所に、御上御難儀《なんぎ》の旨《むね》傳《つたへ》承《うけたまハ》り候へば、我々《われわれ》体《てい》少《すこ》しの修覆《しゅふく》にてもなすべき事御座《ざ》なく候と存候。左《さ》候へバ五百目の銀子の内、二百目は商《あきな》ひの元手《もとで》に心《こころ》あて、子《こ》どもへ家督《かとく》にいたし候べし。三百目ハ右家居《いえい》修理《しゅうり》の望《のぞみ》も相止《あいや》め候へバ、これを御上へ差《さし》上申度《たく》候。御代官《だいくわん》様方まで御取次《とつぎ》を下され候へかしと申ぬ。庄屋《せうや》聞《きゝ》てきどく成《なる》心入相心得《あいこころえ》候とはいへぬれど、かばかりの事御たりにもなるべき事かハとおもひし故、二三ケ月も打《うち》まぎれて過《すぎ》ぬる所に、かの七郎右衛門又来《きた》りぬ。庄屋《せうや》うち見るより思ひけるハ、此男《をとこ》数年来《すねんらい》絶《たへ》ず通《かよ》ひ来《きた》りて、御城下《じやうか》の安否《あんひ》を問尋《とひたづ》ね、御吉事《きちじ》を告《つく》れバ、我事のやうに悦《よろこ》ひ、御難儀《なんぎ》を語《かた》れば甚《はなハだ》憂《うれ》ふる色《いろ》あらハる。かゝる真実《しんじつ》なる男《をとこ》に彼《かれ》が申せし事を今日《けふ》まで打《うち》まきれて過《すぎ》ぬる事よと、我《わが》怠《をこたり》に思ひあたりけるに、かの男の曰《いハく》、過《すぎ》し頃《ころ》御物語《がた》り申せし事、御代官《くわん》様

へ御申下され候や。其後《そのゝち》何の御沙汰《さた》もなく候故、此ごろ風《ふ》と存あたり候は、推参《すいさん》なる事申上候と御代官《くわん》様方《かた》御機嫌損《きげんそん》じ、夫故《それゆえ》何の御沙汰《さた》も御座《ざ》なきものと、扨々恐《さてさてをそれ》入候て、此近《ちか》きころハ夜《よる》もふせり不申《まうさず》候。いよ〱左《さ》やうにも候ハヽ、此儀それ迄になされ、幾重《いくへ》にも御気色《きしよく》御取つくろひ下され候へかしとて、甚《はなハ》だ迷惑《めいわく》せし顔色《がんしよく》なり。庄屋《せうや》されバよく思ひ、暫《しばら》く有《あつ》て申けるハ、近頃面目《ちかごろめんぼく》もなき事ながら、自分《じぶん》の不深切《しんせつ》にて打《うち》忘《わす》れ過《すぎ》し也。申出したりとて何条《なにでう》御咎《とが》めの有べきぞや。必《かならず》気《き》ずかいにおよふ事なかれと申ければ、扨《さて》ハ胸《むね》もはれ候。今宵《こよひ》ハよくふせり候べし。此上ハよきやうに御了簡《れうけん》下され候へとて帰《かへ》りぬ。其後庄屋右《そのゝちせうやみぎ》の次第《しだい》をハ代官中《だいくわんちう》へ申達《たつ》しぬれバ、代官何某《だいくわんなにぼう》とくと吟味《ぎんミ》をとけしに、年凶《としけう》なりといへども貢税其期《ねんぐそのご》に怠《をこた》る事もなく、万事質直《ばんじしつちよく》なる良民《りやうみん》なりし故、郡奉行中《こほりふぎやうちう》へ申達《たつ》し、御上へ相聞《きこ》へ、芹献《きんけん》の誠意奇特《せいゐきとく》なりとて、右の銀子差《さし》上候やうに命《めい》せられ、其身甚《そのミはなハ》たほいのとげしを悦《ころこ》びしとなり。

大久喜《おほくき》村農民《のうミん》四兵衛鳥目差《てうもくさし》上候事

四兵衛ハ當申《とうさる》の年七十二に成りぬる老農《らうのう》なるが、一村《ひとむら》の民屋《みんおく》をはなれて、廿町斗山上《ばかりさんじやう》の一ツ家《や》に、妻子《さいし》八人暮《くら》しぬ。親《をや》を庄左衛門といふ。四兵衛八ツの年のころ、親《をや》此山の切《きり》ひらきを願《ねが》ひ、初《はし》めて此所に住《す》ミ、数《す》十年を経《へ》て、漸《やうやく》年貢《ねんぐ》五斗ばかり出る程《ほど》の地《ち》を持《もち》て、葛蕨《くずわらび》の根《ね》などをほりて飢《うへ》をしのぐ小百姓《こびやくしやう》也。四兵衛十四の年親死《をやし》し、三とせ四年《とせ》が程《ほど》ハ何心《なにごころ》なく打過《うちすぎ》しが、十八の時つく〱おもふに、かく親《をや》の代《だい》より此山をひらき、御上の地《ち》を佃《つく》り、御百姓《ひやくしやう》の数《かず》にかすまへらるゝ事、誠《まこと》かたじけなき御恩《をん》ならずや。いかにもして年貢《ねんぐ》年々滞《とどこを》りなく収《をさ》め、猶《なお》ねがハくは餘慶《よけい》ありて、少分《せうぶん》の御用金《ようきん》をも差上《さしあぐ》るやうにあらバやとおもひつきぬるぞ。やさしきかく心付《こころつき》て後《のち》ハ、柴木《しばき》にても持運《もちはこ》びぬるわづかの賃銭《ちんせん》のうち、又ハ五升七升賣拂《うりはら》ひし麦稗《むぎひへ》の代《だい》のうちより、鳥目一銭《てうもくいっせん》ヅヽのけ置《おき》しが、年月積《つも》りて今年七百文になりぬ。又つく〳〵思ふハ、林《はやし》もたねハ木《き》一枝《えだ》も奉りぬべきてだてもなく、藪《やぶ》なれば竹《たけ》一本《もと》御用《よう》に立《たつ》べきやうなしせめて数《す》十年《ねん》心がけぬる此鳥目《てうもく》さし上度《あげたく》おもへども、庄屋組頭《せうやくミかしら》へ申なバ、憚《はばかり》なる事とて咎《とがめ》られぬべければ、本意《ほい》とぐる事能《あた》ハじ。されバとて一日々々と遅滞《ちたい》せバ、七十に越《こへ》ぬる老《をひ》の身《ミ》なれバ、いつの時とか期《こ》すべきぞや、いかゞハせんと、暫《しば》し思ひ煩《わづら》ひしが、此上ハ是非《ぜひ》なき事に、たとへ御しかりにあひバとても、此数《す》十年の念願《ねんぐわん》いかでか虚《むな》しく止《やミ》ぬべき。それ迄よく思ひ極《きハ》め、右鳥目《みぎてうもく》を携《たづさ》へ、御城《しろ》の新番所《しんばんしょ》へ参《まい》り、ひざまづきて番人《ばんにん》に向《むか》ひ、我等儀《われらぎ》ハ小百姓にて候。数年《すねん》御厚恩難有《かうおんありがたく》候まゝ、

寸志《すんし》ながら差上度《さしあげたく》、鳥目《てうもく》七百文持参《じさん》仕候。御番所《ばんしょ》の御燈明銭《とうめうせん》になされ下され候へかしといふ。番人《ばんにん》これを聞て奇特《きどく》なる事とは思ひ候へども、何《なに》によらず願《ねがひ》ハ其筋々《そのすじすじ》より申でる事也。我々《われわれ》ハ抱関《ほうくわん》して非常《ひじやう》を警《いましむ》る一通《とを》りの勤《つとめ》にて、かやうの物取次役目《ものとりつぐやくめ》にあらす。弥々差上《いよいよさしあげ》たく候ハヽ、村の役人《やくにん》へねがひ候て然《しか》るべしと申ければ、四兵衛又曰《またいはく》、役人《やくにん》へ申てハしかられ候ハめとこそ存候へ。何とぞ外《ほか》へ御沙汰《さた》なく各様《おのおのさま》御斗《はから》ひにて油《あぶら》御とゝのへなされ、御明《あか》し給ハれかしと、しゐて頼《たの》ミぬ。番人《ばんにん》又答《こた》へて、いかにも望《のぞ》ミにまかせたく候へども、此油《このあぶら》も我々調《われわれとゝの》ふるにてハなく候。油《あぶら》御渡し候役人有《やくにんあり》て、夫《それ》より渡《わた》り候へバ、候てもすべきかたなしといらへけれハ、扨《さて》ハせん方《かた》なしとてしほ〱と帰《かへ》りぬ。其体《そのてい》たらく餘《あま》りに真実《しんじつ》成りしかバ、番人《ばんにん》あやしき美譚《ひたん》なりと思ひけるにや、爰彼所《ここかしこ》にて物語《ものがたり》せしが、つゐに上に聞《きこ》へ、御感心《かんしん》のうへ願《ねがひ》のごとく鳥目差《てうもくさし》上候様に仰出《おほせいだ》され、其身《そのミ》の素願達《そぐわんたつ》し数《す》十年の赤誠一時《まこといちじ》に顕ハれぬ。

此事《このこと》はやく上へ聞《きこ》へし子細《しさい》ハ、代官中其外小役人《だいくハんぢうそのほかこやくにん》、其頃内々定日を立《たて》て、切磋会《せつさくわい》いたし侍《はべ》りしが、その寄合《よりあひ》の席《せき》にて、何某右《なにぼうみぎ》の物語《ものがたり》申出《いで》しを此村支配《しはい》の代官聞《だいくわんきゝ》て、其事我《われ》いまだしらず候。殊勝《しゆしやう》の事にきこへ候。とくと問合《とひあハ》せ可申とて、他日《たじつ》其村の庄屋組頭等《せうやくみかしらとう》に逢《あひ》て、先何となく此百姓《ひやくしやう》の事を尋《たづね》しに、庄屋答《せうやこた》へて曰《いハく》、此者極貧《このものごくひん》の小百姓にて候へども、平生実体《つねにじつてい》者にて、農業怠《のうげうをこた》らす、凶年《けうねん》といへとも御年貢滞《ねんぐとゞこを》る事なく、彼《かれ》におひてハ一粒《りう》も未進《ミしん》御座なく、我々の催促《さいそく》をも得《え》候ハずと申ぬれバ、さてはとおもひ、右の事を語《かた》りぬれば、庄屋組頭《せうやくみがしら》も此事を知《し》らず候。とくと承《うけたまわ》り合《あハ》せ候ひて申上候ハめとて、其後《そのゝち》四兵衛を呼《よび》よせ問《と》ひ尋《たづね》しによつて、始末《しまつ》こと〱く知《し》られぬ。代官感心《だいくわんかんしん》の上弥《いよいよ》事実《じじつ》を正《たゞ》して郡奉行《こほりぶぎやう》へ申達《たつ》し、遂《つい》に御沙汰《さた》ありて、ほいのごとくなりけるとぞ。

按《あん》ずるに、十八歳《さい》より七十三歳迄年数《ねんすう》五十六年也。五十六年を以《もつ》て銭七百文を除《わ》れば、一年に十二文半《はん》を得る。其間《あいだ》閏《うるふ》月もあれハ大率《おおむね》一月一銭《いっせん》にあたる。数《す》十年来《らい》かハらず志《こころざし》を積《つみ》し事よと、衆《ミな》こぞつて感《かん》心に及《およ》びぬ。役人中《やくにんじう》も此鳥目《てうもく》ハ一銭《いっせん》々々皆誠《みなまこと》ミちく候へバ、等閑《なをざり》の事《こと》にハ御用《もち》ひ有べきにあらずと申あハれて、札《ふだ》を付て会所《くわいしよ》の御蔵《くら》に納《おさ》められしと也。

高山村貧民《たかやまむらひんみん》吉蔵米差《こめさし》上候事

高山《たかやま》村は御城《しろ》御近辺《きんへん》の村也。名《な》にしおひたる高山《たかやま》にして、御城《しろ》を打越《うちこし》、民居《ミんきよ》ほのミゆ。五六月の頃雨《ころあま》間遠《とを》き年《とし》には、のミ水《みづ》さへ絶《たへ》て、遥麓《はるかふもと》に下《くだ》りて汲取《くみとる》やうなる所なれバ、旱魃《かんはつ》の憂《うれい》しげくて、近年《きんねん》も両度《りやうと》まで庄屋《せうや》市郎左衛門七日断食《だんじき》して雩《あまごひ》せり。かゝる所なれバ年々上の御宥免《ゆうめん》も深《ふか》けれども、百姓《ひやくしやう》多《をゝ》く労《つかれ》ぬ。其中《なか》に此吉蔵庄屋《せうや》へ願《ねが》ひ申けるハ、御存知《ぞんぢ》の通《とふ》り当村《とうむら》年々御上の御救《すく》ひにて、我人飢渇《われひときかつ》をまぬかれ候。朝夕冥加恐《てうせきめうがをそろ》しく候へども、身貧《ミひん》なれバ為方《せんかた》なく打過《うちすぎ》候ひぬ。去年《きよねん》は幸《さいわい》にして御年貢《ねんぐ》も滞《とどこほり》なく収《おさ》め候故、かゝる世《よ》がらに何とぞと存候て、少《すこ》しばかりの初穂《はつほ》をのけ置《をき》候。誠《まこと》にはなハだ少分《せうぶん》の事にて御恥《はづか》しく候へども、御厚恩時《かうをんとき》の間《ま》も忘《わす》れず候。難有《ありがた》さのしるしに候まゝ、恐《をそれ》ながら差《さし》あげ申度《たく》候と申ぬ。庄屋奇特《せうやきどく》なる事に思ひし故、其趣《をもむき》を願書《ねがひがき》に認《したゝ》め、村支配《しはい》の代官《だいくわん》迄差《さし》上候れバ、次第《しだい》に達《たつ》して、御感心《かんしん》の上御聞届《きゝとゞ》けなされ、少分《せうぶん》の八木差《はちぼくさし》上候やう仰《おほせ》下されぬ。此村此者《もの》此事のミにもあらず、三四年已前《ぜん》にも年貢収《ねんぐをさめ》候ミぎり、年々御厚恩《かうおん》になり候冥加《めうが》の程《ほど》も勿体《もつたい》なく候とて、庄屋百姓《せうやひやくしやう》申合《あハ》せ、面々相応《めんめんさうおう》に其年定《さだま》りの租税《ねんぐ》の芭《たハら》のうちへ、或《あるひ》ハ二升三升、或ハ二合三合宛《づつ》、其身相応《そのミさうをう》にはかりそへて御蔵納《くらをさめ》いたせしとかや。代官中《だいくわんぢう》へも沙汰《さた》せざりし故、誰《たれ》知る人もなかりしが、ほと経《へ》てほのかに傳《つた》へ聞《きけ》り。殊勝《しゆしやう》の事といふべきのミ。

附《つけたし》。此村庄屋《せうや》中野《なかの》市郎左衛門事、多《をお》くの庄屋《せうや》の中《なか》にも分《わけ》けて道のもとめ有て、夜会《やくわい》の教喩《きやうゆ》其外講書《かうしよ》の末席《ばつせき》へ絶《た》ずのぞミ、志《こころざし》あさからぬ方にぞ聞《きこ》へし。おのがどの会席《くわいせき》をも取持《とりもち》、又小役人中《こやくにんじう》月次《なみ》の切磋《せつさ》其ほか市中《しちう》の会《くわい》などにもしげくつらなり、深更《しんこう》に及《をよ》びて、山伝《つた》ひのせわしき道《みち》を雨雪《うせつ》といへどもいとハず行帰《ゆきかへ》りぬ。去年《きよねん》多《をゝ》くの庄屋《せうや》の中《なか》より、身持《ミもち》正しく、村あつかひのよろしきをゑらハせ給ひて、家名帯刀免《かめいたいたうゆる》させ給ひしが、八人有しに市郎左衛門其中《そのなか》の一人なり。中《なか》にも此村は山上の痩田《やせだ》にて、土脈《どみやく》滋潤《しじゆん》うすく、嘉禾《かか》すくなくして民《たミ》つかれ、上の御介抱厚《かいほうあつ》き事誠《まこと》にて、情《なさけ》よく上に達《たつ》しぬるゆへと忝《かたじけな》くぞ覚《おぼ》ゆる。

五郎村吉蔵御助扶持差《すけぶちさ》上候事

此村に吉蔵とて至《いたつ》て貧しき鰥《やもめ》あり。庄《せう》屋三瀬金右衛門へ申候ハ、御存知《ぞんち》の通《とほ》り便《たより》なき此身《このミ》にて、数年《すねん》御助《すけ》け扶持《ふち》下し給ハり、露《つゆ》の命《いのち》をながらへ候事、申すも空恐敷難有《そらをそろしくありがたき》御恵《めぐミ》にぞ候へ。扨私《さてわたくし》事屋下の野菜《やさい》畑《ばたけ》にて、一頃《いっけい》の田《た》も持不申身《もちまうさずミ》に候へバ、何一ツ譲《ゆづ》りぬべき農具《のうぐ》さへ御座《ござ》なく候へとも、名前帳《なまえてう》にのりて御百姓の数《かず》に入候を頼《たのミ》にて子分《こふん》に成りぬべきと申者《もの》の候故、かれが心にまかせ、此程親子《このほどおやこ》の申かわし致《いたし》申候。かく浅《あさ》ましき身《ミ》の子《こ》と成《な》り候程《ほど》の者《もの》に候へバ、彼《かれ》又我等《われら》へ少《すこ》しのたすけもいたし申事成り不申候。されバ互《たがひ》に今日の飢《うへ》もしのき難《がた》く候へども、かりにも子と申名《な》の者御座《ものござ》候て、当時《とうし》御上御難儀《なんぎ》の折《をり》から、御助《だす》け扶持拝領《ふちはいれう》いたし候事ほいならぬ事に奉存候。されバとて差上《さし》候ては、けふの命《いのち》も御座なく候へバ、かへつて御慈悲《じひ》のむねにもたがひ、且数《かつす》十年の御恩《をん》もかひなくなり候へバ、為方《せんかた》なく候まゝ、半扶持《はんぶち》は其まゝ拝領《はいれう》仕、半扶持《はんぶち》今日より差《さし》上申度候と願《ねが》ひぬ。まことにやさしき義心《ぎしん》かなと、庄屋《せうや》も感《かん》ぜし故、則《すなハ》ち村支配《しはい》の代官《だいくわん》へ申達《たっ》し、代官《だいくわん》郡吏《こほりぶぎやう》へ演説《えんぜつ》しぬ。此事や脛《はぎ》なきに忽《たちま》ち上下に走《はし》り、普《あまね》く人の美談《びだん》と成りぬ。孟子曰《もうしいハ》く、無恒産《つねのさんなふして》有恒心者《つねのこころあるもの》ハ惟《ただし》士のミ為能《こくするとなす》と。士《し》たる者誰《ものたれ》か是《これ》を知らざらん。されど上用度《ようど》不足《そく》に当《あた》つて、禄《ろく》のうち少《すこ》しく上へかり給へバ、おのれが艱難《かんなん》をのみ憂《うれひ》て、なをも賜《たまもの》をはぶひてかへし参《まい》らせ度思ふ者《もの》ハ、先《まづ》ハ世《よ》にまれなり。然《しかる》に吉蔵がごときハ卑賤《ひせん》の一窮民《いっきうみん》にして、道聞《ミちきけ》る事なけれバ、己《すで》に知《しる》の理もなきに、かく有ことの有難《ありがた》さよ。人心《じんしん》の霊豈良知《れいあにりゆうち》ならんやと、しミ〳〵と自反《じはん》に及《をよ》ぶ人もありき。

當家《とうけ》世々《よゝ》御恵《めぐミ》深《ふか》く、鰥寡孤独《くわんくわこどく》の四窮民《しきうミん》をはじめとして、こしぬけ、いざり其外一切《そのほかいっさい》の廃疾無告《はいしつぶこく》の者《もの》にハ、すべて扶持《ふち》して養《やしな》ひ給ひぬ。文王《ぶんわう》の仁政《じんせい》もこゝに初《はじま》り、大学治国平《がくちこくへい》天下の道も、上ミ老《らう》を老とし、長《てう》を長とし、孤《こ》を恤《あわれ》むときけハ有難《ありがた》き政事《まつりごと》ならずや。かく扶持《ふち》し給ふもの、以前《いぜん》ハさのミ多《をゝ》くもなかりしが、年々ましもて行《ゆき》、ことに上の用度《ようど》も足《た》らせ給ハぬ世《よ》もなりたれと、此法無怠転行《このほうたいてんなく》ハれぬるぞ、かたじけなき。扨此《さて》庄屋《せうや》三瀬金右衛門もと老臣《らうしん》の家臣《かしん》にて、文字《もんじ》よミなども心がけし者《もの》なりし故、不絶教喩講書切磋等《たへずきやうゆかうしよせつさとう》の席《せき》にのそミ、先師《せんし》の道を慕《した》ひ、近頃《ちかごろ》も其学《がく》によるべある書《しょ》なと買求《かいもと》め、講求怠《かうきうをこた》らず。されバ村支配《むらしはい》にも心を用ひ上下のため親切《しんせつ》也。去年家名帯刀《きょねんかめいたいとう》ゆるし給ハりし八人のうちの其《その》一人なり。

成能村農民《なるのうむらのうみん》二十七人同志郷約《どうしきやうやく》之事

成能《なるのう》ハ御城下《じょうか》より数里《すり》を隔《へだて》し小村なるが、講学《かうかく》の意《い》を伝《つた》へ聞《きい》て、農民《のうミん》そばく志《こころざし》をおこし、打寄《うちより》相かたらふて曰《いハく》、我々《われわれ》ハ農業《のうげう》にいとまなき此身《ミ》なれバ、いかに思ふとも道《ミち》の事承《うけたまハ》り候事も相かなハず。其上《そのうえ》たま〱其御物語《ものがたり》承《うけたまハ》り候とても、ふかき道理《だうり》を弁《わきま》ふべき心もなき卑賤《ひせん》の身《ミ》なれば、何分《なにぶん》にも道《ミち》にかなひ候事有《あり》まじく候。されバとて此儘打過《このままうちすぎ》なんも浅《あさ》ましけれバ、かく御道《ミち》を有がたき事やと思ふ志《こころざし》を便《たより》に、先《まつ》いづれも存寄《ぞんじより》を箇条書《かでうがき》にして、そのケ条《かでう》のむねを随分《ずいぶん》たがひに吟味《ぎんミ》し、怠《をこた》らす守《まも》り勉《つとめ》ばやとて、思ひ〱の存寄《ぞんじより》をのべぬとかや。其後郡奉行《そののちこほりぶきやう》此事を伝《つた》へ聞《きゝ》、其《その》村支配《しはい》の代官《だいくわん》へかやうの事聞《きゝ》およびぬ。其定《さだ》め書を見せよかしと望《のぞ》まれければ、代官《だいくわん》うつさせ取《どり》よせぬ。見れば一紙《いっし》に一味連判《いちミれんばん》し、証人《しやうにん》までたてぬ。まことに徒党《ととう》を企《くわだて》る事は天下古今《ここん》のいましむる所なるが、やさしくも有がたき事なれバ、かゝる徒党《ととう》ハ天下一同に有たき事やと皆人《みなひと》申あひけり。希代《きたい》の一味連判《いちみれんばん》といひつべきにや。其条目《そのでうもく》の次第後進礼楽《しだいこうしんれいらく》の君子《くんし》よりいわゞ軽重前後《けいじうせんご》の違《ちが》ひも有べけれど、質直《しつちょく》なる此ものども志《こころざし》ハ、ケ条《かでう》の分《ぶん》にハ遇ふ所《ところ》に従《したが》ふて行《をこ》ひぬべきなれバ、さして前後《ぜんご》の差別もなきにや。猶《なお》又論《ろん》を立《たて》て此すへに附《ふ》す。さて博奕《ばくゑき》を博益《ばくゑき》と書《かき》、作式《さしき》を作色と書《かき》したぐひの誤字《ごじ》も多《をゝ》く、又寒酒《かんしゅ》と書《かき》しは冷酒《れいしゅ》にやと思へバさにあらで、あたゝめ酒をかんしゅといふより音《いん》ににより て字《じ》をたがへる也。其余了簡酒《そのよれうけんさけ》などゝいへる民間《みんかん》の俗語《ぞくご》、且《かつ》文章《ぶんしやう》の拙《つた》なき所《ところ》もあれと、実情《じつじやう》にして、かへつて殊勝《しゅしやう》にも覚《おぼ》へければ、一字《じ》も改正《かいせい》せず、そのことハりを爰《こゝ》にあげて、其定《そのさだ》め書《がき》ハ彼等《かれら》が書《かき》しまゝに写《うつ》し侍《はべ》るなり。

相定《あいさだ》之覚

一、近年不作仕《きんねんふさく》及難儀《なんぎにおよび》候ニ付、打寄《うちより》倩《つらつら》案《あん》ずる事まで、真事薄《まことうすく》して作色《さくしき》も宜《よろ》しからすや。此以後《いご》ハ心にまことを立、身慎《みつゝし》ミ、我職第一《わがしょくだいいち》ニ可仕候。

一、御法度《はっと》之儀ハ不及申《まうすにおよバず》、博益《ばくえき》ハ、壱文がけにても仕間敷《まじく》候。

一、講作念《かうさくねん》を入、其上仕付《そのうへしつけ》之儀ハ打寄相談《うちよりさうだん》いたし、時分《じぶん》をかんがへ仕付《しつけ》可申候。諸作《しよさく》のしうり、草手《くさて》等麁相成者有之《とうそさうなるものこれあり》バ、急度改《きつとあらた》め可申候。若《もし》又病人《びやうにん》など有之《これあり》、作方其外手《さくかたそのほかて》おくれ仕候ハヽ、互《たがひ》ニ加勢《かせい》可レ仕候。

一、世間《せけん》へ罷出《まかりいで》候とも、被仰付之通衣類改《おほせつけられのとふりいるいあらた》め申間敷《まじく》候。夏冬《なつふゆ》ともに洗濯物着《せんたくものちやく》可仕候。

一、婚礼之儀《こんれいのぎ》も他所出合《たしよいであい》にて候ハヽ、寒酒《かんしゆ》可レ仕候。近所《きんしよ》の取組《とりくミ》にハ寒酒《かんしゆ》も仕間敷《まじく》候。

一、諸商売《しよしやうばい》に了簡酒堅《れうけんざけかた》く買《かい》申間敷《まじく》候。

一、諸無盡会之儀《しよむじんくわいのぎ》ハ相定有之酒代米《あいさだめこれあるさかだいこめ》ニいたし、有切《ありきり》の茶漬《ちやづけ》にて相調《あいととのへ》可申候。

一、年始之寒酒《ねんしのかんしゆ》ハ不及申《まうすにおよバず》、只今迄互《ただいままでたがい》に悦《よろこび》に酒五合宛持参之《あてじさんの》儀ハ二三年相延《あいのべ》、肴代《さかだい》弐十文持参致《じさんいた》べく候。悔ミハ香代拾壱文宛ニ持参可レ申事。

一、酒煮売《さけにうり》仕申者《もの》ハ家内《かない》へ入申間敷《まじく》候。

一、親子兄弟《をやきやうだい》ハ不及申《まうすにおよバず》、其外一家一類諸傍輩《いつけいちるいしよほうばい》むつまじく可仕候。

一、御庄屋役人中《せうややくにんじう》ハ不及申《まうすにおよバず》、諸傍輩《ほうばい》に至《いたる》まで、口論出入《こうろんいでいり》申間敷《まじく》候。若不得其意候儀有之《もしそのゐをえずそろぎこれあり》候ハヽ、傍輩中《はうばいじう》へ致相談埒明《さうだんいたしらちあけ》可申候。

右之條々堅《みぎのじうじうかた》く相守《あひまもり》可申候。若《もし》一人にても相背《あひそむき》候者有之《ものこれあり》候ハヽ、互《たがひ》に改《あらため》可申候。定書如件《さだめがきくだんのごとし》。

元文五年庚申二月十八日

孫右衛門　権四郎　治郎右衛門　小市　清吉　与六　長兵衛　半助
甚九郎　清兵衛　文治　市兵衛　長八　満右衛門　孫六　武兵衛
六兵衛　武右衛門　権吉　吉郎右衛門　覚右衛門　明宝院　弥七

前書《まえがき》之《の》通《とふり》相違《さうゐ》申間敷《まじく》候。以上。

十兵衛

組頭　宇兵衛

五人組　平兵衛

証人　理右衛門

各連判《かくれんばん》

深曰《しんいハく》、嚮《さき》にいへるごとく、條目《でうもく》の次第軽重前後《しだいけいじうせんご》の違《たが》ひも有べしとハいへども、つぶさにこゝにつゐてこれを観《ミ》るに、始《はじ》めに誠《まこと》を立《たつ》る事をいひ、次《つぎ》に公法《こうほう》を慎《つつし》む事をいひ、又次《つぎ》に農家勉《のうかつと》め同井《どうせいい》協力の事をいふ。其言野《そのことや》なりといへども、暗《あん》に出入相友《しゆつにうあひともない》、守望相助疾病相扶持《しゆばうあいたすけしつへいふち》、則百姓親睦《すればしやくせいしんぼく》すとまひし聖賢《せいけん》の法《ほう》によくかなひて肝要《かんよう》の事也。扨中《さてなか》ごろ衣服婚礼諸事《いふくこんれいしよじ》の倹約《けんやく》をいふ。是《これ》又當務《とうむ》の急《きう》なるものにして、家《いへ》をたもち、身《ミ》をたもつの事也。終《をハり》に至《いたり》て孝弟《かうてい》をいひ、親愛《しんあひ》をいひ、上を敬ふ事をいひ、朋友《ほうゆう》の信《しん》をいひ、且争論《かつさうろん》の端《はし》を警《いまし》めて、以《もつ》て盟約《めいやく》を終《を》ふ。豈条理燦然《あにてうりさんせん》として、聊《いささか》も紛失《ふんしつ》する事なきにあらずや。されバよくこゝに得《う》る事あらば、子夏《しか》の所謂《いハゆる》、事父母能端其力《ふぼにつかへよくそのちからをつくし》、事君能致其身《きミにつかへよくそのミをいたし》与朋友交《ほうゆうとまじハり》、言而有信《ものいひてまことあり》、雖曰未学《いまだまなバずといへども》、吾必謂之学矣《われかならずまなびたりといハん》とのたまへるにかなふべければ、道学《ミちまな》べる人といふべし。且立誠《まことをたつる》にはじまり、孝弟親睦終《かうていしんぼくをハ》りぬるは、大学《たいがく》の明徳親民至善《めいとくしんミんしいせん》の道《ミち》にも叶《かな》ふべければ、格致誠正脩斉《かくちせいせいしうさい》の教《をし》へをのずから此中《このうち》に有《あり》ぬべし。されバ士太夫《しだいふ》といふともこゝにつひて学《まな》バゞ、成己成物《をのれをなしものをなす》の道得《ミちう》る事あるべし。況《いハん》や百姓《ひやくしやう》に於《をい》てをや。しかれバ此郷約《このきやうやく》の言《ことバ》、其序《そのついで》を失《うしな》ふとも言《いふ》べからず。学士文人《がくしぶんじん》の事を記《き》するハ必其序《かならずそのついで》を失《うしな》ハん事を恐《をそ》れ、又其文《そのぶん》の偽《いつハ》りならざらん事を欲《ほっ》し、彼《かれ》これと心外《こころほか》に馳《はせ》て、かへつて其実《じつ》をかく事も有に、彼等《かれら》は一向に志《こころざし》を述《のへ》るまでにて、外《ほか》に求《もと》めなき故、朴実《ぼくじつ》にして道《みち》に近《ちか》し。

豫州大洲好人録巻之二終

豫州大洲好人録巻之三

目録

徳森《とくもり》村農民清貧《のうみんせいひん》喜平次が事

大洲《おほす》村農夫孝子《のうふかうし》之事

中山村《なかやまむら》町塗師《ぬし》重兵衛妻《つま》姑《しうとめ》へ孝行《かうかう》之事

重兵衛妻六年以前《いぜんか》嫁し来《きた》りしに、姑《しうとめ》ハ十《と》とせ已来《このかた》、中風《ちうぶう》の病《やまひ》わつらひ、老《おひ》にさへせまりて、日々《ひび》におとろへ巳《ミ》の年《とし》の夏《なつ》よりいやましにやまひも重《をも》り、手足猶更痿痺《てあしなをさらうなハず》して、我《われ》と起居《きょ》する事能ハず。人手もなき身《ミ》なるに、嫁《よめ》来りしより此かた、姑《しうとめ》への事《つかへ》いとやさしく、百事心《ひやくじこころ》にへず唯《ただ》姑《しうとめ》の疾《やまひ》のミ憂《うれひ》て、奉養《ほうよう》のせハく敷《しく》も苦《く》にせず、便《べん》の穢《けがわ》しきをも厭《いと》ハず、介抱《かいほう》の親切《しんせつ》なる事、始終《しじう》一日のことし。去夏姑終《きよなつしうとめつい》に病死《びやうし》せしに、死後哀慕《しごあいぼ》の情《ぜう》最《もつとも》深《ふか》く、我《われ》をうめる母《はは》に喪《も》するがごとし。月日に関守《せきもり》なけれハ、既《すで》に小祥忌《せいしやうき》になりぬ。彼嫁朝《かのよめあさ》とく霊供備《れうぐそな》へんとて、宵《よひ》より煮《に》たきなど心得たる者《もの》をやとひてこしらへしに、酷暑《こくしよ》の折《をり》からなれバ、何となく少《すこ》しそこねし心地《こゝち》しけれバ、包丁《ほうてう》せし人に問《とひ》しに、苦《くる》しからじといふ。されと心《こころ》にかゝりければ、そこのこしらへしをバ其ままにして、又力《ちから》を極《きは》めていとなミわきまへ、此たびハミづから夜明《よあく》る迄に調《てう》して備《そな》へけるとなん。賎《いや》しく貧《まづ》しき身《ミ》にて、かく孝志哀《かうしをとろ》へざれバ、其餘《そのよ》を推《を》して知《し》るへし。かたじけなくも上へ聞《きこ》へ御褒美《ほうび》給り、其孝心《そのかうしん》を称《せう》し顕《あらハ》し給へり。

狼《をゝかみ》獺《かハうそ》だもよく本《もと》を報ずる事を知る。人として何ぞ其心《そのこころ》ならざらん。されど風俗《ふうぞく》おとろへ、上に孝弟《かうてい》の政《まつりこと》なけれバ、士太夫《したゆふ》といへども、事死猶事生《しにつかふることせいにつかへるごとく》のまことを用ひて、追遠《とおくをおふ》も乃希《まれ》也。我かつて知《し》る、大儒《じゆ》の盂蘭盆会《うらぼんゑ》の非礼《ひれい》なるをそしれるを聞《きけ》り。退《しりぞ》ひてこれを思ふに誠《まこと》に児女《じじよ》の戯れに近《ちか》きもの多《をゝ》し。然《しか》りといへとも朝夕利《てうせきり》をあらそひて、つかのまもいとまなき市井《しせい》の者《もの》なども、此時《とき》にあたれバ破屋茅店《はをくほうてん》のうちにおひても、盆棚《ぼんだな》とて魂祭《たままつ》り、位《くらゐ》をまうけ茶菓《ちやくわ》を備《そな》へ、焚香拝礼《かうをたきはいれい》し、又墓《はか》もうてとて寺《てら》に参《まい》りぬ。思ふに本《もと》を報《ほう》ずるの道《ミち》、僅《わづか》に此盆祭《ぼんさい》に存ずるのミ。是をのぞひて更《さら》に観《ミ》るべきものなし。俄《にハか》に家毎《いへごと》に四時《しいじ》の祭《まつり》行《をこな》ハるべき時にしもあらねバ、只其神《たゞそのかみ》を涜《けが》すなれくしき態《わざ》と其《その》戯《たわむ》れに、近《ちか》きものを去《さつ》て、姑《しバら》く民間本《ミんかんもと》を報《ほう》するの情《しやう》を慰《い》せしめて可《か》ならんか。さハいへど世《よ》に精霊《しやうれう》物と称《せう》して、器《うつハ》もの備《そな》へ、物もあやしげなるを用《もちひ》るぞ浅《あさ》ましき。世《よ》の中《なか》に風俗《ふうぞく》の衰《をとろ》へほどかなしき物はなし。楼門《らうもん》いかめしく構《かま》へたる寺院《じいん》の、こかねの柱《はしら》錦《にしき》の幡《はた》など懸《かけ》ならべる仏壇《ぶつだん》に、たうとき仏《ほとけ》よ祖師《そし》と

て、厳重《げんじう》にまふけたる画像木像《ぐハぞうもくぞう》などに備《そな》へたりつる盛物《もりもの》を見るに、さし入る人の方《かた》には、餅《もち》くだ物おびたゝしくつミあげ、箔《はく》などいかめしくつけ、造花《つくりはな》など多《をゝ》くさして、かへって仏《ほとけ》の方ハ束《たは》ねたる藁《わら》のミなるぞうたてし。まして檀那《だんな》などの其日《そのひ》にあたれる位牌《いはい》へ備《そな》へる霊供《れうぐ》などハ、施主《せしゅ》の詣《もふづ》る程《ほど》をはかりて備《そな》へて、其人遅《そのひとおそ》れければ日暮《ひくる》る迄も不徹冷《はてずこゞ》り、ごミほこりに埋《うづ》もるゝ迄も備《そな》へ置《をき》ぬるぞ。見苦《ぐる》しくもかた腹《はら》いたきわざならずや。かゝる中《なか》にかの塗師《ぬし》の妻《つま》の貧賤成《ひんせんなる》一たび調《ととのへ》たる飯羹《いひあつもの》の熱温《あつさ》に傷《やぶ》れて饐《い》せん事を恐《をそ》れ、自《ミづから》ふたゝひ調《てう》ぜし志《こころざし》こそ有難けれ。一郷皆其孝心《きやうミなそのかうしん》を称《せう》するなれバ、人誰《たれ》か此心《こころ》なからん。されバ彼《かの》神を汚《けが》す馴々敷《なれなれしき》わざと戯《たハふ》れに近《ちか》きものとを去《さつ》て、猶事生《せいにつかふがごとく》する事、又難《かた》かるまじき事也。此婦《ふ》是を唱《いさな》ふと謂《いゝ》いべきのミ。

上灘《かミなだ》村漁夫《ぎょふ》長左衛門家内親睦《かないむつまじき》事

長左衛門は上灘《なだ》村の内小網浦《うちこあミうら》といふ所の漁人《ぎよじん》。家内《かない》七十有余《やうよ》の母《はゝ》、其身夫婦《そのミふうふ》子三人、弟権《をとゝごん》右衛門夫婦子《ふうふこ》二人、次《つぎ》の弟《をとゝ》惣兵衛夫婦子《ふうふこ》一人、外《ほか》に長右衛門父方《ちちかた》の従弟《いとこ》太右衛門とて若《わか》かりし時より親《をや》長右衛門子《こ》のつらにして育《そだて》しあり。今の長右衛門是《これ》に命《めい》じて家事《かじ》に幹《かん》たらしむ。長右衛門子《こ》三人の内男子僅《なんしわづか》に四才《さい》なりし故、近《ちか》き頃《ころ》太右衛門を養子《ようし》とし、娘《むすめ》と娶《めあハ》せ、此四才の男子《なんし》を太右衛門子分《こぶん》にきハめ、諸式惣領《あとしきそうれう》家にて立《たつ》べき旨《むね》に申合《あハ》せぬ。家内《かない》すべて四夫婦《よふうふ》とも五人老母《らうば》ともに十四人一所《いっしょ》に住《すミ》けり。然るに今家狭《いへせま》くして、一むねに住《すミ》がたかりし故、屋棟《やむね》二ツにして、長左衛門夫婦子《ふうふこ》とも一むねに住居《ぢうきよ》し、老母《らうぼ》・権《ごん》右衛門・惣兵衛・太右衛門右夫婦《みぎふうふ》子とも又一むねに住居《ぢうきよ》せり。兄弟何《けうだいいづ》れもむつましく、老母《らうぼ》へのつかへやさしければ、各妻子化《おのおのさいしその》其所為《そのするところにくハし》て、四婦皆中《しふみななか》よく、姑《しうとめ》への孝養是務《かうようこれつとま》り、二棟《むね》にしても家道《かだう》は十四人《にん》一うち込《もミ》に、何《いづ》れも私《わたくし》のたからなく、一切《いっさい》の事悉《ことごと》く老母《らうぼ》の命《めい》を受《うけ》て、太右衛門家事《かじ》を取《とり》はからひ、家内聊《かないいささか》も温涼《おんれう》なく、むつまじくて、茶《ちゃ》など呑時《のむとき》は老母《らうぼ》はじめ打寄《うちより》てかたらひ楽《たの》しミ、上《かミ》の御恩《をん》の忝《かたじけな》き事など申出し、かく今日を暮《くら》せるうへ何の望《のぞミ》もなけれと、又我々よりもかなしき者《もの》もあれバ、少《すこ》しの恵《めぐミ》も施《ほどこ》したき事も有ければ、いかにもことかろく暮《くら》さばやと、毎度《まいど》申合《あハ》せけるとかや。さて先《さき》の頃老母《ころらうぼ》何やめりともなけれど、世《よ》にいふ年煩《わづら》ひと見へて、常《つね》のやうにもなかりしかバ、男子《なんし》の内一人嫁《よめ》一人も朝暮《てうぼ》はなれずつき添《そ》ひ、介抱《かいほう》に心を用《もち》ひぬ。漁《すなどり》を業《わざ》とする身なれバ、網引舟《あミひきふね》こぐとて四人ながら海上《かいじょう》へ出る折《をり》からハ、あい嫁《よめ》申合《あハ》せ二人ツヽ付添《つきそひ》し故、抑掻扶持《おさいかきかいほう》其人に乏《とほ》しき事なかりき。其市中《しちう》の魚商人《うをあきびと》、其村里《むらざと》の農夫《のうふ》までも、かの一家《け》の親睦《むつまじき》に感《かん》ぜざるハなし。後世《こうせい》の小公藝《せうこうげい》と謂《いひ》つへし。事遂《ことつい》に上に達《たつ》し、忝《かたじけな》くも称之《これをせうし》給ふ辞《ことバ》を以《もっ》てし、賜之《これにたまハる》に米穀《べいこく》を以《もっ》てし、益《ますます》其親《した》しミの道《ミち》を励《はげ》まし給へり。

昔舜《むかししゅん》と申せし聖天子《せいてんし》あり。契《せつ》といへる賢臣《けんしん》に教《をし》へをつかさどらしめて、教《をし》ゆるに五倫《りん》を以《もっ》てせよと命《めい》ぜさせ給ひしとかや。されハ古《いにし》へ教《をし》ゆるも学《まな》ぶも五倫のミ。五倫《りん》の外《ほか》に道《ミち》もなく、五倫《りん》の外《ほか》に学《がく》もなし。又齋《せい》ノ景公《けいこう》政《まつりごと》を孔子《こうし》に問《とハ》れしに、孔子《こうし》の御答《こたへ》に、君々《きミきミ》たり、臣々《しんしん》たり、父々《ちゝちゝ》たり、子々《こゝ》たりとの給へり。是《これ》によつてミれば、政《まつりごと》といへども又五倫《りん》の外《ほか》なし。されバ好古《こうこ》の君子《くんし》志《こころざし》を此《こゝ》に立《たて》ざらめや。然《しか》るに小学《がく》とミ、才《さい》ゆたかなる宿儒老先生《しゅくじゅらうせんせい》といへども、此実行《このじつかう》を難《かた》しとするに、此一漁夫《このいちぎょふ》辺土片田舎《へんどかたいなか》の浜辺《はまべ》に生《うま》れ、蚩々《しし》たる黎民愚夫愚婦《れいミんぐふぐふ》の中に群居《むれい》て、書《しょ》を読《よま》ず、道《ミち》を聞《きか》ずして、上を敬《うやま》ひ、家内孝弟和順《かないかうていわじゅん》するそ有難《ありがた》き。昔北朝《むかしほくてう》の崔孝芬兄弟《さいこうふんけうたい》、孝義慈厚《かうぎじかう》にして、且一銭尺帛《かついっせんきれはし》も不入私房《わたくしのへやにいれず》、諸《しょ》婦《ふ》又相親愛《あひしんあひ》して有無共之《ゆうむこれにともにする》と小学《せうがく》に見へたり。今此漁夫《ぎょふ》これに似《に》たり。再《ふたた》び朱子《しゅし》あらバ、必《かなら》ず是を取《とり》給ハんや、否《いなや》。又かれが紙筆《しひつ》をあたふるとも、一の恩《おん》の字《じ》をも書《かき》得たる事能《あた》ハざれとも、今又高宗《かうそう》あらバ睦族《ぞくをむつましうする》乃道を問《と》ひ給ふべし。象山陸子《しやうさんりくし》の親族《しんぞく》、世々居《よゝきよ》を同《をな》じうして語《かた》るべからずといへども、尊長卑幼相責望《そんてうひようさうせきばう》せずして、家道擁睦《かだうようぼく》せし事、かれすぐに是を得たり。同村相感《どうむらあいかん》し、一郷相慕《げうあいした》ひ、衆《しう》ともに推之《これをおし》て、遂《つい》に太守《たいしゆ》の感慨《かんがい》を発《をこ》せり。勿謂無好人《いふなかれこうじんなし》、亦勿謂天不生人《またいふなかれてんひとをせうせす》と。孟子曰《もうしいハく》、人皆可《ミなもつて》以為堯舜《ぎやうしゆんたるべし》と。蓋観於此而知之《けだしこれをみてこれをしる》。

大瀬村孝婦《おほせむらかうふ》八兵衛妻《つま》事

八兵衛ハ大瀬《せ》村の組頭《くミがしら》也。三とせ已前《いぜん》より老母中気《らうぼちうき》の病《やまひ》して、起居《たちゐ》する事もかなハず。痿痺《なへしびれ》甚《はなはだ》しく、其上不語《そのうへふご》の症《しやう》にて、食事《しよくじ》などの好《この》ミ望《のぞ》ミもやう〳〵にあやしき手品《てじな》して教《をし》へける故、側《そバ》なる人もさとしがたく、殊《こと》に病《やミ》ほうけて、心もひが〳〵しくぞ有《あり》ける。八兵衛夫婦是《ふうふこれ》につかへて孝《かう》なりしが、わけて妻《つま》よく姑《しうとめ》に孝志深《かうしふか》かりしかば、かくかたくなゝる心《こころ》にもよく応《おう》じぬ。寝《いぬ》るにも帯《をび》をとかず、傍《かたハら》にそひ臥《ぶし》し、又寒夜《またかんや》になりてハ膚《ハだへ》をもて席《せき》をあたゝめ伏《ふさ》しむ。その孝状枚挙《かうじやうまいきょ》するにいとまなし。ことし二月姑《しゆうとめ》七十九にて終《をハ》れり。婦《ふ》の年四十九也。記《き》ニ曰《いハく》、四十始めて衰《をとろ》ふと。上代さへかくのごとし。まして末代男子《まつだいなんし》だもかくのごとし。況《いハん》や婦人《ふじん》をや。然《しか》るに三年の月日、心ひがミ、気《き》せわしく、口不能言姑《くちいふことあたハざるしうとめ》に仕《つか》へて、一《いつ》も其意《そのい》にそむかざるハ、有《あり》がたき心ばへならずや。姑死《しゆうとめし》して後哀慕《のちあいほう》に堪《たへ》ず哭泣《こくきう》、人をして感動《かんどう》せしむ。法師《ほうし》ハ木《き》のはしのやうに人も思ふといへと、木石《ぼくせき》ならねバ旦那寺《だんなでら》の僧《そう》も甚感《はなハだかん》じて、いとねんごろに経《きやう》よミ、弔《とふら》ひぬ。隣里《りんり》又是を称《せう》してやまず。こゝにおひて庄屋何某《せうやなにバう》其所支配《ところしはい》の代官《だいくわん》へ是を告訴《つげうつた》へ、既《すで》にして上に達《たつ》し、上賞之《これをしやう》して俵子《こめ》をそこばく給ひ、其孝婦《かうふ》を旌表《あらハ》し給ひぬ。

六日市村農民孝子《のうみんかうし》文六夫婦の事

六日市村も内《うち》の子の小村也。此文六ハ養子《やうし》にて、妻《つま》も外《ほか》よりむかへし妻なり。養父《やうふ》十とせに及《をよ》ぶ病《やまひ》にて、もとより賤《いや》しき身《ミ》なれバ、日々に頑《かたくな》なる事のミぞ多《をゝ》かりき。夫婦《ふうふ》これにつかへて怠《をこた》らず、逆《さか》らハず、よく其意《い》を伺《うかゞ》ひて、孝志甚《かうしハなハ》だ深《ふか》かりしが、いかなる事にや、ある日夫婦《ふうふ》ともにおひ出されしに、聊《いさゝか》のいひわけもせず罪《つミ》をうけ、親《をや》の怒《いかり》をとけしめて、

早速家《さつそくいへ》を逃出《にげいで》、やゝいかりのゆるめるを伺《うかが》ひ、わびをして家《いへ》帰りて、後《のち》も其不是《ふぜ》を見る心もなく、いたくミづから孝心《かうしん》の不足《ふそく》を責《せめ》て、いよ〳〵孝敬《かうけい》をそへしける。食事《しよくじ》

好《この》む事あれバ、力《ちから》をきハめて是を調《ととのへ》し。又夜《よる》など不斗菓子《ふとくわし》杯求《などもとむ》る事有に、深更《しんかう》といへども、婦《ふ》つい起《をき》て女の身《ミ》なから、雪《ゆき》の夜《よ》、雨《あめ》の夜《よ》のいとひもなく、山をこへ谷《たに》を渡《わた》りて町へ出、知《し》れる者《もの》のあたりにこふて是をとゝのへ、舅《しうと》の心を慰《なぐさ》めけり。文六夫婦《ふうふ》の孝状《かうじやう》も又上に達《たつ》し、俵子《こめ》賜《たまハ》り賞《しやう》し給ふ。

夫婦《ふうふ》ともに、かくうミの親《をや》にもあらざるによく仕《つか》ふるは、むかしとても世《よ》に希《まれ》にして、書《しよ》をよむ人といへども難《かた》しとするに、まして文六が妻《つま》、かゝる病《やミ》ほうけし頑愚《くわんぐ》なる舅《しうと》にしたがひ仕《つか》ふるハ、有難《ありがた》き志《こころざし》ならすや。本朝孝子伝《ほんてうかうしでん》に、備中国窪屋《ひつちうくぼ》郡《ごほり》三田村の農夫《のうふ》久兵衛が妻《つま》、八十になりし不慈《ふし》の舅《しうと》によく仕《つか》へて、日々《ひび》に撻《むちうた》るれとも敢《あへ》てさからハず。一日かの婦困睡《ふこんすい》して舅《しうと》の起《をこ》しを知らざりしかハ、舅《しうと》怒《いか》つて臼《うす》の中へ溺《いばり》せしに、婦《ふ》さめて是を知《し》れとも色《いろ》にあらハさず、痛《いた》くおのれをせめ、舅《しうと》のいかりのとくるを待《まち》、退ひて其臼《うす》を洗《あら》ひしといへる事を記《しる》しぬ。且記者《かつきしや》の論《ろん》ニ曰《いハく》、韓魏公《かんぎこう》ノ曰《いハく》、父慈而子孝《じにしてこかうなる》、此常事不足道《これつねのこといふにたらず》、独父母不慈而子不失孝《ひとりふぼがじならずしてかうをうしなハす》、古今所以推大舜《ここんもつてたいしゆんをおすところ》也と。下略《りやく》す。扨《さて》かの三田村の不慈《ふし》の舅《しうと》、彼婦《かのふ》の至孝《しいかう》の感《かん》ずるにや、卒《つい》に我非《ひ》を悔《くひ》、折節巡見《をりふしじゆんけん》其門前《もんぜん》を通《とふ》り給しかバ、舅《しうと》出て是を拝《はい》し、是に告るに婦《ふ》の孝状《かうじやう》を以《もつ》てせしに、巡見《じゆんけん》の人帰《かへ》りて上へ達《たつ》し、国守《こくしゆ》よりゆたかなる賞《しやう》を給りしなん。されバかの舅《しうと》は不慈《ふじ》なりといへども、更《さら》に病労《べうらう》なし。爰《ここ》に孝感《かうかん》の誠《まこと》、終《つい》に其舅《そのしうと》をして慈《じ》ならしむ。今文六が父《ちゝ》ハ愚昧《ぐまい》にして、こゝに十年の病苦《びやうく》あり。此嫁《よめ》是に仕《つか》ふるハ、三田村の婦《ふ》より猶《なを》かたをもの有に似《に》たり。但《ただ》其孝心《かうしん》の厚薄《あつうす》ハ我いかんといふを知《し》らず。文六夫婦《ふうふ》の孝日々《かうひび》にすゝミて衰《おとろ》へずハ、是《これ》も又化《くハ》して慈《じ》ならんや否《いなや》。

黒木村《くろきむら》良農市太夫が事

市太夫ハ高《たか》拾石斗《ばかり》持《もち》し農民《のうみん》なり。よく耕運《こううん》の業《げう》を務《つと》め、深《ふか》く耕《たかや》し易め《をさ》耨《くさぎ》り、其力《そのちから》を弛《ゆる》めず。其労《らう》を憚《はばか》らず。おのれが身倹約《ミけんやく》して、妻子《さいし》又艱難《かんなん》に暮《くら》せり。一向年貢皆済《ひたむきねんぐかいさい》を心にかけ、纔《わづか》に早稲《わせ》を得《う》れバ、はや春《うすつき》篩《ふる》ひて、其《その》まゝ上の御蔵《くら》に納《をさ》めぬ。年不登《としみのらす》して衣食不足《いしよくたらず》、凍餧《こゞへうへ》すでに身《ミ》にせまれども不顧《かへりミず》、貢税《ねんぐ》を納《をさ》め終《をハ》りて、其後《そののち》私《わたくし》の事をはかれり。毎年《まいねん》かくのごとくして吏《やくにん》の催促《さいそく》を待《また》ず、公《こう》の免《ゆる》しを不求《もとめず》、其上庄屋《せうや》村役人《やくにん》の申渡《わた》し事を能慎《よくつゝし》ミ、国法《こくほう》を不犯《をかさず》、公役《こうやく》を不忽《ゆるがせにせず》、すべて役人《やくにん》に労《らう》をかたる事なし。誠《まこと》に農家《のうか》の教《をしへ》となるべき者也。村支配《むらしはい》の代官《だいくわん》も、かねて是を聞《きゝ》、つゐに達《たつ》して、上よりこれを称《せう》し給ふ。米《こめ》そこばくを賜《たまハ》りぬ。

本町横町《ほんまちよこ》播磨《はりま》屋権《ごん》兵衛事

権《ごん》兵衛ハ御城下《じやうか》かし店《ミせ》にて廓商《みせあきな》ひする小商人《こあきんど》也。奴婢《ぬひ》もなき身《ミ》の上にて、ことわざしげきくらしなれども、其日の天道《てんたう》のあまねき御恵《めぐミ》にまかせて、貧《ひん》に苦《くる》しまず、分《ぶん》に安《やす》し、凍餧《こゞへうへ》せざるを足《た》れりとして、すなをに家業《かげう》をつとめ、講席夜会《かうせきたくわい》に道《ミち》を聞《きく》をもて、二なく有《あり》がたき事におもひ、誰頼《たれたの》むことなけれども、講学《かうがく》あれば人に告《つげ》しらせ、又講舎《かうしや》にて茶《ちや》を煮《に》、燈《ともしび》をかゝげ、はき掃除《さうじ》、火《ひ》のもと迄も心を用《もち》ひ取《とり》はからひて、其初《はじ》めよりけふに至《いた》り怠《をこた》る事なし。或商人《あるあきんど》これに告《つげ》て曰《いハ》く、そこにハ道《ミち》を聞《きく》事を好《この》めり。我ひそかに其為に是を思ふに、仏法《ぶっほう》も儒道《じゆどう》も皆利《みなり》を避《さ》け欲《よく》をたつの事なり。商人《あきんど》として此二ツの物をたゝバ、必《かなら》ぞ家《いへ》を破《やぶ》るべし。其上貴《たつと》き人のつとひ給ふ所へ、賤《いや》き身《ミ》として行《ゆき》まじわり、おぼへず失礼《しつれい》もあらバ、害近《がいちか》きに在《ある》べし。願《ねが》ハくハはやく是《これ》を休《やすま》ん事を欲《ほっ》すと。権《ごん》兵衛つくゞ聞《きゝ》て、聊《いささか》も彼《かれ》が非《ひ》に対《たい》せず、先《まづ》一礼《れい》をのべて、扱《さて》いひけるハ、家業《かげう》のさわりにならん事誠《まこと》に覚束《おほつか》なく候。されバ此御志《こころざし》を忘れず、講席《かうせき》にいとまをかく斗《ばかり》のつくのひをバ、いかにも心に入てつとめ加《くハ》ふべし。又上なる人へ失礼咎《しつれいとが》めの来《きたら》ん事、仰《をゝせ》にて思ひわきまへ候。此上ハ気《き》を付《つけ》て御教《をしへ》をあやまらぬやうに致《いた》し侍《はべ》るべし。但信仰《ただしんかう》の一事ハ我《わ》が癖《くせ》と思めしゆるしてと答《こた》へぬ。此一言《ごん》にても大やう権兵衛が人と成り思ひミるに足《た》れり。其頃《そのころ》の家主《やぬし》なども、日頃《ひごろ》よしなき道交《みちまじハ》りととがめ居《い》しが、去《さり》し頃火災《ころくわさい》ありて、かし家《や》やけしに、彼《かの》権兵衛ハ我家財《かざい》よりもさきだつて、家《いへ》に付《つき》し大戸《と》など其外多《ほかをゝ》くの物《もの》をはこび出《いだ》し、焼失《せうしつ》せざりし故、家主も大きに彼《かれ》が志《こころざし》を感《かん》ぜしとかや。かゝるうちに同志《どうし》の者《もの》もかけつけ、権兵衛が荷《に》をもたすけ

出し、其身《ミ》もあハてさがしゝ故、人なミよりも多《をゝ》く焼《やか》ざりけり。終《つい》に権《ごん》兵衛が人と成り正路《しやうろ》にして、親存命《をやぞんめい》のうち孝行《かうかう》に、殊《こと》に講学《かうがく》の席取持《せきとりもち》候事、始《はじ》めより今日迄一日のごとくなるよし、上へ達《たつ》し、其旨御書付《そのむねをんかきつけ》を以《もつ》て、酉《とり》の春《はる》御褒美《ほうび》として俵子《こめ》給りぬ。御城下《ごじやうか》の町人多《をゝ》しといへども、かゝる御称美《せうび》は只《ただ》今まで権《ごん》兵衛一人のミなり。後《のち》に聞《きけ》バ天王寺《てんわうじ》屋庄兵衛とて篤実《とくじつ》の商人《あきんど》有し。是《これ》も権兵衛と一所に物《もの》語り賞《しや》せらるべき也しが、其頃病死《そのころびやうし》して、此ゑらひにもれけるとかや。残《のこ》り多《をゝ》き事にや。

中村《なかむら》町正木《まさき》屋清兵衛

中村は御城《じやう》下川むかひの町なり。かれも又店《ミせ》あきないして世《よ》をわたる、かろき商人《あきんど》なるが、家業《かけう》いとまなきうちに、心にかけて夜話《よハ》の学談《がくだん》などに川越《かハごへ》して来《きた》り望《のぞ》ミ、妻娘《つまむすめ》なども婦人教諭《ふじんきやうゆ》の席《せき》に、世話《せハ》しき家事《かじ》をかきてもうでさせぬ。其上市中《そのうへしちう》の同志《どうし》をすゝめ誘《さそ》ひて、又切磋《せつさ》の会《くわい》を催《もよふ》し、又甚放蕩《はなはだほうとう》なる者《もの》、或《あるひ》ハ不《ふ》孝不慈兄弟妻子不和《かうふじけうだいさいしふわ》なる者なんどへハ、彼是《かれこれ》申合《あハ》せ異見《いけん》せし故、是に化《くわ》して大なるたがひを改《あらた》めし者《もの》も多《をゝ》かりき。権《ごん》兵衛にこそ及《をよ》ばへど、是も又深切《しんせつ》なりしをもて、権兵衛と同日《どうじつ》に御褒美《ほうび》として米《こめ》給りぬ。

此ころ其余彼是市中《そのよかれこれしちう》の同志多《どうしをゝ》く出来《でき》て、殊勝《しゆしやう》成試《こころ》ミ多く伝《つた》え聞へぬ。又或夜《あるよ》清兵衛方《かた》にて同志会合《どうしくわいがう》ありしに、折節《おりふし》六十六部《ぶ》なる者《もの》やどりしが、此物語《ものがた》りを物《もの》かげに聞居《きゝい》て、夜半《はん》ばかりの頃《ころ》、其座《ざ》へいざり出て申けるハ、面々《めんめん》いとまなき商人《あきんど》の身《ミ》のかく寄合《よりあひ》給ふハ、気慰《きなぐさ》めの為《ため》なれバ、さぞや酒《さか》もりして、小歌浄瑠璃《こうたじやうるり》かまびすしく、扨博奕《さてばくゑき》などにてはて、〱ハ喧嘩口論《けんくわこうろん》にも成りぬへけれバ、われ昼《ひる》の旅《たび》づかれに今宵《こよひ》しも夜《よ》をやすく〱と休《やす》むまじきやと、よしなき思ひ過《すご》しをし侍《はべ》りしに、かく引かへ世《よ》にめつらしき道《ミち》の御物語《ものがた》り、互《たかひ》に心得《こころえ》たがひなど僉議《せんぎ》し給ふ事の殊勝《しゆしやう》さよ。寝《ね》ながら承《うけたま》ハらん事の恐《をそ》れ多《をゝ》くて蹲《うづくま》り居《い》候ひしが、こらへかねて推参《すいさん》申候。されバかゝる御志《こころざし》有方々《かたがた》へひかへ申べき事にも候ハねバ、おこがましく候へとも、第一《だいいち》の御心得《こころえ》たがへの候まゝ、申て見候ハんやといへり。何《いづ》れも聞てかゝる幸《さいハい》こそ候ハね。よひより申請《うく》べきものを、今迄怠《をこた》り候てそ口惜《くちをし》く候へ。とくく御正《ただ》しを受《うく》べく候といへバ、かの六部《ぶ》打《うち》うなづき、されバとよ宵《よひ》より承《うけたまは》り候に、世上咄《せじやうはな》しをもし給ハねハ殊勝《しゆしやう》に候へども、有《う》為の世間法《せけんほう》に泥《なづ》ミて、ひたすらに五倫《りん》のましハりを論《ろん》し、心術《しんじゆつ》の徳行《とくかう》のとて夜《よ》をふかし給ふ。我《われ》思ふにたとひ一生《いつしやう》心《こころ》を用《もちひ》給ふとも、末世《まつせ》の衆生《しゆじやう》の凡夫《ぼんぶ》の身《ミ》のさとる事ハ有まじく候へバ、自力《じりき》を費《ついや》し給ふハ大なる御心違《こころたがひ》に候ハすや。他力本願《たりきほんぐわん》に

まかせ、仏《ほとけ》さへ御頼《たのミ》候ハヽ、御心ひかめるといふとも、往生極楽疑《わうじやうごくらくうたが》ひ有へからず候。夢幻《ゆめまぼろし》の世《よ》の中《なか》にかく骨折《ほねをり》給ふハ、僻《ひが》事ならずやといふ。皆聞《みなきい》て御志めし忝《かたじけな》くこそ候へ。仰《おほせ》のごとくたうき仏《ほとけ》の御誓願《せいぐわん》に候へば、夫《それ》を御信心《しんじん》候事御頼《たの》もしくこそ候へ。夫《それ》につけても佛《ほとけ》の御心《ミこころ》ハさこそ御慈悲《じひ》にて、すなをにおハしますべく候へハ、面々《めんめん》其御心を学《まな》び度こそ候へ。仏《ほとけ》も又いな事とも思召すまじくや。又夢幻《ゆめまぼろし》の世《よ》と仰候へハ、弥只《いよいよただ》今の一念《いちねん》こそ大切《たいせつ》に候へ。其元《そのもと》にも先当下たうとくましますこゝろ《こころ》の弥陀《ミだ》に随《したか》ひ給ひて、御試《こゝろ》ミ給ふまじくや。仏《ほとけ》のちかひの有難《ありがた》きも、いやましにこそおもひあたり給ふらめ。只《ただ》今の御心位《くらい》にて物に接《まじ》ハり給ハヾ、いかゞ侍《はべ》らんといへバ、六部《ぶ》又打《うち》うなづきて、有難《ありがた》き結縁《けちえん》に候とて、夜《よ》もすがら打《うち》かたらひ、我非《ひ》をも弁《わきま》へ、別《わか》れに臨《のぞ》ミても、弥《いよいよ》心がけ候ハめとて出ぬ。又或日《あるひ》御他領《たれう》より、人多《をゝ》く支配《しはい》する者来《ものきた》りやどりしが、是《これ》も他《た》の非《ひ》にのミ対《たいし》て日《ひ》を暮《くら》せしが、我過《あやまち》をさとりて帰《かへ》りぬ。かゝる事なとまゝ有けれバ、奉行加藤何某筆《ぶぎやうかとうなにぼうふで》を染《そめ》て、道《ミち》の物語《ものがた》りしけるを、泊《とま》りける旅人《たびびと》のをき出て聞《きゝ》けるよしを聞《きい》て

旅人《たびびと》もしたふ心におき出て夢路忘《ゆめぢわす》るゝ道《ミち》の夜語《よがた》り

と書《かき》て清兵衛にあたへぬ。

灘《なだ》町孝子《かうし》米屋彦《ひこ》七郎

灘《なだ》町ハ米湊《こめミなと》のうちにして松山《まつやま》御領《れう》の境《さかい》也。彦七ハ其所の貧《まづ》しき商人《あきんど》なるが、よく父母《ちゝはゝ》に仕《つか》へて孝《かう》に、親《しん》族朋友《ぞくほうゆう》にも睦《むつま》じかりし。されど不孝《ふかう》にして父両度《ちゝりやうど》までおもく病《やミ》、長《なが》く枕《まくら》にふしぬ。彦七其頃年《そのころどし》も若《わか》かり

しが、他事《たじ》を忘《わす》れ、心を尽《つく》して孝養怠《かうようをこた》らざりし。冥加《めうが》にや、薬餌《やくじ》其しるしを得て、其病全《やまひまつた》く愈《いへ》ぬ。夫《それ》よりして七とせ八とせを経《へ》て後《のち》、再《ふたゝ》び疾《やまひ》をうけて終《をハ》りぬ。母《はゝ》も又六とせ七とせ已来《このかた》わづらひ、ことに三とせが程《ほど》ハ重《をも》りて、舌《した》ももとをらす、痿痺癱瘓《いひなんくハん》の症《しやう》とて、人手《で》をそへされバしばしも座《ざ》する事能《あた》ハざりしに、彦七常《つね》に抱《だ》き抱《かゝ》へて、両便《りやうべん》の穢《けがら》ハしきをもいとハず、心を盡《つく》したすけしが、是又多年《これぜまたたねん》孝志深《かうしふか》かりし證《しるし》にや、去年《きよねん》より病少《やまひすこ》ししりぞきて、快《こころよ》く衣衾《きものふとん》にまとハれ居《すハ》る程《ほど》になりぬ。貧《まづ》しき身《ミ》のかく両親《りやうしん》ともに長病なりしに、志《こころざし》おとろへず、只《ただ》其病《たまひ》のミ患《うれ》ひて、心外にひかれず、時《とき》にふれ見物《けんぶつ》事などありて、あたりもぞゝめき、諸人東西《しよにんとうざい》に奔走《ほんそう》する折《おり》からには、殊《こと》に親《をや》の物《もの》うからん事をはかりて、百事《ひやくじ》なげうちて親《をや》の側《かたハら》に添《そ》ひまとひ、又物見る心も有《あり》ぬべきと覚《おぼ》へし折《おり》からに

ハ、言《こと》を盡《つく》していさなひさそひ、ミづから負《をひ》て其所に行《ゆき》、是《これ》を見せて其心を慰《なぐさ》む。我身《わがミ》は常《つね》に友達《ともだち》さそひ来《きた》りぬるにも、又は用事《ようじ》有にも、多《を》くハ親《をや》のさひしからんをはかりて、他《た》に行《ゆく》事をはぶきぬ。親《をや》の外《ほか》に妹《いもと》一人甥《をひ》一人同居《どうきょ》せしが、物いひもなくむつび暮《くら》しぬ。其餘《そのよ》の孝状《かうじやう》をしてしるべし。委敷《くハしく》ハ上に聞《きこ》へ、是を称《せう》するに辞《ことバ》を以《もつ》てし、是に賜ふに米《こめ》を以てして、其孝《そのかう》を旌《あらハ》し給ひぬ。

同所孝子《どうしょかうし》治郎兵衛か事

治郎兵衛も又商人《あきんど》也。父《ちゝ》ハとく去《さ》りて、母《はゝ》のミ存命《そんめい》なりしが、年《とし》つもり、ことに病《やまひ》にかゝりて、足《あし》たちがたく、爾《しか》も短慮《たんりよ》にしてつかへがたきによくつかへて、気《き》をそこなふ事なく、治郎兵衛身《ミ》も六十におよびしに、孝志日々《かうしひび》にさかんにして、親《をや》の好《この》めるものなどハ常《つね》にたくハへ備《そな》へて、求めに随《したか》ふて与《あた》へぬ。五十始《はじ》めて衰《をとろ》ふとこそ聞《きゝ》しに、夜《よる》もたび〳〵おき出て、寒暖《かんだん》をうかゞひ、朝《あさ》もとく起《をき》て、母《はゝ》の手水《てうづ》をすゝめなどし、よろつ心を用《もち》ひぬ。夜《よ》のねふりすくなけれども、昼《ひる》の起居《をきゐ》を妨《さまた》げす。昼《ひる》の起居《をきゐ》しげゝれども、夜《よる》の睡《ねふり》ふかゝらざるハ、孝心《かうしん》の深《ふか》き故にや。夫志気之帥也《それこころざしいきのすい》、志至焉《こころざしいたれば》、気次焉《きつぐ》と、まこと成哉《なるかな》。今治郎兵衛爾《しか》り。朝《あさ》ごとの髪《かミ》なども、治郎兵衛結《むす》びて参《まい》らせけるが、母《はゝ》もかく朝毎《あしたごと》に汝《なんじ》を労《らう》する事いかゞなれバ、髪《かミ》を剃《そり》なんと度々《たびたび》いひけれども、母《はゝ》の心実《こころじつ》に欲《ほつ》する所にあらざるを察《さつ》しぬる故、打《うち》わらひて有ぬる。物《もの》をなくし給ハんもいかゞなり、梳《くしけづ》るにむつかしき事も候ハねバ、何の苦しう候べきなどいひまぎらして打過《うちすぎ》ぬ。風呂《ふろ》などの事はさしていひ立《たつ》る程《ほど》の事にあらねど、時候《じこう》につれて寒暖《かんだん》ほとよき事ハ易《やす》からぬ事なるに、よく心を用《もち》ひけるにや、母《はゝ》の心にかなひぬ。いだき入、いだき出《いだ》し、浴後《よくご》の衣類《いるい》も自《ミづから》着《き》せて、汗《あせ》しむる事なし、寒《さむ》からしむる事なし。其余《よ》の孝状挙《かうじやうあげ》てかぞふるにいとまなし。隣《となり》の親《したし》き者妻《ものつま》をむかへん事をすゝむれども、妻女《つま》の母《はゝ》の心にかなひがたく、わが孝志《かうし》を妨《さまたげ》ん事を思ひて迎《くか》へず。弟《をとゝ》太右衛門妻子我召《さいしわかめし》つかひ、彼是家内《かれこれかない》十人に及《をよ》べる人あれども、衣服《いふく》の穢《けがれ》たる物ミづから洗《あら》ひて、外《ほか》の手《て》をふれしめず。且親族他人《かつしんぞくたにん》の交《まじハり》もむつまじく、すべて麁略《そりやく》成る事なし。遂《つい》に上に達《たつ》して、彦七を同日《どうじつ》に辞《ことバ》を以てし、米《こめ》を以てし、其孝《かう》を旌《あらハ》し給ひぬ。

徳森村農民清貧《とくのもりむらのうミんせいひん》喜平次が事

喜平治は七十有餘《ゆうよ》の老農《らうのう》にて、妻《つま》も又老《をひ》たり。僅《わづか》の田畑《たはた》を耕《たがや》せしが、今ハ其身起居《そのミをきい》もかなひがたくなりにければ、稼穡《かしょく》のいとなミをも勉《つと》むる事能《あた》ハず。膝下《しつか》に老《をひ》を扶《たすく》る子《こ》もなく孫《まご》もなし。老婦《らうふ》やうくく屋下《やした》の菜園《なばたけ》のくさひらを摘《つん》で餓《うへ》に充《あて》けるが、朝気《あさけ》の煙《けふり》もたべくくに成りけれハ、傍《あたり》の農夫《のうふ》いたましく思ひて、粟稗《あはひへ》など送《をく》るもあれど、更《さら》に受《うけ》ざりけり。其所の庄屋《せうや》の弟不便《をとゝふびん》の事に思ひけれと、受《うけ》まじきを知《し》りぬれば、正月春《はる》の始《はじ》めのことぶきに託て、かの者《もの》を訪《とふら》ひ、米少《こめすこ》し斗《ばかり》袋《ふくろ》に入しを自《ミづか》ら携《たづさ》へ行《ゆき》て送《をく》りけれど、是《これ》も又受《うけ》ざりけれバ、されバこそと思ひけるハ、使《つかひ》して多《をゝ》くも送《をく》り参《まい》らせんにこそ、辞退《じたい》もし給ふべけれ、少《すこ》し斗自《ばかりミづから》たづさへし新年《しんねん》のことぶきをいかゞして受《うけ》給ハざるぞ、こればかりハとしひけれバ、喜平治曰《いハく》、かくてあれバこそ、死《し》に侍《はべ》らず、乏《とぼし》き事候ハずとて、久しけると也。兎《と》かくする内《うち》、三月すへに成にければ、麦秋《むぎあき》迄の食物《しょくもつ》いよくく乏《とぼ》しからん事を庄屋某甚《せうやなにがしはなはだ》憂《うれ》ひおもひけれど、すべきやうなし。此上は上より恵《めぐ》ミ給ハるより外《ほか》の事有まじきと思ひければ、其所支配《そのところしはい》の代官《だいくわん》迄かうくくの事ニ候と語《かた》りぬ。

代官《だいくわん》何某《なにがし》聞《きい》て、是《これ》義士《ぎし》也。ころすべからず。受《う》るの道《みち》なくハ死《し》をちかつて受《う》まじければ、誠《まこと》に上より賜《たまハる》の外《ほか》有べからず。今《いま》郡吏《こほりぶぎやう》政務多端《せいむたたん》なり。しバらくひまをはかりて申べし。他日必《たじつかならず》御沙汰《さた》有べきなれバ、先汝等《まづなんじら》粟を以て、我言《わがことバ》をそへて救《すく》ひ置《をく》べしといひけり。庄屋其旨《そのむね》を得て取《とり》はからひければ、有難《ありがた》くこそ候とて受《うけ》ぬるとかや。

昔廉士《むかしれんし》あり。人これにきぬそこばく送《をく》りぬれど、受《うけ》ざりけれバ、次《し》第《だい》に数《かず》を減《げん》じて送《をく》りぬれど、更《さら》に受《うけ》ざりしかバ、ある日同車《どうしや》せしふところより僅《わづか》の数尺《すしやく》を出して、婦人《ふじん》ふたのなくてハ有まじといひければ、笑《わら》ふておさめぬといふ事あり。又田子方《でんしほう》、子思《しし》の衣乏《きぬとぼ》しきを見て、与《あた》へんと欲《ほつ》すれども、受給《うけ》ふまじきを知《し》りけれバ、先《まづ》裘《かハころも》の多《をゝ》くてすてん事を思ふよしをいひて、扨送《さてをく》らん事をのべれバ、子思聞《ししきゝ》給ひて、我身《わがミ》

をもて物をすつるの地《ち》とせん事を恥《はづ》るとて、つゐに受給《うけ》はずといへり。これらハ賢人君子《けんじんくんし》の事也。むかしとても貪得者厭《うることをむさぼるものハあく》事なし。大学《だいがく》にも莫知其苗之碩《そのなへのおほいなることしることなし》と見へたり。まして今の世《よ》の田夫野人《でんぷやじん》は、多《を》く《ゝ》ハ冬煖而号寒《ふゆあたたかなれどもさむきとよばひ》、年登而啼飢《としみのれどもうへたりとなく》ならひなるに、喜平治家惟四壁《いへただしへき》のミにて、何たくはえゆるくまもなきに、余《あま》り有とて受《うけ》ざるハ、廉潔《れんけつ》の操《ミさほ》、清貧《せいひん》の安《やす》んせし者《もの》の程《ほど》こそ有かたけれ。

大洲《おほす》村農夫孝子《のうふかうし》之事

此者養子《このものようし》也。よく養父《ようふ》につかへて孝志怠《かうしをこ》たる事なし。元《もと》より親《をや》のやしなひの乏《とぼ》しからん事を思ふ心深《ぶか》ければ、耕耘《かううん》の業《げう》も怠《をこた》らざれど、貧《まづし》き身《ミ》の、殊《こと》に年登《としミのら》ざればバ、親《をや》の未進《ミしん》を償《つくな》ふいとまなし。かゝるうちに親病《をややミ》つき、日を経《へ》て重《をも》かりしが、親《をや》も正路《しやうろ》なる者《もの》にて、常《つね》に未進《ミしん》を患《うれ》ふる色深《いろふか》ければバ、何卒息絶《とぞいきたへ》ざる内《うち》に未進皆済《ミしんかいせい》して、心がゝりなく終《をハ》らせ参《まい》らせ度《たく》、千法百斗盡《せんほうひやくけいつく》しぬれと叶《かな》ひがたし。我親里《わがおやざと》に実父《じつぷ》の我に譲《ゆづ》りし田《た》あり。親《をや》の賜《たまもの》なれど、私《わたくし》ならぬ事なれバ、是をもてと思ひより、其《その》まゝ沽却《こきやく》して未進《ミしん》を済《すま》し、扨病父《さてびやうふ》の枕《まくら》もとにより、未進《ミしん》も悉済《ことごとくすミ》候まゝ、御心安く御養生《ようじやう》候へといひけれハ、養父聞《ようふきい》て、いかゞして済《すま》しけるぞ、是のミ心がゝりなりしにと尋《たづね》ければバ、しか〳〵取斗《とりはから》ひ候ぬと答《こた》へぬ。養父《ようふ》大に感《かん》じ、さてハ思ひ残《のこ》す事もなしと悦《よろこ》びて、遂《つい》に其病《やまひ》にて終《をハ》りぬ。凡卑賤《をよそひせん》の者《もの》ハ道《ミち》を聞《きゝ》、義《ぎ》を重《をも》んする事を知《し》らざれバ、女子《によし》の嫁《か》して人の妻《つま》と成り、庶子《しよし》のゆひて人の養《やしな》ひ子《こ》となる事などを、只世渡《ただよわた》りのやうにのミ思ふ。夫《それ》故その家貧《いへまづ》しく、我おもふまゝならねバ、つひに家出《いへで》するたぐひ、世《よ》のならハしと成りぬるに、此者《もの》かく貧《まづ》しき家に来《きた》りて、親《をや》の豫《よろこび》を度《いたし》ぬる心づかひぞかたじけなき。平常《よのつね》の孝状《かうじやう》郷党《きやうとう》これを称《しやう》する事多《を》かりき。

豫州大洲好人録巻之三　終

豫州大洲好人録巻之四

目録

大洲村五介夫婦の事

此《この》五助といへるは大洲《ず》村百姓《ひやくしやう》勘兵衛といひし者《もの》の甥《をひ》にて、もと黒木《くろき》村に住居《ぢうきよ》せし者《もの》なり。勘兵衛子とも両《りやう》人あり。兄《あに》を長太夫といひ、弟《をとゝ》を小市といふ。両人ともに年頃《としごろ》になりし故、勘兵衛娵《よめ》をむかへ、田畑相応《たはたさうおう》にわけ遣《つか》ハし、其身《そのミ》ハ夫婦隠居《ふうふいんきよ》せり。其後《そののち》小市病死《びやうし》せし故、かの黒木《くろき》村の五介を後家《ごけ》入に望《のぞ》ミしに、伯父《をぢ》ながらも人がらよからずして、百姓中間《ひやくしやうなかま》もあしかりし故、再三断《ことハり》申けるに、たつてしゐければ、再三《さいさん》さすが伯父《をぢ》の事故、其上ハ命《めい》にそむきがたくて、さあらバ参《まい》り候ハめとて、小市跡《あと》へ行ぬ。然《しか》るに勘兵衛次第《しだい》に気随《きずい》募《つの》り、最初分地《さいしよぶんち》して事済《すミ》たるに、長太夫方《がた》の地の内《うち》の悪田《あくでん》をバ引《ひき》ぬき、五介方へつかハし、五助方の地《ち》の内良田《うちりやうでん》を取戻《とりもど》して、長兵衛へ遣《つかハ》しなどしけり。夫《それ》ゆへ小市後家腹《ごけはら》たて、もと村役人并《やくにんならび》ニ一家打《いつけうち》よりて、地分定《ぢわけさだ》まりしものを今更取《さらとり》かへ申たる事有まじき

事なれば、組頭《くミがしら》などへ申べきといひしに、五助曰《いハく》、老人《らうじん》の御事ハ元我伯父《もとわがをぢ》といひ、殊《こと》に今是《これ》へ来《きた》りてハ、父《ちゝ》とも祖父《ぢい》ともいひつべき人也。又そなたの為《ため》にハ正《まさ》しく舅《しうと》なり。いかやうとも老人の心まかせにすべき事也。役人中《やくにんちう》へはなし給ふ事、必々《かならずかならず》無用《むよう》也とて止《とゞ》めぬ。そのうちに小市後家《ごけ》も病死《びやうし》せり。扨《さて》かねて小市も不勝手《ふかって》にて御年貢未進《ねんぐミしん》有しかハ、五助黒木《くろき》村に取来《とりきた》りし田畑売払《たはたうりはら》ひ、かの未進《ミしん》をも済《すま》しぬ。されバ小市跡《あと》を継《つぎ》しとハいひながら調《とゝの》へぬるも同意《どうい》なるに、一言《こと》にても左様《さやう》の理屈《りくつ》にもわたらず、無理《むり》多《をゝ》き勘兵衛ふう婦を大切《たいせつ》にし、後妻《ごさい》にもよくいひ聞《きか》せ申合《あい》せて、寒夜《かんや》など臥床《ふしど》にも心を用《もち》ひ、足《あし》など冷《ひへ》ぬれば、ふところにてあたゝめ、又朝《あさ》とく起出《おきいで》、先隠居《まづいんきよ》屋へ行《ゆき》、茶《ちや》など煎《せん》してふるまひ、其後帰《そののちかへ》りて我朝飯《わがあさめし》などこしらへぬ。去年《きよねん》勘兵衛長太夫ともに病死《びやうし》せしが、其病皆痢疾《そのやまひみなりしつ》也し。五助も同しく危篤《きとく》にて本復《ほんぷく》も有まじかりしが、年若《としわか》けれハしのぎもしつべし。老《らう》人ハわけて心もとなき事也とて、五介妻《つま》よる昼隠居家《ひるいんきよや》へつめて、老人《らうじん》を介抱《かいほう》せり。幸《さいわい》にして五助快気《くわいき》せしかば、勘兵衛妻《つま》を五助方《かた》へうつしめ、夫婦《ふうふ》の中《なか》に寝《ね》さしめ、寒暖《かんだん》に心をつけ、老《をひ》を易《やす》く養《やしな》ハしむ。役人村中《やくにんむらぢう》かれが孝養《かうよう》に甚《はなハ》だ感《かん》ぜり。程《ほど》なく上に聞《きこ》へ、夫婦《ふうふ》ともに俵子賜《こめたまハ》りてこれを賞《しやう》し給ひぬ。

芝村由《しばむらよし》右衛門夫婦《ふうふ》

此由《よし》右衛門ハ五助といへる者《もの》の子《こ》也。親《をや》五助小百姓《こひやくしやう》にて田畑高纔《でんハたたかわづか》の事なれバ、当《あた》り地作《ちづく》りてやう〳〵其日をわたりしが、病身《びやうしん》になりて農業《のうげう》もはか〳〵しからざれバ、由《よし》右衛門十五才の時、下須戒《しもすがい》村平七といふ者《もの》の方《かた》へ七年の間《あいだ》奉公《ほうこう》に出せしに、由《よし》右衛門まだ年も行《ゆか》ざりしが、両親《りやうしん》を思ふ心《こころ》ふかく、夜分奉公《やぶんぼうこう》のすきに草履草鞋《ざうりわらじ》など精出《せいだ》し作《つく》りて、親《をや》をミつぎ、御年貢未進《ねんぐみしん》をもしのきぬ。父病死《ちゝびやうし》して後《のち》、芝《しば》村へ帰《かへ》り、又当《あた》り地《ち》など精力《せいりよく》を盡《つく》し作《つく》りて母《はゝ》を養育《よういく》せり。母《はゝ》又病身《びやうしん》にて介抱《かいほう》とゞきかねし故、妻《つま》をむかへ、よく申あハせて母《はゝ》につかへ、男子《なんし》壱人有しが、其幼《いと》けなき食事《しよくじ》の養《やしな》ひのミ心を用《もち》ひ、扨《さて》御年貢諸役《ねんぐしよやく》ともに大事にかけ諸傍輩《しよほうばい》へもむつまじく交《まじハ》りぬ。村中たぐひもなきりちきなるものなりとぞ。これも又《また》上へ達《たつ》し、俵子《こめ》を給ハりぬ。

高岸村《たかきし》治兵衛夫婦《ふうふ》

此《この》治兵衛持高僅《もちだかわづか》なる小百姓《しやう》也。父ハ八年以前《いぜん》に死《し》して、母《はゝ》七年已前《いぜん》より病身《びやうしん》にて、持高《もちだか》の田畑《たはた》の分《ぶん》にてハ暮《くら》しかたくミへしゆへ、五年前村中《まへむらじう》の者打寄少《ものうちよりすこ》しのたのもしいたし遣《つかハ》しぬ。此たのもしをもて二十石積程《つミほど》なる古小舟一艘《ふるこぶねいつそう》もとめ、三津の浜《はま》への塩木《しほき》の柴《しバ》をつミ運《はこ》び、少《すこ》しの賃《ちん》を便とし、今日をわたりぬ。若年《じやくねん》の子《こ》とも二人我夫婦《ふうふ》はやう〱飢《うへ》をまにかるゝ程《ほど》なれども、母《はゝ》の食事《しよくじ》にこゝろを用《もち》ひ、夫婦《ふうふ》もろとも母《はゝ》をいたハり、さて御年貢諸役滞《ねんぐしよやくとゞこを》りなく、村中《むらちう》の人とむつまじく、父存生《ちゝぞんしやう》のうちにも孝養怠《かうようをこた》らざりしとかや。是《これ》又上に達《たつ》し、俵子《こめ》を給ハりぬ。

古田村《ふるたむら》金八下女さん

此女第一其身《このをんなだいいちそのミ》の欲薄《よくうす》ふして、主人《しゆじん》への思ひ入れ深《ふか》く、其上智《そのうへち》もかしこく、又務《つと》め行《をこな》ふ所《ところ》の精力《せいりよく》も、世《よ》なミなる男子《なんし》にいやまさり、まことにたぐひまれなる女也。先主人《まづしゆじん》金八事、もと家督《かとく》の田畑《たはた》も乏《とぼ》しからず、商売銀《しやうばいぎん》の譲《ゆづり》もことかけなく、且妻《かつつま》ハ上川《かミかハ》の庄屋大野小右衛門といふものの娘《むすめ》にて、小右衛門方よりの心ばせもよろしかりし故、世上《せじやう》の交《まじハ》りとりやりもさもしからず暮《くら》しぬ。其身生《そのミうま》れつきも丁寧《ていねい》にて、あしき事なき者《もの》なるが、よく育《そだち》し、上の弊《ついへ》にや、銭銀取《とり》やりの方不才《かたふさい》にて、万損《よろづそん》のミ多《をゝ》く、次第《しだい》々々に家道《かだう》乏《とぼ》しく、田畑《たはた》も売払《うりはら》ひ、今ハ田《た》すこしと屋下《やした》の野菜畑《やさいはた》のミ残《のこ》れり。子とも男子《なんし》二人、女子《によし》も有しが、貧《まづ》しきうちにも幸《さいハい》に事《こと》なく生《おひ》たち、男子《なんし》今ハ年《とし》ころにもなりし故、一人は外《ほか》へ手代分《てだいぶん》に遣《つか》ハし、一人廿四五才《さい》なるが、故にありて茶《ちや》をになひ、塩《しほ》をかたきて、いやしき世《よ》わたりをぞしける。扨《さて》かの女ハ三十年余《あま》り以前《いぜん》、金八家優《いへゆたか》なりし頃奉公《ほうこう》せしが、一まづ出《いで》て外《ほか》に勤《つと》めしに、たのもしき者《もの》ゆへ何とそもと

し給ハれと、其頃《そのころ》の主人《しゅじん》へ金八ことハり申て呼《よび》かへし、夫《それ》よりして今年迄廿八九年金八方《かた》に勤めぬ。已前《いぜん》ハ仕着物《しきせもの》よくして召遣《めしつか》ひしに、次第《しだい》に遣《つか》ハしかねしのミならず、金八ならびに子《こ》ともミづからのはだかくす物《もの》さへ乏《とぼ》しく成りぬ。こゝにおひて五七年已来《いらい》ハ彼女《かの》いぜん貰《もら》ひし頃よりたしなミ置《をき》し帷子《かたびら》など取《とり》出し、是《これ》をはらひ、其あたひにて苧《を》をとゝのへて、布《ぬの》を織《をり》たて、主人父子《しゅじんふし》に帷子《かたびら》着《き》せしが、なを近年《きんねん》に至《いた》りてハ、我身《わがミ》ハやう〱つぎはぎたるつづれ着《き》て、持来《もちきた》りし布子《ぬのこ》やうの物悉《ことごと》く取《とり》出し、売払《うりはら》ひ、篠巻《しのまき》といふ綿《わた》をとゝのへ、主人《しゅじん》の娘《むすめ》に昼夜世話《ちうやせわ》して、木綿《もめん》織《をら》せ売払《うりはら》ひてハ、其あたひにてまたしのまきをとゝのへ織《をり》のへとて、一端《いったん》の内《うち》より少《すこ》しヅヽ出《いづ》るをもて、主人父子《しゅじんふし》の膚《はだ》へをかくさしめ、かく親切《しんせつ》なるを感《かん》せしにや。又同《おなじ》く生得《せうとく》成りしにや、此女の兄弟《けうだい》もよく金八へ志《こころざし》をはこびぬ。五百木《いよぎ》村の内《うち》、七たんといふ所《ところ》に住《すミ》しが、此者《もの》ども冬春柴《ふゆはるしば》をとり川舟《かハふね》をかり、金八方へ送《をく》りて、薪《たきぎ》のたすけをなしぬ。扨中頃田畑《さてなかごろたはた》ありて作《つく》りし折《をり》などハ、かの下女夜《よ》のうちに男《をとこ》まさりに起出《をきいで》て、牛《うし》をつかひ、馬鍬《むまくハ》を取《とつ》て田をかき、少《すこ》し隙《ひま》あれバ早乙女《さをとめ》休《やす》ミ居《い》しうちに、ミつから苗《なへ》をとり、苗《なへ》をくバり、終日《ひねもす》しバしも休《やす》む事なく勤めはたらきぬ。耕《たがや》し植付《うへつけ》のミ然《しか》るにあらず。すべてくハづかひ鎌《かま》づかひよくして、金八子《こ》ともを導《ミちび》きしかバ、子ともおうば〱と呼《よび》て、且親《かつした》しミ、且《かつ》おそれぬ。主人《しゅじん》男女の子ともを大切《たいせつ》にし、しかも其勤《つとめ》おこたらざるやうに朝夕《てうせき》おしへたてしとなり。まことに始末感称《しまつかんせう》するに堪《たへ》たる女なり。委《くハ》しく上へ達《たつ》し、俵子賜《こめたまハ》りて、是《これ》を賞《しやう》し給ひぬ。

大平村農夫《おほひらむらのうふ》重右衛門娘《むすめ》せき

此者父《このものちち》を重右衛門といふ。三十年已前《いぜん》に死して母のミ存せり。貧《まづ》しき身《ミ》なれバ母《はゝ》の養《やしな》ひ足《た》らずして、八年が間《あいだ》奉公《ほうこう》せり。給米《きうまい》悉《ことごと》く母に送《をく》りしが、母次第《はゝしだい》に年もつもりし故、奉公《ほうこう》を止《や》め、今ハ一所《いっしょ》に暮《くら》しぬ。母《はゝ》今年よハひ八十七也。天性《てんせい》日を愛《をしむ》の心ふかく、よろづ母《はゝ》の心にかなひぬるやうにと心をつけ、且餘命《かつよめい》すくなからん事を思ひ、自分《じぶん》の田《た》も悉《ことごと》く沽却《こきやく》して、母《はゝ》の養《やしな》ひにふりむけ、其《その》うちにて木綿《もめん》などもとゝのへ、老母死後《らうぼしご》の衣衾《きるものふとん》の備《そな》へとし、母《はゝ》の心をも安《やす》んぜしめぬ。聊《いささか》も田地《でんぢ》なと残し置《をき》て我身《わがミ》の便《たより》とせんなどゝ思ふ心なし。百事抛《ひやくじなげすて》て、只母《ただはゝ》のミ是《これ》おもふの孝志《かうし》、具《つぶ》さに上に聞《きこ》へ、弥孝状怠《いよいよかうじようおこた》らぬやうにとて、忝《かたじけな》くも俵子《こめ》を与《あた》へ給ハりぬ。

黒田《くろた》村孝子《かうし》弥助徳右衛門与右衛門
兄弟三人事

此三人の者《もの》の父《ちゝ》を五兵衛といひしが、十七年已前《いぜん》六十八才にて死しぬ、母《はゝ》ハ存命《ぞんめい》にて今年八十三歳《さい》也。末子《ばつし》与右衛門と同居《どうきょ》せり。与右衛門貧《まづ》しけれとも、母《はゝ》の養ひに心を用《もち》ひ、殊《こと》に酒《さけ》を好ミければ、他《た》より帰《かへ》る折《をり》ごとに、必《かなら》ず酒を携《たづさ》へて是《これ》を進《すゝ》め、其心《そのこころ》を慰《なぐさ》めしむ。夜分ハ一塩《しほ》心をつけて、たび〳〵寒暖《かんだん》を問尋《とひたづ》ね、冬ハ衾《ふとん》をあたゝ

かにし、夏《なつ》ハ木《こ》かげなどへミつからおひ行て、納涼《すゞミ》ほとよくし、又両人《りやうにん》の兄《あに》の方《かた》へ天気《き》よき折《おり》ふしハ是《これ》も与右衛門肩《かた》にかけて行《ゆき》かよひ、心ゆく程遊《ほどあそ》ハしめぬ。幾度《いくたひ》となく行かへれども、いつまでも早《はや》く帰《かへ》り給へかしなど思ふけしき更《さら》になく、農業《のうげう》こと多く手《て》をくれがちなれども、月夜に出て田畑《たはた》をうち、培養灌漑《つちかひミつそゝぎ》も精《くハし》かりし。是等《ら》の旨具《つぶさ》に上に達《たつ》し、貧《ひん》賤の民かくのごときの孝状《かうしやう》きどくなる事に思しめし、御褒美《ほうび》して、与右衛門所持《しよじ》の田《た》高一石壱斗八升畑高《はたたか》六斗五升壱合分《ぶん》の村方諸入用役米《しよいりようやくまい》ともに高懸《たかかゝ》りの分永代《えいたい》さし免《ゆる》され、猶又俵子《まをまたこめ》給りぬ。兄《あに》弥助徳右衛門も孝《かう》状有よし聞《きこ》へければ、是又俵子給ハり、此後《このゝち》申合せ老母《らうぼ》への親切厚《しんせつあつき》やうにと仰出されぬ。其上庄《せう》屋迄郡奉行口上《こほりふきやうこうしやう》にて、与右衛門持分田畑《もちぶんたはた》かゝり物諸役《ものしよやく》御免《めん》の分《ぶん》、村内《むらうち》へかゝり候てハ、村中惣百姓難儀《ひやくしやうなんぎ》に有べくことニ思召《おぼしめし》候まゝ、不残《のこらず》御分より御米下《こめくだ》し置《をか》れ候間《あいだ》、左様心得《さやうこころえ》候へと申渡《わた》し給ひぬ。

大久喜《くき》村由兵衛并《ならび》ニ鳥目差上《てうもくさしあげ》し事
附木患子手箒之《むくろじてはうきの》事

寛保二年壬戌十二月二日の夙《あさ》に、会所門前《くわいしよもんぜん》に百姓《ひやくしやう》とおぼしき老人《らうじん》たゝずミ居《い》けるゆへ、郷目付《がうめつけ》出ていかなる者《もの》と尋《たづね》けれバ、去々年《きよきよねん》御番所《ばんしよ》の燈心《とうしん》代差《さし》上候大久喜村の百姓四兵衛にて御座候。老年《らうねん》の身明日《ミあす》をも頼《たの》ミがたく候まゝ、又々去《きよ》年今年両《りやう》年分持参《ぢさん》仕リ候。村方《むらかた》役人をもて差《さし》上申べく候へども、世話《せハ》をかけ候もいかゞに候。さきに御免《めん》を蒙《こうふ》り候事故、直《じき》に持参致し候。差《さし》上られ下され候とて、鳥目《てうもく》二十四銭《せん》わたしぬ。郡吏其由《そのよし》を聞《きゝ》、志《こころざし》を変《へん》ぜずして老人《らうじん》の遥々《はるばる》出けるを感じ、此村願の代官《だいくわん》を呼《よひ》よせ、彼《かの》四兵衛を白州《しらす》へ廻らせ、郡奉行《こほろぶぎやう》打向ひ、よくぞ又出《またいで》ぬる、恙《つゝが》なきやといひけれバ、まだ死《しな》ず候と申。郡吏《こほりぶぎやう》曰《いハく》、はじめの志《こころざし》を猶改《なをあらた》めず、鳥目持参の事殊勝《しゆしやう》に候。うけとらせ猶又御上へも申上遣《つか》すべしとの給ひけれバ、有難《がた》く候とて、扨菰包《さてこもつゝ》ミなる木患子《むくろじ》と、たうきびがらにて作りし手箒《てはうき》四本を取《とり》出し、此箒《はうき》にて御役所《やくしよ》のごミにても御はかさせ給ハるべし。何《なに》一ツ御恩報《ほう》すべきやうもなく候まゝ、何がなと存、ミつからこしらへ持参り候。又此木患子《むくろじ》ハ私の方に生《な》り候このミにて候。御役人様方《やくにんがた》の御子《こ》様へ進《しん》じ申度候。扨《さて》むくろじと申候物ハ、皮《かハ》ハいと見苦《ぐる》しく、我等《われら》がかたちを見るやうに候へども、中《なか》の実《ミ》ハ丸くしてうつくしく、玉《たま》のごとくなる物にて、藁屋《わらや》の床《とこ》のむさき中へまろばしても、ごミもちりも付《つき》申さず。上々様方《がた》の御姫《をひめ》様の御手にふれ候と承《うけたまハ》り及《をよ》び候ひぬ。誠《まこと》に我等《われら》は賤《いやし》き身《ミ》の殊《こと》にかた山陰《やまかげ》に住《すミ》候へバ、何ひとつよき事も承《うけたまハ》り申さず候へども、数年《すねん》つく〴〵と此むくろじを見て存候

ハ、惣《そう》じて貧《まづ》しき百姓《しやう》ハあやしきつゞれを着、手足《てあし》ハこへ灰《はい》にまミれ、ことに年さらほひよりては、一しほむさく見苦《くる》しく候へども、からたのうちにまします心《こころ》ばかりハ、とりもなをさず此木患子《むくろじ》の玉のやうなる物と思ひわきまへ候へバ、何とぞ誠《まこと》にいつくしき此玉《たま》をうしなハずして、家内《かない》むつまじく、村内《むらうち》の人まじわりもいたし候ハめと存候。たまく〵ひがめるものありて、かどかましく申かけ候ひても、此方《このかた》此玉のごとく候へバ、其かどさハる事もなく、苦《く》もなき世《よ》の中《なか》とこそ存候。此年までかく心得候て、難《なん》なく暮《くら》し申候。各《おのおの》様にもかく御心がけなされまじくや。いつくしき物を身《ミ》にまとひ給ひても、内此玉《たま》にたがひ給ひてハせんなき事ニ候。何事もむく程《ほど》よき事ハなく候と存、かたく〵持参《ぢさん》仕候と申、郡奉行《こほりぶぎやうぢう》中にも感心《かんしん》にて、よき爾《しめ》しを聞《きゝ》ぬるぞ。老人《らうじん》の事ニ候、勝手《かつて》にてとくと休《やす》ミ、茶《ちや》にてものミ候へ。したくめも申付《つけ》ぬるぞと申されければ、首《かうべ》をさげて一礼《れい》して立《たち》しが、直《すぐ》に帰《かへ》らんとせし故、村領《むらあづかり》の代官《だいくわん》をはじめ小役人《こやくにん》申けるハ、仰付《おほせつけ》られ候事ニ候まゝ、とくと休《やす》ミしたゝめし給へかし。遙々《はるばる》の道《ミち》を朝《あさ》とく来《きた》り、腹《はら》もすきぬべし。寒《さむ》さにもあたりなんととめければ、四兵衛曰《いハく》、高河原《たかかハら》に知《し》る人侍《はべ》りて参《まい》る時《とき》立より、茶《ちや》の子《こ》たべ、茶《ちや》ものミ候ひぬ。朝飯《あさはん》の事も頼《たの》ミ置《をき》候まゝ、又彼所へ参《まい》り候ハめとて出んせし故、ちやのこのミにてハ高河原《たかかハら》までも覚束《おぼつか》なしとて、しひてとめければ、打笑《うつわら》ひて、我等《われら》ていの腹中《ふくちう》一とき二時かほどすぎぬる事ハ常《つね》の事に候。何か苦《くる》しう候べき。爰《ここ》にて給《たべ》候にてハ頼置《たのミをき》ぬる朝飯《あさはん》無益の事に成り、其上約束《やくそく》もたがひ候まゝ彼方《かのかた》へ参《まい》り候ハめとて、袂《たもと》をふつて出にけり。其詞《そのことバ》のつくろひなきにも人皆感《みなかん》じける。右両度《りやうど》の深切具《しんせつつぶさ》に御聴《きゝ》に達《たつ》し、

寛保三年癸亥二月二十五日、御褒美《ほうび》として仰出《おほせいだ》さる。

其方儀国恩深重之道理若年《そのほうぎこくおんしんじうのだうりじやくねん》より篤《あつく》存心底多年奇特《しんていたねんきとく》也。志《こころざし》とも度々達御聞御感悦不浅候《たびたびをんきゝにたつしかんえつあさからず》。因茲《これにより》為御褒美《ごほうびとして》、居村持高之内半高分《きよそんもちだかのうちはんたかぶん》御年貢諸役《ねんぐしよやく》ともに、永々《ながなが》御赦免被仰出《しやめんおほせいだされ》候条《でう》、於子孫可申伝《しそんにおひてまうしつたふべく》者也。

かの四兵衛がむくろじを有司《ゆうし》あづちて、予《よ》にも給ハりしに、予程《よほど》なく上京《じやうきやう》し、徳大寺中将君《とくだいじちうじやうきミ》の御裏御《うらご》殿《てん》に半月余逗留《よとうりう》しぬ。其間日々講書聞《あいだにちにちかうしよきこ》し召《めさ》れし序《ついで》に、彼物語《かのものがた》り申上侍《はべ》りしかバ、清泰院君其木患子《せいたいいんくんそのむくろじ》差《さし》上しと仰《おほせ》ごと有しゆへ、こしおれ歌《うた》よミそへてたてまつりぬ。御手《て》にさへふれぬらんと、かたしけなく覚《おほへ》し。又予《よ》ある日一有司《いちゆうし》にいつて曰《いハく》、我つらく〱か四兵衛が木患子《もくろじ》の説《せつ》を見るに、彼《かれ》うちつけにおのか受用《じゆよう》を述《のべ》て、有司《ゆうし》の人もかくあれかしと直言《ちよくげん》せり。其こと戯《たハふ》れに近《ちか》く、其辞《ことば》も又不譲且瑩《ゆづらずかつえい》明《めい》ならねど、其いふ所ハ心術《しんじゆつ》なり。用《もち》ゆへし。とふとむべし。扨彼箒《さてかのはうき》に至《いた》りてハ更《さら》に説《せつ》なし。子何《こ》そ是を問《とい》さる。予推《よをし》て渠《かれ》が意《い》を思ふに、かれ草莽《さうもう》の臣《しん》にして塵芥《ぢんかい》の中に長《ひとゝ》なりし身《ミ》なれバ、日々箒《はうき》を用《もち》ひて一室《いつしつ》の塵《ちり》をはき清《きよ》めし其意《そのい》を推《をし》て、政事《まつりこと》にしたがひ給ふ士大夫《したいふ》もかくなれかしと、必芥《かならずせり》を献《たてまつ》るの意《い》あるべし。請試《こふこころ》ミにかれにかハりて之《これ》を論《ろん》ぜん。いでや会所《くわいしよ》は黌郡《こうぐん》を掃除《そうじ》する地《ち》にして、法度禁令《はつときんれい》のよつて出《いづ》る所也。民《たミ》の訟獄苦楽《せうこくくらく》も大やうこゝに決《けつ》するなれバ、清《きよ》きが上《うへ》にも清《きよ》からん事を欲《ほつ》し、有司《ゆうし》たらん。胸中独知《けうちうどくち》の一念頭《いちねんとう》より、よろづの事物《じぶつ》上に至《いた》る迄、一芥一塵《いちかいいちじん》の私《わたくし》をも弥《いよいよ》はらひ、弥《いよいよ》清《きよ》めぬべき事也。されハ格物克己《かくぶつこつき》の玉箒《たまはうき》ハ少《せう》鹿の角《つの》のつかの間《ま》も、手《て》をはなすまじき物《もの》ならすや。かの四兵衛が献芥《けんきん》の誠意《せいい》、もしくハかくのごとくならんといへバ、有司曰《ゆうしいハく》、然《しか》り我かれが容貌言語《ようほうげんご》をミて、其誠意《せいい》に感《かん》ぜり。されバ彼《かれ》をあなとりしにハあらねど、三隅《ぐう》を反《かへさ》ざりしハ是我怠《これわがをこた》り也と。

長浜市中泉屋《ながはましちういづミや》金治孝行親睦《かうかうしんぼく》の事

此金治ハ親《をや》の譲《ゆづ》りもなき者《もの》なるが、一分《ぶん》のはたらきにて小家《いへ》をもとめ、簣《あしろ》を荷《にな》ひて日を送《をく》る小商人《こあきんど》也。かくて其兄《そのあに》文吉といへる者病身《ものびやうしん》になり、殊《こと》に家産《かさん》も日に乏《とぼ》しくなりぬれば、文吉かたに養《やしな》ひぬる両親《りやうしん》を金治方へ引うけ、夫《それ》よりしてあきなひに精力《せいりよく》を用《もち》ひ、夜昼《よるひる》のわかちもなくかせきせしが、両親《りやうしん》はじめ兄《あに》の食事《しよくじ》に心をはこひ、殊《こと》に鍋釜膳椀等《なべかまぜんわんとう》のあらひ、すゝき、ともにミづからして、聊《いささか》も父兄《ふけい》の手《て》にふれしめず。此長浜《ながはま》ハ湊《みなと》にて、町在方《まちざいがた》より上方《かミがた》又瀬戸《せと》うちの荷物往来絶間《にもつおうらいたへま》なき所なれハ、八九反《たん》、十二三反帆《はんほ》の船《ふね》もちて、其賃銀取《ちんぎんとり》て世渡《よわた》る者多《ものをゝ》かり。夫《それ》がなかにかの金治が姉婿《あねむこ》半兵衛といへる者《もの》も、此船持《ふねもち》の数《かず》也しか、心がけよからぬ者《もの》にて、身上衰《しんしやうおとろ》へ、家業第一《かげうだいいち》の船《ふね》をさへ失《うしな》ひぬべきやう成しを、金治痛《いた》ましく思ふのあまり、おのが力《ちから》はかるにもいとまなく、かれも又ミつぎして、其業《げう》を勤《つとめ》させぬ。されバ一かたならぬ費用《ひよう》多《をゝ》くて、借物《かりもの》もいできぬれど、狭《せま》き家《いへ》のうちに一所《いつしよ》に居《い》ける両親《りやうしん》にも、更《さら》にしらせざりしと也。実《まこと》に世《よ》のならひ、忍《しの》びがた事も打《うち》つだふ物にや。かの半兵衛さへ病《やまひ》にかゝりて、いたく祖母《ばゝ》をしたひぬるゆへ、是をも我方《かた》へ引うけ、病《やまひ》を療《りやう》する手当《てあて》迄も深《ふか》く盡《つく》して、はごくミけり。其身実儀《そのみじつぎ》に親属《しんぞく》にむつまじきのミならず、他《た》の交《まじハ》りもよかりし故、市中《しちう》一同是を感《かん》じぬ。此むね長浜奉行訴《ながはまぶぎやううつた》へ、上聞《きこ》し召《め》して称美《せうび》し給ひ、よねそこばくを賜《たまハ》り給ひぬ。

右金治市中《しちう》の賤民《せんみん》にて、家業《かげう》いとまなき身《ミ》なれバ、世《よ》に所謂今川状実語教《いハゆるいまかハじやうじつごきやう》のたぐひをだに熟讀《じゆくどく》すべきにあらねバ、生質《せいしつ》の美《び》よりかくありぬとハいひながら、奉行《ぶぎやう》も志《こころざし》有人なるゆへ、其餘裕《よよう》および、かれがごときの者《もの》も、うちかたらふ友《とも》人とより〳〵践履《せんり》の実《じつ》を討論《とうろん》して、おのがおこたりを責《せめ》ぬると聞《きけ》バ、一編《へん》に生質《せいしつ》の美《び》のミともいふべからず。

湊町漁人《みなとまちぎよじん》松右衛門

是《これ》も又貧《まづ》しき者《もの》にて、諺《ことハざ》に所謂《いハゆる》虎《とら》の子渡《こわた》しとかや、借《かり》てハかへし、返《かへ》してハかりて、世《よ》をわたる網引《あミひき》なるが、我身《わがミ》に奉《ほう》ずる事至《いたつ》て薄《うす》く、親類《しんるい》を憐《あハれ》ミ、他人といへども、是をめぐむ事甚《はなハ》だ厚《あつ》し。男子《なんし》三人女子《によし》一人持《もち》しが、総領《そうれう》には嫁《よめ》を取《とり》、孫《まご》一人生《せう》し、娘《むすめ》ハ他《た》へ適《ゆか》しめて、これも又孫一人産《むめ》り。しかるに此婿次第《むこしだい》に貧《まづ》しく、其日も送《をく》りがたく見へければ、松右衛門婿《むこ》に申けるハ、娘《むすめ》と孫《まご》とハ我方《わがかた》へ引うけ養《やしな》ひ侍《はべ》らん。其身《ミ》一人の事なれバ、随分精《ずいぶんせい》を出し一銭《せん》といふともあつめ蓄《たくわ》へて、末々商売《すへずへしやうばい》の本入《もと》といたし給ふべしとて、たやすく引取《ひきとり》ぬ。又ちかきあたりにおのが妻《つま》の甥《をひ》あり。是《これ》も渡世《とせい》のなりかね、幼年《ようねん》より我方に養《やしな》ひぬ。されバ此松右衛門其身《そのミまづ》貧しく、狭《せバ》き家《いへ》に住《すミ》ながら、人数《にんじゆ》十人暮《くら》しける。夫《それ》さへ有に、松右衛門妻《つま》の姉《あね》は佐《さ》太夫といふ者《もの》の養母《ようぼ》なりしが、此佐太夫も貧《まづ》しく、其上幼少《そのうへようせう》の子あまた持《もち》て養

ひがたくミへけれバ、彼妻《かのつま》の婦《あね》をも又我方へひきうけぬ。松右衛門母存命《はゝぞんめい》の内《うち》、妻《つま》よく是につかへしをもて、かの妻《つま》の姉《あね》と我母《わがはゝ》を養ふごとくやミしく養育《よういく》せりとかや。かゝるうちに松右衛門兄《あに》善右衛門といへるもの、是《これ》も漁家《ぎよか》にて、鰯《いわし》を引けるか、打《うち》つゞき不仕合《ふしあハせ》といわしもかゝり得ず、借金《かりかね》もかさ高《たか》にぞ成りにける。古語《こご》に、山人雖臨海不忘斧《さんじんうミにのぞむといへどもをのをわすれず》、漁夫雖臨山不舎網《ぎよふやまにのぞむといへどもあミをわすれず》とこそミへたるに、此長右衛門衣食《いしよく》の患急《うれへきう》なる事にや、今ハ網《あミ》さへなきがごとく成《な》りにしかバ、彼《かの》松右衛門大に嘆息《たんそく》し、何とぞと思うへど、千方《せんほう》百計《けい》すべきかたなけれバ、我やしきおもて質《しち》に入て銀百目借求《かりもと》め、先網《あミ》をつくのひて遣《つかハ》しける。其後《そのゝち》つゝひて網《あミ》糸なんど領与《わかちあた》へて、網《あミ》つくろひおこたらぬやうにそ斗《はか》らひぬる。古人曰《こじんいハく》、臨渕而願魚《ふちにのぞんでうをゝねがわん》より不如退而結網にハと。松右衛門が此救《すく》ひよく知本《もとをしる》といひつべし。松右衛門畠少《はたけすこ》し有て、一とせに麦《むぎ》五六俵《へう》有といへども、家内《かない》十一人の飯料《はんりやう》にあつれバ、十分《ぶん》が二の飯料《はんりやう》にも足《たる》か足《たら》ざるに、それさへかねて畜《たくわ》ふる事かなハで、皆質物《みなしちもつ》に入、折々《おりお》り息《り》を出して少《すこ》しヅヽ是《これ》をうけて、やう〳〵に飢《うへ》をしのぎける。其中《そのなか》より少しヅヽこれをわけて、兄《あに》善右衛門へ送《をく》りけると也。元《もと》より家内《かない》むつまじけれバ、忍《しの》びかくすとにハあらねども、我家飯料乏《わがいへはんれうとぼ》しき内よりなす事なれバ、妻子《さいし》の前《まへ》を思ひ袖袂《そでたもと》に入《い》れて出ぬる折《をり》も有けるとなん。やさしき心つかひならずや。然《しか》るにこれらハ皆《ミな》身うちの事也。其餘網子《よあミこ》のものどもへも情《なさけ》ふかゝりし。それが中《なか》に十右衛門といひし者至《ものいた》りて貧《まづ》しき姉《あね》を松《まつ》山へ奉公《ほうこう》に出し置《をき》ぬるが、傷寒《しやうかん》を病《やミ》ぬるゆへ、主人《しゆじん》のもとより下《さが》り、十右衛門が許《もと》へ帰《かへ》りしに、民間《ミんかん》のならひける病《やまひ》をバうつるものとて、いミ厭《いと》ひて人あしも絶《たへ》ぬるに、此松右衛門いとゞ不便《びん》に思ひ、かの病家《びやうか》に立入《たちいり》、薬餌飲食《やくじいんしよく》心を用《もち》ひて取あつかひしに、からふしていきけるが、不幸《ふかう》にして十右衛門又病《やミ》つき、五六日の内《うち》に死《し》しけり。松右衛門いかにしてもと治療《ちりやう》怠《おこた》りなく取《とり》はからひぬれと、かく死《し》にけれバ、いとゞ哀《あハ》れに思ひ、野辺送《のべおく》りの事としてかくしてと思ひめぐらせと、死骸陰《しがいかく》すべきよすがさへなく、爰《ここ》におひて松右衛門先《まづ》我より唱《いさな》ひ、五銭《せん》三銭《せん》の助成《じよせい》をもとめて、やう〳〵に膚《はだへ》をかくさせぬれど、猶人々《なをひとびと》いとひきらひて、死骸《しがい》を荷《にな》ひもて行人なければ、松右衛門我子《わがこ》を始《はじ》め婿《むこ》なんどに命《めい》じて、これを葬《はうふ》り、寺《てら》への茶湯料《ちやとうりやう》なども松右衛門よりぞ致《いた》しける。さてかの十右衛門姉病気《あねびやうき》の費用《ひよう》に行当《ゆきあた》り、近所《きんじよ》にて借求《かりもと》むべきにも、其手段《しゆだん》やなかりけん。御他領《たれう》なる人の許《もと》にて、松右衛門が口上《こうじやう》にして借銀《しやくぎん》いたしぬ。其後銀主《そのゝちぎんしゆ》より元利《ぐハんり》松右衛門へはたりぬるにて、始《はじ》めて此事を聞《きゝし》が、銀主《ぎんしゆ》へ対《たい》し、難儀《なんぎ》なる折《をり》から御取《とり》かへ給ハり浅《あさ》らずこそ候らへ。早々参《はやばやまい》らせ度《たく》候へども、其頃我等承《そのころわれらうけたま》ハらず。其手当《そのてあて》なく候ゆへ急《きう》には返進《へんしん》申難《かた》く候。漁《すなどり》いたし候折《をり》から、一度《ど》にこそ得参《えまい》らせず候とも、損《そん》かけ申まじとて引うけぬ。　惣《そう》して松右衛門が為人淳朴《ひとたるじゆんぼく》にして、家《いへ》に私《わたくし》の蓄《たくわへ》を設《もうけ》ず、少《すこ》しにても網《あミ》して利《り》を得《う》れバ、やがて借《かり》にし人の本へかへしぬるゆへ、ミつぐ人多《をゝ》く、食物其外《しよくもつそのほか》あミなどつくらふ元《もと》人に手づかへなし。其上家業《そのうへかげう》人並《なミ》にこへて精出《せいいだ》し、或《あるひ》ハ夜分《やぶん》又は天気《てんき》おもわしからで、人々網《あミ》させる折《おり》からにも、毎度自網《まいどミづからあミ》して、少《すこ》しにても魚《うを》見る時《とき》は、其傍《あたり》の人へも告《つげ》しらせ、おのれひとり利《り》を専《もつぱ》らにするの私《わたくし》なし。公用《こうよう》の事其地《そのち》の役人《やくにん》長右衛門といへる者《もの》かねてしりぬれハ、上へ申上ぬべく思ふに付《つけ》、猶《なを》も直《すぐ》にたいめんし、悉《くハ》しく尋《たづ》ねきハめてとおもひ、彼《かの》松右衛門を呼《よび》よせ問《とひ》けれバ、松右衛門あら〳〵答《こた》へて扨《さて》申けるハ、私身持《わたくしみもち》の事悉《くハし》く御尋《たづね》下され、かたじけなくハ候へども、もし上御役人様方《かた》へ仰《おほせ》上らるべき思召《おぼしめし》にてハなく候や。我々賤《いや》しき身《ミ》ながら、御褒美《ほうび》の御詞《ことバ》にも預《あづか》り度所存《たきしよぞん》にて万取《よろずとり》あつかひ候にてハなく候。家内《かない》をはじめ外《ほか》むれともに相互《あいたかひ》の事にて候。必《かなら》ず〳〵御沙《さ》汰《た》下され候事ハ御用捨《ようしや》候へとてまかり出ぬ。されどやむへきにハあらぬ事なれバと思ひ、此長右衛門代官中《だいくわんぢう》迄申、夫《それ》より郡吏《こほりぶぎやう》へ達《たつ》し、遂《つい》に御上へぞ聞《きこ》へける。されば御感心《かんしん》のむね仰《おほせ》下され、是を賞《しやう》して米《こめ》そこばくを給ハりける。

森村孝子了西事《もりむらかうしれうさい》

此了西《れうさい》ハ田畑《たはた》五六反斗持《たんばかりもち》し小百姓《しょうひゃくしゃう》の次男《じなん》也。親壮年《をやさうねん》のころより病気《びやうき》にて、田畑《たはた》も沽却《こきやく》し、子《こ》ともの養育《よういく》も成り難《がた》くて、兄《あに》をば他《た》へ養子《ようし》に遣《つか》ハしぬ。是もはたバりなき身《ミ》なれバ、少しのミつぎもかなわず、親《をや》次第《しだい》に困窮《こんきゆう》せしに、此了西其頃《れうさいそのころ》十才ばかりなりしが、よく父母《ふぼ》につかへぬ。母昼《はゝひる》ハ昼《ひる》のいとなミしげきに、夜《よる》ハまた麦稗等《むぎひえなど》ひきけるを、いとけなき心《こころ》にも痛《いた》ましく思ひ、ミづからかわりつとめて、母《はゝ》をやすませぬれハ、これにて推《をし》て知《し》るべし。常《つね》に父母《ちゝはゝ》の労《らう》をそ助《たす》けける。十六の年母《はゝ》は死《し》しぬ。其身日々野辺《そのミにちにちのべ》をかけ廻《めぐ》りて世渡《よわた》りし、日暮《ひくれ》に帰《かへ》りて、手足《てあし》もあらハで水《ミづ》など汲《くミ》、あしたの親《をや》の食事《しょくじ》のいとなミし心を用《もち》ひて、親《をや》を養《やしな》ふ事怠《をこた》らざりし。おのが居村《をるむら》の人のミならす、他村《たむら》の者《もの》迄も是を見聞《ミきゝ》て感《かん》じぬ。かくつとめぬれど、頻《ひん》年つゞきて五穀登《みのら》ず、親《をや》の養《やしな》ひなりがたかりしかバ、三十一の年、千石夫《せんごくふ》と言奉公《ほうこう》に出《いで》て、江戸《ゑど》へ行《ゆき》ぬ。もとより親《をや》の為《ため》なれバ、切米一粒《きりまいひとつぶ》も残《のこ》さず親《をや》のもとへぞ送《をく》りける。其身《そのミ》ハつとめの隙或《ひまあるひ》ハ夜《よ》など、とく寝《いね》て、掴履織席《くつをうちむしろををり》て、やう〳〵衣類雑用《いるいざつよう》にぞ備《そな》へける。かくして五六年経《へ》しが、親《をや》の病危篤《やまひあやうき》なるよし、一《いち》類の方より告来《つげきた》りしかバ、大に驚《をどろ》き、心安《こころやす》き人に語《かた》り、金子壱両借《かり》もとめ、取《とり》あへず先親《まつをや》の養生料《ようじょうりやう》にぞ下しける。親此金子《をやこのかね》を見て一類《いちるい》の者《もの》へ申けるハ、かねて知《し》り給ふごとく年々《ねんねん》の切米《きりまい》のこらず我《われ》に送《をく》り、加之便《しかのみならずたより》のたびごとに、肴代《さかなだい》とて銀子《ぎんす》下しぬ。されば此度《このたび》の金子手《きんすて》に有ぬべきとも覚《おぼ》へず。定《さだ》めてかりもとめてこそ送《をく》りぬらめ。宿《やど》に居《い》し時《とき》の孝養《かうよう》さへ有に、我為《わがため》にはる〳〵奉公《ほうこう》に下《くだ》り、さこそ心づかひも多《をゝ》からんに、少《すこ》しの慰《なぐさミ》も得《え》せで、遠方《ゑんぼう》よりの心《こころ》づかひいと不便《ふびん》なるわざなるに、今さら其身不相応借物《そのみふそうおうかりもの》してハ、彼《かれ》が一生《いつしやう》の難儀《なんぎ》思ひやられぬ。我病《わがやまひ》ハ天命《てんめい》也。此金子彼《かれ》が元《もと》へ返《かへ》してたべと申けると也。程《ほど》なく死《し》にければ、了西其訃音《れうさいそのふいん》を聞《きゝ》、甚憂《はなはだうれ》へ、殊《こと》に看病《かんびやう》とてハ一日もつきそハざりし事かなしく、此上《このうへ》ハせん方《かた》なし。父母《ちゝはゝ》の菩提《ぼだい》の為回国《ためくわいこく》せバやと思ひ、右の存念《ぞんねん》を頭《かしら》迄ねがひけれバ、願《ねがひ》もかなひ、人々も憐《あハれ》ミ思ひて旅《たび》の用意《ようい》もとゝのひ、享保《きやうほ》十九年寅《とら》の三月江戸を出《いで》、東国廻《とうごくめぐ》る。一たび中《なか》もとりして、世話《せハ》せし人々《ひとびと》へ一礼《いちれい》を申述《のべ》、夫《それ》より西国《さいごく》へと志《こころざ》し、前後《ぜんご》十年か間《あいだ》国巡《めぐ》りして、寛保《くわんほ》三年亥《い》のとし森村《もりむら》へぞ帰《かへ》りぬ。今年了西《れうさい》四十五才《さい》也。いもが垣根《かきね》にハあらで、父母《ふぼ》の住《すミ》ける家跡《いへあと》かたもなくあれはてゝ、つばなまじりのすミれといはんも物《もの》かハ也。すべて物換《ものかハり》ぬる有様《ありさま》、いとゞ昔《むかし》を思ひ出てかなしかりけるを里《さと》の人々哀《あハ》れがり、せめて雨露《うろ》をしのく斗《ばかり》の藁《わら》やの床《とこ》わづかなりともと、口々《くちぐち》にいひのゝしれど、当村困窮《とうむらこんきゆう》の村なれバ、はかくしからで打過《うちす》ぎぬるを、幼年《ようねん》いりの孝状具《かうじやうつぶさ》に上に聞《きこ》し召及《めしをよ》ハせ給ひ、忝《かたじけな》くも延享《ゑんきやう》二年丑《うし》の三月米《こめ》そこばく給り、其孝心《かうしん》を旌《あらハ》し給ひぬ。

豫州大洲好人録巻之四終

豫州大洲好人録巻之五

目録

補《ほ》
厩下人《うまやげにん》喜兵衛妻《つま》りき
上灘漁師《かみなだぎょし》長左衛門

森村孝子《もりむらかうし》源太郎

此源太郎ハ利左衛門といふ小百姓《しやう》の子也。今年十五才成《さいなる》が、五ツの年母《はゝ》におくれ、其頃《そのころ》より父《ちゝ》もわづらひ、六七年已来《このかた》ハひしと農業《のうげう》もならで、艱難《かんなん》いふ斗《ばかり》なし。然《しか》るに此源太郎今より二三年前《まえ》、とし十二三の頃《ころ》より耕耘《かううん》の道《みち》に力《ちから》を盡《つく》し、さのミ一家《け》の助成《じよせい》をこひもとめずして、父《ちゝ》を養《やしな》ひぬ。元《もと》より家《いへ》中やしき斗《ばかり》の貧民《ひんみん》なれハ、悉《ことごとく》人の田《た》をのミ作《つく》りて年月を送《をく》りぬ。あまりに年にも似《に》ぬはたらきなれバ、叔父《をぢ》などもきづかひて、かく寸陰《すんいん》をもおしミ、大人に先《さき》だ

ちて、昼《ひる》ハ千茅、宵《よる》ハ索綯《なわをなひ》乗屋《やにのぼり》播穀《こくをしき》、剰《あまつさへ》病父《びやうふ》の起居《ききよ》に心までを労《らう》しては、病生《やまひしやう》じ侍《はべ》らん。却《かへ》って大なる不孝《ふかう》なれバ、をりくハあそび戯《たわふ》れて、心《こころ》をなぐさめかしと、いひをしへければ、忝《かたじけなく》こそ候へ。さりながら少《すこ》しも苦《く》にハ存侍《はべ》らず候まゝ、御きづかひ下されまじくといらへぬ。誠《まこと》なるかな。下民《げミん》の俚諺《りげん》に、かせぐにおひつく貧乏《びんぼう》なしと。此源太郎今年八月五日の下人をさへもうけて、田畑《たはた》五反餘作《たんよつく》り、取実《とりみのり》も人なミにこへ、年貢少《ねんぐすこ》しも滞《とどこを》りなく納《おさ》め、家事《かじ》も相応《さうおう》に調《とゝの》ひけり。かく年《とし》も行《ゆき》たゝざるうちより、病父《びやうふ》への孝行《かうかう》思ひ入ふかく、菽水よろこびを尽《つく》し、租税《そぜい》責《せめ》を受《うけ》たる功業《こうぎやう》、上聞《きこ》し召《めし》およばせたまひて、俵子《もめ》給ハり、感称《かんしやう》し給ひぬ。

同村孝子《かうし》仁左衛門

此者親《このものをや》を庄助といひて、居《い》やしき僅《わづか》十二三歩《ほ》ばかりの貧民《ひんみん》なるが、仁左衛門幼《いとけ》なき時より父母《ふぼ》につかへてまめやかなりしに、仁左衛門十八九の頃父《ころちゝ》に離《はな》れ、其後母《そのゝちはゝ》一人につかへて弥《いよいよ》親切《しんせつ》なり。もとより百姓の業《わざ》よく勤《つと》め、縄《なわ》なども多《をゝ》くないてよすがとせり。三十八九の年、母《はゝ》におくれ、そののち妻《つま》をむかへ、娘《むすめ》一人もちぬ。ことし十二歳《さい》になりけり。かく浅《あさ》ましき少民《せうみん》ながら、父母《ちゝはゝ》によくつかへ、其身侈《そのミおごり》なき冥加《めうが》にや、少《すこ》しヅヽ餘裕出来《よようでき》て、今は田畑《たはた》三反《だん》四畝《ほ》あまり持《もち》けるが、人に語《かた》りて曰《いはく》、家内《かない》三人の暮《くら》しなれバ万事《よろづこと》足《た》りぬ。もはや田地《でんぢ》の望《のぞミ》もなし。此後少分《のちせうぶん》の余《あま》りあらハ、両親《りやうしん》の祠堂米《しだうまい》に上侍《はべ》りぬべしといひけるとかや。仁左衛門が如《ごと》きは誠《まこと》に分《ぶん》に安《やす》んじ、足事《たる》を知《し》るともいひつべし。今年五十九歳《さい》に成りぬ。是《これ》又両親存《りやうしんぞん》命《めい》より死《し》して後迄《のちまで》孝情《かうじやう》怠《をこた》らざるを上感《かミかん》し思召、且《かつ》家業《かげう》怠《をこた》らず、身持《ミもち》の貞実《ていじつ》なるを称《せう》じて俵子《こめ》を賜《たまハ》りぬ。

大平《おほひら》村九郎兵衛

此者《もの》の親《をや》を六兵衛といへり。先《まづ》此六兵衛実貞《じつてい》なる良民《りやうみん》なり。常《つね》に上を重《をも》んじ、伝馬人足《てんまにんそく》などの触《ふれ》あるを見ぬれば、小走《こばしり》の者《もの》へ何人なりとも手前《てまへ》の者《もの》つれ参《まい》り、事を調《とゝの》へらるべし。なを不足《ふそく》にも有ぬべくハ、野《の》に牛《うし》をつかひゐ候家来《けらい》、牛《うし》おひはなして参《まい》らすべしとて、上の御用を滞《とどこふ》らしむる事なかりき。扨家内《さてかない》の者《もの》へ申けるハ、かく有とて更《さら》に植付《うへつけ》などのおくれになるべけんや。其日《そのひ》しのこせし分《ぶん》ハ夜《や》ぶんに補《をぎな》ひなん。只《たゞ》上の事大切《たいせつ》に務《つと》むべき事ぞと言教《いひをし》へける。今九郎兵衛が世《よ》になりても、門内《もんない》の者《もの》どもその家法《かほう》を守《まも》りぬ。扨《さて》九郎兵衛両親存生《りやうしんぞんしやう》の内《うち》、よくつかへて、父母《ちゝはゝ》の気《き》に応《おう》ぜり。親死後《をやしご》に至《いた》りても、親《をや》の隠居地《ゐんきょち》高弐石七斗ばかり有しを、家事《かじ》に用《もち》ひず、年々よく見合せて、難儀《なんぎ》なる弟《おとゝ》などにめぐミ、又甥姪《おいめい》などの難儀《なんぎ》をバ、弟《おとゝ》といひ合せて合力《かうりよく》せり。是おのれに奢《をごり》ある者《もの》の不能《あたハざる》ところなり。終《つい》に門内《もんない》の支配届《しはいとど》きがたきとて、庄屋へ申出《いで》

し事もなし。古人義田《こじんぎでん》を置《おき》て親属《しんぞく》をめぐミし例《れい》にも暗《あん》にかなひぬべきにや。さて今ハむかしになりぬれど、十一年前《まへ》子の年、蝗《いなむし》災の患《うれ》ひ夥敷《をびただしく》、百姓飢《うへ》におよびし頃《ころ》、上より村々の涸轍《からてつ》の患《うれ》ひあハれませ給ひ、夜《よ》を日に継《つ》ぐ救《すく》ハせ給ひしに、此九郎衛門内《もんない》にも難儀《なんぎ》の者《もの》ミへしかバ、庄《せう》屋武知《たけち》勝兵衛組頭《くミがしら》と相かたらひ、上よりの救《すく》ひを配分《はいぶん》せしに、かの九郎兵衛庄屋迄《まで》まかり出て曰《いハく》、門内《もんない》の者《もの》とも此度の難儀《なんぎ》上より御恵《めぐ》ミに候へバ、頂戴《てうだい》仕らせ申べく候へども、是私《これわたくし》義弟其外一門《おとゝそのほかいちもん》申合せ助成《じょせい》仕候て、介抱《かいほう》申度《たく》候。この門内《もんない》御割当《わりあて》の分《ぶん》をなを当村難儀《とうむらなんぎ》の面々《めんめん》へ御わり加《くハ》へ遣《つかハ》され候やうにと断申《ことハりもうし》ぬ。其頃《ころ》九郎兵衛七十歳《さい》ばかりなりしが、ミづから山深《ふか》く入、蕨《わらび》の根葛《くず》の根など堀《ほり》し故、子孫打《しそんうち》より御老人《らうじん》の養《やしな》ひいか斗《ばかり》の事か候べき。かく凶年《けうねん》に候ともうやしハ申候まじ。かやうの骨折《ほねをり》いかゞに候。必《かならず》御無用《むよう》になされ候へかしと、度々《たびたび》とめにけれバ、よくぞ申ぬ。しひて山深《ふか》くハ参《まい》るまじと答《こた》へて、夫《それ》よりかのかづねなと堀器《ほるき》を彼らが知《し》らさるやうに置所《をきどころ》などをかへ、忍《しの》ひやかにぞ出にける。扨《さて》かのわらびかつねを老人夫婦《らうじんふうふ》の食《しょく》とし、其間《そのあいだ》に扶持《ふち》米《まい》をもて親類《しんるい》一門の難儀《なんぎ》をすくひ、其外村中《そのほかむらぢう》の小百姓の蝗《いなむし》になやめる者《もの》どもへ、両度迄賦《りやうどまでくば》り与《あた》へしと也。それのミならず隠居《いんきょ》の身《ミ》ながら、先年《せんねん》御上へも寸志《すんし》の御上米《まい》いたし、子《こ》とも同く差上《さしあげ》ぬ。庄《せう》屋清兵衛勝手《かつて》継《つゞ》きかね、務《つとめ》も成がたく、たのもしなとせし頃《ころ》も、彼九郎兵衛をはじめ弟并《をとゝならび》に子《こ》とも迄、残《のこ》らず人数《にんじゅ》に加《くハ》ハりて、助成《じょせい》せり。九郎兵衛門内十三軒人数《けんにんじゅ》五十二人の者《もの》一類《るい》ハもとより事を欲《ほっ》せし故、親《をや》のしたしき友《とも》など来《きた》れバ酒にても求《もと》め、心を用《もち》ひてもてなし侍《はべ》りぬ。貧家《ひんか》ハ必《かなら》ず事繁《ことしげ》きならひなれど、志《こころざし》を奪《うバハ》れす、親《をや》の起居動静《ききょどうせい》に気《き》をつけ、万《よろづ》心を用ひてつかへぬ。七年前親腫物出来《をやしゅもつでき》、甚大事《はなはだだいじ》なりしかバ、費用《ひよう》を顧《かへりミ》ず、養生《ようじやう》を加《くハ》へぬ。内外《ないがい》の治療残《ちりやうのこ》る所《ところ》もなかりしかど、終《つい》にかなハで死《し》にける。其後母《そののちはゝ》につかふる事ます〱親切《しんせつ》なり。扨《さて》市郎左衛門兄弟数多《けうだいあまた》ありぬる中《うち》、一人甚不所存《はなはだふしょぞん》なる者《もの》有ぬれと、悪《にく》む心なく、うとむ事なく、ねんごろに教《をし》へ、いましめけるが、今程《ほど》ハ心ばへ改《あらたま》りぬとかや。すべて親類中《しんるいぢう》むつまじく、其後《そののち》組頭《くみがしら》になりてハ、村内《むらうち》の取《とり》あつかひ、或《あるひ》ハ父兄《ふけい》に順《じゆん》ならざるもの、又ハ心底《しんてい》ひがめる者《もの》まで、多く人がらもよくなりぬと也。是又上に達《たつ》し、褒美《ほうび》として米給ハりぬ。

菅田《すげた》村徳兵衛親愛《しんあい》の事

徳兵衛持高《もちだか》ハ畑《はた》壱石弐斗の小民《せうみん》なり。生得情《しやうとくなさけ》ふかき者《もの》なりしが、此者《もの》の小姑城下《こじうとじようか》の裏《うら》町にて、其日過《すご》する八助といふ者《もの》の妻《つま》にて、子《こ》ともも両人《りやうにん》有しに、はやく夫《おっと》に別《わか》れ、朝夕《てうせき》の烟《けむり》もたへ〴〵なりし折《おり》から、火災《くハさい》にさへあひて、椀皿《わんさら》やうの物までも焼《やき》すて、今ハ子《こ》ともも飢《うへ》にも及《をよ》ふべかりしを、此徳兵衛早速小家《さっそくこや》がけなどいとなミ、三人の者《もの》へ我一飯言《わがいっはんいふ》に及《をよ》バず、他《た》の人とも終《つい》に一言《ごん》の物いひもなし。九郎兵衛が身《ミ》に奉《ほう》ずると、険《けん》なると、農業《のうげう》に怠《をこた》らざるとハ、彼《かの》わらびかずねを取《とり》て食《しよく》とせしにて大やう知《し》れぬれバ、爰《ここ》に記《き》するに及《をよ》バずとハいひながら、かへす〴〵も称《せう》すべくハ、蝗《いなむし》災後《のち》年月を経《へ》、弥極老《いよいよごくらう》に及《をよ》びぬれど、隠居《いんきよ》分《ぶん》の田畑《たはた》、弟《おとゝ》にも子にも孫《まご》にも労《らう》をかけず、ミづから勤《つと》め、剰餘力《あまつさへりよりよく》をもて子弟《してい》の田《た》の苗《なへ》とり、其餘《よ》の農事《のうじ》迄手伝《てつた》ひ助《たす》け、年貢諸役聊《ねんぐしよやくいささか》も滞《とどこふ》らしむる事なく、常々《つねづね》先公而後私事《こうをさきにしてせんこうてわたくしことのちにする》暗《あん》に雨我公田遂及我私《わがこうでんにあめふりてついにわがわたしにをよぶ》の意《い》あり。古人《こじん》も初節易持晩節《しよせつもちやすくばんせつ》ハ難持《たもちがたく》といひしに、九郎兵衛が万《よろづ》の処置《しよち》老《おひ》て益堅固《ますますけんご》なりし。かやうの事委《くハし》く上に達《たつ》し、甚《はなは》だ感《かん》じさせ給ひ、俵子《こめ》そこばく賜《たまハ》りぬ。

麻生《あさう》村組頭《くみがしら》市郎左衛門

此者《このもの》ハ親《をや》の代分限余慶《だいぶんげんよけい》ありてよく暮《くら》し、殊《こと》に親餘晴者《をやよせいもの》にて、常《つね》に親類《しんるい》其外《ほか》出入する者多《ものをゝ》かり。人来《きた》れバ必《かならず》肴《さかな》もとめて酒出し、其身もともにのミくひしてそ日をおくれり。此《この》市郎左衛門へ所帯《しょたい》を渡しぬる折《をり》に至《いた》りてハ、世産《せさんことごと》悉く盡《つくし》、田畑《たはた》も多《をゝ》くハ売払《うりはら》ひ、困窮《こんきう》の身《ミ》とぞなりにける。此市郎左衛門譲《ゆづ》りを受《うけ》て後我身《のちわがミ》の倹約甚《けんやくはなは》た守《まも》りながらも、かのよく暮《くら》せし親《をや》の心に違《たがハ》さらんを分《わ》け与《あた》へ、甲斐《かひ》く敷介抱《しくかいほう》し、子《こ》とも難儀《なんぎ》なく生立《をひたち》、今ハ奉公《ほうこう》つとむるやうになりぬ。又居村《いむら》に権《ごん》七といふ者《もの》あり、誤《あやま》りて家根《やね》より墜《をち》、いたく右《みぎ》のかいなを打《うち》、稼穡《かしょく》の業《わざ》つとむる事能《あた》ハで、やむ事なく本学院といへる山伏《やまぶし》の弟子《でし》と成り、忠学《ちうがく》と名《な》を改《あらた》め、勧進《くわんじん》し、母《はゝ》とおのれとあハれに日をそ送《をく》りける。かく有しうちに戌の二月、忠学《ちうがく》が母病《はゝやミ》て死《し》しけれバ、不仁なる身《ミ》のかなしさハ、飯炊《いひかし》く事もなりがたく、いと不便《ふびん》なりしを、此徳兵衛見て、何のゆかりもなき身《ミ》ながら、まだ

一七日も過《すぎ》さる内《うち》より我もとへ引取《ひきとり》、少《すこ》しの小屋《こ》かけそへ、彼《かれ》を養《やしな》ひ、衣類《いるい》の着《き》ぬき迄も徳兵衛妻《つま》是をたすけ、貧《まづ》しき身《ミ》の事しげきうちに洗《あら》ひすゝぎ、縫綴《ぬいつづ》りて、膚《はだへ》をかくさせぬ。かく小姑《こじゅうとめ》と忠学《ちうがく》と両人迄の世話《せハ》出来《でき》ぬる故、心ハやたけに思へとも、かなひがたくて、其身男子《そのミなんし》二人有しを奉公《ほうこう》に出し、深切《しんせつ》にかれらを介抱《かいほう》せり。世《よ》の諺《ことわざ》に、小舟《こぶね》に荷《に》のすぎしとハ、かの徳兵衛がたとへなるべし。されど鋤《すき》の挖、鍬《くわ》の棹《さほ》よく取《とり》、凶年《けうねん》の波風《なミかぜ》をもこぎ過《すぎ》、御役所《やくしょ》の水門《すいもん》へ付《つけ》て年々未進《としどしミしん》もなかりしと也。一類朋友《いちるいほうゆう》へたのもしきのミならず、身持《ミもち》よく、農業怠《のうげうおこた》らさる良民《りやうミん》なれバ、是又俵子《こめ》を賜《たまハ》りて称《しやう》し給ふぞ有難《ありがた》き。

本川村《ほんかハ》孝子《かうし》作次兵衛

此者ハ又小百姓《こしやくしやう》にて、人に雇《やと》ハれ賃取《ちんとり》て年月を送《をく》りむかへけるが、父《ちゝ》にハとく離《ばな》れ、母《はゝ》一人在《いま》しける。貧《まづ》しき身《ミ》ながらよくはごくミ、一類妻《つま》もとめよとすゝめけれども、妻有《つまあり》ては母《はゝ》の介抱《かいほう》あしかりなんとて、今にひとり住《すミ》しける。年すでに五十六歳《さい》なり。朝毎《あさごと》に一二握《あく》の老《らう》母の飯炊《いひかし》き、其餘《そのよ》の食物《しょくもつ》迄もとゝのへ置《をき》て日雇《ひやとひ》に出、先方にて夕《ゆふ》かた給ハりし食物《しょくもつ》をバ必《かなら》ず持帰《もちかへ》りもし、夕飯遅《ゆうはんおそ》き折《をり》からは麦《むぎ》の粉《こ》など請《こひ》受け家に帰《かへ》り、茶《ちゃ》を煎《せん》し、母《はゝ》とともにそのミくひせり。折《をり》ふしハ栗柿《くりかき》などの菓《このミ》をミやげにし、且母生得酒《かつはゝしやうとくさけ》肴《さかな》を嗜《たしな》ミけるゆへ、彼是《かれこれ》と心を用《もち》ひ、五三日に一度必《かなら》ず谷川《たにがハ》に行《ゆき》、はへなどつり、鳥目《てうもく》四五銭《せん》ばかりの酒を買《かい》、これをすゝめて悦《よろこ》バしめぬ。就中親切《なかんづくしんせつ》なりしハ、老人《らうじん》の飽按《あきやす》く、飢《うへ》やすきに気《き》をつけ、昼《ひる》の労《つかれ》をいとひもなく、夜半《よハ》に起《をき》て必食事《かならずしょくじ》をなさしむ。冬《ふゆ》に望《のぞ》ミて我膚《わがはだへ》にて臥所《ふしど》をあたゝめ、あとにハねて足《あし》をあたゝむるのたぐひハ常《つね》の事なりとかや。老母《らうぼ》あくまで孝養《かうよう》をうけ、八十七歳《さい》にてやまひもなく一生《しやう》を終《をハ》れる始末《しまつ》。是又上に聞《きこ》へ、其孝状《かうじやう》を感称《かんせう》し、俵子《こめ》そこばく給ハりぬ。

袋口《ふろく》村孝子《かうし》武助夫婦《ふうふ》

此者は親《をや》を六郎兵衛といふ。今年八十三歳《さい》なり。子《こ》武助是につかへて孝《かう》也。民間《みんかん》いやしき身《み》にて、礼教《れいきやう》を講《かう》ずる事も有べからざるに、よほど隔《へだた》りし隠居屋《いんきよ》へ晨《あした》に省《かへりミ》、昏《くれ》に定《さだ》め、一日も闕《かけ》す、夏涼《なつすず》しめ、冬暖《ふゆあたたか》ならしむるの心《こころ》づかひも怠《をこた》る事なし。彼《かれ》が妻《つま》もやさしく是《これ》に仕《つか》へ、作物初《さくぶつはじ》めて出来ぬるをば、こハきものをバやハらかによく煮《に》とゝのへて、必《かならず》まづこれをすゝめて、後《のち》ならねハ己《おのれ》くふ事なし。夫婦《ふうふ》の中に男子《なんし》両人生《しやう》せし。ともにまだいとけなかりしが、庭《にハ》の柿《かき》よく熟《じゆく》せしを兄弟《けうだい》つく〲見、中《なか》にも和《やハら》かゝらんと思ふをえらミ取《とり》、其《その》まゝ祖父《ぢい》六郎兵衛がもとへ持参《もちまい》りて奉りける。かやうの事も外へも及《をよ》ひ、近所《きんじよ》の不孝《ふかう》なる者《もの》の心底《しんてい》改《あらた》りぬるも有しと也。

六郎兵衛親已来《をやいらい》上を敬《うやま》ひ、農業《のうげう》よく勤《つと》め、租税《ねんぐ》とどこをる事なく、同村の交《まじハ》りもむつかじかりしとかや。六郎兵衛八十有餘《ゆうよ》迄ながらへ、武助夫婦《ふうふ》の孝養《かうやう》をうけ、剰《あまつさ》へまのあたり武助夫婦《ふうふ》へ御褒美《ほうび》として俵子《こめ》給ハりけるを見ける。冥加《めうが》にかなひける者《もの》ぞと、皆人称《みなひとしやう》しける。

河之内《かハのうち》村源八夫婦孝子和順《かうしわじゆん》

此源八は善右衛門といふ百姓の婿養子《むこようし》也。善右衛門に男子《なんし》なくて、十五年前《ぜん》彼《かれ》をむかへ、おのが娘《むすめ》とめあわせり。元《もと》より夫婦中《ふうふなか》もよく和《くわ》し、善右衛門夫婦《ふうふ》へよくつかへぬ。其後《そののち》善右衛門が妻狂気《つまきやうき》のやうに煩《わづら》ひしが、妊娠《にんしん》にて男子《なんし》をうめり。正気《しやうき》なしとハいひながら、いかなる心にや、彼《かの》うミし子を小便《せうべん》たごのうちへ打《うち》こミし。源八此事を聞《きく》といなや匍匐《はらばい》して是をすくひ、あらひすゝぎ、薬《くすり》を用《もち》ひ、乳《ち》を飲ませし。源八が介抱《かいほう》いハん方《かた》なし。此故にかろふしてたすかり、今ハはや十歳《さい》になりぬ。名《な》を千之介といふ。さて平生養父《へいせいようふ》善右衛門山林作場《さんりんさくば》又ハ遠《とを》く出て、帰《かへ》る時遅《をそ》けれバ百事すて置《をき》、必《かならず》あふ所迄行《ゆき》むかへ、つれ立帰《だちかへ》り、源八又役《やく》にあたりて出などせし折《をり》ふしは、養父《ようふ》も又出て途中《とちう》にむかへぬ。よろつかくむつましかりし。夫《それ》ゆへ養父《ようふ》いまだ世《よ》をも渡《わた》さゞりしが、今ハ隠居《いんきよ》せばやと思ひ、或日本宅《あるひほんたく》を譲《ゆづ》りぬべきよし語《かた》りけれバ、源八夫婦口《ふうふくち》をそろへて、家《いへ》ハ狭《せま》く、子ともハ大ぜいに成り候へバ、昼夜《ちうや》さこそ御心静《こころしづか》なるいとまも侍《さふら》ふましけれバ、しいて御断《ことハり》も申かたく侍《はべ》れど、御堪忍《かんにん》ハなるまじくや。それともに御難儀《なんぎ》に候ハゝ、我ら部屋《へや》へうつり候てハいかゞ有ぬべきといへバ、善右衛門もかれらがわが心ぼそからん事を思ひはかりてとゞむる親切《しんせつ》にそむきがたくして、猶豫《なほよ》して今に引こもりもせざりける。源八よくはたらきて、年貢《ねんぐ》も滞《とゞこを》らず、高《たか》がゝりの未進《ミしん》もなし。家内大勢《かないおほぜい》にて、物入も多《をゝ》けれど、親《をや》の願《ねが》ふ所をバ何事にても叶《かな》へ申たく、常《つね》に心にかけけるうち、藝州宮嶋参《げいしうミやじままい》りのよきつれ有しかバ、俄《にハか》に養父《やうふ》をすゝめけるに、養父曰《やぶいハく》、年《とし》ごろのねがひにハ侍《はべ》れど、費用《ひよう》の手段《しゆだん》なき事なれバ、参《まい》るまじきといひけれバ、なをすゝめて曰《いハく》、気《き》づかひ有間敷《まじく》候。かやうの為《ため》に頼母子《たのもし》に入置《をき》たる銀、少《すこ》しハ是をふりむけ、実父居村袋《じつふいむらふくろ》口の庄《せう》屋に申、鳥目調《てうもくととの》へ進《しん》じ候めとて、宮嶋《みやじま》へ参《まい》らせける。猶伊勢《なをいせ》へも一たび参宮《さんぐう》させ、其ついでに京をも一通《とふ》り見せ参《まい》らせ度念願《たきねんがん》にて、おのが身《ミ》のうへをバ、つゞめし上をも猶《なを》つゞめて、其用意《ようい》せしとかや。下賤《げせん》なる民《たミ》の爾も義子《ぎし》の身《ミ》として、かく親《をや》の志《こころざし》を養《やしな》ふ事、ためし少《すく》なき事とて、是又上より俵子《こめ》賜ハり、之《これ》を称《せう》し給ひぬ。

城下《じやうか》市中孝子樽《かうしたる》屋忠兵衛

これ又孝行《かうかう》なる者《もの》にて、極老のひがくしき父《ちゝ》によくつかへぬ。渡世《とせい》いとまなき貧賤《ひんせん》の身《ミ》ながら、近所《きんじよ》なとへ手《て》をひきつれ誘《いざな》ひて行かへりぬる。体《てい》たらく甚《はなは》だやさしく、見るもの感《かん》ぜずといふ事なしとかや。且誉《たんぼ》の孝状孝子《かうじやうかうし》の模様相似《もやうあいに》たる事なれバ、前《まへ》に譲《ゆづ》りて爰《ここ》に略《りやく》せり。然《しか》るに此一件《いつけん》にても孝子《かうし》の状態《じやうたい》いひ尽《つく》すに足《た》れり。孟子《もうし》のたまハずや、徐行後長者謂之弟《しづかにゆきてうじやにおくるこれをていといふ》。尭舜之道孝弟而巳矣《ぎやうしゆんのミちかうていのミ》と。父死《ちゝし》して母に仕《つか》へしも、又深切《しんせつ》なり。姉《あね》ハ足軽《あしがる》の妻《つま》なりしが、これへもむつまじかりしとなん。昼《ひる》ハ家中《かちう》の細工《さいく》に出、夜《よる》ハあつまりつどへるものありて、夜《よ》をだにやすく寝《いね》ざるに、孝養始終一日《かうようしじういちにち》のことし。其外身持正《ほかミもちただ》しく、人の交《まじハ》りもよかりし趣《をもむ》き、上に達《たつ》し、米《こめ》給ハりて、表賞《ひやうしやう》したまへり。

城下比志《じやうかひし》町孝婦《かうふ》しゆん

此女は実父《じつぷ》早《はや》く死《し》して、継父《けいふ》にそふ。継父《けいふ》名を仁助といふ。ぬしや忠右衛門といふ者《もの》のかしやに居《を》れり。仁助山畑少々作《やまはたせうせうつく》り、常《つね》ハ日傭賃取《ひようちんとり》して世をわたりぬ。今ハ夫婦《ふうふ》ともに年老《としおひ》ぬるか、剰《あまつさ》へ仁助近年病《きんねんやまひ》にかゝり、賃銭《ちんせん》のまふけも絶《たへ》ぬれば、いとゞ朝夕《てうせき》の烟《けふり》も立がたけれど、此女常《つね》に正路《しやうろ》なるを、人々あハれがり纔《わづか》ながらも助成《じよせい》せし故、一日々々と父母《ふぼ》をはごくミ養《やしなひ》けり。継父病《まゝてゝやみ》つきて後《のち》ハ、実母《じつぼ》よりもなを心をはこびてつかへぬるが、今ハせんかたなけれバ、かの山畠《はた》をもうりて、父の養育《よういく》にせバやと思へバ、仁助も跡《あと》のなんぎを思ひて免《ゆる》さゞりけれバ、此女の心にもゑまかせざりき。かくてハ養《やしな》ひもつゞきがたけれバ、やむことなく奉公《ほうこう》に出、切米《きりまい》をもてミつぎとし、折々《をりをり》見まひて水などくミて、母《はゝ》の労《らう》を助《たす》ける。継父悦《まゝてゝよろこ》びあまりに彼《かれ》が孝状《かうじやう》を人にも語《かた》り、家主《いへぬし》へハなをぞ風聴《ふうてう》せり。此旨《このむね》上に聞《きこ》へ、婦人《ふじん》といひ殊《こと》に継父《けいふ》へのつかへ哀《あハれ》なれバ、一《ひと》しほ奇特《きどく》に思召《おぼしめし》、俵子《こめ》賜ハりて称美《せうび》したまひぬ。

城下町孝子山伏千寿院光明《かうしやまぶしせんじゆいんくハうめう》院兄弟《けうだい》事

此両人《りやうにん》の親《をや》を本学院《ほんがくいん》といふ。年九十三歳《さい》になりぬ。四五年已来《このかた》耄《おいぼれ》て、よろづ正体《しやうたい》なく、老《おひ》の僻《ひが》事もいやましにて、あらぬ事のミぞ多《をゝ》かりしに、千寿院兄弟是《せんじゆいんけうだいこれ》を正気《しやうき》なき人とせず、愛敬日々甚慎《あひけいひびはなハだつゝし》めり。老父或《らうふあるひ》ハ夜《よ》ふけて起出《をきいで》、何とて夕飯遅《ゆふはんをそ》きぞ、我をば飢《うへ》しぬかなどゝて、腹《はら》あしくいひのゝしれども、養《やしな》ふるに夜半《よハ》なるを以《もつ》てせず、兄弟《けうだい》をはじめ、家内皆々《かないみなみな》ともに起《をき》て、食事《しよくじ》などとりしたゝめ、機嫌《きげん》とりて程《ほど》よくすゝめぬ。かやうの狂態幾夜《けうたいいくよ》といふ限《かぎ》りもなきに、いつとても其気《そのき》にさからふ事なし。又さりし夏《なつ》のはじめの事也し、夕《ゆふ》くれより蚊《か》多《をゝ》かりしかバ、老父《らうふ》の寝《ね》ぬる隙《ひま》に蚊帳《かてう》を垂《たれ》しかバ、目をさまし、何しに我にかく網《あミ》を打《うち》かゝるぞやとて、気《け》しき甚《はなハ》だあしかりしかバ、其まゝたゝミて、其後日《のちひ》を経《へ》て蚊《か》多《をゝ》く侍《はべ》るよしをつぶさにかたり、蚊帳《かや》たれぬべきやと告《つげ》ぬれバ、うけかひぬるゆへこれをたれしに、前《まへ》にかハらず網打《あミうち》かゝるとていかりぬ。とにかくあミとのミ思ひ、かやなりといふわきまへなきゆへ、それより後《のち》ハ兄弟《けうだい》申合せて、ひとりヅヽそばをはなれず、秋《あき》のすへまで、夜《よ》もすがら蚊《か》をあをちさりてまいらせける。又生得象棊《しやうとくしやうぎ》を好《この》ミ、其かたの友達《ともだち》さしぬるが、耄《おひほれ》て後《のち》ハ相手《あひて》もなかるけるを、かの兄弟老父《けうだいらうふ》を慰《なぐさ》ません為《ため》、かわるぐ〜相手《あひて》になり、終日《しうじつ》といへど厭《いと》ふ事なし。我駒《わがこま》人の駒《こま》のわきまへさへなけれバ、ましてとるの、とらるゝのといふわかちもなきに、手《て》を見せしのと、折々《をりをり》ほどよくあしらひ、まけしの、かちしのとて、老父《らうふ》を慰《なぐさ》めける。かゝるわざのミにては鬱《うつ》し給ハんとて、多《をゝ》く萵苣《ちさ》など狭《せま》き庭《にハ》のうちに植《うへ》て、是を摘《つま》しめ、つミ終《をハ》りぬれハ、又あ

とに植置《うへをき》てそ、とらしめける。かゝる心つかひは数々《かずかず》なれば、枚挙《まいきょ》するにいとまなし。其孝情《かうじやう》をして知《し》りぬべし。扨祈祷《さてきとう》など申来りて、千寿院外《せんじゅいんほか》へ出《いづ》れバ必《かなら》す光明院跡《くハうめういんあと》に残《のこ》り、光明院《くハうめういん》出れバ千寿院残《せんじゅいんのこ》りて、両人ともに出る事なし。惣《そう》して此兄弟孝状一通《けうだいかうじやうひととふ》りのミならず。万《よろづ》の事麁略《そりやく》ならざるが、就中祈祷《なかんずくきとう》など修《しゅ》する事、貧富《ひんぷ》の隔《へだて》なく、念《ねん》ごろに勤《つと》め、貧者《ひんじゃ》の施物《せもつ》など、少《すこ》しにても其ほしを過《すぎ》ぬるあれバ、冥慮《めいりょ》おそろしとて是をしりぞけぬとかや。此兄弟《けうだい》に限《かぎ》るにハあらず。すべて人の善不善《ぜんふぜん》、多《をゝ》くハおのが好《この》むかたに聞《きゝ》とるならひなれハ、批判《ひはん》も又《また》一決《けっ》しがたしきハあれど、此兄弟《けうだい》などの孝行《かうかう》ハ世《よ》にもたぐひ多《をゝ》くハあらざるへきに、城下《じやうか》にすミて、まのあたりかゝる人の有けるをさらに知らざる人もありけり。東家《とうか》の丘《きう》といふ例《れい》もあれバ、唐《から》にも大和《やまと》も同じ習《なら》ハしにこそと、いとうたてし。然《しか》るに上にハ聞《きこ》し召《めさ》れて御感心《かんしん》のよし仰出され、米《こめ》そこはくたまハれり。

播磨屋権《はりまやごん》兵衛并《ならび》ニ御褒美賜《ほうびたまハ》りし事

延享二年乙丑三月、権兵衛会所《くわいしょ》へ呼《よび》出され、奉行中列座《ぶぎょうじゅうれつざ》にて、書付《かきつけ》を以《もっ》て申渡されぬ。其書付《かきつけ》ニ曰《いハく》、

其方今以志無怠《そのほういまもってこころざしをこたりなく》、講席世話之儀《かうせきせわのぎ》も倍深切之趣《ますますしんせつのおもむき》、具《つぶさ》ニ達御聴《をんきゝにたつし》、奇特之儀《きどくのぎ》ニ被思召候《おぼしめされそろ》。因之《これによつて》
為御褒美《ごほうびとして》、米《べい》三俵《べう》被下置《くだしをかれ》候。以上。

又於町会所《またてうくわいしょにをひて》町奉行《まちぶぎやう》権兵衛を呼出《よびいだ》し、其方《そのほう》事此度《このたび》又々御褒美被下置《ほうびくだしをかれ》、重畳《てうでう》之事ニ候。よって已来家持格《いらいいえもちかく》に申付《つけ》候旨被申渡《むねまうしわたされ》ぬ。町内大勢《ぜい》なれど、褒美《ほうび》給ハりしものは希《まれ》なるに、権兵衛両度《りやうど》まで之《これ》を下され、かしや住居《すまい》のかろき身《ミ》にて、家持《いへもち》同意《い》に年始《ねんし》御祝儀《しうぎ》の肴《さかな》さし上ケ、御参勤《さんきん》御帰城《きじやう》の折《をり》から、しぶくさ川原《かハら》御目通《めどふり》

まで御送《をく》り迎《むか》ひに出ぬる事、まことに又なき有難《ありがた》き事に思ひけるとなん。

補《ほ》

厩下人《うまやげにん》喜兵衛妻りき

彼《かの》喜兵衛、其後《のち》又短慮再発《たんりよさいほつ》して、不埒《ふらち》なる事ありしかバ、終《つい》に扶持《ふち》をはなされ、御領分の居所《いどころ》をも禁《きん》せられ、行方《ゆきかた》しらずに成りにけるに、りきなを又千辛万苦《せんしんばんく》して、百事を擲《なげうつ》て喜兵衛か行衛《ゆくえ》を尋《たづ》ねぬ。人皆曰《ミないハく》、喜兵衛今ハ汝《なんじ》が手もきれぬと思へる上、幸《さいわい》に新《あらた》によきつまをもとめて、昔《むかし》を思ふ心もなく住《すミ》つきけるよしいひけれハ、りき色《いろ》を正《ただ》して、助《たすく》る人有ハこれ我ねがふ所なり。一たびありかを尋《たづ》ね求《もと》め、其有様を見とゝけ侍《はべ》らバ、死《し》するとも憾《うらミ》なしとて、いたましに心をぞ尽《つく》しける。月日を経《へ》て尋《たづ》ねあたりしに、新婦《しんぷ》の事ハもとよりそらごとにて、飢渇《きかつ》に及《をよ》ひぬべき体《てい》なりしかバ、甚《はなはだ》なげきて、喜兵衛を助《たす》くるの外他事《ほかたじ》なし。終《つい》にりきが誠実《せいじつ》によりて、喜兵衛が居所《いどころ》のいましめも赦《ゆる》され、御領分のかたいなかへ帰《かへ》りて、りきがほいのごとくもろともに日をぞ送《をく》りけるとなん。

上灘漁師《かみなだぎょし》長左衛門

延享三寅の年、公儀御巡見《じゅんけん》三使《し》、此地にきたり給ひし帰《かへ》るさ、上灘《なだ》を通《とふ》らせ給ふにより、御慰《なぐさ》ミの為《ため》、かの浦《うら》にて網《あみ》ひかせしかるべくとて、漁師《ぎょし》三人申付《つけ》られけるに、かの長左衛門も其一人也。程《ほど》なく巡見使来《じゅんけんしきた》らせ給ひ、駕《かご》をとゞめ、ながめ給ひしかハ、三人の漁師《ぎょし》、網子《あみこ》これ引つれ、ゑいや声《ごへ》して引上《あげ》しに、彼《かの》長左衛門僥倖《さいわい》なりや、信及豚魚《しんとんぎょにおよぶ》といふ事もあれば、上を思ふ誠《まこと》の感《かん》せしにや、二人の網《あみ》にハ魚少《うをすくな》かりしに、彼《かれ》が網《あみ》のミ甚多《はなはだをゝ》かりし。巡見使《じゅんけんし》見給ひ、めづらしくも興《けう》せさせ給ひ、鳥目《てうもく》いかめしく給ハりぬ。彼《かれ》が網《あみ》にも魚少《うをすくな》くハとめ参《まい》らせしせんもなく、役人《やくにん》も手持《てもち》なかるべきに、よきしつあひにて、御巡見《じゅんけん》も程《ほど》なく乗物《のりもの》上させ打出《うちいで》給ひしが、道すがらも御道しるべの庄《せう》屋などに、かへすく゛彼《かれ》が網《あみ》の魚興《うをけう》ぜさせ給ひしかバ、長左衛門が平生家内《へいぜいかない》大勢同居《ぜいどうきょ》して、年月むつましかりしを始《はじ》め、朋友《ほうゆう》に信厚《しんあつ》く、上を敬《うやま》ふ心の深《ふか》き事などあげ称《せう》し、先年《せんねん》上よりも褒美《ほうび》給ハりし事迄も御物語《ものがた》り申せしかバ、御巡検《じゅんけん》の

三使《し》いづれも殊《こと》の外感《ほかかん》し給ひぬとかやかくる事にや。かく魚舟《すなどり》を事とするハ、下が下のうちにもなを賤《いや》しき世渡《よわたり》なれと思ひ、無邪《よこしまなき》は乗木舟虚《きにのりふねむなし》きの象《かたち》にして、豚魚吉《とんぎょきつ》也。利渉大川利貞《だいがをわたるにりありていにりあり》といへる占にもかなひ侍《はべ》るなるべし。扨本伝《さてほんでん》に記《しる》せし、申《さる》の年よりことし丑《うし》の年まで十二年なれハ、いとゞ孫子《まごこ》もいやましなるに、猶《なを》いやましにむつましく暮《くら》しぬるよし、伝《つた》へ聞《きゝ》侍《はべ》る。

豫州大洲好人録巻之五終

教示《けうじ》

親《をや》は子《こ》を愛《いとを》しミ、子はよく親《をや》を大切にし、君《きミ》は申すに及《をよ》ばず、すべて吾《われ》より上《かミ》たる人をバうやまひ、とうとむべし。夫婦《ふうふ》ハなれ安《やす》きもの故《ゆへ》に、差別《しやべつ》の立《たち》侯やうにいたすべし。兄《あに》は弟《をとをと》を憐《あハれ》ミ、弟《をとゝ》は兄《あに》に順《したが》ひ、すべて己《をのれ》より年《とし》たけたる人をば丁寧《ていねい》をつくし、疎《おろそか》にすべからず。友達《ともだち》の間《あいだ》詐《いつハり》なく、信《しん》を以て交《まじハ》るべし。惣《そう》じて何事《なにごと》によらず、たとへ利潤《りじゅん》ありとも、人のためあしき事ハなすなかれ。只々《ただただ》おのれ〳〵が職分《しょくぶん》を守《まも》り、家業専一《かげうせんいち》につとめなば、自然《しぜん》と天道《てんたう》にも叶《かな》ひ、かならず罪科《ざいくわ》なかるべし。

六　遺文

一、書簡

新年之御吉慶休期御座有間敷候。先以御家内御多福ニ御迎陽可被成与目出度奉存候。私義無別事罷有候。客歳十二月朔日之貴札相届忝致拝閲候。是よりハ致何角寒中以書中も不得賢慮、御無音罷相過候。飯田町三輪善藏事旧臘より不快ニ罷有候處、當五日六時頃甚危篤、何も気遣仕候處、青木雲軒老と申医師宛薬致相應、萬死ヲ遁、得一生申候。存之外脉も復シ、最早気遣成事無御座躰ニ罷成、安心仕候。随而細井廣澤翁手跡之事被仰下候手前、相應之物も無御座候。善藏方為申聞有之候ハヽ、重而進上仕候様ニ可仕候。外才覺仕候而も成程罷成事ニ御座候。押物大キ成ルハ急ニハ成兼可申候。額字抔ハ如何程も可罷成候。此節私義手透無御座候間、後便ニ進上仕候様ニ相心懸可申候。旧年之貴報旁乍早々如此御座候。恐惶謹言。

川田半大夫

深（花押）

正月廿一日

徳田彦六様

貴答

尚以幸左門殿より御加筆忝奉存候。尚又宜奉頼候。當年者善藏病気勝不申節より豚児致疱瘡、此間相仕廻、彼是用事差支早々申上候。尚重而可申上候。已上。

追而善藏病気は外感労被相兼候病気ニ而、五日六日頃ハ頼ミも無之躰ニ御座候処ニ、煎湯人参五分参姜湯昼夜ニ弐匁程相用、今程ハ煎湯斗ニ罷成、人参も減し申候。食事も味出、相應ニ勝申、気遣無御座様ニ罷成候。

九月廿一日之貴札當月七日□川武左衛門殿御持参、落手、拝見仕候。先以御安全之段被仰下珍重奉存候。然者私不幸之段御聞及被成、為御悔歌御示之段忝奉存候。長崎ニ罷有候節ニ而無御座、此上之冥加と奉存候。折々善藏方より私義も御聞被下候由、善藏義當春以之外相煩候処ニ、早速得快気、大慶仕候。定而委細先達而御聞可被成と奉存候。私義も為世産、去冬より小船町に罷越、子共手習致指南、以之外騒々敷境ニ而罷有候。尚追而可得賢慮候。恐惶謹言。

川田半大夫

深(花押)

二月十日

徳田彦六様

別啓　細井廣澤手跡之義被仰下候。善藏へも委細致物語候。今程は兎角書かね被申候由ニ御座候。いづれ方々頼多ク御座候故、出来兼と被存候。額字等は所持候者も御座候間、才覺可罷成候。尤存候者へ申候処ニくれ可申被申候。其内もらい次第上可申候。押物ハ急ニ成兼申候。随分相心懸ケ見可申候。先額字才覚いたし進上可仕候。以上。

川田半大夫

徳田彦六様

六月廿一日之貴柬七月十三日落掌、忝致拝見候。暑気中無御別条増、御清福ニ御座被成、珍重奉存候。如命去年は長崎江罷越、珍敷義無致一覧候。乍然何之得益も無御座候。彼地講会之義飯田町より御聞被成候旨被仰下候ニ付、其節之鄙章写置候ヲ懸御目候。御廃学も不被成候旨御進益奉察候。田中幸左衛門殿ニも御別条無御座珍重奉存候。御参会之節宜奉頼候。私義去年極月十九日ニ着仕候処ニ、廿三日より手前ニ罷有候外姑相煩、正月相果、且私母春中より病気ニ罷有、六月下旬果申候。夫故着後何レとも参会不仕候。大成氏ニも春中より御知行□小倉迄御越ニ而、別而遠々敷御座候。喪中気力も勝不申、早々及貴答候。御免可下候。恐惶謹言

川田半大夫

深(花押)

八月七日

徳田彦六様

貴酬

猶以悴共御尋被下忝奉存候。無別条罷有候。且小野甚平事被仰下候。是も今兄果被申、幼少之子共有之、

為後見、只今明倫引取申候。御加筆為申聞候。私より可然申上度旨ニ御座候。近頃只以被寄御細書忝奉存候。善藏も此間私宅へ被参御噂仕候。衷次不能詳候。

二、祭藤樹先生文

維延享四年歳次丁卯八月己酉　越己未朔二十五日癸未　大洲教授川田深敢昭告于藤樹先生　曰　嘗聞聖希天賢希聖　士希レ賢　恭惟先生長于茲土　深希聖賢　遂悟良知之外更無知　致知之外更無學之本旨　木鐸大振於海内　諸生日益衆多矣　嘗告門人以天下第一等　人間第一義　無別路之可走　無別事之可倣　嗚呼　盛哉徳業輝当世　餘訓逮今日　雖駑劣如深者　良知之明　較知所嚮　況景慕篤信之士耶　可謂大賜後世　恭惟先生卒　距今一百年也　而今日適値其忌日　先是先侯既有建祠堂之命　而邇者堂宇新成　嗣侯亦有踵繼述之孝今日安神霊於此堂　使臣川田深祭之　命臣永田某代拝於是　深與同志諸友　式陳酒肴　用以掲虔　伏惟神如在永奠厥祠堂　世萬無極　尚祈鑒饗　謹告

三、止善書院明倫堂成　告文成公　藤樹先生文

維延享四年歳次丁卯九月六日　大洲教授川田深敢昭告于大明文成公與日東藤樹先生　曰　嘗聞徳有本　而學有要　不於其本　泛焉以従事　高之而虚無　卑之而支離　終亦流蕩喪源　労而無得矣　恭惟二先生徳業輝當世　餘訓流萬邦　所謂自非徳有本而學有要者　誰能至此　嗚呼　盛矣哉　我故大洲侯夙有志於此學　使深每侍講其側　十年於茲　嘗開講帷於客舎　自有司以下至於官属小吏及草莽市井之匹夫匹婦　使知有此道矣　蓋撫育於鰥寡孤獨癈疾者　大洲固行之矣　又比年賜孝子貞婦謹愿徒　旌其善行　以盛名教　旁至一藝之士　無

有不称焉　所以誘掖奨勵者深也哉　加之亦侯自書教諭三四條　而下之有司　其言曰　有司馭下以仁　順其心而利導之　使下民勤爾桑禾　謹爾室家、而親族相親　朋友相睦矣　下民憂吾用不足　而忠乎吾事　我固知之有司宜慈愛之　蓋邦君本於躬行心得之餘　所以施於政事者　大率若此　且膝太夫高茂、歴事三四世　從政五十有餘年　進則陳其善　閉其邪　退則與諸臣　咨之謀之　未嘗憚吐握之勞　年既七十有餘　而猶有夢見周公之氣象焉　同僚橋大夫易清亦敏好學　使深講経於其家　集有司最任重者　講習討論　不敢廢焉　可謂君臣道合也哉　嘗侯択地若干歩　命深築文成藤樹二賢祠堂　永無廃弛　而欲令侯孫子能継述之　而庶臣亦無不有以知其有本有要之學而各俛焉以盡其力也　伏惟藤樹先生　乃侯五世祖故出羽守月窓公之臣　而長于茲土也　侯信道之篤　不使先生比於不敢召之臣　今建祠堂　恭祭神霊　傳其德業於不窮矣　嗚呼　先生卒、距今百年也而其道亦大弘於茲　豈不復未曾有之一大美事也　諸同志相謂曰　我君當窮乏之時　自不寧居　躬節財用　為祠堂之資　表明賢人君子之迹　以励士習於其講堂、書院亦我君所急也　雖然不忍於費財傷民　猶自苦節、日積月累、欲徐圖焉　為人臣者坐視非道也　於是捐金鳩材　以経営之　先是長濱小民某某　柳澤山鳥隥里長某某、城東賈人播磨屋権兵衛之徒　首出銀以助作　從而應之者　亦不鮮矣　夫以田野市井之民　終歳勤動　尚不足以養其妻子　是以惟利之圖　何暇講學問道　然其切磋砥勵　欲本乎良知之訓　而不違於聖賢之道　雖士君子殆有不讓者矣　加之每臨其席　或五錢或三錢　頭會斂畜　以待此挙　與夫佞佛媚神、有為而然者　可同年而語耶　深聞之喜曰　甚哉誠之易以感人也　甚哉人之易以誠感也　有司者　賦民奉國　鞭笞累縶　不能得　則反仇視　今上不出一言　下悦服焉　舍其利　而趨其義　沛然若百川之帰海也　某月某日　堂院已成矣　謂其堂曰明倫　謂其書院曰止善　我師三輪執齋氏振鐸東都　與同志諸友經營之　命以明倫　而祭王文成公之肖像、為講學之処也　一日罹疾　欲歸京師　以深嘗講易乎斯　賜其肖像及其扁額　副以金二十五両　以再修此堂為

意　深固辞不獲　謹受之　今也得時　以開幽懐　故従舊號　以明倫名焉　止善者　大學之綱領也　昔有黄鳥之瑞　而乃者又得藤樹先生真蹟之賛　因以命之云　事具記中　夫草創此堂者　固我侯之勤也　成而守之者大臣以下諸士之任也　且先生親炙門人之孫子　綿々存于今　豈不樂茲擧之有成　而忠義有諸己　思以喩諸人表其祠宇　樹之風声也哉　庶民諄々　庶士彬々　有司大夫亦欣々然　而嗣侯大悦此堂之成　然後天人順應之理　陰有以相協　而雨暘維若燠寒維時　民無疾病、五穀豊昌　地愈霊　人愈傑　山川神威　亦宜自今日始然則祠宇黌舎之有成者　実闔郡後進之大幸也　深前日所獲三生氏藤樹先生家蔵之聖像　安諸正位　置王江二先生像於其左右　謹以清酌茶菓　虔告落成之由於二先生　自今而後　二先生之道　益明乎海内　而至治之澤、蒙乎生民　是祈

四、止善院明倫堂成　祭執齋先生文

嗚呼　執齋先生為斯道苦其心也甚哉　所謂知我者　謂我心憂　不知我者　謂我何求　於先生乎有見焉　先生初游于佐藤直方氏之門　業既成　事厩橋侍従酒井侯　後私淑王子之學　喜其多益於己　而竊講求其道　於是為佐藤氏所絶言、既遂至于暴矣　往欲之愬　則亦逢其門人之怒　困于株木　拠于蒺藜者　幾年於茲　然後佐藤氏漸悟其變學之意　非為名非為利　実為己而然　遂相見如故矣　佐藤氏病革之日　命子弟先告先生　先生終夜侍於枢前　有愁傷之和歌　信哉至誠而不動者　未之有也　先生退隠於洛之神山　六年而倍用力斯學　京尹篠山源侯篤信此學　以先生為師　自茲而後　先生之學　如泉之始涌　如日之方升　雖然詞章記誦之習　淪浹於人之心髄　相矜以知　相高以技能　而獨先生以心學欲有濟於千百年之弊　其勢之不可及也　如空拳突重圍矣　況是朱非陸之説　天下靡然皆然　猶水之與油不相和也　猶方枘圓鑿不相容也　其間雖有如三宅尚齋子

與先生友善　一論學　則必譏王子　或謂為好異　或目為為名　至於其最甚者　乃謂王子為大賊大□　謂先生為痴愚狂夫　雷同附會　遂慍群小　亦前後十数年、覯閔既多　門人小子亦無以慰其心　獨先生立於荊棘之間、而確乎不變　犯海内之詆笑　而泰然不動　然後大振鐸東都　至於門人之多、不暇屈指　既而設講舎於下谷泉橋北　門人益進　先生齡過耳順　嬰痰咳之患　病勢日熾　遂輿疾歸京師　當斯時　東方之法燈将滅矣　深以鹵奔不美之質　而聞道亦晩　雖然先生知愛之厚　忝充門人之數　以斯學徴大洲侯　而徙居於西豫州　適之京師問其病　先生曰　吾病奚憂　可憂者不在此也　因囑深曰　汝善從事於斯道　而興起豫州　州即中江子出身之地也　必建祠堂　而祭以傳其德於無窮　乃手自授王子之肖像及中江子之真蹟　深雖固辭不克　謹曰　諾恐不堪命　甲子年恭承我先侯厳命　今日祠宇新成　而先生既亡矣　嗚呼痛哉　蓋先生少為王江二先賢、冒天下之譏　而不顧　以富貴不為意　及晩雖荊居苟有　家無翫器　倉廩中惟有此肖像耳　今屬深祭之　而厥身已為烏有　嗚呼悲哉　向中江子自發明乎王子書以來　學者雖知有良知之説而信之　而中江子既没僅百年矣　吾黨各以己見立説　或以無為良知　或以有為良知　或以有無之間　為良知　其間稍見本體者　不勉于克己之功適用力於克己者　亦蔑如於本體　皆背良知之要旨　而遂喪聖門止於至善之明教　噫亦已過矣　是以近來海内同志之士　雖稍講於此學　則亦如僅々晨星乍明乍滅　未見其能光大也　時有先生出　而有以接乎王江之傳而實以唱斯學為任　自勝其有我之私　而遂不知己之為人師　人之師於己　一與海内同志之士　方將因藉昆頼以共明此學　而先生忽逝矣　門人之痛　何言哉　雖然王江之道　粲然于海内　則先生之有功於斯道　豈小々哉　宜無憾矣　其又奚悲乎　深之所為長號涕淚而不能自已者　雖深不肖無報先生知愛之萬一　而今焉堂院有成　少遂附託之命　而先生不在焉　嗚呼哀哉　夫以道無間隱顯　豈幽明異心乎　先生有知　其尚能啓深之昏而警深之惰　宜使同志各得志大行　翼斯文於悠遠　謹以清酌茶菓虔告堂院有成之由於我先生　言有盡而意無

窮　尚饗

五、止善書院記

深恒大慨東西都　文華之盛世、不乏其人也　而我豫州西海、辺夷地僻、人頑與聞文者希焉　惟藤樹先生長於此　旁無師友　而自尋濂渓明道之宗旨　開考亭姚江之蘊奥　探洙泗之淵源　推鄒魯之本根　遂悟無声無臭之本然　无方无體之妙要　不知不識之帝則於自己固有之良知矣　不獨善其身　雖東西都人士　竊取法於此者亦不鮮焉　何必彼夏而此夷哉　然先生去茲土　既百有餘歳　物換星移　流風漸衰　俗習日滋　文献拂地而空禮樂典章、癈而不講　其間譚性命論經濟者　非緇徒之説法　則兵家者流之賞罰　誣民誑人焉耳　先生之徳澤於是乎幾絶矣　先是本邑始有黄鳥　來止於大洲世臣滕大夫之室　睍睆好音　聞者悦焉　深嘗謂是斯道之再興于茲土、先兆也哉　辛酉秋故滕大夫高忠張黄鳥之幀於席上　而召深曰　請為吾作止於至善之説而賛之　深固辞弗獲　遂書以贈之　且曰、大夫之室　乃藤樹先生旧宅之東隣也　而既有黄鳥之感　今亦講止於至善之學竊悦乎斯道之将興也　大夫曰　諾　顧侯之徳一日新於一日　臣見其進　而未見其退也　然則道之大行也　可立而俟耳　甲子之冬陽復之月　深辱承厳命　営文成公與藤樹先生之祠堂　不幸孝侯羅疾　事未成而卒　今年夏五月　橋大夫與有司議而經營之　今既落成矣　茲者同志松本久豊、以藤樹先生書緡蠻章於黄鳥之畫而自為之釋者　與深曰　是我先大人之家蔵也　今也先生之堂及講學之書院成矣　因以屬之子　深曰　時哉時哉　祠堂及書院成矣　而未得其名　深謂夫名者實之賓也　觚不觚　而謂之觚　夫子既嘆之　然則雖一物之微　豈可容易名之乎哉　矧於講學書院名教之所繋者乎　向深賛黄鳥之畫　以應大夫之需　今子亦以先生所書黄鳥賛贈深　先兆後徴　如合符節也　語曰　國家將興　必有禎祥　斯道果可以興歟　因名曰止丘書院也　已頃之顧丘

先聖之諱也　不可不避　蓋綿蠻詩止於至善之傳文也　從經而可謂止善書院矣　先生嘗以母疾乞骸骨　其書曰母卒　再来仕于茲也　不幸先其母者命也　然則此地固先生當止之處也　而今日祭其神於茲　豈非先生素志也哉　於是書嚮所著止於至善之説　併以為之記云　其説曰　或問如之何可以止於至善　曰　純一無雜而已矣敢問曰　至善無定體焉　而止亦無定處焉　盖至善者　天命之本性也　而其發見靈昭不昧者　是乃明德之本體即所謂良知者也　純一無雜于其本體良知　則無往而非止於至善矣　蓋文王之止於仁敬孝慈信是也　所謂安身立命之霊枢也　人惟不知至善之無定體　止之無定處焉　又不知至善之在吾心　用其私知求之於外　以為事々物々各有定理也　求至善於事々物々之中　而欲知所當止之處　是以揣摸天下千萬之理　而捜索天下千萬之止支離決裂　錯雜紛紜　遂昧天然自有之中　喪民彝物則之極　噫亦過矣哉　諸同志須先知止於至善之説　此説一明　則庶幾學必有所本矣　王子曰　止於至善　以親民而明其明德　是之謂大人之學　若欲明明德　而不知止於至善　則驚乎過高　失之空寂　而無有乎家國天下之施　若欲親民　而不知止於至善　則溺乎卑瑣　失之權謀　而無有乎仁愛惻怛之誠　故止至善之於明德新民也　猶之規矩之於方圓也　而不止於規矩　爽其度矣明德親民　而不止於至善　亾其則矣　大人之學　何以成之　且曰　大學之要　誠意而已矣　誠意之極　止於至善而已矣　能止於至善　則意誠心正身修家齋　國治天下平矣　是故曰　止至善之説一明　則庶幾學必有所本矣　此説也　雖本於先賢之意　深不嫺文字　必有買櫝而還珠者　覧者幸正諸

追加

一、丁卯之年八月二十五、御祀堂新成。先師百年御忌日之御祭禮執行ニ付、先期同志之習禮壁書警戒之書付、當日御祀堂へ奉從候趣、且主人代参拝禮之姓名、並御備物儀節、有司之姓名等具ニ別記有。

一、同九月六日、先期て日をトし、同志之習禮等、前之通相調、當日聖像王子御像、新ニ成候御祀堂ニ奉徙候趣，聖像王子藤樹先生並三輪執齋氏、併祭り奉告落成候。御祭禮御備物儀節、並有司之姓名等具ニ別記有。

一、此度止善書院へ致安置候聖像ハ、御門人清水子へ御讓被成候先師御家藏之聖像ニ而候。清水子ハ先師爰元御暇之節、先師を慕ひ御願を申録（ママ）を指上、近江へ引越、御側ニ附添被申候親炙之門人也。元文五年庚申八朔に、其姪孫三生重種《ミオフシゲフサ》より深へ傳はり、此度御祀堂へ納申候。先師没後百年に至り、此度神靈を此郷に奉祭、御家藏之聖像亦於御祀堂奉祭候事、冥加至極未曾有之不可思議ニ候事。

右聖像委細之來由、並清水子之始末、具に別記有。

一、同安置王子肖像之事。是は我三輪執齋子數年心盡し、先年石河土州侯長崎奉行之節御頼申、周雪畫致出來候得共、冠服等之吟味とくと不相調候。其後細川因州侯長崎へ御越之節、折節公儀大清曾典之御用ニ而唐山より被召呼候擧人沈□丙名在留ニ付、段々吟味相調、慶山と申畫師二幅出來、一幅ハ江戸下谷明倫堂に安置し、一幅ハ寛保元年酉三月廿七日江州藤樹書院へ納之。深これを持参せり。右明倫安置之御像、執齋氏より深へ付屬し、此度此地ニ明倫堂再興ニ付、亦これを安置せり。

右肖像委細之來由、具ニ別記有。

一、同安置先師御像之事。元文五年庚申、同志阪井尚房於東武狩野友甫を寓居に招、寫得し肖像也。

右御像之義、是亦別記有。

一、先師御母君の為御暇御願ひ書案紙之寫。

右御眞筆、當所中村文五郎代々傳來之。右之御文中ニ有之。數人之姓名、御實名前後四人。今其子孫等具ニ別記有。

一、先師御眞蹟黄鳥之賛、當時町奉行松本七左衛門久豊家藏。深へ之符屬し、此度止善書院ニ納之。

右御眞蹟之寫、並先年我朝黄鳥はじめて大夫加藤元蕃庭前之喬木ニ來り止りし子細具ニ別記有。

一、先師親炙御門人之孫子一堂に相集り、此度御祭禮相勤候。右姓名並役儀録等具ニ別記有。且先師漢文和文にのり候御眞筆銘所持之分略別記ニこれをのす。

一、大夫加藤子此度深附屬之先師御眞蹟孝字並釋。

右之寫並委細之來由別記有。

一、米餞祭器等寄附之姓名別記有之。

一、止善書院と申額、此度これをかけ申候事、書院記中ニ具ニ見え候。

一、明倫堂之額。是ハ先年江府下谷講學之書院へかゝり候。細井廣澤手蹟ニ候。執齋氏より深へ附屬し、此度かけ申候。是亦記中ニ見え候。

右別記一巻永くかさ高ニ候而、此度御同志方へ得懸御目不申候。此度御祀堂漸出來、其餘之間未出來不仕、今以大工遣等致申候。何とぞ此度之次而ニ、當地所々ニ致家藏候御眞筆取集、世上ニ有之候先師之御書簡と引合、所寫之違を相改申度と、同志打寄申合候。此前少々引合せ正し候も有之候へ共、今以多用ニ候故、とくと校合相調不申候。尤引合候分ニハ、誰家所持と申事を記可申候。御書簡に載り不申御書ニ、甚御深切成御書抔も御座候。是亦追加致し候積ニ御座候。近來米湊《コミナト》火災之節も、彼是御眞筆致焼失、残念ニ存候事故、存立申候。各様御方角ニも御眞筆御座候はゞ、世上流布之本、御校合御正被成為御知可被下奉頼候。

一、先代褒美賜り候當地山野市井之孝子貞婦、誠ニ感涙ニ禁ざる事跡共ニ候。依之先年草稿一冊相認置申候。

數人之事ニ候故、とくと清稿相調不申候。此度御祀堂之儀にさして、預り不申事之様にも候へ共、王江二賢へ告奉り候文ノ中へも略其義をのせ、且其書之序ニも一時に孝子貞婦謹愿之士相顕候事、偏ニ先代篤く道を信ぜられし故と書申候事ニ候。御同志之内、先師之御餘光と存候へバ、可黙止様も無御座、此儀に及候。私事甚及老衰、旦夕を計りがたく覚候故、是亦入御覧度存事ニ御座候。當下不覚帋をかさね候。先是迄ニ而閣筆候已上。

六、告同志諸君　先師年忌説

吾このからだわが血ハ、乃父母の血なり。溯て祖曾高に至り、百年といへども貳なし。神靈これに依り、我神霊を載て神靈常に在す。故に祭れバ其感格ある事、間に髪を容す。たとへば火と燧の如し。金と石と倶に冷て更に火ありとみへざれども、鑚ば斯に火を發す。されバ古の人齊する事三日にして、乃其為に齊する所の者を見る。祭義曰。祭之日。入れ室、僾然必有レ見二乎其位一。出レ戸肅然必有レ聞二乎其容聲一と。固より誣べからず。我物學びし播の梁田先生、我高祖考妣百年忌詩序にこれをいふこと詳なり。夫祭に吉禮あり。凶禮あり。皆愛敬を致して本心の誠を盡す所なり。君子の喪に居る三虞卒哭の祭あり。而一周忌の祭あり。三年忌の祭あり。我儒これを小祥大祥といふ。月を間てゝ禫の祭をなし、これより吉禮を用ゆ。冬至に始祖を祭り、立春に先祖を祭る。高祖より已下四世固常祭ありて、忌日も亦必祭る。忌日の祭ハ悲しみの祭にして、君子これを終身の喪といふ。其外禰の祭あり。又朔望俗節の薦あり。その吉禮凶禮によりて飲福受胙、祝文嘏辭、各々其別あり。如レ斯禮備り、儀節詳に、愛敬の誠を盡すの道、至らざる所なしといへども、初めて喪に居るの後、小詳大詳の祭の外、更に七年十三年乃至五十年百年等の年忌の祭ある事なし。蓋年忌ハ近世浮屠の説に出、おもへらく人家のために忌齊を修する、久しく遠きを以て貴とすと。おもふにかの近世浮屠の説も、其論いまださだけならざるか。按ずるに七七齊瑜伽論にみへ、又祖忌齊あり。又盂蘭盆經に是佛弟子修二孝順一者。應下念々中常憶二父母乃至七世父母一。年々七月十五日以二百味飲食一安二盂蘭盆中一。施二佛及僧一。以報中父母長養慈愛之恩上といへり。皆死せる人の為に冥福を祈り且本を報ずるの祭なれども、いまだ五十年百年等の遠忌の據とするに足ず。もとより我儒の論ぜざる所なり。雖レ然十八數の終にして、百八數の満る所なれバ、五十年百年の忌に値て、これを祭るもの、未必しも義に於て不可なりとすべからず。且其間瓜瓞綿々として不レ絶。其骨血をうけつぎたる孝子慈孫、豈遠として其先を思慕せざらんや。後世人譌俗漓、本を報じ遠を追ふの誠意浸おとろへ、かの士君子たるものも虚文を事とし、或はこれを實にかへすこと能はず。先王禮を制する祭の原たる所以のものを廢するに至る。夫禮は三代同じからざる事多し。如何となれバ、時の宜に随ひて制すれバなり。されバ程子已に義を以て起すの説あり。今年忌の祭りも人情所レ不レ得レ已にして、所レ謂祭の原に於て、こひねがはくはそむく所なからんか。我しゐて蕃禮に左祖するにハあらず。梁先生又曰、苟得二其原一而弗レ失。則禮俗雖レ陋。儀節雖レ缺。亦無レ傷也。吾不レ詢下其禮果出二於正一與上否。所レ擇者。在二乎仁不仁一而已。と。蓋今の世儒士の外、先王の禮ある事を知ず。擧て浮圖の説に従ひ、所レ謂七七齊より五十年百年忌をもて纔に愼レ終追レ遠の孝情を慰す。もしこの事無んバ、民間誰か本を報じ恩に感ずるの誠を知らん。獺の魚を祭り、豺の獸を祭るにだにも劣りなんかし。我執齊先生祭推薦の巻盆供の説に於ても略此旨を述玉へり。世のすこしき學才あるもの臂を攘げ腕を扼り、卒爾として彼の禮を破んと欲し、をのれかへつて悽愴怵惕かな。實に聖門の罪人也。或曰。吾子が此論、其理なきにしもあらず。雖レ然三代の無レ所、下りて春秋の世に至りても、いまだ其説なし。翼くハ猶これを論ぜよ。深曰夫人の子たり、弟たるもの、父母のいのちながくして、或は下壽或は中壽上壽を得る。、其懸弧設帨の辰にあへバ、置レ酒奉レ觴て、ために其壽を祝す。人の臣たり、門人たる者の其君の為にし、其師の為にするも、又しかなり。祝壽の禮、經に於て見ることなく、春秋の間も亦聞ことなし。詩大雅に虎拝稽首、天子萬壽といひ、商風に為二此春酒一以介二眉壽一と見へたれども、年を賀するの據とすべからず。杜氏の通典に灼然たる明文に非ざるのよしみへたり。但史記淳于髠が傳に髠對二齊王一。侍二酒于前一。奉レ觴上レ壽の語に及び、楚荘王置酒。優孟前為レ壽の事あれども、皆戦國の時の事なり。されば年を賀するの禮、三代のなき所、先儒のいまだ言ざる所。降りて春秋の世に至りても、其事なしといへども、後世方にこれを祝す。殊に孝子忠臣賢子弟皆この事なりて、和漢人敢て其先王に出ざるを以てそしることを聞かず。蓋長生に祝し久遠に祭る。其理もとより二にあらざれバ、今その愛念追慕の年忌の祭をなす。古これなしといふとも、概してこれを不可なりとせんや。且我此論をなすこと他にあらず。今日に茲延享四丁卯のとし、近くハ藤樹中江先生卒後一百年、遠くハ　文成王公百八十年也。謹て考ふるに、藤樹中江先生ハ　後光明帝慶安元年戊子に卒し玉ふ。我先大人出生の年也。大人行年六十八にして、正徳五年乙未に終り、今年卒後三十三年也。これもて考ふるに年數たがひ有ことなし。文成王公ハ世宗粛帝嘉靖七年戊子に卒し玉ふ。日本　後奈良帝享禄元年にあたりぬ。藤樹先生の生年慶長十三年戊申と距こと八十一年なり。これも亦年數たがひあるまじきにや。嚮に所レ謂孝子慈孫其先の年忌に値て其神を祭る而已にしもあらじ。道学に於ても亦其人を先師と仰き、其道を祖述憲章せんと欲する門人弟子、其百年其百八十年の忌日にのぞみ、豈其人を愛念し其徳を追慕せざらんや。これ亦不レ得レ已の仁心なり。されば先儒未其事なしといふとも、年忌の禮祭、義をもて起すべきか。名目姑らく浮屠によるといへども、我必しも念經稱名して佛にけがれ諂はんとにはあらず。たとひ同志盛にして年々忌日の祭祀綿々として不レ怠といふとも、人心常に馴れバ、誠敬いつとなくうすらぐ習ひなるに、まして年月累なるにしたがひ、老輩の同志も多く泉下の客となり、忌日の祭禮も次第におとろへ、まことに心細く覚へ侍れバなり。されば只今の同志今年　両先生の年忌にいざなはれて、其人を愛念し其徳を追慕するの心、新に憤發すとならバ、愈鼓舞作興して、愈其憤を發し、愈其志を立べし。必明日ありといふべからず。夫憤を發し志を立るは學問の本根にして、所レ謂愛念追慕の誠もこれにて因てなる。八月廿五日十一月廿九日ハ　両先生の忌日也。其期に臨で、俄に其誠を求めんと欲してハ、臍を噬とも及ばずして、かへって神明を汚し己を欺くべし。よって固陋を忘れ、漫にこれが説を作り、海内諸賢のそしりを犯し、且同志諸君の耳目を驚かす。辱も同志諸君、深が愛念追慕の感激に於て一も採る所あらバ、姑らく漫説を罪する事なく、不レ得レ已の志を憐み、協レ力同レ寅して所レ謂學問の本根を立、此道の興起を圖り玉はんかし。

丁卯二月　琴郷滕　深　北窓翁　謹識

七、家塾における学規

会約序

深無似非学而説之人、国無繇于求自遠方来之楽、雖然同志往々忠愛之深、或謬以深檃栝、深毎臨講帷不得不汗出而浹背矣、今茲在予州講書於寓居、仍書会約五件於壁上、以自警自戒、辱臨于此諸君子亦以勿負此意云爾、

享保十有九年夏六月　琴卿川田深君淵甫識

会約

一、先師伝来の学脈におゐて卒爾に疑惑を生せす、恭敬尊信し本領を立定むへき事、
一、畏天命尊徳性、五倫日用の常道に脚跟を立、不用の虚遠にはすへからさる事、
一、道は天地の公道にして一己の私物にあらされは、聊相争ふ心なく、物我を忘れ得益を心かけ、相互に論弁いたすへき事、
一、人に尊卑の品、長幼の序ありといへとも、徳を尊むの頃に隔有ましけれは、少も挟む事なく、愛敬の本志をたて相互に切磋すへき事、
一、猥に当世の政事の是非を評議し、当世の人の長短を論辨致し候事、第一不敬より發り、且多くは自是慢心の多となり候へは、自他共に相慎可申事、

川田半大夫雄琴

八、和歌

大洲へ召れし旅行に坂のしたにて

かづこゆる人をや月のてらすらんうのはなさけるさかのしたみち

おなじ時大津にやどりて

あすはまたみやこのともにあふさかの関のこなたに雨やどりする

九、中江藤樹先生真蹟大坪流馬術十一箇條　抜文

上あく　　　中かう　　　下やう

一、手のつゞきの事
一、たづなかまゑ三六寸の事
一、五はうのくちの事
一、四めむのくらの事
一、あぶみふみやうの事　同くらはさみどころの事
一、くらしたの事
一、くらのおきやうの事
一、はるびしめやうの事
一、おもがひしつけやうの事
一、ぶものたづなの事
一、さゞなみの事
以上
大坪流十一ヶ條　あと書

中江藤樹先生真蹟大坪流馬術十一箇條の後に記す。

此大坪流馬術十一箇條ハ、藤樹先生の真蹟也。久しく大野某の家に傳來れり。ここに小林君馬のみちにくはしきのみならず、先生の餘訓を慕ふのあまり、此真蹟を得てん事を欲し、これをこふてやまず。大野氏其志の浅からざるに感じ、つゐにこれを與ふ。ここにおゐて小林君予をして其梗概を記し、子孫に傳へん事をお

もふ。君の子孫よく孝ならば、馬のみちに怠らず、且先生の餘徳を慕ひて君の志にそむく事なかれ。これを筆してもって贈る。

寛延三年庚午八月朔

川田資深　拝書

あとがき

一．川田雄琴の贈りもの

王陽明を卒業論文にとりあげ『伝習録』を読み上げる中で、三輪執斎の『標註伝習録』に行き当たり、更に三輪執斎には『伝習録筆記』があることを知り、それを『先哲遺著漢籍国字解全書』の中に見出すと、その筆記者が川田雄琴であった。私が川田雄琴の名を知ったのはこの時が初めてであった。その後、川田雄琴のことは記憶の片隅にしまい込まれたまま、王陽明を中心とする中国近世の心学思想を理解することに専念することになった。改めて川田雄琴のことを調べることになったのは、日本における陽明学理解の歴史を鳥瞰する試みをした時である。その時の成果は「日本における『伝習録』—日本陽明学素描—」（東北大学教養学部紀要三九号。一九八三年）、「王陽明研究史」（岡田武彦編『陽明学の世界』所収。明徳出版。一九八六年）として公表した。両篇とも今は『日本における陽明学』（ぺりかん社。一九九九年）に収録されている。

しかし、この時点では『川田雄琴全集』を編集することまでは構想していなかった。おりしも東洋大学に赴任し、附属図書館に東敬治・生田正庵師弟が収集整理した、中江藤樹の後学が良知心学を研鑽した資料が一括して所蔵されていることを確認して驚喜した。この資料についてはつとに木村光徳先生が基礎調査されていたことは東北大学に在職していた時に知悉しており、広島大学に配置換えになってからは木村光徳先生に直にその苦労話を伺っていた。だから所蔵されていることは知っていたものの、目の当たりにしたときには息を呑んだ。一点一点書誌調査を進めていくと木村光徳先生のお仕事には不備なところがあることに気がついたので、新たに編集する必要があることを痛感したものの、すぐにはとりかかることはできなかった。数年して小山國三氏と出会い、同行することを快諾して頂き、進展に弾みがついたものの、その解読作業には難渋したが、小山國三氏のたゆまぬご協力のお蔭で『中江藤樹心学派全集』全二巻（研文出版。二〇〇七年）として公刊することができた。

この作業を通じて実感したことの一つは、基礎資料が活字化されていないために、視野狭隘に陥り、日本近世期の心学思想の理解が平衡がとれていないことである。漢学の精気に満ちていた明治・大正・昭和前期に活字化されたその遺産と江戸期の木版印刷物は活用されるものの、実は自筆・写本の形でのこされているものの方が圧倒的に多いことを、いわゆる思想史研究者は無視してきた。それに対比すると国文学研究者は逆に自筆・写本の調査・読解に極めて意欲的である。その国文学研究者たちは文学、それも和文学が研究主題であることが主流であるために、漢文で書かれることの多い漢学思想については副次的関心にとどまりがちである。漢学思想の哲学資源を放置するにはあまりにも「勿体ない」という意識に促されて、片手間ながら自筆・写本の活字起こしに乗り出した次第である。まことにささやかな一歩に過ぎない。しかし、このささやかな一歩が私の日本思想史理解を開いてくれたという実感がある。近年『渡辺崋山全集』が公刊された。広瀬淡窓・旭荘の全集が一新されつつある。本文の再確認もさることながら、その分量が飛躍的に増加したことは、我々に新たに解析することを促しているとも言える。嘗て活字化されたものを基礎に新たに組まれた全集が内容を一新したことを如実に示す一例が『西村茂樹全集』である。新しい解釈を開拓するためには新奇な理論に依存するのではなくして、一次資料の基礎的調査と解読活字化を推進することではないのか。かく大言壮語するには『川田雄琴全集』の刊行はまことにささやかな成果でしかないが、自筆・写本のままに死蔵されている良質の思想資源が発掘される一つの契機になれば幸いである。

『川田雄琴全集』の書誌調査・解読については小山國三氏の多大なご協力を忝くしました。二人で読みあぐねていた書簡については佐賀大学の井上敏行氏、九州大学の川平敏文氏にご教示を得ました。ありがとうございます。資料閲覧に便宜を図って頂いた各所蔵機関・関係者に深く感謝いたします。特に川田雄琴が終の住処とした現在の大洲市の大洲市立図書館・大洲藤樹会のみなさんには大きな励ましを受けました。高知市民図書館に奥宮慥斎・暁峯の資料調査に参上した際には図書館の皆さんには暖かく迎えて頂きました。その時には、小山國三氏、院生の伊香賀隆・播本崇史・本條綾子氏が同行し、高知県立大学の高西成介氏が現地参加され、文字通りの修学旅行でした。川田雄琴の贈り物です。

この種の作業は手間暇が掛かるので、成果主義のこの時世では敬遠されがちですが、その中で得られる収穫は実に豊かなものがあります。さらに出版にこぎつけるまでには山坂の難所がつきものですが、この『川田雄琴全集』の刊行に当たり、心ある人々のご御配慮を忝くしましたが、この度も研文出版の山本實社長のご理解を得て、『中江藤樹心学派全集』の姉妹編として出版して頂くことになりました。深く感謝いたします。川田雄琴の心学理解、日本近世における川田雄琴の評価については、今後の課題としたいと思います。

二〇一四年八月三一日　　　岩沼市　千貫文庫にて　　　吉　田　公　平

二、川田雄琴との出会い

「これを活字化してみて下さい。」　吉田公平先生から二冊の筆写本のコピーを手渡されたのは、『中江藤樹心学派全集』上梓後二年半を経た、二〇一〇年四月のことではなかったかと思う。一冊は東北大学附属図書館狩野文庫所蔵のもので、題簽は『学談敗鼓』とある。他の一冊は東洋大学図書館所蔵のもので、題簽は同じく『学談敗鼓』であるが、題簽の下方に「尾」の記載がある。後者は下巻であると思われるが、さて何巻本であるかは分らない。それも調べるようにとのお話であった。早速翻刻にとりかかったものの個性的な草書体に読めない字が多く釈然としない。他の写本を求めて、無窮会専門図書館平沼文庫を訪ねた。会員以外は閲覧不可とのこと、そこで一年分の会費を納入し、会員の手続きをすませ閲覧した。東北大学狩野文庫の写本が上巻、東洋大学のものが下巻の二巻本であることは判明したが、早書きの写本で、さらに読めない。ようやく国会図書館古典籍資料室で良質の写本に出会い、それを底本とすることとし活字化の見通しが立った。『学談敗鼓』を皮切りに、雄琴の遺書・遺文を求めて、国会図書館東京本館、東京都立中央図書館、筑波大学附属図書館、高知市立市民図書館、弘前市立図書館、大阪大学附属図書館を訪問、それらの確認とコピーの蒐集にあたった。東洋大学を除き、すべての図書館で電子コピー不許可であるため、コピー取得のための煩瑣な手続きや不慣れなカメラでの撮影を余儀なくされ、底本とすべき複写本の入手には苦労したが、縷々述べることは控えよう。ただ特に印象深いのは『豫洲大洲好人録』である。板本に合わせて匡郭を摺った半紙をあらかじめ用意し、丁寧に透き写した筆写本に出会ったこと、弘前まで出かけて撮影した、雄琴の著作とされる『忠孝好人録』が、実は内題と尾題を埋め木して彫り直し、新版めかして刊行された、『豫洲大洲好人録』の「改題本」であったこと、しかもその板本が愛媛県の大洲市から遠く離れた青森県弘前市の図書館にあったことである。入手した遺書・遺文を順次曲りなりにも活字化し、原稿を先生に提出する。先生はそれを厳密に読みこまれ、出典を確認され、不審の箇所は再検討を指示される。遅々とした進捗ではあったけれども、毎週木曜日の午後先生の研究室の扉を叩くのが樂しみであり、至福のひと時でもあった。

「解題は小山さんが書いて下さい」と、再三お話があったのは雄琴の遺書の蒐集と翻刻を始めて間もなくのことであった。川田雄琴についてはほとんど知ることがない。僅かに記憶にあるのは先生の論文「陽明学研究の今日的課題」（『陽明学が問いかけるもの』所収）のなかで、代表的な陽明学者の第二期に川田雄琴をあげておられること、『伝習録筆記』の筆記者が川田雄琴であるということくらいである。幸い雄琴の遺書・遺文蒐集の過程で資料は少しずつではあるが集まり出した。出来るだけ一次資料を求め、些細なことであっても納得が得られるまで調べあげた。ともあれ本書の「解題」は、今の私にとってはこれで精一杯である。

『中江藤樹心学派全集』に引き続き『川田雄琴全集』の編纂に関わる機会を与えてくださいました吉田公平先生のご厚情にはひたすら感謝するばかり、新たな生甲斐を下さいまして本当に有難うございます。自室でパソコンと向き合うこともさることながら、全国各地の図書館を訪ねることは楽しいことでした。東洋大学図書館をはじめ訪問先の図書館には厚く御礼申し上げます。愛媛県立図書館をご紹介くださいました松山市在住の三好恭治さんには大変お世話になりました。おかげさまで「解題」の内容が深まりました。深堀孝ご夫妻・小川純子先生にはこのたびもご協力とお励ましをいただきました。ご厚情を有難く思っております。環境を整え体調を気づかい、終始温かく見守ってくれた家人にも感謝の言葉を伝えます。

二〇一四年八月二三日

小　山　國　三

小山國三（こやま くにぞう）

一九三五年福島県会津若松市生まれ。明治鉱業株式会社（石炭事業）、鐘紡株式会社（繊維事業・医薬品事業）を経て、二〇〇一年(六十五歳)より二年間東洋大学文学部中国哲学文学科科目等履修生、引き続き十年間同大学大学院文学研究科中国哲学専攻博士前期課程科目等履修生。編著『中江藤樹心学派全集』（吉田公平と共編、研文出版）

吉田公平（よしだ こうへい）

一九四二年宮城県岩沼市生まれ。東北大学文学部卒業。九州大学助手、東北大学助教授、広島大学教授を経て、現在、東洋大学名誉教授。中国哲学・日本思想史専攻。

著書『陸象山と王陽明』『陽明学が問いかけるもの』『中国近世の心学思想』『日本近世の心学思想』『陽明学からのメッセージ』（以上、研文出版）、『伝習録』（角川書店）、『伝習録』『菜根譚』『洗心洞劄記』（上下）』（以上、たちばな出版）、『日本における陽明学』（ぺりかん社）、『林良斎全集』（監修、ぺりかん社）、『中江藤樹心学全集』（小山國三と共編、研文出版）

川田雄琴全集

二〇一五年二月一六日第一版第一刷印刷
二〇一五年二月二八日第一版第一刷発行

定価［本体一〇、〇〇〇円＋税］

編者 小山國三
　　 吉田公平
発行者 山本實
発行所 研文出版（山本書店出版部）
〒101−0051
東京都千代田区神田神保町二−七
TEL 03（3261）9337
FAX 03（3261）6276
印刷 モリモト印刷
製本 塙製本

© KOYAMA & YOSHIDA 2015 Printed in Japan.

ISBN 978-4-87636-391-9